『人間の本質』

人の心にとって大切なこと
人が生きていく上で大切なこと

岡本隼人

《「人間の心の仕組《しく》み」というものと「人間社会の仕組《しく》み」というものとを考え、「人間の心の在り方」というものと「人間社会の在り方」というものとを考え、無視され掛けてしまっている「人間の本質」というものと、実際に生きている一人一人の人間にとって有益となると考えられる「人間の知恵」というものとを探求するための考察》

明窓出版

Contents

Contents

《不確実性と多様性とに溢れた時代・無数の情報と無数の人間の意識とで飽和した時代・経済や法律といった社会の仕組《しく》みの限界や問題点が浮き彫りとなってきた時代・多くの物事が絶え間なく変わり続ける時代・人間の心や人間の幸福といったものよりも物事の合理性や効率性といったものが重視されがちな時代だからこそ、決して忘れるべきではない人間の本質・決して変わるべきではない人間の本質というものを、今一度、厳密に確認しておく必要があるのだろうと考え、大きく崩れてしまいつつある一人一人の人間の心のバランスと人間社会全体のバランスとを是正するためのアプローチというものを実行し始める必要があるのだろうと考える。》

『前書き・動機・お願い・ご注意』

私が今回のこの本を出版させて頂きたいと望むまでに至りました一連の考察と研究とは、私のところに相談に来られた何人かのクライアントの方の素朴で純粋な幾つかの疑問を切っ掛けとして始まりました。

愛の本質とその言葉の意味とを理解することができずに自分の子供を虐待しては、そのことを自ら強く後悔していた一人の母親が私に投げ掛けてくれた「自分の子供を愛するためには、どうすれば良いのですか……」という疑問。生の意味とその言葉の本質とを理解することができずに自暴自棄な行動や自殺未遂までをも犯して、そのことを自ら強く後悔していた一人の少女が私に投げ掛けてくれた「人間が生きていることの意味って、結局何なのですか……」という疑問。こういった非常に根本的で人間らしくて哲学的な様々な疑問に関しての妥協のない答えというものを真剣に求め始めた時から、「人間の本質」というものを追及するための私の最初の模索が始まりました。

そして、「愛というものの定義に関しての私自身が納得することができるだけの答え」・「生の意味というものの定義に関しての私自身が納得することができるだけの答え」といったものを手に入れることができた時に、「この定義によって、少なくない数の人間の心を、豊かなものにしてあげたり、幸せなものにしてあげたりすることができるかも知れない」・「自分の子供を虐待してしまっている悲しい母親や、愛や生の意味を誤解してしまうことで自分の幸福を逃してしまっている悲しい子供達を、この定義を用いることによって、手助けしてあげることができるかも知れない」といった思い（それはまるで、「願い」や「希望」にも似た「思い」です。）が、私の心の中に芽生え始めたということなのです。

（まるで、自分が羽ばたき方を忘れてしまったことにも気付かないまま、懸命に空に飛び立とうとしては地面に落下することを繰り返している鳥のような心理的立場にある人間も、自らが生得的に理解しているはずの・知識としてではなく感覚として本能的に理解しているはずの「愛の定義」や「生の意味」といったものを正しく再認識することさえできれば、生まれ変わったように上手にこの広い空を自由に飛び立てるようになることでしょう。）

勿論《もちろん》、現実に生きている一人一人の人間の心の中や、現実に機能している人間社会の中には、「愛というものに関しての定義」や「生の意味というものに関しての定義」（これらの言葉の示すものに関しましては、本文の中で詳しく御説明致します。）を用いることによって解決することができると考えられる少なくない数の問題のほかにも、多くの人間の心を追い詰めてしまったり・多くの人間の心を苦しめてしまったりしているのだろうと考えられる様々な問題があります。それは例《たと》えば、「人間の意識の強さに関しての問題」や「人間の抱く怖れに関しての問題」・「人間の抱く様々な欲動の発散方向に関しての問題」や「人間の抱く様々な欲動の昇華対象に関しての問題」・「人間の生きる意味の肯定に関しての問題」や「人間の心のバランスに関しての問題」といったものです。

また、現代社会におきましては、殆《ほとん》ど全ての人間が、非常に複雑に発達した文明社会（大自然の動物社会とは懸《か》け離《はな》れたような社会）というものの中で生きていると言えますので、「それぞれの人間社会に存在している様々な物」や「それぞれの人間社会に生じている様々な現象」といったものが、その社会に属する一人一人の人間の心に対して、非常に大きな良くない影響というものを与えてしまうことも多くあると言えます。それは例《たと》えば、「ある社会の社会規範が希薄化してしまうことが、その社会に属する一人一人の人間の心に対して与えてしまう良くない影響」や「ある社会に属する多くの人間のモラルが崩壊してしまうことが、その社会に属する一人一人の人間の心に対して与えてしまう良くない影響」・「ある社会の備えている様々な社会の仕組《しく》み（経済の仕組《しく》み・法律の仕組《しく》みなど）が持っている性質というものが、一人一人の人間の心に対して与えてしまう良くない影響」や「本来は動物であるはずの人間が、文明社会に属して生きることによって、一人一人の人間の心の中に生じてしまう問題」・「環境破壊の問題や戦争の問題・飢餓の問題や貧困の問題といった現実的な人間社会の危機と人類の危機に関しての問題」といったものです。（「具体的に、どのような問題が、実際の人間の心にどのような影響を齎《もたら》してしまっているのか」というお話に関しましては、「Chapter2」の議論の中で少しずつお話して参ります。）

私は今回、それらの様々な問題に関しまして、必要であると考えられるできる限りの考察と研究とをし、「一つの哲学体系」と呼べるようなものを構築致しました。これから展開させて頂きます私の議論は、「人間の心と人間社会とに関しての哲学」であり、「人間が生きていくための知恵（この知恵というものは、資格や学歴などに繋《つな》がるような知識というものと、必ずしも同じ形をしているものではありません。）」に関してのお話です。言い替えますと、これから私が展開して参ります議論は、「人間という存在の本質とは、どのようなものなのか」・「一人一人の人間が、この社会の中でより幸せに・より豊かに生きていくためには、どうすれば良いのか」・「多くの人間が、より幸せに・より豊かに生きていくことができるような社会であるためには、現実の人間社会は、どのような性質・どのような仕組《しく》みを備えた社会であるべきなのか」といった疑問に対しての答えを模索することを目的とした議論でもあります。（この本の中で私が用います「哲学」という言葉の意味を、ここで簡単に理解しておいて頂きたいのですが、この本の中で用いております「哲学」という言葉は、第一に、「世界や人間に関しての知恵や原理を探求するための学問のこと」を意味しており、第二に、「一人一人の人間が自分の人生や自分の行動などに関して持っている基本的な考え方のこと」を意味していると考えて下さい。）

具体的なお話の内容は、「人間の心の仕組《しく》みというものに関してのお話」・「人間社会の仕組《しく》みというものに関してのお話」・「人間の抱く愛や優しさといったものに関してのお話」・「人間にとっての意味や価値といったものに関してのお話」・「人間の抱く信念や価値観といったものに関してのお話」・「様々な種類の心の病というものに関してのお話」・「人間の抱く罪悪感というものに関してのお話」などを初めと致しまして、「人間の心にとって重要であると考えられる殆《ほとん》ど全ての分野に関してのお話」・「人間の心にとって重要であると考えられる殆《ほとん》ど全ての概念に関してのお話」にまで、及んで参ります。人間の心に関してのお話を詳細に議論していくためには、心理学に関わるお話だけではなく、人間の心に関係している他の様々な分野に関してのお話にも及んでいく必要が、どうしても生じてしまうことになるのです。これから私が展開させて頂きますお話は、いわば、「人間学に関しての総論」と呼べるようなものであるとも言えるのでしょう。（中でも、「人間の抱く愛情や優しさ」・「人間の抱く罪悪感や信念」といったものは、人間の本質を構成する非常に重要で中心的な要素となります。）

また、私がこれから展開させて頂きます様々なお話の中でも、特に、「本能的な動物としての人間の心と社会に生きる理性的な存在としての人間の心とのバランスというものを、うまく調整するということ」・「人間の抱く愛や優しさといったものを肯定し、人間の抱くモラルや信念といったものを肯定するということ」・「現実に生きている人間の心に生じてしまっている様々な問題というものの解決方法を模索し、現実の社会に生じてしまっている様々な問題というものの解決方法を模索するということ」・「人間にとって本当に大切なことが何であるのかということや、人間という存在の本質がどのようなものであるのかといったことの答えを、探求するということ」などは、この本を書かせて頂く上で、私が主たる目的としていることの一部でもあります。

尚《なお》、私は、この本を、「何かの手引書」にするつもりでも、「何かの学術書」にするつもりでもありませんので、例《たと》えば、「実際に人間が、友達や恋人と良い人間関係を構築したり維持したりしていくためには、どうすれば良いのか」・「実際に人間が、良い趣味を見付けたり良い仕事に就いたりするためには、どうすれば良いのか」といった具体的な方法論に関してのお話をすることは、極力避けさせて頂いておりますし、大学の授業で使う教科書に書いてあるようなお話を詳細に解説していくことなども、極力避けさせて頂いております。私がこれからのお話の中で探求させて頂きたいこと・議論させて頂きたいことは、「情報としての方法論や学問的な知識といったもの」に関してのことではなく、「一人一人の人間が実際に生きていく上で、本当の意味で有益であると考えられるような知恵というもの」に関してのことなのです。(私は、この本に「小説」や「エッセイ」・「手引書」や「学術書」のような性質を持たせることよりも、「哲学書」や「思想書」・「聖書」に近いような性質を持たせることを強く望みます。)

勿論《もちろん》、その一方で、例《たと》えば、「人間が実際に素晴らしい友人関係や幸せな家族関係といったものを構築していくための具体的な方法論に関してのお話」といったものの絶対的な根底にくると考えられる「人間の抱く優しさや愛情といったものに関してのお話」・「人間の抱く欲動や怖れといったものに関してのお話」などは詳細に議論しておりますし、「人間が実際に充実した趣味を見付けたり・充実した仕事を見付けたりするための方法論に関してのお話」や「人間が実際に職業倫理を保ち続けたり・家庭を大切にし続けたりするための方法論に関してのお話」といったものの絶対的な根底にくると考えられる「人間の抱く誇りや信念といったものに関してのお話」・「人間が自分自身の心の中に形成するアイデンティティーや人間が選び取る生きがいといったものに関してのお話」・「人間の生きる意味や人間の生きる価値といったものに関してのお話」なども詳細に議論しております。ですから、これから私が展開して参ります議論を通じて、そのようなお話(人間が実際に自分の人生の中で用いる様々な方法論というものが成り立つための「基礎となるような概念」や「前提となるような考え方」に関してのお話)を充分に理解して頂き、その上で、何かの教科書や何かの手引書・誰かとのお話や実際の人生経験といったものから、補足的に様々な知識や様々な情報を得て頂ければ、これから私が展開して参ります様々な議論の中から、「実生活の中で活用することができるような知識や方法論」といったものを導き出すことも、充分に可能であると言えるのでしょう。

（関連することとして付け加えさせて頂きますが、「この本が備えている力」というものを最大限に活かして頂くためには、この本に書かれている議論を詳細に読んで頂くだけでは、実際には不充分なのです。この本の中で私が展開しております議論の中の幾つかの重要なお話というものを、「根底的な条件・絶対的な前提」のようなものとして考えて頂いて、その上で、方法論や知識としての情報を何らかの別の手段で充分に得て頂いたり・実生活の中の様々な問題や様々な現象を実際に考えて頂いたり・この本を通じて得ることができた考え方や理論といったものを実際の行動に反映して頂いたりすることによって、「この本が備えている力・この本が備えている実用書としての性質」というものを、本当の意味で活かして頂けるのだろうと、私自身は、そのように自負しております。）

本文に入らせて頂きます前に、ここで一つだけ、お願いしておきたいことがあるのですが、それは、「この本の中で私が展開して参ります議論の全てを、何の疑問も挟まずに完全に信用してしまうようなことだけは、絶対にしないで下さい」ということです。これから私が展開して参ります議論の多くの部分は、私が現在のこの瞬間まで生きてきた中で得ることができた体験や知識・思考や考察に基づいた「現在の私自身にとっての真実」であるに過ぎず、「現在の私自身が信じている哲学」であるに過ぎません。今回の私のお話を、「一つの考え方」・「一つの見方」として冷静に（それでいて真剣に）受け止めて頂き、「貴方の実際の人生に役立つと考えられる何かの知恵」や「貴方の心の奥底に響くような何かの言葉」といったものを一つでも見付けて頂ければ、私もとても嬉しく思います。

（本文の中でもお話し致しますが、「自分が何らかの媒体を通じて、情報を得たり知識いうこと」は、自分という人間の心に対して、非常に大きな影響を及ぼす可能性を持つことそれに人間は、「忘れてしまいたい記憶というものを自分が忘れるということ」を簡単には実現するとができないのと全く同様に、「得てしまった情報や得てしまった知識といったものを自分が忘れるということ」も決して簡単には実現することができません。ですから、「私がこの本を書かせて頂くに当たって最も怖れていることの一つ」は、「誰かが、この本を通じて何かの考え方や何かの価値観を得ることによって、何かの悪い影響や危険な影響を受けてしまうこと」・「誰かが、この本を通じて何かの考え方や何かの価値観を得ることによって、充実した自分の人生を送ることができなくなってしまうことや、自分自身の人生を素直に楽しむことができなくなってしまうこと」などにあるのです。「この本を通じて、そういった不幸な結果を誰かに齎《もたら》してしまうこと」は、少なくとも私自身にとっては、「罪」や「悪」といった言葉で呼べるようなことなのです。尚《なお》、ここで私が用いております「罪」や「悪」といった言葉の基準に関しましては、「Chapter2 - 7」のところで詳細に議論させて頂きます。）

（更に、これも、本文の中でもお話しておりますことなのですが、「様々な物の価値や意味」・「様々な現象の価値や意味」といったものは、その物や現象を解釈する人間の立場や考え方などによって、様々に変化するものです。誤解をして頂きたくないので最初に申し上げておきたいのですが、私は、貴方に対して「何らかの価値基準を抱いて頂くこと」や「何らかの行動を現実に実行して頂くこと」を強要するような意図は少しもありませんし、そのような権利が私にはないということも、間違いのないことであると言えます。私は、「貴方が、自分自身の心の動きというものを大切にし、自分自身に対して誇れる信念やアイデンティティーといったものを形成し、自分自身の感じることができる真実というものを信じ、自分自身の望んでいる目標や目的・自分自身の定めた目標や目的といったものを目指し、自分自身の幸福というものに向かって積極的に生きていくということを現実にできるようになるための、ほんの些細《ささい》な手助けをさせて頂きたい」ということを提案しているに過ぎないのです。）

また、今回の私のお話は、「私自身の中で必ずしも完成しているもの」・「私自身の中で必ずしも完結しているもの」ではありません。もっとも、現代よりも遥《はる》か昔の時代の多くの哲学者達でさえ、自分達の人生の半ばにおいて、自らの哲学的探求に関しての大きな方向転換をしておりますように、哲学というものに関しての議論をする限り、「改善の余地が全くないほどに完成している哲学の議論」などというものは、決して有り得ないものなのだろうとも考えられるのです。恐《おそ》らく、「ある人間が自分自身の心の中に構築する哲学」というものとは、「その人間の精神の中の理性や思想といったものが、結晶化したようなもの」なのであり、一人一人の人間の心というものが、その人間の人生の中で少しずつ変化したり成長したりしていくものであるのと同様に、一人一人の人間の抱いている哲学というものも、その人間の人生の中で絶えず変化したり成長したりしていくものであると言えるのでしょう。『**我々は、現在において自分が持っている知識によってのみ、物識《ものし》りであるに過ぎない。**』とは、モンテーニュ《Michel Eyquem de Montaigne 1533 - 1592　フランスの思想家　著「随想録」》の言葉です。

勿論《もちろん》、私はこの本の中で、「人間にとって重要であると考えられる多く信を抱くことができるだけの結論を出すことができておりますし、「人間にとって大切であると考えられる可能な限り多くの範囲」にまで議論を巡らせているつもりなのですが、それでも、説明や考察が不充分であると考えられるような部分もあるかも知れません。考え方によっては未完成と呼べるような状態であるにも拘《かか》わらず、私が、この議論を、現在の段階で出版させて頂きたいと考えましたのは、「現在において多くの人間の心に生じてしまっている様々な問題」・「現在において社会に生じてしまっている様々な問題」・「未来の社会に生じてしまうのだろうと予想される様々な問題」などに対して、可能な限り早く何らかのアプローチをさせて頂きたいと考えたからなのです。

「現在のこの瞬間にも、何かの心の問題に悩まされることで幸せを逃してしまっている少なくない数の人間がいるのだろうということ」・「社会に生じている何かの問題によって自分の幸せを逃してしまっている少なくない数の人間がいるのだろうということ」・「そういった問題を解決することができる知恵の一部が私の手の中にあるのかも知れないのに、今の私が何もすることができないということ」・「危険な方向に進んでいく社会のことを、手遅れになる前に止めることができるかも知れないのに、今の私が指を咥《くわ》えて見ていることしかできないということ」などを想像することが、人間の本質の一部（人間の愛情や人間の優しさといったものの本当の意味）を理解することができた私にとっては、耐え難《がた》い苦痛なのです……。

それでは、本文での議論を始めさせて頂きたいと思います。少し大袈裟《おおげさ》なお話もしてしまいましたが、どうぞ、気楽な気持ちで読んで頂けますと、私自身も非常に嬉しいです。貴方が、この本をお読みになったことを通じて、御自分の人生を素直に楽しむことができなくなってしまうようなことでもあれば、それは、私の切望している結果とは、全く逆の結果になってしまっていると言えますので……。また、あまり文章を読み慣れていないような方も含めまして、可能な限り多くの方にこの本を読んで頂きたいと思いましたので、口語体の平易な文章を用いることを意識しながら、書かせて頂いております。実際に私のお話をお聞きになっているような意識をお持ちになりながらお読み頂けますと、とても嬉しいです。（ゲーテ《Johann Wolfgang von Goethe 1749 - 1832　ドイツの詩人・作家　著「ファウスト」「エグモント」》の言葉には、『**哲学者の哲学というものは、難解な言葉で表された常識に過ぎない。**』とありましたが、そのような性質を私の今回の議論が備えてしまうことは、少なくとも私自身にとっては、可能な限り避けさせて頂きたいことなのです。）

（その一方で、議論の厳密さと網羅性とを可能な限り追及させて頂きました故に、読み解くことが難しく感じられてしまうような部分も、少なからず生じてしまっているかも知れません。読解力に充分な自信のない方には、声に出して呟《つぶや》きながら読まれることをお勧め致します。また、非常に広い範囲に及ぶ議論を膨大な量になり過ぎてしまわない程度に抑えるために、特に精神医学や経済学などに関しての専門用語は、詳細な解説を省略させて頂いております部分も少なくはありません。分かり難《にく》いように感じられる言葉がありましたら、面倒がらずに辞書などで調べて頂けますと、内容の理解をして頂くのが少し容易になるかと思います。尚《なお》、分かり難《にく》いと感じられるような部分や興味を抱けないと感じられるような部分がありましたら、勿論《もちろん》、そのような部分は読み飛ばして頂いても結構です。私はこれから、非常に広い範囲に及ぶお話を非常に根本的なことからお話して参りますので、これから私が展開させて頂きますお話の中には、「必ずしも多くの人間に興味を抱いて頂ける訳ではないのだろうと予想されるようなお話」や「多くの人間にとっては非常に当たり前の言うまでもないようなこととして感じられてしまうのだろうと予想されるようなお話」といったものも、決して少なくはありません。「一見して当たり前のこととして感じられることをも敢《あ》えて明文化しておくということ」・「人間が自分の人生を生きていく上で必要であると考えられる知恵や人間社会全体にとって必要であると考えられる知恵といったものを今一度再確認しておくということ」などが、とても有益なことなのだろうと、少なくとも私自身にはそのように感じられたのです。）

（また、これは、この本を書かせて頂いた上での副産物としてのことなのですが、この本を最後までお読み頂くことができれば、「一人一人の人間が自分の人生を生きていく上で有益となると考えられる様々な知恵」や「一人一人の人間が自分の人生を生きていく上で重要になると思われる様々な考え方」・「人間にとって本当の意味で重要であると考えられる人生哲学の一つの形」や「人間社会全体にとって知っておくことが有益であると思われる様々な考え方」といったもののほかにも、「ある程度の敬語の能力」や「ある程度の漢字の能力」・「ある程度の論理的な文章構成の能力」や「ある程度の語彙」・「一部の著名な人間の業績や名言に関しての知識」といったものをも身に付けて頂けるかも知れません。）

尚《なお》、既《すで》にここまでのお話の中でも、モンテーニュの言葉やゲーテの言葉を挙げさせて頂きましたように、私は、この本の中で、先人達の格言や名言・世界中の諺《ことわざ》などを積極的に引用して参ります。これは、

「私自身の人生経験が絶対的に足りないと考えられるところを、そういった先人達の知恵や知識を拝借することによって、補足することができるかも知れない」と考えられたからです。必ずしもそれらの言葉は、私の意見と完全に合致しているものばかりではないのですが、学べるところが少なからずあると考えられる言葉だけを厳選して用いておりますので、お気に召すような言葉を見付けて頂けましたら、心の片隅にでも憶えておいて頂きたいと思います。

それでは、長いお話になってしまいますが、どうぞ、最後までお付き合い下さいますよう、宜しくお願い致します。（尚《なお》、「Chapter2 - 9」の「まとめ」の部分には、この本の中で私が展開しております様々な議論の中の特に重要であると考えられる数点の部分を簡略化してお話しておりますので、この本を最後まで順調に読み進んで頂くことができなかった場合にも、この「Chapter2 - 9」の「まとめ」の部分だけには、是非、目を通して頂きたいと思います。）

2002年　5月　1日　岡本　隼人

Chapter1『生物としての人間』

Chapter1 - 0　始めに

このChapterでは、次のChapterで展開させて頂きます「社会に生きる人間」に関しての議論に入るための準備をさせて頂きたいと思います。と申しますのは、今回の私の議論の中心となる部分を説明させて頂きます前に、その議論の土台や前提となります「人間の心の基本的な仕組《しく》み」や「人間の心と人間の体との関係」といったものに関して、私と貴方との間で生じてしまっているのだろうと考えられる認識の違いや見解の違いといったものを、できるだけ少なくしておきたいのです。

このChapterで私が展開させて頂きますお話の多くの部分は、読む人によっては「当たり前のこと」として感じられるようなお話ばかりかも知れません。ですがまた、混沌と多様化の中で多くの当たり前のことが少なくない数の人間にとっては当たり前ではなくなってきてしまっている現代社会におきましては、私達人間にとって非常に根本的で当たり前であるはずのことをも明確に定義しておくことがとても有益なこととなるとも推測されるのです。「Chapter1」でのお話の多くの部分は、心理学の分野のお話と重なっていくことになります。私はここで、「人間の心」というものを、「欲動」・「記憶」・「思考」という三つの要素を中心に捉え、「感覚」というものを、心の外の世界から心の中の世界へのインプット、「運動」というものを、心の中の世界から心の外の世界へのアウトプットとして考えます。そして、「感情」というものは、人間が自分の心に生じた「欲動」というものを、自分が実際に行動をしようとするための心のエネルギーに変えるためのものであり、そのようにして生じた自分の心のエネルギーというものを、解決したり未解決したりするものとして捉えていきます。

人間の心の多くの部分は動物としてのものに非常に近いのに、人間が完全に動物としての心で在り続けようとすることは、この社会の中では決して許されません。とても根本的なことと致しまして、少なくない数の人間が抱いてしまう心の問題のうちの多くの種類は、この点を原因としていると言えます。ですからまずは、「主に、動物としての人間の心の仕組《しく》みというものを、ここで簡単に確認しておいて頂きたい」ということなのです。

Chapter1 - 1　心と体

宗教や神学といったものを尊重しておられる方の中には、このことを強く否定される方も少なくはないのかも知れませんが、心理学的に考えましても・医学的に考えましても、「人間の心というものは、人間の脳の部分に存在している」と言えます。まず、そのような意味で、「人間の心（精神）というものは、人間の体（肉体）というものに完全に依存している」ということが言えるのでしょう。精神というものは、肉体というものを通じることなしには、心の外の世界のものを心の中の世界に取り入れる（感覚する）ことも、心の中の世界のものを心の外の世界に表現する（運動する）こともできませんし、恐《おそ》らく、肉体を持たない精神というものは、この現実の世界に存在することすらできないのだろうと考えられます。

その一方で、逆に、「肉体というものもまた、精神というものに完全に依存している」ということが言えるのでしょう。心（精神）を持たない人間というものは、「ただ単に肉体の細胞が活動しているだけの存在に過ぎないもの」・「人間としての価値や意味といったものの多くの部分を失ってしまっているもの」であると考えることもできるようなものなのです。キルケゴール《Soren Kierkegaard 1813 - 1855 デンマークの哲学者・神学者　著「不安の概念」「死に至る病」》の言葉には、『**人間とは、精神そのものである。**』という言葉があります。最終的には、「人間の生きる意味」や「人間の生きる価値」といったものも、少なくとも私のこの議論の中では、この「心の活動」というものに辿り着くのですが、そのお話に関しましては、「Chapter2 - 4」のところで詳しい解説を加えます。（肉体というものは、「精神の内側」と「精神の外側」とを結ぶための唯一のものなのですが、「肉体は、精神の入れ物であるに過ぎず、精神の操り人形であるに過ぎない」といった考え方をすることも、確かに可能なのでしょう。）

また、言うまでもないことなのかも知れませんが、『**人間とは、精神そのものである。**』とは申しましても、例《たと》えば、「命を失ってしまった人間の肉体というものには、完全に意味がなくなってしまう」といったことを申し上げている訳では、決してありません。「肉体の持ち主であった本人にとって、残された肉体というものがどのような意味を持つのか」ということには、「人間の持つ魂というものを、どのように扱うのか」という非常に厄介な宗教的疑問が絡んで参りますので、その問題には触れずにおきます。ですが、少なくとも、その肉体の持ち主であった人間の生前に親しかった多くの人達にとっては、その死んでしまった人間の肉体というものは、物理的には（現実としては）ただの肉塊に成り果ててしまったものであっても、心理的には（一人一人の人間の真実としては）とても大切な特別なものとして感じられるはずです。（「罪悪感」や「罪」といった概念に関しましては、「Chapter2 - 7」でお話し致しますが、「死者への冒涜《ぼうとく》」というものも、殆《ほとん》ど全ての人間にとって非常に強烈な罪の意識の対象となるものであり、非常に強烈な怖れの意識の対象となるものなのだろうと考えられます。）

（勿論《もちろん》、考え方にもよることなのでしょうが、人間の肉体は自らの生命の死を迎えると同時に、そこらに落ちている石や砂と何ら変わりのないただの物体としてのものになると言えますし、人間の心は自身の脳内で行われる活動を失った時に、死と消滅とを迎えるとも言えるのです。つまり、精神体としての人間の生死は、自身の脳の存在の有無によることなのではなく、自身の能の活動の有無によることなのであり、即《すなわ》ちそれは、自身の心の活動の有無によることなのです。）

生前のその人間と親しかった人達にとっては、「その人間の視覚的なイメージ」というものは、「その人間の肉体そのもの」ですし、「その人間の皮膚感覚的なイメージ」というものも、それは、「その人間の肉体そのもの」なのです。例《たと》えば、生前のその人間のことを愛していた家族や友人の多くは、亡くなってしまったその人間の肉体を愛《いと》おしく思い、「その人間の肉体を、手厚く葬ってあげたい」と強く望むことでしょう。（殆《ほと》ど全ての動物は、例外なく、「自分と親しかった誰かの死」というものを非常に深く悲しみます。それは時として、その悲しみ故に自分までもが様々な病に倒れてしまうことさえあるほどにです。また、「死後の世界」という人間の思想は、自分の心に生じる「自分自身の死に対する怖れ」というものと「自分の大切な誰かが死んでしまうことの悲しみ」というものとを和らげるための「人類が作り出した一つの知恵のようなもの」であるとも言えるのでしょう。）

ここでの結論を申しますと、肉体の持ち主である本人にとっても、その本人の周囲にいる多くの親しい誰かにとっても、肉体と精神・心と体というものは、二つで一つのものです。「そのどちらが大切なものなのか」ということではなく、「そのどちらともが非常に大切なものなのであり、目に映る肉体というものだけが大切なものであるということでは、決してない」ということは、ここで断言することができることなのだろうと思います。

また、一人の人間の心と体というものは、お互いに強く影響を及ぼし合うものです。人間は、風邪などをひいて体調を崩してしまった時には、心も塞ぎがちになってしまい、やる気も失い易《やす》くなってしまいます。逆に、心が活動的になっている時には、多少の体の疲れなどは、少しも気にならないようなものです。それに、現在の自分が少しくらい辛《つら》い状況にあるとしても、意識して笑顔を絶やさずに活動的な姿勢を心掛けることによって、自分の心を前向きに明るく保つということも可能であると言えるのでしょう。（**『健全なる精神は、健全なる身体に宿る。』**とは、ローマの詩人ユベナリスの言葉です。）

同様に、自分の心と自分の体との両方の健康が伴っていてこそ、自分が本当に健康な状態であると言えます。**『病は気から。』**という日本の諺《ことわざ》もありますように、どんな病気であっても、それを治すための一番の力というものは、患者自身の「治したい」という意志にあると言えますが、このようなことからも、「人間の心（精神）というものと人間の体（肉体）というものとが相関関係にある」という事実を確認して頂けることと思います。

（「ストレスを溜め込み過ぎて自分の心のバランスを崩してしまい、自律神経の調子を崩して不眠症などに陥ってしまうことで、人間が、自分の体の調子まで崩していってしまう」というようなことも考えられます。不快の感情を得続けている状態にある人間や、ストレスを感じ続けている状態にある人間は、少なくない場合におきまして、自分のホルモンバランスを崩してしまうことを通じて自分の免疫力というものを大きく低下させてしまい、結果として、実際に自分の体の様々な部分に悪い影響を受けてしまうことがあるのです。ストレスを原因とする「胃潰瘍」や「関節痛」・「偏頭痛」や「消化不良」・「動悸の乱れ」や「腹痛」といったものを代表的な例として挙げることができますように、「心の健康」というものと「体の健康」というものとは、とても密接に関係しているものであると言えます。）

（また、この「心と体との関係」というお話に関連することとして申し上げますが、子供の頃から多くの時間を笑顔で過ごすことができた人間は、自分が成長した後にも、表情豊かな「自然な笑顔」というものを作ることができるようになることでしょうし、他人との直接的なコミュニケーションをすることから逃げてばかりいる人間や普段から怒った顔ばかりしている人間は、「自然な笑顔」というものを作ることが苦手となってしまうことでしょう。多彩な表情を作る人間の能力というものは、産まれた時から人間に完全な形で備わっているものなのでは決してなく、お互いの顔を確認することができる距離で行われる直接的な対人関係というものの中で少しずつ育まれていくものなのです。勿論《もちろん》、私達がある人間のことを知ろうとする時には、その人間の外見からだけでは、非常に限られたことしか知ることができないのですが、それでも、「その人間の心の内側」というものは、その人間の表情やその人間の目を中心とした「その人間の外見」というものにも、少なくない影響を及ぼすものなのです。『**容貌《ようぼう》は、人々を判断するための規範にはならないが、憶測には役立つかも知れない。**』とは、ラ・ブリュイエール《Jean de La Bruyere 1645 - 1696　フランスのモラリスト　著「人さまざま」》の言葉になります。）

（また、人間には、「自分が幸福な充実した恋愛をしている時には、自分が恋愛をしているその相手に良く見られたいと感じて、自分の魅力を高めるために様々な努力をすることになるだけではなく、自分の体内から性ホルモンが活発に分泌されるようになり、自分が外見的にも内面的にも魅力的になっていくことができる」といった「子孫の繁栄という動物としての自分の目的に対して適合的な仕組《しく》み」というものが生得的に備わっていると考えることができますので、「女性は、自分が恋をすることや素敵な恋愛を経験することによって、更に美しく・更に魅力的になっていくことができる」といった考え方は、人間の心と体との仕組《しく》みを考えても、正しいものであると言えるのかも知れませんね。）

Chapter1 - 2　生命と進化

「生命」と呼べる全ての存在に共通している条件は、「生きたい」という強い意志を持っているということです。（一部の人間が行ってしまう自殺という行為に関しましては、「Chapter2 - 7」で考察を加えさせて頂きます。）その意志は、地球上に最初の生命が誕生した瞬間に生まれたのだろうと考えられる最初の意志、または、それよりも以前から何らかの形で存在していたのだろうと考えられる唯一の意志であり、全ての生物の欲望の根底に存在している絶対的な非常に強い意志です。

そして、生物の「進化」というものの全ては、この「生きたい」という意志の目指す方向に沿った形で、進められてきたものなのだろうと考えられます。それは例《たと》えば、「自分という個体としての生物ができるだけ長く生きる」という方法から、「自分の遺伝子を受け継ぐ子孫という分身を生かす」という方法への、生存の形としての進化であり、単細胞生物から多細胞生物への進化であり、無性生殖から有性生殖への進化であり、水中生活から陸上生活への進化などです。ニーチェ《Friedrich Wilhelm Nietzsche 1844 - 1900　ドイツの哲学者　著「悲劇の誕生」「ツァラツストラはかく語りき」》の言葉にも、**『人間とは、動物と超人との間にある深い深淵に架けられた一本の綱である。』**とありました。

ダーウィン《Charles Robert Darwin 1809 - 1882　イギリスの博物学者　著「種の起源」》を創始者とする『進化論』というものを、今更ながら否定される方は少ないだろうと思いますが、人間も他の動物と全く同じように、進化の結果として現在の形を形成し、その進化はこれから先も、人類に滅亡の時が訪れるまで永遠に続いていくのだろうと考えられます。（尚《なお》、私はここで、「生物が突然変異によって偶発的に進化をする」ということだけを考えた進化論よりも、「生物が自分の生きる環境により適合する存在になることを求めて能動的に進化をする」ということをも考え方として含んだような進化論を考えております。）勿論《もちろん》、「これから人間の体と心とに起こる進化というものが、どのような進化なのか」ということは、予想することは可能であっても、断言することは誰にもできないようなことなのでしょう。

ところで、「多くの人間が共通して抱く非常に根本的な疑問」の代表的なものに、「自分という人間が生きるということには、結局のところ、果たして何の意味があるのだろうか」といった「人間の存在意義に関しての疑問」というものがあるのだろうと考えられるのですが、勿論《もちろん》、こういった類《たぐい》の疑問に対しての明確で普遍的《ふへんてき》な解答を出すことは、非常に難しいことであると言えます。（「人間という存在を、地球上の他の様々な種の動物とは違う特別な存在として位置付けようとすること」は、現代に至るまでの間に多くの宗教家や多くの学者が試みながらも、結局のところは、誰も為《な》し得なかったことであると言えるのでしょう。「人間を特別な存在として捉えようとすること」は、人間の願望であるに過ぎず、大きな枠組みで捉えるのであれば、「私達人間」と「地球上の他の様々な種の動物」との間には、根本的な違いは何もないと断言することができます。）例《たと》えば、「物理的且つ永続的に現実世界に存在する対象というもののみが、有意味なものである」と仮定するのであれば、人間の存在というものは（厳密には、全ての生物の存在や全ての物質の存在も同様に）完全に無意味なものであると結論することも可能なようなものなのです。例《たと》えば、非常に長い時間が経てば、私は消え（私の肉体・私の思い出・私の心などは全て消え）、私の子孫も途絶え、私を知る者もいなくなり、私の作り出した物も全て滅びます。少なくとも、地球にも太陽にも「寿命」というものがありますので、「いずれは、人類そのものが完全に滅亡してしまう時が訪れる」と断言することができるのでしょう。つまり、何時《いつ》かは、「私が存在してもしなくても・私が誰であったとしても・私が何をしてどのように生きたとしても、物理的には何も変わらなかったのだろう」という時が、必ずやって来るということなのです。

（ヘラクレイトス《Herakleitos　紀元前六世紀に活躍したギリシアの哲学者》の言葉には、『**万物は**

流転《るてん》する。』とあり、聖書の中にも、**『何にでも時というものがある。自分が眠る時、自分が誰かを愛する時、自分がこの世に生まれた時、そして、自分が死ぬ時である。』**という言葉があります。「現在において世界に存在している全ての生物も、何時《いつ》かは消えてしまう存在であるということ」・「人間も含めて全ての存在というものは、絶えず変わり続けていくものであるということ」・「一人の例外もなく全ての人間に、共通に死という現実が待ち受けているということ」・「全ての人間にとって、自分に与えられた残りの人生の時間というものが、有限のものであるということ」などは、何よりも確かな事実であると言えるのでしょう。そして、その中でも全世界・全宇宙の万物の法則というものは、全ての存在に「出現すること・存在すること・消滅すること」を繰り返すことを促すように、全ての物体に「動き出すこと・動き続けること・停止すること」を繰り返すことを促すように、全ての生物に「誕生すること・生存し続けること・死を迎えること」を繰り返すことを促すように向かっているものなのであり、その根本にある共通項は、「変化」というものであると考えられるのです。また、「あまりにも都合良く・奇跡的とさえ言える偶然の重なりによって、地球に水や大気が生まれ・生命が生まれ・進化によって人間が生まれ・文明や文化が人間によって形成されて現代に至っているということ」を考えますと、そこに「何らかの非常に大きな絶対的な意志や力」・「神の意志や神の力とも呼べるような意志や力」・「予《あらかじ》め定められた運命とさえ呼べるような意志や力」といったものが働いているとさえ、確かに考えられるのです。)

有名な物語りや神話などにも「永遠の命」という人間の夢は頻繁に登場していますし、生物の共通の究極の目的というものも、この「永遠の命」というものにあるのかも知れないのですが、この「永遠の命」というものを実際に入手するということは、少なくとも、今の私達には不可能なことであると言えます。しかし、それでも人間は（他の全ての動物も同様に）、死というものを非常に強く怖れ、可能な限り自分が長く生きることができるように努力をしますし、自分が生きたことの証しとなり・自分の遺伝子を受け継いでいく「子孫」というものを残すために努力をします。また、多くの人間は、自分が存在していたことを子孫に代わって証明する証しとなる「自分の作った物」を残そうとし、「自分のことを知っている者」を残そうともすることでしょう。（そういったことの一方で、「自分が永遠に生きるということが、多くの人間にとって、本当に自分自身に幸せを齎《もたら》すことなのかどうか」ということには、とても大きな疑問が残ってしまうと言えるのだろうと思われます。『**刈り取られぬことは、麦にとって呪いだが、死なないことは、人間にとって呪いと言えよう。**』とは、エピクテトス《Epiktetos 55 - 135 古代ローマの思想家　著「語録」「要訣」》の言葉です。「Chapter2 - 3」でもお話致しますが、人間は、自分自身の命や人生といったものが限られたものだからこそ、それを大切にしようとすることができるのでしょう。）

　人間は、「自分の存在が完全に消えてしまうこと」を、非常に強く怖れます。「生きたい」という意志は、「死にたくない」という意志の反映であるとも言えるのです。このように考えて参りますと、「欲望」というものと「怖れ」というものとは、相反するものでありながら、常に同時に人間の心の中に存在しているものでもあると言えるのでしょう。例《たと》えば、「ある人間に好かれたい」という人間の欲望は、多くの場合におきまして、「その人間に嫌われたくない」という怖れとともに現れるものであると言えます。（例《たと》えば、「自分が長年抱いていた夢というもの・自分が長年それに向けて努力をしてきた夢というものが、叶うのか叶わないのか」という結果が出る時に人間が感じる期待というものと怖れというものとは、非常に強いものとなると言えるのでしょう。「欲望」や「期待」といったものが強いものであるほどに、その裏にある「怖れ」や「不安」といったものも強いものとなり、ある結果に対して自分が抱いている「希望」や「期待」といったものが強いものであるほどに、その結果を得ることができなかった時に自分が感じてしまう「落胆」や「辛《つら》さ」といったものも強いものとなってしまうものです。）

ここで重要なことの一つは、「人間は、自分が存在し続けることに限界があるという事実を知っている」ということにあるのでしょう。他の殆《ほとん》ど全ての動物は、この事実に気付くことすらないはずです。ですから、人間以外の全ての野生動物は、生まれた瞬間から死ぬまでの期間に一度として、「自分の存在する目的」や「自分が生まれてきた意味」に関しての大きな疑問を持たずに済みますし、自分の抱く「具体的な死への怖れに対する意識」というものに捕らわれなくて済むのでしょう。

（勿論《もちろん》、人間以外の多くの動物も、「漠然とした死への怖れに対する意識」や「抽象的な死への怖れに対する意識」といったものは、非常に強く抱くと言えます。そして、この「怖れに対する強い意識の力」というものが自分自身の心の中にあることによって、その動物も、「自分が生き延びること」・「自分が生き延びようとし続けること」ができるのだろうと考えられるのです。）

恐《おそ》らく、人間にとっても本来は、「可能な限り生き続けること」そのものが、自分の生きる目的となることなのでしょう。しかし、現代におきまして多くの人間は、この目的のみに満足し、納得して生きることは決してできないのだろうと考えられます。多くの人間が、「この根本的な目的だけに自分が向かって生きる」ということに納得することができない理由と致しましては、「この目的とこの目的の限界とを、人間が知ってしまっているという点」・「動物のようにこの目的のために全力で生きる（自分の力の限り欲動を充足し続ける）ことが、この人間社会では不可能であるという点」などを挙げることができるのでしょう。勿論《もちろん》、「発達した人間の脳というものが、このような価値観の形成やこのような思考を人間がすることを可能にしている」ということは、言うまでもないことです。

（例《たと》えば、現実的・具体的に将来の予測をすることができるほどに人間の脳というものが発達していなければ、人間は、「やがて自分にも訪れる現実の死」というものに対して、あまりに強く意識したり、あまりに強く怖れたりしなくても済むことでしょう。人間の抱いてしまう苦悩というものの全ては、旧約聖書の中にある「禁断の木の実としての知恵の実」というものを人間が口にしてしまったが故の「功罪」と言えるようなものなのかも知れませんね。尚《なお》、「Chapter2 - 7」でもお話致しますが、「人間の知恵の発達や人間の知能の発達」といったことは、「人間の言葉の発達」ということに密接に関係していることなのだろうと考えられます。）

……では、果たして人間は、何のために生きるべきなのでしょうか。自分自身のために生きるべきなのか、自分の家族のために生きるべきなのか、自分の快楽のために生きるべきなのか、自分の名誉のために生きるべきなのか、美のために生きるべきなのか、仕事のために生きるべきなのか、世の中のために生きるべきなのか、お金のために生きるべきなのか……。このことは、今回の私のお話の核心の部分の一部と関わっていることでもありますので、ここでは、この疑問に関しての詳細な答えを示すことは致しません。「人間の生きる目的」というものに関してのお話は、「Chapter2 - 2」の「信念」に関してのところで、「人間の生きる価値や意味」といったものに関してのお話は、「Chapter2 - 4」の「真実」に関してのところで御説明致します。

(「自分が可能な限り生き続けようとすること」は、決して変わることのない「人間の使命」であり、「自分が死を迎えること」は、決して変えることのできない「人間の宿命」であると言えるのでしょう。ですから、私達が変えることのできる唯一のことは、「自分に与えられている限られた時間というものを、どのように過ごすのか」・「自分の人生というものを、どのように生きるのか」といったことだけなのであり、私達のできることの全て・私達がするべきことの全ては、「自分の人生というものを、可能な限り有意義に生きるということ」・「可能な限り幸せな人生というものを求めて生きるということ」・「可能な限り自分の人生というものを満喫するということ」・「可能な限り全力で生きるということ」などだけなのです。そして、「時には何かに深く悩んだり何かに苦しんだりしながらも、そのように、自分の幸せや自分の生きがいといったものを求めて、充実した人生というものを生きようとするということ」こそが、「この世に生を受けた人間が、自分の使命というものを全うするということ」でもあると言えるのでしょう。)

(私達は、自分の人生の中で何かを体験することや考えること・何かを感じることや行うこと・何かを体感することや知ること・何かを想うことや求めることなどの全てを、可能な限り大切にするべきなのであり、無限の巡り合わせによって自分が出会う誰かや自分が出会う何かの出来事の全てを、可能な限り大切にするべきなのだろうと考えられます。何故なら、それらは一つの例外もなく、私達が生きている間だけにしか得ることができない非常に貴重なものだからなのであり、それらを得ることができるということ自体が、私達に限られた時間だけに許された特権とも呼べるようなことだからなのです。具体的に申しますと、「旅行をするということ」や「遊びに行くということ」・「美味しいものを食べるということ」や「楽しい時間を過ごすということ」・「美しいものを感じるということ」や「自分の好きな物を求めるということ」・「働くということ」や「何かを学ぶということ」・「誰かを想うということ」や「誰かを愛するということ」など、私達は、それら全てを可能な限り大切にするべきなのであり、厳密に考えれば、「痛みを感じるということ」や「苦しみを味わうということ」・「悲しみを覚えるということ」や「悩みを抱くということ」などでさえ、自分が生きているが故に得ることができる大切な心的現象であると言えるのだろうと考えられます。)

(尚《なお》、私は、この議論の中で非常に多くの回数に及んで、この「心的現象」という言葉を用いて参りますが、この議論の中で用います「心的現象」という言葉は、「人間の心に生じる全ての現象」や「人間の心に生じる全ての要素」のことを意味している言葉であり、「心理現象」や「精神現象」・「心の動き」や「心の活動」・「心的要素」や「心の要素」といった言葉と同じような意味を持つ言葉であると理解して下さい。)

Chapter1 - 3　欲動と感情

人間の心を構成する要素というものを考える際に、恐《おそ》らく、一番初めに考える必要があるものが、「欲動」というものなのでしょう。何故なら、欲動とは、人間の心を動かし始める（それを通じて人間の体をも動かし始める）「ベクトル」へと繋《つな》がる唯一のものだからです。尚《なお》、「欲動」とは、精神分析学などで登場する言葉であり、一般的に使われている「欲望」や「欲求」といった言葉と同じく、生物が自分の心の中に抱く「何かを自分がしたいと欲する強い思い」というものを意味する言葉になります。

（また、私はこれから先のお話の中でも、この「ベクトル」という言葉を時折用いて参りますが、この言葉の意味は、言うまでもなく「方向と力」のことです。例《たと》えば、ある人間の心の中に「自分は、将来こういった職業に就きたい」という「目標や方向」といったものだけがある状態では、その人間は、自分の抱いている目標を実現するために何の努力をすることもできないかも知れません。それに対して、ある人間の心の中に「何かをやりたい」という漠然とした「やる気や心の力」といったものだけがある状態では、その人間は、自分の持っている心の力というものを自分の人生をより良いものとする方向に向けて的確に費やすことができないかも知れません。人間がより良く・より充実して・より豊かに生きていくために非常に大切なものの一つは、「心の力の向かう方向」のみでも「心の力」のみでもなく、方向と力の両方なのであり、即《すなわ》ちそれは、「ベクトル」であるということなのです。）

御参考のために、マズロー《Maslow Abraham Harold 1908 - 1970　アメリカの心理学者》の欲求階層説というものを、簡単に紹介させて頂きたいと思います。マズローの議論によりますと、人間の心には初めに、食欲や睡眠欲といった「生理的欲求」というものがあり、次に人間は、自分の身の安全を求める「安全欲求」というものを抱くとされています。これらが満たされると、人間の心には、「自分が認められたり愛されたりしたい」という「愛情欲求」や「承認欲求」と呼ばれるものが現れ、そして最後に、「自分の才能や能力を開発したい」・「真・善・美・独自性・自立性・完全性などを追及したい」といった「自己実現欲求」というものが人間の心に現れるということです。

マズローのこの学説の中で、とても大切なことの一つとして挙げられるところは、「人間の欲求には、基本的な欲求（生理的欲求や安全欲求など）というものと高次の欲求（承認欲求や自己実現欲求など）というものとがあり、人間は、自分の抱いている基本的な欲求というものを満たした上で、高次の欲求というものに目覚める」というところにあります。このことは、『**衣食足りて礼節を知る。**』という日本の諺《ことわざ》にも通じるところがあると言えるのでしょう。尚《なお》、ここで申しております「高次の欲求」というものの多くは、「基本的な欲求が昇華されて、別の形の欲求として現れたもの」として考えることも可能なようなものです。「昇華」という言葉に関しましては、「Chapter2 - 2」で詳しく御説明致します。

「食事をしたい」・「睡眠をとりたい」・「誰かに愛されたい」・「自分を表現したい」といったように、人間は、様々な欲動というものを抱きますが、基本的に生物の抱く欲動というものは全て、「Chapter1 - 1」のところで御説明致しました「生きたい」という生物の根底的な共通の意志に基づいて、進化の過程で形成されてきたものであると考えられます。ですから、「ある動物が自分の欲動を充足すること」とは、そのことがそのまま、「その動物自身の永続的な生存を促すこと」に繋《つな》がり、「その動物の子孫の繁栄を促すこと」に繋《つな》がるということなのです。例《たと》えば、多くの動物は「食欲」や「睡眠欲」といったものを抱きますが、「栄養を摂ること」や「休息をとること」などは、動物が自分自身の生命を維持していくために不可欠なことであると言えるのでしょう。

特に、人間の場合は、他の動物に比べても、「自分の抱く欲動の形」というものが、非常に様々なものとなります。ですが実際には、人間の抱く「自己実現欲求」というものの多くは、本来人間の心の中にあったはずの様々な欲動（動物としての欲動）が形を変えて現れたものであると考えられ、先ほどにも申し上げましたが、それらは、心理学で言うところの「昇華」という言葉に繋《つな》がるものであると考えられるのです。

（社会の中に生まれ育った人間は、野生動物とは違いますので、食欲や睡眠欲・性欲や排泄欲といった生理的欲求のためだけに生きるような存在では決してありません。聖書の言葉には、『**人は、パンのみに生きるにあらず。**』とあり、ソクラテス《Socrates B.C.470 - B.C.399　古代ギリシアの哲人》の言葉にも、『**多くの人々は、食べるために生きているようだが、私は、生きるために食べているのである。**』とあります。尚《なお》、「人間は、何を求めて生きるべきなのか」・「人間は、何を欲して生きるべきなのか」といったことに関してのお話は、「Chapter2」の中で詳しく議論させて頂くことに致します。）

また、人間の抱く基本的な欲動というものの中には、「その人間が生まれた時から自分の心の中に抱いているもの」だけではなく、「その人間が成長する過程で少しずつ自分の心の中に形成していく（変質させていく）もの」もあると言えます。例《たと》えば、私達人間が抱く性的欲動というものは、成長期における ホルモン分泌（男性ホルモンや女性ホルモンの分泌）によって、その欲動の成人としての性質が形成されていくものであると考えられます。（少なくとも、第二次性徴が現れてくる以前の子供の性欲などは、動物としての心の仕組《しく》みから考えても、非常に未成熟のものであると言えるのでしょう。「Chapter2」の「性欲」に関しての議論のところで詳しくお話致しますが、「幼児愛的な性的欲動」というものなどは、完全に倒錯的な性欲の形であると言えるのです。）

人間は、自分の抱いている欲動を充足することができた時に、「快の感情」というものを得ることができます。説明を加えることもなく「快の感情」という言葉を用いてしまいましたが、人間の抱く全ての感情というものは、基本的には「快」と「不快」との二種類の感情に分かれるものであると考えて下さい。その上で、「楽しい」・「嬉しい」・「気持ち良い」といった感情が、「快の感情」に属し、「怖い」・「悲しい」・「つまらない」といった感情が、「不快の感情」に属するということです。

御参考のために、「感情の分化」ということに関してのブリッジス《Bridges.K.M.B 1897 - 心理学者》の議論を、簡単に紹介させて頂きます。これは、「生まれたばかりの子供は、興奮という感情しか持たず、人間は、肉体的・精神的に成長するに従って、興奮という感情の中から快と不快という感情を分化させ、更に、快と不快という感情の中から、より具体的な人間らしい感情を分化させていく」という考え方です。

恐《おそ》らく、人間が抱く「快」と「不快」のそれぞれの感情というものは、「数学で言うところの符号のようなもの」として、「興奮・やや興奮・冷静」といった「快の感情」や「不快の感情」の強さを表すそれぞれの状態というものは、「数学で言うところの絶対値のようなもの」として捉えることが可能なものなのだろうと考えられます。例《たと》えば、ある人間の抱く「とても気持ち良い状態の感情」というものを「プラス3」とし、「少し不快な状態の感情」というものを「マイナス1」として捉えていくことなどができると言えるのでしょう。そして、「突然にその感情の符号が入れ替わってしまう」というようなことが、心理学で言う「カタストロフィー理論」に当て嵌《は》まることなのだろうと考えられるのです。（勿論《もちろん》、「現実の人間の心の動き」というものは、少なくとも現在の科学の段階では、数字によって表すことができるようなデジタルなものでは、決してありません。）

ここで申し上げました「カタストロフィー理論」というものは、簡単な例を挙げさせて頂きますと、「愛していたはずの自分の妻や自分の夫・自分の恋人の浮気が発覚した時に、突然に自分の心の中に憎しみの感情が湧いてきて、自分の愛していたはずの相手を自分が殺してしまう」というようなことや、「自分が心から信じていた親友の犯した自分に対しての裏切りの行為が発覚した時や、自分が心から信頼していた仲間の犯した許せない罪が発覚した時に、突然に自分の心の中に怒りや悲しみの感情が湧いてきて、信頼していたはずの相手に対して、自分の怒りや悲しみをぶつけてしまう」というようなことを説明するための理論です。「大きな愛情」や「深い信頼」といったものが、突如として、「憎しみ」や「殺意」にすら、その姿を変化させてしまい、そのことが切っ掛けとなって悲劇的な結果を生み出してしまうというような事件は、現実社会の中でもしばしば起こってしまっているると言えるのでしょう。これらは、「愛していたからこその憎しみ」・「信頼していたからこその怒り」と呼べるようなものなのかも知れません。（既《すで》に、自分の心の中に「相手に対しての愛情」や「相手に対しての信頼」といったものが完全になくなってしまっているのであれば、自分の恋人が浮気をした時にも・自分の親友が自分のことを裏切った時にも、「相手のことを許せない」と感じるほどの非常に強烈な怒りや非常に強烈な憎しみといったものを自分が覚えるということは、考え難《がた》いことなのです。）

お話が少し逸れてしまいましたので、「人間の欲動」と「人間の感情」とに関してのお話に戻らせて頂きますが、人間は、自分の欲動を充足させることができた時には、「快の感情」というものを獲得し、自分の欲動を充足させることができなかった時には、「不快の感情」というものを獲得します。（脳生理学的に申しますと、この「自分が現在において得ている感情というものが、快の感情であるのか、不快の感情であるのか」ということの判断は、人間の脳の中の「扁桃体《へんとう》」と呼ばれる部分で行われていると言われています。）そして、人間は例外なく、「快の感情」というものを好み、「不快の感情」というものを嫌うものであると言え、このような好き嫌いが全ての人間の心の中に生じる理由は、「快の感情と不快の感情というそれぞれの感情が、人間の心と人間の体とに現実に齎《もたら》す影響の違い」というものにあるのだろうと考えられるのです。（このお話に関しましては、「Chapter1 - 4」のところでも補足をさせて頂きます。）

簡単に申しますと、「不快の感情」というものは、人間の心と体とに良くない影響を及ぼし、「快の感情」というものは、人間の心と体とに良い影響を及ぼします。例《たと》えば、不快の感情を得続けている状態の人間は、自分がストレスを感じ続けたり・自分の心にストレスを抱え続けたりすることになり、それに対して、快の感情を得続けている状態の人間は、自分の抱えているストレスの一部を発散し続けることができます。最初の段階で直接的な影響を受けるのは、人間の心の方だけなのかも知れないのですが、「Chapter1 - 1」でも御説明致しましたように、人間の心と体とは非常に密接な相関関係にありますので、結果として、心と体との両方に影響が及ぶということなのです。このことは、例《たと》えば、「極度のストレスから生じる胃潰瘍」などのことを考えて頂ければ、容易に御理解頂けることなのだろうと思います。

また、人間は一般に、「自分が感じている感情というものを、自分で素直に認めること」や「自分の感じている感情というものを、表情として体外に表したり態度として体外に表したりすること」を望むものであり、自分が思い切り笑ったり・本気で怒ったり・時に涙を流したりといったように、「自分の気持ちに正直でありたい」・「自分の気持ちに素直でありたい」といったことを望むものでもあります。

ですから、ある人間が、自分の周囲の社会や自分の周囲の人間の要請によって、自分の抱いている感情というものの多くの部分を体外に表すことができなければ、特に、自分の抱いている強い不快の感情というものを素直に体外に表すことができなければ、多くの場合におきまして、その人間は、「より大きなストレス」というものを負っていってしまうことになるのです。このようなストレスは、その人間が、自分の抱いている「感情を表出したい」という欲動を充足することができなかったために生じてしまっているものであると考えることもできますし、「抑圧された感情」という体外へ向かおうとするエネルギーが、その人間の心の中に閉じ込められてしまったために生じてしまっているものであると考えることもできます。

また、自分の感情が非常に昂ぶっている時の人間は、そうでない時に比べて、自分の抱いている欲動というものに支配され易《やす》くなってしまうものです。例《たと》えば、自分が「強い感動」というものを覚えた時には、思わず誰かのことを抱き締めたくなることがあるかも知れませんし、自分が「強い怒り」というものを覚えた時には、我を忘れて暴れたくなってしまうこともあるかも知れません。勿論《もちろん》、そのようなことがある一方で、理性的な動物である人間は、そういった「自分の感情が非常に昂ぶっている時に自分が抱いている欲動」というものでさえ、それをある程度まで理性によってコントロールしていくことができるものなのでしょう。

いずれに致しましても、「快の感情を好み、不快の感情を嫌う」という仕組《しく》みが人間の心の中に備わっていることにより、全ての人間の心は例外なく、「自分の抱いている欲動を充足させようとする方向」に向かい、この「感情と欲動との仕組《しく》み」というものが全体として、一人の人間という「ある個体」の中で、「生きたい」という生物としての根本的な意志の力を現実に役立たせる方向へと向かっていくということなのです。『**経験や学びによる理性というものが人間を作るとすれば、感情や欲動といったものは、人間を導くのである。**』とは、ルソー《Jean Jacques Rousseau 1712 - 1778 フランス啓蒙《けいもう》期の思想家・小説家　著「社会契約論」「エミール」》の言葉になります。しかし、そういったことの一方で、この「感情と欲動との仕組《しく》み」というものは、自分の抱いている欲動を充足することができなかった人間の心の中に「不快の感情」というものを抱かせ、その人間の心の中にストレスを蓄積させ続けることによって、その人間自身の心と体とに大きな害を及ぼしてしまう可能性があるという「大変に危険な仕組《しく》み（これは、ある意味では、自滅的とさえ言えるような仕組《しく》み）」であるとも考えられるようなものなのです。

ここで、一つの考え方として、『**人間の心の仕組《しく》みというものは、その人間が楽に生きられるように・その人間が生き易《やす》いように作られているのではなく、その人間が個人としては多少苦しんだり悩んだりしながらも、結果として生き延びることができるように・結果として子孫を残すことができるように作られているのである。**』ということが言えるのだろうと考えられます。勿論《もちろん》、人間以外の多くの動物も（ある程度まで精神的に進化している動物であれば）、基本的には、このような仕組《しく》みと同じような心理的な仕組《しく》みというものを備えていると言えるのでしょう。

また、人間は、数多くの相反する欲動というものを持っています。「活動へ向かう欲動」というものがあるのに対して、「休息を求める欲動」というものがあり、「刺激や変化を求める欲動」というものがあるのに対して、「安定を求める欲動」というものがあり、「誰かと同じ自分でありたいという欲動」というものがあるのに対して、「周囲の人間とは違った自分でありたいという欲動」というものがあるといったようにです。そして、このような「相反する様々な欲動のバランス（それは、交感神経と副交感神経との二律背反による自律神経のバランスというものと、深く関わっているものなのだろうと考えられます。）」というものが成立しているからこそ、人間は、自分の生存していく環境や自分の周囲の状況などに対して、柔軟に適応しながら生きていくことができるのでしょう。

（社会的動物である現代社会の多くの人間は、「自分が淋しい思いをしなくて済むように、誰かと一緒にいたい。できれば、自分と親しい誰かや自分を認めてくれる誰かと一緒にいたい」といったことを望み、その一方では逆に、「自分が他者に対して気を使わなくて済むように、自分が他者に認められることを求めなくて済むように、時には一人でいたい」といったことを望むものであると言えるのだろうと思います。勿論《もちろん》、このような「人間が抱いている相反する欲動のバランス」というものは、一人一人の人間によって、少しずつ異なっているものでもあるのでしょう。）

例《たと》えば、「全ての人間は、生まれた瞬間から死に向かって歩き出している」という考え方をすることができます。人間の細胞の分裂回数には、予《あらかじ》め制限が設けられておりますし、人間の脳細胞の数に至っては、生まれた瞬間から少しずつ死滅して減っていくだけであると言えるのです。人間は、「自分が死ぬこと」を強く怖れているものであると同時に、肉体の仕組《しく》みというものを考えるのであれば、「自分が長く生き過ぎること」をもまた強く怖れているものであると言えるのかも知れません。（殆《ほとん》ど全ての生物に「寿命」というものがあるのは、「自分自身の個体の生存」よりも「自分の種族全体の繁栄と進化」の方が生物の目的として優先されるものであるということの証拠であるとも考えられます。）恐《おそ》らく、人間は、「生きたい」と強く望む欲動というものとともに、「死にたい」と望む欲動というものも心の何処《どこ》かに持っているのでしょう。そして、殆《ほとん》ど全ての人間の心の中では、「死にたい」という欲動よりも「生きたい」という欲動の方がずっと強いはずなのであり、だからこそ人間は、「自分が生きること」・「自分が生き続けること」を選べるということなのです。

（尚《なお》、実際に私達の社会の中で少なくない数の人間が抱いてしまう「死にたい」という欲動は、その殆《ほとん》どの場合が、「生き続けることからの逃避」によるものなのだろうと考えられます。それは例《たと》えば、「経済的な困窮状態からの逃避」というものであり、「あまりに複雑な人間関係からの逃避」というものであり、「自分が生きているが故の痛みや苦しみ・悩みや悲しみからの逃避」といったものです。少なくない数の人間が行ってしまう「自殺」という行為に関してのお話は、「Chapter2 - 7」のところで詳しく考察させて頂くことに致します。）

更に、補足的なお話を付け加えさせて頂きますが、例《たと》えば、「ある人間の心の中に不快の感情が喚起される」という場合には、「実際にその人間に与えられた刺激によって感情が喚起される（現実に体を傷付けられた痛みによる不快の感情の喚起など）」という現象の場合のほかに、「その人間が事前に期待していた刺激というものを得ることができなかったがために、その人間自身の心の中に不快の感情が喚起される」という現象の場合があるのだろうと考えられます。つまり人間は、「自分の抱いている欲動が、自分の期待していた発散方向に向かうことができなかったこと」や「自分の予想していた通りの快の感情を自分が得ることができなかったこと」などに対して、不快の感情を覚えてしまうことが少なくはないのです。

例《たと》えば、一二歳くらいの小さな赤ん坊が、「自分の母親が身の周りに見えなくなってしまった」ということを知った時に泣き出してしまうのは、「母親が自分の周りにいないことによる自分の身の危険」というものが恐《おそ》ろしくて泣いてしまうということではなく、自分が期待していた「母親の笑顔を自分が見ることで感じられたであろう安心感や喜び（それに結び付くような視覚的刺激）」というものを感じることができなくて泣いてしまうということなのです。

「欲動という力を発散することができずに、心の中に残し続けてしまう（自分の心の中に欲動のベクトルが残り続けてしまう）」という心的現象を考えて頂ければ、「人間が不快の感情というものを抱いてしまった時には、快の感情というものを抱くことができた時に比べて、その感情の強さの減退が遅い」ということの理由も、感覚的に理解して頂けることと思います。尚《なお》、「Chapter2 - 2」でもお話致しますが、「不快の感情（怒りや恨み・憎しみや悲しみなど）というものの方が、快の感情（喜びや楽しさ・嬉しさや愛《いと》しさなど）というものよりも、人間の心の中に長く残り続けてしまうこと」が少なくないのは、「自分に不快な感情を与えてくるような対象」というものを印象深く覚えておくことによって危険から自分の身を守るための「人間の心の中に備わっている心理的な仕組《しく》みの一つ」によることでもあると言えるのでしょう。（もっとも、このような心理的な仕組《しく》みが人間の心の中に備わっていることの功罪として、人間は時々、「自分が過去に味わってしまった不快な感情を喚起させるような体験」というものを思い出してしまい、不必要に悩んでしまったり・無闇に憂鬱な気持ちを感じてしまったりするといったことも、確かなことなのでしょうけれどね……。）

（特に、人間の抱く「怒り」や「憤り」・「不安」や「恐怖」・「悲しみ」や「迷い」といった

「様々な種類の不快の感情」というものは、その感情を抱いている人間の心に大きなストレスを与えて・その感情を抱いている人間の心を蝕《むしば》んでしまうものである一方で、時として、自分自身の心の在り方や自分自身の言動・自分自身の現状や自分の周囲の環境の現状といったものを変化させて新しい可能性を生み出すための「非常に大きな力」ともなり得るものです。また、実際に自分の抱いている「不快の感情」というものを利用して、人間が、自分自身の現状や自分の周囲の環境の現状といったものを打破していこうとする際には、「自分の抱いている不快の感情という強いベクトルを、どのような方向・どのような対象に向けるのか」ということを間違えないようにするということが、非常に大切なことであると言えます。例《たと》えば、誰かを悲しませたり・誰かを不幸にしたりする結果に結び付いてしまうような「怒りの感情の発散」というものを求めるのではなく、自分自身と自分の周囲の人間の状況というものを、現在よりも更に良いものにする結果に結び付くような「怒りの感情の発散」というものを求めることが、大切なことであると言えるのでしょう。

（尚《なお》、関連するお話として申し上げますが、「怒りの感情」というものに関してのことだけに限らず、「具体的な情動体験というものを伴って得た自分自身の意志や信念」といったものは、多くの場合におきまして、非常に強靭で強力なものとなるのだろうと考えられます。例《たと》えば、自分が過去に誰かにからかわれたり馬鹿にされたりして悔しい思いをして、「その誰かを逆に見返してやりたい」と考えて何かの努力をしている時や、「将来において何らかの形で成功をして誰かに誉められたり誰かを喜ばせたりしている自分の姿」というものを今の自分が具体的に想像しながら何かを頑張っている時などには、人間は、多少の苦難や多少の苦労にも負けないくらいの非常に強い心の力というものを発揮することができるものなのです。）

また、充足されることができずに人間の心の中に残されてしまった「欲動のベクトル（抑圧されてしまった欲動のベクトル）」というものは、心の外に発散されることを求めて、「昇華」という道を目指すことになるのですが、「昇華」や「抑圧」といった言葉に関しましては、「Chapter2 - 2」のところで詳しい議論を加えさせて頂くことに致します。

この「昇華」という心的現象を自分の心の中でうまく行うことができずに、自分の心の中に「欲動のベクトル」というものを残し続けてしまうこと（欲動を抑圧し続けてしまうこと）が、現代社会において多くの人間が自分の心の中にストレスを溜め込んでいってしまうことの基本的な原因の一つであると言えるのでしょう。しかし、こういった事実がある一方で、「自分の欲動を適度に抑圧する」ということによって、一人一人の人間が、「この社会の中で大きな問題を生じさせることもなく生活をする」ということを可能にしているということも、事実なのだろうと考えられるのです。サンドール・フィレンチの言葉には、**『人間が真面目であり続けられているということは、うまく抑圧し続けられているということである。』**と述べられています。

Chapter1 - 4　感覚・運動・記憶

少し前のところで申し上げましたように、「感覚」というものと「運動」というものとは、人間の心の中の世界と人間の心の外の世界とを繋《つな》ぐものです。心の外の世界のものを（刺激や情報として）心の中の世界に取り入れるものが、「感覚」というものであり、心の中の世界のものを（筋肉の伸縮によって）心の外の世界に表すものが、「運動」というものであるということになります。

感覚というものの方から先に説明を加えさせて頂きますが、人間は、特別な障害などを持たない健康な状態であれば、「視覚」・「聴覚」・「味覚」・「嗅覚」・「皮膚感覚」から構成される五感というものを能力として備えています。（「第六感」というものを考慮の対象に入れてしまいますと、とても複雑なお話になってしまいますので、ここでは、第六感というものは考えないことにさせて頂きたいと思うのですが、一つだけ言及させて頂きますと、野生動物であった時の人間には間違いなく備わっていたはずの「人間の第六感的な危険察知の能力」というものは、現代に至るまでの人間の精神的な進化の結果として失われ掛けてしまっている能力であるとも言われています。）そして、これらの感覚はそれぞれに、「心の外の世界のどんな刺激を感じ取り、心の中の世界に取り入れるのか」というところに違いが認められるものであると言えるのでしょう。

視覚（目）の感じ取るものは「光」です。これは、明暗の違いや色の違いを含んだ光のことであり、人間の目は（耳も鼻もこの点では同じなのですが）左右に二つ並んだ形で人間の顔に付いておりますので、それによって人間は、光の生じている（光の反射している）物体の距離や方向をも、ある程度まで正確に把握することができます。

聴覚（耳）の感じ取るものは「音」であり、これは、「物理的な振動（空気の振動）」というものを知覚するということです。「音の正体が、空気などを伝わる物理的な振動にある」ということは、多くの方が御存知かと思います。「その振動の周波数」というものが、人間が知覚することができる音の音程（音の高さ）というものを決め、「その振動の強さ（圧力）」というものが、音の強弱（音圧）というものを決め、「その振動の波の形（波形）」というものが、音の形（音色）というものを決めるということです。（尚《なお》、少し細かい点にも言及させて頂きますが、人間は、低い音程の音を全身の骨の振動を通じて感じ取っており、耳にある三半規管というものによって、体の平衡感覚やバランス感覚といったものをも感じ取っています。）

味覚（舌）と嗅覚（鼻）の感じ取るものは「体内に入ってくる物質の性質（化学的な性質）」であり、皮膚感覚（全身）の感じ取るものは「体に直接触れている物質の性質」です。尚《なお》、皮膚感覚というものは、温・痛・圧の三種類の性質の刺激の情報を取り入れる働きを持っています。例《たと》えばそれは、「温かくて鋭いものが手に触れている感覚」・「冷たくて重たいものが体の上に乗っている感覚」といったようにです。

人間の備えている「感覚」という能力もまた、「生きたい」という生物共通の意志の力に基づいて、自身の進化の過程において形成されてきたものなのだろうと考えられます。例《たと》えば、野生の動物にとって、「自分の遠くで火山が噴火をして大きな音がしたことを知覚できる能力」や、「自分の近くにある栄養豊富な食料の匂いを感じ取ることができる能力」といったものは、自分自身の生存をより確かなものとするために不可欠な能力であったと言えることでしょう。

「Chapter1 - 3」の「欲動」と「感情」に関しての説明のところでは、「感情は欲動の充足に対応して生じるものである」ということを申し上げましたが、ここで、もう少し詳細に考えますと、欲動の充足と感情の出現との呼応の間には、「運動」というものと「感覚」というものとの両者が入ってくることになります。ここのところを、簡単な例を挙げて説明させて頂きます。

例《たと》えば、人間は「欲動」を抱き（例《たと》えば、「食欲」という欲動を抱き）、その欲動を充足するための「運動」をし（例《たと》えば、「パンを食べる」という行動をし）、その結果として感覚器が「刺激」を受け取り（例《たと》えば、「美味しいという感覚や満腹中枢への刺激」などを受け取り）、「快の感情（例《たと》えば、幸せな満腹感）」というものを抱くことができるといったようなことです。（このお話に関しましては、「Chapter1 - 5」のところでも更に説明を加えさせて頂きます。）

ここで、人間の心の仕組《しく》みとしての「感覚」と「感情」というものに関しまして、もう少し詳しく考えてみることに致します。まず、感覚というものは、「刺激の程度の差異（異なる二つ以上の刺激の比較）」によって生じるものであり、その刺激を切っ掛けとして（正確には、その刺激から思考を通じて）喚起される感情というものは、ある一点を頂点として、それ以降は少しずつ減退していくものであると言えるのでしょう。

例《たと》えば、私達人間が、暗い部屋の中から突然に明るい太陽の下に出てきた時、初めのうちは、眩《まぶ》し過ぎて耐えられないような感じを覚えますが、時間とともに、その眩《まぶ》しさにも少しずつ慣れてくることができます。ある人間がテレビを見ている時なども、周囲の音が殆《ほとん》どないということを仮定すれば、そのテレビの音量が多少大きくとも小さくとも、その人間の耳には、やがて適度な大きさの音として聞こえてくるようになると言えるのでしょう。

つまり、人間は、「コントラスト」というものを知覚しているのです。人間の心は、非常に大きな差を生じさせている刺激を受けた時に、その刺激の差の大きさに対応するように強く反応することができます。音楽による刺激というものを例に挙げますと、「小さな音」があってこそ「大きな音」が、「低い音」があってこそ「高い音」が、「厚みのあるオーケストラの和音」があってこそ「ソロ楽器の単音」が、より効果的なものとなると言えるのでしょう。更に、「現在において自分が実際に聴いている音の刺激」というものと比較される刺激は、「ごく短い時間の間に連続して聴いた音の刺激」というものに限られるものではありませんから、「自分がずっと昔に聴いた音の刺激」というものも、比較される刺激（ここでは聴覚的刺激）の対象となり得ます。

音楽教育を受けた人間の中には、何かの音（例《たと》えば、車のクラクションの音や線路の踏み切りの音といった日常生活に有り触れた音）を聴いて、「その音が、楽音で言われるどの音程に類似した周波数を持っているのか」ということを言い当てられるという「聴音」の能力を持っている人間が少なくはありませんが、人間の獲得するこのような能力も、その人間の「自分が過去に聴いたことのある様々な音の記憶」というものを基礎として成り立っていると言えるのでしょう。このように、人間の記憶というものには、「言葉に書き換えられるような多くの種類の記憶（記述的記憶）」というもののほかにも、「それぞれの感覚器が過去に感じたことのある刺激の記憶」というものや、「感覚的な刺激の記憶に関連させて様々な情報を結び付けた形の記憶」というものもあるのです。

ある人間が、自分が感覚器を通じて得た感覚刺激というものから、「これは、バラの花の香りだ」・「懐かしい景色だね」・「母親の手料理の味だ」・「これは、クラリネットの音だね」・「恋人の手の温もりだ」といったことを感じ取ることができるのは、「感覚的な記憶とそれに付随する様々な情報の記憶」というものが、その人間の心の中に蓄積されているからです。多くの人間の実際の日常生活の中では、「自分にとって思い出のある曲」を聴くことや、「自分にとって懐かしい故郷の景色」を見ることなどによって、「現在において自分が受けた刺激」というものに類似した「過去において自分が受けた刺激」というものと「それに関連する様々な情報の記憶」というものとを自分自身の心の中で呼び起こして、深い感動を覚えたり・大粒の涙を流したりするといったようなことも、少なくはないと言えるのでしょう。

尚《なお》、「ある人間が何かを感覚する」という行為のうちの殆《ほとん》ど全ては、その人間の脳の記憶というものを用いて行われているのであり（例《たと》えば、「私が自分の名前を誰かに呼ばれて返事をする」ということは、聴覚的な刺激としての「自分の名前の音の響きの記憶」というものが私の脳の中に存在しているからこそ、可能となっていることなのです。）、「人間が蓄積している感覚に関する記憶」というものが一人一人の人間によって少しずつ違っているのと同じように、「人間が感じ取っている感覚情報」というものも、一人一人の人間によって少しずつ違ってくるはずのものです。ですから例《たと》えば、もし、「自分の脳」と「自分以外の誰かの脳」とを取り替えることなどができれば、その時の自分には、恐《おそ》らく、想像を絶するような世界というものが見えたり・聞こえたり・感じ取れたりすることでしょう。（「自分の抱いている記憶や価値観・自分の抱いている考え方や心の状態といったものが、どのようなものであるのか」ということの違いによって、同じ刺激や同じ経験を得た人間であっても、それを、「自分の心に快の感情を喚起させるような刺激や経験」として受け止めることができる人間もいれば、それを、「自分の心に不快の感情を喚起させるような刺激や経験」として受け止めてしまう人間もいるのです。）

正確に申しますと、「人間が、自分の心に生じている何かの心的現象（心の活動）を認識する」ということは、「何らかの要因によって（それは、外的な刺激によってかも知れませんし、内的な欲動や記憶・意識の力といったものによってかも知れません。）その人間が自分自身の心の中に形成した現象（心的現象）というものを認識する」ということなのです。従って、例《たと》えば、「ある人間が、自分の感じる感覚という心的現象を形成したり認識したりする過程」におきましては、「その人間が実際に感覚器を通じて情報として得た刺激」というものだけではなく、「その人間が自分の心に蓄積している記憶」や「その人間の抱いている欲動」・「その人間の抱いている先入観」や「その人間の抱いている固定観念」・「その人間が現在において抱いている感情」や「その人間が抱いている意識の力」といったものも、非常に強く影響することになると言えます。（つまり、人間の心の動きというものは、常に主観的なものなのであり、人間が自分の心の中に形成したり認識したりする「記憶」や「感覚」といった心的現象というものも、その性質上、非常に客観性に乏しいものとなってしまったり・非常に曖昧なものとなってしまったりすることが、決して少なくはないようなものなのです。)

ですから例《たと》えば、「感覚や記憶といったものを通じて、人間と人間とがお互いを理解し合うことができる」ということが現実にあったとしても、それは厳密に考えれば、「点を通じての相互理解」と呼べるに過ぎないようなことなのです。この「点を通じての相互理解」というものを自分と誰かとが繰り返すことによって、その「点」は、やがて「線」や「面」となり、「自分が、その誰かのことをより深く理解することができるようになる」ということも、確かに有り得ることなのでしょう。長い期間に渡って自分と共通の体験をしてきた仲間のことや、一緒にいる時間を多く過ごしてきた自分の家族のことを、自分が他の人間よりも「より深く理解することができている」といったように感じられるということは、このような「点を通じての相互理解」によることであるとも言えるのだろうと思います。

もっとも、人間が「自分以外の誰かのこと」を理解することができるという場合は、実際にはその多くが、人間が「自分以外の誰かの価値観や記憶」といったものを多く理解したり深く理解したりすることを通じてであると言えるのでしょう。例《たと》えば、多くの子供は、「自分の母親が、どんな状況の時にどんな行動をとるのか」ということや、「自分の母親が、普段から何を感じて、何を思い、何を望んでいるのか」といったことを、他の人間よりも遥《はる》かに詳しく知っているはずです。ですから、多くの子供は、他の人間よりも、「自分の母親のこと」をより深く理解することができていると言えることでしょう。

自分が「自分自身のこと」を深く理解するという場合も、基本的には同じ理屈で考えることができます。(尚《なお》、「価値観」という言葉に関しましては、「Chapter2 - 1」のところで詳しいお話を加えさせて頂きます。)

「記憶」に関してのお話を更に少しだけ続けさせて頂きますが、「人間が自分の心の中に蓄積していく記憶」というものには、その人間の心的現象(心の活動)と結び付いた様々な種類の記憶というものがあるのです。人間が獲得していく記憶の種類には、先ほどからお話しておりますような「感覚に関する記憶」というもののほかにも、「感情に関する記憶」や「運動に関する記憶(人間が実際に運動を行うのも、実際に行っている運動を把握するのも、自分自身の心的現象を通じてなのです。)」・「欲動に関する記憶」や「思考に関する記憶」といったものがあり、特に、言語化できるような「意識的な思考に関連する記憶」というもの(心理学で言うところの「記述的記憶」というもの)は、「Chapter2」で展開致します「価値観」や「信念」といったものに関しての議論のところでも重要な意味を持つものとなります。そして、「人間がそういった様々な記憶を獲得する」ということが、例《たと》えば、歩き方や食べ物の味などを「知る」ということであり、「人間がそういった記憶を何回か獲得することを通じて、記憶を強いものに(個々の記憶間の繋《つな》がりを強固なものに)する」ということが、例《たと》えば、何かの動作や何かの経験などに「慣れる」ということであると言えるのでしょう。

(ここで私は、「人間が、自分の思考や行動・自分の話す言葉などを組み立てるために使用する記憶群」のことを特に、「スキーマ」や「スクリプト」といった言葉を使って表現させて頂きます。具体的に申しますと、これは例《たと》えば、「自分の家に帰った時に、自分が玄関のドアを開ける」といったような何気ない動作を人間が無意識的に行うことを可能にしているものであり、例《たと》えば、この「ドアを開ける」という動作も、本来であれば、「自分が自分の家の前に立つ」・「自分の家の鍵を手に取る」・「鍵を鍵穴に正しく挿し込む」・「正確な方向に鍵を回す」・「鍵を抜き取る」・「ドアノブを持つ」・「ドアノブを回す」・「ドアノブを引く」・「自分が家の中に入る」といった複雑な連続動作なのであり、この一連の動作というものは、コンピューターのプログラムやスクリプトのように、人間の脳の中に記憶・構築されているものなのだろうと考えられるのです。尚《なお》、このような種類の記憶に対して、「青い色を見た時に海や空をイメージする」・「セミの鳴き声や風鈴の音を聴いた時に夏の暑さをイメージしたりする」といったようなことを人間が無意識的に行うことを可能にしている記憶のことを、「心的イメージ」という言葉を使って表現させて頂きます。この「心的イメージ」という言葉は、「Chapter2 - 5」の芸術と感動に関してのお話のところでも、重要な要因の一つとなる言葉です。)

また、これは一人一人の人間によって個人差が大きいようなことでもあるのでしょうが、全ての人間は、自分自身の心というものを「自分の意識の力」によってある程度まで自在にコントロールすることができるものなのであり、感覚や記憶といった類《たぐい》の心的現象に関しても、このことは同様に言えることなのだろうと考えられます。例《たと》えば、人間は、自分の意識の力によって、「自分の感覚の精度」というものを、ある程度まで自在にコントロールすることができます。食事の時に意識して味わおうとすることや、音楽を聴く時に聴覚に神経を集中させることなどによって、より繊細な刺激の情報まで細かく捉えることができるようになるはずです。(また、例《たと》えば、聴覚の情報を繊細に感じ取るために目を瞑《つぶ》るなど、他の感覚器からの情報を一時的に・意識的に遮断することによって、人間は、特定の感覚器からの情報を更に精細に感じ取ることができるようになります。このことは、「各感覚器官から伝えられる情報への意識の分散と意識の集中」ということに密接に関係していることであり、例《たと》えば、目の見えない人が聴覚的な刺激や皮膚感覚的な刺激などに対して非常に敏感になるといったこととも、基本的には近いようなことなのでしょう。)

自分の持っている「強い意識の力」というものを利用することによって、ある人間が、「自分の記憶や自分の感覚といったものを新たに作り出すということ」も、不可能なことではないのだろうと考えられます。例《たと》えば、自分が現実に体験したことのない記憶であっても、「その記憶が自分のものであって欲しい」と望む自分自身の意識というものが充分に強いものであれば、その記憶を自分の心の中に確かに備わっているものとすることができ、その記憶を自分にとって「真実」と呼べるものとすることができるのです。尚《なお》、ここで用いております「真実」という言葉に関しましては、「Chapter2 - 4」のところで詳しい説明を加えることにさせて頂きます。

「感覚の捏造《ねつぞう》」ということに関しましても、「記憶の捏造《ねつぞう》」の場合と基本的には同じことです。例《たと》えば、自分が布団に入ってこれから眠ろうとしている時に、自分の顔に触れる誰かの指先の感覚や、自分の足の爪先《つまさき》に触れる誰かの指先の感覚などを非常に強く意図的に意識することによって、そのような感覚を実際に得ることができます。このように、「意識の力によって皮膚感覚的な刺激を捏造《ねつぞう》する」ということも可能なくらいですから、「意識の力によって視覚的な刺激や聴覚的な刺激を捏造《ねつぞう》する」といったことは、恐《おそ》らく、もっと容易なことなのでしょう。実践されると、少し怖い体験をしてしまうかと思いますが、勇気と興味のある方は、実際に試してみて下さい。

（「心霊現象」と呼ばれるもののうちの少なくとも一部は、このような「心的現象の捏造《ねつぞう》」によって説明することができると断言することができます。生物であるが故に抱いてしまう「死という概念に対しての強い怖れの意識」というものが、心霊現象と呼ばれるようなものに繋《つな》がる様々な心的現象というものを自分の心の中に捏造《ねつぞう》する力になってしまうということなのでしょう。また、「強力な電磁波や強力な放射線が人間の脳に与える物理的な影響というものによって、人間の心の中に様々な感情や様々な感覚が突然に生じてしまうことなどを通じて、人間が心霊現象や幻覚体験をしてしまうこと・人間が突発的に情緒不安定な状態に陥ってしまうこと・人間が自分の思考や自分の記憶の連続しないような状態に陥ってしまうことなどがある」という学説もあります。強力な磁場の影響を受けた人間の脳や自分自身の生命の危機状態に陥った人間の脳の中では、「脳内麻薬物質が過剰なほどに多く分泌されたり、神経伝達細胞であるニューロンから電気信号が異常なほどに多く発信されるようになる」といった「ニューロン爆発」と呼ばれる現象が起こる場合があり、この現象の結果として人間の心に様々な心的現象が捏造《ねつぞう》される場合があると考えられています。人間が感じることができる全ての心的現象というものは、物理的で具体的な脳の働きによって生じているものにほかならないのであり、例《たと》えば、「臨死体験」や「超常現象体験」といったものの一部も、この「ニューロン爆発」というものに関係していると考えることが可能です。）

続きまして、「人間の抱く感情の強さというものは、ある一点を頂点として、その後は減退していくものである」というお話に関しまして、簡単に説明を加えさせて頂きます。各感覚器から得られた刺激の情報というものは、記憶を用いた無意識的な思考（この言葉に関しましては、「Chapter1 - 5」で御説明致します。）によって解釈され、その解釈に応じて様々な脳内麻薬物質（ベータエンドルフィンやドーパミンなど）が分泌されることを通じて、人間の感情というものは喚起されると考えられます。そして、分泌された脳内麻薬物質が機能し、効果を発揮した後には、その物質の効果として現れたその人間の感情の強さというものは、少しずつ減退していくことになるのです。

例《たと》えば、ある人間が温泉に入った時、初めのうちは、とても心地良い気持ちというものを感じることができますが、その人間の感覚というものが少しずつ慣れてくるに従って、または、その人間の感じられる刺激というものが少しずつ薄れてくるに従って、その心地良い気持ちの強さというものも、少しずつ減退していってしまいます。それに対して、例《たと》えば、ある人間が「自分の好きな人に告白をされた時のとても嬉しい気持ち」というものを強く感じ続けることができるのは、「その相手が私のことを好きでいてくれている」という事実を、自分が心の中で何度でも確認することができるからです。（シュヴァリエード・ブーフレの言葉には、『**幸福は永遠に輝くダイヤモンドに、快楽は一滴の水に似ている。**』とあります。）

ですから、少し複雑なことを申し上げますが、人間の抱く「体感的な刺激から喚起されるような感情

（聴いている音楽を通じて喚起されるような感情や、見ている絵画を通じて喚起されるような感情）というものは、実際に同じような刺激を受けることによってしか、強烈には喚起され得ません。勿論《もちろん》、その絵画を自分の心の中で思い出すことによって、以前にその絵画を見た時に自分が得た感情というものに近いものを喚起させることなどは、可能なのだろうと考えられます。ですが、そうすることによって喚起された感情の強さというものは、実際にその絵画を見た時に喚起される感情の強さというものよりは、比較的弱いものとなるはずです。

（また、同じような刺激や類似した性質を持つ刺激といったものを二度・三度と繰り返して何度も受けることで、「そのような刺激を受ける体験をする」ということ自体に自分が少しずつ慣れてくることによって、自分が、一度目ほどにはその刺激の体験を強く感じることができなくなってしまうといったようなことも、人間の心の中では、非常に当たり前のこととして起こることであると言えるのでしょう。例《たと》えば、「自分が、ある映画やある舞台を一度目に見た時には、とても強烈な感動を覚えることができたのに、二度目・三度目に同じ映画や同じ舞台を見た時には、一度目ほどには感動をすることができない」といった経験は誰にでもあるはずです。このことは、同じ感覚を長時間に渡って感じ続けることによる「感覚刺激への慣れ」ということではなく、何度かに渡って同じ体験を獲得することを通じて行われる・記憶の定着を通じて行われる「体験への慣れ」ということです。尚《なお》、この「体験への慣れ」や「感覚刺激への慣れ」といったお話には、「Chapter2 - 5」の「芸術と感動に関しての考察」のところでも、少し触れさせて頂きます。）

それに対して、例《たと》えば、「言葉を通じて自分自身の心に喚起されるような感情（誰かの話す言葉や何かの本に書いてある言葉などを通じて喚起されるような感情・記述的記憶によって喚起されるような感情）」や、「自分で自分の現状を認識し直すことなどによって自分自身の心に喚起されるような感情（頑張っている自分や誰かに必要とされている自分などを認識し直すことによって感じ取ることができるような感情）」といったものは、現実にその言葉を知覚した後や、現実に自分の現状を認識した後にでも、何度でも「その言葉」や「その事実」を自分の心の中で確認することによって、その感情をリアルに喚起することが可能になるのだろうと考えられます。勿論《もちろん》、「誰かが自分に伝えてくれた何かの言葉（愛を伝えるような言葉や自分のことを認めてくれるような言葉）というものを、自分が心の中で思い出として振り返ること」などよりも、「現実にもう一度、その誰かから同じような言葉を伝えてもらえること」などの方が、遥《はる》かに嬉しく感じられるようなことであるのは、間違いのないことなのでしょうけれどね。（それに、「誰かに何かの言葉を伝えてもらう」という出来事は、多くの場合におきまして、「その誰かの声やその誰かの笑顔を感じることができる」といった「体感的な刺激」というものをも伴っているものです。）

自分が「素適な家族」に属することができている人間は、自分のことを認めてくれている家族・自分のことを愛してくれている家族がいることを、心の中で何度でも（何時《いつ》でも・何処《どこ》でも）確認することができます。そういった意味でも、自分が「素敵な家族」に属することができている人間は、とても幸せであると言えるのでしょう。（「家族の大切さ」ということに関してのお話は、「Chapter2」以降でも、様々なところで触れさせて頂きます。）

また、全ての人間の心の中に、「刺激の比較によって感覚するものが、感情を形成する要因となる」・「表出した感情は、時間とともに少しずつ減退していく」・「辛《つら》い経験や悲しい経験などにも、少しずつ慣れていくことができる」といった仕組《しく》みが備わっていることによって、例《たと》えば、多くの人間は、少し厳しい環境の中の辛《つら》く苦しい毎日におきましても、生活をしていくうちに、少しずつその環境に慣れ、小さな幸せや小さな喜びといったものを生きがいとしながら、強く生きていくことができます。同様のことを理由として、例《たと》えば、多くの人間は、自分が大きな失敗や挫折を経験してしまったとしても、時が経てば、それらから立ち直ることができますし、自分が一つの成功を手に入れることができたとしても、その成功に満足することなく、より大きな成功を手に入れるために努力をし続けようとすることができるのです。

（「人間が、充実した自分の人生というものを、ポジティブに・前向きに生きていくために大切なこと」の一つは、自分がどれだけ大きな成功を手に入れることができたとしても・自分が他人よりもどれだけ幸せと思えるような状態になることができたとしても、常に「上昇志向」というものを忘れずに、より良い自分を目指し続けるということにあります。もし、自分が「現在の自分の状態」というものに完全に満足してしまえば、そこで人間は、成長することを止め、守りに入ろうとしてしまうことでしょう。「Chapter2 - 8」でもお話致しますが、人間の欲動というものは、無限のものなのであり、どんなに自分の望みを満たしたとしても、「自分に欠如している何か」というものを更に探したり・見付けたりすることができるのが、人間という存在であると言えます。恐《おそ》らく、人間が「現在の自分の状態」というものに完全に満足し続けられるようになるということなどは、その人間が、自分に対して言い訳をしたり・何かの面で自分に妥協をしたり・無理矢理に自分を納得させたりすること以外には、有り得ないことなのでしょう。**『真の有能な人間の特質は、決して自分に満足しないことにある。』**とは、プラウトゥス《Titus Maccius Plautus B.C.254 - B.C.184　古代ローマの喜劇作家　著「捕虜」》の言葉であり、アラビアの諺《ことわざ》には、**『何かをしたい者は、手段を見付け、何もしたくない者は、言い訳を見付ける。』**という言葉があります。）

（例《たと》えば、現代の日本のような社会におきましても、少なくない数の人間は、「自分が受験に受かって大学に入ること」や「自分が面接に受かって企業に就職をすること」・「自分の憧れている何かの職業に自分が就くこと」や「自分が結婚をすること」などを「目的」として様々なことを頑張っていますが、それらは本来は、「大学に入って勉強をすること」や「企業に就職をして仕事をすること」・「自分の憧れている何かの職業に自分が就いて、自分の憧れている何かのことを成し遂げたり実行したりすること」や「自分が幸福な家庭で充実した毎日を送ること」などのための「手段」となることであるに過ぎないのであり、その「手段」を入手した上で、更に上を目指して努力や行動をし続けるということが、多くの人間の人生においては肝要なことなのです。）

Chapter1 - 5　思考・意識と無意識

私達人間の心の中では、「思考」という心的現象が絶えず起こっていると言えます。ある人間が、自分の「意識的な思考」としては何も考えずにいるつもりであっても、その人間の「無意識的な思考」というものは、常に働いていると言えるのです。

例《たと》えば、私達が何らかの「欲動」というものを抱けば、私達の心の中では、「その欲動を充足させるためには、どうすれば良いのか」という思考が無意識的に（私達の意識にとっては自動的に）起こります。続いて、その「思考」の決定に基づいて全身の筋肉に情報の伝達（電気的な信号による情報の伝達）が行われ、心の中の世界から心の外の世界へのアプローチである「運動」が行われるのです。そして、自分の行った運動の結果（レスポンス）を受け取るために、心の外の世界から心の中の世界への情報の取り入れである「感覚」が行われ、更に、感覚によって得ることができた情報から、「自分の欲動は充足されたのか、充足されなかったのか」という思考（記憶を用い、欲動を考慮した思考）が為《な》された上で、「感情（快の感情や不快の感情）」が発生します。

（「欲動」というものに関してのことで、ここで更に少しだけ補足をさせて頂きますが、「私達の抱く欲動というものは、私達の肉体や精神の外的な条件や内的な条件といったものを思考が判断することによって、生じるものである」と考えることもできます。つまりこれは、「空腹という内的な条件と美味しそうな食べ物の香りという外的な条件とによって、食欲という欲動が誘発される」・「肉体や精神の疲れという内的な条件と目の前に見える暖かそうな布団という外的な条件とによって、睡眠欲という欲動が誘発される」といったようなことです。）

（また、このお話は、考え方によって見解が異なってしまうようなことでもあるのでしょうが、「人間の心の中には、欲動の発現と同時に不快の感情が発生し、人間は、自分の心に発生した不快の感情から逃れるために、思考をし、運動をし、欲動を充足しようとする」といったような考え方をすることもできます。そして、「自分の行った運動の結果として自分の欲動を充足することができれば、自分の心に生じていた不快の感情が消え去る代わりに快の感情を得ることができ、それに対して、自分の行った運動の結果として自分の欲動を充足することができなければ、自分の心に生じていた不快の感情は、更に強いものとなっていってしまう」ということなのでしょう。「人間を行動へと導き・生存へと導き・生物としての使命へと導くものが、人間の抱く欲動というベクトルである」という事実は、疑う余地もないことなのですが、この欲動のベクトルというものは、記憶や感覚・感情や思考といった人間の心の仕組《しく》みによって二次的に生まれるものであると考えることもできるようなものなのです。）

このような人間の心の活動というものが、私達の日常の生活の中で当たり前のこととして繰り返し行われている「欲動という一つのベクトルが生じたところから、感情という一つの結果が生じるところまでの一連の心的現象の流れ」と呼べるものになります。尚《なお》、私がここで考えております「思考」というもののうちの多くの部分は、私達が時として言葉を使いながら心の中で行っている「意識的な思考」というものとは違い、私達の意識にとっては自動的に（私達にとっては無意識的に）行われている思考ですので、私達が、この「無意識的な思考」という心的現象が自分自身の心の中で生じているということに気付くことは、あまりありません。（尚《なお》、精神的に充分に発達している大人は、「言葉を用いての意識的な思考」というものを自分が行う際に、自分の心の中だけで行うことができますが、精神的に未熟な子供は、「言葉を用いての意識的な思考」というものを自分が行う際に、少なくとも最初のうちは、実際に自分の口で言葉を発しながら・実際に自分の耳で言葉を聞きながら・実際に自分の手で言葉を書きながら・実際に自分の目で言葉を読みながら、意識的な思考というものを行います。）ですが例《たと》えば、「歩行をする」という非常に慣れ親しんだ作業を自分が行うという場合に致しましても、自分の抱く「歩こう」という意志や「歩きたい」という欲動から、「体のどの部分の筋肉を動かして歩くのか」という思考が無意識的に行われた上で、その作業が為《な》されていると言えるのです。

（このお話を、「Chapter1 - 4」で定義致しました「スクリプト」という言葉を用いて説明させて頂きますと、「歩行をするという動作のための一連の記憶群」というものが、自分の現在に至るまでの経験によって「一つの自動的なスクリプトのような形」に完全に構築されているからこそ、そのスクリプトを自分が無意識的な思考の段階で利用することによって、「自分が、何かを考えたり他の作業をしたりしながらも、半自動的に歩行をすること」ができるようになるということです。つまり、全ての人間の心の中には、日常的に数多くこなす必要がある動作というものを「一つの記憶の塊」・「一つの自動的なスクリプトのような形」としてまとめることによって、自分がその動作を行う際に脳の活動によって消費されてしまうエネルギーというものを少なくしようとするという心の仕組《しく》みが備わっているのだろうと考えられます。何時《いつ》も通りの家路を歩いたり風呂に入ったり着替えたりするといった「大きな情動体験を伴わないような有り触れた日常生活での体験」というものが多くの人間の心に記憶として残り難《にく》いということも、「記憶をする」・「記憶を長時間に渡って保持する」といった心的現象が非常に頻繁に生じてしまうことによって脳の中でエネルギーが無駄に浪費されてしまうことを避けるために構築されている「省エネルギーを目的とした人間の心の仕組《しく》み」によることなのでしょう。）

人間が何かの思考をする際には、その殆《ほとん》ど全ての場合におきまして、その人間が自分自身の心の中に蓄積している「記憶」というものを使用して、その思考が為《な》されます。例《たと》えば、「ある人間が、言葉を用いて誰かと会話をする」という時には、その人間が現在までに読んだり聞いたり・書いたり話したりしてきた無数の経験の中で構築されている「言葉の記憶」というものが、無意識的な思考によって使われ、的確な単語が選ばれたり・的確な文法が用いられたりした上で、その人間が言葉を話したり相手の言葉を理解したりするということになると言えるのでしょう。

（また、そのような「記憶を用いた思考や運動」を繰り返すことによって、人間の「個々の記憶」や「複数の記憶間の繋《つな》がり」といったものは強化され、その人間が、自分の行動というものを、更に自動的なものとしていくことや、更に能率的なものとしていくことができるのです。例《たと》えば、私達が普段から当たり前のこととして行っている「服を着る」・「靴を履く」・「物を食べる」・「挨拶をする」・「歩行をする」・「名前を書く」といった単純作業の多くは、幼少の頃からの繰り返しの経験によって、既《すで》に意識せずに自動的に行えるようになっていると言えるのだろうと思います。ですから、歩行をすることや挨拶をすることなどを憶え始めたばかりの小さな子供は、意識的な思考によって記憶を用いたり思考錯誤をしたりしながら、そういった単純作業を行っていると言えるのでしょう。尚《なお》、その一方で例《たと》えば、「呼吸をする」という作業などは、経験的なものであると申しますよりも、「心臓を動かす」という作業などとともに、生得的なものであると言えるのかも知れません。）

人間の心の中では、「意識的な思考」というもののほかにも、このような「無意識的な思考」というものが、絶えず起こっていると言えるのだろうと考えられます。そして、私達の行動（肉体的な行動も精神的な行動も含めた意味での行動）の全ては、この「無意識的な思考の介入」というものを、例外なく強く受けているものであると言えるのです。このような意味では、私達が普段から何気なく行っているような「髪を掻き揚げるという仕草《しぐさ》」や「両手を擦り合わせるという仕草《しぐさ》」・「足踏みをするという仕草《しぐさ》」や「顔の一部に手で触れるという仕草《しぐさ》」など、人間の行動の全てが、何らかの心理的な意味を持つ行動であると考えることができるのでしょう。

この「無意識的な思考の介入」という要素は、人間の心というものを厳密に考えていく上でも非常に重要なものとなりますので、ここで、「無意識的な思考の介入によって形成される人間の行為」というものの例を、少しだけ挙げさせて頂きたいと思います。例《たと》えば、私達は、自分が親しくなりたいと望んでいる誰かと一緒にいる時には、無意識のうちに、その相手のことを真似るようになることがあるものです。特に意識をして、「自分がその相手のことを真似よう」と考えたりする訳ではないのですが、自然と服の趣味が似てきたり、食事の好みや様々な感性が似てきたり、仕草《しぐさ》や話し方が似てくることもあります。このようにして、自分の抱いている「相手と親しくなりたい」という気持ちが無意識的に表出していくことが、実際の人間関係におきましては少なくないのであり、これは、心理学の分野で「共鳴行為（共鳴行動）」という言葉で呼ばれるものです。（この「共鳴行為」という人間の性質を現実の人間関係に利用することを考えてみますと、例《たと》えば、誰かと一緒に歩いている時には相手と歩調を合わせたり、誰かと会話をしている時には相手と話し方や話す速度を合わせたりすることによって、人間は、自分がその相手と仲良くなることを少しだけ容易なことにすることができると言えるのでしょう。）

（この「共鳴行為」という心的現象は、「小さな子供が、母親や父親の真似をしながら日常生活の基礎的な行動を憶えていく」という過程と関わっている現象なのだろうと考えられますし、「恋人の関係にある二人の人間の嗜好や癖・友達の関係にある数人の人間の行動や仕草《しぐさ》などが、少なくない場合において少しずつ似てくる」ということなどにも関わっている現象なのだろうと考えられます。勿論《もちろん》、親子の間で見られる類似した特長というものには、遺伝的な要因による部分も多いのでしょうし、もともと似た趣味や嗜好を持っている人間同士だからこそ、友達や恋人になっていくということも多いと言えるのでしょう。また、そういったことの一方で、人間は、「自分と違う個性を持っている人間を尊重することができる」という素晴らしい一面を充分に備えているものであるとも考えられますので、「仲の良い人間同士が、必ずしも似ているところばかりである」ということでは決してありません。尚《なお》、「個性」という言葉に関しての具体的なお話は、「Chapter2」で展開させて頂きます。）

また、例《たと》えば、本当は自分のよく知っているはずの人間なのに、目の前にいる人間の名前を思い出せないという時などは、自分の心の何処《どこ》かで、「目の前にいるその人の名前を思い出したくはない」という気持ちが無意識的に働いているからなのかも知れませんし、何度も確認されたはずの約束を自分が忘れてしまうという時などは、自分の心の何処《どこ》かで、「その約束を忘れてしまいたい」という気持ちが働いているからなのかも知れません。これらは、「言い間違い」や「聞き間違い」などとともに、精神分析学の分野において「錯誤行為」と呼ばれるものの例になります。

その他、緊張している時などに自分の手で自分の体の何処《どこ》かに触れるといった行為は、「自己親密行動」と呼ばれる行為であり、「自分の心理的な不安を誤魔化《ごまか》すための行為」であると言われています。つまり、このようにして、人間の心の働き（人間の心の動き）というものを厳密に考えて参りますと、「相手の視線をじっと見るという行為」・「話し相手から視線を背けるという行為」・「自分の足や腕を組むという行為」・「自分の足を小刻みに震わせるという行為」といった「人間の行う一見して何の意味もないように思える全ての行為」というものにも、何らかの心理的な意味が含まれていると考えることが可能なのです。

Chapter1－6　遺伝と経験

ここまでのお話の中で考えて参りました「人間の心の様々な要素」というものには、生物の設計図である遺伝子によって、人間が生まれた時から予《あらかじ》め先天的に規定されている「遺伝的要因によるもの」と、この世に生を受けてからの様々な体験によって、人間が生まれた後に後天的に形成されていく「経験的要因によるもの」とがあります。人間以外の多くの動物にも同様のことが言えるのですが、このようなことは、一人一人の人間に、「自分の生まれた環境や自分の生きていく環境といったものに柔軟に適応しながら生きていくということ」を可能にしている「進化の過程で形成された心の仕組《しく》み」というものによることなのでしょう。例《たと》えば、身近な例を挙げますが、自分の両親が日本人ではなくとも、自分が生まれてから多くの時間を日本で過ごした人間は、多くの場合におきまして、日本の風土や文化・日本の生活や言葉などに完全に適応することができるようになります。これは、「人間の心の様々な要素」というものが、遺伝的要因によって完全に支配されるものではないからです。

（しかしまた、「人間の心の様々な要素」というものが遺伝的要因によって完全に支配されるものではないがために、「極端に強烈な経験的要因」というものを受けてしまった人間は、少なくない場合におきまして、自分の精神構造に何らかの異常や障害といったものを生じさせてしまうことがあるのです。それに対して、例《たと》えば、精神構造が遺伝的要因によって完全に支配されていると言えるような昆虫や魚といった比較的単純な動物では、経験的要因によって精神構造に異常や障害を生じさせてしまうということなどは、有り得ないと言えるのでしょう。何故なら、人間の備えている「経験的要因を得ることによって自分自身の精神構造を変化させていくことができる」という心の仕組《しく》みは、人間が、自分の進化の過程において形成してきたものなのだろうと考えられ、昆虫や魚といった比較的単純な精神構造しか持たない生物は、そのような心の仕組《しく》みというものを備えてはいないのだろうと考えられるからなのです。「人間が、極端に強烈な経験的要因というものを受けることによって、自分自身の精神構造に異常や障害を生じさせてしまうこと」などを原因とする「心の病」というものに関してのお話は、「Chapter2 - 5」で議論させて頂きます。尚《なお》、「魚や昆虫といったものが、脳と呼べるものや心と呼べるようなものを持っているのかどうか」といった疑問に関しましては、この本の中では深く考えないことにさせて頂きたいと思います。)

「経験的要因による記憶」というものに関しましては、「Chapter1 - 4」や「Chapter1 - 5」のところで扱いましたので、ここでは、私達にとっては実感することが少し難しいものであると思われます「遺伝的要因による記憶」というものの例を、少しだけ挙げさせて頂きたいと思います。例《たと》えば、人間の子供は、誰に教わることもなく、自分が生まれた時から「母乳の吸い方」や「呼吸の仕方」を知っていると言えるのでしょうし、蝶は、教わりもしないのに「空の飛び方」を知っていると言えるのでしょう。蜘蛛は、教わりもしないのに「綺麗な巣の張り方」を知っていますし、蜂は、教わりもしないのに「情報伝達のためのダンスの踊り方」を知っています。魚は、教わりもしないのに「泳ぎ方」を知っていますし、自分が食べ物を手に入れる方法も・自分が何を食べれば良いのかも知っています。

(尚《なお》、完全に余談になってしまうのですが、このようなお話が、ユング《Carl Gustav Jung 1875 - 1961 スイスの心理学者・精神医学者　著「無意識の心理学」「心的類型」》が自身の学説の中で唱えた「集合的無意識」というものに非常に密接に関係していることであると考えることも興味深いことなのでしょう。ユングの学説には、「一人一人の人間は、意識的な心理的領域の中では完全に独立した人間であるとしても、無意識的な心理的領域の中では全ての人間が相互に繋《つな》がっているものなのである」といった考え方を主張する学説があり、この「一人一人の人間の無意識的な心理的領域の中で他の全ての人間に繋《つな》がっている心の部分」のことを「集合的無意識」という言葉で呼びます。また、更には、「太古の昔から現代に至るまでの間に地球に存在した全ての生命体の記憶というものが、或《あ》いは、太古の昔から現代に至るまでの間に地球に生じた全ての現象の事実というものが、抽象的な何らかの形・恐《おそ》らくは物理的なもの以外の何らかの概念的な形・或《ある》いは空間や時間すらも飛び越えたような何らかの形で存在しており、現代において地球上に存在している全ての生物は、その抽象的で絶対的な星の記憶とも呼べるものと根底の部分で繋《つな》がっている」といった「星の記憶」と呼ばれる考え方もあるのです。勿論《もちろん》、私自身、これらの考え方が正しいものであるという確信は少しもないのですが、一つの考え方としては非常に興味深いものであると感じますし、ここでは詳しく議論することは致しませんが、「生物の進化」や「遺伝子の働き」・「テレパシーや未来予知といった超能力」・「全ての生命の誕生と存在と生存と繁殖の根本的な目的」・「魂の存在の有無」・「死後の世界」や「三次元空間以外の世界」といったことを考えてみる際に、「集合的無意識」や「星の記憶」といった考え方を応用してみても、きっと面白い考察を得ることができるのでしょうね。）

「人間が、嬉しい時に笑顔になるということ」や「人間が、自分の感情が昂ぶった時に涙を流すということ」なども、遺伝的な要因によって規定されている「人類共通の生得的な仕組《しく》み」によることなのだろうと考えられるのです。そして、この「笑顔や涙による感情表現の仕組《しく》み」というものは、「複数の人間が互いに意志や感情を通じ合ったり、同種の自分達が敵対心を持っていないということを互いに伝え合ったりし、同種間での無駄な争いなどを避けること」を可能とするための仕組《しく》みであり、「種の保存」という生命の根本的な目的に結び付くような仕組《しく》みでもあると言えるのでしょう。（ローレンツ《Konrad Lorenz 1903 -　オーストリアの動物心理学者・動物行動学の祖　著「ソロモンの指輪」「いわゆる悪」》の議論にも同じようなことが述べられていますが、このような意味では、「笑顔」や「涙」

といったものは、究極の世界共通言語と呼べるようなものなのです。カーライル《Thomas Carlyle 1795 - 1881　イギリスの評論家・歴史家・思想家　著「衣裳哲学」「フランス革命史」》の言葉にも、**『笑いは、全人類の謎を解く一つの合鍵である。』**と述べられています。）

（「殆《ほとん》ど全ての動物が、同種の間で喧嘩や争いをする場合にも、相手を殺してしまったり・相手を傷付け過ぎてしまったりすることは決してない」ということも、多くの動物の心の中に形成されている大切な心の仕組《しく》みによることなのです。人間の心の中にも、本来は、他の動物達が備えている「こういった心の仕組《しく》み」と非常に類似したような心の仕組《しく》みが備わっているのであり、同種の間で殺し合ったり傷付け合ったりしてしまう一部の人間という存在は、人間としての本来の自分の心の仕組《しく》みを完全に崩壊させてしまっている人間や、人間としての本来の自分の心の仕組《しく》みを完全に無視してしまっている人間であるとも考えられるのでしょう。尚《なお》、犯罪者心理に関してのお話には、「Chapter2 - 7」のところで詳しく言及させて頂きます。）

また、「生まれた瞬間からその生物に現れている能力や機能だけが、遺伝的要因によって形成されているものである」ということでは、決してありません。例《たと》えば、人間の基本的な欲動の一つである「性欲」というものは、人間の成長（肉体的成長・精神的成長）段階のある時期に男性ホルモンや女性ホルモンといったものが分泌されることによって、その欲動の形が明確なものとなり、その欲動が強いものとなっていくと言われています。このことは、「成長段階のある時期に男性ホルモンや女性ホルモンが分泌されて、その欲動が明確な形になる」ということが、遺伝子によって時限装置のように規定されているために起こっていることであると考えられますので、遺伝的要因（生得的要因）によることであると言えるのでしょう。

「遺伝と経験」というお話の一例と致しまして、「人間の好む刺激」というものに関しまして、少しだけ考えてみることに致します。「人間が、感覚という機能によって外界からの刺激を受け取り、欲動を考慮し記憶を用いた思考を自分の心の中で行うことによって、その刺激が快の感情を喚起させる刺激なのか、不快の感情を喚起させる刺激なのかの判断をする」ということは、ここまでの議論の中でお話して参りました通りです。そして、「ある人間が求める刺激」や「ある人間の好む刺激」といったものも、「その人間の先天的な刺激の好み」というものに「その人間の後天的な刺激の好み」というものが複雑に組み合わされた結果として、「その人間がどのような刺激を求めたり好んだりするのか」ということが（その人間の心の中に）規定されたり構築されたりしていると言えます。

例《たと》えば、人間が、「小さな子供の笑顔」を見た時などに、その視覚的刺激から快の感情を自分の心の中に発生させることができるのは、遺伝的要因による部分が大きいことなのだろうと考えられ、それに対して、人間が、「自分の手に握っている宝石」を見た時などに、その視覚的刺激から快の感情を自分の心の中に発生させることができるのは、経験的要因による部分が大きいことなのだろうと考えられます。（「Chapter2」のところでもお話致しますが、「人間が、子供の笑顔を見ることによって喜びを感じることができる」ということは、「種の保存」と「子孫の繁栄」とを目指す生物の仕組《しく》みとして、とても大切なことの一つなのだろうと考えられるのです。）

尚《なお》、「人間の心のどこまでの機能や部分が、遺伝的要因によるものであり、人間の心のどこからの機能や部分が、経験的要因によるものであるのか」といったことは、「適当に見当を付けること」は可能であるとしても、少なくとも現代までの学問の段階では、「完全に解明すること」は不可能なことであると言えるのでしょう。

勿論《もちろん》、全く異なる生活や文化・全く異なる育成環境の中で育った数人の子供を比較することなどによって、「多くの人間に共通している刺激の好み」というものと「一部の環境で生活をしている人間に特有の刺激の好み」というものとを分類したり理解したりすることは、可能なことなのだろうと考えられます。ですが、「全ての人間の心」というものは、一人の例外もなく、「経験的な要因による介入」というものを受けていると言えますので、「どこまでを人間の先天的な心の機能とし、どこからを人間の後天的な心の機能とするのか」ということは、人間の遺伝子の仕組《しく》みというものが完全に解明されない限り、確実な線引きをすることはできないようなことなのでしょう。（また、このような考え方は、「一人一人の人間が生まれた瞬間から年老いて死ぬまでの間、人間の肉体の各細胞の中に備わっている遺伝子というものが、全く変化しないものである」ということを前提としてのことです。）

人間とは、この世界に生まれ落ちた瞬間から、私達が考えるような「人間としての心」というものを約束されている存在であるという訳ではありません。人間の心というものは、「遺伝的な要因」によって形成されている心の仕組《しく》みというものに「経験的な要因」というものが複雑に絡まり合って、その結果として形成されていくものなのです。人間社会におきまして多くの人間に与えられる「経験的な要因」というものに関しての詳細な議論は、次のChapterで少しずつ展開していくことにさせて頂きます。（勿論《もちろん》、「動物園に生まれ育った動物の多くが、野生の環境には適応することができなくなる」という例がありますように、程度の違いはあるのだろうと考えられますが、人間以外の多くの動物も、「遺伝的な要因」と「経験的な要因」とによって自分自身の心を形成していくものであると言えるのでしょう。）

Chapter1 - 7　まとめ

このChapterでは、「動物的なものに近い人間の心」・「遺伝的な要因によって形成されているのだろうと考えられる人間の心」といったものを考えて参りました。人間の心に備わっている根本的な意志というものは（他の動物も同様にそうであるように）、「生きたい」という根底的な強い意志にあり、その意志に従うようにして欲動というものが生まれ、人間は、記憶を用いて思考をし、運動をし、感覚をし、そして、感情を得ることになります。また、そのような心的現象の多くは、意識的な思考の中ではなく、無意識的な思考の中で行われているのです。

そういったあたりのことを、もう一度確認しておいて頂きたいと思います。次のChapterでは、このChapterでのお話を前提と致しまして、「社会に生きる存在としての人間の心」・「経験的な要因によって形成されているのだろうと考えられる人間の心」というものに関しまして、詳細に考えて参ります。

Chapter2『社会に生きる人間』

Chapter2 - 0　始めに

このChapterでは、「Chapter1」で展開致しました「動物としての人間の心」というものに関してのお話を前提と致しまして、「より人間らしいと思われるような人間の心」・「社会に生きる存在としての人間の心」といったものに関しての議論を展開して参ります。少し複雑で長いお話になってしまいますので、ここで簡単に、「Chapter2」で展開して参ります議論の主な項目を提示させて頂くことに致します。

「Chapter2 - 1」では、「人間の形成する人格や個性といったものに関してのお話」・「人間の人格を形成するための重要な要素である価値観というものに関してのお話」・「人間の心に生じる嫉妬や淋しさといったものに関してのお話」・「周囲の社会に適合するために人間が行う抑圧という心的現象に関してのお話」などを展開して参ります。「Chapter2 - 2」では、「抑圧されている自分の欲動というものを発散するために人間が行う昇華という心的現象に関してのお話」・「充実した生き方を人間が実際にしていくための非常に大切な概念である信念というものに関してのお話」などを展開して参ります。

「Chapter2 - 3」では、「人間にとって非常に重要な概念である愛や優しさといったものに関してのお話」などを、「Chapter2 - 4」では、「現実世界に存在している全ての物質や現実世界に生じている全ての現象が持つ本質的な意味や本質的な価値といったものに関してのお話」・「人間の生きる意味や人間の生きる価値といったものに関してのお話」などを展開して参ります。「Chapter2 - 5」では、「多くの人間の人生を豊かなものとする大切な要素である芸術や感動といったものに関してのお話」・「現代において少なくない数の人間を苦しめてしまっている心の病というものに関してのお話」などを、「Chapter2 - 6」では、「平和や争いといったものに関してのお話」などを展開して参ります。

「Chapter2 - 7」では、「人間の抱く罪悪感や嫌悪感といったものに関してのお話」・「人間に必要な心の教育や心の養育といったことに関してのお話」・「法律と刑罰との仕組《しく》みというものが、社会に属する一人一人の人間の心に対して与える様々な影響というものに関してのお話」・「犯罪者心理に関してのお話」・「社会規模でのモラルの崩壊に関してのお話」・「人間社会を考える上で非常に重要な概念である社会的価値観というものに関してのお話」・「人類共通の善悪の基準というものに関してのお話」などを展開して参ります。

「Chapter2 - 8」では、「経済社会の仕組《しく》みというものが、社会に属する一人一人の人間の心に対して与える様々な影響というものに関してのお話」・「合理化や代替といったことに関してのお話」・「経済社会の仕組《しく》みというものが備えている危険性に関してのお話」・「経済社会に属する全ての人間が抱く経済的怖れというものに関してのお話」・「現実社会において起こってしまっている様々な社会問題を解決するための実際のアプローチに関してのお話」・「人間の抱くモラルというものを再形成することに関してのお話」・「人間の抱く性的なモラルというものや人間の行う性欲の抑圧ということに関してのお話」・「理想社会の形成のための指針というものに関してのお話」などを展開して参ります。

以上のようなものが、これから「Chapter2」で展開させて頂きます議論の主な項目です。勿論《もちろん》、この本の中で展開致しますす議論の内容だけで、「人間が生きる上で重要であると考えられる全てのこと」を網羅できるはずはありませんし、「人間の心や人間社会に生じている全ての問題を解決すること」もできるはずはありません。しかしそれでも、「人間の心」というものと「人間社会全体」というものとを、より良い状態であると考えられるような方向に実際に向かわせ、「その社会に属している多くの人間が幸福を感じながら生きることができるような社会」というものを現実に構築していくための「理想論的な一つの指針」や「大まかな考え方」のようなものを導き出すことはできたのだろうと、私自身はそのように自負しております。私がこの本の中で展開しております議論は全て（経済に関しての議論も・性欲に関しての議論も・芸術や感動に関しての議論も全て）、「一人一人の人間が実際に自分の人生を生き抜いていく上で役に立つと考えられる知恵というものの追求」と「多くの人間が実際に幸福を感じながら生きていくことができるような社会というものの実現」とを目的としているのです。

（また、「Chapter2 - 7」以降のところでは、「社会に属する一人一人の人間の心の在り方」に関してのお話だけではなく、「人間社会全体の在り方」に関してのお話にまで議論が及んでおります。これは、例《たと》えば、「自分が虐待を受けること」や「自分が虐《いじ》めの被害に遭うこと」などによって悲しい思いをしてしまう人間達・「自分が犯罪の被害に遭うこと」や「自分が暴力を受けること」などによって幸せを失ってしまう人間達が、現代社会においてこれ以上増えてしまわないようにするためには、「犯罪や虐《いじ》めの被害に遭ってしまうかも知れない被害者側の人間の心の在り方」というものとともに、「人間社会全体の在り方」や「人間社会に属する一人一人の人間の心の在り方」といったものをも問《と》い質《ただ》す必要があるのだろうと考えられたからなのです。例《たと》えば、この社会に属する多くの人間の心に「愛や優しさ」といったものを取り戻し、社会全体にも「より良い社会の仕組《しく》み」や「その社会に属する人間が生活し易《やす》く・生き続け易《やす》くなるような社会の仕組《しく》み」といったものを再構築することができれば、「現在よりもずっと多くの人間が、自分の人生というものを心の底から楽しむことができるような社会」や、「現在よりもずっと多くの人間が、幸福というものを感じることができるような社会」といったものを実現することができるのでしょう。また、ここで私が申しております「より良い社会の仕組《しく》み」という言葉の示す具体的な形に関しましては、「Chapter2 - 7」以降で少しずつ議論させて頂きます。）

尚《なお》、これから私が展開させて頂きます「Chapter2」の議論の中では、特に重要な言葉と致しまして、「社会的価値観」・「内面的同一化」・「信念」という三つの言葉を独自の意味で用いて参りますので、ここで簡単に、この三つの言葉の意味を定義させて頂きたいと思います。

「社会的価値観」の社会的という言葉は、各個人の持っている価値観（つまりそれは、言うなれば「個人的な価値観」）というものと対比させた意味での言葉です。社会的価値観とは、「ある社会に属する多くの人間が共通して抱いている価値観」のことであり、「社会規範」という言葉をずっと広い意味で捉えたような言葉として解釈して頂いても、語弊は生じないのだろうと思います。

「内面的同一化」という言葉は、「人間が、自分の愛する誰かの喜びや悲しみ・自分と親しい誰かの喜びや悲しみといったものを、自分自身の喜びや悲しみといったものと同等のものとして（または、それに準ずるものとして、或《ある》いは、それ以上のものとして）感じるようになる」ということを説明する目的で、私が用いております言葉です。つまり、この「内面的同一化」という心的現象が、人間の抱く「愛や優しさ」といったものの前提となる心的現象であると言えます。

「信念」という言葉は、社会に属する一人一人の人間が自分自身の心に定める「自分の生きがいとなること」や「自分の生きる意味となること」・「自分の拘《こだわ》りとなること」や「自分らしさとなること」・「自分の生きる目的となること」や「自分の誇りとなること」などを示している言葉です。人間が実際に選び取る信念というものの具体的な例を挙げさせて頂きますと、それは例《たと》えば、「自分が家族を幸せにするということ」や「自分が誰かを感動させるということ」・「自分が自分の人生を楽しむということ」や「自分が誰かに喜びを感じさせるということ」・「自分が卑怯な真似をしないということ」や「自分の誇れる自分であろうとするということ」など、非常に多種多彩なものであると言えます。そして、人間にとって、「自分が、良い信念というものを選び取って生きるということ」が、「自分が、より豊かな人生・より人間的な人生・より有意義な人生・より自分らしい人生を送るためにも不可欠なこと」であると考えられるのです。

Chapter2 - 1　価値観・人格とペルソナ

全ての人間は、自分の人生を生きていく中で、時には自分自身の運命を大きく左右してしまうような大きな影響をも持つ「様々な判断」や「様々な決定」といったものを自分で下していきます。高校を卒業する前に「自分が進学をするのか、就職をするのか」という判断を迫られている時、或《ある》いはもっと日常的に「今度の休みは、何をしようかな」と漠然と考えている時でも同じことなのですが、人間は、一体何を基準にして物事の判断を自分で決めたり・何かの決定を自分で下したりしているのでしょうか。「Chapter1」で展開致しました議論に基づいて申しますと、通常、そのような判断や決定といったものは、その人間自身の抱いている「欲動」というベクトルを考慮した上での「記憶」を用いた「思考」によって行われていると言えます。勿論《もちろん》、現実に人間がそういった判断や決定を下す際には、「意識的な思考による判断や決定」よりも「無意識的な思考による判断や決定」の方がずっと多いはずですので、「そのような心的現象が生じているという感覚を私達自身が得ること」などは、必ずしも多くはないと言えるのでしょう。

ここで、人間の心の中に無数に存在している「記憶」というものの中で、特に、「その人間の持っている基本的な考え方」や「その人間の持っている基本的なスタンス」などを決めるもののことを、「価値観」という言葉で呼ばせて頂きます。この「価値観」というものは、その価値観を抱いている人間が、「何を望み（特に、基本的欲求としてではなく昇華された形の欲求として何を望むのかということ）、何をして、何を考え、何を感じるのか」・「どんなものを大切に思い、人生の中で何を重要なものとして考えるのか」・「何を美しいこととして何を価値あることとして、何を良いこととして何を悪いこととして、何を正しいこととして何を間違ったこととするのか」といったことを決めるものです。尚《なお》、私がこのお話の中で使う「価値観」という言葉は、一般的に使われている同じ言葉よりも遥《はる》かに広い意味のものであると考えて下さい。

（一人一人の人間が「価値観」というものを自分自身の心の中に形成していく過程におきましては、「Chapter1 - 6」でも申し上げましたように、その人間の備え持っている「遺伝的な要因」というものに、その人間の得た「経験的な要因」というものが絡み合うように影響して参ります。ですから、「経験的な要因によってある人間に与えられた価値観」というものが、あまりにも「その人間の遺伝的な要因による方向性」というものに反している場合、例《たと》えば、その人間の欲動を完全に否定するような価値観を与えられた場合には、その人間は、「経験的な要因によって自分に与えられた価値観」を受け入れることが全くできないという場合があるのだろうと考えられます。尚《なお》、全ての人間にとって、「何かの経験的な要因を自分が得ることによって、自分の抱いている価値観に齎《もたら》される影響」というものは、いわば、「自分の過去の経験や自分の抱いている記憶などを統計的に用いた自分自身の無意識的な思考」によって形成されるものであると考えられ、その形成の際に統計的に用いられる「自分の過去の経験や自分の抱いている記憶」といったものの多くの部分は、自分自身の「欲動の充足や非充足」による「快の感情の発生や不快の感情の発生」を伴うような経験や記憶であると言えるのでしょう。そして、「人間の欲動の仕《し》組《く》み」や「人間の感情の仕《し》組《く》み」といったものは、生得的に・遺伝的に形成されている部分が非常に大きいものであると言えますので、「ある人間の遺伝的な要因による方向性」というものも、「その人間の価値観の形成」に対して多大な影響を及ぼすことになるものなのであると断言することができるのです。）

そして、この「価値観」というものが人間の心の中に蓄積されることによって、その人間の「人格」と呼ばれるものが構築されます。更に、「ある人間の人格というものが、どのような価値観によって構成されているのか」ということが、その人間の「個性」というものを決定していると言えるのでしょう。一般に人間は、「自分が誰であるのか」ということを誰かに尋ねられた時には、普通であれば、自分の名前や自分の職業などを答えますよね。ですが、「個性」というものを尋ねられているのであれば、「自分が何が好きで何が嫌いなのか」・「自分がどんなことをしたくて何を大切に思っているのか」といったことを答えることが、より的確な回答になると言えるのでしょう。「Chapter2 - 4」でもお話致しますが、人間の「名前」や「職業」・「学歴」や「地位」といったものは、その人間を区分するために用いられるレッテルやシール・名札や値札のようなものであるに過ぎず、それらが必ずしもその人間の本質を正確に表すものであるとは限らないのです。（勿論《もちろん》、その一方で、「名前」や「肩書き」といったものも、一人一人の人間本人にとっては、「自分が自分であることの証」となるものであり、「自分のアイデンティティー」となるものであるとも言えます。）

（厳密に考えますと、全ての人間は、遺伝子によって規定されているような「生得的な個性・生得的な人格」というものを先に持っており、更に、子供の頃の様々な経験によって「根底的な性格・根底的な気質」というものがある程度まで育まれ、その上に、「経験的な個性・経験的な人格」というものが形成されていくと言えます。例《たと》えば、精神分析学の考え方では、「ある人間の幼児期のトイレットトレーニングや離乳などが、スムーズなものであったのかどうか」ということによって、「その人間が、神経質な性格になるのか・大らかな正確になるのか・倹約的な性格になるのか」といったことが、ある程度まで決定されると言われているのです。

（ここで、便宜的な意味で言葉を定義させて頂きますが、「ある人間の価値観の集合」としての「人格・パーソナリティー」という言葉に対して、「ある人間の根底的な心理的性質や心理的気質の集合」としての「性格・キャラクター」という言葉があると考えることができます。そして、「ある人間の人格」という言葉はつまり、「その人間が、何を大切に思っていて、何を良いことと思っているのか」といったことを指し示す言葉になり、「ある人間の性格」という言葉はつまり、「その人間が、気が変わり易《やす》い性質を持っているのか・神経質な性質を持っているのか・社交的な性質を持っているのか」といったことを指し示す言葉になります。尚《なお》、性格分析には様々な方法や理論といったものがあり、性格理論にも研究者によって様々な分類形態がありますので、それらのものをこの本の中で特別に詳しく取り上げることは致しません。勿論《もちろん》、現実には、「自分が誰かの成功を素直に喜んであげられる人間なのか、誰かの成功を無条件に妬んでしまうような人間なのか」・「自分が主導権を握ってリーダーシップを発揮することができる人間なのか、誰かについて行くことを好んで協調性や協力を心掛けることができる人間なのか」といった「ある人間の個性」というものの多くは、「その人間の人格によるもの」でも「その人間の性格によるもの」でもあり、「その人間の根底的な気質によるもの」でも「その人間の経験的な性質によるもの」でもあると言えるのでしょう。）

また、特に、現代の日本のような複雑な社会におきましては、多くの人間は、自分がその時に所属している組織や人間の集まりによって、自分の人格（価値観の集合体）というものを合理的に使い分けていると言えます。これは例《たと》えば、「会社にいる時には、部下に厳しい上司としての顔」・「友人と話をしている時には、冗談の好きな人間としての顔」・「家庭に帰った時には、少し子供に甘い家族思いの父親としての顔」といったものを、一人の人間がうまく使い分けるといったようにです。厳密に考えれば、少なくない数の人間は、自分が対峙している一人一人の人間に合わせての「適した顔」というものを使い分けているとさえ、言えるのかも知れませんね。

ここで、そういった「一人の人間が持っている様々な顔」のことを、「ペルソナ」という言葉で呼びます。この「ペルソナ」という言葉は、ユングが自らの著書の中で用いている言葉です。ここで、言葉の定義をもう一度簡単に確認させて頂きます。経験的要因や遺伝的要因によって構築された複数の「価値観」というものが一人の人間の心の中に集合することによって、その人間が「人格」というものを形成し、「自分の持っている価値観のうちのどれを、それぞれの場面や状況・立場や自分の対峙する相手に応じて使い分けていくのか」ということによって、「ペルソナ」というものが形成されるということです。(尚《なお》、心理学周辺の学問分野を除いた通常の私達の生活の中では、「ペルソナ」という言葉と「人格」という言葉・「個性」という言葉と「性格」という言葉・「パーソナリティー」という言葉と「キャラクター」という言葉とは、多くの場合におきまして、混同されて使われていると言えるのだろうと思います。)

私達は、日常生活の中でよく、「あの人は優しい人」・「あの人は厳しい人」といった言葉を用いますが、それらは、その人間の性格的特徴や人格的特徴を便宜的な意味で端的に表している言葉であるに過ぎないと言えるのでしょう。当たり前のことですが、厳しそうな人間にも優しい面はありますし、普段から強そうに振舞《ふるま》っている人間にも弱い面はあります。そして、そういった「ある人間の持つ様々な面」というものは、「どれが本当の自分であり、どれが偽者の自分である」といったように線を引いて分けられるようなものでは決してなく、「自分の好きな自分の面」も「自分の嫌いな自分の面」も・「自分が否定したいと望んでいる自分の面」も「自分の気に入っている自分の面」も全てを含めて、「本当の自分」と呼べるものであると言えるのです。

ここで、誤解を避けるためにも申し上げておきたいのですが、この「一人の人間の中の複数のペルソナ」というものは、臨床心理学や精神分析学などの学問で登場致します「多重人格（解離性同一障害）」という心の病とは、完全に異なるものです。ペルソナの使用をしている人間の場合には、多重人格の人間の場合とは異なり、それぞれのペルソナの間では「記憶の共有」が為《な》されていますし、時間的な感覚というものも、一人の人間の意識の中で常に連続して保たれています。「自分がペルソナの使用をしている」ということは、「自分が状況に応じての価値観の使い分けをしている」というだけのことなのであって、一人の人間が複数の別の面や複数の別の顔を備えるということは、特に現代社会におきましては、ごく一般的なことなのであり、正常なことなのであり、何の問題もないようなことなのです。（もっとも、あまりにも極端にペルソナの乱用をしてしまった人間が、「八方美人」と呼ばれてしまったり、「裏表のある人間」と言われてしまったりすることなどは、少なくないかも知れませんね。）

（アメリカの精神障害診断基準によりますと、「一人の人間の中に二つ以上の明確に区別できる人格が存在すること」・「それらの人格がその人間の行動をある一定期間に渡って完全に支配すること」・「単なる物忘れということでは説明できないような、重要な事柄に関する記憶喪失があること」・「各人格間での記憶の共有がうまく為《な》されていないこと」・「このような症状が、薬物や肉体的疾患の影響などによるものではないこと」などが、「ある人間が、解離性同一障害と呼称される心の病であるのかどうか」ということの診断基準となります。）

ここで、「謎とされている部分の人間心理の解明」と「多重人格という心の病の実践的な予防の方法の考察」との両者を目的と致しまして、「多重人格」と呼ばれるものに関しまして、少しだけ詳しい説明を加えさせて頂きたいと思います。一般に、主に幼少の時の経験として、自分の心では支え切れないほどに非常に大きな体験・非常に衝撃的な体験を受けてしまった人間（その多くは、自分の両親からの虐待を受けてしまった人間）が、「多重人格」と呼ばれる症状に陥ってしまうことがあると言われています。「決して自分で認めたくはないほどの心的外傷（トラウマ）を自分が負ってしまうこと」と申しますよりも「決して自分で認めることができないほどの心的外傷（トラウマ）を自分が負ってしまうこと」が、恐《おそ》らく、人間が生きていく上では、非常に不都合なことなのです。人間は、自分が生きていくために（その衝撃的な経験の記憶の影響というものから自分自身の心を守るために）、そのような記憶を分断したり隔離したりしようとすることがあるのでしょう。

小さな子供が自分自身の心の中に備えている価値基準というものは、親の価値基準というものとほぼ完全に同化したものですし、自分の力も自分の能力も殆《ほとん》どない小さな子供が生き残っていくための唯一の方法は、「自分が親に愛してもらうこと」・「自分が親に守ってもらうこと」・「自分が親に育ててもらうこと」だけですので、子供は、自分がどんなに両親からの虐待を受けたとしても、心の何処《どこ》かでは、「親に愛されていたい」と望み続けるものなのです。これは恐《おそ》らく、遺伝子によって形成されている生物としての人間の心の仕組《しく》み（自己の生存を確かなものとするための仕組《しく》み）によることなのであり、その時点で、その子供は、「両親に虐待されている自分という現実」と「両親に愛されている自分でありたいという願望」・「両親を怖れて嫌悪している自分」と「両親に優しくされたり認められたりしたいと望む自分」といったように、「厳しく悲しい現実」と正反対に位置していると考えられるような「非常に強い願望」というものを抱き、自分の心の崩壊を防ぐための防衛手段として（現実の自分というものを実感したくないがために）、独立したもう一人の自分の人格を自分自身の心の中に捏造《ねつぞう》するということなのでしょう。

また、多重人格の方の多くは、脳の記憶を司る「海馬《かいば》」という部分の機能発達が不十分であるというお話がありますので、次のように考えることもできるのだろうと思います。異常なほどに衝撃的な体験を得てしまった子供は、自分の心をその衝撃的な体験の記憶から守るために、自らの脳の記憶の活動（海馬《かいば》の機能）を無意識的に阻害してしまうことがあるのでしょう。つまり、憶えておく自分の記憶の集合というものを二つ以上に分け、自分の脳の中に完全に独立したもう一人の自分の人格を作り出すことによって、自分には耐え切れないと考えられる衝撃的な体験の記憶というものを、もう一人の自分の人格に押し付けようとしてしまうということなのです。

「分断された記憶や価値観」といったものが、「分断された人格」というものを作り出すことになります。ですから、既《すで》に「海馬《かいば》」の機能が充分に発達している大人の人間の場合では、ある程度まで大きな衝撃的な体験を自分が受けたとしても、多重人格という心の病に陥ってしまうことにはならないのでしょう。このように考えて参りますと、思考（特に意識的な思考）というものは、「集合した記憶や価値観（つまりそれは人格）」の中から生じるものであるということが言えるのかも知れません。（「Chapter2 - 5」のところで詳しくお話致しますが、現代社会におきまして少なくない数の人間が陥ってしまう「心の病」と呼ばれるものの中には、ある人間が、自分の精神的発育の過程において「自分の抱いている心的現象を非常に強度に抑圧してしまうこと」や「自分が何かに対しての非常に強烈な怖れの意識を抱いてしまうこと」などを原因として、その人間の脳の様々な部位で「発達障害」や「機能障害」などが起こってしまうことによって生じてしまうものが多くあるのだろうと考えられるのです。）

ここで、先ほどに少しだけ触れました「記憶や価値観の抑圧」というお話に関連致しまして、「怖れ」という心的現象と「抑圧」という心的現象に関しまして、少し詳しくお話をさせて頂きたいと思います。基本的に、「人間が怖れるもの」とは、「その人間の欲動の充足を阻害するもの」であり、「その人間に不快の感情を与えるもの」であり、「その人間に対して不快の感情を与えるような行為をしてくるのだろうと予想される対象となるもの」であると言えるのでしょう。また、前のChapterで考察致しましたように、「人間の欲動の仕組《しく》みの向かう方向」と「人間の感情の仕組《しく》み（快の感情と不快の感情の仕組《しく》み）の向かう方向」とは、ともに、生物という存在そのものの根底にある「生きたい」という強い意志の力と同じ方向を向いているものですので、人間の怖れるものとは即《すなわ》ち、その人間自身の「生きたい」という意志の力を阻害するものであるという言い方をすることもできます。

例《たと》えば、「肉体的な苦痛」や「精神的な苦痛」・「そのような苦痛を自分に与えようとする誰か」・「自分にとってよく分からない誰か（自分に何をしてくるのか分からない誰か）」・「自分の存在を否定しようとする誰か」などが、自分にとって怖れの対象となり得ると言えるのでしょう。また、人間は多くの場合におきまして、自分と内面的同一化を果たしている誰か（例《たと》えばそれは、自分の家族や自分の親友・自分の恋人や自分の好きな相手など）に嫌われたり不要とされたりすることを、非常に強く怖れます。（人間は基本的に、「自分が人間に嫌われてしまうこと」を強く怖れるのです。）

このような「自分の好意の対象となっている誰かから自分が嫌われてしまうことに対しての強い怖れ」というものが、自分の気持ちを相手に伝えたいけれど、ドキドキして胸が苦しく感じられてしまうような「恋の感情」というものにも関係していると言えるのでしょうね。それは、「相手の傍《そば》にいたい」・「相手の声を聞きたい」・「相手のことを理解してあげたい」・「自分のことを受け止めて欲しい」といったことを思っている一方で、そのような自分の気持ちを相手に拒絶されてしまうことを非常に強く怖れているような気持ちであり、不安と期待とが複雑に混ざり合ったような気持ちであり、切なくて胸が苦しいような気持ちです……。（ツルゲーネフ《Ivan Sergeevich Turgenev 1818 - 1883 ロシアの小説家 著「猟人日記」「初恋」》は、この「恋愛感情」というものを、**『馬鹿馬鹿しいほどの高揚した幸福**

な緊張感』という言葉で形容しています。）

尚《なお》、「生物であるが故の心的現象」として考えるのであれば、「恋によるドキドキした気持ち」というものは、不安や怖れといったものに近い感情であり、どちらかと言えば、「快の感情」よりも「不快の感情」に属するようなものであると言えるのだろうと考えられます。と申しますのは、人間の心理的な仕組《しく》みとして、「恋をしているドキドキした気持ち」というものから自分が逃れようとすることによって、その恋をしている相手に自分が勇気を振り絞って近づき、その結果として子孫を残すことができるという方向性が考えられるからなのです。

「片思いをしている時」や「慣れない恋愛をしている時」などの「恋をしている相手のことで頭がいっぱいになってしまって他のことに集中することができない（他の人間や他の物事が目に入らない）ようになってしまっている人間の状態」というもの（映画などの台詞でも頻繁に使われている言葉なのですが、**『恋はしばしば、人間を盲目にしてしまうものである。』**ということなのです。）は、「慢性的なストレス状態」と呼ぶことができるようなものでもあると言えます。この「他のことに集中することができないほどの恋愛感情の強さ」というものも、「人間が、自分が好意を寄せている異性に近づいて、その異性に接触をすることで自分の種の保存というものを実現する切っ掛けができるということ」や、「種の保存という生物の根底的な目的に対して、恋愛感情というものが果たしている働きの重要性」などを考えてみれば、当然のこととして納得することができるようなものなのでしょう。

（それと、これは、少しだけ余談になってしまうのですが、例《たと》えば、「死というものに対しての怖れ」や「将来の自分が経済的に困窮してしまうことへの怖れ」・「毎日繰り返される自分への嫌がらせや虐《いじ》めといったものへの怖れ」・「自分が自分自身に対して感じている強烈な罪の意識というものから生じる怖れに酷似した不快の感情」などに対して人間が抱く「慢性的なストレス状態」というものは、「人間が恋をしている時の慢性的なストレス状態」というものを何倍も嫌な感じにしたようなものであると言えるのだろうと思います。特に、「スリリングな体験をしている時に人間が感じるドキドキした気持ち」というものと、「恋をしている時に人間が感じるドキドキした気持ち」というものとは、非常に類似したものなのであり、「少し危険な冒険やスリルのある出来事などを一緒に体験した異性は、お互いに恋愛感情を抱き易《やす》くなる」という「吊り橋の理論」と呼ばれる心理学分野での有名な学説もあるほどなのです。）

同じように、人間が「淋しさ」というものを感じることも、「一人一人の人間が自分の社会の中でうまく生きていくために必要な一つの心理的な仕組《しく》み」によることであると考えられるのです。この「淋しさ」という感情の仕組《しく》みがあるからこそ、一人一人の人間は、「自分と他者との繋《つな》がり」というものを積極的に形成していこうとすることができるのだろうと考えられます。「淋しさ」というものは、人間が愛情欲求の充足を求めたり誰かとの内面的同一化を求めたりするために非常に大切なものなのであり、一人一人の人間が「自分の永続的な生存」や「自分の子孫の繁栄」といった生命の根本的な目的を実現するためにも、非常に大きく役立っているものであると言えるのでしょう。

(尚《なお》、この社会の中で自分が人間として生きていくからには、人間は、「自分が誰かと一緒にいる時間」というものだけではなく、「自分が一人でいる時間」というものをも大切にするべきであると言えます。人間は、自分が誰かと一緒にいる時間というものを大切にするとともに、「自分が孤独を怖れないようになること」や「自分が一人で過ごす時間というものを愛せるようになること」などによって、自分の人生の中のより多くの時間を充実させることができるようになるのでしょうし、自分の自由な時間というものを常に大切にすることができるようになるのでしょう。少なくとも、「ある程度までの淋しさや孤独といったものに耐えることができるだけの強さ」・「ある程度までの淋しさや孤独といったものを怖れないで済むだけの強さ」といったものは、この社会に生きる多くの人間にとって、獲得をしておいて損のないものであると言えるのだろうと思います。)

(また、多くの人間の人生の中では、「自分が味わった非常に孤独な体験」というものを乗り越えることや、「自分が何かに深く落ち込んだり悩んだりした経験」というものを乗り越えることによって、「自分の心」というものをより深く理解することができるようになるという場合が少なくはないと言えるのでしょうし、「自分の心の本当の意味での強さ」というものを手に入れることができる場合もあると言えるのでしょう。**『人生において一番に肝要なことは、自己を発見することであり、そのためには、孤独と沈思というものが時々必要になる。』**とは、ナンセン《Fridtjof Nansen 1861 - 1930 ノルウェーの北極探検家・政治家　著「最北」》の言葉になります。)

「嫉妬」というものも、一人一人の人間が、自分の属する社会の中でうまく生き抜いていくために必要となるものであり、「嫉妬心を抱く」という人間の心理も、生物としての人間が備えている心理的な仕組《しく》みと呼べるものの一つです。例《たと》えば、「幸せな恋愛をしている誰か」に対して生じている嫉妬という自分の不快な気持ちから逃れようとすることで、ある人間は、「自分も幸せな恋愛をしたい」と思えるようになることでしょうし、他のある人間は、「人生における成功を果たしていると思えるような誰か」に対して生じている嫉妬という自分の不快な感情から逃れようとすることで、「自分も人生において成功を果たしたい」という気持ちを強く感じられるようになることでしょう。(勿論《もちろん》、この「成功」という言葉の基準は、社会や時代・一人一人の人間によって様々に異なってくるものであると言えます。)

その一方で、この「嫉妬」というものが非常に利己的な側面を持っているものであるということも、否定することはできないのだろうと考えられるようなことです。ある人間は、自分が誰かに対して抱いてしまっている強い嫉妬心によって、「その誰かを陥れて、自分がその誰かを踏み台にしてしまおう」と考えてしまうかも知れませんし、他のある人間は、「その誰かから自分が様々な物を奪い取ってしまおう」といったことを考えてしまうかも知れません。例《たと》えば、自分に弟や妹ができたばかりの小さな子供は、少なくない場合におきまして、親の愛情を自分の弟や妹に独り占めされたくなくて(親の愛情を一身に受けている弟や妹に対して嫉妬心を抱いて)、自分が親に構ってもらうために、より手の掛かる子供のように無意識的に振舞《ふるま》おうとするということさえあります。尚《なお》、このような現象を、心理学の用語では「退行」という言葉で呼びます。恋人同士の関係などにおいても同様なのですが、人間は、少なくない場合におきまして、「誰に対しても優しい人間」よりも「自分だけに特別に優しい人間」を求め、

「誰に対しても愛情を持って接している人間」よりも「自分だけを特別に深く愛してくれる人間」を求めるのです。(「嫉妬」や「羨望」といったものの性質に関して言及している言葉の例を一つだけ挙げさせて頂きますが、**『競争心は才能の糧であり、羨望は心の毒である。』**とは、ヴォルテール《Voltaire 1694 - 1778 著「哲学書簡」「カンディード」》の言葉になります。)

自分の抱く嫉妬心というものが完全に利己的なものでなくなるためには、自分が「自分の抱いている嫉妬心の対象となっている相手との内面的同一化をするということ」・「モラルや常識といったものに関する価値観を充分に獲得するということ」などが有効なことであると言えるのでしょう。例《たと》えば、先ほどに例として挙げました小さな子供の場合も、「自分の弟の感じる喜びや自分の妹の感じる喜び」といったものを、「自分自身の感じる喜び」というものと同じものとして感じることができるようになったり、「兄や姉は、弟や妹を可愛がるものである」といった「モラルに関する価値観」というものを肯定することができるようになったりすれば、少なくとも、自分が抱いてしまっていた嫉妬の力というものは、少しずつ弱いものとなっていくはずです。勿論《もちろん》、そういったことの一方で、「嫉妬」や「悔しさ」といったものは、「誰かに負けたくない」という自分の「競争意欲」に繋《つな》がるものなのであり、それは、うまくその力を生かすことができれば、「自分が何かにおいて成功するためのとても強い原動力」を生み出すことができるようなものでもあると言えるのでしょう。

ここで、お話を「怖れ」や「抑圧」に関してのことに戻させて頂きますが、「自分の身近な人間に自分のことを否定されるということ(特に、自分の両親に自分のことを否定されたり、自分のことを不要な人間として扱われたりするということ)」は、人種の違いや文化の違い・種族の違いや社会の違いなどには関係なく、全ての子供が最も怖れることなのだろうと考えられます。両親からの虐待を受けることによって統合失調症や多重人格障害などの心の病に陥ってしまう人間が少なくないのは、「自分のことを愛してくれるはずの両親が、自分のことを虐待している」という事実が悲し過ぎて・辛《つら》過ぎて、子供自身がその事実を認めることができないからなのかも知れません。

(「Chapter2 - 7」で詳しくお話致しますが、本来の生物としての人間の心の仕組《しく》みというものを考えれば、「実の親が自分の子供に対して行う虐待行為」などというものは、決して有り得ないものなのであり、決して考えられないものなのです。ですから、生物としての人間の心の中には、「親に虐待されている自分」という事実を許容することができるような能力というものは、恐《おそ》らく、全く備わっていないもの・進化の過程で培われることは決してなかったものなのであり、それ故に人間は、両親からの虐待という行為を自分が受けることによって、自らの心理的な仕組《しく》みの一部を崩壊させてしまい、その結果として様々な心の病に陥ってしまうことがあるということなのでしょう。)

子供は、自分が両親に嫌われないように(また、自分が両親を喜ばせてあげることができるように)、「親にとって理想の子供でありたい」と当たり前のように望むようになり、そのような子供(親にとって理想の子供)でいられるように努めるようになります。子供は、「自分が誰かから誉められること」や「自分が誰かから認められること」などを強く求め、例《たと》えば、実際に自分が両親から誉められたり認められたりすることを経験することができれば、更に誉められたり認められたりすることのできる自分になれるように、より一層の努力をするようになることでしょう。(「生徒や子供を誉めることによって、生徒や子供の能力を伸ばすことができる」という効果は、教育心理学では、「ピグマリオン効果」と呼ばれています。尚《なお》、**『子供は、十誉めて、一叱れ。』**とは、日本の諺《ことわざ》にある言葉です。実際にも多くの子供は、自分が誰かに誉められることや自分が誰かに認められることを通じて、自分に対しての自信を持ったり・自分の存在価値を自分で認めたりすることができますので、この言葉は、子育ての基本を語った言葉であると言えるのかも知れませんね。)

学校に入ってからも、少なくない数の子供は、自分が友達と仲良くやっていくことができるように(また、自分が仲間外れにされて虐《いじ》められてしまったりしないように)努めようとすることでしょう。多くの人間は、子供も大人もともに、「誰かに自分を認めてもらえること」を求め、「誰かに自分を理解してもらえること」を求め、「誰かに自分を受け入れてもらえること」を求め、「誰かに自分を必要としてもらえること」を求めます。(「承認欲求」というものも、人間が自分の属している社会の中でうまく生きていくために必要な「生得的に形成されている生物としての心の仕組《しく》み」と呼べるものなのです。これは、心理学で言われる『役割効果』という言葉に関わることでもあるのですが、殆《ほとん》ど全ての人間は、自分を愛してくれたり・認めてくれたり・受け入れてくれたり・必要としてくれたりする人間のことを強く求め、そのような人間に対しての強い好意を抱きます。)

(特に、子供の場合は、自分の両親や自分の好きな誰かの注目というものを自分自身に集めるために・誰かに自分を愛して欲しいがために・誰かに自分を構って欲しいがために・誰かに自分の存在を認めてもらいたいがために、「自分が嘘《うそ》を吐《つ》いてまでして誰かの注意を引こうとするようになること」や「突飛な行動をするようになること」・「無闇に悪戯《いたずら》をするようになること」や「無意味にいろいろな人間にちょっかいを出すようになること」なども、決して珍しいことではありません。）

（子供にとっては、「自分が嘘《うそ》を吐《つ》くことによって罪悪感を感じてしまうこと」などよりも、「自分が誰かに無視されてしまうこと」や「自分が親の興味を引けなくなってしまうこと」などの方が、ずっと重大なことであり、ずっと怖いことなのでしょう。それに、「自分が嘘《うそ》を吐《つ》くことによって人間が感じられる罪悪感」というものは、生得的なものではなく経験的に形成されていくものであると考えることもできますので、小さな子供には、そのような罪悪感は完全には形成されていないのだろうと考えることもできます。しかし、そういったことの一方で、子供の頃からあまりにも嘘《うそ》を吐《つ》くことに慣れてしまった人間には、大人になった後においても、「自分が嘘《うそ》を吐《つ》くことによって感じることができるはずの罪悪感」というものを全く感じられなくなってしまうという危険性が生じてしまうのだろうと考えられ、「自分が何かの罪を犯すことによって感じることができるはずの罪悪感」というもの自体をも感じられ難《にく》くなってしまうという危険性が生じてしまうのだろうと考えられるのです。尚《なお》、このような「罪悪感への慣れ」ということに関してのお話や「罪の基準」というものに関してのお話は、「Chapter2 - 7」で詳しく展開させて頂きます。）

（また、自分の欲動を充足することがあまりにもできなかった子供は、自分の心の安定を保つために・自分の欲動の強い力というものを自分が感じなくても済むようにするために、自分の抱いている強い欲動を自分自身に対しても自分以外の他者に対しても隠そうとすることがあり、自分の抱いている欲動とは正反対に位置するような欲動を抱いているかのように振舞《ふるま》うことさえあるのです。そして、このような心的現象を「反動形成」と呼びます。例《たと》えば、自分が小さな頃から自分の父親に殆《ほとん》ど逢うことができなかった子供は、自分が父親のことを大好きであること・自分が父親に逢いたくて堪《たま》らないことの反動形成として、自分が父親のことを大嫌いであるかのように・自分が父親に逢いたくないかのように振舞《ふるま》うことがあります。）

そうして人間は、自分の抱いている様々な欲動のうちで、周囲の人間に認めてもらうことができないような欲動というものの多くを、自分自身の心の中に閉じ込めようとしていくのです。更に、「感じることが望まれないと思われるような感情」・「憶えておくことによって良くない結果を自分に与えてしまうと思われるような記憶」なども、自分自身の心の中に封じ込めておこうとします。これが即《すなわ》ち、「抑圧」と呼ばれる心的現象です。

（少しだけ補足をさせて頂きますが、「抑圧」という言葉は、フロイト《Sigmund Freud 1856 - 1939 オーストリアの精神科医・精神分析の創始者　著「精神分析入門」「夢分析」》の理論の中にある「無意識的防衛機制」というものの一つとして出てくる言葉です。ここで、「無意識的防衛機制」というものは、「一人一人の人間が、自分の心に生じる強い欲動や強い怖れといったものの力から自分自身の心というものを守るために無意識に起こす心的現象」のことであると考えて下さい。フロイトの理論の中では、「抑圧」以外にも、「合理化」・「同一視」・「投射」・「反動形成」・「逃避」・「退行」・

「代償」・「昇華」などの無意識的防衛規制の例が示されているのですが、私の今回のお話の中では、必ずしもフロイトの考え方に沿った形の言葉の使い方をする訳ではありません。）

人間は、「自分の属している社会全体が望んでいる方向」や「自分の周囲の多くの人間が認めている方向」などに従って、自分自身の欲動というものを抑圧し、自分自身の記憶というものを抑圧し、自分自身の感覚というものを抑圧し、自分自身の思考というものを抑圧し、自分自身の感情というものを抑圧し、自分の属している社会の多くの人間が抱いている価値観（私は、このお話の中でこの価値観のことを、「社会的価値観」と呼びます。）というものと、自分自身の抱いている価値観というものとを、少しずつ似せていくのです。

そうして人間は、初めの段階では自分の外側にあったはずの「社会」というものを、長い年月を掛けて、少しずつ自分の内側に取り込んでいきます。このように、人間には、「周囲の人間や周囲の社会にとっての理想に適した自分でありたい」という方向性が、必ずあると言えるのです。勿論《もちろん》、私は、「このような方向性が、必ずしも良くないものである」といったことを主張しようとしている訳ではありません。人間が「自分の周囲の人達に好かれたい」と望むことは、とても自然なことですし、そうやって「一人一人の人間が自分の周囲の人間のことを充分に意識すること」によって、社会の中での人間関係のバランスというものは保たれることができる訳ですし、一人一人の人間が自分の心の中に「自我」というものを形成していくこともできる訳ですからね。ですが、「自分の抱いている心的現象というものをあまりにも強く抑圧してしまうようになること」や「他者の目に映る自分というものをあまりにも強く意識してしまうようになること」などの結果として、「自分の人生を楽しみながら生きるということができなくなってしまっている人間」や「病的なほどに何かに悩まされたり迷わされたりしてしまっている人間」・「自分の自尊心や自信といったものを完全に失ってしまっている人間」も、現代社会におきましては、少なくはないと言えるのだろうと思われますので、「誰の心の中にも抑圧してしまっている心的現象というものが多くある」ということくらいは、多くの人間が憶えておいても良いことなのだろうと思えるのです。（このお話に関しましては、「Chapter2 - 5」の「心の病」に関してのところで詳しく議論させて頂きます。）

ある哲学者の言葉には、『**大衆は、周囲の社会や周囲の人間に求められ・認められ・期待される以外のことを、感じず・考えず・求めない。彼らは、漠然とした意識の中で、ただ周囲の人間に合わせて自分の関心を浮遊させ、たまたまその時に手の届くところにあった快楽というものに、身を委ねるだけなのである。**』とありました。（また、フラー《Thomas Fuller 1608 - 1661　イギリスの聖職者・歴史家》の言葉には、『**群集は、多くの頭を持っているが、脳を持ってはいない。**』とあり、ラ・フォンテーヌ《Jean de La Fontaine 1621 - 1695　フランスの詩人　著「寓話集」》の言葉には、『**世間とは、羊の群れにほかならない。**』とあります。現実にも、完全に大衆化してしまっている人間というものは、「自分自身の強い意志」を抱くことも「自分自身の確固たる考え方」を抱くこともできてはおらず、「自分の周囲の多くの人間の抱いている意志」や「自分の周囲の多くの人間の抱いている考え方」といったものに自分自身を同一化させることで、自分自身の心や自分自身の脳を、怠惰なもの・堕落したものにしてしまっていると言えます。）

この哲学者の言葉にあります「大衆」というものは、「社会的価値観というものと完全に同化してしまった存在としての人間」ということになるのだろうと考えられます。ですが、言うまでもないことなのかも知れませんが、実際の人間の心というものは、そんなに単純に規定されたり定義されたりしていくものなどではありません。人間という存在は、「命令されたことに従うだけの機械としての存在」ではなく、「自らが能動的に何かを欲したり何かを考えたりする生物としての存在」ですし、社会や周囲の人間達から自分という個人に対して与えられる要請や要求といったものも、少なくとも現代の多くの社会におきましては、人間を洗脳してしまうほどに強いものであるという訳ではありませんからね。現実にも、この社会に生きている一人一人の人間は、実に多くの個性・実に多彩な個性というものを持っていると言えます。厳密に考えますと、前述の哲学者の言葉にありました「大衆」などという単語で括《くく》れるような人間は、恐《おそ》らく、この世の中に一人としていないことでしょう。（人間は、自分の抱いている「良い信念の力・強い信念の力」といったものを利用することによって、「大衆としての自分」というものから抜け出すことができるのです。尚《なお》、「信念」というものに関しての具体的なお話は、「Chapter2 - 2」で展開させて頂きます。）

この現代社会には、「個性的な人間を認めようとする社会的価値観」というものが間違いなくあると言えますし、「個性的な人間でありたい」と望む一人一人の人間の欲動（勿論《もちろん》、これは、昇華された形の欲動なのかも知れません。）というものも、少なくとも現代の多くの社会におきましては、肯定されているもの・歓迎されているもの・奨励されているものであると言えます。それに、人間は、一人一人によって少しずつ異なる「遺伝子」というものを持っていますので、その遺伝子を設計図として形成される一人一人の人間の肉体や精神といったものにも、先天的な（生まれ付いての）個性というものが、確かにあるのだろうと考えられるのです。（尚《なお》、「同族嫌悪」という人間の心理は、自分と非常によく似た性質や自分と非常によく似た性格の人間が自分と同じ社会環境の中にいるということによって自分が感じてしまう「自分の個性が自分だけの個性ではなくなってしまうということに対しての怖れ」・「自分の存在意義が侵食されてしまうということに対しての怖れ」などから生じてしまっているものであると考えられ、「自分とよく似た人間のことを見ていると、自分の嫌な面や自分の欠点などを見ているような気がしてしまうので、その相手のことをあまり見ていたくない」と思うような気持ちなどから生じてしまっているものであるとも考えられます。）

例《たと》えば、貴方の通っていた（または通っている）小学校や中学校の中にも、親や教師から言われることを全く聞かずに悪戯《いたずら》をして、大人を困らせることが大好きなクラスメートもいたことと思います。「自分の成績をどうやって上げるのか」ということなどよりも「どれだけ面白いことを考えて友達を楽しませるのか」ということを真剣に考えている子供や、周囲の人間から見れば、「どうして、あんなことにあんなに熱中しているんだろう」と疑問に思えるくらいに、非合理的な一つのことに対して夢中になっている子供もいたことでしょう。ですが、特に「精神的な強い個性というものを持っているということ」は、他の動物には少ししか見られない「人間であることの特権・人間であることの条件」とも呼べるようなことなのであり、「一人一人の人間に特徴的な個性があるということ」・「一人一人の人間がより良い個性や自分らしい個性を求めるということ」・「一人一人の人間が互いの個性を認め合い、尊重し合うということ」などは、それらのこと自体が、とても人間らしいこと・とても素晴らしいことなのだろうと、私にはそのように思えるのです。（勿論《もちろん》、自分が誰かの意見や誰かの忠告から何かを学び取ったり感じ取ったりするということは、とても素敵な・とても有意味なことなのですが、一人一人の人間というものは、誰もが周囲の全ての人間とは違う特別な唯一の存在なのですから、自分が何かの役割や何かの立場に適合する必要・自分が何かの集団や何かの組織に適合する必要などがあるのでなければ、自分が周囲の人間の価値観や意見に無理に合わせようとする必要などは、多くの場合にはないと言えるのでしょう。「自分の信念を曲げずに、自分が自分らしくあり続けられるということ」は、多くの人間にとって、とても大切なことであり、とても幸福なことであり、とても誇らしいことであると言えます。）

（日本人という民族は、他の社会の民族と比較すれば、「自分が個性的であること」よりも「自分が大衆的であること」を美徳としてきたような民族であると言えるのかも知れません。「集団心理」というものを考えるのであれば、人間の抱く「罪悪感の概念」や「罪というものの判断基準」などを含む「様々な価値観」や「様々な判断基準」といったものは、しばしば、「自分の周囲の人間がどう思うのか」・「自分の周囲の人間がどう考えるのか」といったことに従うものとなるのだろうと考えられるのですが、日本人の場合には、このような「集団心理的な傾向」というものが、特に顕著《けんちょ》に現れてしまうことがあると言えるのでしょう。この「集団心理的な傾向」というものは、恐《おそ》らく、「規律や画一化を目指すような考え方」・「出る杭は打たれる的な思想」・「中庸こそが善であるかのような固定観念」・「一人一人の子供が備えている特長や能力の中で、学校での成績の良さや芸術分野での能力の高さなどに繋《つな》がるようなもの以外を完全に排除してしまおうとする教育思想」といったような「日本の社会の中にある様々な社会的価値観」というものが形成しているものであると言えるのだろうと考えられ、勿論《もちろん》、「一人一人の人間がお互いに抱く信頼感や協調性」・「複数の人間が一緒になって何かを頑張ろうとする意志や力」などに繋《つな》がるのだろうと考えられる「集団心理的な性質・大衆的な価値観」というものは、良い面をたくさん持っているものでもあると言えます。)

(ですが、その一方で、このような「集団心理的な性質・大衆的な価値観」といったものは、「自分の身近な人間もやっていることだから、悪いことだと分かっていても、自分もやってしまう」というような動機による「万引きやゴミの不法投棄などの行為」・「未成年の喫煙や飲酒などの行為」・「薬物の乱用や誰かに対しての暴力行為」・「売春という自分の体や自分の心を粗末に扱った行為」などが、一つの人間集団の中で拡大感染のように広がっていってしまうことがあるという大変に危険な可能性を持っているものでもあるのだろうと考えられるのです。「自分の周囲の多くの人間が持っている物は、自分も手に入れないと気が済まない」・「自分の周囲の多くの人間がやっていることであれば、少しくらい悪いことであっても、やってしまって構わないと感じてしまう」といったような心理的傾向は、日本人の特徴として、非常に悪い点の一つであり、非常に危険な点の一つであると言えるのでしょう。)

(「自分が集団心理というものに完全に負けてしまったり完全に支配されてしまったりすることで、自分が集団での犯罪を犯してしまったり集団での暴力を誰かに振るってしまったりするということなどが、決してないようにするということ」・「一人一人の人間が精神的に自立をして、善悪の判断や良し悪しの判断といったものを自分自身で考えて行うことができるようになり、実際の自分の行動というものを自分自身の意志で決めたり支配したりすることができるようになるということ」などが、現代の日本の社会におきまして、多くの人間が精神的に成長していくためにも必要なことであると言えるのかも知れませんね。『**ただ流行に乗って人のしていることをするのではなく、人として為《な》すべきことをしよう。**』とは、ラ・ショッセ《Claude Nivelle de La Chaussee Pierre 1692 - 1754　フランスの劇作家　著「メラニード」》の言葉になります。尚《なお》、自分が「大衆的な価値観」というものに完全に支配されてしまわないようにするために・自分が「自分自身の意志や理性」といったものによって自分の心や体をある程度まで支配することができるようになるために、「より良い信念・より強い信念」というものを自分が抱くということが、人間には必要であると考えられるのですが、この「信念」という概念に関してのお話は、次の「Chapter2 - 2」のところで詳しく議論させて頂くことに致します。）

Chapter2 - 2　昇華と倒錯・信念

人間の心の中には、現代におきましても尚《なお》、野生動物の心が持っているものと同じような形の欲動というものが、非常に多く残っていると言えます。このことは、人間の「進化の歴史」というものを考えてみることで、容易に納得したり理解したりすることができるようなことです。人間が「私達が考えるような人間らしい生活」というものをし始めたのは、少し長く考えてみましても、五万年くらい前からのことなのであり、それ以前のずっと長い間は、人間も野生動物として進化してきたのだろうと考えられます。人間が現在までの間に自分自身の進化のために費やしてきた膨大な時間というものと比較すれば、五万年という時間は非常に短い時間なのであり、故に、人間の心の仕組《しく》みの中にも、動物的なもの（動物的な欲動や動物的な価値観・動物的な感覚や動物的な能力）が非常に強く残っていると断言できるということなのです。（例《たと》えば、少し品のないような例で恐縮なのですが、「自分の排泄物の匂いと他者の排泄物の匂いとを判別することができる能力」というものなどは、犬がマーキングをするためなどには必要不可欠であると考えられる能力であり、現代社会に生きる人間には完全に不必要なものとなっている能力であると考えられるのですが、全ての人間が例外なく備えている能力であると言えるのでしょう。）

（勿論《もちろん》、これから先の時代における人間の生活様式によっては、五千年・一万年後の時代に生きている人間の心というものは、野生動物的なものが今よりももっと薄れていき、今の私達の心とは少し違う形のものとなっているのかも知れませんね。）

しかし、私達は、社会的価値観というものに基づいて形成された人間社会（秩序や理性といったものを重要視している人間社会）の中に生きておりますので、自分達の抱いている動物的な欲動の多くをこの社会の中で完全に充足させることなどは、達成することができるようなことでは決してありません。特に、ストレートな攻撃衝動や露骨な性的欲動といったものは、それらが動物としての人間の心の中では非常に強い欲動であるにも拘《かか》わらず、多くの人間社会の中では決して認められることができないものであると言えるのでしょう。ですから、「Chapter1」のところで議論致しましたように、私達は、自分の抱いている欲動を抑圧することによって「不快の感情」というものを抱き、充足したり発散したりすることができずに心の中に蓄積させてしまった欲動というベクトルを発散するための新たな対象や新たな方向を求めるのです。（勿論《もちろん》、こういった心の動きの殆《ほとん》どは、無意識的な思考の中で行われているものであると言えるのでしょう。）

ここで、「人間が、自分の抱いている欲動の中で、本来の欲動の形のままでは充足することができないような欲動というものを、本来の欲動の形とは別の形に変えて発散すること」を、「昇華」という言葉で呼ばせて頂きます。「本来の欲動の形」という言葉を用いましたが、そうしますと今度は、「どのような種類の欲動というものが、本来の欲動という定義に当て嵌《は》まるのか」という疑問が生じてしまうかも知れません。ある精神分析学者は、自らの著書の中で、全ての欲動の生まれる源を「性的なもの」に帰結させています。私は、「性欲」や「食欲」・「睡眠欲」や「排泄欲」といった基本的欲動と呼ばれるものの全ては、「生きたい」という生物の根本的な意志が変化したもの（昇華したもの）であると考えておりますので、私の考え方に基づいて申しますと、最も純粋な「本来の欲動」というものは、「生きたい」という生物共通の根本的な意志であると言えるのです。

また、一人一人の人間が抱く「昇華した形の欲動」というものは、もともとの遺伝的要因によって形成されている欲動というものに経験的要因というものが強く影響した結果として形成されたものであり、非常に複雑な形・非常に多様な形のものであると考えられますので、「ある人間の抱いている少し複雑な形の何らかの欲動の根本的な正体」や「ある人間がそのような欲動を昇華された形の欲動として選ぶ合理的な理由」といったものを見極めることは、多くの場合におきましては、決して容易《たやす》いことではありません。恐《おそ》らく、人間にとって「自分がしてはいけないこと」や「自分がしなければいけないこと」の合理的な理由というものは、時として必要であるとしても、「自分がしたいこと」や「自分がしたくないこと」の合理的な理由というものは、必ずしも必要なものではないのでしょう。（現代社会において多くの人間は、「自分の行う行動」や「自分の抱く欲動」の全てに対して、何らかの合理的な理由というものを求めてしまいがちなものなのですが、その理由を見付けることが非常に難しいような行動や欲動・その理由を見付けることが不必要なことであるような行動や欲動といったものも、現実には決して少なくはないのです。また、関連することとして付け加えさせて頂きますが、「この現実世界の中には、明確な答えを出す必要が必ずしもないような疑問・普遍的《ふへんてき》な答えを出すことはできないような疑問・答えを出す意味が殆《ほとん》どないような疑問・無理をして答えを出してしまうべきではないような疑問といったものも、決して少なくはない」ということも、確かなこととして言えることなのかも知れませんね。）

例《たと》えば、人間が「自分の育てた企業や団体・自分の作った企画や作品などが大きく立派になっていくことを見て嬉しく感じること」などは、恐《おそ》らく、人間が「自分の育てた子供の成長を見て嬉しく感じること」・「立派になっていく自分の子供の姿を見て嬉しく感じること」などと深く関わっていることなのだろうと考えられます。また、「何か特定の物を収集することによって喜びを感じることができる」というコレクターの心理というものは、「独占欲の充足」や「支配欲の充足」・「昇華した形の欲動（自分が特定の物を収集することによって自分自身が快の感情を得ることができるという心の仕組《しく》みを、自分が自分自身の心の中に捏造《ねつぞう》することによって形成される欲動）の充足」によるものであると考えることが可能なのでしょう。このように、人間の抱く欲動というものを詳細に分析していけば、それらの多くは、確かに、解明可能なものなのかも知れません。ですが、そういったことを解明することには、多くの場合におきましては、充分な意義というものを認めることはできないのだろうと考えられるのです。（尚《なお》、「独占欲」・「支配欲」・「征服欲」といったものも、特に、自分の抱く強い性的欲動の対象となる存在や自分の抱く強い愛憎の感情の対象となる存在などに対しての「独占欲」・「支配欲」・「征服欲」といったものは、勿論《もちろん》、その欲動の強さの程度の違いや明確さの程度の違いといったものは一人一人の人間によって非常に大きいものなのだろうとも考えられるのですが、老若男女を問わず、全ての人間の心の中にほんの少しは潜んでいるものであると言えるのでしょう。）

（また、自分の業績や何かの高価な物・写真や映像などの何かの形で残る自分の思い出といった「具体的で明確な形の何か」を自分が所持したり残したりしたいと非常に強く望む人間の心理的な傾向というものは、自分自身の生物としての存在意義や自分自身の心に流動的に生じる様々な心的現象といったものに対して自分が素直に大きな価値や大きな意味を見出すことができないことによって自分自身の心の中に生じてしまっている「漠然とした不安」というものから自分自身が逃れようとするが故のものでもあると言えるのでしょう。多くの動物達は、「何かの自分の所有物」や「具体的な何かの物体」といったものに拘《こだわ》りを持つこと以上に、「自分自身の心に流動的に生じては消えていく様々な心的現象」というものそのものに、大きな意味を見出すことができていると言えます。尚《なお》、勿論《もちろん》、「具体的で明確な何かや物理的な何かを自分が欲すること」自体は、罪なことでも悪と呼べるようなことでもなく、文明社会の中に生きる人間として、とても当たり前のことであり、とても自然なことです。)

例《たと》えば、自分という人間が「自分の好きな誰かに会いたい」と望む理由は、「会いたいから」ということだけで充分ですし、自分という人間が「美味しいものを食べたい」と望む理由も、「食べたいから」ということだけで充分なのでしょう。大切なことは、「その欲動の理由や根拠といったものが、自分の心の中に見付かるのか見付からないのか」ということではなく、「その欲動が確かに自分の心の中に存在している」という事実としての心的現象の方ですからね。

尚《なお》、多くの人間が行う代表的な昇華の形の一例として挙げさせて頂きますが、例《たと》えば、「音楽(特に、声を使った歌などの音楽)を通じての表現というものを行うことによって人間が得ることができる喜び」というものは、「野生の鳥が、異性の注目を集めるために囀《さえず》りなどの行為を行うことによって得ることができる喜び(鳥の心の中には、自分が異性の前で囀《さえず》ることによって快の感情を得ることができるという仕組《しく》みが形成されているのでしょう。)」などにも関わっているものなのだろうと考えられますし、「スポーツなどで対戦相手に自分が打ち勝つことによって人間が得ることができる喜び」というものは、「野生動物が、自分が誰かに打ち勝つことによって・自分が強い存在であることを確認することによって得ることができる喜び」などにも関わっているものなのだろうと考えられます。一方で、「音楽は性的欲動の昇華した形であり、スポーツは攻撃衝動の昇華した形である」という見解も精神分析学の分野などにはあるようなのですが、そういった見解は、あまりにも極端で短絡的であり、人間としての美的な価値観などを大きく欠いたものであるように、少なくとも私には感じられてしまいます。

（少しだけ補足をさせて頂きますが、ある特定の動物が自分と同種の動物に対して感じる「魅力」というものの殆《ほとん》ど全ては、ある意味では「性的魅力」と呼べるものなのであり、先ほどに例として挙げました「野生の鳥が異性の注目を集めるために囀《さえず》りなどの行為を行うということ」を現実に鳥が行うことも、「自分自身の性的魅力の一部分を異性に対して露出することによって快楽を得ることができる」という心の仕組《しく》みが鳥の心の中に備わっているが故のことであると言えるのでしょう。そして、人間の心の中にも同様に、「自分の性的魅力の一部分を誰かに見せたり認められたりしたい」といった欲動が備わっており、「自分の性的魅力の一部分を誰かに見せることや誰かに認められることによって快の感情を得ることができるような心の仕組《しく》み」というものが備わっているのだろうと考えられるのです。勿論《もちろん》、人間は野生動物とは違いますので、多くの人間は、こういった「自分が露骨な性的魅力の露出をすることを求める欲動」や「自分が露骨な性的欲動の表出をすることを求める欲動」といったものを、自分の心の中で小さくはない葛藤《かっとう》を生じさせながらも、適度に抑圧したり昇華したりすることができています。）

ここで、「昇華」と「倒錯」という言葉の違いに関しまして、説明を加えさせて頂きたいと思います。倒錯という言葉は、昇華という言葉よりも一般には馴染みの薄い言葉であると言えるのだろうと思いますが、最も多く見られる使われ方と致しましては、「性的倒錯」という言葉があると言えるのでしょう。ここで、「性的倒錯」という言葉は、「一般に考えられているような性的な欲求の対象とは明らかに違った形のものを、ある人間が自分の性欲の対象として求めること」を指す言葉であると定義することができるのだろうと思います。

しかしまた、この「性的倒錯」というものの範疇も、現実には、非常に不明確なものであると言わざるを得ません。少し露骨なお話になってしまいますので恐縮なのですが、人間も含めた全ての動物の「性欲」というものの目的となるものは、明らかに「性交」というものであると言えます。それによって全ての有性の動物は、自分の種や自分の子孫を繁栄させていくことができる訳ですからね。（性欲というものは、人間にとって最も重要で最も根本的な欲動の一つであると言えるのでしょう。）

そうであるとすれば、私達人間が「愛する異性の手を握ること」や「想いを寄せている異性をぎゅっと抱き締めること」などは、「性交の前段階的な意味合いしか持たないこと」であるというようにも考えることができます。ですが、例《たと》えば、「自分の愛する相手の手を握りたい」・「自分の愛する相手を抱き締めたい」といった形の人間の欲動も、少なくとも私達の主観的な感覚に従って考えるのであれば、独立した一つの欲動であるというようにも考えられるのです。（勿論《もちろん》、これらの欲動は、「自分の愛する誰かと肉体的・心理的な距離を縮めていたい」といった「親和欲求の充足」や「愛情欲求の充足」を目的の一部としているものでもあります。）このような欲動は果たして、「性的倒錯」と呼べるようなものなのでしょうか。また、更に、「写真に映っている異性の像や絵に描いてある異性の像を自分が見ることによって、代替刺激的に性的興奮を覚えること」などは、「性的倒錯」と呼べることなのでしょうか。（「代替的」という言葉に関しましては、「Chapter2 - 8」で詳しく御説明致します。）

厳密に考えますと、「基本となる欲動というものの範疇」を定義しなければ、「昇華された形の欲動というものの範疇」を定義することができないのと同じように、「基本となる性的な欲動というものの範疇」を定義しなければ、「性的倒錯というものの範疇」を定義することもできません。しかし恐《おそ》らく、「基本となる欲動というものの範疇」や「基本となる性的な欲動というものの範疇」などを完全に定義するということは、現実には不可能なことなのでしょう。何故なら、そういった基本となるであろうそれぞれの欲動というものもまた、先ほどにもお話し致しましたように、人間の「生きたい」という意志の力が昇華（或《あ る》いは倒錯）した二次的なものであると考えられるからなのであり、更には、人間という存在は誰もが例外なく、「遺伝子による形成」と「経験による影響」とのバランスによって、「自分の心の仕《し》組《く》みというものの全て（人間の抱く欲動や価値観といったものをも含めた全て）」を構築しているものであると考えられるからなのです。

恐《おそ》らく、「昇華」という言葉は、「その昇華した欲動の形」や「その昇華した欲動の向かう目的（昇華対象）」が、一般的にも認められているものである場合に使われ、それに対して、「倒錯」という言葉は、「その倒錯した欲動の形」や「その倒錯した欲動の向かう目的（倒錯対象）」が、一般的には認められていないものである場合に使われていると言えるのだろうと思います。心的現象として考える上では、「昇華」というものと「倒錯」というものとは同じ現象であると考えられ、「その心的現象の結果として生じた欲動の形や欲動の対象が、一般的な価値観（社会的価値観）に適合しているものであるのかどうか」ということによって、「昇華」という心的現象と「倒錯」という心的現象とに分けられるということとなのでしょう。

人間の抱く「性欲」というものに関してのお話を、もう少しだけ続けさせて頂きますが、現代社会に生きる殆《ほとん》ど全ての人間は、自分の抱く基本的な欲動である「性的な欲動」と自分の取り込んできた社会的価値観による「性的なモラル」という相反する二つの方向性の間で、非常に深く悩んだり非常に強く葛藤《かっとう》したりすると言えます。多くの人間が、「美しさ」や「強さ」・「可愛らしさ」や「若さ」といったものを自分に伴う魅力として求めることの本質的な理由の中には、「それらが、性的な欲動と性的なモラルという異なる方向性のどちらにも適合しているものだから」という理由も間違いなくあると言えるのでしょう。

もう少し強く申しますと、性的な強さと性的な経験の豊富さとを求めるような動物的で本能的な欲動・性的なものへの好奇心や興味・刺激を求める欲動などによる「方向性」と、それらを酷《ひど》く嫌悪するような社会的価値観や性的なものへの怖れ・強い罪悪感や人間関係の問題・周囲の人間の自分を見る視線に対する不安や性的な体験を恥ずかしいものとして感じるような価値観などによる「方向性」という相反する両者の力というものが、人間の心の中には同時に存在しているのだろうと考えられるのです。

「その両方向の力の間の葛藤《かっとう》」というものは、非常に強いものであり、この葛藤《かっとう》がしばしば、人間の心に様々な問題を引き起こしてしまうということも事実なのですが、一方で、このような葛藤《かっとう》が人間の心の中に起こっているからこそ、一人一人の人間は、「自分の性的なモラル」というものを維持しながらも「自分の性的欲動」というものを適度に発散させたり昇華させたりしていこうとすることができ、このことが人間に、「文明社会の中で生物として生きる」ということを可能にさせているとも言えるのでしょう。（現代の日本の社会におきましては、一人一人の人間が自分自身の心の中に抱いている「性的欲動による方向性」と「それを抑圧する力による方向性」との間のバランスというものは、非常に大きく崩れ、少なくない数の人間が抱いている性的なモラルというものは、非常に希薄なものになってしまっていると言えるのだろうと思います。尚《なお》、この「性的なモラルの崩壊」ということに関しての詳しい考察は、「Chapter2 - 8」で展開させて頂きます。）

ここで、お話を「性的倒錯」に関してのことに戻させて頂きますが、現代の多くの社会におきましては、「直接的な性的欲動の表現」というものは、殆《ほとん》ど許されていないと断言することができます。そして、現代社会に生きる多くの人間は、生まれた時からずっと当たり前のように「このような社会的価値観（性的欲動の抑圧を促すような社会的価値観）」を与えられながら育って参りますので、動物的な性的欲動というものを基準にして厳密に考えれば、現代において文明社会の中に生きている全ての人間は、誰もが例外なく、「性的倒錯」という心的現象を自分自身の心の中に生じさせてしまっているということが言えるのです。勿論《もちろん》、「どれくらい倒錯を起こしてしまっているのか」・「どういった倒錯を起こしてしまっているのか」といったことは、一人一人の人間によって様々であると言えます。

（例《たと》えば、「サディズム」・「マゾヒズム」・「色情症」・「幼児愛」・「同性愛」・「フェティシズム」・「近親相姦」など、性的倒錯や異常性欲といった言葉で呼ばれるものには非常に多くの種類があるのですが、「異常ではなく正常であると考えられる性の形」というものを判断する基準となるものは、「多くの人間が正常なものとして考えている性の形」や「社会的価値観によって肯定されている性の形」といったものなのだろうと考えられるのです。「本来の動物としての性の形」というものを基準にして厳密に考えるのであれば、例《たと》えば、「人間が、異性と口付けを交わすことで性的な興奮を覚えるということ」さえ、性的倒錯と呼べるようなことであると言えるのかも知れません。尚《なお》、人間の唇には非常に多くの神経細胞が集中しており、人間は、唇に触れるものに対しては、手の平に触れるものなどよりも、その皮膚感覚的刺激の情報を繊細且つ的確に把握することができると言われているという面はあります。恐《おそ》らく、多くの人間社会において、「口付け」・「抱擁」・「握手」といったコミュニケーションが特別な意味を持ってきたことは、全くの偶然によることではないのです。)

(ここで、誤解を避けるために申し上げておきたいのですが、勿論《もちろん》、私は、「性同一性障害という呼称で呼ばれる心の病」というものと「ホモセクシャルやレズビアンといった呼称で呼ばれる性的嗜好」というものとを別のものとして考えるのか・同じものとして考えるのかということには拘《かか》わらず、「同性愛者に対しての差別や偏見」・「ヘテロセクシズム」などを主張するようなつもりは、全くありません。同性愛者本人達が、自分達の愛の形によってお互いに幸せを感じられているのであれば、それは既《すで》に、充分に有意味な愛の形であると言えます。他の性的倒錯の形や妄想的な性愛の形も、「近親相姦」や「幼児愛」などのように誰かを不幸にしてしまう高い可能性を持つ性の形・生物の仕組《しく》みから考えて完全に禁止されるような性の形・周囲の人間に強い不快な思いを感じさせてしまったり周囲の人間に大きな迷惑を掛けてしまったりするような性の形などでなければ、それらを選び取ることは、一人一人の人間の自由であると言えるのでしょう。しかし、そういったことの一方で、動物の抱く性欲というものの最も重要な機能である「生殖」という機能を果たさないという点で考えれば、同性愛や他の多くの倒錯的性愛というものは、やはり、「不完全な性愛の形」と呼べるものなのだろうと考えることも間違いなくできるのです。もっとも、現代社会において少なくない数の人間が実践してしまっている「生殖という目的を伴わない性愛の形」や「恋愛感情を伴わない性愛の形」・「避妊や中絶といった選択肢を備えている性愛の形」などのようなものは、それらが既《すで》に、動物としての人間の「性愛の仕組《しく》み」というものから考えれば、異常なもの・倒錯的なものであると言えるのかも知れませんね。）

（また、考えてみますと、少なくない数の人間が時として陥ってしまう「心の病」と呼ばれるものの多くも、「この社会の中で多くの人間が正しいと考えている社会生活・社会的価値観に肯定されているような社会生活」というものを基準にして、「ある人間が、その基準からどれほど離れているのか」という「程度の差」によって、「その人間が心の病に陥ってしまっているのか否か」ということが判断されていると言えるのだろうと思えるのです。例《たと》えば、「自分が何かを怖れる」ということは誰にでもあることですが、その「怖い」という気持ちが度を越して強いものとなり過ぎてしまい、日常生活に支障をきたすほどになってしまいますと、それは、「恐怖症」という呼称で呼ばれるものになってしまうと言えるのでしょう。そして、そのような「心の病の症状や名前として使われるような呼称」というものは、「Chapter2 - 5」で詳しくお話致しますが、「環状効果」という現象の原因となってしまうようなものでもあるのです。）

（人間の精神に関する学問をしたり、その症状に対しての解決法を思索したりする上では、そのような「心の病の症状や名称を示すための言葉」というものは、確かに必要なものであると考えられるのですが、私個人の意見と致しましては、人間を区分したり追い詰めたりしてしまう危険性を持っているそれらの言葉は、あまり好きではありません。また、そういった「心の病の症状や名称として使われている言葉」に対して多くの人間が抱いてしまっている「固定観念的な良くないイメージ」というものを、少し考え直す必要があるとも言えるのかも知れませんね。「Chapter2 - 8」でも触れますが、「言葉」というものは、何かの現象や何かの物を代替的に表すだけのものではなく、何かの心的イメージや何かの印象といったものをもその言葉に含めた形で、何かの現象や何かの物を代替的に表すものなのです。）

そして、全ての人間は例外なく、「倒錯」というものではなく「昇華」というものを求めます。どんなに素直ではない人間も・自分一人の力で生きようとしている人間も、心の何処《どこ》かでは、「自分の行動を誰かに認めて欲しい」と望み、他者（自分以外の全ての人間）の視線というものを常に意識してしまうものなのです。人間の備えているこのような性質は、「Chapter1 - 3」で御紹介致しました「マズローの欲求階層説」という議論に出て参ります「誰かに自分を認めて欲しい」という「承認欲求」によるものであると考えることもできますし、これから「Chapter2 - 3」でお話して参ります「内面的同一化」というものに関わっているものであるとも考えることができます。

更に、「自分という人間が、抑圧されてしまっている自分の欲動というものを、どのような形に昇華させていくのか」ということが、一人一人の人間にとって、自分自身の人生全体を非常に大きく左右し得ることであると言えるのでしょう。何故なら、自分が選択する「自分の欲動の昇華の形」というものは、全ての人間にとって、自分自身の人生における「柱」となり得るものでもあるからなのです。

「スポーツをして自分自身や他の誰かを楽しませること」も、「芸術によって自分自身や他の誰かを感動させること」も、「自分の家族をできる限り大切にしたり幸せにしたりしようとすること」も、現代社会におきましては、「経済的に成功しようとすること」も、社会の形態によっては、「神のために一生を捧げること」も、ほかにも例を挙げていけば切りがないのだろうと思いますが、そういった「その社会に属する多くの人間にとって、自分の人生の目的や意味となるものの全て」が、社会的価値観に認められているものであり、「一人一人の人間が自分の抱いている欲動を昇華する際に選び取る代表的な形」と呼べるものでもあると言えるのでしょう。

勿論《もちろん》、人間が現実に行う昇華の形にも様々な形がありますので、その全てが「多くの人間にとって人生の目的となるような重要なもの」であるという訳ではありません。言ってみれば、「ある人間が、会社で上司に雑用ばかりをさせられることによって自分の心の中に蓄積してしまったストレスというものを発散するためにカラオケへ行くこと」も、「ある人間が、自分の心の中に抑圧されている攻撃衝動のエネルギーというものを社会を良くするための方向に費やそうとすること」も、「充足されなかった欲動を、形を変えて発散する」という点から考えれば、同様に「昇華」という言葉で呼ぶことができる心的現象であるということになりますからね。ですから、ここで、「人間の行う昇華という心的現象」・「人間が自分の欲動を昇華する結果として求める対象」のうちで特に、「その人間が、自分の人生を生きる上での指標や目的とするもののこと」・「その人間が、自分の人生を生きていく上での意味や価値として考えるもののこと」・「その人間が、一度しかない自分の人生というものを費やそうとする対象となるもののこと」などを、その人間の「信念」という言葉で呼ぶことに致します。（私がこの本の中で用いて参ります「信念」というもののうちの少なくない一部分は、「自分自身の確固たる決意・自分自身の確信的な決意・determination」とも呼べるようなものです。）

そうしますと今度は、「では、人間には何故、信念というものが必要であると考えられるのか」という疑問が生じてしまうかも知れません。恐《おそ》らく、この「信念」というものは、他の動物が抱くことは決してなく、人間だけが唯一抱くものであると言えるのでしょう。まず、人間に「信念」というものが必要であると考えられる一つ目の理由として考えられることは、「文明社会の中に属する人間は、他の野生動物達とは違い、自分の抱いている動物的な欲動（動物的な本能）のためだけに全力で生きるということが許されてはいませんので、自分の抱いている動物的な欲動を発散したり昇華したりするための方向や手段として（または、自分の抱いている動物的な欲動を抑え付けるための理由として）、信念というものを求めるということです。自分自身が文明社会の中に生きることを通じて得てきた様々な価値観というものが、動物的な欲動のためだけに生きようとする自分のことを決して許さないのだろうと考えられます。（生まれたばかりの小さな子供は、自分の欲動を抑圧することを知らず、故に、自分の抱いている動物的な欲動を昇華することを目的として「信念」というものを自分自身の心の中に形成することも決してありません。）

人間に「信念」というものが必要であると考えられる理由の中で、次に考えられる理由を御説明致しますが、自分の抱いている「生きたい」という根本的な強い意志（強い欲動）の力を疑うこともなくずっと信じ続けてきた（自分自身の進化の歴史の殆《ほとん》ど全ての時間をそのように過ごしてきた）野生動物としての人間は、言ってみれば、この「生きたい」という意志の力を「絶対の信念」としてきたと言えるのでしょう。ですが、自分が知識や理性といったものを手に入れることによって、「自分は、永遠には生きることができない」という事実を具体的に確信的に知ってしまっている人間にとっては、もはや、この「生きたい」という根本的な意志の力すらも、絶対の信念ではなくなってしまったと言えるのだろうと考えられます。

言葉を変えて申しますと、「人間は、自分が生きるということ自体の意味を疑うようになってしまったがために、自分が生き続けることや自分が子孫を残し続けること以外の新たな信念（新たな目的・新たな意味）というものを求める必要が生じてきてしまった」ということなのでしょう。人間は、自分が抱いている動物としての欲動（「生きたい」という根底的な強い意志に直接に基づいている欲動）からある程度まで自由になってしまったが故に、それに代わる「信念」というものを自分の力で探し出す必要が出てきたということなのです。尚《なお》、人間が「自分の生きる目的」や「自分の生きる意味」・「自分の人生の道標《みちしるべ》」や「自分の生き方を肯定してくれる絶対的な何か」などを手に入れるために選び取る代表的な信念の一つの種類と致しまして、「宗教」というものを挙げることができるのだろうと考えられるのですが、この「宗教」というものに関してのお話は、「Chapter2 - 4」と「Chapter2 - 7」で議論させて頂くことに致します。

更に、「人間は、他の野生動物達と自分達とは、全く別のものであるということを証明するために、自分達特有の信念というものを求めている」と言えるのかも知れませんし、「人間が信念というものを求める理由は、自分達に生きる余裕ができたからである」と言えるのかも知れません。例《たと》えば、少なくとも、現代の日本のような社会におきましては、多くの人間は、「自分自身が生き延びること」それのみに全力を尽くす必要は、必ずしもないと言えることでしょう。これは、「人間の精神的進化」と呼べるようなことの一つなのかも知れませんね。

ですが、このようにして「動物としての欲動」というものから自由になっていくことで、また更に、現代の日本のような社会におきましては「宗教や思想」といったものからも自由になっていくことで、「私達の選択することができる信念の幅」というものは非常に大きく広がり、それ故にしばしば、多くの人間は、悩んでしまったり・迷ってしまったりしていると言えるのでしょう。サルトル《Jean Paul Sartre 1905 - 1980 フランスの哲学者・小説家・劇作家 著「嘔吐」「存在と無」》は、自らの著書の中で、『**人間は、自由の刑に処されている。**』という言葉を用いました。「自分が自由であることとは、私達人間自身に何を齎《もたら》すことなのか」ということを、少し考えさせられてしまう言葉です……。

（「悩むこと」や「迷うこと」などは、人間にとって必ずしも不幸なことなのではなく、そういったことも、「人間が生きていることの証し」や「人間が生きていることの意味」となるようなことであり、「人間が動物ではなく人間であるということの証明」となるようなことでもあり、人間の人生が豊かなものであるためにも、ある程度は必要なことなのでしょう。ですが、そうであるとしても、「完全に自由な状態」であることよりも「最低限の枠組みを与えられた状態」であることの方が、多くの人間にとっては、「生き易《やす》い状態」なのだろうとも考えられるのです。例《たと》えば、「人間が何を信じることも・人間が何を考えることも・人間が何を感じることも・人間が何をすることも、完全に正解と言えるようなことでも・完全に不正解と言えるようなことでもない」といったような非常に漠然としていて不安定な社会的価値観というものが強く存在している現代の日本の社会などは、強い信念を持っていない人間にとっては、非常に生き難《がた》い社会であり、大衆的な人間の存在を許さない社会であるとさえ言えるのかも知れません。現代の一部の先進国の社会に属する人間は、「非常に多くの考え方」や「非常に多くの価値観」といったものを無闇に認めようとしたり取り入れようとしたりし過ぎた結果として、「人間として生きていく上で最低限必要な考え方」や「人間として生きていく上で最低限必要な価値観」といったものをも見失ってしまい、「善悪を判断するための価値基準」や「良し悪しを判断するための価値基準」などの全てを曖昧なものとしてしまっていると言えるのでしょう。尚《なお》、ここで私が申しております「最低限必要な枠組み」や「最低限必要な社会的価値観」といったものに関してのお話は、「Chapter2 - 7」と「Chapter2 - 8」のところで詳細に議論させて頂きます。）

（「悩むこと」や「迷うこと」といったお話に関連することと致しまして、少しだけ付け加えさせて頂きたいことがあるのですが、私達が、現実に生じた何かの問題を解決したり・現実に生じた何かの問題に対処したりしようとする時には、「感情的になって悩んだり迷ったりすること」以上に、「冷静になって考えたり分析したりすること」や「理性と論理・原因と結果とを考えて行動すること」などが大切なことになる場合が多々あると言えます。と申しますのも、確かに「感情」というものは、「人間の心に、強い力や強いベクトルといったものを生み出してくれるもの」ではあるのですが、時としてそれは、「人間の心に、冷静な判断や合理的な判断をする能力を失わせてしまうもの」でもあるのです。恐《おそ》らく、現代社会において、私達が人間として何かを判断しようとする時に最も大切なことの一つは、「知識や情報・理性や論理によって考えること」と、「感情や欲動・感覚や感性によって感じること」とを、時と場合に応じてうまく使い分けていくということにあり、或《ある》いは、その二つをうまく組み合わせていくということにあると言えるのでしょう。)

(例《たと》えば、自分の人生の選択や自分のアイデンティティーの形成に関わるような大切な判断をする際に、自分がその時に抱いている一時的な感情や一時的な衝動だけに左右されて判断を下してしまいますと、後になってから後悔をすることになってしまい兼ねません。それに対して、芸術やスポーツ・人間関係や恋愛などのような「人間の感性や人間の本能・人間の欲動や人間の感情に直接的に関わること」に関しては、何かの決定的な判断や重要な行動をする際にも、「自分が感じること」と「自分が考えること」とをうまく組み合わせていくということが、大切なことであると言えるのです。また、理性や価値観などに完全に支配されてしまっている人間も、憎悪や恐怖心などに完全に支配されてしまっている人間も、「自分を愛してくれている自分の両親のこと」を思い出すことや、「自分が愛したいと心から感じられる自分の子供のこと」を思い出すことなどによって、「優しさ」や「愛情」といったものを自分自身の心の中に取り戻すことができる場合が多くあります。このように、人間が備えている根本的な性質というもののうちの少なくない部分は、「考えること」によってではなく「感じること」によってのみ、知ることができるようなものなのです。）

いずれにせよ、「ある人間が抱いている信念が、どのようなものであるのか」ということによって、「その人間の人生が、どのようなものとなるのか」ということが大きく変わってくることになると言えるのでしょうし、「その人間の心が、どのようなものとなるのか」ということも大きく変わってくることになると言えるのでしょう。尚《なお》、「何を信念として選ぶことが、人間にとって正解と言えるのか」といったような疑問は、ある程度の最低限の枠組みを定めることは可能であるとしても、絶対的な答えを出すことができるような疑問ではないのだろうと考えられます。「ある人間の人生の途中で、その人間の信念となるものが変わっていくということ」なども、現実には、充分に考えられることなのだろうと思われますしね。

（身近なことで簡単な例を一つだけ挙げさせて頂きますと、例《たと》えば、自分が受験勉強をしている受験生である時には、「自分が大学に合格すること」を自分の信念や自分の目標として定め、自分が大学に合格してからは、「自分の専攻している学問の研究に励むこと」を自分の信念や自分の目的として定めるといった形でも良いのだろうと思いますし、或《ある》いは、始めから、「自分がこの大学に合格してこの研究をする」ということを具体的な目標として掲げ、それに向けて自分が頑張るということも、一つの良い方法であると言えるのだろうと思います。）

それに、必ずしも「一人の人間が、一時期にただ一つだけの信念しか抱くことができない」ということでは、決してないのです。例《たと》えば、一人の人間が、「自分の家族を幸せにしてあげたい」という強い思いと「誰かを感動させてあげたい」という強い思いとを同時に抱き、「自分の家族を幸せにすること」と「自分が誰かを感動させること」との両方を「自分の生きる目的」や「自分の信念」とするということも、とても素晴らしい生き方なのだろうと考えられます。自分の本業の分野とは全く違った分野で良い趣味を持ち、本業と趣味との両方にできる限りの情熱を傾けるといったことも、自分の人生を豊かなものにしていくためのとても効果的な方法の一つであると言えるのでしょう。しかし、そういった事実の一方で、「一人一人の人間が持っている時間」というものは、常に限られたものですので、例《たと》えば、ある一人の人間が二つ以上の大切なものを持てば、そのそれぞれのためにその人間が費やす時間の量というものは、やむを得ず分散されていくことになってしまうのだろうとも考えられます。このような点を考えますと、**『二兎を追うもの一兎をも得ず。』**という日本の諺《ことわざ》にあるようなことになってしまわないようにするための取捨選択というものは、一人一人の人間にとって、時として必要となるものなのかも知れませんね。

（また、自分が実際にそのような「信念の取捨選択」をする際には、「自分にとって本当に大切なことは何なのか」・「自分にとって本当に大切なものは何なのか」といった疑問に対しての答えというものを、自分自身が抱くことができているのかどうかということが、自分が、「より良い選択」や「自分に多くのメリットを齎《もたら》してくれるような選択」・「幸せな結果に辿り着くことができるような選択」や「後悔をしないような選択」といったものをうまく選ぶためのとても大切な条件になると言えるのでしょう。全ての人間は誰もが多かれ少なかれ、何かを我慢したり何かを捨象したりした上で、自分にとってより重要な何かを大切にしたり大事に守ったりしながら生きていると言えます。）

一人の人間が複数の信念を選び取る際に生じてしまうと思われる問題と致しましては、次に、「ベクトルの分散」という問題もあると言えるのだろうと考えられます。これはつまり、一人の人間が「複数の目的や複数の対象」を自分の持っている心の力の昇華対象とした場合に、その人間が自分自身の心の中に抱く「それぞれの目的や対象に向けてのベクトル」というものが、その人間が単一の目的を自分の持っている心の力の昇華対象とした場合に自分自身の心の中に抱くベクトルというものに比べて、小さくなってしまわないのかどうかという問題です。このような点を考えましても、「自分にとって本当に大切なもの」や「自分にとって本当に大切なこと」を自分が抱き続けたり守り続けたりするために取捨選択をするということが、人間には時として必要なことであると言えるのでしょう。

また、人間の欲動が充足されたり発散されたりする際に力を放出し、それによって、その人間が抱いていた欲動のベクトルの一部が消えてしまうということを考えますと、「普段からある程度まで自分の欲動を充足することができずにいる人間の方が、そうでない人間よりも強い心の力というものを持っており、昇華された欲動の発散方向などに向けて、より強力な力を発揮することができる」ということも言えるのかも知れないと考えられるのです。不自由が少なく、様々な欲動を比較的容易に発散したり昇華したりすることができる社会の中に生きる私達は、「強い心の力（ハングリー精神のようなもの）」を失いがちになってしまうものなのかも知れませんね。

（特に、音楽や絵画などの芸術表現の分野に関して考えますと、「自分が満たされていない状態」や「自分が何かを求め続けている状態」・「自分が幸せを探している状態」や「自分が何かの面で枯渇している状態」である時の方が、人間は、より感情の込もった表現・より真実味のある表現をすることができるという場合があると言えるのだろうと思われます。「Chapter2 - 8」で詳しく議論致しますが、人間の抱く「欲動という名のベクトル」は、「自分に欠如している何かを強く求めることから生まれるとても強い心の力」なのです。また、関連することとして申し上げますが、私生活において自分の恋愛が常にうまくいっている人間よりも、失恋や悲恋の悲しさや切なさといったものを知っている人間の方が、「舞台における役者の演技」の場合も・「音楽における器楽家の演奏」の場合も、非常に深みのある切実な表現をすることができるという場合があると言えるのでしょう。勿論《もちろん》、そういったことの一方で、「自分にとって非常に大切な何かがあるということ」や「自分が守りたいと望む幸せな家庭があるということ」などは、自分自身のアイデンティティーとなり、自分を頑張らせてくれる一つの大きな要因となることでもあると言えます。つまり、「自分が何かの幸せを求め続けている」という状況も「自分の守りたいと思う幸せを手に入れることができている」という状況も、それらはともに、自分自身に強い力を与えてくれる大きな要素となり得ることなのです。尚《なお》、「自分にとってどんな要素がプラスとなり、どんな要素がマイナスとなるのか」といったことは、厳密に考えますと、一人一人の人間の備えている資質や性格・一人一人の人間の抱いている価値観や信念などによって大きく変わってくることであると言えるのでしょう。）

（また、このお話には他のところでも触れておりますが、特に、「誰かに対しての強い恋愛感情」というものを抱いている人間や、真剣な恋愛を現実にしている人間は、恋をしている相手のことが頭から離れなくなってしまい、仕事や学問などをしている時にも上の空になってしまうことがあるものです。ですから、自分が本気で何かに対して集中したいと望む時には、「恋愛」というものが一時的に厳禁なものであるということも、恐《おそ》らくは確かなことなのでしょう。勿論《もちろん》、このようなことも、自分が現在している恋愛というものが、「自分の心を奪われてしまうような恋によるもの」ではなく、「自分の心を安定させてくれたり豊かなものにしてくれたりするような愛によるもの」であれば、その恋愛というものが自分の心に齎《もたら》す影響というものも、大きく変わってくることになると言えるのでしょうね。)

ここで、論点を「信念の選択」に関してのことに戻させて頂きますが、人間が実際に「自分の信念」というものを選び取る上でとても大切なことは、「社会的価値観」というものと「自分自身の欲動や資質」といったものとのバランスを考慮した上で、自分の意志で「良い信念」というものを選び取るということにあると言えるのだろうと考えられます。

この「社会的価値観と欲動とのバランス」というものを軽視してしまいますと、ある人間が自分で選んだ自分自身の信念というものは、その人間自身に害を齎《もたら》すものとなってしまうかも知れません。「社会的価値観」というものを軽視し過ぎた信念を選び取ってしまうことによって、ある人間は、規則やルールに完全に逆らってしまったり・非常に自分勝手な行動をとってしまったりすることで、他者との人間関係に大きな問題を生じさせてしまうかも知れませんし、少なくない場合におきましては、法律を犯してしまうような結果になってしまうことさえ考えられるのです。「自分の欲動」というものを軽視し過ぎた信念を選び取ってしまうことによって、ある人間の心と体とは、発散されずに蓄積されていく欲動の力というものに悩まされ続けることになってしまうかも知れませんし、抑圧され続けてしまった欲動の力というものは、何かを切っ掛けとして爆発的に体外に表出し、誰かを悲しませるような不幸な結果を齎《もたら》してしまうかも知れません。これらの結果はどれも、可能な限り避けたいようなものですよね。

（もっとも、先ほどにも少し触れましたが、「どのようなものであっても、人間が抱く信念というものになり得る」ということでは決してないのです。「ある人間の信念になり得るもの」とは、多くの場合、「その人間の抱いている欲動と結び付くもの」である必要があるのだろうと考えられますし、「その人間の属する社会の社会的価値観に肯定されているもの」である必要もあるのだろうと考えられます。例《たと》えば、「あまりにも単純過ぎる労働」というものは、その労働を行う人間に苦痛を齎《もたら》すものとなってしまうかも知れませんから、そのような場合におきましては、多くの人間が「その労働を自分がするということ」を自分自身の信念として定めることは、難しいこととなってしまうと言えるのでしょう。それに対して、例《たと》えば、多くの人間が「自分の家族を幸せにするということ」を自分の信念としたり、自分の生きがいとしたり、自分の誇りとしたりすることができるのは、自分の家族を幸せにするために自分が現実に努力をする中で、「内面的同一化」に基づくような自分自身の欲動や「家族を愛したい」という自分自身の欲動を充足することができるからなのだろうと考えられますし、「自分の家族を幸せにする」ということが、自分の属する社会の多くの人間にも「とても良いこと・とても素晴らしいこと・とても大切なこと」として認められていることだからなのだろうと考えられます。）

ですがまた、少し矛盾するようなことを申し上げてしまうのですが、その両者（社会的価値観と自分の抱く欲動との両者）の方向性に自分が完全に踊らされてしまうことも、可能であれば避けるべきことであると言えるのでしょう。「自分の抱いている欲動というものに従うだけの動物」ではなく、「規定された社会的価値観というものに従うだけの機械」でもなく、「自分の意志で自分の大切なものを一つ一つ選び取っていくということ」・「自分自身の意志と自分自身の価値観とによって自分の行動や自分の人生全体を決定していくということ」などが、「自分が人間である」ということを証明する証となるようなことでもあるのだろうと考えられるのです。それに、「自分の意志で選んだ人生である」・「自分の意志で選んだ生き方である」といったことを自覚することができれば、多くの人間はきっと、自分の人生をもっと積極的に楽しむことができるのでしょう。

（殆《ほとん》ど全ての人間にとっては、「自分が生存しているということ」とともに、「自分の心が生きているということ」・「自分が心から自分の生を感じることができていること」などが大切なことなのであり、「信念」というものは、自分の命を生かすだけではなく自分の心をも生かすために・自分が生の喜びや生きることの楽しさといったものを心から感じるために、非常に大切なものであると言えます。）

例《たと》えば、「どんな職業に就きたい」・「どんな人間になりたい」といった自分の目標や自分の目的に対して信念を持つことで、人間は、前向きに力強く生きられるはずです。「卑怯なことをしない」・「自分より弱い者を虐《いじ》めない」・「誰かを悲しませるようなことはしない」といった自分の価値観や自分の良心に対しての信念を抱くことで、人間は、自分に自信と誇りとを持って生きることができるのだろうと考えられます。（多くの人間は、自分自身の人生の中で、「自分が地道で効果的な努力をし続けること」や「自分が何らかの成功体験をすること」などを通じて、「裏付けのある確かな自信」というものを手に入れることができ、「強い自信」というものは、非常に大きな心の力を人間に与えてくれるものとなります。尚《なお》、「自信」というものは、言葉を変えて申しますと、「自分自身に対しての信頼」のことであり、「謙虚さを失うことで新しく何かを学び取ることを怠るようになってしまったり・自惚《うぬぼ》れて奢ってしまうことで努力することを忘れてしまったりしないような、良い意味での自信・過剰なものでも不足なものでもない程度の充分な自信」というものと、「お互いに対しての厳しさを失ってしまったり・お互いに対して馴れ合いになって妥協し合ってしまったりしないような、良い意味での充分な信頼」というものとは、特に、自分が誰かと一緒に協力をして何かの目的や目標を成し遂げようとする時には、非常に大切なものとなると言えるのでしょう。）

「努力を怠らない自分であること」・「逆境に負けない自分であること」などを自分の誇りや信念とすることによって、人間は、自分の心に強さと逞《たくま》しさとを備えながら生きることができるはずです。将来に対しての明るい希望を持ち、それを自分の信念とすることによって、現在において自分が置かれている厳しい毎日の中でも、将来の希望に向かって前向きに生きていこうと思えることでしょう。（それに、多くの場合におきましては、自分の信念に基づいての行動であれば、自分が努力をすることや自分が労力を費やすことなどは、苦労として感じるようなことではなくなるものなのです。）

また、自分が就いている仕事そのものや、その仕事が社会の多くの人達に与えている「何か」を誇りに思い、使命感のようなものを持つことによって、人間が、「自分の仕事そのもの」を自分の誇りや自分の信念とすることなども可能なことなのだろうと考えられます。そして、そういった「人間が自分の心の中に抱く信念」というものの全てが、その人間が自分の人生を生きていく上での「力」となるものなのであり、その人間がその人間であるということ（自分が自分であるということ）を証明するための「証（アイデンティティー）」ともなり得るようなものなのです。

（尚《なお》、この「信念に関しての議論」に少しだけ関係しているような言葉を、ここで一つ紹介させて頂きたいのですが、**『人生において重要なことの一つは、大きな目標を持つとともに、その目標を達成できるだけの充分な能力と体力とを持つことである。』**と、ゲーテの言葉には述べられています。）

例《たと》えば、「自分が家庭において、家族を守っているということや家族を幸せにしているということ」・「自分がボランティアなどの社会活動において、社会に貢献しているということや自分以外の多くの人間に様々な喜びを与えているということ」・「自分が仕事を通じて、自分以外の多くの人間の幸せや豊かな暮らしを守っているということ」などを自分自身の信念とし、自分自身の誇りとし、自分自身のアイデンティティーとすることによって、人間は、自分に自信を持って力強く生きることができるようになるのでしょうし、自分の人生をより充実したものにしていくこともできるようになるのでしょう。

ここで、私がこの本の中で用いております「信念」という言葉と「アイデンティティー」という言葉とを、アイデンティティーという言葉を学問的に提唱したエリクソン《Eric Homburger Erikson 1902 - アメリカの精神分析学者　著「幼児期と社会」「ガンディーの心理」》の使用している言葉に照らし合わせて私なりに考えさせて頂きますと、「ある人間が、自分の人生の中心的な柱となるような信念を獲得する」ということが、「アイデンティティーを形成する」ということであり、「自分が信念（アイデンティティー）を獲得する中途段階としての期間」というものが、「モラトリアム（社会に出るまでの猶予《ゆうよ》期間）」と呼ばれるものであるということになるのだろうと考えられます。（尚《なお》、このような見解は、実際のエリクソンの議論と必ずしも合致しているものではありません。）

（また、人間が実際に人間社会の中でうまく生きていくためには、「良い信念というものを獲得するということ」のほかにも、「バランスのとれた心の仕組《しく》みというものを充分に育むということ」・「社会の中で生きていくために最低限必要であると考えられる社会的価値観というものを充分に獲得するということ」・「人間的な善悪の考え方に基づく罪悪感の概念というものを充分に獲得するということ」なども必要不可欠なことなのだろうと考えられます。「人間的な善悪の考え方」という言葉に関してなのですが、これは、「人間が生得的に抱いている動物的な欲動の仕組《しく》みによって形成される善悪の考え方」というものに、「文化的・社会的・道徳的・人道的な善悪の考え方」というものを加味した意味での言葉です。例《たと》えば、「誰かを傷付けることや誰かを悲しませること・誰かを殺すことや誰かを不幸にすること」などは、内面的同一化に基づくような人間の動物的欲動の仕組《しく》みによって、罪悪感の対象になることなのだろうと考えられます。それに対して、例《たと》えば、「自分の性的なモラルをある程度まで守ること」などは、動物的な欲動の仕組《しく》みには反することであるとも考えられるのですが、文化的・社会的・道徳的・人道的な善悪の基準から見れば良いことであると考えられ、逆に、「自分の性を粗末に扱うことや自分の性を軽率に扱うこと」の方こそが、罪悪感の対象となり、罪の意識の対象となり、禁止されるべきこととなるのだろうと考えられるのです。罪悪感や罪の意識といったものに関しましては、「Chapter2 - 7」のところで詳しく議論させて頂きます。)

(尚《なお》、ここで私が申しております「文化的・社会的・道徳的・人道的な善悪の基準」というものは、「社会的価値観によって肯定されている善悪の基準」という言葉で言い換えることができるようなものでもあるのでしょう。そして、「Chapter2 - 6」でもお話致しますが、現代社会におきましては、この「社会的価値観によって肯定されている善悪の基準」というものが各社会や各国家・各民族や各宗教などによって大きく異なるものとなってしまっているがために、人間の抱く「善悪の定義」・「良いことと悪いこととの定義」・「正義と悪との定義」といったものが社会や国家によって大きく異なるものとなってしまい、このことが時として、多くの人間に不幸と悲しみとを齎《もたら》すような戦争や紛争といったものへと繋《つな》がってしまっていると考えられるのです……。「人間共通の根本的な善悪の基準」というものに関してのお話は、「Chapter2 - 7」と「Chapter2 - 8」のところで詳しく議論致します。)

また、自分の意志や自分の力で「良い信念」というものを見付け出したり手に入れたりし、その信念を自分が大切にし続けることや守り続けたりすることによって、人間は、自分が社会というものに適応しながらも、自分の心に蓄積させてしまっていたストレスやフラストレーションといったもののうちの少なくない一部を、うまく発散させたり解消させたりしていくことができるのです。例《たと》えば、自分の家族を愛することを自分自身の信念としている人間や誰かを感動させることを自分自身の信念としている人間は、それらを自分が達成し続けることによって大きな快の感情を感じ続けることができます。また、自分の誇りや自分らしさとなる信念を守り続けることによっても、人間は、快の感情を感じ続けることができるのでしょう。つまり、このお話の中で私が申しております「信念」というものは、言葉を変えて申しますと、一人一人の人間が、自分の心の中に抑圧されてしまっている欲動の力というものを発散したり昇華したりする目的で自分自身の心の中に定める「一つの方式（一つの昇華の方式）」と呼べるようなものでもあるのです。

以上のようなことから、人間が「良い信念」というものを選び取るということは、その人間が自分自身の人生というものを「より良いもの」や「より有意義な楽しいもの」としていくために不可欠なこと（少なくとも、とても効果的なこと）であると結論することができるのだろうと思います。それに、良い信念や強い信念といったものをうまく抱くことができていない人間・アイデンティティーというものをうまく形成することができていない人間は、少なくない場合におきまして、社会的価値観の力に自分の心を完全に支配されてしまうことで、大衆と呼べるような状態に陥ってしまったり、自分の欲動の力に自分の心を完全に支配されてしまうことで、動物に近い状態に陥ってしまったりすることもあるのだろうと考えられ、そのようなことの結果として、「自分の人間性」や「自分の誇り」・「自分の生きがい」や「自分のモラル」といった人間として非常に大切な様々なものを失ってしまう可能性さえあるのだろうと考えられるのです。（多くの人間は、自分が「強い信念の力」というものを抱くことができていることによって、「自分の心の弱い部分に誘い掛けてくる様々な誘惑」や「社会的価値観に適合していない様々な動物的欲動」などのような「自分の抱いている信念や自分の抱いている価値観に反する様々な力」・「自分の持っている誇りや自分の形成しているアイデンティティーに反する様々な力」といったものに、比較的容易に打ち勝つことができるようになるのでしょう。）尚《なお》、ここで私が申し上げました「信念というものと社会的価値観というものとの関係に関してのお話」は、「Chapter2 - 7」のところでも議論させて頂きます。

しかし、ここまでの議論の中でお話しして参りましたように、「自分が良い信念を抱くということが、人間にとって非常に有益なことである」ということは確かな事実として言えることなのですが、その一方で、「自分が良い信念を抱かなければならない」・「自分が良い人生や充実した人生を送らなければならない」といった強過ぎる意識が自分のことを異常なほどに深く悩ませてしまっているのであれば、それはそれで、良くないことであると言えるのでしょう。（勿論《もちろん》、人生の様々な場面において少しくらい悩んだり迷ったりすることは、多くの人間にとって、時として必要なことなのだろうとも考えられます。現実にも、自分が少しも迷わずに・自分が少しも悩まずに生きていくことができている人間など、一人もいないはずです。例《たと》えば、自分が「有意義な人生を送らなければならない」・「有意義な時間を過ごさなければならない」といった強迫観念に悩まされてしまい、逆に自分の人生を楽しむことができなくなってしまうというようなことは避けたいものですが、「有意義な人生を送りたい」・「自分で自分に誇れるような人生を過ごしたい」と望む気持ちを自分が強く抱き続けることによって、「自分の望むような人生により近い形の人生」というものを実際に送ることができるかも知れません。尚《なお》、「意識の強さのコントロール」ということに関してのお話は、「Chapter2 - 5」で展開させて頂きます。）

「ある人間が何気なく続けていたことが、何時《いつ》の間にかその人間の人生の目標や生きがいになっている」というようなことも、実際の一人一人の人生においては、少なくはないことなのだろうと思いますので、「悩むよりも先に行動をしてみる」・「せっかく何かの行動を起こすのだから、良い結果を信じて頑張ってみる」といった気持ちを持ち続けることが、自分が「良い信念」というものを見付けたり抱いたりする上では、とても大切なことであると言えるのでしょう。（やってみる前はつまらなそうに思えていたことが、実際に試してみると意外と楽しく感じたり、やってみる前は難しそうに思えていたことが、実際に試してみると案外簡単なことであったりするといったようなことは、人間の実際の日常生活においても頻繁にあることです。それに、慣れていない最初のうちは大変なこととして感じられていた仕事であっても、その仕事をすることに自分が慣れてしまえば・その仕事をすることが自分にとって当たり前のこととなってしまえば、その仕事に伴っていた苦痛や大変さといったものは全く感じなくて済むようになり、その仕事に様々な楽しみを見出す余裕すら持つことができるようになるものなのでしょう。勿論《もちろん》、このようなお話は、「仕事」というものに関してだけしか言えないようなことなのではなく、「家事」や「育児」・「趣味」や「勉強」などのような人間の営みというものの殆《ほとん》ど全てに関して、同様に言えることなのだろうと考えられます。）

例《たと》えば、「自分に守るべき家庭ができたことで、自分の生きがいを得るということ」や「小さい頃に自分が歌を歌うことが好きだったことが、自分が歌手を目指す切っ掛けとなるということ」・「興味もなく就職した職業でも、働いているうちにやりがいを見出すということ」や「大学の教授の講義を受けているうちに、自分も学者になりたいと思うようになるということ」・「偶然に出会った誰かと話をしているうちに、自分が本当に望んでいることや自分が本気で求めていることが何であったのかということに気付くということ」なども、多くの人間の人生において、充分に考えられるようなことなのだろうと思います。恐《おそ》らく、人間が「自分の信念」というものを見付け出す切っ掛けとなるものは、多くの場合におきまして、その人間自身のとても身近なところに当たり前のように転がっていると言えるのでしょうね。

自分の人生に対して積極的に生きようとしている全ての人間は、自分自身の人生の中で、「自分の生きる目的」や「自分の生きる証」・「自分の人生の意味」や「自分の人生の価値」といったものを自分の力で見付けたり確認したりし、それを実際に少しずつ獲得したり培ったりしていくものなのです。言うなれば、「自分のアイデンティティーを守り続けるということ」や「自分が自分であり続けようとするということ」そのものが、「自分が人間として生きるということ」でもあると言えるのでしょう。ルソーの言葉には、**『人間は、二度産まれる。一度目は自分が存在するために、二度目は自分が生きるために。』**とあります。私がこのお話の中で申しております「信念というものを人間が手に入れること」とは、ルソーのこの言葉を借りれば、一人一人の人間が「自分の生きがい」や「自分の生きる目的」・「自分の生きる証」や「自分の生きる意味」などを見付けたり・選んだり・形成したり・手に入れたりすることによって成し遂げられる「その人間の二度目の誕生」とも言えるようなことなのです。

(「自分が自分であり続けようとするということ」と申し上げましたが、これは、殆《ほとん》ど全ての人間にとって、非常に重要なことであると言えます。例《たと》えば、「自分の尊敬している誰かの生き方を、自分が部分的に取り入れること」・「自分の憧れている誰かの生き方を、自分が部分的に模倣すること」なども、「最終的に自分自身の人生を生かすことができるような結果」に繋《つな》がるように・「最終的に自分自身が幸福な生き方をすることができるような結果」に繋《つな》がるように・「最終的に自分がより自分らしく生きられるような結果」に繋《つな》がるように、するべきことなのでしょう。)

ですがまた、このように、信念というものが人間にとって非常に重要なものであるが故に、何かの事故や何かの事件によって自分の信念や自分のアイデンティティーといったものを喪失してしまった人間(例《たと》えば、自分の愛する家族や自分の頑張っていた仕事などを失ってしまった人間)は、少なくない場合におきまして、「アイデンティティークライシス」と呼ばれる精神的な危機状態に陥ってしまい、酷《ひど》く無気力になってしまったり、酷《ひど》く落ち込んでしまったりすることが現実にもあるのです……。

この「アイデンティティークライシス」という精神的な危機状態の危険性というものを避けることを考えますと、自分が「自分の大切なもの」や「自分の拘っていること」・「自分の生きがいとしていること」や「自分の生きる目的としているもの」などを抱いたり作ったりしなければ、確かに、「自分がアイデンティティークライシスという精神的な危機状態に陥ってしまうことが少なくなる」というメリットは得られるのだろうと思います。ですが、それでも人間は、自分が何の拘《こだわ》りや何の信念も抱かずに何となく生きたり・全てに流されながら生きたりするよりも、自分の信念や自分の大切な何かを見付け、それらを自分の生きがいにして・それらを自分の生きる糧にして、人生を歩み続けるべきであると言えるのでしょう。自分が「自分の大切にしていた何か」や「自分の生きがいとしていた何か」・「自分の信念を形成する何か」や「自分のアイデンティティーに関わる何か」などを失ってしまった時には、もう一度、新たに自分がそういったものを見付けたり作ったりすれば良いだけのことなのです。

(例《たと》えば、「自分が何かの仕事や作業に取り組む場合」には、自分がそれらに手を抜いて取り組んだ方が、確かに楽ではあるのでしょうが、自分が真剣にそれらに取り組んだ方が、より充実した時間・得られるものの多い時間を過ごすことができます。同様に、「自分が友達や周囲の多くの人間と関わる場合」にも、自分が周囲の人間と表面的な付き合いというものだけをしていた方が、確かに楽ではあるのでしょうが、自分が周囲の人間と深くて実質的な付き合いというものをした方が、得られる感動や得られる喜びがずっと多いような人間関係を築くことができると言えるのです。また、そのような積極的で前向きな生き方をすることは、自分自身の人生を活かすことにも自分の生きる意味を高めることにも繋《つな》がることであると言えます。)

「何の信念も抱くことなく、ただ何となく毎日を過ごすような生き方」というものは、人間の生き方として、非常に勿体無い生き方なのだろうと考えられますし、少なくない数の人間にとっては（一人一人の人間の資質や性格によっても異なってくることなのでしょうが）、非常に退屈でつまらない生き方なのだろうと考えられます。それに、先ほどにもお話致しましたが、信念やアイデンティティーといったものを自分が全く抱こうとさえしないような生き方というものは、「自分の抱いている動物的な欲動」

や「自分の属している社会の社会的価値観」といったものに自分自身が完全に支配されてしまうという危険性を大きく高めてしまうような生き方でもあるのだろうと考えられるのです。（勿論《もちろん》、自分だけの特別な信念や特別なアイデンティティーといったものを無闇に探し出す必要などは、全くありません。「自分の家族や自分の友達を大切にしたい」・「自分のしている仕事や自分のしている趣味が大好き」といった自分の抱いている平凡な気持ちというものを自分が素直に意識するということができれば、それで充分に素晴らしいことであると言え、その家族や友達・その仕事や趣味が既《すで》に自分の信念やアイデンティティーを形成する重要なものとなっていると言えるのです。）

Chapter2 - 3　愛と優しさ・内面的同一化

続いて私が考察させて頂きたいと考えておりますことは、人間にとって最も大切な概念の一つである「愛や優しさ」といったものに関してのことです。恐《おそ》らく、最も共感して頂き易《やす》く一般的なもの（最も本質的で最も普遍的《ふへんてき》でもあるもの）が、「親子関係による愛や優しさ」というものなのだろうと考えられますので、「親子関係において生じる愛や優しさ」というものを例として考えながら、ここから少しずつ、「愛や優しさ」といったものに関してのお話を展開させて頂きます。

まず、この「愛や優しさ」といったものに関しての議論の大前提としてのことなのですが、人間という生物の種が自分の進化の歴史において「自分自身の永続的な生存」というものよりも「自分の子孫の生存」というものを優先させ始めた時、更には、「単独の親子関係の生活」から「群や種族（共同体）を中心とした生活」への変化を遂げた時（つまり、個体の繁栄よりも種の繁栄というものを生命の目的とし始めた時）、人間の心の中には、「自分自身と同じように、自分の大切な誰かのことを大事にしたい」といった形の欲動（勿論《もちろん》これも、昇華された形の欲動であると言えるのかも知れません。）が生まれたのだろうと考えられます。

子供を持つ親にとって、「自分の子供の痛みや苦しみ」といったものは、「自分自身の痛みや苦しみ」と同じくらいに辛《つら》いものか、それ以上に辛《つら》いものとして感じられるようなものです。このように、人間が、自分自身と同じように他の誰かのことを大切に想い、その誰かが感じている感情というものを自分自身の感じている感情として感じるようになることを、ここで「内面的同一化」と名付け、その誰かの感じた感情に自分の感情を重ねることを、「シンパシーを感じる」という言葉で表すことにさせて頂きます。（勿論《もちろん》、厳密には、「内面的同一化の程度の問題」というものがありますので、人間は必ずしも、自分と内面的同一化を果たしている誰かの感じた感情というものを、そのまま完全に同じ強さで自分自身の感情として感じるということではありません。ある人間と別の誰かとの間で生じている内面的同一化の強さの程度や愛情の強さの程度などによって、「その二人の人間がお互いにどれくらい感情の同調を果たすのか」ということが大きく変化してくるのです。また、片思いをしている時の人間の気持ちなどに代表されますように、「一方向的な内面的同一化」というものも、非常に一般的に生じ得るものであると言えるのでしょう。）

例《たと》えば、「一人の子供が、自分と内面的同一化を果たしている自分の母親（自分にとって親しい関係にある自分の母親）の行動を見ているという場合」を考えますと、その時に、母親が何かの物を手に取れば、それを見ている子供の脳では、あたかも自分が母親と同じように何かの物を手に取ったかのように、脳内のある部分（母親が物を手に取るために働かせた脳内の部分と同じ部分）が働くことになるのです。

これは、子供が自分の母親の笑顔を見ることができた時などでも基本的には同じことなのであり、自分が自発的に笑っているのと同じように、その子供の顔にも笑顔がこぼれ、母親と同じようにその子供も快の感情を得ることができます。人間が生得的に備えている このような機能を司っている脳内の部分のことを「ミラーニューロン」と呼ぶのですが、「人間が愛や優しさといったものを抱く」ということには、この部分の機能がとても重要な役割を果たしているのだろうと考えられるのです。

内面的同一化の範疇は、ある一人の人間にとって、初めは自分自身だけであり、次に自分の母親や父親であり、自分の兄弟や姉妹であり、親戚を含む家族の全員であり、家にいる自分のペットであり、自分の友達であり、自分のクラスメートであり、学校の先生であり、自分の先輩や後輩であり、自分の恋人であり、会社の同僚であり、自分の上司や部下であり、自分の妻や夫であり、自分の息子や娘であり……といったように次々に広がっていきます。そして、その範疇は、最終的には人類全体や生物全体といった範囲にまで、時と場合によっては、生物以外の物質や現象にまで及ぶことができると言えるのでしょう。

勿論《もちろん》、そういった中でも、例《たと》えば、自分が「自分の家族と今日知り合ったばかりの知人とのどちらを、より大切にしたいのか」ということであれば、殆《ほとん》ど全ての人間は「自分の家族の方を、より大切にしたい」と感じることと思います。ですから、「自分が誰かのことを、どれくらい大切に思っているのか」・「自分が誰かのことを、どれくらい愛しているのか」といったことによって、「大切さの程度の違い」や「内面的同一化の程度の違い」といったものは、どんな博愛主義者の心の中にも間違いなく生じますし（「全ての人間を平等に愛する」ということは、厳密には誰にもできないようなことなのでしょう。）、全ての生き物を大切にしようとすることには、物理的にも様々な限界があるのですが（時間的な限界もありますし、人間は、自分自身が生き続けるために、他の生物を殺して食料にしなければなりません。）、理想的には、「全ての人間を大切にしたい」・「全ての生物を大切にしたい」といったところに、少なくとも私は行き着きます。（生物の進化の歴史というものを四十億年前まで遡《さかのぼ》っていけば、現代において地球上に生きている全ての生物というものは、互いに遠い親戚関係にあるとさえ考えることができるのでしょう。尚《なお》、「私達は、自分が生得的に備えている純粋な心の仕組《しく》みによって、人間以外の生物に対しての愛情や優しさといったものを抱くことができるのか、それとも、人間に対して抱くべき愛情や優しさといったものを人間以外の生物に対して応用的に・代替的に向けることによって、人間以外の生物に対しての愛情や優しさといったものを抱くことができるのか」という問題は、非常に微妙なところであると言えるのだろうと思います。）

（また、人間が、自分にとって非常に大切な「自分の家族の幸せ」というものを守るために「自分の家族以外の多くの人間の幸せ」というものを犠牲にすることなどは、「自分の信念と家族に対する自分の愛情とに自分自身が突き動かされての行動」としての面を考えれば、人間として正しい行動・善意による行動と呼べるようなことなのですが、「自分と同種であるはずの多くの人間の幸せを犠牲にしてしまう行動」としての面を考えれば、それは、人間として正しくはない行動・罪悪感の対象となる行動とも呼べるようなことなのだろうと考えられるのです。例《たと》えば、「自分の国の人間の利益や安全を守るために他の国の多くの人間を犠牲にすること」などを、「正しい行動・善行と呼べるような行動」として考えてしまう人間もいれば、「正しくはない行動・悪や罪と呼べるような行動」として考えることができる人間もいます。）

テレビやインターネットなどを通じて、紛争が起きている遠くの国の映像で多くの人間が死んでいくのを見たり、多くの子供達が悲しそうな表情や苦しそうな表情を浮かべているのを見たりすれば、私も、自分自身の心が少し辛《つら》い気持ちになってしまうのです。また、私はベジタリアンではありませんので、肉も魚も野菜も全部食べるのですが、それでも、「生きているもの（特に生きている動物）を無駄に殺したくはない」といったことを望みます。

ここで、このような「誰かとの（または何かとの）内面的同一化」という心的現象のことを、一般に「愛」という名称で呼ぶと考えます。そして、この「愛」というものに基づいた自分の行為・誰かを大切に想っての自分の行動といったものが、「愛情を伴った行為」や「優しさを伴った行動」といった名称で呼ばれるということなのです。

私達は、例《たと》えば、自分が抱いている基本的な欲動として、家族や友達のことを「喜ばせてあげたい」と望み、その家族や友達のことを実際に喜ばせてあげることができた時・その家族や友達の笑顔を自分が見ることができた時などには、自分が笑っているのと同じように嬉しく感じることができます。このように、「自分の大切な誰かの感情」を「自分自身の感情」と同じようなものとして感じられることで、人間は、誰かに対して優しくすることができますし、誰かのことを愛することができるのです。人間は、自分の愛している相手・自分の大好きな相手・自分と内面的同一化をしている相手のことを大切に想い、その相手が「嬉しい」という気持ちを感じれば、自分も「嬉しい」という気持ちを感じ、その相手が「淋しい」という気持ちを感じれば、自分も「淋しい」という気持ちを感じ、その相手が幸せであれば、自分も幸せであり、その相手が笑顔になれば、自分も笑顔になれます。即《すなわ》ち、こういったことの全てが、「愛の力」・「内面的同一化の力」によることなのです。（尚《なお》、「自分が周囲の人間に対して笑顔を振り撒くということなどは、自分の周囲の人間を幸せな気持ちにすることであり、人間が生得的に備えている価値基準に照らし合わせた上で、善と呼べることである」と言えるのですが、このような善悪の基準に関してのお話は、「Chapter2 - 7」のところで詳細に議論させて頂きます。）

ですから、人間が他の誰かを愛するということは、「自己犠牲」などということだけでは決してなく、「自分が愛している誰かの心に様々な快の感情を生じさせるような現象というものを、自分自身の心に様々な快の感情を生じさせるような現象というものと同じように自分が求め、時として自分が何らかのリスクを被ってまでも、自分が愛している誰かの心に快の感情を生じさせるための働き掛けをする」ということなのです。

（勿論《もちろん》、「自分の命を大切にしたいと思うのと同じように、他の誰かの命を大切にしたいと思うこと」・「自分が不快な気持ちを感じたくないと思うのと同じように、他の誰かに不快な気持ちを感じさせたくないと思うこと」なども、同様に、「愛や優しさ」といった言葉で呼べることであると言えます。）

例《たと》えば、ある人間が自分の恋人に対して、「好きだよ」・「今日も綺麗だね」といった言葉（相手が喜んでくれるような言葉）というものを、自分の打算的な動機によってではなく、「相手を喜ばせてあげたい」と望む自分の素直な気持ち・自分の純粋な気持ちによって言っているのであれば、それは、「愛や優しさ」といった言葉で呼べるような行為であると言えるのでしょう。「恋人を喜ばせてあげるために自分が美しくなろうとすること」や、「相手に喜んで欲しいと望んで自分が何かのプレゼントを贈ること」なども、自分の打算的な動機に基づいての行為でなければ、それらは、「愛や優しさ」といった言葉で呼べるような行為であると言えます。

また、例《たと》えば、「自分の子供が、大人になって社会に出てから失敗をしてしまったり・悲しい思いや辛《つら》い思いをしてしまったりすることがないように、その子供が将来において素適な家庭を築いて幸せに生きていくことができるように、時にはその子供に対して今の自分が厳しく仕付《しつ》けをする」ということなども、その親が、自分の子供の将来の幸せや悲しみといったものを、自分自身の将来の幸せや悲しみといったものと同等に感じての行動ということですから、これも、「愛や優しさ」といった言葉で呼べるような行動なのです。（尚《なお》、関連するお話として申し上げますが、ジャッカルやライオンといった野生動物の両親は、生まれたばかりの自分の子供に対しては、無力な子供が安全に生きていくことができるように全面的に世話をしてあげ、少しずつ育っていく成長段階にある自分の子供に対しては、その子供に対して適度に厳しく振舞《ふるま》うことによって、自分の力だけで生きていくことができるような能力を子供に身に付けさせようとし、既《すで》に充分に育った段階にある自分の子供に対しては、その子供に対して執拗《しつよう》に厳しく振舞《ふるま》うことによって、その子供の自立や親離れを促します。）

（「時には心を鬼にして自分の子供に対して厳しく仕付《しつ》けをすることなども、一つの大切な愛の形である」ということを自分で理解してはいても、自分に怒られて悲しそうな顔をしている自分の子供の姿を見ることは、親にとっても非常に辛《つら》いことなのでしょう。しかし、そのように「自分の子供の悲しい気持ち」というものを「自分自身の悲しい気持ち」として感じられることもまた、「愛や優しさ」といった言葉で呼べることであると言えるのです。尚《なお》、言うまでもないことなのだろうと思いますが、「虐待」というものは、ここで私が申しております愛の定義や優しさの定義に当《あ》て嵌《は》まるようなものでは決してありません。「虐待」というものに関しての詳しいお話は、「Chapter2 - 7」のところで展開させて頂くことに致します。）

ここで、少し細かい言葉の定義に関してのお話を考えさせて頂きますが、例《たと》えば、「愛」という言葉や「好き」という言葉・「優しさ」という言葉や「慈悲」という言葉などは、私達が生きているこの社会の中では、多くの場合には区別されて使われています。ですが、それらは本当に、はっきりとした本質的な区別をすることができるようなものなのでしょうか。

私は、それらの言葉の区別というものを、「この社会に生きる人間が、自分達の社会の価値観を守ることを目的として便宜的な意味で行っているもの」として考えております。勿論《もちろん》、私は、「それらの言葉を区別することが、無意味なことや悪いことである」などといったことを主張しようとしている訳では決してありません。むしろ、人間関係を大切にする意味では、それらの言葉の区別というものは、非常に意味のある重要な区別なのだろうと考えられるのです。

例《たと》えば、自分の恋人が自分以外の異性のことを「愛している」と言えば、勿論《もちろん》、多くの人間は不快に感じてしまい、その自分の恋人に対しての怒りを感じてしまうことでしょう。ですが、自分の恋人が自分以外の異性のことを「人間として好き」・「友達として好き」という程度のことであれば、少し嫉妬はしてしまうかも知れませんが、きっと多くの人間は、その自分の恋人のことを許してあげられるのだろうと思います。

「人間が、他の人間のことを愛するようになる」ということは、とても自然なことです。そして、生物としての人間というものは、必ずしも一時期に一人の人間しか愛することができないというものでもないのでしょう。例《たと》えば、一夫多妻制の社会というものは、動物社会にも人間社会にも多く存在していると言えますし、蜜蜂の社会などは、女王蜂一匹に対して雄蜂多数という特殊な社会構造になっています。私達人間社会の「一対一の恋愛関係」というものは、人間の嫉妬心や人間の独占欲などを一部優先し、人間の性欲や人間の親和欲求などを一部捨象し、社会の平等や社会の平和といった目的ともバランスをとって作られた「非常に良くできた一つの仕組《しく》み」と呼べるようなものなのだろうとも考えられるのです。

（勿論《もちろん》、そういったことが考えられる一方で、人間以外の多くの種類の動物が「一対一の夫婦関係」というものを自然と形成するのと同じように、人間の心の中にも「一人の相手のことをずっと大切に愛し続けていたい」といった形の欲動が生得的に確かに備わっているのだろうとも考えられます。現実にも、「掛け替えのないパートナーが自分にいるということ」や「心から愛し愛されることができるたった一人の相手が自分にいるということ」などが人間に齎《もたら》してくれる喜びの大きさの度合いや幸せの大きさの度合いといったものは、他のどんなものにも増して大きなものであると言えるのでしょう。恐《おそ》らく、「浮気をするということ」や「二人以上の異性と同時に付き合うということ」・「愛してもいない相手と性的な関係を結ぶこと」などは、「人間としての心に仕組《しく》み」というものから考えれば勿論《もちろん》のこと、「動物としての心の仕組《しく》み」というものから考えても、罪の意識の対象に当《あ》て嵌《は》まるような行為・罪悪感の対象となるような行為なのだろうと考えられるのです。「恋愛感情や性的関係を含んだ意味での内面的同一化の場合には、単一の異性だけしか内面的同一化の対象にはならず、愛情や優しさだけを中心とした意味での内面的同一化の場合には、異性も同性も含めて複数の人間が内面的同一化の対象になる」といった形の解釈をすることが、より人間的であると言えるのでしょうね。）

このような「人間の心に強く影響するような社会の仕組《しく》み」というものがあることによって、例《たと》えば、少なくない数の人間が抱く「複数の異性と同時に恋愛をしたい」といった非常に利己的な欲動というものは、強く阻害されることになってしまうのでしょうが、それぞれの人間が抱く「独占欲」というものは、適度に充足されることができるのでしょうし、それぞれの人間が抱く「嫉妬心」というものは、強いものになってしまい過ぎずに済むのでしょう。また、「一対一の恋愛関係という仕組《しく》み」が人間社会の中に確立していることによって、「男女間の平等」というものが生まれ、「男性同士の中での平等」や「女性同士の中での平等」といったものも生まれることになるのだろうと考えられます。（これはつまり、「誰もが一時期に一人の異性としか恋愛をすることができない」という平等です。）更に、そのような平等が人間社会の中に確立していることによって、一人一人の人間の心の中に「誰かに対しての嫉妬（恋愛に関しての嫉妬）」というものが生じてしまうことは比較的少なくなり、少なくとも、何も決まりのようなものがなかった状態よりは、恋愛関連のトラブルというものを減らすことができるようになるのだろうと考えられるのです。（勿論《もちろん》、実際の人間の恋愛というものは、理性的なものであると同時に本能的なものでもありますので、理屈通りに全てが運んでくれるようなものでは決してないのでしょうけれどね。）

ここで一度、議論の中心を「愛や好き・優しさや慈悲といった言葉の区別に関してのお話」に戻させて頂きたいと思いますが、「一人の人間が、二人以上の異性のことを同時に愛している」というような状態になってしまいますと、「一対一の恋愛関係」や「一対一の夫婦関係」といったものが前提となっている現代の日本の社会などにおきましては、いろいろな問題が生じてしまうと言えるのでしょう。人間の心理的な側面だけを考えてみましても、「一対一の恋愛関係」や「一対一の夫婦関係」といった前提によって作られていたはずの「お互いの信頼感」や「自分だけを想ってくれている人間がいるという安心感」・「自分と相手との両方の心と体との全てを大切にしようとするお互いの責任感」などが、恋人同士や夫婦同士の間で薄れていってしまうかも知れません。

ですから人間は（人間社会全体は）、そういった危険というものを避ける目的で、「愛」という言葉と「好き」という言葉とを分け、「愛する」という言葉と「優しくする」という言葉とを分けているのだろうと考えられるのです。例《たと》えば、「私が恋愛対象として（異性として）愛しているのは、貴方だけだけれど、家族のことも家族として愛している。異性の友達もいるけれど、その人達のことは友達として好き……」といったように、自分が「愛」というものを区別したり区切ったりしていくことによって、人間は、自分の恋人以外の人間のことを蔑《ないがし》ろにしてしまうことなく、自分の恋人のことをとても大切にすることができますし、自分自身の心の中でも、その恋人のことを「他の異性達とは違う自分だけの特別な存在」として意識することができます。

（「一対一の恋愛関係」というルールが人間社会の中に確立しているからこそ、その社会に属する多くの人間は、自分の恋人や自分の配偶者のことを安心して信じることができ、そのおかげで、恋愛以外の様々なことに対しても、自分の心に余裕を持って・積極的に真剣に取り組もうとすることができるのでしょう。もし、恋愛や結婚に関してのこのようなルールというものが全く確立していない社会であれば、ある人間は、自分の恋人のことを「自分だけの恋人」としておくために、多くの時間を割かなければならないことになってしまうかも知れませんし、他のある人間は、より多くの異性を自分の恋人とするためだけに、自分の使える時間の全てを費やそうとしてしまうかも知れません。「一対一の恋愛関係」というルールが社会の中に確立しているからこそ、その社会に属する多くの人間は、「自分が恋愛をしたり家庭を築いたりすること」と「自分が仕事や趣味などに対して本気で打ち込もうとすること」とを、両立させていくことができるという面があるのだろうと考えられるのです。）

勿論《もちろん》、先ほどにもお話致しました通り、「愛している」という言葉にも「程度の違い」というものがあるのだろうと考えられますので（これは恐《おそ》らく、「内面的同一化の程度の違い」というものと密接に関わるものです。）、この「程度の違い」というものに基づいて、一人一人の人間が「お気に入り」という言葉や「好き」という言葉・「愛している」という言葉などを使い分けているという面も間違いなくあると言えるのでしょう。

ですが、「結局のところ、それらの言葉が示すものは、心的現象としては根本的に同じものである」と考えることも確かにできるのです。例《たと》えば、自分の母親や妻が自分のために毎日の食事を作ってくれているのなら、それが既《すで》に、母親や妻から自分に対しての「愛や優しさ」であると捉えて、多くの場合においては間違いないのでしょう。一見した限りでは取るに足らないと思えるようなほんの些細《ささい》な行動であっても、例《たと》えば、自分が誰かと朝早く会った時に、笑顔で「おはよう」と言うことや、コンビニエンスストアで買い物をした時に、「ありがとう」と店員に対して言うことだけでも、それらの行動が、自分の価値観や自分の美意識・「誰かに良く見られたい」という自分の打算的な動機や自分の職業的な義務感だけに基づくものではなく、「こういった言葉を言ってあげたら喜ぶだろうな」・「こういったことをしてもらえたら嬉しいと感じるだろうな」といった「誰かを想う心」に突き動かされての行動なのであれば、それは、大きな観点から見れば、「愛や優しさ」といった言葉で呼べる行動なのだろうと考えられるのです。

（勿論《もちろん》、「表面的に礼儀正しい振舞《ふるま》いを自分がするということ」や「意図的に好感を持ってもらえるような態度を自分がするということ」などが無意味なことや悪いことであるという訳では、決してありません。「礼儀」や「良い態度」といったものを自分が意識するということも、とても素適なことであると言えますし、人間としてとても大切なことであると言えます。そもそも、「礼儀」や「良い態度」といったものの本質とは、誰かに対しての「好意や敬意」といったものをさりげなく伝えることにあり、誰かに対しての「愛や優しさ」といったものをさりげなく表現することにあると言えるのでしょうね。）

それに対して、例《たと》えば、母親が自分の子供の世話をしている時に、「自分の老後の面倒を見てもらうために世話をしている」という意識だけのもとに世話をしているのであれば、また、ある人間が恋人に誕生日プレゼントをあげる時に、「自分の誕生日の時にもっと良いものを貰うためにプレゼントをあげている」という意識だけのもとにプレゼントをあげているのであれば、それらは、純粋に考えて、「愛や優しさ」といった言葉で呼べるような行為ではないと言えるのです。

もっとも、母親が自分の子供の世話をしている時に、自分の子供の笑顔というものを嬉しく感じることができれば、また、プレゼントをあげて恋人に「ありがとう」と言ってもらえた時に、「あげて良かったな」といったことを心の何処《どこ》かで感じることができれば、それらも「愛や優しさ」といった言葉で呼べるような行為となるのでしょう。（これらはつまり、「偽善」と「善」との違いであり、「偽りの愛」と「真実の愛」との違いです。）恐《おそ》らく、純粋な形の「愛や優しさ」といったものは、自分に対しての直接的な見返りなどを意識したり求めたりしないものなのであり、その「愛や優しさ」が目的としているものは、「相手の喜び」や「相手の笑顔」そのものなのです。

（尚《なお》、勿論《もちろん》、実際に行われる人間の恋愛におきましては、「愛」というものと「恋」というものとは非常に多くの場合において同時に現れるものであり、この二つの心的現象を完全に区別することは不可能なことであるとも考えられるのですが、敢《あ》えて定義致しますと、「恋による恋愛」というものは、自分自身が喜びや幸せを感じるためのものであり、「愛による恋愛」というものは、相手に喜びや幸せを感じさせることを通じて、自分自身が喜びや幸せを感じるためのものであると表現することができるのだろうと思います。「恋の感情という心的現象が人間に起こさせる行動」と「その行動の結果」というものは、多くの場合において、非常に自己満足的なものとなってしまうと言えるのでしょうし、「愛の感情という心的現象が人間に起こさせる行動」と「その行動の結果」というものと比べれば、それらは、非常に利己的なものとなってしまうとも言えるのでしょう。映画などで時々耳にする言葉なのですが、**『恋とは奪うものであり、愛とは与えるものである。』**と極言することもできるのかも知れませんね。また、ここで私が申しております「恋愛」という言葉は、恋人同士や夫婦同士が「承認欲求の充足」や

「親和欲求の充足」・「内面的同一化に基づいた愛情欲求の充足」や「生物としての性欲の充足」などを互いに求め合い、それらの利己的な欲動と利他的な欲動とが複雑に組み合わされた形としてのものです。）

ある人間がもし、「自分は誰にも愛されていない」といったことを感じてしまっているような場合があれば、それはきっと、「愛」という言葉の基準が、その人間の属する社会全体の中でも・その人間自身の心の中でも、とても歪曲《わいきょく》した形となってしまっているからであるに過ぎないのでしょう。広い意味で考えるのであれば、この社会も本当は、「多くの愛」というものに満ちていると言えますし、その愛を享受《きょうじゅ》している一人一人の人間もまた、同じように「多くの愛」を振り撒いていると言えます。人間が、「自分自身が何かの喜びや幸せといったものを感じたい」といったことを求めるのと同じように、「自分の大切な誰かに何かの喜びや幸せといったものを感じさせてあげたい」といったことを求めることができれば、それがどんなに些細《ささい》なことであったとしても、「愛や優しさ」といった言葉で呼べるようなことなのです。（人間が自分自身の生の喜びや自分自身の生きることの意味を疑いようもなく感じ取ることができる最も純粋な瞬間の一つは、誰かの愛や自分自身の愛といったものを心の底から素直に実感することができた瞬間なのです。）

念のために、ここで再度言及させて頂きますが、人間が実際の日常生活をしていく上で「愛という言葉」と「好意という言葉」・「家族愛という言葉」と「人間愛という言葉」・「恋愛感情という言葉」と「友達としての好意という言葉」・「精神分析学で言われる転移という言葉」と「現実の恋愛感情という言葉」といったものをうまく使い分けることは、人間自身にとって非常に有益なことであると言えるのだろうと考えられます。それらの言葉が表しているものは、根本的な心的現象としては同じものなのだろうとも考えられるのですが、それらを自分達が敢《あ》えて区別していくことによって、社会に属する一人一人の人間は、より円滑な人間関係というものを構築していくことが容易になる（また、自分が抱いている動物的な欲動を、ある程度まで自分の意志や自分の信念によって支配したり統制したりしていくことが容易になる）のだろうと考えられるのですからね。

それに、私達が感じる一般的な印象というものから考えてみましても、「愛」という言葉には、少し重たく感じてしまうようなところがあるように思えますし、言葉として使うには、少々照れ臭いようなところもあるように思えてしまいます。ですから、想いを伝える人間や想いを伝えられる人間が深刻に考えてしまい過ぎないくらいに、軽い気持ちで責任を感じることなく「自分の素直な好意」や「自分の素直な気持ち」といったものを伝えたり伝えられたりすることができるような「好き」という言葉や「優しさ」といった言葉も、とても大切な言葉であると言えるのでしょう。

また、現実の人間関係における愛というものには、多くの場合におきまして、「内面的同一化による優しさの表出や愛の表出」といったものとともに、「愛情欲求」というものが含まれると言えます。これは例《たと》えば、「親子関係」などにおいても同じことです。子供は、「母親の愛」というものを必要とし、母親は、「その子供を愛したい」と望みます。お互いの喜びやお互いの幸せといったものを心から願うというのは勿論《もちろん》のことなのですが、更に、「お互いの肌に触れていたい」と思い、「お互いの笑顔を見ていたい」と思い、「肉体的・精神的にお互いの距離をできる限り縮めていたい」と思い、「お互いの愛を確認し続けていたい」と望みます。特に、「子供が幼い頃の親子関係におけるこのような傾向」や「付き合い始めたばかりの恋人同士の関係におけるこのような傾向」といったものは、多くの場合におきまして、とても顕著《けんちょ》なものとなります。（私達が日常的に使う「愛」や「恋」といった言葉・「淋しさ」や「優しさ」といった言葉は、このような愛情欲求や親和欲求を含んだ意味での言葉であると言えるのでしょう。）

特に、「人間と人間との直接的な肌の触れ合い（スキンシップ）」などには、言葉を交わすことよりもずっとダイレクトに「お互いの愛」や「お互いの内面的同一化」といったものを確認することができるという面があると言えるのです。例《たと》えば、病気を患って元気も活力もなくベッドに横になってしまっている自分の大切な誰かに勇気や元気を与えてあげるための最も良い方法の一つは、その誰かの手をしっかりと握り締めてあげることですし、恋人同士がお互いの気持ちを確認し合うための最も良い方法の一つは、しっかりと見つめ合う（目合《まぐわ》う）ことや抱き締め合うことなどにあると言えるのでしょう。また、多くの場合におきましては、お互いに好意を抱いている人間同士のそのような触れ合いによって、人間は、「癒し」や「安らぎ」・「喜び」や「幸福感」といったものを得ることもできます。（勿論《もちろん》、これらは、「親和欲求の充足による快の感情の発生」や「愛情欲求の充足による快の感情の発生」であるとも言えるのでしょう。）

（「Chapter1 - 1」では、「人間の心と体とは、互いに相関関係にある」というお話を致しましたが、現実に人間が抱く「恋愛感情」というものに関しても、「心的現象」というものと「身体現象」というものとは、相互作用で働き掛け合うものであると言えるのです。例《たと》えば、「ある人間が誰かを好きになることで、結果として、その誰かとお話をしたり・その誰かの笑顔を見たり・その誰かの肌に触れたりしたいと望むようになる」といったような「心的現象から身体現象へ」という形があれば、その逆に、「ある人間が誰かと一緒に何かの体験したり・その誰かと握手をしたり・その誰かとたくさんのお話をしたりすることで、結果として、その誰かのことをとても好きになる」といったような「身体現象から心的現象へ」という形もあるのだろうと考えられます。尚《なお》、この「心と体との相関関係」・「心と体との相互作用」といった考え方は、恋愛以外の人間の営みの多くにも応用していくことができる考え方であると言えるのでしょう。)

更に、ある人間と誰かとが、そのようにして(言葉を交わすことや笑顔を交わすこと・視線を触れ合わせることや肌を触れ合わせること・一緒にいる時間を多く過ごすこと・共通の体験や共通の感情を多く持つことなどを通じて)「お互いの愛」や「お互いの内面的同一化」といったものを充分に確認することができれば(肉体的・精神的にお互いの距離を縮めていくことができれば)、その二人がお互いに対して抱く愛情というものは、殆《ほとん》どの場合におきまして、より強いものとなり、より深いものとなっていくはずです。

そして、多くの人間は、「自分の愛している誰かと離れたくない」といったことを強く望むようになると言えます。「自分がその誰かと離れてしまうこと」や「自分がその誰かと別れてしまうこと」などを強く怖れたり非常に淋しく思ったりし、「恋に近いような気持ち」や「胸が締め付けられるような思い」といったものをも覚えるかも知れません。

ですが、決して変わることのない現実として、全ての人間の人生におきましては、「出会い」というものがあれば、何時《いつ》かは必ず、「別れ」というものがやってきます。少なくとも、人間の命の長さには限界がありますから、「何時《いつ》までもずっと一緒に」という訳にはいきませんよね。（勿論《もちろん》、恋人同士がそういったことを理想として夢見ることなどは、とても素敵なことであると言えるのだろうと思います。）しかしまた、そうであるからこそ、人間は、「現在における誰かとの出会い」というものを大切にすることや、「愛する誰かと自分とが一緒にいられる現在の時間」というものを大切にすることができるのでしょう。

（人間と人間との全ての出会いというものは、非常に多くの偶然に左右されてしまうような非常に不確かなものなのですが、出会いというものは時として、その出会った人間に物理的にも心理的にも非常に大きな影響を与え、その出会った人間の人生の全てを変えてしまうほどに大きな影響を人間に対して齎《もたら》すものとなります。一人の人間の人生における「偶然」の出会いのうちの幾つかは、その人間にとって「運命」とさえ呼べるような重要な出会いになるのでしょう。）

「人間は、二度と来ないこの瞬間だからこそ、今というものを大切にしようと考えることができる」・「人間は、掛け替えのない一時一時の時間だからこそ、現在のこの瞬間というものを、可能な限り大切にしたいと感じることができる」といったことも同様に言えるのだろうと思います。私達にとって、「時間の流れ」というものは、常に一定の方向（未来）に向かってしか進まないものなのであり、その流れは、ある一点（現在）に止まり続けることも、逆流する（過去に遡《さかのぼ》る）ことも決してありません。また、少しの例外を除けば、「私達の日常における時間の流れ（客観的な時間の流れ）」というものは、常に一定の速度のものであると言えるのでしょう。

（少し余談になってしまうのですが、「時間の流れを知覚する人間の脳の活動レベル」というものによって、「その人間が感じることができる時間の流れの感覚」というものは、大きく変わってくることになるのだろうと考えられるのです。例《たと》えば、「自分が初めて旅行に行った場所などで、行く時には長い時間を要したように感じられても、帰る時には短い時間しか要さなかったように感じられる」といった経験は、誰にでもあることなのだろうと思います。「脳の活動レベルを抑えることによって、無駄なエネルギーの浪費を少なくしようとする」ということは、動物としての人間にとっても、自分自身を生き永らえさせる上で非常に重要なことなのでしょう。人間の心の中には、このような「合理的な時間の感じ方に関しての仕組《しく》み」というものが、進化の結果として生得的に形成されているのだろうと考えられるのです。）

（尚《なお》、このようなことを考えて参りますと、多くの子供達は、いろいろなことを強く望んだり・いろいろなことを新鮮に感じたり・いろいろなことを深く考えたり・いろいろなことを積極的に知ろうとしたりしますので、「変わり映えのしない日常を淡々と過ごしている多くの大人達」・「自分の周囲の物事を既《すで》に充分に自分が知っているものと考えることで、多くの物事に興味や感動を抱かないようになってしまっている多くの大人達」よりも、「時間の流れ」というものを非常にゆっくりしたものとして感じられているということが言えるのでしょう。また、既《すで》に大人になっている人間も、「様々なことに興味を持ち続けること」や「様々なことに新鮮な感動を感じること」を意識して行うことによって、ゆっくりと充実した時間の流れを感じることができるようになるということも考えられます。人間が感覚することができる時間の流れというものは、常に主観的なものなのであり、他にも例を挙げさせて頂きますと、例《たと》えば、同じ長さの時間であっても、一人一人の人間にとっては、楽しい時間というものは短く感じられ、辛《つら》い時間というものは長く感じられるものですし、自分が眠っている時間というものは瞬時に過ぎ去っていくように感じられるものです。その一方で、私達の日常生活におきまして、例《たと》えば、「時計を用いて測った客観的な時間の流れ」というものなどは、常に一定のものであると言えます。）

（「時間」というものに関しまして、ここで、もう少しだけ言及させて頂きたいと思うのですが、時間というものは、ある面では人間にとって「非常に残酷なもの」であり、他の面では人間にとって「非常に優しいもの」であると考えられるのです。例《たと》えば、時間というものは、どんなに美しい人間をも何時《いつ》かは老いさせ、どんなに富める人間をもやがて没落させ、どんなに幸せな生を謳歌《おうか》している人間をも、やがて死に至らしめてしまいます。そういった意味で、時間というものは、「非常に残酷なもの」であると言えるのです。その一方で、時間というものは、人間の心と体とに生じてしまった多くの傷や痛みといったものを癒し、どんなに苦しい人生を送っている人間やどんなに辛《つら》い生活をしている人間をも、死の訪れとともに生の苦しみから救ってくれる「非常に優しいもの」でもあると言えるのでしょう。そして、「時間というものが優しいものである」ということの何よりの根拠は、「時間というものが、どんな人間に対しても例外なく・共通に・平等に作用する」という点に見出すことができるのです。尚《なお》、中国の諺《ことわざ》には、『**一度昇った太陽は、どんなに強く輝いてどんなに高く昇ったとしても、何時《いつ》かは必ず沈むものである。**』という言葉があります。)

議論の中心を、「恋愛に関してのお話」に戻させて頂きますが、ある人間の愛する誰かが、その人間の恋愛対象となるような異性である場合には、その人間が自分自身の心の中に「性欲」というものを抱く場合が少なくはないと言えます。(別のところでもお話致しましたが、「人間の性欲」というものも、人間の抱く他の様々な心的現象と同様に、その人間の体内の様々な要因とその人間の体外の様々な要因との相乗作用によって生じるものなのです。) 勿論《もちろん》、ここで私が使っております「性欲」という言葉は、とても広い意味でのものです。ここで私が申しております「性欲」というものには、「その相手と心の親密さを深めていきたい」・「その相手の傍《そば》にいたい」・「その相手に愛されていたい」といった「異性に対する親和欲求や愛情欲求」とも呼べるような欲動も含められるのだと解釈して下さい。

恐《おそ》らく、本来の動物としての人間が性欲の対象とする異性とは、第一に、「ある程度まで成熟した(適齢の)異性である」ということが必要であり、第二に、「自分の子供や自分の親・自分の兄弟といった、配偶者を除いた自分の家族ではない異性である」ということが必要なのだろうと考えられます。しかし、例《たと》えば、衣服を着て性を日常的に隠すということを当然のこととして行い、社会生活においても当たり前のこととして性を抑圧し続け、倒錯した様々な性の形を実現している他者の体験の情報などを容易に入手することが可能である現代社会に生きる人間達の中には、本来の動物的な欲動には有り得ないような性欲の形（例《たと》えばそれは、「同性愛」や「幼児愛」・「近親相姦」や「色情狂」などに代表される「性的倒錯」や「異常性欲」といった言葉で呼ばれる性欲の形）を求める人間も出てきてしまうということなのでしょう。

（勿論《もちろん》、多くの人間は、「倒錯的なものではない性欲の形」・「一般的にも認められているような性欲の形」というものを求めます。つまり、多くの人間が求める性欲の形とは、「社会的価値観に肯定されているような性欲の形」・「人間の動物としての純粋な性欲に比較的近いような性欲の形」・「多くの人間が抱いている信念や価値観にも適度に肯定されることができるような性欲の形」といったものになるのです。「Chapter2 - 7」でも議論させて頂きますが、社会に属する多くの人間は、「性に対しての強い罪悪感」というものを抱きます。そして、「その社会の中で一般的に認められているような性欲の形」というものを求めることの方が、「倒錯的な性欲の形」というものを求めることよりも、人間が感じる罪悪感の度合いというものが弱いのであり、多くの人間は、この「罪悪感の程度の差の力」によって、「倒錯的な性欲の形」というものよりも「その社会の中で一般的に認められているような性欲の形」というものを求めるようになるのだろうと考えられるのです。尚《なお》、様々な種類が考えられる「倒錯的な性欲の形」というものの中でも、「近親相姦・インセスト」や「幼児愛・ペドフィリア」といったものは、人間が本能的に感じる罪悪感の度合いというものが、極限に近いほどに強くなるはずのものであると言えるのでしょう。勿論《もちろん》、ある社会に属する多くの人間が考える「性欲の形」というものや、ある社会に属する多くの人間が構築していく「性に関しての文化の様式」というものなども、その人間達が属している社会に備わっている社会的価値観の違いによって、様々なものとなると言えます。）

（尚《なお》、言うまでもなく、「小さな子供の笑顔を自分が見た時に、自分が嬉しく感じること」や「自分の知り合いの小さな子供の可愛い仕草《しぐさ》を見た時に、自分がその子供を抱き締めてあげたいと感じること」などは、人間として当然のことであり、それらは、私がここで申し上げております「異常性欲としての幼児愛」というものに該当するようなことでは決してありません。「幼児や子供に対しての性的欲動を抱くこと」・「幼児や子供を性的対象として見ること」などが、「異常性欲としての幼児愛」というものに該当することなのです。）

また、人間は野生動物とは違いますので、必ずしも「恋愛感情」というものが「性欲」というものへと直結する訳ではありません。（それは、「本能のみによって・欲動に支配されて生きている動物」と「理性と本能とのバランスによって・そのバランスの選択によって生きている人間」との違いというものです。）例《たと》えば、思春期における人間の恋愛というものは、社会や文化の違いによっても異なってくることなのでしょうが、多くの場合におきましては、性的な関係を伴わないような心理的なやり取りを中心とした恋愛になると言えるのでしょうし、楽しい会話や安らげるような時間・様々な共通体験といったものを中心とした「心の関係」というものを純粋に楽しむような恋愛をすることができるということ（多種多様な形の恋愛をすることができるということ、また、何かを話すことや一緒に何かをすることと・手を繋《つな》ぐことや口付けをすることなどにも大きな意味と大きな価値とを見出すことができるような恋愛をすることができるということ）は、恐《おそ》らく、人間だけに与えられた一つの特権とも呼べるようなことなのでしょう。（少なくとも現代社会におきましては、「家庭の形というものは、それぞれの家庭の数だけある」と言えるのと同様に、「恋愛の形というものは、それぞれの恋人同士の数だけある」と言えます。）

「人間が抱く恋愛感情というものと人間が行う異性との性的接触というものとが、非常に深く結び付いたものであるということ」や「性愛というものが、恋人の関係や夫婦の関係において人間が行う最も大きな（最も重要な）愛情表現の一つであるということ」・「性的な体験というものが、多くの人間にとって非常に重要で非常に真実味のある大きな体験となり得るものであるということ」などは、確かに、言うまでもないことです。（種の保存と子孫の繁栄とを目的とする生物としての人間の立場から考えてみましても、「恋愛感情というものと性的欲動というものとが、非常に密接な相互作用の関係にある」ということは、疑う余地のないことなのでしょうし、「モラルを重視した人間社会の中で、人間の抱く性的欲動というものを正当化するために、恋愛や愛情といった言葉が時として用いられている」ということも、言えることなのでしょう。人間が、自分自身の心に生じた「心理的な意味での性的欲動」や「肉体的な意味での性的欲動」といった不可解な心的現象を説明するために「恋愛感情」という言葉を用いているという点は、恐《おそ》らくは決して否定することのできない点です。）しかし、恋愛感情と性愛というものとの結び付きがあまりにも短絡的であったり、恋愛感情と性愛というものとの結び付きがあまりにも露骨なものであったりすれば、そういった恋愛や性愛の形は、人間的であるとは言えないようなものなのであり、むしろそれらは、非常に動物的であると言えるようなものなのだろうとも考えられるものです。別のところで詳しくお話致しますが、「恥の意識」や「美の意識」・「モラルの概念」や「罪悪感の概念」といったものを自分の心に抱くということは、自分が人間であるということの証となるようなことであり、逆に、「恥の意識」や「美の意識」・「モラルの概念」や「罪悪感の概念」といったものを自分の心から捨て去ってしまうということは、自分が人間としての尊厳や誇りといったものを捨て去ってしまうことでもあると言えるのでしょう。

(「恋愛関係という人間同士の関係」の最も大切な要素の一つとして「性的な肉体関係」というものが確かに含まれているのだろうと考えられるのですが、「性的な肉体関係」というものが必ずしも「恋愛関係」や「愛情の深い関係」といったものであるということではありませんし、「恋愛関係」や「愛情の深い関係」といったものが必ずしも「性的な肉体関係」というものを必要とするということでもありません。それに、人間にとって理想的な「性的関係」というものは、「誰かに強要されて自分が体験することになるような性的関係」や「誰かに嫉妬をして自分が無闇に性的な体験を求めるようになり、その結果として自分が体験することになるような性的関係」といったものでは決してなく、「レイプや買売春によって成し遂げられるような性的関係」というものでも勿論《もちろん》なく、「生得的に備えている自分達の生物としての心の仕組《しく》みによって、本当に心から愛し合っている人間同士が自然と引かれ合い、お互いの肌に触れていたいと自然と求め合い、そして二人が自然と結ばれるといった形で形成されるような性的関係」というものであると言えるのでしょう。また、そのような深い愛情関係と強い信頼関係とが含まれている性愛の形であってこそ、「美しい性愛の形」や「理想的な性愛の形」・「幸せな性愛の形」や「人間的な性愛の形」といった言葉で呼べるものとなるのだろうと考えられるのです。)

（「自分が誰かと愛情の伴わない性的接触をすること」や「自分が周囲の人間に対して露骨な性的表現をすること」・「自分の性を売り物にすること」や「自分の愛する人間以外の異性に自分の性的な面を見せること」などは、少なくとも、現代の多くの人間社会におきましては、非常に強い恥の意識の対象となることであり、非常に強い罪の意識の対象となることでもあると言えるのでしょう。もっとも、全ての人間の心が必ずしもそこまで強くなり切れるものではありませんから、「自分の性的なモラルや自分の周囲の人間の性的なモラルといったものを守るべきである」・「理想の恋愛や美しい性愛の形といったものを求めるべきである」といった価値観を自分が獲得することができたとしても、「自分の抱いている動物的な性的欲動」や「自分が周囲の人間に対して抱いている嫉妬」といったものに「自分自身の理性」や「自分自身の信念」といったものが完全に負けてしまい、「快楽のみを追求した性」というものを貪るように求め続ける状態に陥ってしまっている人間が多くいるというのが、少なくない数の社会の現状であると言えるのかも知れません。尚《なお》、現代の日本の社会に起こってしまっている「性的なモラルの崩壊」という非常に危険な社会現象に警鐘を鳴らす意味でも、「人間の性」というものに関しての議論は、私自身も少し詳しく扱わせて頂きたいと考えております議論ですので、「人間の性」というものに関しまして、「Chapter2 - 8」のところで更に詳細に議論を加えさせて頂くことに致します。）

「恋愛」というものに関してのお話をもう少しだけ続けさせて頂きますが、ある人間の愛する対象（ある人間の内面的同一化の対象・ある人間の好意の対象）となるものが、「その人間にとって恋愛対象となるような異性」である場合でも、先ほどに申し上げましたように、その人間自身が自分自身の心の中で、「恋愛としての好き」と「友達としての好き」などをうまく使い分けることによって、「その人間が、自分の愛する対象となる異性のことを、必要以上に意識しなくても済むようにすること」や、「その人間が、自分の好意の対象となる異性のことを、性欲の対象としてあまり考えなくても済むようにすること」などが可能なのだろうと考えられます。

特に、現代の多くの文明社会は、非常に多くの男女が当たり前のこととして毎日いろいろなところで顔を合わせたり・共同作業をしたり・何かを一緒に楽しんだりするような社会ですから、例《たと》えば、会社においての上司と部下との関係や同僚の関係・学校においての教師と生徒との関係・結婚をしている誰かと自分との関係や恋人のいる誰かと自分との関係などにおきましては、先述のような「多くの異性を、性欲の対象となる異性として意識し過ぎなくても済むようになるための価値観の形成や認識」を自分が意識的に行うことによって、社会における人間関係というものを円滑にしていくことが重要になるという場合が多くあると言えるのでしょう。

(このような「性欲の制御」や「内面的同一化の使い分け」をするということも、動物的な欲動を持つ存在である人間が「社会的価値観によって形成された社会」というものにうまく適応しながら生きていくために不可欠なことの一つなのです。多くの人間は、このような価値観の使い分けや性欲の抑圧といったことを、無意識的に・半自動的に行っているのだろうと考えられます。特に、異性に対しても同性に対しても殆《ほとん》ど区別することなく、「非常に良い形の人間関係」というものを円滑に築いていくことができている人間は、自分の性欲の抑圧と自分の価値観の使い分けとを非常に柔軟に、非常に要領良く行うことができている人間であると言えるのです。)

（その一方で、勿論《もちろん》、人間も動物ですから、どんなにそのような「性欲の制御」や「内面的同一化の使い分け」をうまく行えたところで、「理性的に考えれば自分の性欲の対象とするべきでは決してないような異性」のことを「自分の性欲の対象となる異性」として意識し続けてしまうといったようなことが、多くの人間の日常生活においては、時々起こってしまうものなのでしょう。ですから、人間の抱くそのような性欲というものは、一人一人の人間が、「自分の信念の力」や「自分の理性の力」などによって、ある程度まで意識的に抑える必要があるものなのだろうと考えられるのです。これは、その人間が、「自分の家庭」や「自分の信頼」・「自分の社会的地位」や「自分の評判」・「自分自身の誇り」や「自分のモラル」・「自分の愛する人間の心」などを守り続けるために必要なことでもあるのでしょう。）

（恋愛というものには、「人間の心の理性的な部分による働き」よりも「人間の心の本能的な部分による働き」の方がずっと強く影響しますので、大多数の人間にとって、恋愛というものは、一筋縄では決していかないような非常に難解なものであり・非常に複雑なものであり・非常に厄介なものであり・非常に面倒なものであり・非常に非合理的なものであり、その一方で、非常に有意義なものであり・非常に素晴らしいものであり・非常に充実した時間となるものであり・非常に強い心的現象を生じさせてくれるものであり・非常に楽しいものであると断言することができるのだろうと思います。「不倫や浮気」・「略奪愛」や「身分違いの愛」といったことに関しての物語が、神話の時代から現代に至るまでの間に非常に多く書かれておりますことからも理解することができますように、誰もが「自分の思い描いている理想通りの恋愛」や「誰にも迷惑を掛けないような純粋な恋愛」といったものを円滑に実現することができる訳ではなく、恋愛というものに向き合っている殆《ほとん》ど全ての人間は、自分の心の中に生じた「恋愛に関しての非常に深い悩み」や「恋愛に関しての様々な葛藤《かっとう》」といったものに強く苛《さいな》まれてしまうものなのでしょうね。また、「恋愛に年齢は関係ない」とも言えるのでしょうが、特に、若い頃に体験する恋愛というものは、自分の感情や感覚のままに大胆な行動に出てしまうこと・気持ちをうまく表現することができなかったり自分の欲動をうまく抑え付けることができなかったりすることが多いようなものであり、これは、「若気の至り」や「若者の特権」といった言葉で呼べるようなことであるとも言えるのかも知れません。また、恋愛に関しても人生に関しても、多少の危険や多少の冒険といったものは確かに楽しいものですが、攻撃衝動を抑え切れなかった自分の行動によって誰かに障害が残るほどの怪我を負わせてしまったり・性的欲動を抑え切れなかった自分の行動によって無闇に多くの相手との性的関係を結んでしまったりすることによって、自分の人生に大きな後悔を残してしまったり自分の心に大きな罪悪感を残してしまったり・自分が誰かを酷《ひど》く傷付けてしまったりすることなどがないようには、気を付けたいものですよね。)

尚《なお》、言うまでもなく私は、「人間は、自分の恋人や自分の配偶者以外の異性と仲良くするべきではない」などといった非常に偏った価値観を主張しようとしているのでは決してありません。私はここで、「全ての人間は、性欲や攻撃衝動といった自分の動物としての本能をある程度まで抑圧したり昇華したりすることによって、自分の心の中のバランス（動物としての人間と理性的な存在としての人間とのバランス）を保ち、人間社会全体のバランスをも保つことができているという面がある」ということを確認させて頂きたいだけなのです。

このように考えて参りますと、人間社会におきまして、「自分と誰かとが付き合う（これは、恋愛関係になるという意味での付き合うという言葉です。）こと」とは、「その付き合っている相手と自分とがお互いに、他の異性に対して恋愛感情を含んだ内面的同一化を求めない（他の異性と浮気をしない・他の異性と性的な関係や非常に深い愛情を伴った関係などを結ばない）ということを契約し合うこと」でもあり、「自分と誰かとが結婚をすること」とは、「その結婚相手と自分とがお互いに、他の異性に対して恋愛感情を含んだ内面的同一化を永遠に求めない（他の異性と浮気をしない・他の異性と性的な関係や非常に深い愛情を伴った関係などを結ばない）ということを契約し合うこと」でもあると言えるのでしょう。（勿論《もちろん》、言葉の定義というものは、人間の抱いている価値観や人間の形成している文化などによって多様に変化していくものですので、このような定義が必ずしも全ての社会の人間・全ての時代の人間にとって納得できるようなものであるという訳ではないのでしょうけれどね。）

（人間の感じる「癒し」というものの一部も、この「愛や内面的同一化」といった概念によって説明することが可能なものなのだろうと考えられます。例《たと》えば、殆《ほとん》ど全ての人間は、少なくない場合におきまして、「自分が誰かと触れ合うこと」や「自分が誰かと言葉を交わすこと」・「誰かの気持ちを自分が分かってあげること」や「誰かに自分の気持ちを分かってもらうこと」・「自分が心を開いて誰かに接すること」や「誰かに心を開いて自分に接してもらうこと」・「自分が誰かに優しくすること」や「自分が誰かに優しくしてもらうこと」などを求めているという面があります。そして、自分が実際にそのようなことを実現することによって、人間は、様々な快の感情を得ることができ、「心の癒し」というものを得ることもできるということなのでしょう。尚《なお》、この「心の癒し」ということによって得ることができる快の感情は、「動的な快の感情」と申しますよりも、むしろ、「静的な快の感情」と呼べるようなものであり、これは、「自分がリラックスした気持ちになること」や「自分が心の安らぎを得ること」・「自分が安心すること」や「自分が落ち着くこと」などによって得ることができるような快の感情です。）

また、自分の抱いている愛（内面的同一化）というものに基づいて人間が行う行動の全ては、勿論《もちろん》、自分以外の誰かを幸せにするための行動や自分以外の誰かに喜びを与えるための行動ではあるのですが、それは、自分以外の誰かのためだけの行動であるという訳ではなく、自分自身の欲動の充足のための行動でもあるのだろうと考えられるのです。（「Chapter2 - 8」で詳しく議論させて頂きますが、ある人間が他の誰かに何かの働き掛けをするということは、常に「双方向的な性質を持つこと」であると言えます。）自分が、「誰かに優しくしてあげたい」・「誰かを愛してあげたい」といった自分の抱いている欲動に従って行動し、その結果として自分が誰かに優しくしてもらえるということや自分が誰かに愛してもらえるということもあるのだろうと考えられますし、自己の存在というものは、他者を愛することや他者に愛されることなどによって（他者を鏡とすることによって）自分自身で肯定することができるようになるものなのです。それに、人間は、「自分が大切に想っている誰かの笑顔を見ること」や「自分が愛している誰かの喜ぶ姿を見ること」などによって、本当に偽りのない大きな幸せというものを心の底から感じることができます。根本的な心的現象の性質と意味とを考えてみますと、「自分が誰かを愛するということ」と「自分が誰かに愛されるということ」・「自分が誰かに優しくするということ」と「自分が誰かに優しくされるということ」とは、全く同じ性質と全く同じ意味とを持つことであると言えるのかも知れませんね。

(このような意味では、人間が自分自身の心に生じさせる心的現象というものの全ては、完全に自己完結的なものなのであり、完全に自己満足に過ぎないようなものであると考えることもできるのでしょう。「真実」という言葉に関しましては「Chapter2 - 4」のところで議論させて頂きますが、厳密に考えますと、全ての人間は、自分自身の心に生じている心的現象というものだけを「自分の真実」とし、自分自身の心に生じている心的現象というものだけを「有意味なもの」としながら生きていると言えるのです。「ある人間が誰かの考え方を自分の考え方の一部として取り入れてみること」や、「ある人間が誰かの立場に立って何かを感じてみること」などは、確かに可能なことなのですが、それらは、自分が意識的に自分の心的現象というものを操作し、自分にとっての真実というものを一時的に操作しているというだけのことなのであって、結局は、そういったことによって感じることができる心的現象の全ても、自分自身が主観的に感じている心的現象にほかならないと言えるのでしょう。多くの人間が自分自身の心に抱く「誰かに優しくしてあげたい」・「誰かを愛してあげたい」といった気持ちでさえも、それは、その人間の欲動の一つの形・その人間の本能の一つの形なのであって、自分自身の利己的な欲動の充足・自分自身の自己満足的な欲動の充足を求めているに過ぎないものであると捉えることもできます。)

(尚《なお》、自分がある程度以上に人間的で文化的な生活をしているということを前提として、更にそこから自分の人生を積極的に生きることができていると考えられるような立派な人間であっても、厳密には、自己満足的なものを求めて・自己完結的なものの中で生きているに過ぎないと言うこともできるのです。自分の定めた「目的や目標」に向けて、自分の定めた「信念」というものを力や武器にして、自分の感じる「真実」というものだけを信じて、自分に誇れる自分でいられることを目指して、自分で自分を制したり律したりしながらも、自分の心の中をずっと旅し続け、自分自身と闘い続けるといったことこそが、人生というものであると言えるのかも知れませんね……。例《たと》えば、自分が、自分自身の心に生じている何かの悩みや何かの迷い・何かの問題や何かの病といったものを解決方向に向かわせようとする時、勿論《もちろん》、自分が誰かからの影響を受けることによって自分自身の心の在り方や自分自身の考え方を変えることはできますし、自分が何かの楽しい体験をすることや自分が薬を使うことによって自分自身の心の状態を一時的に楽な状態にすることなどもできるのですが、最終的に自分自身の心の弱さや自分自身の心の問題と戦うことができるのは、唯一、自分自身だけなのであり、その際に頼れるのは、自分自身の心の強さや自分自身の抱いている人生哲学・自分自身の抱いている価値観や自分自身の抱いている信念といった「自分の心の力」というものだけなのです。）

また、私は先ほどに、「この現実の社会の中にも、愛や優しさといったものは溢れている」ということを申し上げましたが、この社会に生きている殆《ほとん》ど全ての人間は、「心の壁（自分が他者を愛することよりも先に怖れてしまうような価値観・自分の心を過度に守ろうとしてしまうような意識・他者に嫌われたくないと望む非常に強い意識・警戒心など）」とも呼べるようなものを自分自身の心の中に形成してしまっていますので、この複雑な現代社会に生きる人間にとっては、少なくない場合におきまして、自分が誰かとの（特に家族以外の他人との）内面的同一化をするということが、非常に難しいこととなってしまうのだろうとも考えられるのです。（現代社会におきまして、一部の人間が「引《ひ》き篭《こ》もり」と呼ばれるような状態に陥ってしまっていることの根本的な原因の一つは、この「家族以外の誰かとの内面的同一化」ということをうまく行うことができない人間が増えてしまっているということにあると言えるのだろうと思います。）

（尚《なお》、ここで私が申しております「人間が自分自身の心の中に形成する心の壁」というものの高さや大きさ・厚さや硬さなどは、「その人間のこれまでの人生における人間関係というものが、どのようなものであったのか」ということや「その人間が、どのような人生経験を得てきたのか」ということなどによって、非常に大きく変わってくるものであると言えるのでしょう。例《たと》えば、恋人に酷《ひど》い裏切りを受けてしまった経験のある人間や、誰かに騙されてしまった経験のある人間は、そのような経験を得てしまったことが少しもない人間に比べて、自分が自分自身の心の中に形成する「心の壁」というものが、高くて厚いもの・大きくて硬いものとなってしまうかも知れません。しかし、その一方で、そのような高くて厚い「心の壁」・大きくて硬い「心の壁」を自分自身の心の中に形成してしまっている人間も、自分の今後の人生経験の中で「誰かの優しさ」や「誰かの人間的な温かさ」といったものに触れたりすることなどを通じて、過去に自分自身の心に形成してしまった「心の壁」というものを、少しずつ崩していくことができるのでしょうね。）

人間は誰もが、他者と近づき過ぎてお互いの心を傷付け合ってしまったり、他者と離れ過ぎてお互いの心が淋しくなってしまったりといったことを繰り返しながら、自分とその他者との間の「ちょうど良い距離（この距離は、人間関係によっても一人一人の人間の資質や性格によっても、様々に異なるものであると言えるのでしょう。）」というものを探していきます。これは、ショペンハウアー《Arthur Schopenhauer 1788 - 1860　ドイツの哲学者　著「意志と表象としての世界」》の寓話の中に出てくる「ヤマアラシのジレンマ」というお話にも書かれていることです。

尚《なお》、このような考え方を応用して参りますと、犬や猫といったペット・イルカやジュゴンといった海洋動物などに触れることで人間がとても癒されることができるのは、「それらの動物に形成されている心の壁」というものが「人間に形成されている心の壁」というものよりも遥《はる》かに薄く、また、そういった動物に触れようとする人間の方も、「自分自身の心の中に形成してしまっている心の壁」というものを強く意識することなく接することができるからであると言えるのでしょう。

（勿論《もちろん》、「人間が何かのペットなどに愛着を覚えるようになる」ということには、「その人間が抱いている価値観」や「その人間が抱いている嗜好」といったものが深く関わっています。例《たと》えば、殆《ほとん》ど全ての人間は、自分の赤ん坊のことを「可愛い」と感じることができます。そのように感じられることは、人間が自分達の子孫を残していくために必要となる一つの心理的な仕組《しく》みであるとも考えられるようなことです。そして、「少なくない数の人間は、まるで赤ん坊のように小さくて無邪気な対象としてのペットのことを好きになり、その対象に愛着を覚え、その対象と触れ合うことで代替的に癒されることができるようになる」ということなのでしょう。）

（更に、「社会的価値観による肯定」というものも、こういったお話には関わって参ります。例《たと》えば、日本人は、牛や豚・鳥や魚などを主に肉類として食べ、犬や猫などを食べようとは決して考えたりもしません。これは、日本の社会に生まれた人間は、自分達が小さな頃から、「犬や猫はペットとして、パートナーとして人間の傍《そば》にいるものであり、それは食料ではない」という価値観を当たり前のように与えられ続けてきたからなのだろうと考えられるのです。特に、現代社会におきましては、それらのペットが、人間に代替する存在として「多くの人間の内面的同一化の対象」や「多くの人間の心の支え」ともなっていると言えますので、「犬や猫といったペットを食料の対象とすること」などは、私達にとっては、「人間を食料とすること」に準ずるくらいに禁止されることなのであり、強烈な怖れの意識の対象・罪の意識の対象・嫌悪の意識の対象となることなのであると言えるのでしょう。）

（問題となるのは、「その対象となる動物が、自分達の内側・仲間・同種・内面的同一化の対象にあるのか、それとも、自分達の外側・敵・食料の対象にあるのか」ということと、「自分達が幼少の頃から何を食べて育ってきたのか」ということとにあるのだろうと考えられます。もっとも、現代の日本のような文明社会におきましては、例《たと》えば、「食料としての動物の肉」というものと「実際に生きている牛や豚などの動物」といったものとは、完全に別の対象として意識されているものなのであり、私達は、食卓に並んでいる何かの食材を食べようとする時にも、その食材の生前の姿を想像することなどは、殆《ほとん》ど有り得ないと言えるのでしょう。これは、私達現代社会の人間は、子供の頃からの教育や価値観の形成によって、「多くの動物との内面的同一化」を常識的に果たしている上に、実際に生きている野生動物を狩猟して食料にしている親の姿を見る機会などを少しも持ってはいませんので、私達にとっては、「生きている動物を殺すという行為」や「生きている動物を食料にするという行為」などそのものが、罪の意識の対象・嫌悪の意識の対象・怖れの意識の対象となってしまっているからなのだろうと考えられるのです。尚《なお》、余談になりますが、「ベジタリアン思想」というものも、このような点から説明することができるのだろうと考えられます。）

例《たと》えば、多くの人間は、自分が犬や猫などの動物に触れようとする時には、自分が他の人間に触れようとする時ほどには、「自分が嫌われてしまうこと」や「自分の心を酷《ひど》く傷付けられてしまうこと」などを強く怖れることはありません。（勿論《もちろん》、人間が動物に触れようとする時に、「自分の体を傷付けられることに対しての強い怖れの感情」や「見知らぬ存在に対しての漠然とした恐怖心」といったものを抱くことなどは、しばしばあるのだろうと考えられます。）人間が触れようとしている動物の方も、獰猛な野生の動物や飢えた状態の動物でなければ、優しく接してくれる人間に対して興味を抱き、好意を示してくれることでしょう。このようなことが、人間が他の動物に触れることを通じて代替的に（本来は、人間同士で癒されることの方が、間違いなく純粋なことなのです。）癒されることができる理由として考えられます。

また、一人一人の人間の抱いている「誰かに対しての警戒心」や「誰かに対しての怖れ」といったものは、人間関係において相互に影響してしまうものですので、他人を警戒している人間に接する時には、自分も警戒心を抱いてしまうものですし、「心の壁」と呼べるようなものを殆《ほとん》ど形成していない人間に接する時には、自分も非常に気楽に近づいていくことができるものです。このことは、「自分が特定の誰かに好きになってもらうための最大の秘訣は、まず初めに、自分がその誰かのことを好きになるということにある」といったお話とも関わってくることであると言えるのでしょうね。(「ある人間の抱いている感情や欲動といったものが、その人間の近くにいる人間達に次々に伝染していってしまう」という現象に関してのお話は、「Chapter2 - 5」のところで言及させて頂きます。)

Chapter2 - 4　真実・意味・価値

言うまでもないことであるとも思えるようなことなのですが、「真実」という言葉の示す意味は、「本当のこと」という意味です。ですが例《たと》えば、「ある一人の人間にとって真実(本当のこと)と呼べること」とは、具体的にどのような範囲のことなのであり、具体的に何を意味していることなのでしょうか。一人一人の人間によって「世界の捉え方」や「社会の捉え方」・「自分自身の捉え方」といったものは、非常に様々なものであると言えます。例《たと》えば、神を信じたり宗教を信じたりしている人間にとっては、そういった「神」や「宗教」といったものも真実となり得るものです。その一方で、特にこの日本のような無宗教社会・無思想社会におきましては、そういったものを決して真実とは考えることのない人間も多くいる訳ですよね。

ここで私は、「ある人間にとっての真実」とは、「その人間が望んでいること」や「その人間が感じていること」・「その人間が考えていること」や「その人間が記憶していること」・「その人間が信じていること」や「その人間が知っていること」などを中心とした「その人間の心的現象の全て」であると定義させて頂きます。例《たと》えば、現実に目に映るものではないとしても、ある一人の人間が「自分の心に生じている心的現象」というものを疑うことなく受け止めている限り、「その人間が感じていること」や「その人間が考えていること」などは、誰にも止めることも否定することもできない事実なのであり、その本人にとっての「真実」であるということなのです。

（少し哲学的なお話になってしまうのですが、一人一人の人間の主観からすれば、「生と死」・「事実と虚構」・「実在と不在」といったものは、正反対のものでありながらも常にすぐ隣に位置しているものであり、「ある対象やある概念・ある現象やある物などが、そのどちらの状態に属しているものなのか」といったことを知ることは、人間がこの世界の中で生きていく上で非常に重要なこととなる場合が多くあるようなことであると言えます。ですが、「現在において自分が生きているのか、死んでいるのか」・「何かの概念や現象が事実のものなのか、虚構のものなのか」・「何かの物体や物質が実在しているものなのか、不在のものなのか」といった非常に重要で非常に根本的なことに関してでさえ、私達がそれらを把握したり実感したり確信したりすることができるのは、唯一、私達の心に生じる心的現象というものを通じてであると言えるのです。）

ですから、詳細に考えるのであれば、生きている人間と同じ数だけ、「真実というものの形」があると言えます。例《たと》えば、森の妖精やサンタクロースといったものを心から信じている子供達にとっては、それらは目に映る「現実」ではないとしても、紛れもなく「真実」と呼べるものなのであり、その真実を疑うことなく信じることによって、子供達は夢を抱いたり・幸せな気持ちを感じたり・豊かな想像力を育んだりしていくことができるのです。（サン・テグジュペリ《Antoine de Saint Exupery 1900 - 1944 フランスの小説家　著「夜間飛行」「人間の土地」》の「星の王子さま」の中にも、**『肝心なことは、目には見えないんだよ。』**という一節を見付けることができます。）

このような言葉の定義から申しますと、「一人一人の人間の心の中で生じている心的現象（精神現象）の全て」である「真実」というものに対応するようにして「現実」というものがあり、「現実」というものは、「この社会に起きている物理現象の全て」であると考えることができます。例《たと》えば、「私の肉体が現在、ここに存在している」という物理現象が、「現実」と呼べるものであり、「私が存在しているということを疑うことなく信じている」という私の心的現象は、「真実」と呼べるものであると言えるのでしょう。デカルト《Rene Descartes 1596 - 1650 フランスの哲学者・数学者・自然科学者　著「哲学原理」「情念論」》の言葉を拝借致しますが、**『我思う、故に我あり。』**ということなのです。

（厳密に考えますと、「目に見えるものの全てが物理現象であり、現実と呼べるものである」といったような定義は、必ずしも正確なものではありません。実際の「物理現象」とは、「光が物体に反射していること」や「景色が網膜に映っていること」・「空気が振動していること」や「振動によって鼓膜と耳小骨とが震えていること」などであり、「何かが自分の目で見えていると感じること」や「何かが自分の耳で聞こえていると感じること」などは、その現象の形成過程においてその人間自身の意識や記憶といったものの影響を強く受けることですので、それらは、「心的現象」と呼べることであり、「真実」と呼べることであると言えます。）

（私達人間は常に、外界から与えられる無数の情報というものを無意識のうちに処理したり・不要と判断されるような多くの情報というものを無意識のうちに取り除いたり・必要と判断されるような情報を無意識のうちに付け足したりすることによって合理化をしながら、体中の様々な感覚器官からの情報というものを得ているのです。同様に、例《たと》えば、私達人間が「自分の記憶」というものを使用する際にも、「自分の経験」や「自分の先入観」・「その時に自分の心に生じていた欲動や感情」・「その時に自分の心に生じていた意識の力」といったものが総合的に作用することによって、無意識のうちに自分の心の中で合理化を行って必要な情報のみを選択しながら、記憶というものを使用しているということになります。私達一人一人が自分で自覚することができる記憶や感覚といったものの全ては、自分の心の内外の様々な要素を用いて自分自身の脳が再構築した結果としてのものなのであり、それらは、現実世界において物理的に起こった現象である「事実」というもののみを必ずしも正確に示しているものでは決してないのです。簡単な例を一つだけ挙げさせて頂きますが、私達が夏に肝試しをしている時やお化け屋敷に入っている時などには、「怖い」という強い気持ちが自分の心の中にあるからこそ、何でもないようなものまでもが怖く見えてしまうことがあります。）

（ですから例《たと》えば、何かの切っ掛けによって私達の脳の中の「感覚した情報の無意識的な処理」に関わるような部位や「使用する記憶の無意識的な処理」に関わるような部位が損傷することでもあれば、私達が感覚することのできる対象は、「網膜に映る全ての像・鼓膜に伝わる全ての振動・味蕾《みらい》や嗅覚細胞に反応する全ての化学物質・皮膚に触れる全ての物体」となり、私達が使用することのできる記憶は、「脳の中に存在している全ての記憶」となるといったことなども、可能性としてはあるのかも知れません。そして、現実に自分がそのような状態になってしまった人間は、ある面では「非常に優れた能力」や「非常に特別な能力」といったものを発揮することができるようになる場合があるのだろうと考えられるのですが、一方で、そのような状態になってしまった人間の多くは、「自分の得る情報の合理的な処理」や「自分の持っている記憶の合理的な使用」といったことをうまく行うことができずに困惑してしまったり、自分の心の内側の世界の情報を処理したり自分の心の内側の問題を解決したりすることがうまくできないために、自分の外側の世界に対してもうまく関わることができなくなってしまったりする場合があるのだろうと考えられるのです。そして、少し専門的な名称を出してしまいますが、恐《おそ》らく、このような精神状態に人間が陥ってしまうということが、精神医学上で「サバン症候群」と呼ばれているものの実質的な形であると考えることができるのでしょう。）

（また、先述のように人間は、生得的に備えている心理的な仕組《しく》みとして、「自分の感覚した情報の無意識的な処理」や「自分の使用する記憶の無意識的な処理」といったことを行っているのですが、例《たと》えば、現代の東京のような大都市に住んでいる人間や大都市で働いている人間は、自分の得られる「情報量全体」というものが異常なほどに大きくなってしまっていますので、そのような「過剰負荷環境」というものに対応するために、自分に入ってくる様々な情報のうちで比較的重要ではないと考えられる情報を意識的・無意識的にシャットアウトしたり、他の人間との関係というものを機械的に扱ったり、他人との個人的な接触を避けるようになったりすることがあるのだろうと、社会心理学の分野では、そのような学説が唱えられています。尚《なお》、ここで私が申しております「情報量全体」という言葉は、「自分の目に見えるもの」や「自分の耳に聞こえるもの」・「自分が肌で感じ取れているもの」・「自分が味や匂いとして感じ取れているもの」などに限定した意味での「情報量全体」という言葉ではなく、「自分の網膜に映っているもの」や「自分の鼓膜を振動させているもの」・「自分の肌に触れているもの」・「自分の鼻や口に入ってくるもの」といった「自分の感覚器官を通じて脳内に入ってくる感覚情報というものの全て」という意味での「情報量全体」という言葉であると解釈して下さい。）

（関連することとして申し上げますが、少なくない数の人間は、「やらなければならない多くのことを自分が強く意識することによって、自分の心が強いストレスを感じてしまうこと」や「自分に関係する様々な物事を自分が強く意識することによって、自分の心が強いストレスを感じてしまうこと」などを避けるために、心理的な自己防衛を目的として、「自分が興味を持っている何かの特定のことだけに異常なほどの拘《こだわ》りを抱き、自分が興味を持っていない他の多くのことを異常なほどに蔑《ないがし》ろにするようになること」があり、このような心的現象の経過を経た結果として、「偏執狂的な性格」というものが人間に形成されることがあるのだろうと考えられます。勿論《もちろん》、「何かに対しての拘《こだわ》りを持つということ」は、多くの人間にとって非常に当たり前のことなのであり、ここでも問題となるのは、その「拘りの強さの程度」であると言えるのです。ある人間の備えている「非常に強い何かの拘《こだわ》り」によって、その人間自身の日常生活や人間関係に重大な問題が生じてしまっている場合・その人間の心のバランスや人間として生きていく上で絶対に必要であると考えられる心の仕組《しく》みといったものが崩壊してしまっている場合が、危険な状況や問題のある状況なのであり、「マニア」や「コレクター」といった呼称で呼ばれる人間の全てが、「偏執狂的な性格」や「問題のある性格」の持ち主であるといったことでは決してありません。尚《なお》、「人間として生きていく上で絶対に必要であると考えられる心の仕組《しく》み」というものに関してのお話は、「Chapter2 - 7」や「Chapter2 - 8」のところで展開させて頂きます。）

このような「真実という言葉の定義」を用いて、「宗教や神」といったものに関して、ここで少しだけ考察を加えさせて頂きますが、まず、心から宗教というものを信じている多くの人間にとっては、確かに、神というものは存在していると言えます。少なくとも、その宗教を信じている一人一人の人間の心の中には、神というものが存在していると言えるのでしょう。宗教や神といったものを信じている人間は、多くの場合におきまして、宗教の教義というものの中から「自分の生きる目的」というものを見付け、「自分の選び取るべき価値観」というものを見付け、「自分の生き方の指針」というものを見付け、「自分が生きる上での救いとなるもの」をも見付けることができます。また、宗教を信じている人間は、多くの場合におきまして、様々な哲学的な疑問（例《たと》えば、「人間は何のために生きるのか」・「人間が死んだら、その魂はどうなるのか」といった類の疑問）に対しての一応の答えのようなものを宗教の教義の中から見付け出すこともできるのだろうと考えられますので、そういった疑問に深く悩まされたり迷わされたりしなくても済むようになるのでしょう。（このような意味でも、「宗教や神」といったものは、多くの人間にとって「信念」となり得るものであると言えるのです。）

更に、宗教を信じているある人間が、自分に与えられた苦難というものを神が自分に課した試練であると考えたり、「神は、耐えられる者にのみ試練を与える」と考えたりすることなどによって、その人間は、より大きな力を発揮し、実際に自分の人生に生じた様々な苦難や試練といったものに打ち勝っていくことができるかも知れません。宗教や神といったものは、確かにそうやって、それを信じている人間達に力を与え、それを信じている人間達に勇気と希望とを与え、それを信じている人間達を救っていると言えるのです。（一方で、「一部のカルト教団」や「一部の新興宗教」の中には、人間の心の弱さに付け込んで信者からお金を毟《むし》り取《と》ってしまったり・多くの人間を不幸にしてしまったりするような「罪や悪といった言葉で呼べるに過ぎないもの」となってしまっている宗教も、少なくはないと言えるのでしょう。勿論《もちろん》、現代社会におきましては一般的にも、そういった危険な宗教に頼ることや関わることは、可能な限り避けるべきことであると断言することができるのだろうと思います。理想論を申しますと、「その宗教を信じることによって本当の意味で自分のためになるような宗教」・「その宗教に関わる多くの人間を幸福にすることができているような宗教」というもののみが、多くの人間にとって、信じるに値する宗教であると言えるのでしょう。）

マタイの福音書の言葉にあるように、『**求めよ、さらば与えられん。**』と考えることや、キリスト教の教義にあるように、『**運命は冷たい、けれども摂理は常に温かい。**』と考えることによって、人間は、自分が望んでいるものに向かってよりポジティブに、自分の人生に対して常に前向きに生きていこうとすることができるのでしょう。（ちなみに、「摂理」という言葉は、「この世に起きている全ての出来事が、神の予見と神の配慮とに従って行われている」というキリスト教的な考え方に基づいた言葉です。）

（しかし、そういったことの一方で、例《たと》えば、「宗教や神」といったものに自分が縋《すが》るあまりに「現実的な自分の努力をすること」を怠ってしまっているというようなことがあれば、そのような状態は、あまり良い状態とは言えないのだろうと考えられます。恐《おそ》らく、現代の物質主義的で合理主義的な社会におきまして、人間が「宗教や神」といったものを信じていく上で大切なことの一つは、「自分が宗教というものを信じることによって自分自身の心の中に生じる力」というものを、自分の人生をより良いものとすることができる方向に・自分自身と自分の大切な誰かとを幸せにすることができる方向に向けようとし、「宗教を信じることによって自分の心の中に形成されている力」というものを、うまく活用していくことにあると言えるのでしょう。）

（勿論《もちろん》、私は、「人間が行うお祈り」や「人間の抱く信仰心」といったものの意義を否定するようなことを申し上げるつもりも、「宗教」や「神」といったもの自体を否定するようなことを申し上げるつもりもありません。「人間が宗教や神といったものを信じること」は、「その宗教を信じている人間の心に様々な心的現象が生じている」という時点で、無意味なことではないと言えますし、「宗教を信じている人間が強い心の力というものを得ることができている」・「宗教を信じている人間が自分自身の心の不安というものを打ち消すことができている」・「宗教を信じている人間が救いや望みといったものを感じることができている」・「宗教というものが、人間社会全体に対して、確立されたモラルや社会規範といったものを与えている」といったことを考えましても、「人間が、宗教や神といったものを信じるということ」には、非常に大きな意味があると言えるのです。尚《なお》、「社会に属する多くの人間が宗教というものを信じることによって、その社会の中にどのようなモラルや社会規範が形成されるのか」といったことに関してのお話は、「Chapter2 - 7」のところで議論させて頂きます。）

ここで、「人間にとっての真実というもの」を考える上での重要な一例と致しまして、「人間の感じる幸せというもの」に関しての考察を加えさせて頂きます。まず、この「幸せ」という言葉の定義も、厳密に考えれば、一人一人の人間の心の中で個別に行われるものです。例《たと》えば、「ある人間の信じている幸せに関しての定義」・「ある人間が自分の心に定めている幸せに関しての定義」といったものが、その人間自身にとって、「真実」と呼べるものであると言えるのでしょう。ですから、結論から先に言ってしまいますと、「全ての人間にとって完全に適合的な幸せの定義」などというものは、厳密には有り得ないものなのです。（「多くの時間を苦しんだり悲しんだり泣いたりし続けながら生きる人生」というものも、「多くの時間を喜んだり楽しんだり笑ったりし続けながら生きる人生」というものも、「様々なことに深く悩み続けながら生きる人生」というものも、「気楽に考えて毎日を楽しみながら生きる人生」というものも、時間的な限界を備えている一度だけの自分の人生であるということには少しの変わりもありませんので、私達も、「自分が本当に心の底から望んでいる人生の形に少しでも近いような形の人生」というものを過ごしたいものですよね。）

（例《たと》えば、「自分の愛する誰かに自分が尽くすこと」や「自分の愛する誰かを自分が幸せにすること」そのものを、自分の信念とし、自分の生きがいとし、自分のアイデンティティーとし、自分の幸福の条件としている人間も多くいれば、「自分が誰かに尽くすこと」にそれほど大きな価値やそれほど大きな意味を見出すことができない人間も、現実には多くいます。それに、愛情や優しさといったものの本当の意味を理解することができている人間のうちの少なくない数の人間にとっては、「自分の大切な誰かのために自分が費やす時間」というものは、「自分自身のために自分が費やす時間」というものと同等かそれ以上に充実した有意味なものとなるものですし、特に、子供を持つ親のうちの多くの人間にとっては、「自分の子供のために自分が費やす時間」というものは、「自分自身のために自分が費やす時間」というもの以上に充実した有意味なものとなるものです。)

一人一人の人間が、自分の人生の中でいろいろなことを感じたり知ったり考えたりし、自分の信じられる「幸せの定義」というものを自分の力で見付けたり定めたりすることによって、また、そうやって自分で見付けたり定めたりした「幸せの定義」というものを自分が信じ続けることによって、その人間自身にとっての「幸せの定義」というものが、ようやく一つできあがるということなのでしょう。ですから、他の人間から見てどのような生活・どのような人生・どのような生き方であったとしても、本人が「自分は幸せである」といったことを心から思えているのであれば、それは、その人間自身にとっては、幸せな状態であると言えるのです。(同様に、他人から見てどんなに滑稽に思えるような行動であったとしても、本人がその行動を有意味な行動であると信じ、自分に信念を抱いて行動しているのであれば、それは、紛れもなくその人間自身にとって非常に有意味な行動なのであり、そこには、「その人間の生き方の美学」と呼べるものが生まれているとさえ、考えることができるのでしょう。いずれにせよ、多くの人間は、「自分の定めた幸福の定義」というものに基づいて、「自分の信じている幸福」というものを求めて活動し、「自分が実際に幸福になれること」を目指して生き続けていると言えるのです。

パスカル《Blaise Pascal 1623 - 1662　フランスの思想家・数学者・物理学者　著「パンセ」「プロバンシアル」》の言葉にも、**『人間の営みというものは全て、自らが幸福を掴むことに尽きる。』**とあります。極論してしまいますと、人間にとって重要なことは、「自分が生きること」と「自分が幸福であること」だけなのかも知れませんね。尚《なお》、殆《ほとん》ど全ての人間にとっては、「自分の周囲の多くの人間が幸福であるということ」も、「自分自身が幸福であるということ」のための大切な要素となります。）

勿論《もちろん》、例《たと》えば、「自分が良い趣味や楽しみを持つということ」・「自分が充実した仕事などに就いており、自分の力（経済的な力や精神面での支えという意味での力など）によって自分の家族を支え、自分の家族を守り、自分の家族と暮らすことができているということ」・「大切な思い出や良い思い出が自分にあるということ」・「自分が素適な家族や愛する誰かと一緒にいられているということ」・「自分の心も自分の体も、ともに健康であるということ」・「自分に生きがいや生きる目的があるということ」・「自分を必要としてくれる誰かや自分を認めてくれる誰か、自分を分かってくれる誰かや自分を信じてくれる誰かがいるということ」・「自分の将来や自分の定めた何かの目標に向けて、今の自分が頑張っているということ」・「好きな人や好きなもの、好きなことなどが自分にあるということ」といった、多くの人間にとって「自分自身の幸せを構成する要素になると考えられるもの」は、恐《おそ》らく、殆《ほとん》ど全ての人間にとっても、「自分自身の幸せを構成する要素になり得るもの」であると言えるのでしょう。（「一人一人の人間が、どのような信念を抱くのか」ということと同様に、「一人一人の人間が、自分自身にとっての幸せというものを、どのように定義するのか」ということにも、「その人間自身の抱いている欲動の種類が、どのようなものであり、その人間自身の抱いている欲動の強さが、どの程度のものであるのか」ということと、「その人間の属する社会の社会的価値観というものが、どのようなものであるのか」ということとが、非常に強く影響することになるのです。）

ですから、ある社会に生きる一人の人間が選び取る「幸せの定義」というものは、多くの場合におきまして、その社会の「社会的価値観」というものに肯定されるものとなり、その社会に生きる多くの人間が選び取る「幸せの定義」というものとも、同じ方向性を持つものとなります。（ある人間が「自分の信念の定義」や「自分の幸せの定義」などを含めた「自分自身が抱く様々な価値観」というものを選び取ったり形成したりしていく上では、その人間が属している社会の「社会的価値観」というものの影響を無視することは決してできないのです。特に、社会的価値観というものが非常に強力に確立されている宗教社会などにおきましては、その社会に属する大多数の人間が抱く「信念の定義」や「幸せの定義」といったものは、その社会の社会的価値観によって非常に強く規定されており、例《たと》えば、私達が属しているような無宗教・無思想の社会などに比べれば、一人一人の人間によって違いが殆《ほとん》ど見られないようなものとなっていると言えます。）

ですが、そういったことの一方で、「Chapter2 - 2」でも御説明致しましたように、社会に生きる全ての人間は、「一人一人の人間によって様々に異なる個性」というものを持っていますので、社会的価値観というものが絶対的なほど強力に確立されている社会以外におきましては、人間が選び取る「信念の定義」や「幸せの定義」といったものは、一人一人の人間によって少しずつ異なるものになるとも言えるようなものなのでしょう。

（尚《なお》、ここで私が用いております「個性」という言葉も、その一般的な意味というものは非常に曖昧なものなのですが、例《たと》えば、ここで敢《あ》えて、「ある人間の個性」というものを厳密に定義しようと致しますと、それは、「その人間の全て」ということになるのだろうと考えられます。「その人間の外見」や「その人間の内面」・「その人間の考えていること」や「その人間の記憶していること」・「その人間の大切にしていること」や「その人間の愛しているもの」・「その人間の話し方」や「その人間の振舞《ふるま》い方」など、それらの全てを含めた意味での「その人間の個性」という言葉であり、「その人間らしさ」という言葉であると言えるのでしょう。そして、特に、その人間が「自分の信念となる何か」や「自分のアイデンティティーとなる何か」を探し出すことや作り出すことができているのであれば、その「何か」こそが、「その人間の個性」や「その人間らしさ」の中心となるものであると言えます。）

（また、言うまでもないことなのでしょうが、「誰かの個性」というものを卑下することや、「誰かの個性」というものをその誰かを差別したり虐《いじ》めたりするための理由としたりすることなどは、少なくない場合におきましては、「人間として最低の行為」と呼べるようなことの一つなのでしょう。そうやって卑下された人間の感じる痛みや悲しみ・そうやって差別されたり虐《いじ》められたりした人間の感じる痛みや悲しみといったものを解ってあげられる「優しさ」というものを自分が持っているということが、人間にとって非常に価値のあること・人間にとって非常に大切なことであると言えるのです。『**サムソンの強さよりも、モーゼの優しさに価値がある。**』とは、フラーの言葉になります。それに、人間は、「自分と個性や考え方が似ている人間」と一緒にいる時の方が、多くの場合におきましては、安心した時間・楽な時間を過ごすことができるのですが、「自分とは個性や考え方が大きく異なる人間」と一緒にいる時の方が、多くの場合におきましては、新鮮なインスピレーションを感じたり・新しい考え方や知識を自分が獲得したりすることが頻繁にできるのです。自分が、「自分の人生というものを、より充実させていきたい」と望むのであれば、「自分と個性や考え方が似ている人間と自分とが話したり仲良くなったりする機会」というものも、「自分と個性や考え方が大きく異なる人間と自分とが話したり仲良くなったりする機会」というものも、可能な限り大切にするべきであると言えるのでしょう。)

例《たと》えば、この現代社会におきまして、多くの人間は、「自分の家族には、できる限り楽をさせてあげたい」と望むものであると言えるのだろうと思いますが、現実には、「楽に生きたい」ということを必ずしも全ての人間が望んでいる訳ではありませんし、「実際に楽に生きる」ということが、必ずしも全ての人間にとって幸せなことであるという訳でもありません。自分が高齢になったとしても、自宅で寝転がりながらテレビでも見て毎日をゆったりと過ごすような生活をするよりも、体を動かしたり・頭を活用したりしながら、多少の苦労をしたり・努力をしたりしつつも、自分が働いたり・誰かと遊んだり・何かを学んだりすることができるような充実した生活をする方を強く望む人間も多くいるのだろうと思います。一方で、その逆に、家族と一緒にのんびりと平和な毎日を暮らしていけることなどに「大きな幸せ」というものを見出すことができる人間も、決して少なくはないと言えるのでしょう。

どんな対象に関しても、「ある物の意味の大きさや価値の大きさ・ある現象の意味の大きさや価値の大きさ」といったものは、それを見る人間やそれを判断する人間の考え方や立場などによって、非常に大きく変わってくるものです。先ほどに私が挙げました「人間の抱く幸せの定義」に関してのこと以外でも、このお話に関しての例を少しだけ示させて頂きますが、例《たと》えば、「何に対しても真面目過ぎること」が必ずしも最善なことであるとは限りませんし、「完璧過ぎる人間」が必ずしも最高の人間であるとは限りません。多少の欠点があり、時には小さな失敗をすることによって周囲の多くの人間を楽しませてくれる人間の方が、言ってみれば、毎日の生活に刺激や楽しみといったものを与えてくれる大きな力を持っていると言えることでしょう。それに、「失敗」というものは、その先にある「成功」というものへと繋《つな》がる大切なステップなのであり、その「失敗」というものが貴重な財産であるという場合も決して少なくはないのです。

（私達が自分の人生を生きていく上で大切なことの一つは、ただ「失敗をしないこと」にではなく、「予想できる失敗や意図的な失敗・二度三度と繰り返しての同じ失敗をしないこと」・「自分のしてしまった失敗というものから目を背けずに、その失敗の原因・教訓・次なる成功への糸口を探すこと」にあり、「失敗を怖れること」にではなく、「成功を信じること」にこそ、あると言えるのでしょう。『**自分の過《あやま》ちを認めるのを恥じてはならない。昨日よりも今日の方が賢くなっていることを示すのだから。**』とは、スウィフト《Jonathan Swift 1667 - 1745　イギリスの小説家　著「ガリバー旅行記」「書物合戦」》の言葉であり、『**間違うのは人間の特性であり、道理を弁《わきま》えぬ者だけが、自分の過《あやま》ちを決して認めず、他人の過《あやま》ちにも拘《こだわ》り続ける。**』とは、キケロ《Marcus Tullius Cicero B.C.106 - B.C.43　古代ローマの政治家・哲学者》の言葉です。）

（自分が失敗してしまうことをあまりにも怖れ、楽な生き方を探して逃げ続けてばかりいては、人間は、「自分の人生における様々なチャンス」・「自分の人生における様々な可能性」といったものを失ってしまうことになります。例《たと》えば、自分が、自分の目指す何かに挑戦することをしなければ、自分が失敗をしたり・挫折をしたりすることもないのと同時に、自分が成功をしたり・自分の目指す何かを達成した時の喜びを味わったりすることも決してありません。自分が、自分の想いを寄せている相手に告白をすることをしなければ、相手に断られてしまったり・自分が傷付いてしまったりすることもないのと同時に、自分の気持ちを相手に受け入れてもらうことができないのは勿論《もちろん》のこと、自分の気持ちを相手に伝えることすらできません。初めから何も望まなければ、絶望することはないですし、初めから何も好きにならなければ、その好きになったものを失った時に深く悲しむこともないのですが、そこには、自分が望んでいたものを手に入れることができた時の喜びも・自分が好きになったものを心から楽しんでいる時の喜びもありませんし、自分が好きになった相手を振り向かせることができた時の喜びも・自分が好きになった相手と一緒に時間を過ごせることの喜びもないのです。）

（勿論《もちろん》、「無謀になることや自暴自棄になること」と「勇気を出すことや勇敢になること」とは、同じことではありません。しかし、「自分が成功することができる可能性」というものが少しでもあり、「自分の望む結果」というものがそこに少しでも見えているのであれば、自分の目の前に見える道がどんなに困難な道であると感じられたとしても、「自分を信じて勇気を振り絞り、挑戦してみるということ」や「我武者羅《がむしゃら》に頑張ってみるということ」などが非常に大切なこととなるという時が、全ての人間の人生におきまして、少なくとも何度かは訪れるものなのでしょう。現実にも、多くの場合においては、

「自分が世界を変えられる」と本気で信じている人間だけが本当に世界を変えていくことができますし、「自分の抱いている夢」というものを疑うことなく信じ、それに向かって真剣に生きてきた人間だけが、本当に大きな夢を達成することができます。「有意義な人生を送ること」や「積極的な人生を送ること」を自分が望むのであれば、「自分が失敗してしまうこと」を怖れるよりも、「自分が勇気を失ってしまうこと」を怖れるべきであり、「自分が苦労をしてしまうこと」を怖れるよりも、「自分が怠惰な人間になってしまうこと」を怖れるべきであると言えるのでしょう。尚《なお》、「人間は、自分が夢を抱くことによって、より大きな心の力を手に入れることができる」という点を考えますと、「自分が夢を叶えるということ」だけではなく「自分が夢を抱くということ」そのものにも、人間にとって大きな意味と大きな価値とがあると言えるのです。)

また、人間というものはつい、「自分の抱いている偏った考え方」や「自分の抱いている固定観念」・「自分の抱いている極端な拘《こだわ》り」や「自分の抱いているポリシー」などに固執するようになってしまうものなのですが、「柔軟な物事の捉え方」や「謙虚な気持ち」といったものを自分が備えておくということも、社会の中で人間がより良く生きていくためには、とても大切なことであると言えます。例《たと》えば、自分が謙虚な気持ちや柔軟な物事の考え方といったものを持ち続けることができるようになれば、多くの人間は、「偏った考え方や固定観念に自分が縛られていた時には見えなかった多くのもの」が見えるようになり、「極端な拘《こだわ》りや極端なポリシーに自分が固執していた時には感じられなかった多くのもの」が感じ取れるようになり、そのようなことの結果として、自分自身が、周囲の誰かから非常に多くのことを学び取れるようになり、周囲の何かから非常に様々なことを学び取れるようになるのでしょう。（ドゥルーズ《Gilles Deleuze 1925 - フランスの哲学者》とガタリ《Felix Guattari 1930 - 1992 フランスの精神分析家》は、その共著『アンチ・エディプス』の中で、物事や概念に執着し過ぎたり拘《こだわ》り過ぎたり捕らわれ過ぎたりしないような・精神的に自由であり続けるような「ノマド的な生き方」というものを推奨しています。）勿論《もちろん》、その一方で、「確固たる信念」や「自分らしさに繋《つな》がるようなポリシー」といったものを自分が持っているということも、自分の人生がより豊かなものであるために・より自分らしい生き方をするために、とても重要なこと・とても有益なことになり得ると言えます。

「自分自身に自分独自の価値観や考え方が全く備わっていない状態」というものもあまり良くない状態であると考えられるのですが、その一方で、「自分が抱いている価値観や考え方だけが、最も正しい唯一のものである」といった極論のような考え方を抱いてしまうことも、あまり良くないことであると言えるのでしょう。と申しますのも、先ほどにもお話致しました通り、「何かの対象の価値」や「何かの対象の意味」といったものは、多くの場合におきまして、「その対象を見る角度」や「その対象を考える人間の立場」・「その対象の目的とすることが何であるのか」ということや、「その対象の価値を判断する時の状況がどのようなものであるのか」といったことによって、様々な捉え方や感じ方・様々な見方や考え方をすることができるものだからなのです。

（私は、この本の中で何度かに及んで、考え方や見る角度の違いを考慮すればどちらもが正しいと考えられるような「明らかに矛盾するようなこと」を申し上げております。例《たと》えば、「人間が、自分の抱いている将来の夢を大切にするということ」自体は、とても素適なことであると考えられるのですが、その夢を追い過ぎるために自分の家族や自分自身の人生を大切にすることができないようになってしまうのであれば、それは、多くの場合におきましては、少し考え直してみるべきことであると言えるのでしょう。尚《なお》、関連することとして付け加えさせて頂きますが、現代の日本のような社会におきましては、市場による労働力の分配が当然のこととして行われてしまいますので、「全ての人間が、自分の希望している職業に就く」ということは、残念なことですが、現実的には不可能なことであると言えます。）

（その次に、例《たと》えば、「人間が、自分の思い出を大切にするということ」自体は、とても素適なことであると考えられるのですが、自分の思い出や自分の記憶を意識し過ぎるために、その人間自身が自分の現在と自分の未来とを前向きに生きられないような状況に陥ってしまっているのであれば、時として、「自分の抱いている思い出を忘れようとすること」・「自分の過去の記憶を捨て去ろうとすること」などが必要となる場合もあるのだろうと考えられるのです。幸せだった頃の自分の思い出に固執し過ぎるために、または、過去の自分に降り掛かってしまった恐怖体験を怖れるあまりに、ある人間が、「現在の自分の生活を積極的に生きること」や「充実した毎日を前向きに過ごすこと」などが殆《ほとん》どできないでいるのであれば、それは、少し考え直してみるべきことであると言えるのでしょう。）

（また、例《たと》えば、社会の中で多くの人間が犯罪を犯してしまうことを事前に防止するためには、「罪というものは、決して消えるものではない」と考える方が良いのだろうと思われるのですが、社会の中で既《すで》に犯罪を犯してしまった犯罪者を立ち直らせるためには、「人生というものは、やり直すことができるものである」と考える方が良いのだろうと思われるのです。こういった類《たぐい》のことは、何かの偏った立場や何かの明確な目的に照らし合わせて考えてみることでもしない限り、「どちらが正解であり、どちらが間違っている」といったように断言することは決してできないようなことなのでしょう。)

ここで、議論の中心を「真実に関してのこと」に戻させて頂きます。先ほど私は、「ある人間にとっての真実というものは、その人間が信じることや求めること・その人間が感じることや考えること・その人間が知ることや思うことといった、その人間の心的現象の全てにある」と申し上げましたが、私は、人間の生きる意味や人間の生きる価値といったものも、人間の心に生じる心的現象(精神現象)というものにこそあるのだろうと考えております。もっとも、このような考え方は、必ずしも確固たる根拠に裏付けられるような「事実」と呼べるものではなく、少なくとも今の私の議論の段階では、人間の積極的な生や人間の充実した生といったものを肯定するために定義する必要がある「前提」と呼べるものであるに過ぎません。

ですが、非常に多くの人間がこのような価値観(心的現象の全てに大きな意味と大きな価値とを見出すような価値観)を疑うことなく信じることができるようになれば、「人間の心に生じる心的現象というものの意味の大きさや価値の大きさ」といったものは、(宗教の教義などと全く同じように)多くの人間にとって「真実」と呼べるものとなります。「Chapter1」でお話致しましたように、人間という個体の存在が、「何時《いつ》かは必ず消えてしまうような有限の命のもの」・「全体(世界全体や地球全体・生命全体や宇宙全体など)から考えれば、限りなく小さな命のもの」・「宇宙の誕生から現在に至るまでの膨大な時間と比較すれば、まるで瞬きのように短い命のもの」であるとしても（パスカルの言葉にも、『**無限で膨大な宇宙というものを考える度に、私は、自分の小ささを思い知る。**』と述べられています。）、「一人一人の人間が、何かを求めたり、何かを感じたり、何かを考えたり、何かを望んだり、何かを信じたり、何かを知ったりするといった心的現象の全て」に大きな意味と大きな価値とを見出すことができれば、「人間が生きるということそのもの」の意味や価値といったものをも肯定することができるのだろうと考えられるのです。（少なくとも、自分という一人の人間にとっての「自分が生きる意味や自分が生きる価値」といったものは、自分自身の心の中に生じる心的現象というものにこそ、見出すことができると言えるのでしょう。）

「人間の心的現象の全てに大きな意味と大きな価値とを見出すことができる」と考えれば、「人間の行う全ての行動」や「人間の使用する全ての物」・「人間の感じる全ての出来事」や「人間の考える全ての物事」などが、一つの例外もなく意味と価値とを持つことになると言えるのでしょうし、逆に、人間の心的現象の意味や価値といったものを全て否定するのであれば、「人間が生き続けるということ」そのものの意味や価値といったものすらも、否定されることになってしまうのだろうと考えられるのです。

（人間は、「自分の生命の有無」という違いによって、ある意味では、何百万年と存在し続ける巨大な岩などよりも有意味な・価値のある存在であると言えますし、「心的現象の有無」という違いによって、ある意味では、何万年と生き続ける巨木などよりも有意味な・価値のある存在であると言えます。また、人間は、「心的現象の複雑さと高度さとによる差別化」によって、ある意味では、地球上に存在する他の全ての動物よりも少しだけ価値的にも意味的にも優位の存在であると考えることができるのでしょう。少なくとも、人間という生物の存在自体の主観的な価値基準から考えるのであれば、「一人の人間の命の重さ」や「一人の人間の心の価値の重さ」といったものは、星よりも重いものなのであり、「一人の人間が命を持っているということの意味の大きさ」や「一人の人間が心を持っているということの意味の大きさ」といったものは、他のどんなものよりも大きなものとなるのです。

（また、人間は、「自分の心に生じる心的現象」というものをより大切にし、特に、「自分の抱いている信念」や「自分の形成しているアイデンティティー」・「自分らしさ」や「人間らしさ」といったものを大切にし、自分の心に生じた心的現象に自分の肉体が影響されることで自分が現実に起こしていく「自分の行動」というものを大切にすることによって、自分自身の意味や価値といったものを、更に高めていくことができるものなのでしょう。特に、現代におきましては、「人間が生きる」ということは、「植物が生きる」ということや「野生動物が生きる」ということとは全く違いますので、それは、自分が呼吸をすることや自分が食事をすること・自分が睡眠をとることや自分が生殖をすることなどによってだけで構成されるものでは決してありません。ある人間の価値というものは、ある意味では、「その人間の心に生じる心的現象」というものによって決まるものであり、ある意味では、「その人間の起こす行動」というものによって決まるものでもあるのです。ヴォルテールの言葉には、『**優れた人間が賞賛されるのは、その人間の優れた行為のためである。**』と述べられていますし、ロック《John Locke 1632 - 1704　イギリスの哲学者・政治思想家》の言葉には、『**人間が生きるということは、呼吸するということではなく、自らが考え、行動をするということである。**』と述べられています。）

また、一人一人の人間にとって、「自分自身の心に生じる心的現象」というものには、勿論《もちろん》、大きな意味と大きな価値とがあると考えることができるのですが、自分が何らかの手段を通じて（それは例《たと》えば、自分の言葉や自分の行動による誰かへの働き掛け・自分が作り出した何かの物を通じての誰かへの働き掛けなどによって）「他の誰かの心に生じさせる心的現象」というものにも、同様に大きな意味と大きな価値とがあると考えることができるのです。（厳密に申しますと、「自分が誰かの心に心的現象を生じさせることができている」ということや「自分が誰かを楽しませたり喜ばせたりすることができている」といったことを自分自身が意識したり感じ取ったりすることによって、その結果として自分が自分自身の心の中に生じさせることができる「喜びや充実感といった心的現象」に、大きな意味と大きな価値とがあると言えるのでしょう。）

（更に少しだけ付け加えさせて頂きますが、「一人一人の人間が自分自身の心に形成する様々な心的現象」というものの中でも、特に、「考える」・「思考する」といった心的現象は、恐《おそ》らく、ある程度以上精神的に進化している動物だけに許された特権とも言えるような心的現象なのでしょう。そして、この地上におきまして、人間ほどに自分の脳の機能を高度に発達させ、「様々なことを深く考えることができる高い能力」というものを備えている生命体は、他にいないのだろうと考えられます。パスカルの言葉を引用致しますが、『**人間は、自然の中で最も弱い一本の葦であるに過ぎない。だが、それは考える葦である。**』ということなのであり、これも同じくパスカルの言葉になるのですが、『**人間のあらゆる尊厳は、自らの思考の中にある。**』ということなのです。また、例《たと》えば、天才と呼ばれる人間が実現するどんなに奇抜な想像も、その発想の根本的な起点はその人間自身のとても身近な場所に当然のように存在しているものなのであり、人間は自身の持つ非常に高い思考能力故にそのような高いレベルの想像を発展的に行うことができるということも言えることなのでしょう。)

そして、「価値や意味」といった言葉（その言葉の表すもの）をこのように考えて参りますと、私達の目に映る「全ての物（物理的に存在している全ての物）」の価値や意味といったものは、「人間がその物を通してどのような心的現象を体験することができるのか」ということにおいてのみ、その物の本質的な価値や意味を認めることができると言えます。例《たと》えば、「美しい絵画」というものが物理的に存在しているだけでは、人間という主体にとっての意味や価値といったものは、何も生まれていないのです。その絵画を描いた人間が何かを感じ取り、また、その絵画を見た人間が何かを感じ取ることによって、そこに大きな意味や大きな価値といったものが生じてくると言えます。勿論《もちろん》、こういったお話は、「この世界に存在している全ての物質やこの世界に生じている全ての現象のうちで、唯一、人間の心に生じる心的現象というものにだけ、大きな意味や大きな価値と呼べるものが含まれている」ということを前提とした上でのお話（人間の存在だけを特別なものとして考えた上でのお話・人間の存在を中心として考えた上でのお話・人間の主観的な価値基準に基づいたお話）なのですが、例《たと》えば、私がここで例として挙げております「この絵画」も、蔵の中に大切に保管しておかれることよりも、展示されて多くの人間の目に触れることによって、より大きな意味とより大きな価値とを生じさせることができるのだろうと考えられるのです。（例《たと》えば、「ある人間の大切な思い出の品」というものも、それが、その人間自身の心に何らかの心的現象を生じさせるものであるからこそ、大きな価値と大きな意味とを有するものであると言えるのでしょう。)

(対象となる物の種類によっては、例《たと》えば、「乗り物が人間を運んでくれる」という便益や、「食事が人間の空腹を満たしてくれる」という便益などのように、「物理的便益」というものそのものに意味や価値を認めることができるという場合もあると考えることもできるのですが、厳密に考えて参りますと、人間にとって「全ての物の持つ価値や意味」とは、その物が物理現象を通じて人間に心的現象を生じさせるということ、つまり、「現実」を通じて「真実」を作り出すということにあると定義することができるのだろうと考えられます。これは、人間の心に生じる全ての種類の心的現象に関して、同様に言えることです。例《たと》えば、ここでは「欲動」という心的現象に関してのことを少しだけ考えてみますが、「空腹」という体内の物理的要因と「目の前にある食事」という体外の物理的要因から、「食欲の発生」という心的現象が生じるというように考えることができますし、「肉体と精神の疲れ」という体内の物理的要因と「夜になって周囲が暗くなる」などの体外の物理的要因から、「睡眠欲の発生」という心的現象が生じるというように考えることができます。「欠如」という言葉に関しましては、「Chapter2 - 8」で議論させて頂きますが、「ある人間の体外の物理的要因」というものも「ある人間の体内の物理的要因」というものも、その人間自身に「自分の欠如」というものを見付け出させる切っ掛けとなり得るものなのでしょう。)

(また、言うまでもないことなのかも知れませんが、「ある物の価値や意味」といったものは、その物を使用する人間の考え方や、その物を使用する人間の状況などによって、様々に変化することがあるものです。例《たと》えば、「満腹の人間に与えられた一切れのパン」と、「空腹の人間に与えられた一切れのパン」とでは、その物が人間の心に心的現象として生じさせる喜びの大きさの度合いや幸せの大きさの度合いといったものを考えますと、そのパンの価値の大きさや意味の大きさといったものは、随分《ずいぶん》と違うものになると言えるのでしょう。)

(全ての人間にとって・恐《おそ》らくは全ての動物たちにとっても、自分にとっての全てというものは自分の心に生じる全てのことなのであり、例《たと》えば、自分の生きがいや自分の家族・自分の大切な宝物や自分の大切な思い出の品といったものでさえも、自分自身の心に素晴らしい心的現象を生じさせる二次的な要素でしか有り得ません。そして、一人一人の人間にとって、心的現象を自分自身の心に生じさせることができる唯一の期間というものは自分自身が生きている間の期間というものだけなのであり、それ故に、一人一人の人間にとって意味や価値のある期間というものは自分自身の生きている非常に限られた期間だけであると断言できるのです。尚《なお》、勿論《もちろん》これは、「自分が死んだ後に世の中がどうなっていても、死んでいく人間にとっては全く関係のないことである」などということを言おうとしている訳では決してなく、例《たと》えば、一人一人の人間にとって、「自分が死んだ後の未来において自分の家族の幸せな生活というものを自分自身が現在において確信することができるということ」なども また、生の状態にある自分が大きな幸せというものを実感することができる非常に有意味な要素であると言えます。)

同様に考えて参りますと、「自分が健康な体でいられていることの意味や価値」といったものも、「自分の体が健康であることによって自分が様々な運動を実際にすることができるという喜び」や「自分が実際に体を使って何かをしようと考えたりする心的現象」などを通じて現れてくるものであり、「自分が、自分の将来の健康というものに対して、強い不安を覚えたりしないで済むようになるということ」や「自分が、自分の将来に向けての活動的な希望を持つことができるということ」などの形で現れてくるものであると言えるのです。同じように、「お金」というものも、誰かがそれを持っているというだけでは、そこにあまり大きな意味や大きな価値を認めることはできないのでしょう。勿論《もちろん》、自分が多くのお金を所有することによって感じられる「自分の経済的な将来に対する安心感」や「自分が何にお金を使おうかと考える心的現象」などを考慮すれば、そこに意味や価値を認めることはできます。

ですが、この「お金」というものも、自分がそれを支払うことによって物やサービスを買って、その物やサービスが自分自身の心に何らかの良い意味での心的現象（物理現象を通じて喚起される心的現象）を生じさせてくれる段階において、「お金」というものが持っている本来の意味や本来の価値が発揮されるということなのです。**『幸福は、富が齎《もたら》すのではなく、富を使うことによって、その一部が得られるのである。』**とは、セルバンテス《Miguel de Cervantes Saavedra 1547 - 1616 スペインの小説家 著「ドン=キホーテ」》の言葉になります。つまり、「全てのもの（お店で売っている商品やサービスなどは勿論《もちろん》、街中で流れている音楽や誰かが自分にしてくれた親切など、全ての物理現象を含んだ意味での全てのものです。）」は、人間の心に何かの影響を与えることによって、初めて大きな意味と大きな価値とを持つようになるものなのであり、本当に大切なものは、「物そのもの」にではなく、「人間の心に生じる心的現象」にこそあると言えるのです。（人間が自らの意志に基づいて起こそうとするあらゆる行動というものは、「自分自身の心の中に、自分の望んでいる任意の形の心的現象というものを生じさせるということ」を最終的な目的としての行動であると断言することができます。）

（例《たと》えば、「自分が海外旅行や遊園地などに行くことによって、様々な心的現象を自分が得るということ」にお金を費やす人間もいれば、「自分が良い環境の住宅を購入して住むことによって、日常的に様々な良い意味での心的現象を自分が感じるということ」や「高価な物を自分が買って、満足感や付加価値などを自分が手に入れるということ」にお金を費やす人間もいることでしょうけれど、そのどちらの場合におきましても、自分が本当に目的としているものは、「物そのもの」でも「体験そのもの」でもなく、自分がその物を手に入れることや自分がその体験をすることなどによって得られる「自分の心に生じる心的現象」というものにこそ、あると言えます。尚《なお》、「人間の心に生じる心的現象というものにこそ、意味や価値がある」というお話の顕著《けんちょ》な例として申し上げますが、「人間がペットの世話をしたりペットを愛したりするということ」の全ては例外なく、勿論《もちろん》、「世話をされたり愛されたりしているペットのためのこと」でもあるのですが、ある意味では、「世話をしたり愛したりしている人間自身のためのこと」でもあり、また、そうであるからこそ、「ペットの世話をしたりペットを愛したりするということ」が、そのペットを飼っている人間にとって有意味なことであり、ペットの存在そのものが、そのペットを飼っている人間にとって大きな価値を持つ存在であるということになるのです。）

「自分自身が何かを信じたり、何かを望んだり、何かを求めたり、何かを考えたり、何かを感じたり、何かを知ったりする」といったことの全てに、また、「自分が何らかの手段を通じて（例《たと》えばそれは、自分の語った言葉や自分の奏でた音楽を通じて）自分以外の誰かの心にそういった心的現象を生じさせる」ということの全てに、「大きな意味」というものと「大きな価値」というものとが含まれているのです。例《たと》えば、自分が食事をした時に「美味しい」と思える気持ちや、自分が花を見た時に「美しい」と思える気持ち、家族や恋人を素直に「愛したい」と思える気持ちなど、そういった些細《ささい》な一つ一つの心的現象の全てが、人間にとって非常に大きな意味と非常に大きな価値とを持つ大切なものなのだろうと、少なくとも私は、そのように考えております。（『**美しい物を見た時に、素直にそれを美しいと感じることができる人間の心というもの自体が、美しい。**』と言えるのでしょう。）

また、ある人間が苦しい経験や辛《つら》い経験をして何かを思ったり感じたりすることなども、決して無意味なことではないということなのです。楽しいことや美しいことだけが有意味なことであるという訳では決してなく、苦しみや悲しみといったものも人間の心に生じている心的現象であり、それらも充分に有意味なものであると言えます。それに例《たと》えば、苦しい経験をした後に自分が得られる喜びというものは、多くの場合におきまして、非常に大きな喜びとして感じられるものになるはずです。極端なことを申しますと、自分が病気や怪我などをした時に感じられる痛みや苦しみといったものでさえ、自分が生きているからこそ感じられる貴重な痛みや貴重な苦しみであると考えることができます。（もっとも、「病気や怪我をして痛みや苦しみを感じている人間本人に、そのような心の余裕があるのかどうか」ということは、ここでは考慮の対象に含んではおりません。）どのような心的現象であっても、それが意味や価値を持つものであるということには、決して変わりはないのです。

勿論《もちろん》、「楽しいと思う気持ち」や「嬉しいと思う気持ち」などのような「快の感情」というものには、

「苦しいと思う気持ち」や「辛《つら》いと思う気持ち」などのような「不快の感情」というもの以上に、大きな良い意味と大きな良い価値とがあると言えます。自分が何かの行動や体験を通じて、「楽しいと思う気持ち」や「嬉しいと思う気持ち」・「幸福な気持ち」や「豊かな充実感」などを実感するということ、また、誰かに「そのような快の感情」を実感させてあげるということ、更には、自分と誰かとの内面的同一化を通じて、自分と誰かとがともに、「そのような快の感情」というものを実感するということなど、それらの全てが、非常に大きな意味と非常に大きな価値とを持っていることであり（多くの場合におきましては、人間に幸福を齎《もたら》してくれることでもあり）、それこそが、「人間の生きる本当の意味や目的」であるとさえ言えるのでしょう。（例《たと》えば、音楽を演奏する多くの人間にとっては、「自分達の演奏会を通じて、演奏者自身や観客を含めた多くの人間を楽しませることや喜ばせることができた」ということが、自分達の演奏会の成功の基準となり、「自分達の演奏会を通じて、演奏者自身や観客を含めた多くの人間に不快な気持ちを抱かせてしまった」ということが、自分達の演奏会の失敗の基準となると考えることができます。勿論《もちろん》、このような基準は、「音楽」というものだけには限らず、「舞台」や「映画」など、様々な分野に関しても同様に言えることなのでしょう。）

（楽しいと思う気持ちや嬉しいと思う気持ち・幸せな思いなどを感じさせてくれる「笑顔」というものや「笑い」というものを誰かに齎《もたら》すということ、或《ある》いは、自分が笑顔になるということや笑うということなどにも、同様に大きな意味と大きな価値とを見出すことができるのだろうと考えられます。素直な笑顔や良い笑顔といったものは、その笑顔を振り撒いている本人とその周囲の多くの人間とを、ともに幸せにしてくれるものですし、多くの場合におきまして、「笑顔」というものは、心の健康にとっても体の健康にとっても、非常に良い効果のある素晴らしい薬となるのです。「Chapter2 - 5」で詳しく議論させて頂きますが、「感動というものを誰かに与えるということ」や「自分が何かに感動するということ」などにも、同様に、非常に大きな意味と非常に大きな価値とを見出すことができます。）

このように考えて参りますと、心的現象（精神現象）を通じて様々な物や現象に意味や価値を持たせ、また、誰かに心的現象を生じさせる様々な物を自分が創り出し、自らの存在そのものが意味や価値といったものを形成する力をも持つ「人間という存在」自体にも大きな意味と大きな価値とを見出すことができますし、人間がそのような主体を新たに作り出すということ（子孫を作るということ）にも、同様に大きな意味と大きな価値とを見出すことができるのです。（勿論《もちろん》、このような理屈を考える必要もなく、人間が「自分の子供を産み育てたい」という自分自身の素直な欲動を充足するということそのものが、既《すで》に大きな意味と大きな価値とを持つことであると言えるのでしょう。このお話には「Chapter2 - 7」でも触れますが、生物としての人間の本質を考えるのであれば、「人間が自分の子供を産み育てる」ということは、人間の行う他のどんな活動よりも、大きな意味と大きな価値とを有することなのだろうと考えられるのです。）

「物やサービスの持っている意味や価値」・「物事の本質的な意味や価値」といったお話に関しまして、ここで更に、もう少しだけ詳しく考察させて頂きたいと思います。先ほど私は、「物やサービスといったものは、人間の心に何かの影響を与える時・人間の心に心的現象を生じさせる時において、初めて意味や価値を持つものである」ということを申し上げました。例《たと》えば、高価な衣服や宝飾品を身に付けている女性は、その「身に付けている」という行為の時点で、既《すで》にその「物の価値」というものを発揮させているということになると言えます。ですから、その女性は、高価な衣服や宝飾品を身に付けるということを通じて、（少なくともその女性自身の心の中では）自分自身に「新たな付加価値」というものを付け加えることができていると言えるのでしょう。例《たと》えば、「その高価な衣服や宝飾品がその女性に対して与えている意味や価値」とは、「その女性の美しさや豪華さに付加価値を加えているということ」にあり、「その女性の経済的な豊かさなどを代替的に表現しているということ」にあり、「その女性の心に自信や意欲といったものを齎《もたら》しているということ」などにあると言えるのだろうと考えられるのです。

また、このお話は、自分の身に付けている衣服や自分の髪型といった「自分のファッション」というもの・自分の話し方や自分の食事の仕方といった「自分の仕草《しぐさ》」というもの・「自分の人間関係」というものや「自分の顔立ち」というもの・「自分の就いている職業」というものや「自分の持っている学歴」というものなど、自分という存在を表面的に説明するために用いられる殆《ほとん》ど全てのものに関して言えることなのでしょうが、これらは全て、自分自身に何らかの属性や価値を付加する可能性を持つものであると言えます。

尚《なお》、例《たと》えば、「自分がどのようなファッションを身に付けることが、自分自身にどのような属性や価値を付加することになるのか」といったことを考える際には、「自分の属している社会の社会的価値観」

というものや「自分の属している社会の文化や流行」といったものを考える必要があると言えるのでしょう。例《たと》えば、私達は、スーツ姿の人間を見れば、「あの人は、会社員なのだろう」と考えますし、左手の薬指に指輪を嵌めている人間を見れば、「あの人は、結婚されているのだろう」と考えます。こういったことも、私達の社会の文化や私達の社会の社会的価値観が定めている判断基準によることです。また、そのようなファッションなどを身に付けている人達の多くも、「自分が流行に敏感な人間であると見られたい」と考えているからこそ、流行に適した服を着るのでしょうし、「自分が社会的な地位の高い人間として見られたい」と考えているからこそ、自分が持っている様々な肩書きというものを、まるで自分自身にラベルを貼るかのように周囲の人間に知らしめようとするのでしょう。

しかし、このような「見た目や肩書きなどによって付加される属性や価値」といったものは、それらが確かに正しいものであるという場合も多いのですが、一方で、それらが偏見や差別に過ぎないものであるという場合・自分が誰かに間違った捉え方や偏った捉え方をされてしまう（または逆に、自分が誰かのことを間違った捉え方や偏った捉え方で考えてしまう）原因となってしまうという場合も少なくはないようなものなのです。例《たと》えば、社会的地位の高い人間が、必ずしも礼儀正しくて紳士的な人間であるとは限りませんし、過去に犯罪歴のある人間だからといって、必ずしも現在においても素行の不良な危険な人間であるとは限りません。

特に現代社会の都会の中で生きる人間の多くは、自分と出会う人間や自分が関わる必要のある人間があまりにも多過ぎるので、自分が出会った人間とじっくりとお話をすることや自分が出会った人間といろいろな体験を一緒にすることなどによってではなく、その出会った人間の見た目や肩書き・その出会った人間に対して自分が抱いている先入観といったものによって、「その出会った人間が、どのような人間であるのか」ということを判断したり定義したりしてしまおうとするところがあると言えるのでしょう。（少なくない数の人間は、自分と親しくはない「多くの他人」のことを、「自分と同じ一人の生きた人間」として感じ取ることさえ、でき難《にく》くなってしまっていると言えるのかも知れません。例《たと》えば、特に現代社会の若い世代の一部の人間は、「街中で偶然に出会う多くの他人」や「電車の中で偶然に居合わせる多くの他人」のことを、自分とは完全に関係のない存在・自分が意識する必要もない記号のような存在として感じてしまっていると言えるのでしょう。「誰に対しても、自分と同じ人間としての礼儀を持って接し、自分と同じ人間としての敬意を払って接するべきである」ということが、人間にとって非常に大切な心構えの一つであるにも拘《かか》わらずです。）

ですが、「ある人間の見た目の派手さ」や「ある人間の収入の高さ」といったものは、「その人間に付加されている属性」や「その人間に付加されている特徴」といったものを代替的に示す可能性を持つだけのものなのであり、その人間自身が備えている本当の意味や価値（持っているお金や持っている物・肩書きや経歴などのような「その人間に付加されている全てのもの」を取り除いた「その人間自身が備えている意味や価値」）といったものは、現実において目に映ることはあまりないような「その人間自身の心の中」にこそあるものなのです。そして勿論《もちろん》、そういった「その人間自身が自分の心の中に備えている心の価値や意味」といったものは、その人間自身の言動というものを通じて、その人間の周囲の人間達にもその人間自身にも大きな影響を及ぼします。（マキャベリ《Niccolo Machiavelli 1469 - 1527

イタリアの政治思想家　著「君主論」「ローマ史論」》の言葉には、**『肩書きで人の栄誉が生まれるのではなく、人で肩書きの栄誉が決まるのだ。』**と述べられています。）

ですから例《たと》えば、自分が、自分の親友や自分の恋人として相応しいと思えるような人間を探している時などには、「その人間の容姿」や「その人間の持っている物」・「その人間の経済的な豊かさ」や「その人間の就いている職業」などだけを考慮の対象とするのではなく、例《たと》えば、「その人間の誠実さ」や「その人間の優しさ」・「その人間の心の強さ」や「その人間の心の美しさ」といった「その人間の形成している性格や人格」に価値や意味を見出し、「その人間の備えている心の価値や意味」といったものを考慮の対象とすることが、非常に大切なことであると言えるのです。最低限のお金の豊かさや最低限の物の豊かさといったものは、この社会の中で人間が効率良く生きていく上では、確かに必要なものであるとも考えられるのですが、それだけが大切なものであるという訳では、決してありませんからね。（**『本当の豊かさとは、金の力では、金銭や物の豊かさではなく、精神の豊かさのことである。**』とは、アナルカシスの言葉であり、**『金の力では、家庭は幸せにはならない。しかし、金は、家庭を我慢する助けにはなる。**』とは、スタール《Madame de Stael 1766 - 1817　フランスの女流評論家・小説家　著「ドイツ論」》の言葉です。）

同様に、自分自身のことに関しても、「見た目の美しさ」や「肩書きの派手さ」・「経済的な豊かさ」や「物質的な豊かさ」などだけを手に入れようとするのではなく、「自分の心の価値というものの方を見つめ直してみるということ」・「自分のありたい自分や自分の誇れる自分でいられているのかどうかということを、自分自身に問い質《ただ》してみるということ」・「見た目の美しい自分であろうとするだけではなく、心の美しい自分であろうとするということ」・「見た目に格好良い自分でありたいと望むだけではなく、生き方や考え方の格好良い自分でありたいと望むということ」・「見た目に大人である自分を求めるだけではなく、内面的に大人である自分を求めるということ」・「強くて健康な肉体であろうとするだけではなく、強くて健康な心でありたいと望むこと」などが、とても大切なことであると言えるのでしょう。（これは、自分がより良い人間であるためにも、自分がより良い人生を送るためにも、自分がより積極的に生きるためにも、自分自身の心と自分以外の誰かの心とをともに大切にしながら生きるためにも、非常に大切なことであると言えます。）

（また、現代社会におきまして、多くの人間は、「年齢」というものに対して非常に強く拘《こだわ》っていると言えるのだろうと思えるのですが、年齢というものも、「自分がどれだけ長い時間を生きてきたのか」ということを示している「ただの数字」であるに過ぎず、自分自身に対しても・自分以外の誰かに対しても、人間は、年齢というものに拘《こだわ》り過ぎるべきではないのでしょう。「若くして何かを成し遂げること」も「成熟してから何かを成し遂げること」も「高齢になってから何かを成し遂げること」も、一人一人の人間の個性によることであり、優劣を付けられるようなことでは決してありませんし、老子《春秋戦国時代の中国の楚の思想家》の述べている言葉には、「大人物となる人間は、普通より遅く大成する」ということを示す『大器晩成』という言葉もあります。現代社会におきましては、「低い年齢の段階で何かを成し遂げることが、ある程度成熟した年齢で何かを成し遂げることよりも優れていることであるかのような価値観」や「低い年齢であること自体が、ある程度成熟した年齢であることよりも優れていることであるかのような価値観」といったものに多くの人間が支配されてしまっているような印象を私は受けてしまうことがあるのですが、「低い年齢であることを優れていることであるかのように位置付けるこういった価値観」は、必ずしも正しいものであるとは言えませんし、「こういった価値観」に自分自身や社会に属する多くの人間の心が支配されてしまうことは、良いことであるとは決して言えません。「芸術の分野でのコンクールやスポーツの分野での競技」・「学力の分野や経済の分野での競争」といったものに拘《こだわ》り過ぎずに考えるのであれば、誰もが、他の誰とも比較することのできない特別な存在の人間であると言えますし、こういった「一人一人の人間の個性を尊重するような価値観」というものを自分が素直に感じ取ったり受け入れたりすることができれば、人間は、より伸び伸びと・より自由に・より自分らしく・より自分の人生を楽しみながら生きることができるようになるのでしょうし、自分以外の多くの人間の個性を素直に認めたり・自分以外の多くの人間の成功を一緒に喜んだり・自分以外の多くの人間の意志を尊重したり・自分以外の多くの人間に対して思いやりの気持ちを抱き続けたりしながら生きることができるようになるのでしょう。

(例《たと》えば、自分より年下の誰かが何かの分野で自分よりも優れた能力を備えていると思えても、自分が強い劣等感を感じたりする必要などは全くありませんし、自分が自分より年上の誰かよりも何かの分野で優れた能力を備えているように思えるとしても、優越感を覚えて相手を見下してしまったり・それで満足をして努力を怠ってしまったりするべきでは決してありません。勿論《もちろん》、「自分と誰かとの比較の中で、誰かに対しての競争意識を自分が抱いて頑張ることができるようになるということ」や「自分と誰かとの比較の中で、自分が大きな自信を獲得すること」などは、自分自身にとって非常に有益なことであるとも言えます。ですが、結局のところ、年齢というものも、人間の肉体的な発達程度や精神的な発達程度といったものを参考程度に示す一つの指標であるに過ぎませんので、それは、人間の本当の価値である「人間の心理的な個性」というものを正確に反映してはいないのです。人間の能力の成長の速度というものは人それぞれのものですので、「焦らずに自分に合ったペースで自分が少しずつ進み続けるということ」が、何よりも大切なことであると言えるのでしょう。自分自身に対しても・自分以外の誰かに対しても、人間は、「人間の心理的な個性」というものを尊重するべきであると言えるのでしょうし、何かの端的な指標だけを用いることによって特定の人間を簡単に判断してしまったり・無闇に評価してしまったりするべきではないのです。)

尚《なお》、ここで私が申しております「心の強さ」というものは、即《すなわ》ち、「自分自身の心というものを、自分の意識の力や自分の理性の力によってある程度まで支配することができるだけの強さ」というものです。これはつまり、「自分の抱いている動物的な欲動の力というものに自分が完全に操られてしまうのではなく、何かに対して自分が抱いている怖れの意識の力というものから自分がただ逃げようとしてしまうのでもなく、周囲の人間の言動や周囲の人間の意志といったものに自分が完全に支配されてしまうのでもなく、自分のありたい自分（自分の望んでいる自分）であるために、自分自身の心をある程度まで把握したり支配したりすることができるという強さ」のことであり、「自分の抱いている欲動の力や自分の抱いている怖れの意識の力といったものすらも、ある程度までは自分の意志によって調節したり利用したりすることができるという強さ」のことです。

人間は、「自分が何かの悲しい体験をするということ」や「涙を流して何かに耐えた辛《つら》い体験を自分がするということ」・「努力をした後に何かの大きな喜びを得る体験を自分がするということ」や「忘れられないような幸せな体験を自分がするということ」・「守りたいと思う何かや愛したいと思う誰かが自分にいるということ」・「実現したいと思う夢が自分にあるということ」・「前向きに生きていくための力となるような良い信念というものを自分が手に入れるということ」などのような「様々な切っ掛け」や「様々な条件」を自分が得ることによって、先述致しましたような「心の強さ」というものを手に入れることができるのでしょう。（**『顔に当たる風が人間を強く、賢くする。』**とは、ガブリエル・ムーリエの言葉であり、**『黄金は、火によって精錬され、人間は、不幸の坩堝《るつぼ》で試される。』**とは、テオグニス《Theognis 紀元前六世紀半ばに活躍した古代ギリシアの詩人》の言葉です。例《たと》えば、「自分が失恋をして涙を流した経験」というものも「自分が人生の挫折を味わった経験」というものも、自分の心が成長していく結果に繋《つな》がるような経験・自分の心が強く逞《たくま》しいものとなっていく結果に繋《つな》がるような経験なのであり、自分の人生の中での掛け替えのない貴重な経験の一つなのであり、大きな意味と大きな価値とを有している経験であると言えます。）

勿論《もちろん》、「何が切っ掛けで、自分が強い心を持つことができるのか」・「何が切っ掛けで、自分が強い人間になれるのか」といったことは、自分という人間の資質によっても・自分という人間の考え方によっても様々に違ってくることなのでしょう。敢《あ》えて申しますと、多くの人間は、「自分の誇り」や「自分のアイデンティティー」・「自分の信念」や「自分の生きる目的」といった「自分の大切な何か」を手に入れるために行動をしたり努力をしたりする中で、自分の心の強さというものを手に入れたり、その強さを発揮したりすることができます。そして、そのようにして「自分の大切な何か」を手に入れることができた人間は、今度は、自分の手に入れた「自分の大切な何か（例《たと》えばそれは、自分の家族の幸せというものや、自分の生きがいとなる仕事というもの）」を守り続けるために行動をしたり努力をしたりする中で、自分の心の強さというものを手に入れたり、その強さを発揮したりすることができるのです。（「強い力や高い能力といったものを持つ者が、強い心や強い意志といったものを備えることができる」ということではなく、「強い心や強い意志を持っている者が、自らの行動や自らの努力を通じて、強い力や高い能力を身に付けることができる」ということであり、この順序は間違って逆に捉えてしまうべきでは決してないものであると言えるのでしょう。）

また、人間の持つことができる「本当の意味での心の強さ」というものは、「自分が他者に打ち勝つための強さ」ではなく、「自分が自分自身に打ち勝つための強さ」とも呼べるようなものであり、それは、自分が「自分の持っている心の弱さ」というものから逃げずに、真っ直ぐに「自分の持っている心の弱さ」というものと向き合うことができた時から（例《たと》えば、「何かを強く怖れてしまっている自分」というものから逃げずに、そのような自分を認識し、弱さを持っている自分と正面から向き合うことができた時から）、芽生え始めるものであると言えるのかも知れませんね……。

（多くの人間にとって、「自分の人生というものを積極的に生きていこうとする上で大切なこと」は、「自分自身の心の弱さというものに、自分が負けてしまわないようにすること」や「自分自身に対して、自分が嘘《うそ》を吐《つ》かないようにすること」などにあると言えるのでしょうし、多くの人間にとって、「自分が誰かに負けてしまうこと」や「自分の努力が及ばなかったこと」などよりも遥《はる》かに辛《つら》いことは、「自分が自分自身の心の弱さに負けてしまうこと」や「自分が自分自身に対して言い訳をしてしまうこと」などにあると言えるのでしょう。人間というものは、自分の言動を自分自身の心の中で正当化するために自己防衛的な理由によって無意識のうちに・時には自分自身に嘘《うそ》を吐《つ》いたり自分の本心を誤魔化《ごまか》したり自分の心の構造を歪めてしまったりさえしながら、自分自身の心の弱さ故に、自分自身に対しての言い訳というものを半自動的にしてしまうものなのです。自分が「本当の心の強さ」というものを持った人間になることを目指すのであれば、おそらく、「自分自身に対しての言い訳をしてしまいそうになっている自分」や「自分自身の心を誤魔化《ごまか》そうとしてしまっている自分」に対して敏感になり、自分に対して真摯《しんし》に厳しくあろうとし続ける必要があると言えます。

(「自分の心の強さ」というお話に関連することとして付け加えさせて頂きますが、「自分が何かに失敗してしまった時」や「自分が何かの辛《つら》い体験を得てしまった時」などに、一時的に自分が深く落ち込んでしまったり・一時的に自分が自暴自棄な状態に陥ってしまったりするというようなことは、時として仕方のないことなのだろうとも思えるのですが、ずっと長い間に渡って自分が落ち込み続けてしまうというようなこと・ずっと長い間に渡って自分が全ての物事に対してのやる気を失い続けてしまうというようなことなどは、殆《ほとん》どの場合におきまして、自分自身に良い結果を齎《もたら》すことには決して結び付かないことであると言えます。自分が「そのような失敗による悔しさ」や「辛《つら》い経験による悲しみ」といったものをバネにしていくことができれば、多くの場合におきまして、人間は、それを切っ掛けとして更に大きく成長していくことができるものなのです。例《たと》えば、「自分が誰かに負けること」や「自分が何かに失敗すること」などは、無駄なことでも罪なことでも決してなく、場合によっては、敗北や失敗を自分が経験することによって、勝利や成功を自分が経験した時よりも遥《はる》かに大きな何かを学び取ることができるものなのでしょう。『**人間とは、勝利や成功からよりも、敗北や失敗から多くを学ぶことができる生き物である。**』ということなのです。）

（現実にも多くの場合におきましては、「自分自身が何かの失敗をしてしまうということ」や「自分の属している人間集団が何かの失敗をしてしまうということ」・「自分自身に何かの問題があるということ」や「自分の属している人間集団に何かの問題があるということ」などが、罪や悪といった言葉で呼べることであると申しますよりも、「自分自身が自分の失敗を認められないということ」や「自分自身が自分の失敗から何も学べないということ」・「自分自身が自分の失敗や自分の挫折から立ち直ることができないということ」・「自分自身が抱えてしまっている問題というものを自分が放置したり隠蔽《いんぺい》したりしてしまおうとするということ」などが、罪や悪といった言葉で呼べることであると言えるのでしょう。そして、少なくない数の人間は、時として、自分の抱いてしまっている「心の弱さ」故に、このような「罪や悪と呼べる行動」を現実に犯す結果となってしまっているのです。）

Chapter2 - 5　芸術と感動

続きまして、ここでは、人間の人生を彩る重要な要素であり、人間が文化的で豊かな人生を送っていくためにも非常に重要な要素であると考えられます「感動」というものに関してのお話と、この「感動」というものを形成する重要な要因になると考えられます「芸術」というものに関してのお話とを展開させて頂きます。

まず、根本的な前提と致しまして、「感動や感激といったものは、人間の心に生じる非常に大きな感情であり、劇的なほどの感情の動きである」というように捉えて間違いはないと言えます。ですから、基本的には、「人間は、自分の欲動を大きく充足することによって、感動や感激といったものを覚えることができる」ということが言えるのでしょう。例《たと》えば、人間は、「美味しいものを食べたい」・「体を思い切り動かしたい」・「美しいものを感じたい」・「自分の求めている形に適した刺激を得たい」・「共感できる言葉を見聞きしたい」といった「自分の抱いている様々な欲動」というものを大きく充足することができた時に、感動や感激を覚えることができます。また、そのような感動や感激といったものは、人間の心に生じる非常に強力な心的現象であり、人間に大きな充実感や大きな高揚感を感じさせてくれるもの（それを通じて、抑圧されている人間の欲動を昇華させてくれるもの）でもありますので、「自分自身が何らかの感動を覚えるということ」や「自分が誰かに何らかの感動を与えるということ」などは、全ての人間にとって例外なく（一人の例外も一つの例外もなく）大きな意味と大きな価値とを持つことであると断言することができるのです。

それでは、ここから、「芸術と感動との関係」というお話を、主に「音楽に関してのこと」を例に挙げながら議論して参りますが、例《たと》えば、「人間が何かの音楽を聴くことによって感動する」という場合、その感動の仕組《しく》みというものは、幾つかの要因に分けて解釈することができるのだろうと考えられます。

第一に考えられる感動の要因は、「刺激を受け取る人間が実際に感受する刺激の差異（コントラスト）」によるものです。これは例《たと》えば、大きな音と小さな音との差異・高い音と低い音との差異・音楽の速度の緩急の差異・和音の厚みの差異などに関してのことであり、「極端に差異の大きい刺激を受けることによって、人間が興奮したり感情を動かされたりする」ということは、「Chapter1 - 4」の「感覚」に関してのところでも申し上げました通りです。（人間の現実の生活におきましても、「自分が落ち込んでいる時に誰かが与えてくれた優しさというものが、自分にとって非常に嬉しく感じる」ということなどは、誰にでも経験のあることなのだろうと思います。）

第二に考えられる感動の要因と致しましては、「刺激を受け取る側の人間の状態」というものが挙げられるのだろうと思います。このことは主に、人間の心理状態に関してのことなのですが、「Chapter1」でもお話致しましたように、人間の肉体と人間の精神とは互いに相関関係にあるものですので、人間の肉体の状態の違い（体が疲れていることや心臓が高鳴っていること・体調を崩していることや怪我をしていて痛みが生じていることなど）によっても、例《たと》えば、自分が同じ音楽を聴いた時に「自分が受け取ることができる刺激」や「自分の心に感じられること」・「自分の心に想起されるイメージ」や「自分の心に湧き上がる感情」といったものは、非常に大きく違ってくることになるのです。

これが、人間の心理状態の違いになりますと、その違いによる影響というものは、更に大きなものとなるのだろうと考えられます。例《たと》えば、人間の心理には、「同調心理」と呼ばれるものがあり、人間は一般に、「今の自分の心の状態に同調してくれるもの」や「今の自分が望んでいる心の状態に同調してくれるもの」を求める傾向にあると言えます。多くの人間は、自分の心が疲れ切ってしまっている時には、激しい音楽を聴くことよりも優しい音楽を聴くことで、「自分が癒されたい」と望むことでしょうし、一方で、少なくない数の人間は、自分の心を興奮させて奮い立たせようとする意味で、自分の心が落ち込んでいる時にこそ、「明るい調子の音楽を聴きたい」と望むことでしょう。

ですから、自分が同じ音楽を聴くとしても、その音楽を聴く時の自分の心理状態の違いというものによって、「自分の感じ取れるもの」や「自分の心の動かされ方」などは、非常に大きく変わってくると言えます。音楽以外のことでも例を挙げさせて頂きますと、例《たと》えば、自分が食事をするという時に、「自分が一人で食事をするのか、誰かと一緒に食事をするのか」ということによって、また、「自分と一緒に食事をする人間が誰であるのか」ということによって、その食事が自分にとってより美味しく感じたりするといったことなどは、私達には、日常的に当たり前のようにあることです。これは、自分と一緒に食事をしているその相手や、食事をしている時にその相手と自分とがしている会話の内容などによって、自分の心理状態というものが大きく変わってくるために起こっていることであると考えることができます。

第三に考えられる感動の要因は、「その刺激を感受する人間が抱いている嗜好（好み）」に関してのことです。人間の抱いている嗜好というものは、例《たと》えば、「安定した調和の中での適度な変化や刺激」・

「最適な複雑さ」・「リアルな現実性」や「抽象的な創造性」・「新しいもの」や「刺激的なもの」・「懐かしいもの」や「慣れ親しんだもの」・「美しさ」や「強さ」・「優しさ」や「安らぎ」・「楽しさ」や「明るさ」・「悲しさ」や「切なさ」など、非常に複雑で様々なものを求めるものであり、「人間がどのような嗜好を抱いているのか」ということは、一人一人の人間によっても様々に異なることであると言えるのでしょう。（その一方で、「社会的価値観の影響」というものによって、ある社会に属する人間の嗜好というものは、ある程度までは統一されたものとなると言えます。）例《たと》えば、「安定した調和の中での適度な変化や刺激」といったものと「最適な複雑さ」というものに関して申し上げますと、多くの人間が求める音楽の傾向としての「安定したリズムや調和（協和）した和音・自然なコード進行や旋律の流れの中での、最適な程度の変化（適度な違和感や複雑さ）のある音楽」というものを例として挙げることができるのだろうと思いますし、音楽以外のことでは、多くの人間が求める日々の生活の形の傾向としての「安定した毎日の中での、適度な変化や適度な刺激・適度な不確実性のある日常生活」というものを例として挙げることができるのだろうと思います。

（人間は、「自分にとって難解過ぎること」や「自分にとって困難過ぎること」を与えられてしまった時には、理解することが全くできなくて・成功することが全くできなくて興味を失ってしまうことや混乱してしまうことがありますし、「自分にとって単純過ぎること」や「自分にとって簡単過ぎること」を与えられてしまった時には、退屈のあまりに興味を失ってしまうことがあるのです。そして、このような「最適複雑性」や「最適困難性」の考え方から申しますと、「ある人間が強く興味を抱く対象や課題とは、その人間にとって難し過ぎず、簡単過ぎず、最適な程度の複雑さや最適な程度の困難さを持つ対象や課題である」と考えることができます。）

勿論《もちろん》、人間が抱く様々な種類の嗜好というものの中には、「自分が寂しくて誰かの声を聞きたいから、誰かの歌を自分が聴きたいと思う」といったような人間の基本的な欲動（本能と呼べる欲動）に沿った理由によるものも多くあると言えるのでしょう。そして、人間は、自分の嗜好に適合している音楽や自分の欲動を充足してくれる音楽（自分の求めている刺激に適合している音楽や自分の好きな音楽）を聴くことができた時などに、強い感動を覚えることができるのです。ですから、自分が「誰かの優しい歌声」というものに感動することができるのは、自分が「優しさ」や「安らぎ」といったものを求め、「誰かの優しい言葉」や「誰かの優しい声」といったものを求めているからであるとも言えるのでしょう。尚《なお》、「ある人間が現在において、どのような刺激を求めているのか」といったことは、当たり前のことですが、時と場合によっても、一人一人の人間によっても様々なこととなると言えます。

恐《おそ》らく、「大多数の人間が共通して好む音の響き（大多数の人間が共通して求める聴覚的刺激の形）」というものの一つの種類には、「子供が母親の体内で聴く音の響き」や「自然の環境にある様々な種類の音の響き（雨の降る音や川を流れる水の音・森に響く音や風が林の中を通り抜ける音・鳥の声や虫の声による音）」・「人間の声の響き（特に、自分の好きな誰かの声や自分と親しい誰かの声）」といったものがあると言えるのでしょう。特に、「人間同士の直接的な触れ合い」というものが少なくなり、「自然に触れる機会」というものも少なくなっているような生活をしている私達は、「人間の優しい声」や「何気ない自然の音」に触れることによって、非常に大きく癒されることができるという場合が多くあります。

第四に考えられる感動の要因は、「その刺激を感受する人間の持っている記憶（心的イメージ）」に関してのことです。例《たと》えば、ある人間が、「ずっと昔に自分が好きだった音楽（自分が好きだった曲）」を、現在のこの瞬間に偶然に耳にしたとします。すると、その「音楽という聴覚的刺激」を切っ掛けとして、その刺激に結び付くような「その人間の心の中にある様々な記憶や思い出」といったものが呼び起こされ、「記憶の中の自分が過去に感じた感情」というものに「今の自分の感情」というものを重ね合わせる（同調させる）ことによって、その人間は、「過去にその聴覚的刺激に関連する体験を通じて得た感情」というものと非常に類似した感情を抱くことができるのでしょう。そして、それによって人間は、時として涙すらも流します。（このことは、「音楽という聴覚的刺激を鍵にして、自分の記憶の扉を開く」ということであり、平たい言葉で申しますと、「音楽を切っ掛けにして、自分の思い出を思い出す」ということです。また、これは、プルースト《Marcel Proust 1871 - 1922　フランスの小説家》が自身の著作である「失われた時を求めて」の中で、『無意志的記憶』という概念によって考察を加えたものと同様のものであるとも言えるのでしょう。つまり、「自分で自分の心の中に意志的に思い出す記憶」ではなく、「何らかの切っ掛けによって自分の心の中に無意志的に思い出される記憶」であると解釈することができるのです。）

（人間の脳の中に蓄積されている無数の記憶というものは、それぞれの記憶が他のそれぞれの記憶に対して連鎖的に関連し、複雑に繋《つな》がっているものなのであり、例《たと》えば、多くの人間は、「自分の愛する誰かが普段身に付けている洋服が壁に掛けてある様子」というものを自分が見るだけでも、その視覚的刺激を切っ掛けとして非常に様々な想像を巡らせ、非常に多くの記憶や思考を自分の心の中に喚起させ、深く感慨に浸ることもできます。「人間は、自分自身に思考力や想像力といったものが充分に備わっているからこそ、人間らしい悩みや迷い・人間らしい愛情の感情や嫉妬の感情といったものを、様々な体験や様々な感覚を自分が得るということから思考を通じて発展させる形で抱くことができる」といったようにも言えることでしょう。）

尚《なお》、自分が「慣れ親しんでいる音楽」というものを聴いた場合だけには限らず、このような心的現象というものは、誰にとっても、日常的に起こり得るものであると言えるのでしょう。例《たと》えば、ある人間が、海外の遠くの国に自分がいる時に、日本語の歌を偶然に耳にしただけでも、故郷を懐かしく感じることがあるのだろうと考えられますし、恋人のことを歌った歌を偶然に聴いただけでも、自分の思い出の誰かのことを思い出し、胸が熱くなるといったこともあるのだろうと考えられます。

（また、ある人間が「どのような歌い方やどのような言葉の並べ方・どのような強弱の付け方やどのような音程の運び方・どのようなリズムの付け方に、美しさや良さを感じることができるのか」・「どのような音楽から、何をイメージしたり、何を感じたりすることができるのか」といったことが、その人間の音楽的な「感性」や「センス」といったものに深く関わることであると解釈することができるのでしょう。）

（勿論《もちろん》、実際には、ある人間の持っている「感性」や「センス」といったものには、この議論の中で私がお話しておりますような「人間の感動の形成に関わっている様々な要因」というものが、総合的に関係しているのだろうと考えられます。ある人間が、自分の人生の中での経験として、「美しい何かを感じること」や「より美しい何かを求めること」などを何度も繰り返すことによって、「その人間の生得的な感性」というものに「その人間の経験的な感性」というものが強く影響し、「その人間独自の感性」というものが少しずつ変質し、形成されていくということなのでしょう。ですから、全ての人間は、時代によって・社会によって・一人一人の人間によって、ほんの少しずつ異なる感性やセンスといったものを持っているのであり、「どのような感性やセンスといったものが、最も良い感性やセンスであるのか」といったようなことは、大まかには言えることなのかも知れませんが、厳密に考えるのであれば、完全に定義することは決してできないようなことなのです。）

（「プロの演奏家」という立場の人間の多くは、「洗練された楽器の技術」や「豊かで卓越した演奏と表現の技術」といったものを当然のこととして身に付けている上で、「一般的な共感を得られるような感性、それでいて個性的な感性」というものを備えており、「非常に強い自信」というものをも備えていると言えます。ですから、自信に満ち溢れ、自分自身の音楽を疑うことなく「美しい」と感じているその演奏者の音楽を聴くことによって、多くの人間は、非常に強いシンパシーというものを感じ、少なくない場合におきましては、強い感動を覚えることもできるということなのでしょう。尚《なお》、これは少し余談になってしまうのですが、「本当に表現能力に優れた演奏家は、観客と自分とが共通の心的イメージを抱くことができるような空間・観客と自分とが共通の心的イメージを抱くことが容易になるような雰囲気というものを、自分の演奏の開始と同時に、瞬時に完全な形で作り出すことができる」ということも、言えるのかも知れません。）

また、ここで私が申しております「人間の記憶（心的イメージ）という感動の要因」には、人間共通の（その人間の生きる時代や社会背景には左右されないような）ものが数多くあるということも、恐《おそ》らくは、確かなことであると言えるのでしょう。例《たと》えば、「温かい旋律」や「冷たい響き」・「明るい和音」や「楽しそうなリズム」といったように、その音楽（聴覚的刺激）というものを知覚した時に殆《ほとん》ど全ての人間が共通して抱くような「一般的なイメージ」と呼べるものが、確かにあるのです。過去の時代に有名な作曲家が書いたピアノ曲を今の私が弾いた時に、恐《おそ》らく、その作曲家がその曲を作曲した時に抱いたものと非常に類似した「何らかのイメージ」というものを、今の私も抱くことができるのだろうと考えられますし、その際に私の演奏を聴いてくれた方にも、「同様のイメージ」というものを抱いて頂くことができるのだろうと考えられます。

（人間は、自分が優しい音楽を聴いた時には、優しい気持ちになれ、自分が悲しい音楽を聴いた時には、悲しい気持ちになれ、その「音楽を聴くことによって自分の心に喚起された感情」というものを「自分が実際に普段の生活の中で様々な体験を通じて得る感情」というものと同等のものとして感じることによって、「音楽を聴くことを通じて、自分が癒されたり感動したりすること」ができるのです。）

このようなお話は、例《たと》えば、「色彩」というものに関しても、同じように言えるのだろうと考えられることです。ある人間の抱く「様々な色に関してのイメージ」というものは、その人間が生得的に備えている「様々な色に関してのイメージ」というものに、その人間が得た「様々な色に関しての経験」というものが強く影響した結果として形成されるものなのだろうと考えられるのですが、その中でも例《たと》えば、「青は冷静さを感じさせる」・「黄色は暖かさを感じさせる」・「赤は情熱的な激しさを感じさせる」といったように、自分の属している社会の文化や歴史が全く異なるような多くの人間が共通して抱く「色のイメージ（社会的価値観に左右されていないと思われるような色のイメージ）」というものが、間違いなくあると言えるのでしょう。（ロダン《Francois Auguste Rene Rodin 1840-1917フランスの彫刻家》の言葉には、『**深く、激しく、貴方の感じたままの真実を語り、表現しなさい。世の中に受け入れられている考えと対立しても、貴方の感じることを臆することなく表現しなさい。一人の人間にとって深く真実であることは、広く万人にとってもそうなのですから。**』とあります。また、同じくロダンの言葉として、『**大切なことは、心震わせること、愛し愛されること、感動すること、そして生き続けることである。芸術家である前に、一人の人間であれ。**』という言葉も挙げさせて頂きたいと思います。）

（これらは恐《おそ》らく、人間の進化の結果として、一人一人の人間の心の中に遺伝子的に形成されていると考えられる色彩感覚というものなのです。例《たと》えば、大自然の中の厳しい生存競争というものに自分が勝ち抜いていくためには、野生動物としての人間も、「危険な火の赤や血の赤」といったものに対しては、自分の力を充分に発揮するために脳を活性化させて興奮する必要があったのだろうと考えられますし、「潤いの水の青や普段から見慣れている空の青」といったものに対しては、落ち着いた状態でいることによって無駄なエネルギーの浪費を抑えようとすることが必要であったのだろうと考えることができます。尚《なお》、聴覚的刺激に関してのことでも、野生動物であった時の人間というものを考えれば、「人間の叫び声の響きに近い波形の音」や「赤ん坊の泣き声の響きに近い周波数の音」などは、その音を聴いている人間の心にダイレクトに響く音であると言えるのでしょう。）

人間が形成する「感覚的な芸術的表現」というものの全ては、各感覚器官から得られる様々な刺激というものに対して芸術家自身が抱いている「生得的な心的イメージ（生得的な感覚記憶）」というものと「経験的な心的イメージ（経験的な感覚記憶）」というものとを利用したものなのであり、ある人間が、自分の抱いている「この二種類の心的イメージ」というものを総合的に用いて具体的な何かの対象を作り出すことによって、「その人間の芸術作品」というものが誕生すると言え、ある人間が、自分の抱いている「この二種類の心的イメージ」というものを総合的に用いて具体的な何かの対象から様々なものを感じ取る中で、「その人間の感性」というものが発揮されると言えるのでしょう。

（尚《なお》、例《たと》えば、芸術表現の分野において、「人間が何かを創造する」ということや「人間が何かを表現する」ということは、その人間が、自分自身の心の内側にある様々な要素というものを、一つ一つ何らかの具体的な形にしていくということでもあると言えるのだろうと思います。）

また、人間は、自分の獲得した感覚や自分の獲得した経験といったものを次々に記憶していくことができますので、「初めて自分が何かの衝撃的な体験をした時や初めて自分が何かの新鮮な感覚を得た時などには、非常に大きな感動を覚えることができたのに、二度・三度と同じような体験や感覚を得た時には、あまり大きな感動を覚えることができなくなってしまう（その体験やその感覚に慣れてしまう）」といったような現象（経済学で言われる「効用関数の逓減《ていげん》」ということに関わるような現象）が、人間の心の中では、当然のこととして起こります。このことは、人間が、二度・三度と同じような体験をした時には、「その時に得た刺激」というものと「自分が一度目に同じような体験をした時に得た刺激（その刺激の記憶）」というものとを比較することによって感覚を形成し、感動を覚えるからなのだろうと考えられます。（勿論《もちろん》、自分の抱いている先入観や価値観などによっても、「何かの対象を感覚した時に自分が感じられるもの」や「何かの対象を感覚した時に自分が得られる感動の大きさ」などは、とても大きく変わってくることになると言えるのでしょう。）

（もっとも、このような「ある刺激に対しての慣れ」ということによって、例《たと》えば、自分が、その刺激というものを「強い驚きを伴って強烈に受け止める」ということは難しくなってしまうとしても、その刺激というものによって「大きな安心感や心地良さといったものを得る」ということなどは、更に容易になっていくのだろうと考えることができます。つまり、このように考えますと、「ある刺激に対して自分が少しずつ慣れてくることによって、その刺激を通じて自分が感動を獲得するということが難しくなってくる」とは、必ずしも言い切れないのです。余談になりますが、実際の社会におきまして、「バラードソング」というものが比較的長い期間に渡って歌い継がれていく理由は、こういったところにあると言えるのかも知れませんね。）

第五に考えられる感動の要因に関してのことにお話を進めさせて頂きますが、その要因とは、

「Chapter2 - 3」の「愛と優しさ」に関してのところで申し上げました「人間が自分以外の人間に対して（時には人間以外の存在に対しても）感じるシンパシー（同調感情）」というものに深く関わる要因です。

例《たと》えば、人間は、自分の目の前で演奏をしている誰かの心と同調し、その演奏者が感じたり考えたり表現したりしようとしているものを、その音楽を自分が知覚することによって（音楽という媒介を通じて）感じ取ることができます。演奏者が自分の奏でている音楽というものを「美しい」と感じることによって、その演奏を聴いている人間も同じ印象を受けることができますし、演奏者が楽しんで音楽をすることによって、その音楽を聴いている人間も同じように楽しい気持ちを感じることができるのです。特に、感動の対象となる芸術作品を作り出している人間が、その対象から刺激を感受することによって感動を抱く人間の「大好きな誰か」や「大切な誰か」である場合などには、この「シンパシー」というものが、非常に大きな効果を持つものとなるのだろうと考えられます。

（関連することとして付け加えさせて頂きますが、「人間の抱く様々な感情」や「人間の心に生じる様々な気持ち」といったものは、少なくない場合におきまして、一人の人間から他の人間へと連鎖的に伝わっていくものです。例《たと》えば、人間は、笑っている誰かを自分が見ているだけで、自分も意味もなく可笑しくなってしまうということがありますし、不機嫌そうな言動をしている誰かを自分が見ているだけで、自分も不機嫌になってしまうということがあります。これは、人間の「集団心理」というものに関してのお話にも深く関わってくることなのですが、「喜び」というものも「不安」というものも・「悲しみ」というものも「怒り」というものも、人間の抱く全ての種類の感情というものは、複数の人間の心を通じて次々に広がっていく可能性を持っているものなのです。)

(私達が、怪我をしている誰かや病気で苦しんでいる誰かの姿を見ることによって、自分自身が痛みを被っているような感じがしてしまって、その誰かを見ていることに耐えられないような心理状態に陥ってしまうことも、恥ずかしいと思えるような行動をしている誰かの姿を見ることによって、見ている自分自身の方が恥ずかしくなってしまうというようなことも、この「内面的同一化によるシンパシー」というものに深く関わる心的現象なのだろうと考えられます。また、恋人や夫婦・親子や親友といった親密な人間関係においては特に、人間と人間というものは「合わせ鏡」なのであり、「ある人間の感情」というものが「その人間の傍《そば》にいる誰かの感情」によって表されることがしばしばあるのと同様に、時として、「ある人間の性格や考え方」といったものも、「その人間と一緒にいる誰かの考え方や価値観」・「その人間と一緒に話をしていた誰かの動作や態度」などを通じて表れてくるものであると言えるのでしょう。)

尚《なお》、例《たと》えば、ある音楽の演奏を聴いている人間が、その音楽を演奏している人間の努力や苦労といったものをよく知っているという場合にも、その演奏を介して行われる心理的同調(シンパシー)というものは、より強いものになると言えます。

このことを考えますと、例《たと》えば、私達人間が、「機械の奏でる演奏」や「機械の行うスポーツ」といったものに対して大きな感動を覚えることができないのは、「自分達人間とは完全に異なる(似ても似付かない）存在である機械というものと私達とが内面的同一化をするということ」が非常に難しいことだからであり、「機械というものに対して私達がシンパシーを感じるということ」が非常に難しいことだからであると言えるのでしょう。（「機械の作り出す音楽」ではなく、「人間の作り出す音楽」だからこそ、より大きな意味とより大きな価値とがあるのですし、「ＣＤプレーヤーやテレビなどから流れる音楽」よりも、「自分の目の前で誰かが演奏している音楽」というものの方に、より大きな意味とより大きな価値とがあるのです。また、音楽というものに無限の可能性があるのは、楽器や楽譜・音色といったものに無限の可能性があるからなのではなく、音楽を作り出す人間の心・音楽を感じ取る人間の心が無限の可能性を秘めているものだからなのであり、例《たと》えば、たった一人の人間の作り出した音楽というものであっても、人間同士の感じるシンパシーというものを通じて、その音楽による感動というものは無限に広がっていく可能性を持っているものであると言えるのでしょう。）

人間が何かの物語を読むこと（何かの映画を見ることや何かの舞台を見ること）などによって得ることができる感動というものも、「その物語に出てくる誰かと自分自身との内面的同一化」や「その物語の作者と自分自身との内面的同一化」によって、読んでいる人間が、その物語に書かれている内容を疑似体験する（登場人物や作者にシンパシーを覚える）ことによって生じているものであると考えることができるのでしょう。また、このようなことから、「言語的刺激を通じての空想や回想をする場合においても、人間の脳内に存在しているミラーニューロンというものは、充分に活動し得るものなのである」ということが言えるのだろうと考えられます。（「自分が誰かの演奏する音楽を聴くことによって得ることができる感動」というものと、「自分が実際に音楽を演奏することによって得ることが得きる感動」

というものとは、少なくない共通の部分を持つものなのであり、「自分が誰かの演じる舞台を見ることによって得ることができる感動」というものと、「自分が実際に舞台で何かを演じることによって得ることができる感動」というものとも、少なくない共通の部分を持つものなのです。尚《なお》、こういった感動を人間の心に生じさせてくれる重要な要素である「ミラーニューロン」というものに関しましては、「Chapter2 - 3」の「愛と優しさ」に関してのお話のところで、説明を加えさせて頂いております。）

更に、人間は、「自分が、自分以外の誰かと内面的同一化をするということ」や「自分が、自分以外の誰かにシンパシーを感じるということ」そのものに対しても、非常に強い感動を覚えることができるものなのです。「スポーツをすること」や「音楽をすること」・「ダンスをすること」や「何かを作り出していくこと」などの中で、自分以外の多くの人間と自分自身とが心を通じ合わせ、協力して何かの一つのことを成し遂げていく過程において、とても大きな感動・とても強い感動を自分が覚えることができるといった体験は、誰もが自分の人生の中で一度や二度は味わうことができる非常に素晴らしい体験であると言えるのでしょう。（多くの人間は、学校の部活動や学校のクラス・地域での活動や何かの習い事・自分のしている仕事や自分のしている趣味などで、集団生活を体験したり・自分以外の誰かと何かを一緒に成し遂げたり・自分以外の誰かと何かを一緒に学んだり・自分以外の誰かと自分とが一緒に成長をしていったり・自分以外の誰かと自分とが一緒に何かをして楽しんだり・自分以外の誰かと自分とが何かの目標に向かって一緒に努力をしたりする中で、人間関係や集団生活といったものの基礎や基本的なルールを学ぶことができるのは勿論《もちろん》のこと、多くの人間との内面的同一化を果たし、多くの人間と仲良くなり、多くの人間のことを好きなり、友達や親友といった言葉でお互いを呼び合うことができる「一生を通じての掛け替えのない仲間」を手に入れることもできます。）

「感動」という人間の心的現象の要因となるものとして私が重要と考えておりますものは、以上の五つの要因と、もう少し後のところでお話し致します「人間が劇的な展開を体験することによって得ることができる感動の要因」とを中心としたものです。ここで、誤解を避けさせて頂くためにも、もう少しだけ補足をさせて頂きたいのですが、人間は、例《たと》えば、自分が音楽を聴いている時にも、聴覚だけではなく、他の全ての感覚器官をも利用して、その音楽を感じ取っていると言えます。例《たと》えば、ある人間がコンサートで生の演奏を聴いている場合には、演奏者の視覚的な印象・演奏をしている動作や演奏者の表情といったものも、その音楽を聴いている人間が刺激を感じ取ったり・感動を形成したりする上では、非常に重要な要因になると言えるのです。

また、例《たと》えば、「ある人間にとっての理想に近い音楽（理想に近い芸術）」というものを考えますと、それは、その人間の抱いている「理想の音楽に関しての心的イメージ」というものと完全に適合している音楽であるか、その心的イメージを良い意味で超える音楽であるということになると言えるのでしょう。

例《たと》えば、有名なクラシックの曲などのような「自分が良く知っている曲」というものを聴く時には、私達人間は、無意識のうちに、「これから自分の耳に聴こえてくるのだろうと予想される音楽」というものを、期待し続けながら聴くことになると言えます。そして、その音楽を演奏している人間が、自分の抱いている「理想の音楽に関しての心的イメージ（自分が現在において聴いている曲に関しての理想のイメージ）」というものと比較をして、自分の知覚している音楽の演奏の中に「悪い意味での違和感（失敗していると思える点や美しくないと思える点など）」を感じ取ってしまいますと、その時点で、その人間の心の中では「集中力の断絶」というものが生じてしまい、その音楽と自分自身の心とを同調させることができていた状態（その音楽に自分が酔《よ》い痴《し》れることができていた状態）から、突然に現実へと引き戻されてしまうことがあるのだろうと考えられるのです。

その逆に、その音楽を聴いている人間やその音楽を演奏している人間が、自分の抱いている「理想の音楽に関しての心的イメージ（自分が現在において聴いている曲に関しての理想のイメージ）」というものと比較をして、現在において自分が知覚している音楽の演奏の中に「良い意味での違和感（予想以上に美しいと思える点や予想以上に表現豊かに思える点など）」を感じることができた時には、その人間は、自分の聴いている音楽というものに更に魅せられていくことができると言えるのでしょう。（勿論《もちろん》、そうやって音楽に強烈に魅せられていった結果として、自分が「大きな感動」というものを得ることが比較的容易になるということは、言うまでもありません。）それに、確実な音程や正確なリズム・安定したテンポや調和した和音といったものは、「人間の求めている刺激」や「人間の抱いている嗜好」といった面から考えましても、「安定と変化とのコントラストの効果」や「調和と不調和とのコントラストの効果」といった面から考えましても、人間が実際により良い音楽表現をすることを目指す場合には、非常に大切なものであると言えるのだろうと考えられます。（例《たと》えば、人間は一般に、「不協和音」や「不正確なリズム」といったものから「安らぎ」や「美しさ」・「充実感」などを感じられることは少なく、むしろ、多くの場合においては、それらから「違和感」や「不安感」・「不快感」や「虚無感」などを感じることになってしまうのです。）ですから、例《たと》えば、失敗や違和感を全く感じさせることのない完璧な演奏（**『芸術には、完成というものも唯一の正解というものも有り得ない。』**と言えると考えますと、「完璧な演奏」という言葉自体が、矛盾を含んでいるような気も致しますね……。）というものが音楽表現の分野において求められるということは、ある意味では正しいことであると言えるのでしょう。

勿論《もちろん》、「写実性」や「正確さ」といったものが芸術の価値の全てを決めるということでは決してありませんし、技術的には完璧とは少しも言えないような演奏であっても、その音楽を聴いている多くの人間に「非常に大きな感動」や「非常に大きな充実感」といったものを与えることができるような「良い演奏・素晴らしい演奏」というものは、数多くあると言えます。「うまい演奏（技術的にレベルの高い演奏）」というものと「良い演奏（素晴らしい演奏・人間に感動を与えることができるような演奏）」というものとは、確かに共通する部分も多いようなものなのですが、この「うまい演奏」というものと「良い演奏」というものとが、全く同じものであるという訳では決してないのだろうと、少なくとも私は、そのように確信しております。（そもそも、**『芸術というものは、評価するためのものや比較するためのものでは決してなく、鑑賞するためのものや感動するためのものである。』**といった考え方の方が、より根本的であり、より正しいとも言えるのでしょうね。）

例《たと》えば、自分が、「柔軟で感受性の豊かな感性」というものと「素直で真っ直ぐな心」というものを持つことができてさえいれば、誰かが努力をして作った対象・誰かが心を込めて作った対象（音楽や絵画・料理や詩など、人間に感動を与える可能性を持つ全てのものを、この対象に含みます。）に自分が触れることができた時には、その対象が完成されたものや洗練されたものではなくとも、人間は確かに、何かを感じ取り、何かを考え、何かを知り、そして多くの場合には、何らかの感動を覚えることができるものなのです。

尚《なお》、言うまでもないことなのかも知れませんが、私がこのお話の中で展開しております「芸術というものに関しての議論」の全ては、音楽に関してだけしか言えないようなことなのではなく、例《たと》えば、絵画や彫刻・映画や舞台・スポーツやダンス・文芸作品や詩などのような「人間の心に感動を呼び起こす可能性を持つ全てのもの」に関して同様に言えることです。そういった「人間の心に感動を呼び起こす可能性を持つ様々なもの」は、人間に与える刺激の形というものが、「聴覚的な刺激」だけではなく、「視覚的な刺激」や「味覚的な刺激」・「皮膚感覚的な刺激」や「言語を通じて解釈されるような刺激」・「それらが複合的に組み合わされたような刺激」といったように、その「刺激の形・表現の形」というものが、様々に異なったものとなります。

また、そういった様々な芸術分野や、人間の心に感動を呼び起こす可能性を持つ全ての表現の分野といったものは、例《たと》えば、「映画は、舞台よりも優れている」・「スポーツは、ダンスよりも優れている」・「音楽は、絵画よりも優れている」といったように比較することができるようなものでは決してなく、それぞれの分野が違った特長を持ち、違った良さを持ち、違った味わいを持つものであるということも、確かなこととして断言することができるのでしょう。『**全ての芸術は兄弟であり、互いが互いを照らし合う。**』とは、ヴォルテールの言葉になります。

（ここで、少し余談になってしまうのですが、近代のポップアートなどを見ておりますと、「果たして、どこまでが芸術やアートといった名称で呼べるものなのか」という疑問を感じさせられてしまうことが、私には少なからずあるのです。これは、私の個人的な見解に過ぎないのですが、少し無理矢理に「芸術」や「アート」といった言葉を定義させて頂きますと、「誰かの心に何らかの心的現象を生じさせる対象」というものが芸術であり、もう少し言葉の意味を狭めて考えますと、「誰かの心に何かの感情を伴った何らかの心的現象を喚起させる対象」というものが芸術であり、更に少し言葉の意味を狭めて考えますと、「誰かの心に美的印象を伴った何らかの心的現象を喚起させる対象」というものが芸術であるということになるのでしょう。勿論《もちろん》、ある対象を作った人間が、「私は、その対象をアートとして、芸術として作りました」と主張すれば、どんなものであっても「芸術作品」や「アート作品」と呼べるものになってしまうという可能性があるのだろうと考えられますし、「その対象を感じる人間やその対象を作る人間が、どんな立場の人間であるのか」ということによって、「その対象が芸術作品やアート作品といった呼称で呼べるものであるのかどうか」ということが大きく変わってくるということも、現実には多くあるのだろうと考えられます。それに、「一般的に多くの人間から美しいと認められたり素晴らしいと認められたりする対象のみが、芸術的価値の高い対象である」といったような価値観は、確かに、現代におきましては、過去の時代のものとなってしまっていると言えるのでしょう。）

（ですが、そういったことの一方で、「人間の感覚に働き掛けるような表現というものの全て」や「エンターテイメントに繋《つな》がるような表現というものの全て」を「アート」や「芸術」といった言葉で呼んでしまうことには、私以外の多くの方にも私と同様の違和感を感じて頂けるのだろうと思いますが、私自身も大きな違和感を感じてしまいます。これは、非常に私的な意見になってしまうのかも知れないのですが、人間の作り出す「感覚に働き掛けるような表現というものの全て」が、広義の意味では「芸術」や「アート」といった言葉で呼べるとしても、やはり、私にとって「芸術」や「アート」といった言葉で呼べるもの・私にとって狭義の意味で「芸術」や「アート」といった言葉で呼べるものとは、「私自身の心に何らかの美的印象や何らかの真実性を伴った心的現象を喚起させてくれるもの」なのです。ドビュッシー《Claude Achille Debussy 1862 - 1918 フランスの作曲家》もこれに近いことを言っているのですが、芸術というものの本質的な価値を評価するための基準となるものは、唯一、一人一人の人間の心の中にのみ存在するものなのであり、「何が、芸術やアートと呼べるものであり、何が、芸術やアートとは呼べないものなのか」・「何が、音楽と呼べるものであり、何が、音楽とは呼べないものなのか」といったことの基準というものは、ある程度までは一般的に確立することができるものであるとしても、厳密には、一人一人の人間によって少しずつ異なってくるものなのでしょう。それを感じる人間が美しいと感じることができれば、全面を一色で塗り潰しただけのキャンバスであっても、「美術」や「絵画」といった言葉で呼べ得るものとなりますし、たった一つの音を奏でただけのものであっても、「芸術」や「音楽」といった言葉で呼べ得るものとなります。尚《なお》、そもそも、現代のポップミュージックやポップアートの多くは、クラシック音楽や古典美術の強調する「真実性」や「芸術性」・「純粋な美しさ」や「人間の内面性」といったものに拘《こだわ》らずに、非常に様々な自由な要素と非常に様々な自由な価値観とを取り入れて、時に新鮮で・時に愉快で・時に大衆的で・時に多くの人間が気楽に素直に楽しめるような、エンターテイメント性の高いバラエティーに富んだ多様な表現芸術を行っているとも言えるのでしょうね。）

（しかし、例《たと》えば、人間の裸体を無闇に用いた性的表現や人間の性的な面を露骨に用いた性的表現といったものを「理想的な美の表現」や「理想的な芸術表現」として捉えてしまうような価値基準は、動物としての人間の性質を考えれば、全ての人間が生得的に備えている価値基準であるとも考えられるのですが、「そのような価値基準というものを、理性的な存在としての人間が抱く理想的な美の表現や理想的な芸術表現の最も絶対的な価値基準として認めてしまうこと」に対しては、少なくとも私個人は、非常に強い抵抗と強烈な違和感とを感じてしまいます。例《たと》えば、人間の性を売り物としたような様々な露骨な表現・エンターテイメントを目的とした露骨な性的表現である「セクスプロイテーション」というものは、「理性的な存在としての人間」にとっては、「否定されるもの」となると言えるのでしょうし、「本能的な存在としての人間」にとっては、「反則とさえ呼べるもの」となると言えるのでしょう。と申しますのは、「自分が、性的な表現というものを抑圧する」ということを無意識的な段階で当然のこととして捉えている「理性的な存在としての人間」にとっては、露骨な性的表現というものは、決して受け入れられることのないものなのだろうと考えられるからなのであり、「自分が、性的な表現というものに対して敏感に強烈に反応する」という心の仕組《しく》みを当然のこととして備えている「生物としての人間・本能的な存在としての人間」にとっては、露骨な性的表現というものは、自分自身の心の中に強烈なのです。)

な心的現象というものを有無を言わさずに無条件に生じさせてしまうものなのだろうと考えられるから

(恐《おそ》らく、長い期間を大自然の中で進化してきた生物としての人間には、「自然に関わる刺激や人間に関わる刺激・性に関わる刺激や生死に関わる刺激といったものに対して、無条件に非常に強く反応してしまうというような心の仕組《しく》み」というものが例外なく備わっていると言えるのでしょう。尚《なお》、この点を考えますと、「人間が美的印象を感じることができる視覚的刺激の最も根本的なものは、人間の身体の映像にあり、人間が美的印象を感じることができる聴覚的刺激の最も根本的なものは、人間の声の響きにある」ということも言えるのだろうと考えられます。「露骨な性交描写や人間の直接過ぎる死に関しての描写といったものをタブーとして捉える芸術に関しての考え方」と「人間の根源的な本質というものの一部が間違いなく人間の性や人間の死といった部分にあるという事実」との根本的な葛藤《かっとう》というものが、視覚的な芸術表現の分野の中には、小さくはない問題として常に残ってしまうものであると言えるのかも知れませんね。)

(尚《なお》、「小学生や中学生くらいの女の子の性的な魅力を悪用しているようなアイドル業界などのメディアを通じてのセクスプロイテーション」というものも、テレビなどのメディアを通じて情報を配信することによって、そのテレビを見ている人間のうちの少なくない数の人間が抱いている様々な欲動というものを中途半端に喚起させてしまったり・中途半端に充足させてしまったりする危険性を持つものであると言えますし、そのテレビを見ている人間のうちの一部の人間の抱いている性的嗜好というものを倒錯的で幼児愛的な非常に危険な性的嗜好に変化させていってしまうという絶望的なほどの問題点を持つものであるとも言えるのかも知れません。『羊たちの沈黙』という映画には、**『人間が何かの対象を欲するという気持ちは、ただ何となく自分がその対象を見ているという日常的な状態から誕生するものなのである。』**といった意味合いの言葉が登場します。例《たと》えば、小さな子供は、自分の目の前にある様々な対象に対して無条件に興味を抱き、その対象に触れようとして手を伸ばしたり・体を動かして移動をしたりします。「自分の目に映っているものを、ただ純粋に欲する」といった形の欲動は、勿論《もちろん》、この社会の中で人間がその欲動の全てを充足しようとすることは決して許されないような倒錯的な欲動なのですが、人間にとって非常に基本的で本能的な欲動であり、好奇心に溢れた人間らしい欲動であるとも言えるのでしょうね。）

私は、そういった「芸術的表現と呼べるものになり得る様々な分野」の中でも、特に、「音楽」や「スポーツ」といったものには、その中に人間の根源的な喜びというものが含まれているとさえ、感じることがあります。（これは、「何かの合理的な目的のために人間が行う音楽やスポーツ」といったものに関してのことではなく、「今の瞬間を生きる喜びというものを、自分自身や自分以外の誰かに子供のように純粋に楽しませたり感じさせたりするために人間が行う音楽やスポーツ」といったものに関してのことです。尚《なお》、このようなお話には、「Chapter2 - 8」のところでも言及させて頂きます。）また、多くの人間にとって、自分が「そのような喜び」というものを強く感じることができた瞬間というものは、自分が「自分と誰かとの強い愛」というものを感じることができた瞬間といったものと同様に、「自分が生きている」ということを再確認する（実感する）ことができるような瞬間でもあると言えるのでしよう。（ギリシア神話の中では、魂を意味する名を持つ少女である「プシュケー」が、愛を意味する名を持つ少年である「エロース・アモル」によって目覚めたように、愛というものは、少なくない場合において、人間の魂を目覚めさせ、人間に生の喜びを強く感じさせることができるものなのです。）

（人間は、競技としてのスポーツを自分がすることによって、自分の抱いている「運動をすることを求める欲動」や「刺激を感じることを求める欲動」・「攻撃衝動」や「誰かに打ち勝つことを求める欲動」といったものの一部を充足することもできるのだろうと考えられますし、人間は、音楽などを用いた芸術表現を自分がすることによって、「自分の感情を表現することを求める欲動」や「自己顕示欲」といったものの一部を充足することもできるのだろうと考えられます。尚《なお》、『**音楽のみが、悪徳を伴わぬ唯一の官能の悦びである。**』とは、サミュエル・ジョンソン《Samuel Johnson 1709 - 1784 イギリスの詩人・批評家 著「英語辞典」「英国詩人伝」》の言葉です。）

更に、これは「音楽」や「絵画」といったものに関してのことよりも「舞台」や「映画」といったものに関してのことを考えて頂いた方が、理解して頂くことが容易になるのだろうと思えることなのですが、例《たと》えば、「自分が苦労をした結果として幸せを手に入れることができたこと」や「自分が努力をした結果として成功を手に入れることができたこと」・「自分が障害を乗り越えた結果として恋愛を成就させることができたこと」など、人間は、「ドラマチックな展開・劇的な展開」というものに対して、大きな感動を覚えることができると言えます。（勿論《もちろん》、これは、「コントラストの効果によって生じる感動」というものと無関係のものではありません。）人間が現実の自分の人生を生きていく中でも、「努力を重ねた後に手に入れることができた成功」というものの方が、「何の努力をすることもなく手に入れることができた成功」というものよりも、遥《はる》かに嬉しいものですし、自分が苦労をした結果として何かを達成することができた時には、人間は、とても大きな感動を覚えることができるものです。（また、「その成功やその達成によって人間の心に生じる心的現象の大きさの違い」というものを考えれば、そのような「努力や苦労をした結果として得ることができた成功」というものの方が、「何の努力も何の苦労もせずに得ることができた成功」というものよりも、遥《はる》かに大きな価値と大きな意味とを有しているものであると言えます。）そして、人間は、本を読んだり・映画を見たり・舞台を見たりする中で、ドラマチックな物語の登場人物や劇的な物語の主人公との内面的同一化を自分がすることによって、喜びや嬉しさといったものを疑似体験し、実際に自分が感動を覚えることができるということなのでしょう。

次に、このことも非常に重要なことなのですが、人間は、大きな感動を覚えることができた時に（例《たと》えば、心の底から大きな喜びを感じるような体験をすることができた時に）、自分の心の中に抑圧されていた「欲動のベクトル」というもののうちの少なくない一部分を発散し、昇華することができます。感動をすることによって涙を流す機会が多い人間や、感情を露骨に表には出さないまでも、何らかの形で感動をすることができる機会が多い人間は、自分自身が抱えてしまっているストレスやフラストレーションといったものを、自分が様々な感動を覚えることによって多少なりとも発散したり昇華したりすることができていると言えるのでしょう。また、新鮮な感動や大きな感動を多く感じることのできる毎日というものは、人間を非常に生き生きとした状態にしてくれるものでもあるのです。

（もっとも、人間が感じることができる様々な種類の感動というものの中には、言葉だけで説明することは決してできないようなものや、理屈によってだけで解釈することは決してできないようなものも、多くあると言えるのかも知れません。例《たと》えば、「壮大な大自然を見ることができた時に人間が受ける感動」や「古代の宗教的芸術を見ることができた時に人間が受ける感動」・「完全に調和された荘厳な美しさを追及した音楽に触れることができた時に人間が受ける感動」や「極限まで人間的なものを追及した芸術に触れることができた時に人間が受ける感動」といったものは、「Aとは、Bである」・「AとはBであり、BとはCであるから、AとはCである」といったような稚拙な言い回しでは決して説明することができないような感動なのであり、無理に言葉を用いて解説をすることが野暮なことであるような感動なのであり、その対象を感じた人間が圧倒されて心を強く揺さ振られてしまうような感動なのであり、非常に漠然とした本質的な感動なのであり、意味的にも質的にも量的にも非常に大きな絶対的な感動なのだろうと、私にはそのように思えることがあるのです。厳密に考えれば、例《たと》えば、「音楽による感動」も「絵画による感動」も「スポーツによる感動」も「ドラマチックな体験による感動」も、人間の感じる全ての種類の感動というものは、例《たと》えば、「言葉による説明」などの他の手段によって正確に表すことは決してできないものであると言えるのでしょうね。芸術というものは、「解釈するもの」や「理解するもの」である前に、「感じ取るもの」であるということなのです。）

（また、特に、「宗教」や「神々」・「悪魔」や「天使」といった抽象的で超人間的な存在に関わる芸術というものは、非合理的で非物質主義的なものでありながら、現代においても多くの人間の非常に強い興味の対象となり得ているものであると言えるのでしょう。尚《なお》、この「宗教」や「神々」・「悪魔」や「天使」といった存在に関わる神話や芸術を求めたり創ったりしようと望む人間の心の潜在《せんざい》的な部分には、「それらの超人間的な存在に自分自身が自分の心の中で近づくこと」・「それらの超人間的な存在と自分自身とが自分の心の中で同一化をすること」・「それらの超人間的な存在を自分自身が自分の心の中で支配すること」などを目的としているようなところがあるとも考えられるのです。)

「Chapter2 - 5」のここから先のところでは、私がここまでに展開して参りました「芸術と感動に関してのお話」に関連致しまして、人間の求める様々な種類の嗜好のうちでも特に、多くの人間の心に重大な影響を与えているのだろうと考えられます「強さと美しさというものに関してのお話」を展開させて頂き、更に、「美しさや強さを求める人間の心理に関してのお話」に関連致しまして、人間が抱く「他者の目に映る自分自身に対しての意識に関してのお話」と、人間が行う「自分の抱いている意識の強さのコントロールに関してのお話」と、「現代において少なくない数の人間が陥ってしまっている心の病というものの本質とその原因に関してのお話」とを、順番に展開させて頂きます。

それでは、「強さと美しさというものに関してのお話」から展開させて頂きますが、まず、一時代前の日本の社会などに確立していた「男性は強さを求めるのが常であり、女性は美しさを求めるのが常である」といったような解釈や認識は、現代におきましては、既《すで》に過去のものとなりつつあると言えるのでしょう。また、「どのようなものが美しさであり、どのようなものが強さである」といったことに関しての定義というものも、時代や社会の違いによって大きく違ってくるものですし、厳密には、一人一人の人間によっても少しずつ違ってくるものです。例《たと》えば、平安時代の女性が抱く「美しさの定義」というものと現代の女性が抱く「美しさの定義」というものとは、明らかに違うものであると言えるのでしょうし、恋愛に対して受身的で保守的であることが理想とされていた「少し前の時代の日本の女性像」というものも、現在では大きく変化しつつあると言えるのでしょう。（勿論《もちろん》、「強さや美しさといったものに関しての基準というものが変化していくこと」・「男性らしさや女性らしさといったものに関しての基準というものが変化していくこと」などが、良いことであるのか良くないことであるのかといったお話は、一概に結論を出すことができるようなお話ではありません。）

「社会的価値観」という言葉に関してのお話は、「Chapter2 - 7」のところで詳しく議論させて頂きますが、「人間が抱く価値観」というものの多くは、「その人間が属している社会に確立している社会的価値観」というものの影響を強く受けますので、「ある社会に属する一人一人の人間が、美しさの基準や強さの基準として、どのようなものを抱くのか」ということも、勿論《もちろん》、社会的価値観の影響を強く受けることであると言えます。また、人間が基本的欲求の一つとして抱いている「承認欲求（例《たと》えば、自分の美しさや自分の強さを誰かに認められることを望む欲求）」というものも、「ある社会に属する一人一人の人間が、美しさの基準や強さの基準として、どのようなものを抱くのか」ということに対する「社会的価値観の影響」というものを、より強いものにしていると言えるのでしょう。

人間の抱く動物的な欲動というものを基準にして考えますと、「美しさを求める」という欲動も「強さを求める」という欲動も、「自分の性的な魅力を高める」という目的に沿っているものであると考えることができます。現実にも、多くの種類の野生動物は、自分が「充分な強さ」というものを備えていることによって、自分の生存を確かなものにすると同時に異性の興味を自分に集め、自分が「充分な美しさ」というものを備えていることによっても、異性の興味を自分に集め、自分がそういったことをすることを通じて、「自分自身の生存」や「自分の子孫の繁栄」といった「生命の中心的な目的」というものを、より確かなものとしていると言えるのでしょう。

それに、現代の多くの人間社会におきましては、「直接的過ぎる性欲の表現」や「露骨過ぎる性的な表現」といったものが、一般的には決して認められておりませんので、「多くの人間が、美しさや強さといったものを獲得することを通じて、自分の魅力を高めようとする（自分自身の性的な魅力というものを間接的に高めようとする・自分自身の性的な魅力というものを一般に認められているような形で高めようとする）」ということも、合理的で合目的的なことなのだろうと考えられます。また、少なくない数の人間は、「美しい自分であるということ」や「強い自分であるということ」などを自分が自覚することによって、自分自身がとても大きな自信を持つことができるようになったり、自分がより頑張ることができるようになったりするといったこともあるのだろうと考えられますので、「自分が美しさや強さを求めること」も「自分が実際に美しさや強さを手に入れること」も、非常に素晴らしいことであると言えるのでしょう。

（人間の外見的な魅力としての「美しさ」や「強さ」・「格好良さ」や「可愛らしさ」・「若さ」や

「大人っぽさ」といったものは、「性的魅力と呼べるもの」である一方で、「人間社会の中で認められることができるもの」でもあると言えるのだろうと考えられます。つまり、それらは、「人間の抱く性的な欲動による方向性」というものに適合しているものである上に、性的な欲動を抑圧しようとする「社会的価値観による方向性」や「人間の理性による方向性」といったものにも適合しているものであると考えられるということなのです。だからこそ、多くの人間は、「可愛い自分」や「美しい自分」・「格好良い自分」や「逞《たくま》しい自分」を自分の好きな誰かに認められることができた時などに、「大きな嬉しさ」や「大きな喜び」といったものと「少しの恥ずかしさ」や「少しの照れのようなもの」とを感じることができるのでしょう。また、このような「人間が自分の備えている魅力というものを誰かに認められることができた時に得ることができる嬉しさや喜び」といったものは、「自分の抱いている承認欲求の充足による嬉しさや喜び」といったものでもあると言えるのだろうと考えられます。関連することとして申し上げますが、多くの人間は、「自分に恋人や配偶者がいるということ」・「自分の過去や現在の恋愛に関しての情報」などを誰かに知られた時などにも、「少しの照れのようなもの」と「少しの嬉しさのようなもの」とを感じることができると言えるのでしょう。)

ですが、例《たと》えば、ある女性が「自分が美しくなりたい」と望んだりすることは、確かに、とても素適なことなのだろうと考えられるのですが、それが何時《いつ》の間にか、「自分は美しくなければならない」・「美しい自分でなければ耐えられない」・「自分はどうして美しくないんだろう」・「美しい自分であれば、自分はもっと人生を楽しめるのに」といった考えまで抱くようになってしまい、結果として自分自身を深く追い詰めてしまうことなどがあるとすれば、それは、とても残念なこと・とても悲しいこと・とても勿体無いことであると言えるのだろうと思えるのです。

(「もっと自分が痩せたい」・「もっと自分が美しくなりたい」といったことを望み続ける女性の心理というものの要因の一部には、「自分の魅力が足りないのは、自分が充分に痩せていないから・自分が充分に美しくないからであり、自分がもっと痩せること・自分がもっと美しくなることができれば、もっと自分の魅力を高めることができ、自分が今よりも周囲の人間に認めてもらえたり好かれたりすることができる」といったことを自分自身に言い聞かせるための「自分自身に対しての言い訳」とも言えるような部分が潜在《せんざい》していることがあると言えます。そして、このような言い訳を自分自身にすることによって、少なくない数の人間は、「自分の内面的な魅力を高めるための努力」というものをすることを怠るようになってしまうことがあると言えるのでしょうし、「痩せようとし続けている自分」や「美しくなろうとし続けている自分」を無理矢理にでも正当化しようとしてしまうこと・「痩せようとし続けている自分」や「美しくなろうとし続けている自分」で満足し切ってしまうことなどもあると言えるのでしょう。ある人間は、「ダイエットをし続けている自分」に固執するようになってしまい、「ダイエット依存症」と呼べるような状態にまで陥ってしまうかも知れません。勿論《もちろん》、人間にとって、「自分が美しくなろうとすること」や「自分が痩せようとすること」などが必ずしも悪いことであるという訳では決してないのですが、それによって自分自身の人生を前向きに楽しめなくなってしまう人間や、それによって自分自身の心と体の健康を害するようになってしまう人間がいるとすれば、少なくとも、そのような状態は、その人間自身にとって良い状態であるとは決して言えませんし、「痩せることが良いことであるかのような価値観」や「痩せていることが美しいことであるかのような価値観」といったものに少なくない数の人間が心理的に支配されてしまっている社会というもの自体も、より多くの人間を幸せにすることができるような良い社会であるとは決して言えません。）

（「一人一人の人間が備えている魅力」というものも、それを評価する「一人一人の人間が備えている感性」というものも、本来は、それぞれの人間によって少しずつ違っている主観的で多様なものなのであり、様々な特徴や個性を持つものなのです。ただ、この現代社会においては、社会的価値観による強い影響というものによって、「社会に属する多くの人間が抱く感性」や「社会に属する多くの人間が抱く美しさの基準」といったものに極端な偏りが生じてしまっているというだけのことなのでしょう。ですから、自分がそのような「根拠や利点を持たないと思えるような無意味に偏った価値観」というものに完全に振り回されながら生きるということなどは、自分の人生や自分の生活・自分自身の心や自分自身の体を大切にしているとは決して言えないようなことなのです。パスカルの言葉にも、『**美と呼ばれるものはしばしば、流行と地域によって決められる。**』とあります。美に関してのことだけに限らず、「多くの人間の抱く価値基準」や「多くの人間の抱く意味の基準」・「多くの人間が何かに対して感じる魅力の基準」や「多くの人間の抱く異性の好み」といったものも、社会的価値観に強く影響されるものであり、流行によって非常に大きく変化し得るものであると言えるのでしょう。）

（勿論《もちろん》、「社会的価値観というものを多くの人間が完全に無視してしまうようになるということ」にも、少なくない危険性や問題点があるのだろうと思えるのですが、例《たと》えば、「現実世界に具体的に存在している何かの対象が持っている本質的な意味の大きさと価値の高さ」や「現実世界に具体的に生じている何かの現象が持っている本質的な意味の大きさと価値の高さ」といったものを自分が判断する際には、固定観念や一般的な評判を気にし過ぎてしまうのではなく、自分自身の感性や自分自身の価値観・自分自身の信念や自分自身の考え方といったものに正直になって判断をするということが大切であると言えるのです。これは例《たと》えば、「自分の行っている行動の価値や意味」・「自分の行っている仕事の価値や意味」・「自分という人間の存在の価値や意味」・「自分の大切な誰かという人間の存在の価値や意味」といったものを考えてみる際にも、同様に大切なことであると言えるのでしょう。)

確かに、人間の見た目や人間の視覚的な印象といったものは、その人間に対して他の人間が抱く印象や記憶といったものにも、少なくない影響を及ぼしていると言えます。それに、「自分が見た目の美しさや見た目の格好良さといったものを備えていること」が、「才能」や「能力」といった言葉で呼べ得ることであり、自分自身の人生をより良いものとしていくためにも・自分に対しての周囲の人間の評価を高めていくためにも充分に役立ち得るものであるということは、間違いのないことです。ですが、「そのような外見的な基準というものだけが大切なものなのではない」ということも、間違いなく言えることなのです。「人間の見た目の美しさというものの価値」も確かに大きなものなのだろうと考えられますが、「人間の心の中の美しさというものの価値」も非常に大きなものなのだろうと考えられます。現代の多くの先進国社会の社会的価値観では、「顔や体などの見た目が美しい人間」・「腕力や経済力などが強い人間」に大きな価値を見出していると言えるのだろうと思えるのですが、より理想的には、「心の中が美しい人間」・「心の中に強さと優しさとを備えている人間」に大きな価値を見出すべきなのであり、「見た目の美しい人間や腕力の強い人間」よりも「心の美しい人間や心の強い人間」

が、自分の属する社会の多くの人間に当たり前のこととして認められたり尊敬されたりすることができるような社会であるべきなのだろうと、少なくとも私には、そのように思えるのです。（社会に属する多くの人間が、「人間の外見的な価値」よりも「人間の内面的な価値」に、より大きな意味とより大きな価値とを見出すことができるような社会の方が、より人間的な社会であり、社会に属するより多くの人間を幸福にすることができるような社会であるとも言えるのでしょう。）

尚《なお》、人間の抱く「美」という概念は、人間の抱く「恥」という概念と非常に密接に関係しているものであると言えます。例《たと》えば、「多くの人間は、美しい自分でないことが恥ずかしいので、美しさを求めている」と言えるのでしょうし、もう少し露骨に言ってしまいますと、「多くの人間は、周囲の人間に自分のことを、美と懸《か》け離《はな》れた存在として見られることが堪《たま》らなく恥ずかしいので、美しさを求めている」といったようにも言えるのでしょう。

ここで私が申しております「恥」という概念は、人間が抱く「自分自身に対してのとても強い意識」や「自分以外の誰かに対してのとても強い意識」とも呼べるようなものです。一人一人の人間が、「どのようなことを恥ずかしいと感じるのか」・「自分の何を誰に見られることに対して恥ずかしいと感じるのか」といったことには、その人間が今までの自分の人生の中で得てきた価値観というものの影響が強く関わってくると言えます。ですから、例《たと》えば、「自分の知らない人達が多く乗っている電車やバスなどの中で、自分が化粧をするということや、他の多くの人達が歩いている中で、公共の道路に直に座って食事をするということなどを、ある人間が、恥ずかしいこととして感じるのか感じないのか」といったことは、その人間の世代によっても・その人間の家庭環境によっても・その人間の属している社会によっても大きく異なってくることなのだろうと考えられるのです。

（現代の日本のような社会におきましては、一人一人の人間が抱く「恥の意識」というものそのものが、非常に弱いものとなってしまっていると言えるのかも知れません。例《たと》えば、「みっともない」という言葉や「はしたない」という言葉といった「自分の周囲の多くの人間に対しての恥の概念を表すような言葉」や「自分とはあまり深い関係のない一般の人間に対しての恥の概念を表すような言葉」は、ここ最近では、殆《ほとん》ど耳にしなくなりました。少なくない数の人間は、「自分と実質的に関わりのない一般の人達に対して不快な思いをさせることや失礼な行動をとること」などを「恥ずかしいこと」や「罪なこと」として捉えるような価値観というものを、失い掛けてしまっているのだろうとさえ考えられます。人間にとって、「恥の意識」や「罪の意識」・「礼儀の意識」や「誇りの意識」といった「人間の尊厳に関わるような概念」に関しての価値観というものは、「自分が精神的に豊かに生きたい」と望むのであれば、決して忘れるべきではないものであり、自分が人間らしく生きるために非常に重要なものであるにも拘《かか》わらずです。礼儀というものの本質は、「自分が、誰かや自分自身を不快にさせたりしないような言動を心掛けるということ」にあり、これは、「Chapter2 - 3」で御説明致しました「人間の愛情や優しさ」といったものに深く通じることでもあります。）

（尚《なお》、人間の抱く「罪の意識」というものと「恥の意識」というものとは、そのどちらもが自分自身の心に強い不快の感情を喚起させるものであり、本質的な意味では、その両者は通じているところが多くあるようなものなのでしょう。ここで、少し無理矢理に定義させて頂きますが、「他者の考える自分」というものに対して自分が抱く恥の意識というものが、一般的に言われている「恥の意識」というものであり、「自分自身の信条や自分自身の抱いているモラル・自分自身の良識などに照らし合わせての自分」というものに対して自分が抱く恥の意識というもの・「自分自身の考える自分」というものに対して自分が抱く恥の意識というものが、「罪の意識」や「罪悪感」といった呼称で呼べるものなのだろうと考えられます。）

（また、考え方によっては、「恥の意識」や「罪の意識」といったものは、「恐怖心・怖れの意識」として考えることもできるようなものなのでしょう。つまり、「恥の意識」というものは、「自分が誰かに認めてもらえなくなってしまうこと」や「自分が誰かに嫌われてしまうこと」などに対する強い怖れ・「承認欲求や親和欲求を自分が充足することができなくなってしまうこと」などに対する強い怖れであり、「罪の意識」というものは、「自分が自分自身に誇りを持てなくなってしまうこと」や「自分が自分自身を認められなくなってしまうこと」などに対する強い怖れ・「自分が自分自身を嫌いになってしまうこと」や「自分が自分自身を否定するようになってしまうこと」などに対する強い怖れであると考えることができるのです。尚《なお》、ここで私が申しております「恥の意識」というものは、日本の文化で考えられている「恥の意識」なのであって、欧米などの文化におきましては、ここで私が申しております「罪の意識」というものの方が、「恥・shame」の意識と呼べるものに近くなると言えるのだろうと思われます。「恥の意識」や「怖れの意識」・「罪の意識」や「罪悪感」といった言葉は、人間が勝手に区分して名付けただけのものなのであって、「それらの様々な種類の意識というものが、間違いなく完全な形で区分することができるようなものである」ということは、誰にも確実には言い切れないようなことなのでしょう。「Chapter1」のブリッジスの議論でもお話致しましたが、人間の抱く様々な感情というものは、分化した結果としてその形を形成しているものであると考えられるのです。）

（また、「恥の意識や罪の意識・礼儀の意識や誇りの意識といった人間の尊厳に関わるような概念に関しての社会的価値観というものが、社会全体の中で希薄化していってしまうこと」は、一見した限りでは、「社会に属する多くの人間が、より自由になることができる」という点で非常に良いことであると捉えることも不可能ではないようなことなのですが、恐《おそ》らく、実際には、「恥の意識や罪の意識・礼儀の意識や誇りの意識といった人間の尊厳に関わるような概念に関しての定義を定めるような社会的価値観というものが、社会全体に適度に確立されている社会」の方が、多くの人間にとって生き易《やす》い社会になると言えるのでしょう。）

（「Chapter2 - 2」のサルトルの言葉に関してのところでも申し上げましたことなのですが、「人間が自由を手に入れること」とは、必ずしも「人間が楽になること」と同義のことではないのです。例《たと》えば、「人間にとって何が恥ずかしいことなのか」・「人間にとって何が罪なことなのか」・「人間が礼儀として守るべきこととは何なのか」・「人間が誇りに思うべきこととは何なのか」といった種類の疑問に対しての回答というものが社会に属する多くの人間の心の中で共通に確立されているような社会であることができれば、「一人一人の人間が、初対面の人間とも問題なくコミュニケーションを交わすことができるような社会」になることができ、「一人一人の人間の人格形成が、もっとスムーズに行われることができるような社会」になることもできるのだろうと考えられるのです。特に、現代の東京のような大都会におきましては、「人間が初対面で誰かと出会う機会」や「人間が初対面で誰かと何かを協力して行う機会」といったものが非常に頻繁に生じると言えますので、理想的には、社会的価値観の力によって「恥の意識や罪の意識・礼儀の意識や誇りの意識に関しての価値観の定義」というものがその社会に属する全ての人間の心の中にある程度まで共通に確立されているということを前提とした上で、一人一人の人間が「友達や家族の中でのプライベートな恥の意識や罪の意識・礼儀の意識や誇りの意識に関しての価値観の定義」というものと「それぞれの集団や組織などによって少しずつ異なるような恥の意識や罪の意識・礼儀の意識や誇りの意識に関しての価値観の定義」というものとを個別に作ったり・獲得したり・利用したりしていくべきであると言えるのでしょう。)

(また、「人間が、礼儀の意識や誇りの意識といったものを充分に獲得するということが、大切なことである」という事実の一方で、少なくない数の人間が抱いてしまう「無駄に高過ぎるプライド」や「無駄に厳し過ぎる礼儀に対しての執着」といったものも、様々な問題やトラブルを発生させてしまう原因となり得るようなものなのだろうと考えられます。恐《おそ》らく、大切なことは、社会に属する一人一人の人間が「恥の意識や罪の意識・礼儀の意識や誇りの意識」といったものを適度な程度の厳格さで遵守することなのであり、そのような社会の状況というものが、社会的価値観の力によって適度に確立されたり維持されたりしていることなのです。「自分に勇気を失わせてしまったり・自分に失敗を極端に怖れさせてしまったりするような邪魔なプライド」や「自分が極端に窮屈に感じてしまったりするような厳し過ぎる礼儀」といったものは、自分自身にとっても・自分以外の多くの人間にとっても、有益なものであるとは決して言えないのでしょう。**『立ち振舞《ふるま》いや礼儀作法は、衣服と同じように、きつ過ぎてもゆる過ぎてもいけない。』**とは、ベーコン《Francis Bacon 1561 - 1626 イギリスの哲学者・政治家 著「新オルガノン」「随想録」》の言葉であり、**『敵の侮辱に復讐することは、敵のレベルに成り下がることであり、敵の侮辱を許すことは、敵を凌《しの》ぐことになる。』**とは、イギリスの諺《ことわざ》にある言葉です。「誇り」や「プライド」といったものに関しての言葉をもう少しだけ付け加えさせて頂きますが、ムーリエの言葉には、**『高慢が先に立てば、恥と損とがすぐ後に続く。』**とあり、デービス《Jefferson Davis 1808 - 1889 アメリカの政治家》の言葉には、**『尊大な者には謙《へりくだ》るべきではなく、謙虚な者には高ぶるべきではない。』**と述べられています。）

現代の多くの先進国の人間社会の中では、殆《ほとん》ど全ての人間の抱く「意識」というものは、病的と言っても良いほどの強さを持っているものなのであり、この意識の強さというものは、恐《おそ》らく、他の動物の場合では全く考えられないいくらいの異常なほどの強さなのです。（尚《なお》、ここで私が使っております「意識」という言葉は、「自分ではっきりと気付いている心的現象」という意味での「意識」という言葉ではなく、「何かのことを自分が気にすることや気にしてしまうこと」という意味での「意識」という言葉になります。この両者の言葉の意味の違いは、人間の心の仕組《しく》みというものを考える際には、とても重要なものです。）そして、人間の抱く強い意識というものは、特に、「他者の視線（自分以外の人間から自分に対して向けられている視線）」というものに対して向けられているものであると言えるのでしょう。例《たと》えば、現代の日本の社会に属する多くの人間は、「自分が何者であるのか」・「自分の価値がどの程度のものであるのか」といったことを自分自身で判断する時の基準というものを、少なくない場合において、「自分自身が自分のことをどのように見ているのか」・「自分自身が自分のことをどのように思っているのか」といったことにではなく、「自分が周囲の人間達からどのように見られているのか」・「自分が周囲の人間達からどのように思われているのか」といったことに求めてしまっていると言えるのだろうと考えられます。

（現代社会におきまして、少なくない数の人間は、自分が嘘《うそ》を吐《つ》いたり・自分の気持ちを誤魔化《ごまか》したりしてでも、「自分の弱さ」や「自分の欠点」・「自分の失敗」や「自分の恥となるようなところ」・「自分の短所」や「自分の能力的に劣っているところ」などを、他人に対しても自分自身に対しても、隠そうとしてしまうことがあると言えるのでしょう。また、そういった人間も、家族や親友といった自分と親しい一部の人達だけにでも、「素直なありのままの自分」・「肩肘を張らないでいられる楽な自分」を認めてもらい、そのような自分で普通に無理をすることなく周囲の人間に接することができるようになれば、多くの場合におきましては、それだけで、自分の心が緊張から開放されることができ、非常に楽な気持ちになることができると言えます。また、多くの人間は、親しい人にしか見せないような面を自分に対して見せてくれた誰かの行為というものを嬉しく感じ、その誰かに対しての好感というものを抱くことにもなるはずです。）

例《たと》えば、現代社会におきましては、「他者から見て美しい自分でありたい」・「他者から見て強い自分でありたい」・「多くの人間から認められたり尊敬されたりすることのできる自分でありたい」・「有名な人間になったり目立つ人間になったりすることで、自分を多くの人間に認識して欲しい」といったことを強く望んでいる人間が非常に多くいると言えるのでしょうし、「周囲の人間が羨むくらいの自分になるために、良い学歴を持ち、良い職業に就き、お金持ちになり、良い人生を送りたい」といったことを望む人間も少なくはないと言えるのでしょう。「他者に羨ましがられる自分でありたい」ということを理由として、「恋人を持ちたい」ということや「配偶者を持ちたい」ということなどを望み、「幸せな結婚をして、幸せな家庭を築きたい」といったことを望む人間もいるのだろうと思います。「他者よりも何らかの形で自分が優越していたい」といった形の欲動が多くの人間の心の中にあるということは、疑いようのない事実なのであり、決して否定することのできないようなことなのです。

（勿論《もちろん》、このような「人間の抱く様々な願望」というものも、理想的には、「自分と誰かとの比較」や「自分が誰かに対して抱いている嫉妬」などによって生じるべきものではなく、自分の素直な願望によって生じるべきものであると言えるのでしょう。しかし、多くの人間の意識や多くの人間の価値観の中に自分自身が埋もれてしまいがちになってしまう現代の日本のような社会の中では、例《たと》えば、社会的価値観というものの力によって、「強くあることや美しくあること・有名であることや高い学歴を持つことなどは、良いことである」と多くの人間に認識されているがために、その社会に属している一人一人の人間もまた、「強くあること」や「美しくあること」・「有名であること」や「高い学歴を持つこと」などに大きな価値を見出したり・そういったことを求めたりし易《やす》くなるということが言えるのだろうと考えられるのです。）

（「恋人を持ちたい」という人間の願望に関してのことなのですが、「自分が、他者の羨望を集めたり他者に自慢をしたりしたい」といったことを理由として・自分が他者に嫉妬をしてしまったことを理由として人間が求める恋人の像というものは、多くの場合、「一般的な基準から考えて美しい恋人」や「一般的な基準から考えて魅力のある恋人」といったものになります。しかし、そのような恋人の像というものは、「社会的価値観から考えての魅力ある恋人の像」なのであって、「自分個人の抱いている理想に適合している恋人の像」や「自分の抱いている本当の好みというものに適合している恋人の像」などに完全に重なるものであるとは限りません。ある社会に属する多くの人間が「他者の視線」というものを強く意識することによって、その社会に属する多くの人間の「建前上の異性の好み・表面的な意味での異性の好み」というものにも非常に極端な偏りが生じることになってしまうのです。尚《なお》、このような社会現象は、「社会の中に様々な流行というものが生じること」に関してのお話にも、密接に関わっている社会現象であると言えます。）

（また、「自分にとって魅力的な異性」という存在に人間が惹かれるということは、人間が抱いている動物的な欲動という面から考えましても、肯定されるのだろうと考えられることです。これは、より優れた子孫が繁栄していくために必要となる「種の保存を目的とした生物としての人間の心の仕組《しく》み」によることの一つなのでしょう。）

人間は、自分が他者を意識することによって、「より美しい自分（より可愛い自分・より格好良い自分・より強い自分・より逞《たくま》しい自分などでも同様です。）」でありたいと望み、「より周囲の人間に好かれたり認められたりすることのできる自分」でありたいと望み、社会に属する多くの人間がそういったことを望むことによって、現実の人間社会における人間関係のバランスというものや、人間の抱く意識のバランスといったものは、微妙なところで保たれていると言えます。また、「人間の内面性」というものを充分に重視する社会におきましては、「社会における自分の人間関係の構築や維持」といったことを自分が実践したり、「多くの人間に対しての様々な意識」というものを自分が抱いたりすることの中で、多くの人間は、自分自身の心の中に「恥の意識に関わる価値観」や「礼儀の意識に関わる価値観」・「モラルの概念に関わる価値観」や「常識の概念に関わる価値観」といったものを少しずつ育んだり確立したりしていくこともできると言えるのでしょう。ですから、このような方向性（人間が他者を意識するという方向性）というものは、社会に生きる全ての人間にとって非常に重要なものなのだろうと考えられ、人間の備えている動物的な欲動の仕組《しく》みというものを考えましても、「一人一人の人間が、他者の存在というものを強く意識するということ」は、集団生活を営む人間にとって必要不可欠なことなのだろうと考えられるのです。

それに、「他者（自分以外の人間・自分の周囲にいる多くの人間）」という存在は、確かに、人間が「自分の人格」や「自分の自我」といったものを形成していくための「鏡」となるものです。子供の抱いている欲動というものは、初めの段階では「恥の意識」も「礼儀の概念」も備えていないような非常に純粋で単純なものなのであり、子供は、自分の抱いている欲動の全てを素直に自分の行動に反映させ、その結果として得ることができる他者からの刺激や反応（他者を「鏡」として得ることができる刺激や反応）といったものによって（「Chapter1」でお話致しましたことですので、詳しくは触れませんが、もう少し正確に申しますと、自分が「感覚」を通じて得た刺激や反応を「記憶」や「欲動」を用いた

「思考」によって解釈することを通じて）、ほんの少しずつ、「自分の自我」というものを形成していくことができます。ですから、「自分が他者を意識する」ということによって、少しずつ人間の精神が育まれ、人間の人格が形成され、人間の自立が促されていくというような側面は、心理学周辺の学問分野でも言われております通り、間違いなくあるのだろうと考えられるのです。

「自我」という言葉を用いましたが、これは、精神分析学などの学問で登場する言葉であり、フロイトの精神分析学の中では、「エス（本能や快楽に従い、超自我によって抑圧されるもの・欲動）」・「超自我（エスを抑圧し、検閲するもの・良心）」・「自我（現実原則に従うもの・合理的な意識）」という三つの概念が非常に大切なものとなっています。尚《なお》、精神分析学に関してのお話などには、この本の中では、必要と思われる最低限の部分にしか触れないつもりです。

ここから、お話の中心的な対象は「意識」というものに関してのことから少し外れてしまうのですが、「人間の精神的発育（自我の発育）」ということに関係する重要なお話を、少しだけ展開させて頂きます。

「子供は、他者という存在を鏡として自我を育んでいく」という点と、「子供にとって最も重要で自分に強い影響を及ぼす他者とは、自分の両親である」という点とを考えますと、例《たと》えば、ある家庭の中で母親や父親が自分の子供に対して「完全とも言えるほどに非常に強い内面的同一化」をすること（過度の愛情を与えること・過保護にすること）によって、「その子供の精神的な自立」や「その子供の精神的な発育」が阻害されてしまうという危険性・「その両親の精神的な自立」が阻害されてしまうという危険性・「子供と両親の両方の精神的な自立」が阻害されてしまう（共依存の状態に陥ってしまう）という危険性などがあると言えるのだろうと考えられるのです。

（尚《なお》、小さな子供のことを「可愛い」と感じることができるような人間の心の仕組《しく》みというものも、「種の保存を目的として人間の心の中に生得的に形成されている仕組《しく》み」と呼べるものの一つなのだろうと考えられます。産まれたばかりの小さな子供は、自分自身の力や自分自身の能力だけで生きていくことは決してできませんので、自分の存在を誰かに「可愛い」と感じてもらうこと・自分を誰かに愛してもらうこと・自分を誰かに育ててもらうことなどがなければ、生き延びることは決してできません。また、このようなことを考えますと、「自分の子供が成長するに従って、両親がその子供に対して感じられていたはずの可愛さというものが、少しずつ薄れていくように感じられてしまうこと」も、家族関係に親離れと子離れとを促し、子供が自立をして新たな家庭を構築することができるようになるために有益であると考えられる「種の保存を目的として人間の心の中に生得的に形成されている仕組《しく》み」と呼べるものによることの一つであると言えるのでしょう。勿論《もちろん》、多くの親にとって、「自分の子供」という存在は、その子供がどんなに大きくなったとしても、やはり「自分の子供」なのであり、その存在がずっと「とても可愛い存在」であり続けるということは、結局のところは変わらないことなのでしょうけれどね。）

言うまでもなく、「ある家庭の中で、このような危険性（親子関係で生じる過度の愛情というものが秘めている危険性）が実際に生じてしまうのか否か」ということには、「その家庭の中で親が自分の子供に対して与える愛情が、どのような形のものなのか」といったことも大きく関わってくるのでしょう。例《たと》えば、「子供のことを甘やかすこと」や「子供に対して寛容になってあげること」などだけが親から子供への愛情なのではなく、「自分の子供が将来において社会の中でうまくやっていけるように、自分の子供が人間関係をうまく築いたり家庭を円滑に築いたりしていくことができるように、時には厳しく仕付《しつ》けをする（厳しく価値観を与える）こと」なども、親が自分の子供のことを本当に大切に想っての行動なのであれば、それは、一つの愛情の形と呼べるものとなります。（勿論《もちろん》これは、親子関係以外の多くの人間関係に関しても同様に言えることです。）「親子」という関係は、「親」と「子供」とが互いに非常に強く内面的同一化を求めるような関係ではあるのですが、それでもやはり、「親」と「子供」とは独立した別々の人間なのです。そのことを親が充分に理解してあげて、「自分の子供の自立」や「自分の子供の自律」をうまく助けてあげるということなども、紛れもなく「一つの大切な愛の形」と呼べることなのでしょう。

尚《なお》、「親と子供とが、人格としては独立した別々の人間である」という事実の一方で、例《たと》えば、「遺伝子というものを通じて、親と子供とは間違いなく繋《つな》がっている」と言えますし、この「遺伝子を通じての命の受け渡し」というものが永遠とも呼べるほどの長い期間に渡って繰り返し行われた結果として、今の私達が生きているということも確かなことです。（勿論《もちろん》、里親や養子などのように必ずしも血の繋《つな》がらないような親子関係であっても、とても良い形の内面的同一化が芽生えたり維持されたりしているような素晴らしい親子関係というものは、当然のことですが、多くあるのだろうと考えられます。『母

親とは、卵を産んだ鳥のことではなく、雛《ひな》を孵《かえ》した鳥のことである。』とは、アントワーヌ・ヴァンサン・アルノーの言葉です。逆に、確かに血の繋《つな》がっている親子関係であっても、自分の子供を殆《ほとん》ど愛することができない人間や、自分の子供の子育てを少しもしようとしない人間は、「母親」や「父親」といった言葉で呼ぶことができる存在になることができてはいないと言えるのかも知れません。「家族」という人間関係は、「友達」や「恋人」といった人間関係と同じく、名称や肩書きだけのものでは決してないのです。）

また、人間は、自分の備えている心理的な仕組《しく》みによって、「自分と内面的同一化をしている誰かが感じている幸せ」や「自分の愛している誰かが果たした成功」といったものを、心の底から喜ぶことができるものですので、例《たと》えば、「私が結婚をすること」や「私が自分の子供を授かること」・「私が自分の人生において何かをやり遂げること」や「私が何かの幸せを感じること」などは、「私の家族や私の友達を喜ばせること」・「私の家族や私の友達を幸せにすること」などにも繋《つな》がることであると言えます。家族や友達といった身近な人間関係以外のことであっても、例《たと》えば、「自分の大好きなスポーツ選手が活躍してくれること」を、そのスポーツ選手のファンはとても嬉しく思うことでしょうし、「自分の出身地域や自分が在籍していた学校などが活躍してくれること」を、多くの人間はとても嬉しく感じることでしょう。（「自分と内面的同一化をしている誰かの頑張っている姿」というものを自分が見ることによって、少なくない数の人間は、その誰かから自分が励まされたり・その誰かから自分が勇気をもらったりすることもできるはずです。）

そしてまた、誰か（ファンや知人）に応援してもらっている人間の方も、「自分を応援してくれる誰かがいるということ」や「自分を認めてくれている誰かがいるということ」などを心から嬉しく感じることができますし、多くの場合におきましては、例《たと》えば、音楽やスポーツなどを通じて、自分自身と自分を応援してくれている誰かとが内面的同一化を果たし、様々な感動や情動体験といったものを共有することができます。（尚《なお》、このような場合の内面的同一化は、単一方向的なものである場合もあれば、双方向的なものである場合もあるのでしょう。例《たと》えば、「ファンが自分の好きなスポーツ選手の活躍というものをテレビなどを通じて一方的に喜ぶという場合」もあれば、「ミュージシャンとファンとが一緒になってライブなどで音楽を楽しむという場合」もあるということです。更に、「自分と同郷の人間や自分と同趣味の人間に対して感じる強い内面的同一化」というものも、非常に一般的に生じ得るものであると言えます。例《たと》えば、初めて出会った人間同士であっても、同じスポーツ選手や同じアーティストのファンであったり・同じ地域や同じ学校の出身であったりすれば、お互いに内面的同一化をし合って仲良くなったり・一緒に楽しい時間を過ごしたり一緒に楽しい会話を交わしたりすることなどが、多くの場合におきましては、非常に容易になると言えるのでしょう。）

（「親しい人間や大切な人間など、自分には一人もいない」と考えてしまっている人間も、現代社会においては少なくないかも知れませんが、厳密に考えれば、「人間社会の中に自分一人だけで完全に独立して生きている人間」などというものは、理論的に矛盾している存在なのであって、社会の中に生きている全ての人間というものには、一人の例外もなく、「自分自身と自分以外の誰かとの関係」のおかげで存在し続けられているという面が間違いなくあると言えるのです。少なくとも、全ての人間は、「自分以外の誰かの意志と自分以外の誰かの力」のおかげでこの世に生を受けることができたのであると言えるのでしょうし、力も能力も備えていない幼少の時代の自分が死なずに今まで生きてこれたのも、「自分以外の誰かの愛と優しさ・親を中心とした様々な人間の愛と優しさ」のおかげであると言えるのでしょう。このような根本的なことから考えましても、「人間は誰しも、自分一人だけの力で生きているのではない」ということは、疑う余地のないことなのです。尚《なお》、このように、ある意味では、「完全に一人ぼっちの人間など、誰もいない」ということが言える一方で、別のある意味では、「人間は誰もが、最終的には一人ぼっちである」ということも言えるのかも知れませんね。例《たと》えば、誰かと一緒にいることができる時間というものは、全ての人間にとって有限なものですし、人間にとって、誰かとの物理的・肉体的な距離を縮めることには、難しさと限界とが付《つ》き纏《まと》い、誰かとの精神的・心理的な距離を縮めることには、更に複雑な難しさと更に大きな限界とが付《つ》き纏《まと》ってしまうものです。

（尚《なお》、関連するお話として付け加えさせて頂きますが、人間というものは、「自分の意志と自分の力とによって生きている」とも「誰かの意志と誰かの力とによって生かされている」とも言えるような存在なのでしょう。「自分は、自分の意志と自分の力とによって生きている」と考えた方が、人間は、自分の人生を積極的に生きることができるのだろうと考えられますし、「自分は、自分以外の誰かの意志と誰かの力とによって生かされている」と考えた方が、人間は、より謙虚に、誰かへの感謝の気持ちというものを大切にしながら生きることができるのだろうと考えられます。）

（そういったことの一方で、現代の日本のような社会の少なくない数の人間が抱いてしまっているのだろうと考えられます「自分は、産まれさせられている」・「自分は、生きさせられている」・「自分は、自分で望んで産まれてきたのではない」・「自分は、望んで生き続けているのではない」といったような「強制させられた生」や「完全に受動的な生」を主張するような考え方というものは、決して正しくはないものなのだろうと、少なくとも私は心からそのように感じてしまうのです。実際にも、「人間という存在が、生物としての存在である」という絶対的な前提が失われない限り、全ての人間の心の中の最も深い部分には、「自分は、生きさせられている」・「自分は、産まれさせられている」といったような受動的な現実の前に、「自分は、生きようと自分で望んで生きている」・「自分は、生き続けたいと自分で望んで生き続けている」・「自分は、産まれたいと自分で望んで産まれてきている」といったような能動的で肯定的な現実というものが、無条件に刻み込まれていると言えるのでしょう。何故なら、「Chapter1」のところで議論させて頂きました通り、全ての生物は、「生きたい」という最も根底的な意志の力と方向性というものを、自分が抱く「全ての欲動」の力と方向性の源としていますし、自分が生物として行ってきた「全ての進化」の力と方向性の源ともしていますので、全ての生物の肉体と精神というものも、ただ一つの例外もなく、「生きたい」という能動的な強い意志の力と方向性によって支配されているものであると考えられるからなのです。)

このようなことを大きな視点から考えて参りますと、恐《おそ》らく、次のようなことが言えます。私が自分自身を生かすこと、自分の人生の成功のために努力をして、楽しい思いや幸せな思いなどをたくさん経験することは、私と内面的同一化をしている誰かを生かすことや、私と内面的同一化をしている誰かを幸せにすることにも繋《つな》がることとなります。その逆に、私が自分自身を粗末に扱うこと、一般的に考えての不幸な道を選ぶことや、例《たと》えば、私が自殺をしてしまうことなどは、私と内面的同一化をしている誰かを深く悲しませることに繋《つな》がり、私と内面的同一化をしている誰かから幸せを奪い去ることにさえ、繋《つな》がってしまうようなことなのです。(これは、日本でも一般的に使われている言葉なのですが、**『子供が自分の両親よりも早く死ぬことは、最もやってはいけない親不孝の一つである。』**と言えるのでしょうし、**『子供が自分自身の人生をとても幸せなものにして、自分自身が長生きをすることは、最も素晴らしい親孝行の一つである。』**と言えるのでしょう。また、**『死を怖れることではなく、死を急ぐことの方が、罪なことなのである。』**ということも、殆《ほとん》ど全ての場合におきましては、断言することができることです。もっとも、これは、「実際に死んでしまった後の人間」に対しては、決して適応するべき考え方ではありません。)

このようにして、人間と人間とは非常に密接に関係しており、非常に密接に繋《つな》がっています。「私の幸せや私の不幸」といったものは、私自身のものであると同時に、私が大切に想う誰かや私のことを大切に想ってくれている誰かのものでもあると言えるのですし、「私の心や私の体」・「私の命や私の健康」・「私の人生や私の生活」といったものも、私のものであると同時に、私が大切に想う誰かや私のことを大切に想ってくれている誰かのものでもあると言えるのです。例《たと》えば、「愛や優しさ」といった言葉の本当の意味を知っている人間や、多くの人間との内面的同一化を果たしている人間は、「自分の家族や自分の友人達が、幸せでいてくれるということ」・「自分の家族や自分の友人達が、犯罪などに関わらずに生きてくれているということ」・「自分の家族や自分の友人達が、大きな怪我や病気をせずに生きてくれているということ」などを、心から嬉しく感じることができます。

（このようなお話に関連することとして付け加えさせて頂きますが、ずっと昔に私と離れ離れになってしまった「私と親しかった誰か」の記憶というものや、既《すで》に亡くなってしまった「私と親しかった誰か」の記憶というもの、そういった人達と私とが一緒に過ごした時間の記憶というものなどが、今を生きる私の力となっているのであれば、その「私と離れてしまった誰か」や「既《すで》に亡くなってしまった誰か」は、確かに今も私の中で生きていると言えるのでしょうし、私はその人達によって生きる力というものをもらっているとも言えるのでしょう。当たり前のことですが、自分と誰かとが遠く離れ離れになってしまった時に、お互いの心の結び付きというものまでもが必ずしも失われてしまう訳ではありません。生活をしている場所が遠く離れていても、親子は親子のままでいられますし、友達は友達のままでいられます。時々しか連絡を取り合うことはできなくとも、お互いの健康や幸福を心から願い合うことは何時《いつ》でもできますし、人間が誰かとともに抱く「お互いの友情」や「お互いの愛情」・「お互いの信頼」や「共通の思い出」といったものは、逢えない時間が増えていくことによって、必ずしも価値や意味を失ってしまったり・色褪《いろあ》せてしまったりするようなものではありません。）

（更に、これは、必ずしも万人に共通して言えるようなことではないのかも知れないのですが、例《たと》えば、私が何時《いつ》の日にか自分の命を失ってしまった時には、私の家族や私の親しい友人達には、「私の死を何時《いつ》までも嘆いてくれること」よりも、「私の分まで積極的に充実した人生を生きてくれること」を、私は心の底から強く望みます。また、私の家族や私の親しい友人達も、最終的には私に対して同様のことを望んでくれるのだろうと、私は信じております。このような意味でも、一人一人の人間の命というものは、他の人間の命というものと深く繋《つな》がったり関係したりしているものなのだろうと考えられるのです。「私が現在において自分自身を生かすこと」とは、「私と現在において関わっている全ての人達を生かすこと」に繋《つな》がることであり、「私と過去に関わったことのある全ての人達を生かすこと」に繋《つな》がることでもあると言えるのでしょう。）

（尚《なお》、少し余談になってしまうのですが、「人間の死」というものには、幾つもの種類があると考えることができるのです。最も一般的に考えられるものは、勿論《もちろん》、「自分の肉体が機能しなくなってしまうこと」による「肉体としての自分の死・生命としての自分の死」や「自分の脳が機能しなくなってしまうこと」による「精神としての自分の死・心を持つ存在としての自分の死」といったものなのですが、他にも、「自分の子供や自分の孫達が全て死んでしまうことによって、自分の生物としての遺伝子を残していくことができなくなってしまうこと」による「遺伝子としての自分の死」や「人間という種族が全て滅びてしまうこと」による「生物の種としての自分の死」といったものも考えられます。更には、「自分のことを憶えてくれている人間が誰もいなくなってしまうこと」や「自分のことを必要としてくれている人間が誰もいなくなってしまうこと」などによる「誰かとの関係の中での自分の死」というもの・「自分の作った物や自分の生じさせた出来事などが、現実世界の中に何も存在しなくなってしまうこと」による「自分が生きていたことを証明するものが完全になくなってしまうという意味での自分の死」というものなども考えられると言えるのでしょう。）

人間が実際に自分の人生を歩んでいく上では、このような「自分と誰かとの繋《つな》がり」というものが、自分自身を頑張らせてくれる非常に大きな力となることが頻繁にあると言えます。例《たと》えば、「自分を愛してくれている誰かがいるということ」や「自分が大切に想っている誰かがいるということ」などによって、人間は、自分自身のためだけではなく、自分を愛してくれている誰かや自分が大切に想っている誰かのためにも、自分の人生における成功というものを手に入れたいと強く思えることでしょう。（この「人生における成功」という言葉の基準は、勿論《もちろん》、一人一人の人間によっても、それぞれの社会や時代によっても、様々に異なるものです。）そして、例《たと》えば、自分が何かの形での成功（自分が望んでいた形での成功）というものを実際に手に入れることができた時には、当然のこととして、自分は「とても幸せな思い」というものを実感し、それと同時に、自分と内面的同一化をしている誰かにも「幸せな思い」というものを実感させ、それを通じてまた自分も、「更に幸せな思い」というものを強く実感することができるのです。このように、「一人の人間の幸せ」というものは、その人間と内面的同一化をしている「全ての人間の幸せ」というものを通じて、連鎖的に・相乗効果的に広がっていくことができるものなのでしょう。

（現在の自分に、「自分と内面的同一化をしている誰か」がいることによって、例《たと》えば、自分とその誰かとのどちらかが「喜び」というものを手に入れることができた時には、二人でその喜びを共有することができますし、自分とその誰かとのどちらかが「悲しみ」というものを手に入れてしまった時には、二人でその悲しみを分け合ったり分担し合ったりすることもできるのです。特に、自分が何かの問題を一人で抱え込んでしまっている時や、自分が何かの悩みを一人で背負い込むことによって押し潰されそうになってしまっている時などには、「自分が誰かに相談をする」という選択肢や「自分が誰かと助け合う」という選択肢などを決して捨て去るべきではありません。勿論《もちろん》、「自分が自立をしようとする」ということは、非常に大切なことであると言えるのですが、「自分が誰かと助け合おうとする」ということも、同じくらいに大切なことであると言えるのです。）

「自分が誰かとの内面的同一化をすることによって得ることのできるメリット」というお話に関しまして、もう少しだけ付け加えさせて頂きたいのですが、例《たと》えば、誰とも内面的同一化をしようとしない人間（誰にも愛や優しさを与えようとしない人間・誰にも愛や優しさを求めようとしない人間）の多くは、快楽主義的で物質主義的な人間・損得の意識の強い非常に利己的な人間になってしまうのだろうと考えられます。（「何故、誰とも内面的同一化をしようとしない人間が、そのような人間になってしまうのか」という疑問に関しましては、「Chapter2 - 7」のところで説明を加えさせて頂いております。）しかし、少なくとも、現代の殆《ほとん》ど全ての人間社会におきましては、「全ての人間が平等に持っている権利」というものが強く主張されたり、「人間が誰かに対して抱く優しさ」や「人間が誰かに対して与える愛」といったものが強く肯定されたりしておりますので、例《たと》えば、「自分が完全に利己的な人間として生きようとすること」などは、決して歓迎されないことであると言えるのでしょう。ですから、自分が、「自分以外の人間の権利や自分以外の人間の幸せといったものを素直に認め、社会に確立している法律やモラルといったものを自発的に守りながら生きていくことができるようになるためにも、「自分が誰かとの内面的同一化をするということ」は、多くの人間にとって非常に有益なことになるのだろうと考えられるのです。

（言うまでもなく、全ての人間は、進化の結果として形成されている生得的な心の仕組《しく》みとして、「他者との内面的同一化を求める欲動」というものを持っており、例《たと》えば、生まれたばかりの小さな子供も、「自分の母親の笑顔や自分の父親の笑顔といったものを見た時に、自分が素直に幸せな気持ちを感じることができる」という能力を身に付けています。そして、「自己の幸福」というものの構成要因の一部には「他者の幸福」というものが必ずあり、同じように、「自己の幸福」というものは「他者の幸福」というものの構成要因の一部に必ずなり得るものですので、「利己的」という言葉と「利他的」という言葉とは、全く逆の意味を持つ言葉でありながら、考え方によっては、非常に近い意味を持つ言葉でもあると言えるのでしょう。ですから、厳密に考えて参りますと、「人間の抱く全ての欲動」というものは、「完全に利己的なもの」にも「完全に利他的なもの」にもなり得ないものであると言えるのです。私達は時として、「世のため人のための言動」といった言葉を用いますが、愛情や優しさといったものの本質を理解している人間にとっては、例《たと》えば、「世のため人のために自分が行っている言動」というものも、「自分自身のために自分が行っている言動」としての性質を備えたものとなります。）

簡単に申しますと、人間は、自分自身と自分以外の多くの人間との内面的同一化をすることによって、「自分の持っている物を誰かに盗まれたくはない」と望むのと同様に「自分が誰かの物を盗んでしまいたくはない」と望むようになることができるのだろうと考えられ、「自分が誰かに傷付けられたくはない」と望むのと同様に「自分が誰かのことを傷付けてしまいたくはない」と望むようになることができるのだろうと考えられます。つまり、人間は、自分自身と自分以外の多くの人間との内面的同一化をすることによって、社会的価値観（法律やモラルなどの形で形成されている社会的価値観）に規定されている「自分が誰かの物を盗んではいけない」という価値観や「自分が誰かを傷付けたり殺したりしてはいけない」という価値観などを、「自分の行動を束縛したり禁止したりする規則やルールに過ぎないもの」として捉えるのではなく、「自分の抱いている欲動や自分の抱いている信念などに沿った方向性を備えているもの」として捉えることで、それらの法律やモラル（社会的価値観）といったものを、より素直に（自分の欲動を充足しながら・ストレスを感じることなく）守ることができるようになるのだろうと考えられるのです。（このお話に関しましては、「Chapter2 - 7」のところでも補足させて頂きます。）

例《たと》えば、自分の家族との内面的同一化をすることができている人間は、自分が犯罪行為を犯そうとしてしまっている時や自分が薬物乱用に逃げようとしてしまっている時などに、「自分の家族のことを悲しませたくはない」と強く望むことができることによって、自分自身のことを戒めたり制したりすることができるかも知れません。また、例《たと》えば、「恋人を大切にしている人間が、決して浮気をしない」ということの理由の中には、「浮気という行為がいけないことだから」・「浮気という行為が罪とされていることだから」といった「その人間自身の抱いている価値観や良識」に関わるような理由だけではなく、「浮気をされた自分の恋人の気持ちを自分自身の気持ちと同一化した時に、自分が辛《つら》いと感じるだろうから」・「浮気をされて悲しんでいる自分の恋人の顔を見ることは、自分にとっても非常に辛《つら》いことだから」といった「その人間自身の抱いている愛と優しさ（その人間自身が果たしている自分の恋人に対しての内面的同一化）」に関わるような理由も間違いなくあると言えるのでしょう。

このように、多くの人間が備えている「自分が、大きな罪を犯したり誰かを傷付けたりすることなく、強く生きていくために必要な心の力」というもののうちの少なくない一部分は、「自分が誰かを傷付けてしまいたくはない」・「自分が誰かに不快な思いをさせてしまいたくはない」・「自分が誰かを悲しませてしまいたくはない」・「自分が誰かを不幸にしてしまいたくはない」・「自分が誰かに辛《つら》い思いをさせてしまいたくはない」といったような「自分自身の抱いている愛や優しさによる力（他の多くの人間と自分自身との内面的同一化による力）」というものを源泉として生じているのだろうと考えられるのです。

（「誰かを傷付けたり誰かを不幸にしたりすることを伴いながら自分が利益を得ること」や、「誰かを傷付けたり誰かを不幸にしたりすることを伴いながら自分が欲動を充足すること」などを、「決して許されないこと」として感じることができない人間や、そういったことを少しの戸惑いもなく実行することができてしまう人間は、人間として最も大切な心の要素の一つである「愛情」や「優しさ」といったものを完全に忘れてしまっていると言えるのでしょう。）

更に、現代の社会に生きる私達が「将来の社会に生きる私達の子孫との内面的同一化」をすることによって（「私達の子孫の将来の幸せ」というものを、「今現在の私達自身の幸せ」というものと同等のものとして感じ取ることによって）、私達が「将来の社会のために、環境というものを可能な限り大切にしたい」・「私達の子孫の未来のために、資源の浪費を控え、自然を大切にしたい」といったことを自発的に（誰に強制される訳でもなく）望むようになることなども可能なことなのだろうと考えられるのです。（勿論《もちろん》、こういった「地球環境の保護や自然環境の保護などを求める人間の意志」というものは、

「内面的同一化に基づく愛と優しさの力」というものによってだけではなく、「社会的価値観による力」や「行政の形成する社会の仕組《しく》みによる力」・「一人一人の人間の抱く価値観や信念による力」といったものによっても、強く後押しされて然るべきものであると言えます。）

ここで、お話の中心を、一人一人の人間が抱く「自分が他者にどのように考えられているのか」・「自分が他者からどのように見られているのか」といったことに対しての強い意識などに関してのお話に戻させて頂きますが、ここまでに私が議論して参りましたような理由からも、この社会に生きる多くの人間にとって、「他者の目に映っている自分」というものが非常に大きな意味を持つものとなり、自分の強い関心の対象となるということは、とても自然なことなのだろうと考えられます。

しかし、自分という人間が、自分の人生を楽しみながら（積極的に・充実させながら）生きていくためには、「他者の目に映っている自分というものが、自分の抱いている価値基準の非常に多くの部分（大半の部分）を占めるようになってしまうこと」なども、決して良いこととは言えないようなことなのでしょう。「他者の目に映っている自分」というものよりも先に、「自分自身の考えている自分」というものを意識したり考えたりしてみるということが、現代社会に現実に生きている多くの人間にとっては、必要なことであり、非常に大切なことであると言えるのだろうと考えられます。尚《なお》、ここで私が申しております「自分自身の考える自分というものを、意識したり考えたりしてみるということ」とは、例《たと》えば、「自分が本当は何を望んでいて、自分が本当は何を考えていて、自分が本当はどうなりたいと思っているのか」・「今の自分のことを、自分は心から好きと言えるのか」・「今の自分に対して、自分は本当に誇りを持てるのか」・「今の自分は、自分の信じられる自分や自分の望んでいる自分でいられているのか」といったことなどを、自分で意識したり考えたりしてみるということです。（人間にとって非常に重要なことの一つは、「自分のことを自分以外の誰かから認めてもらうこと」以上に、「自分のことを自分自身が認められるようになること」にあり、「自分のことを自分以外の誰かから好きになってもらうこと」以上に、「自分のことを自分自身が好きになれること」にあると言えるのでしょう。）

勿論《もちろん》、私は、「自分に対して向けられている他者の視線や自分が他者に対して抱く強い意識といったものを、蔑《ないがし》ろにするべきである」と主張しているのでも、「そういったものを、完全に無視したり完全に捨て去ったりするべきである」と主張しているのでも決してありません。私がここで申し上げたいことの一つは、「他者の視線を気にし過ぎるあまりに、自分が自分自身を見失ってしまうようなこと（自分の人生を楽しめなくなってしまうようなこと）などは、できる限り避けたいですよね……」ということなのです。と申しますのも、例《たと》えば、現代の日本の社会に属する人間のうちの少なくない数の人間は、「自分が他者に対して抱いている強い意識」や「自分が他者に対して抱いている強い怖れ」・「他者の目に映る自分の像に対して自分が抱いてしまう強い意識」や「他者の考える自分の像に対して自分が抱いてしまう強い意識」といったものに完全に支配されてしまっているとさえ、言えるのだろうと考えられてしまうのです。

（「自分の目に映っている自分」というものと「自分以外の人間の目に映っている自分」というものと

の両者をバランス良く意識し続けるということが、人間がこの社会の中でうまく生きていく上で、非常に重要なことであると言えるのだろうと思います。そして、一人一人の人間が、「自分自身の目に映っている自分と、自分以外の人間の目に映っている自分との、どちらをより重視して意識するのか」ということを自分の意志で決めることなどによって、「自分が比較的個性的な人間であるのか、それとも、自分が比較的協調性に富んだ人間であるのか」といったことが変わってくるということでもあると言えるのでしょう。もっとも、全ての人間は、「社会的価値観による影響」というものを強く受けながら、「自分個人の価値観」というものを少しずつ形成していきますので、例《たと》えば、自分では「個性的な人間でありたい」と強く望んでいるにも拘《かか》わらず、周囲の人間から見れば、「それほど個性的な人間であるようには見えない」というような状態に陥ってしまっている人間も、現実には少なくはないと言えるのかも知れませんけれどね……。)

(また、多くの人間は、「自分の価値基準」や「自分の考え方の基準」といったものを「自分以外の人間が抱いている価値基準」や「自分以外の人間が抱いている考え方の基準」といったものに求めるような期間を経た後に、「自分の価値基準」や「自分の考え方の基準」といったものを「自分自身が抱いている価値基準」や「自分自身が抱いている考え方の基準」といったものに求めるようになることができるものなのであり、そのように「自分の内面に価値を見出したり・自分の内面を大切にしたり・自分の内面を信頼したりすることができるような状態」に自分がなることができてこそ、「自分が精神的に自立した状態になることができている」と言えるということも、恐《おそ》らくは確かなことなのだろうと思います。「Chapter2 - 3」でもお話致しましたが、人間が自分の人生を生き続けるということは、自分自身の心の中を旅し続けるようなことでもあると言えるのです。）

ここで、このような「自分が何かに対しての極端に強い意識（或《あ》いは極端に弱い意識）というものを抱くことによって自分自身の心の中に生じてしまう様々な問題や危険性に関してのお話」の中でも、特に、「他者に対しての意識」や「自己に対しての意識」といった「人間という存在そのものに対しての意識」に関してのこと以外で、少しの例を挙げさせて頂きたいと思います。例《たと》えば、「自分が経済的に破滅してしまうことへの怖れ」に対する自分自身の意識というものが強過ぎる人間は、「お金」というものに対しての執着が非常に強くなってしまうことでしょうし、経済的な不安を抱えながら毎日を送るということを、余儀なくされてしまうかも知れません。逆に、「自分が経済的に破滅してしまうことへの怖れ」に対する自分自身の意識というものが弱過ぎる人間は、借金や浪費を繰り返すことによって、自己破産などに陥ってしまうかも知れないということが考えられます。（経済の仕組《しく》みというものは、社会に属する殆《ほとん》ど全ての人間の心に対して、「決して小さくはない良くない影響」というものを齎《もたら》してしまっていると言えます。）次に、「自分が選んだ役割や自分に与えられた仕事」などに対して自分が抱いている責任感（責任への意識）というものが強過ぎる人間は、自分の心や自分の体の健康を害しても尚《なお》、その役割や仕事のために頑張ろうとすることを止められないかも知れませんし、逆に、そのような責任感というものが弱過ぎる人間は、自分が選んだ役割や自分に与えられた仕事などに対して、真剣に・積極的に取り組むことさえできないかも知れません。

更に、例《たと》えば、「自分の親が自分に対して抱いてくれている将来への強い期待」というものに対しての自分自身の意識が強過ぎる受験生は、その期待を大きな重圧として感じてしまうかも知れませんし、逆に、そのような意識が弱過ぎる受験生は、「親の期待に応えるためにも、今の自分が精一杯頑張ろう」といった類《たぐい》のことを全く考えることができないために、「自分が将来の目標に向かって真剣に努力をしていくために役立つベクトル」というもののうちの少なくない一部分を得られなくなってしまうかも知れません。他にも、例《たと》えば、「自分は将来、歌手になりたい」という自分の夢に対して自分自身が抱いている意識や、「自分が、自分の家族の将来の幸せというものをずっと守っていきたい」という自分の誇りや自分の責任といったものに対して自分自身が抱いている意識などを、うまく自分の力としていくことができる人間もいれば、その意識の重圧（プレッシャー）というものに押し潰されてしまう人間も少なくはないと言えるのでしょう。（例《たと》えば、「誰かと自分とが過去に交わした大切な約束」というものが自分にあることによって、一方の人間は、その約束というものを「自分の心の支え」とし、自分の心を強いもの・決して折れないものにすることができるのですが、他方の人間は、その約束というものを「自分の心の枷《かせ》」としてしまい、自分の心を縛ってしまったり・自分の心を締め付けてしまったりするかも知れません。）

人間が実際に自分の人生を生きていく上で非常に大切なことの一つは、「自分が何かに対して抱いている意識の力というものを、自分にとって本当の意味で役立つと考えられるような方向にうまく向けようとするということ」にあるのだろうと考えられます。少し唐突な例なのですが、例《たと》えば、自分が占い師に自分の未来を占ってもらう場合、幸運にも良い結果が出た時には、その結果に自分が満足をし過ぎたり・油断をしたりすることで努力を怠ってしまうのではなく、自分の成功というものを信じて、その未来を少しでも確かなものとするために前向きな努力を重ねていくべきなのでしょうし、不運にも悪い結果が出てしまった時には、その未来を怖れて強い不安に怯えてしまったり・努力をすることを完全に止めて全てを諦めてしまったりするのではなく、「自分が現実にそのような危険や失敗に陥ってしまうことがないように、最低限の注意を払いながら慎重に生きていこう」といった方向に意識を傾け、可能な限りポジティブに考えていくべきなのでしょう。

勿論《もちろん》、例《たと》えば、「自分の抱いている夢や自分の抱いている目標などに対しての強い意識の力」というものが自分自身の心に備わっていることによって、「その夢の実現のために、自分が更に頑張ろうとすることができる」・「その目標の達成のために、自分が更に努力をしようとすることができる」といった面も間違いなくあるのだろうと考えられますし、「自分が何かの努力を現実に行っている際にも、目的や目標といったものを具体的に意識したり、目的や目標に向かっている自分の努力の過程そのものを自分が好きになれるように・自分が楽しめるように意識したりすることなどによって、とても充実した時間やとても幸せな時間を自分が多く過ごせるようになる」ということも、言えることなのだろうと考えられます。（ある意味では、「自分が何かを求めている状態」や「自分が何かを望んでいる状態」は、「自分が欲しいと求めていた何かを手に入れている状態」や「自分が叶えたいと望んでいた何かを達成している状態」などよりも「幸せな状態」であり、「自分自身の幸福や自分の大切な誰かの幸福を求めて、自分が懸命に何かに対して頑張っている状態」・「無理な努力や過度の渇望によって自分自身の心を追い詰め過ぎてしまわない程度に、何かの対象を適度に真っ直ぐに求め続けている状態」というものこそが、「幸福な状態」と呼べるものなのかも知れませんね。『**幸福とは、幸福を探すことである。**』とは、ルナール《Jules Renard 1864 - 1916　フランスの小説家　著「葡萄《ぶどう》畑の葡萄《ぶどう》作り」「博物誌」》の言葉です。）

人間にとって、「自分の望んでいることとは全く関係のないようなことに対しての努力をしている時間」や「自分の嫌いなことに対しての努力をしている時間」といったものは、確かに、とても苦痛なものに感じられてしまうことも多いようなものなのですが、「自分の望んでいることを達成するために自分が努力をしている時間」や「自分の本当に好きなことに対しての努力をしている時間」といったものは、苦痛に感じられてしまったり大変なこととして感じられてしまったりするようなものではなく、むしろそれは、多くの場合において、時間が経つのを忘れるほどに充実した時間・幸せで楽しい時間となり、素晴らしく意義深い時間となるようなものなのです。（勿論《もちろん》、そういった場合に精神的なストレスは殆《ほとん》ど感じなくても済むとしても、知らず知らずのうちに肉体的な疲労というものが蓄積されてしまう場合はあるかも知れません。一方で、肉体の疲れと精神の疲れというものが相互作用を及ぼすものであるということも、考慮しておく必要があることなのでしょう。）それに、そのような努力の後に、「自分が実際に目的を達成することができた時」や「自分が実際に良い結果を出すことができた時」・「自分が実際に夢を実現することができた時」や「自分が実際に自分で納得することができるような具体的な何かの形を作り出すことができた時」などには、人間は、非常に大きな喜びと非常に深い感動とを得られるものなのでしょう。このようなことを考えて参りますと、人間の心に生じる「意識の力」というものは、「良い面（人間にとって有益となるような可能性を持つ面）」と「良くない面（人間に様々な危険を齎《もたら》してしまうような可能性を持つ面）」との両方を含んでいるものであると言えるのです。結局のところ、「何ごとに対しても、自分の心が捕らわれてしまい過ぎない程度の強さでバランス良く意識をする」ということが、多くの人間にとって大切なことであると言えるのでしょうね。

「人間が何かに対して抱く強い意識というものの危険性」のお話に関しまして、もう少し議論を続けさせて頂きますが、まず、現代社会において多くの人間は、「自分が怖れていること」や「自分が不安に思っていること」などを強く意識し過ぎてしまうことによって、慢性的な緊張感というものを自分が得るようになってしまっており、このことが、少なくない数の人間が、自分自身の心の中にストレスを溜め込んでいってしまうことの非常に大きな原因となってしまっていると言えるのでしょう。

そして、「強過ぎるストレスや蓄積され過ぎたストレス」・「過度の欲求不満や全く解消されない欲求不満」といったものは、人間の自律神経のバランスを大きく崩してしまう原因となるものであり、更に、「自律神経のバランスの崩れ」というものは、人間の心と体の健康における様々な問題（例《たと》えば、過食症や拒食症などの摂食障害・不眠症や新陳代謝の低下など）を引き起こしてしまう大きな要因になってしまうこともあるようなものなのです。（「心の病」というものに関してのお話は、もう少し後のところで詳しく議論させて頂きますが、少なくない数の人間が陥ってしまう「摂食障害」という心の病には、自分が過去に「口の中に何かの特定の物を入れる」という行為に伴って様々な不快の感情を得てしまった時の体験というものが、非常に大きく影響していることがあると言えます。つまり、「自分が幼児期において何かを口にしたことで、非常に不快な体験をしてしまったこと」などが、自分自身の心の中に心的外傷を作り出してしまい、「自分の口の中に特定の何かを入れる」・「自分が特定の何かを食べる」といった行為そのものが、自分にとって特別な良くない意味を持つ行為になってしまうといったことが有り得るのです。)

(尚《なお》、「摂食障害」という心の病の原因として考えられることには、別のところでも少し触れさせて頂きますが、「無理な食事制限によるダイエットをすることによって、自分の体の仕組《しく》みの一部と自分の心の仕組《しく》みの一部とを崩壊させてしまい、自分が食べ物を受け付けられなくなってしまうこと」や「食事をすることによる体感的な刺激とそれを通じて得られる快楽といったものに、自分が依存的になってしまうこと」・「自分の体重が増えることを異常に怖れ過ぎたり自分の体重が減ることを異常に求め過ぎたりするようになってしまい、自分の心と自分の体とが食べ物に対しての過剰な拒否反応を示すようになってしまうこと」・「栄養失調に陥ることによって脳の仕組《しく》みの一部が正常に機能しなくなってしまうこと」など、他にも様々なことがあると言えます。)

(また、「そんなに手を洗う必要はないと理屈では理解することができていても、頻繁に自分の手を洗っていなければ耐えられない・頻繁に自分の手を洗っていなければ何となく不安で仕方がない」といった「洗手強迫」などに代表される「強迫観念」と呼ばれる「心の病」がありますが、この「強迫観念」という「心の病」に繋《つな》がってしまうのだろうと考えられる「人間が抱いてしまう過度の欲動」というものは、人間が、「自分の抱いている心的現象を抑圧し過ぎてしまうこと」や「何かに対しての強過ぎる意識を抱いてしまうこと」などを通じて・自分自身の心の中で自己防衛的に、「欲動の発散や昇華のベクトル」と「欲動の抑圧のベクトル」とのバランスというものを大きく崩してしまったこと・「恐怖心や不安」といったものを非常に強く抱いてしまう結果になってしまったことなどを原因として生じてしまっているものであると考えることができます。勿論《もちろん》、「自分の手を洗いたい」・「自分の体を清潔にしていたい」といったことを望むような人間の欲動は、誰の心の中にでも普通にあるものなのでしょう。「Chapter2 - 2」で御説明致しました通り、問題となるのは、その欲動の強さの「程度の違い」というもののなのだろうと考えられるのです。）

「周囲の人間の目（視線）」というものを自分が強く意識し過ぎてしまうことで、ある人間は、自分以外の多くの人間を過度に怖れるようになってしまうかも知れませんし、「将来に対する不安」というものを自分が強く意識し過ぎてしまうことで、ある人間は、今の自分の人生・現在の自分の毎日の生活というものを素直に楽しむことができなくなってしまうかも知れません。他のある人間は、自分が医者に宣告されてしまった「心の病」というものを「良くないもの」や「否定したいもの」として強く意識し過ぎてしまうことで、自分の陥ってしまっている「心の病」の傾向というものを、更に強いものとしていってしまうかも知れません。（「自分が心の病に陥ってしまうこと」自体が、「罪なこと」や「悪いこと」であると考えるのではなく、「自分の陥ってしまっている心の病というものから自分が逃げ続けようとしてしまうこと」や「自分の陥ってしまっている心の病というものに自分が固執し続けようとしてしまうこと」などが、「良くないこと」や「自分の弱さを証明するようなこと」であると考えるべきなのでしょう。殆《ほと》ど全ての人間にとっては、自分が「自分自身に対しての強い罪悪感」や「自分自身に対しての強い嫌悪感」といったものを抱いてしまうということ自体が、自分自身に「非常に強いストレス」や「非常に強いフラストレーション」といったものを感じさせてしまうようなことなのであり、人間は、自分の感じてしまう「強烈なストレス」や「強烈なフラストレーション」といったものから自分自身の心と体とを守ることを目的として、様々な「心の病」というものに陥ってしまうことがあるのだろうと考えることができるのです。このお話には、もう少し後のところで展開致します「心の病」に関しての議論のところで詳しい説明を加えさせて頂きます。）

（尚《なお》、先ほど、「心の病というものに固執し続けてしまう」ということを良くないことの例として挙げさせて頂きましたが、「自分が心の病に陥ることで、周囲の人間に構ってもらったり・心配してもらったり・同情してもらったり・優しくしてもらったりすること」によって、人間は、「心の病に陥っている自分の状態」というものに固執し続けるようになってしまうことがあるのです。これは、「家族や友達の心配や注意を自分自身に集めるために仮病を使ったり・本当に怪我をしたり病気を患ったりすることを自発的に望んだりしてしまう一部の子供の心理」というものと基本的には同じ心理現象であり、「自傷行動を繰り返してしまう人間の心理」というものにも通じるところがある心理現象であると言えます。）

人間には、「自分が規定されている方向」に向かって進んでいってしまうという傾向があると言えるのです。例《たと》えば、ある人間は、自分の友人から、「君って、抑鬱症みたいなところがあるよね」と冗談混じりに軽く言われてしまったことを切っ掛けとして、「自分の備えている抑鬱症的な傾向」というものを更に強いものとしていってしまうかも知れませんし、実際に抑鬱症的な心の病の症状に陥ってしまうかも知れません。人間は、「誰かに規定されている自分の像」や「自分自身で思い込んでいる自分の像」といったものに、現実の自分自身の形というものを当《あ》て嵌《は》めようとしてしまう傾向を備えているものなのです。

勿論《もちろん》、人間の備えているこのような傾向というものが、人間自身に非常に良い結果を齎《もたら》してくれるということも、多くあると言えるのでしょう。例《たと》えば、ある子供は、誰かから「君は明るい子だね」と言ってもらうことで、もっと明るい子供に育っていくことができるかも知れませんし、ある人間は、誰かから「貴方は優しい人ですね」と言ってもらうことで、更に優しい人間になっていくことができるかも知れません。また、「他人に規定されている自分の像」ではなく、「自分自身で意図的に規定している自分の像」というものを、自分にとって良い方向に利用しようとするのであれば、例《たと》えば、「理想の自分」というものを自分が強くイメージすることによって、実際にも、「自分の理想としている自分」というものに自分が近づいていくことが、少しだけ容易になるのだろうと考えられます。尚《なお》、このような傾向（人間が、規定されている自分の像に「自らの形」というものを当《あ》て嵌《は》めていこうとするという傾向）は、「ルーピングエフェクト・環状効果」と呼ばれるものです。『**人間は、人目に映っている姿に自分を合わせる。**』とは、ルソーの言葉になります。（余談になりますが、血液型や星座を用いた性格占いなどのようなものの一部分も、この「環状効果」というものによって説明することが可能なものであると言えるのでしょう。）

（人間は、「自分で自分を客観的に観察することや考えてみること」・「誰かが自分に対して与えてくれた言葉や反応を考えてみること」などを通じて自己認識をすることや自己発見をすることを何度も繰り返していく中で、「自我」という名を持つ自分自身の心の中に少しずつ形成していくことができます。尚《なお》、「自我」や「信念」といったものは、現実世界の中に物理的に存在しているものではなく、人間の精神世界の中に概念的に存在している心的現象に過ぎないものですので、自分がはっきりとした認識をする以前の段階においての「自我」や「信念」といったものは、いわば「幻影」のようなものであるに過ぎず、その存在を自分がはっきりと認識した瞬間・自覚した瞬間に初めて、自分の抱いている「自我」や「信念」といったものは、自分自身にとっての「真実」と呼べるものとなるのです。そして、この「自我」というものは、「自分が認識している自分の像」や「自分の考えている自分の形」といったものに自分自身を閉じ込めてしまう「檻」のようなものにもなってしまい得るものであるという一方で、「自分が認識している自分の像」や「自分の考えている自分の形」といったものを自分が自覚することによって、自分の抱いている意志や自分の抱いている価値観といったものをはっきりとさせ、より強く安定した精神状態に自分を保たせてくれる「鎧」のようなものにもなり得るものであると言えるのでしょう。）

ここで、お話の中心を「人間が何かに対して抱く強い意識」というものに関してのことに戻させて頂きますが、例《たと》えば、人間が「自分の抱いてしまっている何かの対象に対しての怖れの意識の強さ」というものをコントロールするための現実的な方法と致しましては、「自分の生活を忙しくすることや自分が熱中して没頭することができる何かを見付けることなどを通じて、自分がその対象（怖れの意識の対象）を強く意識しているような暇をなくしてしまう」というような方法も確かに有効なのだろうと考えられるのですが、恐《おそ》らく、最も根本的で実質的な解決方法（「対処療法」ではなく「原因療法」としての解決方法）の一つには、「その怖れに自分が打ち勝つ」という方法があるのだろうと考えられます。つまりこれは、「自分が怖れている対象の正体」というものを真っ直ぐに見極めて、「それがどんな怖れであるのか」ということを自分が充分に理解をし、必要であれば、その対象に対しての「実質的なアプローチ」や、自分の心の中での「価値観の捉え直し」をするということです。

例《たと》えば、自分が「幼少の頃に学校で虐《いじ》められてしまった経験から、多くの人間の視線というものが怖くなってしまった」ということであれば、まずは、自分がその原因と向き合って、「今はもう、そのような虐《いじ》めを自分が受けるなんてことは有り得ない」と自分に言い聞かせる必要があると言えるのでしょう。そして、「人の視線は怖くなんてない」ということを、自分が実際の生活を通してじっくりと実感することができれば、自分の抱いていた「恐怖の念」というものを、少しずつ弱いものにしていくことができるのだろうと考えられます。（勿論《もちろん》、ここで私が申し上げておりますことは、非常に単純化してのお話ですので、実際に人間の心に対してのアプローチをする際には、もっとずっと複雑な様々な要因が影響してくることになります。）

次に、例《たと》えば、「自分は嘘《うそ》を吐《つ》いたりはしない正直な人間である」ということを自分の誇りや自分の信念としていた人間が、誰かを救うためにやむを得ず嘘《うそ》を吐《つ》いてしまった時から、「自分の信念や自分の良識を裏切ってしまった自分自身に対して自分が抱いてしまっている罪の意識の力や恥の意識の力」といったものに深く悩まされるようになってしまった場合などには、「自分は、誰かを傷付けるような嘘《うそ》を吐《つ》いたりはしない人間である」・「自分は、誰かを悲しませるような嘘《うそ》を吐《つ》いたりはしない人間である」・「自分は、自分自身の心の弱さを原因とするような嘘《うそ》を吐《つ》いたりはしない人間である」といったような形に自分自身の信念や自分自身の価値観を捉え直すということなどが、有効な場合もあるのだろうと考えられます。（実際にも、「自分が嘘《うそ》を吐《つ》いてしまうこと」自体が罪であると申しますよりも、「自分が、誰かを傷付けるような嘘や誰かを悲しませるような嘘《うそ》を吐《つ》いてしまうこと」が罪であると言えるのです。例《たと》えば、「自分が、誰かを楽しませるような冗談や誰かを喜ばせるような空想を語ること」などは、多くの場合におきましては、「悪」よりも「善」に属することであると言えるのでしょう。）

同じように、例《たと》えば、自分の好きな相手に片思いをしている人間が、「相手は自分のことをどう思ってくれているのだろうか」・「相手も自分のことを好きでいてくれているのだろうか」といった「自分の気になっていることに対して自分自身が抱いてしまっている強い意識の力」というものに深く悩まされてしまっているのであれば、実際に自分が勇気を出してその相手の気持ちを確認することなどによって、「その強い意識の力」というものに自分が悩まされ続けることは少なくなるはずです。同様に、多額の借金をしている人間が、「自分が将来において経済的に破滅してしまうことに対して自分自身が抱いてしまっている強い怖れの意識」というものから逃れるための最も良い方法は、当たり前のことですが、借りているお金を返してしまうこと・借金をなくしてしまうことにほかならないのだろうと考えられます。

そして、このような「自分の抱いている価値観や信念の捉え直しや作り直し」・「自分の抱いている強い意識の対象となるものをなくしたり変質させたりするためのアプローチ」・「自分自身の根本的な発想の転換」などをうまく行うことによって、「自分が様々な対象に対して抱く意識（特に怖れの意識）の強さ」というものを適度な強さにうまく調整していくということが、人間が、「自分の抱いている意識の力」というものに完全に支配されてしまうことなく、むしろ、「自分の抱いている意識の力」というものを自分の意志によってうまく利用して、「自分が望むような生き方」というものを実現することができるようになるためにも、とても大切なことなのだろうと考えられるのです。（尚《なお》、勿論《もちろん》、これらのことは、「自分が、プレッシャーに強い人間なのか、マイペースで気楽な気持ちでいることによって実力を発揮することができるタイプの人間なのか」・「自分が、誰かに期待されている方が頑張れる人間なのか、誰かの期待を重圧に感じることで追い詰められてしまうタイプの人間なのか」といった「自分自身の個性や特徴」などによっても、大きく変わってくることなのだろうと考えられます。）

（「自分が望むような生き方」という言葉を用いましたが、これは例《たと》えば、「自分が、誰にも負けないような強気な生き方を望むのか、譲り合いや優しさを大切にした生き方を望むのか」・「自分が、安全で安定した生き方を望むのか、刺激とリスクに富んだ生き方を望むのか」・「自分が、個性的な生き方を望むのか、周囲の人間に近いような生き方を望むのか」・「自分が、幸福な未来が予想可能な現在を望むのか、未知の可能性に満ちた将来に期待することができるような現在を望むのか」・「自分が、地道な生き方を望むのか、夢に挑戦した生き方を望むのか」・「自分が、合理的な生き方を望むのか、非合理の中にも楽しみや意味を見出すことができるような生き方を望むのか」・「自分が、仕事のために生きるのか、趣味のために生きるのか、家族のために生きるのか、自分自身の利己的な欲動のために生きるのか、それらの全てをバランス良く大切にしようとするのか」といったことであると言えるのでしょう。）

（「個性的な生き方を望む人間」と「周囲の人間に近いような生き方を望む人間」という対比を示しましたが、厳密に考えて参りますと、全ての人間は、「自分が社会の中で一人の人間として実際に生きることができている」という時点で、既《すで》に充分に個性的な存在であり、既《すで》に充分に価値や意味のある存在であり、既《すで》に充分に特別な存在であると言えます。「自分の名前」というものがあり、「自分の家族」や「自分の友達」がいて、「自分の好きな誰か」や「自分を大切に思ってくれている誰か」がいて、「自分の趣味」や「自分の仕事」があって、「自分の好きなこと」や「自分の好きなもの」があって、「自分の嫌いなこと」や「自分の嫌いなもの」があって、「自分の価値観」や「自分の信念」があるといったように、誰もが他の人間とは違う何かの特質や特徴といったものを備えているのであり、精神的な面を考えましても・身体的な面を考えましても、一人一人の人間が、他の全ての人間と完全に違っている特別な存在であると言えるのでしょうし、何らかの偏った見地からでなければ他の人間と比較することなどは決してできないような唯一無二の存在であると言えるのでしょう。）

（特に、「自分自身や自分の大切な誰かにとっては、自分の存在というものが、他の誰にも代わることのできない非常に特別な存在である」ということは、間違いなく言えます。ですから、例《たと》えば、競争や勝敗といったものに自分が拘《こだわ》り続けるのでなければ、他人と自分とを比較することなどは、人間にとって、必ずしも必要なことではないのでしょう。勿論《もちろん》、このようなお話は、「自分と誰かとの比較をする分野が、どのようなものであるのか」・「自分の備えている資質が、どのようなものであるのか」といったことの違いなどによってても大きく異なってくることなのでしょうが、「自分が誰かに対抗意識を燃やすことによって強い向上心を抱くということ」や「自分が誰かを目標にすることで前向きな努力をするようになるということ」などは、良いことであると言えるとしても、「自分自身を追い詰めてしまうほどに無理な目標を定めてしまうということ」や「自分と誰かとを無意味に比較することによって、強迫的なほどの劣等感や嫉妬心を自分自身に感じさせてしまうということ」などは、決して自分自身のためにはならないようなことであると言えるのです。）

（また、「全ての人間は、社会の中に自分が生きているというだけで、自分は充分に個性的で特別な存在であると言える」という事実を前提とした上で、更に人間は、「何かの文化的な拘《こだわ》り」や「自分独自のライフスタイル」といったものを身に付けていくことによって、自分の人生というものを更に楽しいものにしていくことや、自分という人間を更に個性的な存在にしていくことなどができるのでしょう。尚《なお》、ここで私が申しております「何かの文化的な拘《こだわ》り」や「自分独自のライフスタイル」といったものとは、例《たと》えば、「自分の食べるもの」や「自分の着るもの」・「自分の住む所」や「自分の趣味としているもの」・「自分の就いている仕事」や「自分の生きがいとしていること」・「自分が身に付けている礼儀」や「自分が身に付けているマナー」・「自分の普段の話し方」や「自分の普段の生活の中での仕草《しぐさ》」・「自分の友人関係」や「自分の好きな遊び」といったものを全て含めた意味での「自分の抱く文化的な拘《こだわ》り」というものであり、そういったものを全て含めた意味での「自分の備えているライフスタイル」というものであるということになります。スピノザ《Baruch de Spinoza 1632 - 1677 オランダのユダヤ系哲学者「エチカ」「知性改善論」》の言葉になりますが、**『微笑ましい人生を送りたいな**

ら、まずは、**気分の良い生活を身に付けるべきである。』**ということなのです。）

（具体的な例を挙げさせて頂きますと、例《たと》えば、「自分の生活環境を整理整頓しておくということ」や「自分の体を清潔にしておくということ」・「自分の衣服や自分の身嗜《みだしな》みを整えておくということ」・「他人を不快にさせないような態度や言葉遣いを自分がするということ」・「自分が毎日の食事をしっかりと摂るということや決まった時間に自分が充分な睡眠をとるということ」・「毎日、ある程度は自分の体を動かすということ」・「自分が、読書や音楽・絵画や映画などのような文化的な趣味を何か持つということ」・「最低でも一日に一度は自分の部屋の外に出て、太陽の光りや星の光を自分が浴びるということ」・「誰かに挨拶をしたり・誰かと会話を楽しんだり・誰かと協力して何かの作業を行ったり・誰かと一緒に何かを遊んで楽しんだりといったような人間的な交流というものを、自分が日常的にするということ」・「充実した自分の仕事に就くということ」や「自分で納得することができるような自分の生きがいというものを持つということ」・「良い家庭を築くということ」・「良い家族関係や良い人間関係を築くということ」など、こういったことの全てが、自分の「人間性の現れ」であり、自分の「知性の現れ」でもあり、自分の「文化的な拘《こだわ》り」でもあり、自分の「ライフスタイル」でもあるということなのです。尚《なお》、言うまでもないことなのでしょうが、ここで挙げましたようなことは、その種類やその形が無限に考えられる「人間のライフスタイル」や「人間の文化的な拘《こだわ》り」といったもののうちのほんの一例・人間が実際に「健全でバランスの良い人間的で充実した生活」というものを送るために有益であると考えられるような「人間のライフスタイル」や「人間の文化的な拘《こだわ》り」といったものの一例であるに過ぎません。）

（また、先ほど、「太陽の光を一日に一度は浴びること」という「良いライフスタイルを作るための心掛けの一例」を示しましたが、動物としての人間にとっては、「自分が太陽を浴びるということ」が、自分の心を活動的な状態にするためにも・自分の体を活動的な状態にするためにも・自分の毎日の生活のリズムを整えて体内時計をうまく活用するためにも非常に大切なことなのだろうと考えられ、自分の肉体の中でその栄養素を生成するためには自分が日光を浴びるということが必要であると言われている「ビタミンD」という重要な栄養素が欠乏することによって自分が情緒不安定な状態や気力のない状態に陥ってしまわないようにするためにも必要不可欠なことなのだろうと考えられるのです。尚《なお》、人間の生活のリズムというものは、人間の心理的な側面にも非常に大きな影響を及ぼします。例《たと》えば、「昼間に活動をして、夜に休息をとる」という規則正しい生活を送っている人間にとっては、夜というものは非日常の時間であり、夜の自分の活動の中では、昼の自分の活動に比べて、思考がより内向的になり、顕在《けんざい》意識がより希薄になり・感情や欲動に自分がより支配され易《やす》くなり、夢を見ているような精神状態・何かに陶酔しているような精神状態により近くなる場合があります。勿論《もちろん》、こういった人間の心の性質には、脳生理学的に説明したり解釈したりすることができるような「人間の脳の仕組《しく》み」というものが非常に深く関係していると断言することができるのでしょう。また、これは、一人一人の人間の生活時間帯によっても大きく違ってくるようなことなのでしょうが、「論理的な文章や学術的な文章を書くには、頭の冴えている日中や朝方の方が向いており、詩的な文章や散文的な文章を書くには、夕方や深夜の方が向いている」といったことも言えることなのかも知れませんね。）

更に、自分にとって、「自分が過去に犯してしまった過《あやま》ちというものに関してのこと」や「自分が過去に得てしまった苦い体験というものに関してのこと」などが自分自身の抱く強い怖れの意識の対象となってしまっている場合や、「生まれ付いての自分の身体的特徴や自分の身体の障害に関してのこと」・「生まれ付いての自分の裕福さの度合いに関してのこと」などが自分自身の抱く強い意識の対象となってしまっている場合などには、「合理化」と呼べるような価値観の捉え直しを自分がすることが、非常に有効な手段となる場合もあるのだろうと考えられるのです。自分が強く意識をしたところで問題が解決するとは思えないようなことや、その不運を自分が強く呪ったところで問題が解決するとは思えないようなことなどに関しては、「そのことを悩んだり恨んだりしても仕方ないのだから、そのこと以外で良いことを見付けたり楽しいことを考えたりして、自分の人生を前向きに生きよう」・「自分がくよくよしてばかりいても・自分が落ち込んでばかりいても良いことなんて訪れないのだから、もっと自分自身に対して肯定的になって、もっと自分の人生に対して積極的に生きよう」といったことを自分自身に言い聞かせることなどが必要な場合（有効な場合）が、確かにあると言えるのでしょう。

（『**過ぎてしまった不幸を悔やむことは、更に不幸を招く近道である。**』とは、シェークスピア《William Shakespeare 1564 - 1616　イギリスの劇作家　著「ハムレット」「マクベス」》の言葉になります。全ての人間は、「他人の人生というものを歩むこと」も「自分の人生というものを一番最初からやり直すこと」も決してできませんので、誰もが、「自分が現在において生きている自分の人生というものを、歩み続けること」しかできません。故に、全ての人間にできる唯一のことは、「自分が現在においてて生きている自分の人生というものを、できる限り良いものにしようと努力し続けること」だけなのです。大切なことは、「自分の現実の人生というものから目を背けないこと」にあり、「自分の人生を自分の望んでいる人生に近づけるための努力というものを怠らないこと」にあると言えるのでしょう。）

例《たと》えば、「現代医学では治せないとされているような病気を先天的に患ってしまった自分の運命というものを自分が呪ってしまうこと」や「自分の生まれ育った環境が金銭的に裕福なものではなかったことを自分が不幸に思い続けてしまうこと」・「偶然の災難が過去の自分に降り掛かってしまったことを自分が何時《いつ》までも引きずっていること」・「現在の自分が行ってしまう良くない行動の原因というものを、自分が過去に受けてしまった心的外傷（トラウマ）や自分が過去に受けてしまった虐待行為といったもののせいにしてしまうこと」などは、自分自身の心というものを一時的に楽な状態や安全な状態にすることはあっても、最終的に自分の心を強いものにしたり・自分の人生をより良いものにしたり・自分自身を幸せな状態にしたりすることなどには、決して繋《つな》がりません。

（このような「自分に対しての言い訳をすることができるということ」を原因として、少なくない数の人間は、積極的に自分の人生に対して向き合うための「自分の勇気」というものを閉じ込めてしまうことがあるのだろうと思われますし、自分が幸せになれるかも知れない「せっかくのチャンス」というものを見逃してしまうこともあるのだろうと思われます。例《たと》えば、少し特殊な例を挙げさせて頂きますが、カウンセラーという立場の人間がクライアントに対して与えた「そのクライアントの心の中に心的外傷がある」という判断や、精神科医という立場の人間が患者に対して与えた「その患者が現在において行ってしまっている行動の原因の一部に、過去にその患者自身が受けてしまった虐待の経験の影響というものが考えられる」という情報などが、必ずしも、そのクライアントの心やその患者の心を楽にするために役立ってはいないように、私には感じてしまうのです。過去に人間心理に深く関わるお仕事をさせて頂いておりました私の個人的な意見を述べさせて頂きますと、「心理関係の専門職に就いている人間が大切にするべきこと」は、「クライアントや患者が抱いてしまっている心の痛みというものを和らげてあげるということ」だけにではなく、「クライアントや患者が、自分自身の心の中にバランス良く正常に機能する心の仕組《しく》みというものを取り戻すことができるように、また、そのクライアントや患者が、自分自身の人生をポジティブに楽しむことができるように、必要最低限で充分なだけの手助けをしてあげるということ」などにもあるということなのです。

(尚《なお》、関連することとして付け加えさせて頂きますが、「ある人間が、自分の心の悩みや迷い・自分の生活上のストレスや葛藤《かっとう》をカウンセラーに聞いてもらうことだけでも、その人間の心が、随分《ずいぶん》と楽になれる」といったことも、間違いなくあることなのだろうと考えられます。勿論《もちろん》、理想的には、一人一人の人間が、自分の悩みを聞いてもらったり・自分と一緒にストレスを発散したりすることができるような家族や仲間を、心理関係の仕事をする人間に頼ることなく・心理関係の仕事をする人間に代替してもらうことなく、自分のプライベートの中で見付けるべきなのでしょう。)

(また、例《たと》えば、「自分という人間が先天的な障害を持って生まれてくること」などは、「自分自身に不便さを齎《もたら》してしまうこと」ではあるのでしょうが、それが必ずしも、「自分自身の人生を不幸なものにしてしまうこと」であるとは限りません。同様に、「自分が経済的な豊かさや物質的な豊かさを持って生まれてくること」などは、確かに多くの場合におきましては、「自分にとって有利なことや便利なこと」ではあるのでしょうが、それらが必ずしも、「自分自身に幸福を齎《もたら》してくれること」であるとは限らないのです。それに、「自分が幸福を感じる」という人間の心的現象も、人間の心に生じる他の様々な心的現象と同様に、常に主観的なものなのであって、人間の幸福の度合いというものは、「足が不自由な人間は、そうでない人間よりも不幸である」・「両親のいない人間は、そうでない人間よりも不幸である」などといったように客観的に比較することができるようなものでは、決してありません。誰であっても、「人間としての心」というものを自分が抱いて前向きに自分の人生を生きている限り、自分が誰かと支え合ったり・自分が誰かと楽しい時間を過ごしたり・自分が夢を抱いてそれに向けて努力をしていったり・自分がその夢を現実に達成したりすることなどによって、「幸福を感じることができる瞬間」というものは、必ず手に入れることができるものなのでしょう。極論致しますと、ある人間に「命」というものと「心」というものとがある限り、その人間の中には、常に、「無限の可能性」というものが秘められていると言えます。）

大切なことは、「自分が、自分の過去の行いを後悔し続けるということ」や「自分が、過去に自分を傷付けた誰か（自分に虐待をした誰かや自分を傷付けた誰か）を恨み続けるということ」などにではなく、「現在の自分と未来の自分とをより良いものにするということ」や「より良い自分に実際になるために、今の自分がどのような心の持ち方をするべきなのであり、今の自分がどのような行動を心掛けるべきなのかといったことを、自分が真剣に考えるということ」にあり、「そのような自分に実際になるための前向きな努力というものを、自分が怠らないようにするということ」などにあると言えるのでしょう。「自分の過去を作り変えること」は誰にもできませんが、現在というものと未来というものとは、今を生きる者達が、自分達の手によって作り出していくことができるものですからね。

それに、人生というものは、「楽なこと」や「楽しいこと」・「幸せなこと」や「嬉しいこと」ばかりのものでは決してありませんから、「理不尽な現実」というものに自分が耐えながらも、「現在における自分の幸せ」や「将来における自分の成功」・「自分にとって大切な何か」や「自分にとって大切な誰か」などのために、「必要と考えられる決断」や「前向きで地道な努力」といったものを自分が実行する必要が生じる時が、誰の人生においても、間違いなく何度かは訪れるものであると言えるのでしょう。例《たと》えば、「自分の大切な人間の幸せ」や「自分自身の幸せ」といったものを誰かに奪われてしまった時に、自分が、その誰かに対しての「非常に強い敵意（時には殺意）」や「非常に強い憎悪」といったものを抱いてしまうことなどは、「動物としての人間の心の仕組《しく》み」というものから考えるのであれば、間違いなく有り得るようなことなのですが、実際に自分がその誰かに復讐をしてしまったり・実際に自分がその誰かを殺してしまったりすることなどは、最終的に自分自身に良い結果を齎《もたら》すことや自分自身を幸せにすること・自分の大切な誰かに良い結果を齎《もたら》すことや自分の大切な誰かを幸せにすることには、決して繋《つな》がりません。このように、人間というものは、思考やモラルといった「自分の理性」というものによってだけで生きているものではなく、感情や欲動といった「自分の本能」というものによって生きているものでもありますので、「自分が耐えるということ」や「自分が我慢をするということ」は、「自分が抑圧をするということ」と同じく、人間がこの社会の中でうまく生きていくために、多かれ少なかれ必要となることなのです。（一方で、「自分が我慢をし過ぎるということ」や「自分が抑圧をし過ぎるということ」なども、自分自身の心の健康や自分自身の人生に対して、非常に大きな危険を齎《もたら》してしまうことであると言えるのでしょう。)

尚《なお》、先ほど私は、「過去というものは、誰にも変えることができないが、現在や未来といったものは、今を生きる者達が、自分達の手によって作り変えていくことができる」とお話致しましたが、論理的に・厳密に考えて参りますと、全ての人間にとって、「今の自分が変えることができる唯一の存在」は、「現在の自分」だけなのであり、人間は、「現在の自分」というものを変えることができますし、「自分の心の中での過去の自分の捉え方」というものを変えることを通じて、「未来の自分の在り方」というもの（「自分が未来においてどのような自分になりたくて、実際に自分が未来においてどのような自分になるのか」といったこと）を変えていくこともできます。また、そのようにして自分自身が変わり、自分が何かの行動を通じて他の誰かに何かの働き掛けをすることによって、自分以外の誰かを変えることもできるかも知れませんし、今の自分が何かの行動を新しく始めることによって、自分の周囲の多くの人間も、何かの行動を新しく始めてくれるようになるかも知れません。

誰にとっても、そうやって自分自身を変えるということは、「大きな勇気」というものを必要とすることであり、それは時として、「少なくないリスク」というものをも伴ってしまうようなことなのですが、それでも、今の自分が変えることができるのは、「自分以外の誰か」ではなく、「過去の自分」や「未来の自分」でもなく、唯一、「現在の自分」だけなのです。（「自分の拘《こだわ》りや自分の誇り・自分の信念や自分のアイデンティティーといったものを守り続け、自分が自分らしい自分のままで変わらずに在り続けるということ」も、「自分が常に変わり続け、自分が常により良い自分を目指して成長し続けていくということ」も、どちらも素敵なこと・素晴らしいことであり、ケースバイケースに状況を吟味してみることなしには、「どちらがより良いことである」といった判断を簡単にすることができるようなことでは決してありません。）

（また、「自分が変わるということ」に関連するお話として申し上げますが、現実におきましては、「急いで解決する必要のない問題」や「焦って決断をすることによって選択肢を減らしてしまわない方が良いと思われるような問題」といったものも少なくはないのだろうと考えられるのですが、「目の前に見えている問題から自分が目を背けようとしてしまうこと」や、「その問題の解決を自分が後回しにしようとしてしまうこと」などは、時として、大きな危険性を含んでいることでもあると言えます。自分が何かの問題から目を背けようとし続け、その問題の解決を後回しにしてしまうことによって、結果として、その問題が更に複雑な問題・更に困難な問題・更に大きな問題になってしまうことがあるかも知れませんし、何時《いつ》の間にか問題が山積みになってしまうこともあるかも知れません。やはり、多くの場合におきましては、「どんな問題であっても早めに解決しようとしていく」ということが、ベストであると言えるのでしょうね。）

尚《なお》、そうやって「自分が実際に自分自身の何かを変えようとする時」や「自分が実際に新しい何かを始めようとする時」などに一番難しくて一番重要な段階というものは、多くの場合におきましては、「自分が初めの一歩目を踏み出す段階」にあると言えます。自分が「初めの一歩目」というものさえうまく踏み出すことできれば、その後は次々に自然と足が運ばれていくものなのでしょうし、これは他のところでもお話しておりますことなのですが、殆《ほとん》ど全ての労働や作業といったものは、それらの労働や作業を自分が何度も繰り返すことによって、自分が少しずつ慣れていくことができるものなのであり、それらの労働や作業をすることが自分にとっては苦痛に感じないような容易なもの・楽しみながらできるようなものになってくることも多いようなものなのです。ユダヤ教の教典であるタルムードには、**『慣れや習慣は、最初は蜘蛛の巣のように軽いが、継続によって、鋼のように頑丈になる。』**という言葉が書かれておりますし、**『継続は力なり。』**・**『習うより慣れよ。』**といった言葉は、日本の諺《ことわざ》にもあります。(例《たと》えば、現在においてスポーツや音楽といった何かの分野で非常に秀でた能力を持っている人間も、一番最初の段階においては初心者だったのであり、その点では誰も変わらないのです。そして、多くの場合におきましては、その人間の「継続した努力」というものによって、その人間の「秀でた能力」というものが形作られていると断言することができます。)

(この「人間が何かの行動を継続することの効果や人間が何かの行動に慣れることの効果」といったお話に関しまして、「良いこと」の例を少しだけ挙げさせて頂きますと、例《たと》えば、「悪いことをしている誰かに対して自分が勇気を持って注意をするということを一度うまく実行することができた人間は、二度目以降は、もっと簡単にそれができるようになる」ということが言えるのでしょうし、「良くないこと」の例を少しだけ挙げさせて頂きますと、「何かの犯罪を犯してしまうことや薬物に手を染めてしまうこと・浮気や不倫をしてしまうことなどを自分が一度でも経験してしまった人間は、そういった自分の行いに対して自分が心から反省をすることをしない限りは、自分が同じ罪を犯してしまうことや自分が常習犯になってしまうことなどが非常に容易なことになってしまう」ということが言えるのでしょう。尚《なお》、このような「犯罪者心理に関してのお話」には、「Chapter2 - 7」のところで詳しい議論を加えさせて頂きます。）

勿論《もちろん》、ここまでの議論の中で私がお話して参りましたような「人間の抱く意識の力というものの弊害や功罪に対しての解決法や対処法」といったものを現実に人間が行う際には、人間心理に関わる様々な問題というものが複合的に生じてしまうことが決して少なくはないのであり、「人間の抱く意識の力というものの弊害や功罪」といったものを実際に解決していくということが非常に難しいことであるという場合も、決して珍しくはありません。例《たと》えば、ある精神分析学の学説によりますと、「ある人間が意識化することができること（思い出せることや想像できること）」は、「その人間が耐えることができるのだろうと思われる自分自身の心的現象の範囲」に限られます。ですから、自分が抱く「非常に強い怖れの意識」というものの原因を作り出してしまっている「自分自身の心の中に抑圧されてしまっている心的現象（欲動や記憶など）」の中には、自分の備えている心の力だけでは意識化することさえできないようなものもあるのだろうと考えられるのです。このような点を考えますと、「自分が何かの対象に対して抱いてしまっている意識の強さ」というものを現実にコントロールしようとする際には、「心の専門化の助力」というものが必要である場合も少なくはないと言えるのかも知れませんね。

関連するお話として付け加えさせて頂きますが、自分の抱いている欲動というものをあまりにも抑圧し過ぎてしまっており、自分の抱いてしまっているストレスやフラストレーションといったものを発散することをあまりにもできていない人間は、自分の抱いている「抑圧され過ぎた欲動の力」というものから「自分自身の心」というものを守るために（自分自身の心が崩壊してしまうことを避けるために）、時として、「自分の抱いている欲動の力というものを無意識的に弱めようとしてしまうこと」・「自分の抱いている欲動というものを自分が素直に感じることができないようにしてしまうこと」などがあるのだろうと考えられるのです。（この先の「心の病」に関してのお話のところでも言及致しますが、このような「自己防衛的な心的現象」というものが、少なくない数の人間が「鬱《うつ》病」などの状態に陥ってしまう一つの大きな原因となってしまっていると言えるのでしょう。）

考えてみますと、「何かの対象に対して自分が抱いてしまっている非常に強い怖れの意識というものを、自分自身の心の力によってコントロールしようとすること」とは、「自分自身の抱いている強い怖れというものと戦うこと」でもあると言えるのかも知れません。多くの場合におきまして、このような戦い（自分自身との戦い・自分自身の心の弱さとの戦い）というものは、非常に厳しいものとなってしまうようなものなのですが、「自分自身の抱いている怖れ」というものに実際に打ち勝つことができた時には、人間は、一回りも二回りも大きく成長することができるのでしょう。

「人間が何かの対象に対して抱く強い意識」というものに関してのお話を、もう少しだけ続けさせて頂きますが、更に難しいことには、人間が何かの対象に対して（特に、自分が不快に思う何かの対象や自分が不安に思う何かの対象に対して）「意識しないように」と自分の心の中で努めるほどに・人間が何かの対象に対して「意識したくない」と自分の心の中で考えるほどに、自分がその対象に対して抱いている意識というものが、更に強いものとなっていってしまうことがあるのだろうと考えられます。例《たと》えば、自分が抱いている「愛しい誰かに対しての強い恋の気持ち」というものは、自分がその気持ちを意識しないようにと強く思うほどに・自分がその誰かのことを意識しないようにと努めるほどに、「相手を想う自分の気持ちの強さ」というものが増していってしまうということが少なくはないようなものなのです。恐《おそ》らく、その「自分の抱いている恋の気持ちというものの強い意識」から自分自身が逃れるための方法は、例《たと》えば、「自分がその相手に近づいて一緒になること」にあり、「自分の心の中でよく考えて自分の本心を納得させること」にあり、「自分が新しい恋を見付けること」にあり、「恋愛以外に自分が没頭することができる何かを見付けること」などにあると言えるのでしょう。（関連する言葉として付け加えさせて頂きますが、『**ある毒が他の毒によって追い払われるように、ある恋は他の恋によって癒される。**』とは、ドライデン《John Dryden 1631 - 1700　イギリスの詩人・劇作家・批評家　著「アブサロムとアキトフェル」「すべてを恋に」》の言葉です。）

（もっとも、「自分が大好きな誰かに片思いをしている時の自分の気持ち」や「そんな誰かと自分とが友達以上恋人未満のような微妙な関係にいる時の自分の気持ち」などは、必ずしも全ての人間にとって「嫌なもの」や「不快なもの」として感じられてしまうようなものではなく、むしろ、自分が感じることができる「そのような気持ち」というものも、自分が純粋な恋愛というものを真剣に楽しむことができるような「大切な気持ち」であると言えるのでしょうけれどね。）

例《たと》えば、自分が今から眠ろうとする時にも、「自分は眠らなければならない」ということを強く意識し過ぎてしまいますと、逆に、自分がスムーズに眠りに入るということが難しくなってしまう場合があるのです。多くの場合におきましては、自分の気持ちをリラックスさせて、自分にとって楽しいことや自分にとって安らげることを何となく想像している時の方が、人間は、すぐに眠りに入ることができるものですし、むしろ、「これから自分は起きて勉強をしなければならないのに」といったことを考えるなど、「自分の意識の中で、自分が眠りに入ることを何となく拒否すること」によって、逆に、自分がスムーズに眠りに入ることができるようになるという場合も、少なくはないと言えるのでしょう。（どちらにせよ、「肉体の適度な疲れ」と「精神の適度な疲れ」・「規則正しい毎日の生活」と「良い睡眠環境」といった「人間が良い睡眠をとるために有効と考えられる様々な要素」というものが自分に充実している状態の方が、よりスムーズに睡眠に入ることができるようになると言えるのだろうと思います。**『よく働いた日には良い眠りが訪れ、よく働いた人生には静かな死が訪れる。』**とは、レオナルド・ダ・ビンチ《Leonardo da Vinci 1452 - 1519　イタリアの芸術家・科学者》の言葉です。）

次に、例《たと》えば、「自分がダイエットをする」という時にも、「自分は痩せなければならない」と非常に強く意識してしまったり、無理な食事制限を設けて自分を追い詰めてしまったりすることよりも、自分が自然に痩せられるように・結果として痩せている状態に自分が自然となれるように、「理想の自分の像」というものをポジティブにイメージして、自分の毎日の食生活や自分の毎日の運動などを（ストレスを抱き過ぎることなく自分の心に充分な余裕を持てる範囲で）健康に充分に配慮した範囲で見直したりすることの方が、ずっと効果的なことなのだろうと考えられるのです。（勿論《もちろん》、「自分が痩せていることが、自分が外見的に美しいことである」という価値基準は、根拠も普遍性もない非常に偏ったものですし、「自分が外見的に美人であることや自分が痩せていることなどよりも、自分が心身ともに健康であることなどの方が、人間にとって遥《はる》かに大切なことであり、自分の魅力を高めることにも・自分が幸福を掴み取ることにも繋《つな》がるようなことである」ということは断言することができることです。少なくとも、自分の健康を害してまで自分が痩せようとすることなどは、何らかの理由があるとしても、多くの場合には決してするべきことではありません。）尚《なお》、多くの種類の「心の病」に関しての治療というものも、「何時《いつ》の間にか治っている」というような状態にもっていくことが、最も理想的なのだろうと考えられます。「人間の自律神経のバランス」や「人間の意識の強さ」といったものに関しての問題は、このように非常にデリケートで繊細な面を持っている問題であると言えるのでしょう。

例《たと》えば、自分が大切な何か（何かの重要な試験や大きな舞台での何かの発表など）をする際にも、「自分が失敗することを意識してしまわないように」と努めれば努めるほどに、「自分が失敗をしてしまうことに対して自分自身が抱く意識の強さ」というものが増していってしまい、更に自分が緊張してしまったり、更に自分が上がってしまったりする場合があります。自分が「自分の抱いている強い怖れ」というものから目を背けようとすることや「自分の抱いている強い怖れ」というものに無理に抗《あらが》おうとすることによって、少なくない場合におきまして、自分の抱いている「その怖れ」というものは、より大きなもの・より強いものとなっていってしまうのです。ですから、そういった時には、「自分がその対象を強く意識してしまわないように」と自分自身に重圧を掛けるほどに無理に努めたりしてしまうのではなく、自分がその対象のことを意識しないでいられるような状態に自然となれるように、「その対象以外で自分が集中することができる何かを見付ける」ということや「自分の抱いている怖れというものに対しての自分の心のスタンスを変えていく」ということなどが大切なことであると言えるのでしょう。（勿論《もちろん》、こういったことの一方で、例《たと》えば、音楽やスポーツなどの分野に関しては特に、「適度な緊張」や「適度なプレッシャー」といったものを自分が受けているからこそ、自分が実際に「何かの舞台での発表」や「何かの大切な試合」をする本番の時に、練習の時以上に良い演奏や素晴らしいプレーをすることができるのだろうということも考えられます。）

（例《たと》えば、人間は、「大切な何かのこと」を自分がする時には、それを行う前のリハーサルや練習などを自分が充分に行うことによって、自分自身に「より大きな自信」というものを持たせることができますし、「本番において自分が失敗をしなくて済む可能性・成功することができる可能性」というものを高めていくこともできるはずです。同様に、自分が緊張し過ぎてしまわずに「その大切な何かのこと」を自然体で行うことができるように、気休めとしてのおまじないを行ったり・普段から自分が習慣にしている体操をしたり・「その大切な何かのこと」以外の対象に自分の意識を集中させたり・楽しいことを考えて自分の強過ぎる意識を紛らわせたりすることなども、時には効果的なことであると言えるのでしょう。人間の脳というものも、その機能的な限界や制約というものを備えているものですので、「同時に複数の心的現象を自分自身の心の中に生じさせること」や「同時に複数の物事を強く意識すること」などには限界があるのであり、故に、「自分が意識的に他の何かを考えたり自分が意識的に他の何かを感じたりすること」や「自分が意識的に少し複雑な指の運動をすること」などによって、「ある対象に対して向けられてしまっていた自分自身の抱く非常に強い意識というものを弱めていくということ」などを実現することが可能なのです。このような考え方やアプローチは、「自分のするべき何かの行動」や「自分のするべき何かの仕事」などに対して自分自身が抱いてしまっている「自分はそれをやらなければならない」という強迫的な強い意識に自分の心を支配され続けてしまうことで、自分が「極度の緊張」や「強いストレス」といったものを恒常的に感じるようになってしまい、例《たと》えば、自分が「受験勉強に対してのノイローゼ」や「好きでもない仕事に対してのノイローゼ」などの状態に陥ってしまわないようにするためにも、大切なものであると言えるのだろうと考えられます。）

（逆に申しますと、少なくない数の人間は時として意識的または無意識的に、「何かの対象に対して一生懸命な自分」であろうとすることによって、自分が現在において抱えてしまっている不安や悩みといったものから一時的に逃避しようとしてしまうこともあるのです。例《たと》えば、深い悩みや大きな不安を抱えてしまっている状態にある人間が突然に陥る非常に強い恋愛感情というもののうちの少なくない一部分は、とても自己防衛的でとても逃避的な恋や愛の形なのでしょう。）

「自分の抱く強い怖れの意識の対象となるもの」・「自分に不快の感情や不安の感情を与えてくるもの」などを人間が非常に強く意識するということは、野生動物であった時の人間にとっては、危険から自分の身を守るために（また、「自分の抱く怖れの意識の対象となるもの」・「自分の抱く不安の感情や不快の感情の対象となるもの」を自分が排除したり、その対象の齎《もたら》す危険というものから自分が逃れたり、その対象に対して自分が注意を払ったりすることができるようになるために）必要であったことなのだろうと考えられます。「人間が失敗を強く怖れることで、緊張をしてしまう」ということなども、普段よりも自分の脳の活動というものを更に活性化させて、自分にとって困難なことを乗り切ろうとする「意識というものの仕組《しく》み」によることなのであり、種の保存という生命の目的を達成するために形成されている「人間の生得的な心の仕組《しく》みの一つ」と呼べるようなことなのだろうと考えられるのです。

ですが、このような「意識というものの仕組《しく》み」を自分達が備えているからこそ、私達人間にとっては、少なくない場合におきまして、自分が楽に生きるということが難しくなってしまうということも、恐《おそ》らくは事実として言えることなのでしょう。「Chapter1 - 3」の「欲動」に関してのお話のところでも申し上げましたことなのですが、**『人間の心の仕組《しく》みというものは、その人間が楽に生きられるように・その人間が生き易《やす》いように作られているのではなく、その人間が個人としては多少苦しんだり悩んだりしながらも、結果として生き延びることができるように・結果として子孫を残すことができるように作られている。』**ということなのです。

（「強い感情を自分に抱かせるような体験の記憶というものを自分が印象深く憶えておくということ」も、野生動物としての人間にとっては、「命に関わるような危険な体験というものを自分が印象深く憶えておくことによって、自分の身の安全を守れるようになること」や「栄養豊富な食料を得ることができた体験というものを自分が印象深く憶えておくことによって、自分が食料を確保し易《やす》くなること」などのために必要な心の仕組《しく》みであったのだろうと考えられます。この仕組《しく》みがあることによって、私達人間は、「とても楽しかったことの思い出」や「とても嬉しかったことの思い出」などを印象深く憶えておくことができるのですが、それとともに、「とても怖かったことの思い出」や「とても辛《つら》かったことの思い出」・「とても悲しかったことの思い出」や「とても淋しかったことの思い出」などもずっと憶えておかなくてはなりません。また、このような「記憶というものの仕組《しく》み」があるからこそ、少なくない数の人間は、「自分が過去に得てしまった恐怖体験」や「自分が過去に得てしまった心的外傷」などを原因として、「恐怖症」や「PTSD」といった呼称で呼ばれる「心の病」に悩まされる結果になってしまうということも、恐《おそ》らくは言えるのだろうと思われることなのです。）

勿論《もちろん》、ここまでのお話の中でも何度か例示しておりますように、「自分が何かの対象のことをある程度まで強く意識する」ということが、時として、自分自身にとっての非常に大きな力となり得るということも多くあります。例《たと》えば、自分が「大切な何かのこと」をする前に、「自分は必ずできる」と自分自身に言い聞かせることによって、自分が普段よりも更に大きな能力を発揮することができるようになるという場合が有り得ると言えるのでしょうし、自分が「やらなければならない何かの仕事」をする時にも、「その仕事のことを好きになろう」と自分で意識することによって、その仕事を自分が楽しみながらできるようになるということも有り得ると言えるのでしょう。

何かの趣味や何かの仕事を自分が新しく始める時にも、「それを好きになろう」という意識を持つことや、「それに対して興味を持とう」という意識を持つことなどは、とても大切なことであると言えます。『**好きこそものの上手なれ。**』という日本の諺《ことわざ》がありますように、自分が何かの物事を好きになることは、自分がその物事を得意になっていくための最も良い近道になることなのです。また、自分が不安を抱えてしまっている時や自分が悲しい気持ちになってしまっている時などにも、「楽しいこと」や

「嬉しいこと」・「幸せな体験をした時のこと」や「自分が成功した時のこと」などを意識的に想像したり思い出したりすることによって、多くの場合におきましては、人間は、自分の心を比較的前向きな状態に保ち続けることもできます。このような形で自分の意識の力をうまく利用しようとすることとは、「ポジティブな意味での自己暗示を掛けること」でもあると言えるのかも知れませんね。(「自分が何かを夢見ること」や「自分が何かを想像すること」は、「自分が何かを実現すること」や「自分が何かを達成すること」への第一歩となります。)

その他の非常に多くのことに関しても、「自分の心の持ち方」・「自分の心の在り方」・「自分の心のスタンス」といったものは、とても大切なものであると言えるのです。例《たと》えば、「多くのことに対して興味を持てるような心構え」・「多くのことを好きになれるような心構え」・「多くのことを楽しめるような心構え」といったものをしているだけで、人間は、自分の人生というものを、より楽しみながら・より充実させながら生きることができます。逆に、「多くのことに対して興味を持たないような心構え」・「多くのことを好きにならないような（多くのことを拒絶してしまうような）心構え」をしているだけで、人間は、自分の人生というものを、とても淋しくて退屈なもの・とても無意味でつまらないものとして感じるようになってしまうものなのでしょう。

(例《たと》えば、自分が何かの勉強をする時には、「嫌々ながらその勉強をすること」よりも、「楽しみながらその勉強をすること」の方が、自分自身にとってずっと得なことであると言えますし、自分が何かの仕事をする時にも、「強い義務感を覚えながらその仕事をすること」よりも、「その仕事の中に何かの楽しみを見出しながら・その仕事の中に大きなやりがいを感じながらその仕事をすること」の方が、自分自身にとってずっと得なことであると言えます。こういったことが、「ポジティブシンキング」や「前向きな考え方」といった言葉で呼べるようなことなのであり、実際にも多くの場合におきましては、人間は、このように前向きに・ポジティブに考えて行動をした方が、ずっと能率的になれるものなのです。人間というものは、「ネガティブなことを自分が考え続けること」によって、実際の自分の気持ちもネガティブな方向に傾いていってしまうものですし、「ため息を自分が多く吐くこと」によって、実際の自分の気持ちも更に落ち込んでいってしまうものです。「自分が前向きな気持ちであり続けるということ」こそが、「現実に自分が前向きな生き方をしていくということ」にも繋《つな》がると言えます。）

勿論《もちろん》、人間の現実の人生におきましては、様々な制約（時間的な制約や金銭的な制約など）がありますので、自分にとって「より大切な何か」を重視するためや自分にとって「より重要な何か」を守るために取捨選択をすることが必要な場合も、実際には少なくはないのだろうと考えられます。例《たと》えば、「自分にとって非常に大切な家族」というもののために「自分の友人関係」というものを少しだけ犠牲にすることや、「自分にとって非常に大切な仕事」というもののために「自分の趣味」というものを少しだけ犠牲にすることなどは、多くの人間にとって、時として必要になってしまうようなことなのでしょう。ですが、基本的には、例《たと》えば、「自分が始めて出会った何かの物事」に対しては、「拒絶しようとすること」よりも先に「受け入れようとすること」・「無視しようとすること」よりも先に「興味を持とうとすること」が大切であり、例《たと》えば、「自分が初めて出会った誰か」に対しては、「嫌いになろうとすること」よりも先に「好きになろうとすること」が大切であり、例《たと》えば、「自分が何か（スポーツや音楽でもそうですし、何かの仕事や何かの趣味でも同様です。）を初めてやってみる時」には、「情熱を傾けたり真剣に取り組んだりすることに意味を見出さずに、手を抜いてしまうこと」よりも「自分が積極的に楽しもうとすること」が大切であり、「できるだけ安全な道やできるだけ楽な道を探すこと」よりも「自分が素直に全力でぶつかってみること」などが大切であると言えるのだろうと、少なくとも私には、そのように思えるのです。（多くの場合におきましては、「臆病過ぎる人生」というものには、「無謀過ぎる人生」というものと同様に「多くの後悔」というものが付《つ》き纏《まと》ってしまうものなのでしょう。）

（尚《なお》、これは、デール・カーネギー《Carnegie Dale 1888 - 1955　アメリカの社会評論家　著「人を動かす」「カーネギー名言集」》の言葉からの引用になりますが、『**自分が嫌いな誰かのことを好きになるための簡単な方法が一つあり、それは、相手の特徴の中で好感の持てるところや長所と思えるようなところを見付けることにある。どんな相手であっても、長所や良いところは何処《どこ》かに必ず見付かるものである。大切なことは、相手の欠点や相手の悪いと思われるところ・相手の短所や相手の好感の持てないようなところばかりに気を取られてしまわずに、相手の良いところや相手の長所などを意識して探し出そうとしてみることにあるのだ。**』ということも、一人一人の人間が、現実の自分の人生において「良い家族関係」や「素晴らしい友人関係」・「社会における円滑な人間関係」といったものを形成したり維持したりしていく上では、とても大切なことであると言えるのだろうと思います。現実にも、人間は、少なくない場合におきまして、「自分が誰かのことを嫌いになってしまうこと」を通じて、「その誰かの持ち物やその誰かの考え方・その誰かの価値観やその誰かの関係者などの全てが嫌いになってしまうこと」・「その誰かの行動やその誰かの生き方などの全てを否定するようになってしまうこと」などがあるものなのです。私達は、「冷静な判断をするための能力」や「公正な判断をするための能力」といったものを失わないようにするために、「自分自身の立場の視点や気持ち」と「相手の立場の視点や気持ち」と「第三者の立場の視点や気持ち」との三つを、時々意識してみる必要があると言えるのだろうと思います。尚《なお》、逆に申しますと、「人間が誰かを嫌いになるための簡単な手段の一つは、その誰かの備えている短所や悪いところ・自分が好きになれないところや自分が嫌悪してしまうところなどを意識して探し出してみることにある」ということも言えることなのかも知れませんね。人を許すことや人を許容することができないことなどは、多くの場合におきましては、自分の弱さや自分の欠点によることでもあると考えるべきなのでしょう。）

また、「感じること」や「考えること」・「知ること」や「望むこと」といった自分の心の動きというものを素直に意識してさえいれば（例《たと》えば、自分が何気なく散歩をしている時にも、「自分の耳に聞こえてくるもの」や「自分の目に映るもの」・「自分の肌に触れるもの」などを具体的に意識し、「動いている自分の体」というものを意識し、「何かを感じたり考えたりしている自分の心」というものを意識していれば）、人間は、自分の普段の生活の中のいろいろな小さなところに、「楽しみ」や「幸せ」といったものを無限に発見することができるものなのでしょう。この「日常的な楽しみ」や「当たり前の幸せ」といったものに私達が気付くことができないのは、私達自身が「自分の心の動き」というものを無視しがちになってしまっているからにほかならないのです。

人間にとって、「自分が、どんな対象から何を感じることができるのか」ということは、全ての場合におきまして、その対象を感じる自分自身の心の持ち方次第なのでしょう。（『**身の上に起こる幸不幸というものは、その大きさによってではなく、我々の感受性に応じて、我々の心を動かす。**』とは、ラ・ロシュフーコー《Francois de La Rochefoucauld 1613 - 1680 フランスのモラリスト》の言葉になります。）例《たと》えば、自分の抱いている考え方を少しだけ変えてみたり、何時《いつ》もよりも大きな視点から物事を見てみたり、何かの体験を通じて自分自身が少しだけ成長したりすることによって、人間は、今までは気にも止めていなかったような様々なものが興味深く見えるようになったり、これまでは何となく聞き流していたような様々なものから多くのことを感じられるようになったりするものなのです。例《たと》えば、「空の広さ」や「星の美しさ」・「風の心地良さ」や「太陽の光りの温かさ」などを素直に強く感じられるような心というものを持ち続けることで、多くの人間は、自分の人生というものをもっと豊かなものに・自分の毎日の生活というものをもっと充実したものにすることもできるのでしょう。

（「雨の日には雨を楽しみ、風の日には風を楽しむ」・「季節の移り変わりを敏感に感じ、それを素直に受け入れる」・「自分に与えられた全ての機会を可能な限り楽しみ、自分に与えられた小さな幸運を素直に喜ぶ」・「偶然のこととして自分に与えられた誰かとの出会いや何かのチャンスを、運命として大切に扱う」といったようなことが、自分が「より充実した生き方」を実現するために大切であると考えられる心構えの少しの例として挙げられるのだろうと思います。）

「自分の人生や自分の毎日の生活といったものが、退屈なもの・つまらないもの・下らないもの・無意味なものとして自分自身に感じられてしまうのか、それとも、充実したもの・興味深いもの・楽しいもの・有意義なものとして自分自身に感じられるのか」といったことも、全ては、自分自身の心の在り方によって非常に大きく変わってくるようなことなのです。『**自分自身と付き合う術を心得ている者は、退屈を知らない。**』とは、エラスムス《Desiderius Erasmus 1466 - 1536　オランダ出身の人文学者　著「愚痴神礼讃」》の言葉になります。（一人一人の人間の心の中で行われる「心的現象の形成」ということに関してのお話は、「Chapter1」のところで議論させて頂きましたが、人間は、自分の心の中で意識的に「自分自身の心の在り方」・「自分の心の内外で生じている現象に対しての捉え方」・「自分の心の内外に存在している対象に対しての考え方」といったものを変えることによって、自分の感覚や自分の感情・自分の思考や自分の欲動といったものを、ある程度まで自由に操作したり作り出したりすることさえできるのです。）

次に、先ほどに少し触れさせて頂きました「強迫観念」や「心的外傷」といったものに関してのお話に関連致しまして、現代において少なくない数の人間が陥ってしまっている（少なくない数の人間から幸せを奪い去ってしまっている）と考えられます「心の病」というものに関してのお話を、基本的な考え方に関しての範囲に限って議論させて頂きたいと思います。

尚《なお》、誤解を避けさせて頂くためにも先に申し上げておきたいのですが、これから私が考察させて頂きます「心の病」というものには、「遺伝的な影響（先天的な影響）を原因として人間に発症してしまうもの」・「事故や病気（脳卒中や脳梗塞など）による物理的な脳や身体へのダメージを原因として人間に発症してしまうもの」・「摂取する栄養が極端に偏っていたことや極端に不足していたことで、自分が情緒不安定な状態や自律神経のバランスの崩れた状態になってしまったことを原因として人間に発症してしまうもの」・「薬物の乱用やアルコールの過剰摂取によって一時的に（または永続的に）脳の機能に障害を生じさせてしまったことを原因として人間に発症してしまうもの」などを考慮の対象に含んではおりません。（例《たと》えば、一般に「自閉症」と呼ばれる心の病は、後天的な要因による発達障害としてのものでは決してなく、脳の一部分の先天的な機能障害という遺伝的な要因によって発症するものであり、自分自身の抱く強い心や周囲の人間の献身的な協力によって症状の改善をすることや日常生活への適応のための工夫をすることなどは充分に可能であっても、根本的な治療方法というものは確立されてはいないと言われています。）

また、「人間の年齢の増加に伴って促進される肉体の変化や脳内の変化によって、脳内のホルモン分泌のバランスや脳内麻薬物質の分泌のバランスが崩れてしまったこと」を原因として生じてしまうことがあるのだろうと考えられる「更年期障害による鬱《うつ》病」というものや、「人間の年齢の増加に伴って促進される脳細胞の死滅や脳の機能不全」を原因として生じてしまうことがあるのだろうと考えられる「老人性痴呆」というものなども、これから私が考察させて頂きます「心の病」というものの対象には含まないことにさせて頂きたいと思います。勿論《もちろん》、「薬物の投与や脳の活動の活性化のためのアプローチ・家族の愛情や周囲の人間の優しさ・自分の陥っている状況というものを改善させていこうとする（自分自身の抱いている）強くて真っ直ぐな意志といったものが、治療や症状改善のための非常に重要な鍵となる」という点では、「遺伝的な影響による心の病」や「脳の老化を原因とする心の病」といったものと、私がこれから考えて参ります「心の病」というものとは、同じ特徴を持つものであると言えるのでしょう。

それでは、根本的なことに関してのお話から展開させて頂きますが、人間の精神的成長の過程において、「その人間の周囲の環境における要因」や「その人間の人間関係における要因」などにより、その人間自身の心の仕組《しく》み（欲動や思考・感覚や記憶・感情や意識の仕組《しく》み）に何らかの障害が生じてしまうということ（正常とされる心の仕組《しく》みの一部をその人間自身が失ってしまうということ）が、その人間が様々な「心の病」というものへと陥ってしまう原因となることなのだろうと考えられます。

ですから、ここで私が申しております「心の病」というものは、「思考の障害（心の内側の様々な要素を使用して思考をする段階における障害）」や「記憶の障害（記憶の貯蔵と使用における障害）」・「感情の障害（感情の発生と表出における障害）」や「欲動の障害（欲動の発生と解消や昇華における障害）」・「感覚の障害（感覚器の障害ではなく、感覚器から得られた刺激を脳が情報として解釈する段階における障害）」や「意識の障害（どのような対象に対して、どれくらい強い意識を持つのかということにおける障害）」などによって生じてしまうと考えられるものなのです。また、この「障害」という言葉も、「正常」と考えられる人間の心の仕組《しく》みとの違いの「程度の差」によって判断されている言葉であると言えるのでしょう。

（脳の中にある「全身の筋肉の伸縮を司っている部分」や「全身の感覚器からの情報の取り入れを司っている部分」が経験的且つ心理的な要因によって機能不全に陥ってしまったことなどを原因とする「身体機能の喪失」・「四肢の麻痺」・「全身の感覚の麻痺」といった「運動障害」というものも、「脳内の部分的な機能障害や機能不全を原因としている」という共通点から考えるのであれば、ここで私が申しております「心の病」というものの中に含むことができるものであると言えます。）

例《たと》えば、「幼児期において自分自身の心的現象を抑圧し過ぎてしまうということ」によって、人間が様々な「心の病」というものに陥ってしまうことがあるのだろうと考えられます。単純化して説明させて頂きますと、「自分の欲動や感情を過度に抑圧し過ぎてしまうこと」によって「抑鬱神経症」や「ヒステリー」などの症状が自分に生じてしまう場合があり、「自分の記憶を過度に抑圧し過ぎてしまうこと」によって「解離性同一障害」や「記憶喪失」などの症状が自分に生じてしまう場合があり、「自分の思考を過度に抑圧し過ぎてしまうこと（思考することを怠ることで、脳が充分に鍛えられなくなってしまうこと）」によって「注意欠陥多動性障害（ＡＤＨＤ）」などの症状が自分に生じてしまう場合があり、「自分の意識を過度に抑圧し過ぎてしまうこと」によって（過度の抑圧を行った反発として、自分の意識の力が異常なほどに強くなってしまったことを原因として）、「被害妄想」や「対人恐怖症」などの症状が自分に生じてしまう場合があるといったように考えることができるのでしょう。（人間が陥ってしまう「心の病」というものは、その多くの場合が、「精神的発育障害」や「精神的発達障害」とも呼べるようなものなのです。また、勿論《もちろん》、現実の人間の脳の中では、例《たと》えば、「自分の感情の抑圧や自分の欲動の抑圧を過度に行ってしまうことを原因として、非常に強い感情の力というものの影響から自分が逃れるために・不快の感情を恒常的に感じることで自分の心や自分の体が蝕《むしば》まれていってしまうことを避けるために、自己防衛を目的として自分の脳内の仕組《しく》みの一部分が変化してしまい、脳内麻薬物質の一つであるセロトニンの分泌量が低下することによって、鬱病が発症してしまう」といったように、物理的な変化・脳生理学的に解釈することができるような変化に伴って、心の病が発生しているのだろうと考えられます。)

(もっとも、実際に生きている一人一人の人間の心の中では、そんなに単純に何かの「心の病」というものが発症してしまう訳ではなく、現実的に考えますと、「自分の抱いている様々な種類の心的現象を強烈に抑圧してしまうこと」・「何かの体験や何かの対象に対して自分が非常に強い怖れを抱いてしまうこと」・「自分が心の中にストレスやフラストレーションを蓄積させ過ぎてしまうこと」といった様々な要因が複合的に組み合わされた結果として、「何かの心の病の症状」というものが人間の心の中に形成されてしまうということなのでしょう。尚《なお》、「心の病」というものに関してのこのような考え方は、私が現段階で考えている理論・私が現段階で信じている理論であるに過ぎず、これは、精神分析学上の通説や精神医学上の通説などとは、必ずしも合致するものではありません。)

勿論《もちろん》、「自分の抱いている心的現象というものを過度に抑圧してしまうこと」だけが、人間の心の中に様々な「心の病」というものを発症させてしまう唯一の原因であるということでは決してありません。例《たと》えば、「自分の生活環境が大きく変化することで、自分が非常に大きなストレスを受けるようになってしまうこと」を原因として、自分が一時的に「情緒不安定な状態」に陥ってしまうということも有り得るのだろうと考えられますし、「自分が、社会的価値観の獲得や自分の信念の形成などを殆《ほとん》ど達成することができなかったこと」を原因として、自分が「行動障害」や「人格障害」と呼ばれるような状態に陥ってしまうということも有り得るのだろうと考えられます。

また、「何かの対象や何かの記憶などに対して、自分が非常に強い怖れの意識というものを抱いてしまうこと」を原因として、自分が「強迫観念症」や「恐怖症」・「心的外傷後ストレス障害（ＰＴＳＤ）といった呼称で呼ばれるような心の病の状態に陥ってしまうということも有り得ると言えるのでしょう。このことは、自分が「自分自身の現実の人生経験の中で強い怖れの意識というものを抱いてしまった場合」に限ってのお話ではなく、例《たと》えば、自分が「テレビで衝撃的な映像を見てしまったこと」や「自分の知人が突然の事故によって死んでしまったこと」が自分自身にとっての恐怖体験となってしまうという場合なども、充分にあるのだろうと考えられます。（尚《なお》、言うまでもないことなのかも知れませんが、何かの事故や何かの事件を切っ掛けとして自分が自分自身の心に中に負ってしまった「心の傷・心的外傷」というものも、「時間が経過していくのを待つこと」や「自分以外の誰かの優しさに触れること」・「何かの大きな喜びや何かの大きな感動を自分が得ること」などによって、少しずつ癒していくことができるようなものなのでしょう。『**時の流れは、苦痛や争いを癒す。**』とは、パスカルの言葉になります。）

更には、自分が「自分の抱いている欲動のベクトルというものを充足したり昇華したりすることがあまりにもできなかったこと」を原因として、自分自身が何かの「心の病」というものに陥ってしまうということなども、考えられることです。例《たと》えば、「子供の頃に誰かから愛情を与えてもらうこと」があまりにもできなかった人間は、自分の抱いている「自分が誰かに愛されたい」・「自分が誰かを愛したい」・「自分が誰かに愛されたかった」・「自分が誰かを愛したかった」といった非常に強い欲動を充足すること（埋め合わせること）を目的として、精神分析学で言われる「自己愛的な神経症の症状」というものを発症してしまうことがあると考えられます。

動物としての人間の心の仕組《しく》みから考えましても、人間が抱く様々な種類の欲動の中でも特に、「自分が誰かに愛されたい」・「自分が誰かを愛したい」といった欲動というものは、非常に強い欲動であると言えるのでしょう。何故なら、人間社会においても大自然の世界においても（特に大自然の世界においては）、全ての人間にとって、子供の頃の自分が生き残るためには、「自分が家族や仲間から愛してもらうということ」が絶対に必要な条件になるのだろうと考えられますし、大人になった自分が子孫を残すためには、「自分が異性と相互に愛し合うということ」や「自分が家族を愛するということ」などが絶対に必要な条件になるのだろうと考えられますので、「自分が誰かに愛してもらうということ」や「自分が誰かを愛するということ」なくしては、人間が「自分の種を保存すること（生命としての自分の目的を達成すること）」ができなくなってしまうのだろうと考えられるからです。「自己愛的な神経症の症状」というものを自分の心の中に発症させてしまう人間は、誰も自分のことを充分には愛してくれなかったので・自分が誰のことも充分には愛することができなかったので、自分で自分自身のことを愛そうとすることによって、自分の抱いている「自分が誰かに愛されたい」・「自分が誰かを愛したい」といった非常に強い欲動の渇きというものを癒そうとしているのだろうと考えられます。（尚《なお》、このように「子供というものは、非常に非力なものなのである」ということが言える一方で、「自分の泣き声一つで多くの大人達を支配することができるということ」や「自分の笑顔一つで多くの大人達を幸福な気持ちにさせてあげられるということ」・「自分の存在によって自分の家族の仲を円滑なものにすることができるということ」などを考えれば、「子供というものは、非常に大きな力を備えているものなのである」ということも断言することができるのでしょう。）

（恐《おそ》らく、殆《ほとん》ど全ての種類の「心の病」というものを予防したり治療したりするための最も大切な要素・最も効果のある薬とは、「自分の周囲の人間の優しさ」や「自分の周囲の人間の愛情」といったものなのです。特に、夫婦の関係や親子の関係・恋人の関係や友達の関係での「愛情」や「優しさ」といったものは、考え方によっては、「空気」や「食料」といったものと同じように、多くの人間にとっては非常に当たり前のものであると同時に、全ての人間にとって必要不可欠なものでもあり、これらは、「副作用が少しもない最良の薬」・「人間の恒常性・ホメオスターシスを崩してしまう可能性というものを一切持たない薬」であるとも言えるようなものなのでしょう。尚《なお》、「愛や優しさ」といったものの基準に関してのお話は、「Chapter2 - 3」のところで議論しております通りです。）

その一方で、これは言うまでもないことなのかも知れないのですが、全ての人間は、自分の心に「ある程度の柔軟性」や「ある程度の自己治癒的な回復力」のようなものを備えておりますので、「自分の抱いている心的現象を過度に抑圧してしまうこと」や「自分が非常に強い恐怖体験を得てしまうこと」などが、必ずしも直接的に様々な「心の病」というものに結び付いてしまうという訳ではなく、むしろ、

「自分の抱いている心的現象を適度に抑圧すること」や「自分が多少の刺激的な体験を得ること」などは、全ての人間にとって、自分が社会に順応していくためにも・自分が人間らしい心の仕組《しく》みというものを形成していくためにも・自分の心を豊かなものに成長させていくためにも必要なことであると言えます。

「自分が非常に強烈な恐怖体験を得てしまった場合」や「自分の抱いている様々な心的現象を過度に抑圧し過ぎてしまった場合」・「自分の心の中にストレスやフラストレーションといったものを過度に蓄積し過ぎてしまった場合」などにおきまして、人間は、自分自身の心が崩壊してしまうことを防ぐ目的で、様々な「心の病」の症状を自分自身の心の中に発症させてしまう（心理的な自己防衛を目的として自分自身の脳の仕組《しく》みの一部を変質させてしまう）場合があるということなのでしょうし、「自分が周囲の人間の愛情（特に家族の愛情）を充分に受けることができなかった場合」や「自分が充分且つ適度な程度の仕付《しつ》けを受けることができなかった場合」・「自分が良い教育や養育を受けることができなかった場合」などにおきまして、人間は、「自分自身の精神構造を社会に生きる人間として充分に発達させられなかったこと」や「自分自身の心の仕組《しく》みを大人の人間として充分に成長させられなかったこと」を原因として、社会にうまく適応することができずに、「行動障害」や「人格障害」と呼ばれるような状態に陥ってしまう場合があるということなのでしょう。そして、殆《ほとん》ど全ての種類の「心の病」というものは、ここで私が申し上げておりますような形の発症原因によって説明することができるものなのだろうと考えられます。このことは、最近になってその名称が使われ始めている「ＡＤＨＤ」や「ＳＡＤ」といった新しい種類の「心の病」に関しても同様に言えることなのであり、「それぞれの心の病の名称」というものは、「それぞれの心の病の症状」や「それぞれの心の病の原因」・「それぞれの心の病の治療法」といったものを考えるための「便宜的な意味での名称」であり、「便宜的な意味での分類」であるに過ぎません。

（それに、例《たと》えば、「自分の子供を平気で虐待してしまう人間」や「自分が誰かを殺すことに対して罪悪感を全く感じることができない人間」・「経済的な理由で自殺をしてしまったり誰かを殺してしまったりする人間」や「自分の子供を産み育てるということを自分自身の人生の目的の重要な一つの部分として考えることができない人間」なども、「生物としての人間の心の仕組《しく》み」というものから考えれば、「異常」と呼べるような状態なのであり、そのような状態は既《すで》に、考え方によっては「心の病」として認識することができるような状態であるとも言えるのです。）

尚《なお》、ここで私が例示致しました様々な種類の「心の病」というものの治療法や症状改善のためのアプローチの方法と致しましては、通説通りに申しますと、「薬物療法」や「精神分析療法」・「森田療法」や「行動療法」・「集団療法」や「ピアカウンセリング」・「回想法」や「音楽療法」といったものが有効であると言われているのですが、「これらの治療法というものを詳細に説明すること」や「様々な種類の心の病というものに関しての具体的な症例を示すこと」などは、この本の中で私が中心的な目的としていることとは完全に違ってしまいますので、そのようなお話をここで詳しく述べることは致しません。

（その名称から意味や内容が想像し難《がた》いと思われます「心の病に対してのアプローチの方法」に限定致しまして、そのアプローチの意味や内容を簡単に説明させて頂きたいと思います。まず、「森田療法」とは、大きな問題があると考えられるような精神的発育の過程を経て、現在において既《すで》にある程度まで肉体的に成長している「何かの心の病を抱えてしまっている人間」に、幼児期からの理想的な精神的発育の過程というものを擬似体験させてあげることによって、その結果として、その人間の心の中に「バランスのとれた精神構造」というものを取り戻すことを目的としたアプローチであり、一種のプレイセラピーです。次に、「ピアカウンセリング」とは、「何かの心の病」や「何かの心の傷」といったものを抱えてしまっている人間が、同じような心理的境遇にある人間とのコミュニケーションをとることなどによって、「自分だけが辛《つら》い思いをしている訳ではない」ということを理解したり、お互いに分かり合うことでお互いの気持ちを癒し合ったり、お互いに励まし合うことで自分自身の心にも勇気と力とを与えたり、自分達が得てしまっている心の病や心の傷に関しての具体的な対処の方法や治療の方法を共同の思索によって捜し求めたりすることなどを目的としたアプローチであると言えるのだろうと思います。）

（「回想法」とは、ある人間が過去に体験した「楽しかった時の思い出」や「幸福だった時の思い出」などを、もう一度その人間本人に思い出してもらうことによって、その人間の心の中に「喜びの感情」や「幸福の感情」といったものを喚起させ、その結果として、その人間の心の疲れを癒したり・その人間に前向きに生きるための心の力を取り戻させたりするといったことを目的としたアプローチです。次に、「音楽療法」というものには、大きく分けて二種類の方法があると考えられるのですが、まず、その一種類目は、ある人間に「音楽を聴いてもらうこと」を通じて、その人間自身の心の中に何かの感情を喚起させたり・その人間自身に心地良い思いをさせたり・その人間自身に感動を感じさせたりすることなどを促し、その結果として、その人間自身の心の中に「バランスのとれた精神状態」というものを取り戻すことを目的としたアプローチであると言えるのでしょう。「音楽療法」というものの二種類目は、ある人間に「実際に自分で音楽を演奏してもらうこと」や「実際に自分で歌を歌ってもらうこと」を通じて、その人間自身が抱いている「自己表現をしたい」という欲動を充足させたり・その人間自身が抱いている自己顕示欲や承認欲求といったものを充足させたり・その人間自身に大きな感動を感じさせたり・その人間自身に心地良い体験をさせたりすることなどを促し、その結果として、その人間自身の心の中に「健康的な心の状態」や「バランスのとれた精神状態」といったものを取り戻すことを目的としたアプローチであると言えるのでしょう。)

更に、これは（少なくとも現段階では）完全に私の個人的な意見なのですが、ここまでのお話の中で私が挙げて参りましたような様々な種類の「心の病」の原因というものが、例《たと》えば、「自分が幼児期において非常に強烈な恐怖体験を得てしまったこと」や「自分が発達段階において自分自身の抱いている心的現象を非常に強烈に抑圧してしまったこと」などによる「自分自身の脳の仕組《しく》みの物理的な発育不全や自分自身の脳の一部分の物理的な変質」そのもの（例《たと》えばそれは、「前頭葉や海馬《かいば》といった脳内の各部位が発育不全に陥ってしまうことによって、脳の機能に様々な障害が生じてしまうこと」・「脳内の神経回路が物理的に断絶してしまうことによって、脳の様々な部分が機能不全に陥ってしまうこと」

など）にあるとすれば、そのような「心の病」を完全に治療するための唯一の方法とは、「人間の脳の仕組《しく》みを健全な状態に再育成すること（正常とされる脳の仕組《しく》みを再構築すること）」にあると言えるのだろうと考えられます。ここで、私が疑問に感じてしまいます点は、「そのようなことが、本当に可能なのかどうか」ということであり、具体的に申しますと、「人間の脳の仕組《しく》みというものを物理的なレベルで作り直すということ（神経のネットワークを強化することや脳内麻薬物質の分泌量を増減させることなどだけに限らず、前頭葉を肥大化させることなども含めた意味で人間の脳の仕組《しく》みを構築し直すということ）が、本当に可能なのかどうか」ということや、「肉体的な発育段階や精神的な発育段階を一通り終えた後の人間の脳に、可塑性（ある程度以上の力を対象に対して加えると、その対象が連続的・継続的に変形・変質し、加えた力を取り除いた後でも、その対象の変形や変質が戻らないという性質）というものが充分にあるのかどうか」ということなのです。

（尚《なお》、「Chapter2 - 8」でも触れますが、「成長段階を終えた大人の人間の脳」よりも「成長段階の過程にある子供の人間の脳」の方が、「充分な可塑性」というものを備えていると言えるのだろうと考えられますので、多くの場合、「心の病の治療」や「心の病の予防」といったことに関しましては、「早期の対処」・「大人になる前の対処」というものが非常に重要であると言えるのでしょう。例《たと》えば、「注意欠陥多動性障害」と呼ばれる「心の病」は、子供の症例の場合には、完全に治療することも難しくはないと言われていますが、大人の症例の場合では、完全に治療することが難しくなってしまうと言われています。勿論《もちろん》、このような種類の「心の病」に陥ってしまっている大人の場合も、「投薬による症状の改善」や「生活上の工夫による症状の緩和」などは、充分に可能であると言えるのでしょう。）

（また、このような「脳の備えている物理的な限界」というものが言われている一方で、「脳の持っている無限の可能性」というものも、頻繁に言われているものです。顕著《けんちょ》な例を一つだけ挙げさせて頂きますが、「脳内の特定の部分に何らかの外傷的なダメージを負ってしまった人間の脳の中では、ダメージを負っていない部分の脳が非常に活発に働くようになり、ダメージを負ってしまった部分の脳の働きをも補おうとする」ということが充分に起こり得ます。人体の仕組《しく》みを考える上での言葉として、「ミクロコスモス・小宇宙」という言葉が使われますが、まさしく、特に人間の脳の仕組《しく》みというものには、宇宙というものと同じように「非常に多くの謎」が秘められているのであり、それ故に、人間の脳の仕組《しく》みというものにも、宇宙と同じように「無限の可能性」が秘められていると言えるのでしょう。）

「成長段階を一通り終えている人間の脳も、可塑性というものを充分に備えており、どのような心の病というものも理論的には必ず完治させることが可能である」・「会話や行動を中心とした治療によって、しかも、一時的にではなく永続的に人間の脳の仕組《しく》みを意図的に大きく変質させるような形で全ての心の病の治療を行うということが、子供の場合だけではなく大人の場合にも充分に可能である」といった確信は、残念ながら、少なくとも今の私にはありません。

（例《たと》えば、ここでは、「Chapter2 - 1」で触れました「解離性同一障害という心の病」に関しての治療を例に挙げながら説明させて頂きますが、この「解離性同一障害という心の病」の最も理想的で最も根本的な治療の形は、「主人格以外の分断された人格の完全な消去」と「分断された人格が占有している記憶の完全な消去」とにあるのだろうと考えられます。ですが、「自分自身の記憶を形成したり・定着させたり・管理したり・統合的に使用したりするための脳の機能というものが、機能障害や機能不全に陥ってしまっているということを原因として、解離性同一障害という心の病が発症してしまう」と考えるのであれば、「分断された人格の完全な消去」や「分断された人格が占有している記憶の完全な消去」といった理想的な治療の形を実現することは、「自分自身の脳の仕組《しく》みの中の記憶の形成や記憶の使用に関する部分の機能障害や機能不全を完全に治療すること」なしには、残酷なことを申しますが、現実には不可能なことなのだろうと考えられるのです。ですから、特に大人の患者の場合において、この「解離性同一障害という心の病」の実質的な治療の方法というものは、主人格の心を充分に強靭なものにすることによって、日常生活の全ての出来事に耐えられるだけのキャパシティーを主人格に持たせることにあり、交代人格が出現する必要が全くないような状態を作ることにあると言えるのでしょう。)

(勿論《もちろん》、様々な種類の「心の病」というものの中には、「正常とされる心の活動を育成するためのアプローチ」や「バランスのとれた心の仕組《しく》みを取り戻すためのアプローチ」などによって完治することが可能なものも多いのだろうと考えられますし、完治することが困難であると思われるような「心の病」であっても、治療や投薬によって症状を改善することなどは可能なのだろうと考えられます。それに、程度の問題や個人差の問題といったものもありますので、例《たと》えば、比較的治療が困難であると言われている「解離性同一障害」という心の病であっても、容易に治療することができるような場合もあれば、比較的治療が容易であると言われている「抑鬱神経症」という心の病であっても、治療に非常に長い時間を要するような場合もあると言えるのでしょう。また、抑圧され過ぎてしまった自分自身の心から生じている危険信号に過ぎないものとしての「心の病」・抑圧され過ぎてしまっている心の力が洪水のように溢れてしまったことを原因としての「心の病」であると考えられるようなものも少なくはないと言えるのでしょうし、「体や心の疲れが自分に蓄積してしまっていたことを原因として自分が患ってしまう風邪」などのように、一時的な症状に過ぎないものであるような「心の病」・ゆっくりと治療すれば完治することも容易であるような「心の病」も多くあると言えるのでしょう。実際にも、「鬱《うつ》病」というものは、「心の風邪」という別称でも呼ばれています。）

（例《たと》えば、自分が「拒食症」や「過食症」などの「摂食障害という心の病」に陥ってしまうという場合、その根本的な原因は、「子供の頃に自分の体形をコンプレックスに感じてしまっていたこと」や「少年期において自分の体形を誰かにからかわれてしまったこと」などによる心的外傷にあるとしても、「実際に現在の自分の毎日の生活において、自分に過食症の症状や拒食症の症状が出てきてしまうのかどうか」ということは、「自分が現在の毎日の生活において、どれくらいのストレスやフラストレーションといったものを感じているのか」・「自分が現在の毎日の生活において、充実感や幸せな気持ちといったものを感じられているのかどうか」といったことによって非常に大きく変わってくることなのです。それに、現代よりも時代が更に進んで、「人間の脳の仕組《しく》みを治療するための技術」や「人間の脳の仕組《しく》みを物理的に再構築するための知識」といったものを人類が手に入れることができれば、いずれは、「全ての種類の心の病というものを、手術や投薬によって容易に完治することができるような時代」というものも訪れてくれるのだろうと思います。現代において「不治の病」と呼ばれているものの全ては、現代の医学の段階においての「不治の病」であるに過ぎないものであると言えるのでしょう。）

（更に、類推することができることとして付け加えさせて頂きたいのですが、この「人間の脳の可塑性というものが、大人になるに従って少しずつ失われてしまう」ということによる「心の病の治療に関しての限界」というものを考えますと、「薬物やアルコールを長い期間に渡って依存的に・中毒的に乱用してしまうことによって自分自身の脳の仕組《しく》みというものの一部をいわば人工的に作り変えてしまった大人の人間が、何らかの治療を受けることによって健全な脳の仕組《しく》みを取り戻すことが必ずしも可能なのかどうか」ということにも、非常に大きな疑問が残ってしまいます。）

ですが、現在においてはまだ成熟していない子供が、これから先の自分の人生において「心の病」というものに陥ってしまわないようにするための「効果的な予防策」のようなものを考えることは、間違いなく可能なのだろうと考えられるのです。そして、この「効果的な予防策」とは、例《たと》えば、「多くの子供達が周囲の人間（特に家族や友達）からの愛情や優しさといったものを充分に受け取れるようにすること」・「多くの子供達がある程度以上に確立されている社会的価値観に基づいた健全な人格教育・充分な人間教育を受けられるようにすること」・「多くの子供達が安全な生活環境で暮らしていけるようにすること」などにあると言えるのでしょう。（「教育」や「養育」などに関してのお話は、「Chapter2 - 7」のところで少しだけ触れさせて頂きます。）

例《たと》えば、「自己愛的な神経症の症状」というものは、人間が「自分の両親やそれに代わる誰かから自分を充分に認めてもらえなかったこと」・「自分の両親やそれに代わる誰かから自分を充分に愛してもらえなかったこと」などを根本的な原因として生じるものなのだろうと考えられますので（「子供が両親に全く愛してもらえない状態」や「子供が両親に全く認めてもらえない状態」は、比較的人間に近い種類の多くの哺乳動物の場合でも殆《ほとん》ど有り得ない状態なのであり、それ故に、人間も、「自分が両親に愛してもらえないこと」や「自分が両親に認めてもらえないこと」などに対して耐え切ることができるだけの心の仕組《しく》みというものを自分自身の進化の過程で備えることができてはいないのだろうと考えられるのです。）、ある社会の中で、「多くの子供達が、自分の両親から充分な愛情を与えてもらうことができ、自分の両親に自分のことを充分に認めてもらうことができる」という条件が満たされるだけでも、その社会に生きる子供達が将来において「心の病」というものに陥ってしまう可能性は、格段に低下するはずなのです。

（実際には、例《たと》えば、ある一人の子供にとって、「自分の両親が自分に対して与えてくれる愛情」というものだけではなく、「自分の母親と自分の父親とが相互に与え合う愛情」や「自分の家族の一人一人が自分の家族の他の一人一人に対して与える愛情」といったものも、自分自身が「愛情や優しさといったものの本質を充分に理解している人間」・「安定した人格や心の強さを備えている人間」になるために、非常に重要なものになると言えるのでしょうし、「自分が誰かのことを無償で愛すること」ができるようになるためにも、非常に重要なものになると言えるのでしょう。実際にも、「愛を感じることができないような冷たい家庭」で育ってしまった人間は、少なくない場合におきまして、自分自身の人格に何らかの欠落した部分を備えてしまうことがあるのです。）

恐《おそ》らく、このような予防策（多くの子供達が将来において「心の病」というものに悩まされてしまわないようにするための予防策）というものは、それが非常に重要なものであるにも拘《かか》わらず、現実には、長い期間に渡って蔑《ないがし》ろにされてきてしまっていると言えるのでしょう。少なくとも私の知る限りでは、「過去の高名な心理学者や精神分析学者達が、このような予防策の必要性というものを強く主張してくれてはいない」ということが、私には、非常に残念に感じられてしまいます。歴史に「もしも」や「であれば」は禁物なのですが、もしも誰かが過去にそうしてくれていたのであれば、現代の多くの社会におきまして、こんなにも多くの人間が「心の病」というものに悩まされてしまうことには、決してならなかったのだろうと思えるのです……。（勿論《もちろん》、私は、「大人の心の病の治療は完全に諦めるべきである」などといった非常に偏った考え方を申し上げようとしている訳ではありませんし、「子供の心の病は絶対に治療可能である」などといった非常に偏った考え方を申し上げようとしている訳でもありません。先ほどにも申し上げました通り、人間の脳の仕組《しく》みというものには無限の可能性がありますし、加齢とともに進む人間の脳の可塑性の低下というものも、程度の問題としてのものであるに過ぎません。私はただ、ここで、「確実に効果があると考えられる予防をすることを蔑《ないがし》ろにして、心の病というものに対して常に後手になりながら対処をするような考え方」というものに対して、若干の疑問を投げ掛けさせて頂きたいだけなのです。）

（もう一つ、誤解を避けるために申し上げておきたいのですが、例《たと》えば、「気が変わり易《やす》くて怒りっぽい人間」や「急に優しくなったり急に泣き出したりしてしまう人間」が「抑鬱神経症」であるということではありませんし、「感情や思考・行動や欲動が突発的で一貫性に欠けてしまっている人間」が「統合失調症」であるということでもありません。人間であれば誰だって機嫌の良い時も機嫌の悪い時もありますし、自分の気が変わり易いことや自分の物忘れが激しいことなどは、自分の個性や自分の性格によることであると言えます。「自分の心に生じている心的現象というものを原因として、自分自身の日常生活や自分自身の人間関係の構築と維持とに極端なほどに大きな問題が生じてしまった場合」になって初めて、「自分が心の病に陥ってしまっているのかも知れない」といった可能性を疑えば充分なのであり、「自分が何かの心の病を患ってしまっているのかどうか」ということの判断も、医師や分析医といった専門家に任せるべきことなのです。「自分の思い込みによって、自分の患っている心の病を判断してしまうこと」・「自分が心の病を患ってしまっているのかも知れないという不確かな可能性に、自分が無闇に怯えてしまうこと」などは、自分自身を追い詰める可能性を極端に高めてしまうだけのことなのであって、それは決して、自分自身の人生というものをより良いものにしてはくれません。）

Chapter2 - 6　平和と争い

人間の歴史というものは、少なくない場合におきまして、「争いの歴史」という言葉や「戦いの歴史」という言葉で呼ばれており、実際にも、現代に至るまでの人間の歴史の中には、非常に多くの・非常に様々な争いや戦いがあったと言えます。ですが、西部劇や時代劇に見られるような「決闘」というものも、多くの人間が次々に死んでいってしまう国家間の「戦争」や民族間の「紛争」といったものも、規模の違いはあれど、誰かが傷付き、誰かが死に絶え、誰かが悲しみに崩れてしまうという共通点から考えれば、人間としての大きな罪であるということに違いはありません。（このような「罪の基準」に関してのお話は、「Chapter2 - 7」で詳しく議論させて頂きます。）

では、少なくない数の人間は、何故、自分が誰かと争ったり戦ったり・自分が誰かと傷付け合ったり殺し合ったりしてしまうのでしょうか。この疑問に対しての一般的に考えられる答えというものを少しだけ例示させて頂きますが、それは例《たと》えば、自分が「自分と異なる誰か（自分の内面的同一化の対象とはならない誰か）に対しての漠然とした恐怖」というものを抱いてしまっているためなのかも知れませんし、自分が「誰かに対しての強い恨みや強い怒り」といったものを抱いてしまっているためなのかも知れません。「自分が誰かに勝利することで、自分自身の正しさや自分自身の強さといったものを証明したり、その誰かから何かを奪い取ったりしたい」といったことを自分自身が思ってしまっているためなのかも知れません。自分と誰かとが共通の敵を持つことによって、「自分達の集団意識」というものを高めるためなのかも知れませんし、自分が一時的に抱いてしまっている強い感情や強い欲動といったものを自分自身の理性や自分自身の価値観・自分自身の信念や自分自身の信条によってうまく抑えることができないという「自分自身の心の弱さ」というもののためなのかも知れません。「自分が誰かと争うことによって、動物としての自分が抱いている攻撃衝動というものを発散したり、生きていることの実感というものを強く感じ取ったりしたい」といったことを自分が思ってしまっているためなのかも知れませんし、「誰かに自分が打ち勝つことで、強い優越感や強い高揚感といったものを自分自身が感じたい」といった「自分自身が抱いてしまっている非常に利己的な欲動」というもののためなのかも知れません。

（少なくない数の人間は、「自分の信じる何か」や「自分の信じる誰か」のために、争いというものを起こしてしまうことがあります。ですが、例《たと》えば、「何かの宗教を強く信じることの結果として人間が起こしてしまう争い」というものに関してのお話で申し上げますと、宗教を信じるがために信者達が争いを始め、その争いの結果として信者達の大切な誰かが傷付いてしまったり・誰かが深く悲しむことになってしまったり・誰かが死に絶えてしまったり・誰かが幸福を失ってしまったりするというようなことになれば、「その宗教によって信じられている神は、信者達のことを少しも救ってはいない」と言えるのだろうと考えられますし、「その宗教は既《すで》に、罪悪としか呼ぶことができないようなものになってしまっている」とさえ言えるのだろうと考えられるのです。恐《おそ》らく、「何かの宗教」や「何かの神」・「何かの思想」や「何かの哲学」といったものが持っている本当の価値や本当の意味といったものは、「それらを強く信じる人間の起こす行動」や「それらを強く信じる人間の抱いている価値観」などによって決定されるものなのであり、「宗教」や「神」・「思想」や「哲学」といったものは、それらを信じる人間に本当の意味で有益なものであってこそ、高い価値と高い意味とを持った「宗教」や「神」・「思想」や「哲学」であると言えるものとなるのです。）

「虐《いじ》め」や「集団暴行」といったものを含む「集団での争い」というものは、個人としての人間が、集団意識（小さな規模の人間集団の中で一時的に作られている社会的価値観）というものに埋没してしまい、自分の良心や自分の罪悪感といったものを一時的に見失ってしまうことによって起こしてしまうことがあるものなのだろうと考えられます。つまり、人間が「その集団の中で一時的に作られている社会的価値観」というものに同一化してしまうことによって、自分の良心を麻痺させてしまったり・自分の罪悪感を麻痺させてしまったりすること（自分自身の価値観が、その集団の価値観と同一化してしまうこと）が、少なくない数の人間が「集団での争い」というものを起こしてしまうことの原因の一部を作ってしまっているのだろうと考えられるのです。（このお話は、「Chapter2 - 2」のところで申し上げました「大衆の心理」や「集団の心理」に関しての議論にも、深く関係しているお話です。）

（また、「虐《いじ》め集団」や「不良集団」といったものは、多くの場合、その集団から誰かが抜け出そうとした時には、その抜け出そうとした誰かに対して「報復」と呼ばれるようなものが与えられてしまうことがあると言えるのだろうと思います。これは例《たと》えば、「虐《いじ》め集団に逆らった人間が、虐《いじ》めの新たな標的とされてしまう」というようなことであり、このような報復に対しての「怖れ」というものが、少なくない数の人間が「虐《いじ》め集団」というものから逃れられなくなってしまうことの理由や、少なくない数の人間が「不良集団」というものに逆らえなくなってしまうことの理由を作ってしまっている場合もあると言えるのでしょう。）

（もっとも、「虐《いじ》め」というものは、「争い」や「戦い」として分類することさえできないようなものなのであり、「自分よりも力の弱い相手や自分達よりも少数の相手を、精神的にも肉体的にも一方的に攻撃してしまう」というその行為は、非常に卑劣な行為であり・非常に卑怯な行為であり・人間として最低の行為であると言えるようなものです。「虐《いじ》められている人間の痛みや悲しみといったものを、充分に理解してあげられるということ」が、人間として非常に大切なことであると言えるのでしょう。また、「虐《いじ》め」というものは、「内面的同一化に基づく人間の生得的な欲動の方向性」というものからも完全に否定されるものですので、自分の抱いている「人間としての愛情や優しさ」といったものに対して自分が正直な人間でいられているのであれば、人間は、虐《いじ》めという行為をしている自分自身のことや自分以外の誰かのことも、虐《いじ》めという行為自体のことも、決して許すことができないはずなのだろうと考えられます。）

勿論《もちろん》、「争い」と申しましても、子供達が時々、正々堂々とした小さな喧嘩（例《たと》えば、一対一で武器を使わずに行われる喧嘩・同じくらいの力の人間同士で行われる喧嘩）をするというくらいのことであれば、それは、あまり大きな問題として考えるべきことではないと言えるのでしょう。むしろ、そのような正々堂々とした小さな喧嘩を自分達がするということによって、子供達は、様々なことを体験したり様々なことを理解したりすること（例《たと》えば、「適度な手加減の仕方」を知ることや「殴られた人間の痛み」を理解することなど）ができるかも知れませんし、喧嘩をした相手のことを更に深く理解することもできるようになるかも知れませんからね。（私が問題とさせて頂きたいのは、「取り返しのつかないような不幸を背負ってしまう人間」や「深刻な体の傷と深刻な心の傷とを負ってしまう人間」が出てしまうような「非常に危険な争い」・「非常に悲しい争い」・「罪や悪といった言葉で呼べるような争い」に関してのことなのです。）

『雨降って地固まる。』という言葉が日本の諺《ことわざ》にもありますように、「自分が誰かと喧嘩をして仲直りをするということによって、その誰かと自分との友情が、本当の意味で深まってくる」ということなどは、決して少なくはないことなのだろうと考えられます。「仲良くして馴れ合っている状態の人間関係」というものだけが良い人間関係であるという訳では決してありませんので、「お互いが正しいと信じている意見を時には激しくぶつけ合ったり・お互いの良い点を認め合ったり・お互いの悪い点（良くないと思われる行為や態度）を注意し合ったりして、その結果としてお互いを高め合っていくことができるような人間関係」というものも、とても素晴らしいものであると言えるのでしょう。（それに、少なくとも、現代の日本のような社会におきましては、「完全に信頼された友情」や「非常に日常的な愛情」といったものは、多くの場合において、「敢《あ》えて言葉に出して確かめる必要がないようなもの」なのであり、「言葉によって確かめることが野暮なことであるようなもの」でもあると言えるのでしょう。『**人間は、お互いに口に出してそう言う必要がなくなって、初めて深く愛し合う。**』とは、カイエ《Rene Auguste Caillie 1799 - 1838　フランスの探検家》の言葉であり、『**兵士達や友達の間では、お世辞というものは無用なものである。**』とは、スペインの諺《ことわざ》にある言葉です。）

（「自分が誰かと喧嘩をするということ」や「自分が誰かと口論をするということ」などは、見方を変えて申しますと、「その喧嘩相手の存在やその口論の相手の存在を、自分が認めているということ」・「喧嘩をする二人や口論をする二人が、お互いのことを認め合っているということ」でもあると言えるのでしょう。『**賞賛は、自分が相手を利用しようと思っている時にもするものだが、非難は、自分が高く評価している相手に向かってしかしないものである。**』とは、フロリアン《Jean Pierre Claris de Florian 1755 - 1794　フランスの寓話作家・小説家　著「ガラテ」「エステル」》の言葉になります。「お互いが、自分の抱いている信念と自分の抱いている価値観とに基づいて、積極的にお互いの意見を交換し合うことができる」ということが、「相互に高め合っていくことができる素晴らしい人間関係」というものが成立するための非常に大切な一つの条件であると言えるのかも知れませんね。)

(また、「自分が精神的により大きく・より豊かに成長し、自分の人生というものをもより良いものにしていくためには、自分に対して常に従順な友達よりもむしろ、自分に対して率直な意見を言ってくれる友達を大切にし、誰かに自分が誉められる機会よりもむしろ、誰かに自分が注意される機会を大切にするべきである」ということも、恐《おそ》らくは言えることなのでしょう。中国の諺《ことわざ》には、**『他人を知るのは知識であるが、自分を知るのは英知と言える。』**という言葉があり、ボワロー《Nicolos Boileau 1636 - 1711 フランスの詩人・評論家 著「詩法」》の言葉にも、**『賞賛を受けるより、好んで忠告を受けよ。』**と述べられています。尚《なお》、関連する言葉として付け加えさせて頂きますが、ジューベール《Joseph Joubert 1754 - 1824 フランスのモラリスト》の言葉にも、**『前言を一度も撤回しない者は、真実よりも自分自身を愛しているのだ。』**という言葉があります。自分が「他人の忠告」というものを素直に受け止めたり、「他人の批判」というものを冷静に受け止めたりすることができるようになれば、「自分が精神的に成長していくことができる機会」というものも、ずっと多くなることでしょう。)

そして、そういった「良き友達」や「友情」・「お互いを切磋琢磨して高め合っていけるような良きライバル」、それに勿論《もちろん》、「自分の家族」や「自分の恋人」・「愛情」や「思いやり」といったものも、どんな大金とも比べることができない貴重なものなのであり、多くの人間にとっては、「世の中で最も価値のある宝物」なのであり、「人生において最も大切な財産」となるものなのです。言うまでもなく、人間は、「友達」や「友情」・「家族」や「愛情」・「他人に対しての自分からの信頼」や「自分に対しての他人からの信頼」といったものを、他の何よりも優先して大切にするべきなのであり、また、人間は自発的に、「それらを大切にしたい」といったことを自分から強く望むものでもあります。例《たと》えば、多くの人間にとって、「自分の大切な誰か」や「自分の愛する誰か」・「自分のことを大切に想ってくれている誰か」や「自分のことを愛してくれている誰か」が一人でもいてくれていることは、「自分の生きる糧となること」であり、「自分の生きる喜びとなること」であり、「自分の生きる意味となること」であり、「自分の人生をより豊かなものにしてくれること」であり、「自分の人生をより幸せなものにしてくれること」でもあるのです。（多くの人間は、「自分と誰かとの人間関係」というものの中に、自分の存在意義というものを見出しており、その一方で、自分自身の中で完結しているような自分の存在意義というものを形成している人間も少なくはありません。このお話は、「自分の資質」や「自分の適性」・「自分の形成している性格」や「自分の抱いている信念」などによっても変わってくることなのかも知れませんが、理想的には、「自分と誰かとの人間関係によって成立するような自分の存在意義」というものと「自分自身の中で完結しているような自分の存在意義」というものとの両方を、人間は、バランス良く大切にするべきなのでしょう。）

（先ほどから用いております「友達」という言葉に関してなのですが、このような類《たぐい》の言葉の基準というものは、それを解釈する人間の抱いている価値観や考え方によって様々に異なってしまう非常に曖昧なものですので、この「友達」という言葉の意味も、完全に普遍的《ふへんてき》な形で定義することなどは不可能なことなのだろうと考えられるのですが、敢《あ》えて定義させて頂きますと、「友達」という関係は、「お互いにある程度の内面的同一化を果たしているような関係」であり、「何かを一緒に楽しむことができるような関係」であり、「お互いを思いやることができるような関係」であると言えます。また、更に理想的な「友達」という関係を考えてみますと、それは、「合理的な観点から見た上では無駄と思えるようなことを自分達がする時にでも、一緒に時間を忘れて楽しめるような関係」であると言えるのでしょうし、「気を遣うことなくお互いの意見を気軽にぶつけ合えるような・遠慮をすることなく何でも話せるような関係」であるとも言えるのでしょう。)

(殆《ほとん》ど全ての人間にとって、自分自身の人生を生き抜いて行くということは、まるで土砂降りの雨の中をたった一人で傘もなしに駆け抜けて行くようなことなのです。ただ、多くの人間にとって救いとなることには、自分の家族や自分の友人・自分の恋人や自分の恩師といった人達の存在が今の自分にあることによって、人間は、土砂降りの合間に時折日が差すのを見られたり・一緒に雨の中を駆け抜けてくれる仲間を見付けられたりするのであり、夢や信念・希望や思い出といったものが自分の心の中にあることによって、土砂降りの雨を一時的に避けるための傘を得られたりもするのです。)

しかし、ここまでに私がお話して参りましたように、「争い」というものの全てが「悪」や「罪」といった言葉で呼べるものではないと致しましても、やはり、基本的には私も、自分が誰かと争うことを望みはしませんし、自分以外の誰かに争いというものを生じさせて欲しくもありません。(勿論《もちろん》、「人間がスポーツを通じて誰かと争うこと」・「芸術分野や学問分野で誰かと競い合うこと」などは、「悪」や「罪」といった言葉で呼べるようなことではないと言えるのでしょうし、否定されるべきことでもないと言えるのでしょう。また、少し余談になってしまいますが、「スポーツマンシップ」という言葉によって象徴されますように、そういった競争や勝負の中でも、相手に対しての敬意や思いやり・競技や勝負に関しての真摯《しんし》な態度や気持ちの良い態度といったものは、人間として決して忘れるべきではありません。）私自身も、「無意味に誰かの心を逆撫でするような言動を自分がすること」や、「無闇に誰かの心と体とを傷付けるような行為を自分がすること」などは、できるだけ避けたいと望みますし、そのようなことを避けたいと自発的に望むということが、人間として非常に大切なことであると言えるのだろうと思えるのです。

（言うまでもなく、全ての人間は、自分が抱いている内面的同一化に基づく欲動として本能的に「誰かに対して優しくしてあげたい」・「誰かに対して優しい自分でありたい」・「誰かのことを愛してあげたい」・「誰かのことを愛してあげられる自分でありたい」といったことを強く望むものなのだろうと考えられます。ですが、この現代社会におきましては、社会に属する全ての人間が、自分自身が抱いている欲動の一部を抑圧し続けながら生きざるを得ない状況にあると言えますので、この現実の社会が、「多くの人間が、自分自身の抱く愛や優しさといったものを大切にし続けながら生きられるような社会であるためには、「人間は、自分以外の人間に対して優しくするべきである」・「人間は、誰かを悲しませたり・誰かを傷付けたり・誰かを殺したりするような行為は、決してするべきではない」といった「社会に属する多くの人間の良識やモラルといったものを定義するような社会的価値観」の方向からも、人間の抱く「愛」や「優しさ」といったものが、強く肯定され続ける必要があるのだろうと考えられるのです。）

それに、言うまでもないことなのかも知れませんが、個人的な「喧嘩」や集団での「争い」・民族間での「紛争」や国家間での「戦争」・誰かに深い体の傷を与えてしまうような「暴力」や誰かに深い心の傷を負わせてしまうような「性犯罪」・子供に対しての「虐待」や弱者に対しての「虐《いじ》め」といったもの（少なくない数の人間が犯してしまう「悪」や「罪」といった言葉で呼べるような行為）の被害に遭ってしまった人間は、取り返しのつかないような悲しい影響・深刻で重大な影響を受けてしまうことが少なからずあります。（加害者の心理に関してのお話・犯罪者心理に関してのお話は、「Chapter2 - 7」で詳しい考察を加えさせて頂きます。）

何かの事件によって自分自身の命を失ってしまった人達や、戦争などによって自分の大切な誰かの命を失ってしまった人達、事故などに巻き込まれて自分の体の自由を失ってしまった人達や、暴行などによって自分の心を酷《ひど》く傷付けられてしまった人達は、多くの場合におきまして、そうした犯罪や事故などの被害に自分が遭うことを通じて、「自分自身の幸せ」というものを大きく失ってしまったり、「自分の大切な誰かの幸せ」というものを大きく失ってしまったりすることがあるのです。

「全ての人間は、一度だけの人生（一つだけの命）しか与えられていない」という現実や「全ての人間は、限られた時間だけしか与えられていない」という現実・「過ぎ去ってしまった時間は、決して戻ることがない」という現実や「起こってしまった現象をなかったことにすることは、決してできない」という現実・「失ってしまった命は、二度と取り戻すことができない」という現実などは、非常に残酷で厳しい現実なのですが、残念ながら、私達が生きている現代の世界の中では、疑いようのないものであると言えます。全ての人間は、このような様々な制約や絶対的な限界といったものを備えている自分自身の人生の中で、「自分の生きる意味」や「自分の生きる目的」・「自分自身の幸せ」や「自分の愛する誰かの幸せ」といったものを探し求めたり・守り続けたりしながら、懸命に・必死に生きていると言えるのでしょう。私は、争いや犯罪行為によって誰かの幸せを奪うようなこと（「誰かの生の意味」や「誰かの生の価値」を失わせるようなこと）は、決して誰にも許されることではないと信じたいのです……。

お話を、「争い」というものに関してのことに戻させて頂きますが、「人間が争いというものを起こしてしまう原因となること」の一つとして先ほどに私が挙げさせて頂きました「自分が誰かに対して（自分と異なる誰かに対して）漠然とした恐怖心や嫌悪感といったものを抱いてしまうということ」の中には、「その誰かのことを自分がよく知らないがために、その誰かに対しての恐怖心や嫌悪感といったものを自分が抱いてしまうという場合」が、少なくはないのだろうと考えられます。例《たと》えば、外国の人間に慣れていない日本人は、身体が大きくて強そうな外国人を見ただけで、何となく恐怖を覚えてしまうかも知れませんし、障害を持った知り合いのいない人間は、重度の身体障害を持った人間に初めて接した時に、何となく恐怖を覚えてしまうかも知れません。ですが、自分が勇気を持ってその誰か（自分と異なる誰か）に話し掛けたり笑い掛けたりするなどのアプローチをして、少しずつその誰かと打ち解けていくことができれば、自分が抱いてしまっていた恐怖心というものを少しずつ薄れさせていくことができ、最終的には、「自分が怖れていた誰かのことを、自分が好きになる」といったことを実現することも間違いなく可能なことであるはずなのです。「自分と違う誰か（自分とは出身国や文化が違う誰か・自分とは年代や個性が違う誰か）に対して、同じ人間としての敬意を払おうとすること」は、人間としてとても大切なことであり、とても大きな良い意味を持つことであると言えるのでしょう。

（見た目に怖そうな誰かを自分が無闇に恐怖の対象として認識してしまうことも・身体的な障害を持っている誰かを無闇に同情の対象として認識してしまうことも、相手の個性を軽んじてしまっていることであり、とても失礼なことであると言えるのだろうと思います。誰に対しても、同じ人間としての敬意と礼儀・同等な立場での敬意と礼儀とを持って接することが人間的なことであり、疑ったり嫌ったりしようとすることよりも先に信頼したり好きになったりしようとすることが人間的なことであり、本当の意味での愛情と優しさとを持って接しようとすることが人間的なことなのです。例《たと》えば、「自分が誰かから同情や憐《あわ》れみの感情を抱かれたくはない」ということを強く望んでいる誰かに対して自分が同情や憐《あわ》れみの言葉を投げ掛けてしまうことなどは、その誰かに様々な不快の感情を与えてしまうことであり、罪や悪といった言葉で呼ぶことができるようなことでさえあり、優しさや愛情といった言葉には適合しないようなことであると断言することができます。勿論《もちろん》、「立場の違いや年齢の違いによる上下関係や言葉遣いのルール」というものなどは、少なくとも現代の日本の社会におきましては、この社会が最低限度以上の秩序を保った社会であり続けるためにも、一般的に確立していて然るべきものなのでしょうが、基本的には、「お店においての店員と客との関係」や「学校においての教師と生徒との関係」・「病院においての医者と患者との関係」や「刑務所においての刑務官と受刑者との関係」などにおいても、一人一人の全ての人間は、自分が誰かと関わる全ての人間関係において例外なく、お互いに対しての敬意と礼儀とを持って・お互いに一人の人間としての対等な立場において、相手に対して接するべきなのです。)

(地球上に生きている全ての人間は、出身国や文化の違いの前に、同じ種の生物としての人間なのですから、全ての人間は、「人間としての善悪に関しての定義」や「人間としてのタブーに関しての定義」といったものを共通に抱いた上で、「自分が持っている個性」や「自分が持っている文化的なアイデンティティー」といったものを大切にし、「自分以外の誰かが持っている個性」や「自分以外の誰かが持っている文化的なアイデンティティー」といったものをも尊重するべきであると言えるのでしょう。例《たと》えば、「外人」などという名前の人間も、「身体障害者」などという名前の人間も、「異教徒」などという名前の人間も、この世の中には一人もいません。そういった名称によって誰かを判断してしまったり・複数の人間の集まりを括《くく》ってしまったりすることは、相手に対して非常に失礼なこと・相手の人格や人権を完全に無視してしまっているようなことであり、人間として決してするべきではないことであると言えるのでしょう。「人間としての善悪に関しての定義」や「人間としてのタブーに関しての定義」といった言葉に関しましては、「Chapter2 - 7」のところで説明を加えさせて頂きます。)

また、自分が今までの人生の中で「様々な価値観(様々な社会的価値観)」というものを獲得してきたことを原因として、人間が「自分以外の誰かに対しての恐怖心や嫌悪感」といったもの(特に「偏見」や「差別意識」といった言葉で呼ばれるもの)を抱いてしまうという場合(例《たと》えば、「人種の違いに関しての差別意識」や「宗教の違いに関しての差別意識」・「両国関係の歴史を背景とした国籍の違いに関しての差別意識」といったものを抱いてしまうという場合）も少なからずあると言えるのでしょうし、自分が今までの自分の人生の中で「自分以外の誰かに関しての経験や記憶（自分がその誰かに対して悪いイメージを抱いてしまうような経験や記憶）」といったものを獲得してきたことを原因として、人間が「自分以外の誰かに対しての恐怖心や嫌悪感」といったものを抱いてしまうという場合も少なからずあると言えるのでしょう。

しかし、そのような「自分が誰かに対して抱いてしまっている恐怖心や嫌悪感」といったものも、多くの場合におきましては、「自分の抱いている価値観や信念の捉え直しをすること」・「新たな経験や記憶の獲得をすること（例《たと》えばそれは、嫌悪や恐怖の対象となっていた相手と自分とがお互いに心を通じ合わせるような経験の獲得をすること、その相手も自分と同じように誰かを愛したり・何かを求めたり・何かに悩んだり・何かに迷ったり・誰かのために泣いたり笑ったりすることができる人間であるということを自分が知るという経験の獲得をすること）」などによって、少しずつ薄れさせていくことができるものなのでしょう。

一方で、「誰かを不幸にしてしまうような争いというものを、人間社会の中から完全になくしてしまうということ」は、理想的なことなのだろうとは思えるのですが、現実的には、非常に難しいことなのだろうとも思えてしまうようなことです。例《たと》えば、どんなに完成された人格を備えている人間であっても、自分の肉親を誰かに殺されてしまうことなどがあれば、その殺した相手のことを心から（それこそ殺してしまいたいほどに）憎むようになってしまうことでしょう。そして、非常に残念なことに、「一つの憎しみ」や「一つの恨み」・「一つの怒り」や「一つの悲しみ」といったものは、多くの場合におきまして、連鎖的に「次の憎しみ」や「次の恨み」・「次の怒り」や「次の悲しみ」といったものを生んでいくことになってしまうものなのです。例《たと》えば、私の肉親を殺した相手を私が殺してしまえば、私の殺した相手の肉親は、私のことを強く憎むようになってしまうことでしょう……。（現実におきましても、悲劇というものは連鎖をし、何度も繰り返されてしまうことがあるものなのです。）

ですから、現実に生じてしまった「憎しみの連鎖」や「悲しみの連鎖」といったものを止めるためには、「強い心を持っている誰かが、耐えたり・我慢をしたりする必要」というものが生じてしまう場合が多くあると言えます。例《たと》えば、自分が誰かから受けてしまった行為というものや自分の大切な人間が誰かから受けてしまった行為というものが、どんなに不条理なもの・どんなに理不尽なもの・どんなに許されないことであると感じられるような重大なものであったとしても、このような「憎しみの連鎖」や「悲しみの連鎖」といったものを止めるためには、誰かが耐えたり・誰かが我慢したりしなくてはならないのだろうと考えられるのです。「痛みや暴力に対して、痛みや暴力で報復をすること」・「自分の大切な人間を誰かに殺されてしまった場合に、その誰かに対して復讐を果たすこと」などは、自分と同じように悲しい思いをしてしまう人間や自分と同じように苦しい思いをしてしまう人間を、更に増やしていってしまうような結果にしか繋《つな》がらないことなのでしょう。復讐心や憎しみの心といったものを昇華し、自分たちが被ってしまった過去の惨劇の事実や悲しい記憶は同じ悲劇が二度と繰り返されてしまわないための教訓や礎として自分達の心の奥底に突き立てておくということが、私達自身が悲しみの連鎖や憎しみの連鎖といったものを現実的に避けていくために必要不可欠なことなのです。（スペインの諺《ことわざ》には、『**復讐の快感は一時しか続かないが、善行によって得られる満足というものは、何時《いつ》までも続く。**』という言葉があります。）

（勿論《もちろん》、人間というものは理性と本能とのバランスによって生きている存在ですから、どんなに理性的な人間であっても、時には、自分の抱いてしまっている大きな怒りや大きな憎しみ・大きな悲しみや大きな恨みといったものが爆発的に表出してしまいそうになることがあるものなのでしょう。ですが、人間は、自分自身のためにも・自分の大切な誰かのためにも、新たな悲しみや新たな憎しみといったものを生み出してしまうような行為を自分がしてしまうことは、可能な限り避けるべきなのです。少なくとも、現代の日本のような社会の中では、「私的制裁」というものも「敵討ち」というものも・「報復行為」というものも「聖戦と呼ばれる戦い」というものも、誰かを悲しませてしまう高い可能性や誰かを傷付けてしまう高い可能性を備えてしまっている行為であるという時点で、既《すで》に、決して許されない「一つの大きな罪」と呼べるような行為なのであり、故に、現代の日本のような社会におきまして、何かの犯罪に遭ってしまった被害者とその家族・何かの事故に遭ってしまった被害者とその家族にできる唯一のこととは、法律や規則によって犯罪者や加害者が裁かれていくのを傍らから待ち続けることだけなのでしょう。）

（尚《なお》、被害者側の人間の立場から考えますと、「このような社会の仕組《しく》み」というものは、非常に理不尽なものとして感じられてしまい兼ねないものなのですが、「私的制裁の禁止や報復行為の禁止」・「法律による犯罪者への刑罰」などのようなものを含めた「法律を中心としたこの社会の仕組《しく》み」というものは、この社会が「ある程度の平等」や「ある程度の安全」を確保した社会であるためにも・この社会が「ある程度の秩序」や「ある程度の平和」を確保した社会であるためにも、不可欠なものなのだろうとも考えられるようなものなのです。ですから、このような「法律社会において被害者とその家族の側に付き纏《つまと》ってしまう理不尽さ」というものは、いわば、「社会の仕組《しく》みが齎《もたら》してしまう功罪」と呼べるようなものなのでしょう。）

　また、これは、少なくとも現代社会の段階におきましては、理想論に過ぎないことなのかも知れないのですが、例《たと》えば、一人一人の人間が、「自分の憎んでいる相手のことを自分と同じ人間として愛せるような（理想的には、自分の憎んでいる相手のことを自分の家族のように愛せるような）内面的同一化をすること」が可能となれば、「憎しみの連鎖」や「悲しみの連鎖」といったものを永久に止めることも可能となるのかも知れません。恐《おそ》らく、「究極の人類愛」や「最終的な世界平和」といったものの実現は、このような「人間としての愛や優しさといったものを肯定する意志」と「人間としての愛や優しさといったものを求める欲動」とを多くの人間が（宗教の違いや民族の違い・思想の違いや主義の違いなどを乗り越えて、同じ人間として）共通に抱くということから、始まるものなのでしょう。（勿論《もちろん》、全ての人間は、誰かとの内面的同一化を求める欲動というものを生得的に備えているものなのであり、「優しさ」というものを自発的に抱いたり、「愛」というものを自発的に肯定したりすることができるものであると言えます。）『**全ての隣人を兄弟とし、家族とせよ。汝《なんじ》の敵を愛せ。**』とは、キリスト教の教義にある言葉です。

（「自分が誰かと憎しみ合うこと」よりも「自分が誰かと笑顔を交し合うこと」の方が、「自分が誰かと殴り合うこと」よりも「自分が誰かと手を繋《つな》ぎ合うこと」の方が、本当は誰にとっても、「自分自身の幸せ」と「自分自身の喜び」とに繋《つな》がるはずのことなのでしょう。何故なら、繰り返しになってしまいますが、人間は誰もが例外なく、「愛」や「優しさ」といったものを自分が自発的に求めたり「自分の大切な誰かの幸せ」や「自分の大切な誰かの喜び」といったものを自分が自発的に求めたりすることができるようになるために必要不可欠な「内面的同一化に基づく欲動」というものを、食欲や性欲といったものと全く同じように、基本的な欲動の一つとして生得的に備えているのだろうと考えられるからなのです。）

（「Chapter2 - 5」でも申し上げましたが、大きな視点から考えますと、一人一人の人間にとって、「自分以外の誰かの幸せ」や「自分以外の誰かの喜び」といったものは、「自分自身の幸せ」や「自分自身の喜び」といったものを形成するための大切な要素の一つになるものであると言えるのでしょう。例《たと》えば、「愛や優しさといったものの本質的な意味を理解することができている人間にとっての幸せ」・「大きな愛や大きな優しさといったものを抱くことができている人間にとっての幸せ」といったものは、「その人間自身の幸せ」と「その人間の家族の幸せ」と「その人間の友達の幸せ」と「その人間の恋人の幸せ」と、理想的には、「その人間の周囲の全ての人間の幸せ」とから形成されるものであると言えます。実際にも、人間というものは、「自分の体や自分の大切な誰かの体・自分の心や自分の大切な誰かの心・自分の命や自分の大切な誰かの命といったものを守るために、自分とは比較的親しくはない人間の体や心を傷付けてしまったり・自分とは比較的親しくはない人間の命を奪ってしまったりした場合」などには、「大きな葛藤《かっとう》」というものを自分自身の心の中に生じさせてしまうものなのであり、「自己防衛を目的として自分が誰かを殺してしまった場合」などにも、「自分の行動に対しての強い罪悪感」というものに深く悩まされるようになってしまうものなのです。このようなことは、「法律によって定められている罪だけが、唯一の罪ではない」ということを示す顕著《けんちょ》な例の一つなのだろうと考えられます。私達人間にとって、例《たと》えば、「自分の大切な誰かの幸福」というもののために「自分と親しくはない誰かの幸福」というものを犠牲にしてしまうことなどは、ある意味では「良い行い」と呼べないこともないようなことなのでしょうが、他の意味では「悪い行い」と呼べることなのでしょう。）

「一つの優しさ」や「一つの愛」・「一つの幸せ」や「一つの喜び」といったものも、「次の優しさ」や「次の愛」・「次の幸せ」や「次の喜び」といったものを連鎖的に生み出していくことができるものです。例《たと》えば、親子関係による愛や優しさといったものは、多くの場合におきまして、親から子供へ、子供から孫へと次々に伝わっていくことができるものであると言えますし、もう少し日常的なことで考えましても、誰かから親切にしてもらうことによって自分が優しい気持ちになることができた人間は、今度は、自分の方が誰かに対して親切に振舞《ふるま》ったり・誰かに対して優しくしたりすることができるようになると言えます。それに、先ほどにも申し上げましたように、「ある人間の幸せ」というものは、「その人間と内面的同一化をしている全ての人間の幸せ」というものを通じて、相乗効果的に・連鎖的に広がっていくことができるものでもあるのです。（関連することとして申し上げますが、自分が誰かに恩を与えてもらった場合、自分がその恩を返す相手は、必ずしも自分に恩を与えてくれた相手本人でなくとも構わないのでしょう。例《たと》えば、親子関係を例に挙げて申しますが、「私が自分の両親から受けた恩」

というものは、今度は私が自分の子供達へと与えていくべきものであると言えます。勿論《もちろん》、言うまでもなく、自分に恩を与えてくれた相手本人に恩を返すことが可能である場合には、自分がその相手に感謝をし、自分がその相手に恩返しをして然るべきなのでしょう。）

私は、「憎しみの連鎖や恨みの連鎖・怒りの連鎖や悲しみの連鎖」といったものよりも、「優しさの連鎖や愛の連鎖・幸せの連鎖や喜びの連鎖」といったものの方を、強く尊重したいと思いますし、強く肯定したいと思いますし、強く奨励したいと思いますし、私は後者の連鎖の方が前者の連鎖よりもずっと好きです。

（「戦争」や「争い」といったものに関しての言葉を、ここで少しだけ付け加えさせて頂きますが、『**真の勝利とは、相手側にも自分達にも一滴の血も流させずに得る勝利のことである。**』とは、ピッタコス《Pittakos B.C.650 - B.C.570　ギリシア七賢人の一人・政治家》の言葉であり、『**戦いの前に敵を見縊《みくび》るのは愚かなことであり、勝利の後で敵に追い討ちを掛けるのは卑劣なことである。**』とは、ゲーテの言葉になります。もっとも、少しの妥協をすることもなく理想論というものを忠実に語ろうとするのであれば、「多くの人間を不幸にしてしまうような戦争というものを人間がすること」や「誰かの命を奪い去ってしまうような争いというものを人間がすること」など自体が、非常に重い罪と呼べるようなことなのであり、決して許されないようなことなのでしょう。）

（「現在において、戦争や武力のために世界中で費やされている膨大な額の資金や膨大な量の人間の労力などを、全人類の幸福と全人類の平和とのために費やすことができれば、非常に多くの人間を救うことができるのだろう」ということは、疑う余地のないことなのでしょうし、「誰かを殺すためや誰かを憎むために資金や労力を費やすことと、誰かを幸福にするためや誰かを愛するために資金や労力を費やすこととの、どちらが人間として正しいことなのか」という問いに対しての確信的で絶対的な解答は、誰の心の中にも、間違いなく出ているはずなのでしょう。最後に、この「Chapter2 - 6」のお話の最終的な結論の一つとして、『**戦争に憧れる者は全て、戦争の本当の残酷さや悲惨さを知らない。戦争を面白がるのは、戦争の無経験者だけなのである。**』というピンダロス《Pindaros B.C.518 - B.C.438　古代ギリシアの合唱抒情詩人》の言葉を付け加えさせて頂きたいと思います。)

Chapter2 - 7　社会的価値観・モラルの崩壊

「Chapter2」のここまでのところで何度もお話して参りましたことなのですが、「一人一人の人間の選び取る価値観」というものは、「自分の属している社会の多くの人間が持ち合わせている価値観」というものに、非常に大きく影響されます。ここで、そのような「ある社会に属する多くの人間が持ち合わせている共通の価値観」のことを、「その社会の社会的価値観」という言葉で呼ばせて頂きます。

そして、この「社会的価値観」というものが、多くの場合におきまして、ある一つの社会が機能していく上で非常に重要な役割を果たすものになると考えられるのです。と申しますよりも、「その集団の中である程度まで確立した社会的価値観というものを持った人間の集合体（ある程度まで共通した価値観を抱いている人間の集団）」というものが、即《すなわ》ち、「社会」と呼べるものであるとさえ言えるのだろうと思います。ここで私が申しております「社会的価値観」というものとは、つまり、社会に属している多くの人間が、「自分が何を感じるのか」・「自分が何を考えるのか」・「自分が何を求めるのか」・「自分が何を大切にしているのか」・「自分が何を悪いこととするのか」・「自分が何を良いこととするのか」・「自分が何を間違ったこととするのか」・「自分が何を正しいこととするのか」といったことを決定したり判断したりするための基準として共通に抱いている価値観のことです。

例《たと》えば、「自分が、自分の人生の意味というものを、自分が楽しく人生を送ることに見出すのか、自分が社会のために貢献することに見出すのか、自分が誰かを幸せにすることに見出すのか」といったようなことも、自分自身が属している社会の社会的価値観というものの影響を強く受けることであると言えます。（「Chapter2 - 2」でもお話致しましたが、「人間がどのようなものを自分の信念や自分のアイデンティティーとして選び取るのか」ということも、その人間が属している社会の社会的価値観というものに強く影響されるようなことなのです。また、「Chapter2 - 4」でもお話致しましたが、社会的価値観というものが非常に強く、絶対的に確立されている社会におきましては、多くの人間が選び取る「信念」の形や「幸せの定義」の形・「アイデンティティー」の形といったものも、かなりの程度まで固定化したもの・共通したものになると言えるのでしょう。）

「国民性」や「民族性」といったものも、社会的価値観による影響というものを非常に強く受けるものです。簡単な例を挙げさせて頂きますが、一般的に日本人は、他の多くの先進国の人間よりも真面目でお人好しな気質を備えていると言われて参りましたが、これは、日本人の多くが、「真面目であること」や「誰かに優しくあること」などを良いことであると教わり、自分も同様にそのような価値観を自然と受け入れ、「真面目であること」や「誰かに優しくあること」などを良いことであると感じ、自分もそうなりたいと望み、自分が真面目で優しい人間でいられていることに誇りを感じてきたからなのだろうと考えることができます。（尚《なお》、「多くの人間が自分の社会の社会的価値観というものを素直に受け入れていくことによって、その社会の社会的価値観というものが、更に安定したものとなり、更に強固なものとなっていく」といった効果も、間違いなくあると言えるのでしょう。）

社会的価値観というものは、場所や時代によって非常に様々なものとなりますので、例《たと》えば、現代におきましても、「経済的に成功することこそが、人生における成功である」というような価値観が多くの人間に認められているような社会もあれば、「自分の家（家系）を立派にしていくことこそが、人生における成功である」というような価値観が多くの人間に認められているような社会もあると言えるのでしょうし、「限られた自分の人生を精一杯楽しむことこそが、人生における成功である」というような価値観が多くの人間に認められているような社会もあれば、「名誉や名声を得て誇りを持って生きていくことこそが、人生における成功である」というような価値観が多くの人間に認められているような社会もあると言えるのでしょう。

例《たと》えば、この日本という社会におきまして、少し前の時代までは、とても多くの男女が「結婚をして幸せな家庭を築き、自分の子供を立派な人間に育てること」を自分の生きがいの一つとしていたのも、とても多くの女性が「料理や掃除などの家事を得意とし、良い夫のもとに嫁いで幸せな家庭を築くということ」を自分の人生の成功として考えていたのも、とても多くの男性が一生懸命に仕事をしていたのも、とても多くの子供が頑張って勉強をしていたのも、それら全ては、少し前の時代の日本の社会に生きていた多くの人間が、そのようなことを肯定する社会的価値観を無条件に与えられ、当然のこととして受け入れ、疑うこともなく「自分もそのような人間でありたい」といったことを望んでいたからなのだろうと考えることができます。（勿論《もちろん》、ここで私が挙げております社会的価値観の多くは、「人間の欲動」というものからも基本的には肯定されるものであると言えるのでしょう。）

そして、これらの社会的価値観が薄れてしまった現代の日本の社会におきましては、例《たと》えば、少なくない数の子供達は、「自分が勉強をするということ」に対して疑問を持ち、一部の大人達は、「自分が仕事をするということ」に対して疑問を持ち、一部の主婦達は、「自分が家事や育児をするということ」に対して疑問を持ってしまっています。更には、「自分が誰かと仲良くするということ」や「自分が結婚をするということ」・「自分が家庭を築くということ」や「自分が子供を授かるということ」・「自分が子供を愛するということ」や「自分が子供を育てるということ」といった「人間にとって非常に根本的なこと（人間が生得的に抱いている生物としての純粋な欲動に基づくようなこと）」にさえ、疑問を感じてしまうような人間も増えてしまっていると言えるのかも知れません。

（このような「人間にとって根本的なことに関しての社会的価値観」というものは、「どうしてそのようなことをしなければいけないのか」・「何故、それが正しいことなのか」といった疑問の余地なしに、社会に属する多くの人間に当たり前のこととして受け入れられた方が、社会全体にとっても・その社会に属する多くの人間にとっても、ある意味では好都合なことなのでしょう。例《たと》えば、「自分が家事をすること」や「自分が勉強をすること」・「自分が仕事をすること」などを「当たり前のこと」として考えることができれば、人間は、多くの場合におきましては、それらのことを苦痛に感じなくても済むようになり、自分の生き方や自分の時間の使い方といったことに関しても、深く悩んだり迷ったりしなくて済むようになるのです。恐《おそ》らく、こういった「人間にとって根本的なことに関しての社会的価値観」というものが「当然のこと」である状態が、「社会的価値観の安定」と「社会そのものの安定」にとっては、最も都合の良い状態なのでしょう。例《たと》えば、「宗教社会」というものの中では、「教養という名の非常に強い社会的価値観」というものが確立していますので、その社会に属する多くの人間は、毎日の生活の中で自分がしなければならない様々な仕事や役割といったものを自分が実際にすることに対して苦痛を感じなくても済むのだろうと考えられますし、自分の生き方や自分の時間の使い方といったことに関して深く悩んだり迷ったりしなくても済むのだろうと考えられます。尚《なお》、このお話には、「Chapter2 - 8」で詳細な考察を加えさせて頂きます。）

（一方で、「社会的価値観によって定められていることが、どうして当たり前のことなのか」・「法律によって定められていることに反することが、どうして罪なことなのか」といったことに関しての根拠や理由といったものを自分が見付け出すということも、人間にとって、少なくないメリットを自分自身に齎《もたら》してくれるようなことなのでしょうし、充分に意味のあることなのでしょう。「人間共通の根本的な善悪」というものに関してのお話は、「Chapter2 - 6」でも言及させて頂いておりますが、もう少し先のところでも詳しく触れさせて頂きます。）

同様に、この現在の日本の社会におきましては、「法を犯すこと」や「自分の性を軽く扱うこと（例《たと》えば、自分の性的な何かを商品にしてお金を稼ぐことや浮気をすること）」・「誰か（特に自分の家族）を悲しませること」や「誰かを傷付けること」などに対して強い罪悪感を感じることができるような社会的価値観というものが薄れていってしまうことで、社会に属する多くの人間が抱くモラルや良心といったものは、非常に弱いものとなり、そのモラルや良心の水準というものは、非常に低いものとなってきてしまっていると言えるのだろうと考えられます。

社会に属する多くの人間がモラルや良心といったものを自然と大切にしていくためには、その社会の中に「確立した罪悪感の基準」や「確立した社会的価値観」といったものが存在していることが不可欠なのだろうと考えられるのです。例《たと》えば、この日本という社会が「性的なモラルというものを高い水準で保った社会」であるためには、この社会に属する多くの人間が、「自分が性的な倒錯をすることに対しての罪悪感」というものを抱いており、「自分が浮気をすることや自分が買売春をすることに対しての罪悪感」というものをも抱いていることが必要なのだろうと考えられますし、この社会に属する多くの子供達が、「自分が性的な行為をすることそのものに対しての適度な罪悪感」というものを抱いていることが必要なのだろうと考えられます。これは、別の言い方を致しますと、「性的な倒錯をすることや浮気をすることなどを、いけないことや罪なこととして認識するような社会的価値観」というものが、この社会の中に確立していることが不可欠であるということなのです。（その一方で、性というものを「いけないもの」とし、性的な行為を「いけないこと」として認識するような強過ぎる社会的価値観というものが、かえって、社会全体の性的なモラルというものを低下させてしまっているという場合もあるのだろうと考えられます。このお話は、もう少し後のところで考察させて頂きます「犯罪者の心理」や「犯罪常習者の心理」に関しての議論にも深く関係するお話です。）

（人間の抱く罪悪感というものには様々な種類のものがあるのだろうと考えられるのですが、例《たと》えば、「幼児期に性的体験をすることや家族間での性的体験をすることなどに対して人間が感じることができる罪悪感」というものや、「誰かを悲しませることや傷付けること・誰かを不快にさせることや殺すことなどに対して人間が感じることができる罪悪感」といったものは、「人間の心の中に動物的な仕組《しく》みとして先天的に備わっている罪悪感」なのだろうと考えられます。それに対して、「自分の性というものを軽く扱うことに対して人間が感じることができる罪悪感」というものや、「法律に反するような行為を自分がすることに対して人間が感じることができる罪悪感」といったものは、恐《おそ》らく、「人間が後天的に社会の中で獲得していくような罪悪感」であると言えるのでしょう。従って、その社会に属する多くの人間が「性的なモラル」や「法律による規則」といったものを高いレベルで大切にしている社会であるためには、「性的なモラルを遵守するということ」や「法律を遵守するということ」などが社会的価値観によって社会全体で奨励され、それを通じて、社会に属する多くの人間が「後天的な罪悪感」というものを問題なく手に入れることができるような社会であることが、必要なのだろうと考えられるのです。）

勿論《もちろん》、ここでも、「人間の抱く罪悪感の強さの程度に関しての問題」や「人間が罪悪感を感じてしまう行動の範囲の広さの程度に関しての問題」などは、生じてしまうと言えます。例《たと》えば、「性」というものに対しての非常に強い罪悪感を抱いてしまうことで、ある子供は、「自分の抱く性的欲動」と「性に対して自分が感じる罪悪感」という相反する力の間での葛藤《かっとう》というものに異常なほどに深く悩まされてしまうかも知れませんし、大人になってからも、「性的なものに対しての嫌悪感」や「性的な行為に対しての罪悪感」・「性そのものに対しての恐怖の念」などを強く抱き続けてしまうかも知れません。(事実、少なくない数の人間の心に生じてしまう「心の病」というものの一部は、人間の心の中で起こる「このような強烈な葛藤《かっとう》」や「このような強烈な罪悪感」といったものを原因として生じてしまうものなのだろうと考えられるのです。)中学生や高校生くらいの子供が抱く「性というものに対しての意識の強さ」と致しましては、「少し興味はあるけれど、少し悪いことであり、少し怖いことであり、少し汚らわしいことであり、とても恥ずかしいことである」といったくらいの意識が、ちょうど良いものであると言えるのかも知れませんね。

ここで、「罪悪感」という言葉に関しまして、少し深い考察を加えさせて頂きたいと思うのですが、私は、「人間の心の中に罪悪感というものが生じることが必要であると考えられる理由」と致しまして、現段階では二種類の考え方を抱いております。

その一つ目は、「人間が、動物としてのタブー（禁止行為）というものを犯さなくて済むように、人間の心の中に先天的な仕組《しく》みとして形成されているのだろうと考えられる罪悪感」というものです。例《たと》えば、多くの動物は、「自分の母親や自分の父親・自分の息子や自分の娘・自分の兄弟や自分の姉妹といった自分の家族と自分自身とが性的な関係を結ぶということ」に対して、また、「あまりに幼い年齢で自分自身が誰かと性的な関係を結ぶということ（あまりに幼い年齢の誰かに自分が性的な関係を結ばせるということ）」に対して、それに、「自分と内面的同一化をしている対象（自分の愛する家族や自分の愛する友人）を自分が殺すことや傷付けること・悲しませることや不幸にすること」などに対して、「強い怖れ」というものにも似た「強い嫌悪感」や「強い罪悪感」といったものを感じることができるおかげで、そのようなタブーを自分が犯さずに済んでいるのだろうと考えることができます。

（子供が自分の親兄弟に対して「性的な魅力」というものを感じたりしないのも、親が自分の子供に対して「性的な魅力」というものを感じたりしないのも、恐《おそ》らく、本能的な理由によることなのです。尚《なお》、その一方で、私のこのような考え方というものは、精神分析学の主張する「エディプスコンプレックス」という考え方とは、完全に反する考え方であるとも言えるのでしょう。ここで、この「エディプスコンプレックス」というものを簡単に紹介させて頂きますが、「幼少の子供が、無意識のうちに異性の親に対しての愛着を持ち、同性の親に対しての敵意を抱き、異性の親に自分が罰せられることへの強い恐怖心や不安を覚える傾向のこと、特に、男子の心で生じるそのような傾向のこと」を指して、「エディプスコンプレックス」という言葉は使われます。フロイトの議論の中では、男の子は、「自分の母親の愛情というものを完全に独占したい」と思うようになり、「自分の父親にいなくなって欲しい」・

「自分の父親に死んで欲しい」といった願望を抱くようになるとさえ述べられているのです。誤解をして頂きたくないので付け加えさせて頂きますが、少なくとも、現在の時点での私は、この「エディプスコンプレックス」というものに対して、どちらかと言えば、懐疑的な考え方を抱いております。「異性の親に対して特に愛着を抱いたり、同性の親を敵視したりするようになるという時期が、多くの子供にある」という点は、必ずしも否定しようとは思いませんが、「フロイトの説明の通りのエディプスコンプレックスというものが、子供達の属している社会の文化や宗教の違いといったものに左右されずに、全ての子供達に共通して現れる」といった実感や確信は、私には全く抱くことができません。私の考える「人間の心」というものの中では、「エディプスコンプレックス」という概念は、重要なものではないばかりか、存在してすらいないものなのです。）

「浮気をする」という人間の行為が、多くの場合において「罪」であると認識される理由の一つは、それが、自分の大切な誰か（自分の恋人や自分の配偶者）を悲しませたり・その誰かから幸せの一部を奪い去ったりする高い可能性を持った行為だからであり、「離婚をする」という人間の行動が多くの場合において「罪」であると認識される理由の一つは、それが、自分の大切な子供を悲しませたり・その子供の幸せの一部を奪い去ったりする高い可能性を持った行動だからです。（「結婚をすること」や「離婚をすること」などのような大人の男女の権利よりも、「両親のもとで愛情を一身に受けながら育ててもらえるということ」が、子供に与えられる当然の権利として優先されるべきなのでしょう。尚《なお》、勿論《もちろん》、「離婚や再婚を経験することによって、より幸福な家庭を築くことができたり・より幸福な人生を送ることができたり・より素晴らしいパートナーと巡り合うことができたりしている人間」も少なくはありませんので、離婚をするということが必ずしも「罪」や「悪」といった言葉で呼べることであるという訳ではありません。）また、現代社会におきましては、「親子愛」や「仕付《しつ》け」といった名を語っての「虐待（性的虐待や身体的虐待・精神的虐待や育児放棄）」というものが繰り返されてしまっていますが、「それが、子供を悲しませたり傷付けたりする行為であり、子供の幸せの一部を奪い去ってしまったりする行為である」という時点で、「虐待」というものは、「愛」や「仕付《しつ》け」といった言葉で呼べるものなどではなく、決して許されない「罪」と呼べるものであると言えます。

（言うまでもないことなのだろうとも思いますが、親が子供に対して行う「虐待」という行為による問題点や危険性とは、「その子供に対して与えてしまう身体的な影響」というものだけにあるのではなく、むしろ、「その子供に対して与えてしまう精神的な影響」というものの方が遥《はる》かに大きいようなものなのです。例《たと》えば、ある子供の肉体に「見た目で分かるような体の傷」というものが少しもなくとも、その子供が、両親の行う何かの行動に対して酷《ひど》く怯えるような状態であれば、その子供は既《すで》に、何らかの「心の傷」というものを負ってしまっている可能性があると言えるのでしょう。「肉体の健康」と「精神の健康」・「肉体の痛み」と「精神の痛み」とを同レベルのものとして考えるのであれば、「誰かに精神的な痛みを与えること」や「誰かに精神的な傷を負わせること」は、「誰かをナイフで切り付けること」や「誰かに毒物を飲ませること」と同等のことであるとさえ、言えるのだろうと思います。）

（勿論《もちろん》、私は、「親が子供に対して仕付《しつ》けをするということが、悪いことである」などといったことを申し上げるつもりは、少しもありません。**『訓育は、人間が持って生まれた真価というものに磨きを掛**

ける。』とは、ホラティウス《Quintus Horatius Flaccus B.C.65 - B.C.8　古代ローマの抒情詩人「歌集」「書簡詩」》の言葉になります。大切なことは、母親や父親が「自分の抱いている利己的な欲動」や「その時に偶然自分が得ていた不快の感情」などに基づいての「仕付《しつ》け」というものをしてしまわないことにあり、母親や父親が「自分の抱いているモラルに関する価値観」や「自分の信じている信念」などに基づいての「仕付《しつ》け」というものをすることにあり、子供の現在と将来のことを大切に思っての・子供の現在と将来の幸せを願っての・子供の気持ちを大切に考えての「仕付《しつ》け」というものをすることにあると言えるのでしょう。例《たと》えば、母親が仕付《しつ》けのために自分の子供のことを叱っている時にも、そこに「親子愛」というものが生じているのであれば、叱られることによって子供が辛《つら》い気持ちを感じるのと同じように、叱ることによって母親も辛《つら》い気持ちを感じることができるはずなのです。そのような「愛」というものを充分に抱くことができている人間にとっては、恐《おそ》らく、「虐待」などという行為を自分がすることは、決して耐えられないようなことであり、自分が罪悪感に押し潰されてしまうようなことなのでしょう。**『愛こそ全て。』**とまでは申しませんが、「愛や優しさといったものが、人間にとって非常に大切なものである」ということは、間違いのないことなのです。）

また、必ずしも「悪意を持った自分の行動」や「悪い結果を意図しての自分の行動」の結果としてのものではなくとも、自分が起こした何かの行動によって、誰かを不幸にしてしまうような結果や誰かを傷付けてしまうような結果に最終的に陥ってしまえば、それは、自分自身の「罪」と呼べるものとなり、自分自身に「強い罪悪感」というものを抱かせるものとなると言えるのでしょう。例《たと》えば、「意図せぬ自分の過失によって、自分が誰かを傷付けてしまった場合」や、「自分が誰かに同情をすることによって、自分が誰かと浮気をしてしまった場合（自分の恋人を悲しませてしまった場合）」なども、「誰かを傷付けるような結果や誰かを悲しませるような結果に結び付いてしまっている」という点で、自分の行った行為は、「罪」と呼べるような行為となり、自分自身が「強い罪悪感」というものを感じてしまうことになるのだろうと考えられるのです。「善意や良心に基づいての行動であれば、どんな結果を齎《もたら》してしまうような行動であっても許される」といったような価値観は、必ずしも正しいものではありませんし、この価値観は時として、自分自身の心の中に「甘え」というものを作り出してしまうものであるとさえ言えるのでしょう。（例《たと》えば、「自分には全く過失がないような・責任の所在が全面的に自分以外の誰かにあるような不意の交通事故によって、小さな子供を自分が殺してしまった場合」などにおきましても、殆《ほとん》ど全ての人間は、「言い知れないほどの非常に強い罪悪感」というものを自分自身の心の中に抱いてしまうはずです。）

（勿論《もちろん》、このような「過失や同情の結果としての犯罪や罪」といったものは、「意図された行動や計画的な行為の結果としての犯罪や罪」といったものよりも、その罪の重さとしては、ずっと軽いものになると言えます。例《たと》えば、自分が交通事故などによって誰かを殺してしまった場合、その結果として自分が負ってしまう罪というものも決して絶対的に軽いものではないのですが、それでも、自分が意図的に誰かを殺そうとして殺してしまった場合などよりは、自分が負ってしまう罪の重さとしては相対的にずっと軽いものになると言えるのでしょう。）

このような基準（「自分の大切な誰かを悲しませたり傷付けたりすることが、罪である」という基準）

を前提とした上で、「自分の大切な誰か（自分の愛する誰か・自分の内面的同一化の対象となる誰か）」の範囲というものを更に大きく広げていきますと、例《たと》えば、「自分が何かの行為によって見知らぬ誰かに不快な思いをさせることによる罪」・「自分が仕事上の何かの行為によって顧客を危険な目に合わせることによる罪」・「自分の仕事上のミスによって消費者に不安な思いをさせることによる罪」・「自分の子供が誰かに迷惑を掛けることによる罪（子供との内面的同一化を果たしている母親は、子供が感じるべき罪悪感というものを自分自身の罪悪感として感じることができるはずです。）」といったものも、同様の理屈によって説明することができます。

（尚《なお》、このような考え方から申しますと、「人間が罪悪感や怖れといったものを抱くということ」は、一人一人の人間の行う「自分の欲動に基づいての行動」というものを、「自分自身が長く生きること」や「自分が多くの子孫を残すこと」といった生物の根本的な目的に適合した方向に統制したり規制したりするための「人間が生得的に備えている心理的な仕組《しく》み」によることなのだろうと考えられるのです。）

（ここで、お話の中心となることが少しだけ逸れてしまうのですが、「人間の罪」という概念に深く関係しているお話を付け加えさせて頂きたいと思います。多くの人間は、自分の属する社会の歴史や主義・自分の信じている思想や宗教・自分の抱いている記憶や考え方などに基づいて、つまり、「総合的な意味での社会的価値観というものに非常に強く影響された自分個人の価値観」というものに基づいて、社会によって・時代によって・一人一人の人間によっても様々に異なる「信念」や「正義の定義」といったものを自分自身の心の中に形成し、それに従って自分の行動や自分の生き方を決定していこうとすると言えるのでしょう。そして、それ故に、この現実世界の中には、「テロリズム」や「戦争」といったものが根絶されないままになってしまっているということも言えるのだろうと考えられるのです。

『法の盾・正義の名のもとに行われる暴虐より残忍なるものはなし。』とは、モンテスキュー《Charles de Secondat Montesquieu 1689 - 1755　フランスの政治思想家　著「法の精神」》の言葉になります。現代の多くの社会において人間が自分自身や自分の行動に伴う性質として求めるべきものは、「強さ」よりも「正しさ」であり、「正しさ」よりも「優しさ」なのです。）

（全ての人間が生得的に備えている「自分が誰かを愛することや自分が誰かに愛されること・自分が誰かに優しくすることや自分が誰かに優しくされること・自分が誰かとの内面的同一化をすることなどを求める欲動」というものを考えますと、「自分の家族や自分の友人を中心とした誰かのことを悲しませることや傷付けること・不幸にすることや殺すことなどが、罪なこと・いけないこと・悪いこと・悪い行い・許されないこと・不快なことである」というような価値観と、「自分の家族や自分の友人を中心とした誰かのことを喜ばせることや幸せにすること・癒してあげることや嬉しい気持ちにしてあげること・痛みや苦しみから救ってあげること・命を守ってあげることなどが、良い行い・良いこと・美しいこと・意味や価値のあること・幸せなことである」というような価値観とは、本来は、全ての人間が先天的に理解しているはずの価値観なのでしょうし、全ての人間が無意識的に肯定しているはずの価値観なのでしょう。）

（このような価値観は、つまり、「人間共通の善悪の定義」・「人間としてするべきことと人間としてするべきではないこととの基準」とも呼べるような価値観なのだろうと考えられます。ゴローニン《Golovnin Vasilif Mikhailovich 1776 - 1831　ロシアの旅行家》の言葉になりますが、『**風習は民族によって異なるが、善行というものは、いずこにおいても善行として認められる。**』ということなのです。「自分が善の存在であるのか、悪の存在であるのか」・「自分が正義の存在であるのか、悪の存在であるのか」といったことは、「自分の信じている宗教や主義が何であるのか」・「自分の属している組織や集団が何であるのか」といったことによって決まることなのでは決してなく、「自分自身の抱いている価値観や信念が、どのようなものであるのか」・「自分自身の行っている行動が、どのようなものであるのか」といったことによって決まることなのでしょう。

(尚《なお》、ここで私が示しております「善悪の基準」というものは、「人間の動物としての欲動の方向性」というものにも完全に肯定されていると思われる基準ですので、例《たと》えば、人間は、「自分が誰かを幸せにすること」や「自分が誰かを喜ばせること」に対して、強い幸福感や大きな充実感などを含む「非常に良い気持ち」というものを感じることができますし、逆に、「自分が誰かを悲しませること」や「自分が誰かを不幸にすること」・「自分が誰かを傷付けること」や「自分が誰かを殺すこと」などに対しては、強い罪悪感や自分自身に対しての嫌悪感などを含む「非常に嫌な気持ち」というものを感じることができます。「このような心の仕組《しく》み」というものは、種の保存を目的とする生物にとって最も大切な心の仕組《しく》みの一つなのであり、例《たと》えば、「アフリカの強暴な野生動物も同種族の間で殺し合ったりは決してしない」ということなども、全く同じ心の仕組《しく》みによることであると言えるのでしょう。)

（その一方で、例《たと》えば、少なくない種類の昆虫は、自分の得られる食料が完全になくなってしまった時に、共食いを始めてしまうことがありますし、カマキリは、交尾の後に雌が雄を捕食することでよく知られています。ライオンの行う「子殺し」という行動も有名なものですし、人間の場合も、自分の命が限界まで危険に晒《さら》されてしまった時には、他の人間を殺してでも自分自身が生き残ろうとするという本能が働くという学説が考えられています。生物にとって、「個としての自分が生き延びるということと、種としての自分を生かすということとの、どちらがより優位な目的となることなのか」という問題は、非常に微妙な問題なのでしょう。）

（また、人間にとって、「家族の大切さ」や「人間の命の大切さ」といったものは、社会や歴史の違いに拘《かか》わらず、誰にとっても変わらないのだろうと考えられるものですし、「街中で偶然に子供の笑顔を見た時の嬉しい気持ち」や「何かの事件で自分の大切な誰かが殺されてしまった時の強い悲しみと怒り」・「心無い大人によって罪のない子供が傷付けられてしまっているのを自分が見た時に感じる非常に不快な気持ちや強い憤り」といったものも、本来は、人間であれば誰もが共通して感じるのだろうと考えられるものなのです。もし、宗教や思想・民族や国家などに左右されない「本当の意味での正義・人間としての正義」という言葉が成り立つとすれば、それは、このような「人間の命の大切さの肯定」や「全ての子供達が例外なく笑顔でいられるような社会の形成」・「全ての人間が例外なく幸せに生きられるような社会の形成」といったことと同じベクトルを持ったような「正義」であるべきなのでしょう。）

（「根本的なレベルでの愛情や優しさ」・「根本的なレベルでの罪悪感や恐怖心」といったものは、「人間が経験的に獲得するもの」ではなく、「全ての人間が生得的に獲得しているもの」なのであり、「現代社会においては、一部の人間が、自分の人生を生きていく中で過度の抑圧を自分自身の心の中で し続けることによって失い掛けてしまっているもの」なのです。例《たと》えば、お腹を空かしている子供や寒さに震えている子供が自分の目の前にいれば、自分自身の心に無条件に何らかの痛みを感じることができ、「何とかしてあげたい」・「少しでもその子供の力になってあげたい」といったことを自然と思うことができるのが、「人間らしい心」というものなのでしょう。同様に、自分が誰かを殺したり・自分が自殺をしたり・自分が子供を虐待したり・自分が近親相姦を誰かに強要したりしてしまう人間は、「自分がそういったことをすることに対しての恐怖心や罪悪感といったものを獲得することができていない人間」なのではなく、「自分がそういったことをすることに対しての恐怖心や罪悪感といったものを喪失してしまっている人間」なのです。）

「人間の心の中に罪悪感というものが生じることが必要であると考えられる理由」の二つ目に関してのお話に入らせて頂きます。人間が、自分自身の抱いている性的欲動や攻撃衝動といったものを「この社会に適合する形」に抑圧していくためには、自分自身の心の中に「欲動を適度に抑えるための何らかの力」というものが生じることが必要であると考えられ、「人間は、そのような力というものを自分自身が得るために、自分が罪悪感というものを感じるようになる」ということなのだろうと考えることができるのです。例《たと》えば、「自分自身の欲動を適度に抑えるための罪悪感の力」というものが人間の心の中に形成されているからこそ、異性を意識し始めた段階の子供の多くは（個人差というものもあるのでしょうが)、「性」というものに対しての強い嫌悪感や罪悪感・恥の意識といったものを抱くことができるのでしょうし、もう少し成長した後の段階の子供の多くは、「性」というものに対しての強い憧れと理想のイメージ(例《たと》えば、「本当に大好きな相手と自分とが初めて結ばれること」を至福の喜びとするようなイメージ)とを抱くことができるのでしょう。

このように、生まれたままの段階では「動物としての罪悪感の仕組《しく》み」というものしか備えていない一人一人の人間が、「自分が法律を遵守すること」や「自分が性的なモラルを遵守すること」などを可能とするために(人間社会に適応するために)、「人間としての罪悪感の仕組《しく》み」というものを自分自身の心の中に形成しようとするのだろうと考えられるのです。しかし、例《たと》えば、「性的な行為に対しての罪悪感(特に、愛情の伴わない性的行為・軽率な性的行為・露骨な性的行為・金銭の絡んだ性的行為・幼い年齢の段階での性的行為などに対しての罪悪感)」というものを定義するような社会的価値観が非常に希薄化してしまっている現代の日本のような社会におきましては、多くの人間が抱く「性に対する罪悪感」というものは、過去の時代の同じものよりも遥《はる》かに薄れ、多くの人間が抱く「性的なモラル」というものも崩壊し掛けてしまっていると言えるのでしょう。尚《なお》、「人間の守るべき性的なモラル」というものに関しての詳細な考察は、「Chapter2 - 8」で展開させて頂きます。

また、このような「二つの要因(二つの必要理由)による罪悪感の形成」や「性的なモラルに関しての社会的価値観による影響」などによって、人間の心の中に「性に対するイメージ」や「性に対する考え方」といったものが(恐《おそ》らくは無意識的な段階で)形成されているからこそ、多くの人間は、「自分の性的なモラル」というものを高いレベルで遵守することができるのですが、その一方で、例《たと》えば、性的虐待やレイプなどによって酷《ひど》く自分の心を傷付けられてしまった子供は、少なくない場合におきまして、「望まない性的な体験をしてしまった自分自身に対しての強い嫌悪感や罪悪感」といったものを抱くことになってしまい、「性的なもの自体に対しての強い嫌悪感や恐怖心」といったものをも抱くことになってしまうのです。（性的虐待というものを受けてしまった子供は、少なくない場合におきまして、自分は完全に被害者であるにも拘《かか》わらず、罪悪感の対象として自分自身を選び取ってしまい、自分自身を「汚れたもの」や「罪深いもの」として捉えてしまい、自分を責めたり嫌ったりし続けてしまいます。ですから、「性的虐待を受けてしまった子供の精神状態を改善してあげるためのアプローチ」におきまして最も大切なことの一つは、「その子供が自分自身に対して感じている罪悪感や嫌悪感といったものを、優しく取り払ってあげること」にあると言えるのでしょう。）

（「恐《おそ》らくは無意識的な段階で」と申しましたが、ラカン《Jacques Lacan 1901 - 1981　フランスの精神分析学者　著「エクリ」》の言葉にもありますように、『**人間が法やモラルを守るために自らの心の中で行う抑圧というものは、少なくない数の一部の人間の場合においては、常に無意識的なものなのである。**』ということなのです。）

また、そのような結果とは逆に、性的虐待やレイプなどの被害に遭ってしまった別の子供は、「自分自身が抱いている性に対する強い嫌悪感や強い恐怖心」といったものから自分が逃れるために・「望まない性的体験をしてしまった自分自身に対する強い嫌悪感や強い罪悪感」といったものから自分が逃れるために・自分自身のことを自分が否定してしまわないようにするために、自分の性的欲動に関しての抑圧というものを全くと言えるほどしようとしなくなってしまう（できなくなってしまう）かも知れません。或《あ》いは、そのような犯罪の被害を受けてしまった別の子供は、「自分の抱く様々な欲動を適度にうまく抑圧するということ」や「自分が何らかの行為に対して罪悪感というものを感じるということ」自体をうまく行うことができなくなってしまうかも知れませんし、「性的な体験をしている自分」と「性的な体験を抑圧しようとしている自分」とを完全に分離しようとすることで、多重人格障害などの症状に陥ってしまうかも知れません。（勿論《もちろん》、これらは全て、可能性の問題です。）性的虐待やレイプといったものは、これほどまでに人間の精神に（特に、発達過程の子供の精神には）致命的なダメージを与えてしまう可能性を持ち、被害に遭ってしまった人間の人生を崩壊させてしまう可能性を持つものなのであり、故に、性的虐待やレイプといったものは、「心の殺人」と呼べるほどに残酷な行為であると言えるのです。

（尚《なお》、関連することとして申し上げますが、「自分自身に対する罪悪感や嫌悪感といったものに自分が打ち負かされてしまうこと」も、「自分自身に対する罪悪感や嫌悪感といったものから自分が逃げ続けようとしてしまうこと」も、自分自身に良い結果を齎《もたら》すようなことには、決してなりません。重要なことは、「自分自身に対する罪悪感や嫌悪感といったものを自分が真っ直ぐに受け止めた上で、それらに自分が打ち勝つということ」にあると言えるのでしょうし、「自分自身には、非が全くない」と考えられる場合には、「自分自身に対する罪悪感や嫌悪感といったものを、自分が感じる必要は少しもない」ということを、自分自身の心の中で強く再確認するということが重要であると言えるのでしょう。）

「罪悪感の形成」というお話に関連することとして申し上げますが、成長段階の人間が多くの場合において通過する「反抗期（これは、社会や秩序・家族や学校といったものに対しての反抗だけではなく、精神的な成長の過程において自分が与えられてきた全ての社会的価値観というものに対しての反抗でもあり、抑圧されてきた自分の欲動というものを解放するかのような反抗でもあるのです。）」というものは、自分が幼少の頃から社会的価値観というものを無条件に受け入れ、自分の抱く様々な欲動というものの多くの部分を無条件に抑圧してきたことからの、いわば「反動」のようなもの（自分自身の心的現象を抑圧し過ぎることに対してのアンチテーゼのようなもの）であると考えることができます。

思春期や反抗期においては、多くの人間が、現実から逃避しようとしたり・自分の理想や自分の妄想に執着しようとしたりし、時として、ルールを破ろうとしたり・誰かに反発しようとしたりもし、その一方で、自分の心の中では何かに迷い・何かに悩み・何かの問題と葛藤《かっとう》しながら生き、やがて、それらを自分の力で乗り越えていきます。（思春期や反抗期の人間が抱く迷いや悩みといったものの多くは、「自分の人間関係」や「自分の恋愛」・「自分の将来」や「自分の人生」・「自分の信念」や「自分の価値観」・「自分の欲動の発散方向」や「自分の欲動の昇華対象」などに関しての迷いや悩みです。）恐《おそ》らく、「思春期」や「反抗期」といった反社会的で非合理的な時期（「逸脱行動」と呼ばれるような行動を起こしてしまう時期）というものは、人間の健全な精神的成長（例《たと》えば、「罪悪感や怖れ・恥や憧れの対象に過ぎなかった性欲というものが、ある程度まで純粋な自分の欲動の対象に変化するという成長」・「自分が、自分のアイデンティティーや自分らしい価値観を獲得することができるようになるための成長」・「自分が、安定した人格・ある程度まで完成された大人としての人格を手に入れることができるようになるための成長」）のために多くの場合には必要となる「一つの重要な成長段階」と呼べるものなのでしょう。

（尚《なお》、ここで私が申しております「反抗期」とは、発達心理学上では「第二反抗期」と呼ばれるものであり、それに対して、一般に三歳くらいまでの幼児の段階で生じる「第一反抗期」と呼ばれるものがあります。この「第一反抗期」におきまして、多くの子供達は、「自分の欲動の全てを必ずしも充足してはくれない両親という存在」に対して逆らったり怒りを表したりしながら、「両親と自分とは、完全に別の人間である」ということを認識し、「自分の利己的な欲動や自分の本能的な欲動を適度に抑えることが必要であるということ」を知り、自発性と自立性とのバランスというものを身に付け始めていくと言われています。つまり、「第一反抗期」というものも「第二反抗期」というものも、それらは、人間の精神的成長のための大切な糧となるものなのです。）

ここで、お話の対象を、「人間の感じる罪悪感」というものに関してのことから「社会的価値観」というものに関してのことに戻させて頂きます。先ほどにも少しお話致しましたが、この「社会的価値観」というものは、時代によって・社会によって（国家や民族といった大きな社会・企業や学校といった小さな社会などによって）非常に様々な違いを持つものです。このことは、例《たと》えば、「同じ学校に通う生徒に、同じような性格的特徴・人格的特徴が生じ易いということ」や、「同じ会社に勤務する従業員の抱いている職業倫理というものが、従業員同士で非常に似たものになり易いということ」などからも言えます。日本の諺《ことわざ》にもありますが、人間も、**『朱に交われば、赤くなる。』**ということなのです。（勿論《もちろん》、自分が「強い信念の力」というものを抱いているのであれば、自分が「自分の属している社会の多くの人間」に完全には感化されてしまわずに・「自分の属している社会の社会的価値観」というものに完全には操られてしまわずに、それでいて、自分の属している社会の中での「自分の人間関係」というものを円滑に形成したり維持したりしていくということも、可能なことであると言えるのでしょう。言うまでもなく、このような「社会との適応・他者との適応」と「自分の個性の保持・自分の個性の活用」との両者のバランスというものは、「個性」と「協調」とがともに求められている現代の日本のような社会におきましては、とても大切なものです。）

「最も代表的な社会的価値観の例」と致しましては、「宗教によって形成される社会的価値観」というものを挙げることができるのだろうと思います。例《たと》えば、宗教を信じる人間達は、自分達が教義を守ることによって、自分達の社会の中に「共通の価値観（社会的価値観）」というものを作り出すことができるのでしょうし、自分達が神を信じることによって、自分達が生きていく上での「共通の信念」というものを抱くこともできるのでしょう。更に、同じ社会の中に同じ宗教を信じる多くの人間が集まることによって、「同胞意識」や「仲間意識」といったものを抱くこともできるようになるはずです。

少しだけ余談になりますが、このように考えて参りますと、「宗教」というものは、「一人一人の人間の心と社会全体とのバランスを調整するための非常に優れた一つの社会の仕組《しく》み」とも呼べるようなものなのでしょう。例《たと》えば、宗教社会の中で生きる一人一人の人間は、自分の宗教を信じることによって、教義というものに基づいた「信念」や「価値観」といったものを迷うことなく得ることができますし、自分が抱く最も強い恐怖心の対象である「死」というものを説明するための理屈を手に入れることもできますので、多くの人間は、「自分が無宗教の社会の中で生きる場合」よりも、ずっと楽に（ずっと安全に・ずっと強く・迷うことなく・悩むことなく）生きられるようになります。また、社会に属する多くの人間が「宗教」というものを信じることによって、その社会は、「その宗教の教義」という法のおかげで、「社会のモラル」や「社会の秩序」・「社会の安全」や「社会の安定」といったものを手に入れることもでき、それによって、その社会に属する多くの人間は、更に自分が楽に（安全に・安定して）生きられるようになると言えるのでしょう。

（仏教の教えにある**『人間が抱く煩悩や欲望は、最低限のレベルにまで抑えるべきものである。』**という考え方も、イスラム教の教えにある**『人間は全て、平等な存在である。』**という考え方も、社会の中の一人一人の人間の「欲動と嫉妬心とのバランス」というものを調整し、社会の中の一人一人の人間に「絶対的な価値観」や「非常に強くて確定的な信念」といったものを与え、それを通じて社会全体に「秩序」や「平和」といったものを齎《もたら》すための「非常に良くできた社会の仕組《しく》みによるもの」であるとも考えられるようなものなのです。）

勿論《もちろん》、「宗教」というものだけではなく、「法律」や「モラル」・「思想」や「主義」といったものも、社会的価値観になり得るものです。例《たと》えば、法律や宗教といったものを備えていない部落のような小さな社会におきましても、その社会に属する人間達には、やはり、「共通したモラル」や「共通した思想」・「共通した価値観」や「共通した信念」といったものがあり、自分達の社会がそういった社会的価値観を備えていることによって、その社会も「秩序」というものを手に入れることができ、そのおかげで、人間同士の（仲間同士の）無駄な争いをしてしまうことや頻繁に混乱に陥ってしまうことなどを避けることができていると言えるのでしょう。

多くの場合、人間は、自分が生まれた時から自分の属する社会の中におり、自分が成長していくに従って少しずつ、「自分の属している社会の中にある社会的価値観」というものを、無意識のうちに自分の内側に取り込んでいきます。勿論《もちろん》、社会的価値観が非常に強くて非常に厳しい社会でなければ、一人一人の人間によって、自分の取り込んでいく価値観の強さや種類には多少の違いがあると言えるのでしょうし、特に、現代の日本のような社会におきましては、「社会的価値観というものの形」自体が非常に漠然としたものとなってしまっておりますので、一人一人の人間によって、自分の取り込んでいく価値観の形も種類も・程度も強さも・量も質も大きく異なってしまっていると言えるのでしょう。（このことが、「現代社会において多くの人間の常識やモラルといったものが崩壊してしまっていること」・「現代社会において一人一人の人間の抱く価値観というものが異常なほどに様々なものとなってしまっていること」などの直接的な原因なのだろうと考えられるのです。）

また、現実的に考えますと、「ある社会に属する全ての人間が、例外なく社会的価値観というものを得ることができている」というだけでは、多くの場合におきましては、その社会が円滑に機能していくためには不充分なのであって、例《たと》えば、「一人一人の人間に与えられる社会的価値観の強さの程度の問題」や「一人一人の人間に与えられる社会的価値観の違いの問題」・「一人一人の人間に与えられる社会的価値観の種類や形の問題」といったものが、実際の人間社会に対して様々な悪影響や危険な影響を与えてしまうことも多くあると言えるのです。「一人一人の人間に与えられるべき社会的価値観とは、果たしてどのようなものなのか」ということに関してのお話は、「Chapter2 - 8」のところで詳しく議論させて頂きますので、ここでは、「一人一人の人間に与えられる社会的価値観の強さの程度の問題」と「一人一人の人間に与えられる社会的価値観の違いの問題」とが実際の人間社会に齎《もたら》してしまうかも知れない悪影響や危険な影響といったものに関しまして、言及させて頂きます。

まず、「一人一人の人間に与えられる社会的価値観の強さの程度の問題」に関してなのですが、例《たと》えば、「ある人間に与えられ、その人間が受け入れる社会的価値観」というものが度を越して強過ぎるものですと、その人間は、自分の心の動きというものをあまりにも無視して（抑圧して）、社会的価値観というもののみに従うようになってしまい、ストレスやフラストレーションといったものを自分自身の心の中に蓄積させることで、結果として何かの心の病に陥ってしまうかも知れません。その逆に、「ある人間に与えられ、その人間が受け入れる社会的価値観」というものが度を越して弱過ぎるものですと、その人間は、社会的価値観というものを完全に無視して、自分の動物的な欲動や自分の利己的な自我といったものをあまりにも大切にするようになってしまい、結果として、社会に馴染めないようになってしまったり・社会から見て許されないような行動をとってしまったりするかも知れません。

（「社会に属する多くの人間が、完全に画一化された社会的価値観というものを強制的に与えられてしまうような状態」というものは、「洗脳」と呼べるようなものに近い状態であると言えるのだろうと考えられますので、そのような状態は、倫理的に考えても・人道的に考えても、決して許されないものなのだろうと考えられます。ですが、その一方で、そのような「画一化された社会的価値観」や「強い強制力を持った社会的価値観」を充分に備えている社会の方が、「比較的弱い社会的価値観」や「選択の自由が大きい社会的価値観」しか備えていない社会に比べて、自分の社会の「社会秩序の形成」や「社会的価値観の安定」などを容易に確かなものとすることができるということも、恐《おそ》らくは言えることなのでしょう。結局のところ、「適度な程度で最低限充分な程度の人格教育」というものが社会の中で円滑に行われることが理想的なことなのです。）

次に、「一人一人の人間に与えられる社会的価値観の違いの問題」というものが実際の人間社会に対して与えてしまうかも知れない悪影響や危険な影響といったものに関しまして、言及させて頂きます。例《たと》えば、同じ社会の中で、「ある人間に与えられる社会的価値観」というものと「別のある人間に与えられる社会的価値観」というものとが度を越して違い過ぎるものですと、価値観があまりにも違い過ぎる人間が同じ社会の中に普通に存在することになってしまいますので、価値観の違いや考え方の違いなどによる人間同士の争いというものが、絶えなくなってしまうかも知れません。また、それぞれの人間は、他者を鏡として自分の価値観を確かめることができなくなってしまいますので、少なくない数の人間は、「何が正しいことで何が間違ったことなのか」・「何が良いことで何が悪いことなのか」といった自分の根本的な価値観に対して、充分な自信を抱くことができなくなってしまうかも知れません。逆に、全ての人間があまりにも同じような価値観しか与えられていないような社会では、恐《おそ》らく、各人間の個性というものは極度に薄れていってしまうことでしょう。

（この現代社会には、様々な「情報」というものが非常に雑然とした状態で飽和しておりますので、価値観を誰かに与える側の人間にとっても・価値観を誰かから受け取る側の人間にとっても、「この社会の一般的な価値観・この社会の社会的価値観というものが、どのようなものであるのか」ということを判断することが非常に難しくなってしまっていると言えるだろうと考えられます。この「情報の飽和」という社会現象の一つの重大な原因となっていることと致しましては、「メディアの発達」や「メディアの普及」といったことが考えられ、例《たと》えば、現代におきまして多くの人間は、テレビやインターネットといったメディアからの情報というものをも「自分の周囲の人間の持っている情報の一つ」として捉えてしまっているのであり、それ故に、現代におきまして多くの人間は、様々なメディアから与えられる情報というものに非常に強く影響されてしまっているのです。日本におきましても少し前の時代までは、「社会的価値観」というものは、親子関係や友人関係などを中心とした人間同士の直接的なやり取りによってだけで受け継がれていくものであったと言えるのだろうと考えられるのですが、現代の多くの先進国の社会におきましては、「メディアの発達」や「メディアの普及」といったことによって、状況は非常に大きく変わってしまっていると言えるのでしょう。）

（また、「テレビやインターネットを中心とした様々なメディアというものによって、このような非常に大きな影響が社会全体に及んでしまう」ということを考えますと、「一人一人の人間の得ることができる情報や一人一人の人間の発信することができる情報といったものが適度に厳しく規制されている社会の方が、そうでない社会に比べて、その社会に属する多くの人間のモラルを維持していくことが容易になる」ということも言えるのだろうと考えられます。勿論《もちろん》これは、「情報の規制をするということが、正しいことであるのか、正しくないことであるのか」・「各メディアが、どのような情報を主に発信するのか」といった疑問は捨象した上でのお話です。尚《なお》、「メディアの発達によって人間社会や人間自身に生じる危険性に関してのお話」・「情報化社会の欠点やメディアの功罪に関してのお話」は、「Chapter2 - 8」でも扱うことにさせて頂きます。）

ここでも、重要になるものは、「適度な程度のバランス」というものなのでしょう。社会に属する一人一人の人間が、「社会的価値観」というものと「自分の心の動き（欲動や感情など）」というものとの両方をバランス良く大切にすることができるようになるような「ちょうど良い強度の教育や適度な程度の仕付《しつ》け」といったものを受けられることが、社会全体にとっても・その社会に属する一人一人の人間にとっても、非常に重要なことなのです。それと、社会に属する全ての人間にとって非常に根本的な社会的価値観（例《たと》えば、「自分の心と体とを大切にするべきである」・「誰かを傷付けたり悲しませたりするべきではない」といった価値観）というものが、全ての人間に共通に与えられた上で、必ずしも全ての人間が共通に備えている必要がある訳ではないような様々な価値観（それぞれの人間の個性を形成していくような様々な価値観）というものが、一人一人の人間に個別に与えられていくべきであるということも言えるのかも知れません。（この「全ての人間に共通に与えられるべき社会的価値観」というものに関してのお話は、「Chapter2 - 8」の「理想社会の形成」に関してのところで詳しく扱わせて頂きます。)

尚《なお》、現代の多くの社会におきまして、成長段階の人間(子供達)が社会的価値観というものを自分の内側に取り入れていく主な場所は、「家庭」や「学校」といったところになるのだろうと考えられます。ですから、「家庭での家族からの仕付《しつ》け」や「学校での人間育成という意味での教育」といったものがうまく行われている社会の方が、そういったものがうまく行われていない社会に比べて、より多くの人間が、社会的価値観というものを素直に自分の価値観として取り入れていくことができると言えるのでしょう。

ここから、「一人一人の人間が自分の属する社会の中で社会的価値観というものをうまく得ていく上で必要であると考えられる前提条件」というものに関しまして、若干の考察を加えさせて頂きたいと思います。これは、「人間がどのような発育過程を経て、どのような形で社会的価値観を与えられていけば、問題なく社会的価値観というものを受け入れていくことができるのか」ということに関してのお話であり、「子育て」や「教育」といったことにも深く関連するお話です。

(尚《なお》、「人間が自分の属する社会の社会的価値観というものを問題なく獲得していく上で必要であると考えられる前提条件」の一つと致しまして、「その人間が、生物としての罪悪感というものだけではなく、社会に生きる人間としての罪悪感というものをも獲得するということ」も挙げられるのだろうと考えられるのですが、「罪悪感というものに関してのお話」は、少し前のところで議論させて頂いておりますので、ここでの説明は省略させて頂きたいと思います。）

まず、「ある人間が、問題なく社会的価値観というものを獲得すること」ができるようになるためには、「その人間が、適度に安定した性格や適度にバランスの良い人格・ある程度まで豊かな情緒や豊かな人間性といったものを獲得すること」が必要であると言えるのだろうと考えられ、例《たと》えば、「一人の子供が、適度に安定した性格や適度にバランスの良い人格・ある程度まで豊かな情緒や豊かな人間性といったものを獲得すること」のためには、「両親やそれに代わる存在の絶対的な愛情というものが、その子供に充分に注がれるということ」が間違いなく必要であると言えるのでしょう。（人間以外の多くの哺乳動物の場合でも、子供が成長するまでの間は、両親のうちのどちらかは常に自分の子供を見守ることができる環境にいるものなのです。）自分の両親に自分の存在を無条件に認めてもらえることによって、子供は、自分の存在を疑うことなく肯定することができるようになりますし、他者（ここでは両親）に対しての「基本的な信頼」というものを獲得することもできるようになります。この「基本的な信頼というものを獲得すること」とは、自分が「誰かのことを疑うこと」よりも先に「その誰かのことを信じようとすること」ができるような、または、自分が「誰かのことを怖れたりすること」よりも先に「その誰かのことを好きになろうとすること」ができるような、そういった能力（そういった価値観）の獲得をするということです。

（「自分が、家族のことを素直に心から信じてあげることができるということ」や「自分が、表面的な喧嘩や一時的な言い争いをすることは時々あっても、家族のことを心から嫌ったり心から疑ったり心から怖れたりは決してしないということ」・「自分が、普段から言葉や態度には出さなくとも、心の奥底では家族のことをずっと愛し続けているということ」や「自分が、家族を傷付けることや家族を悲しませることなどを決して望まないということ」などは、勿論《もちろん》、家族関係だけではなく、恋人関係や友人関係といった様々な人間関係にも同様に適応することができるようなことなのでしょうが、人間が人間として生きていく上で非常に大切なことであると言えます。)

例《たと》えば、ある人間が自分の属する社会の中で安心して暮らしていくことができるのは、「自分の周囲の多くの人間に対しての基本的な信頼」というものを、その人間が自分自身の心の中に抱くことができているからであると考えることができるのです。例《たと》えば、私の心の中に、「刃物を持った恋人が突然に私に切り掛かってくることなどは有り得ない」という確信があるからこそ、目の前で包丁を使って料理をしている自分の恋人のことを、私は何の心配もせずに見ていることができます。私がこのような「基本的な信頼」というものを、自分の社会に属する全ての人間に対して適応することで、例《たと》えば、私は、人込《ひとご》みや満員電車の中でも、周囲の多くの人間の行動に対して常に怯えるようなことにならなくて済むのです。(社会に属する多くの人間のモラルや優しさといったものが大きく失われてしまっている社会におきましては、社会に属する多くの人間が、この「基本的な信頼」というものを維持し続けることが非常に難しくなってしまうと言えるのでしょう。「社会に属する多くの人間が基本的な信頼というものを抱くことができるということ」は、多くの人間社会におきましては非常に当たり前のことなのですが、現代の日本の社会のような一部の人間社会の中では失われ掛けてしまっていることでもあり、「多くの人間が安全に・安心して・豊かで余裕のある心を持ちながら暮らすことができるような素晴らしい人間社会」というものを実現するためには、絶対に必要不可欠なことなのだろうと考えられます。）

もしも私が、この社会に属する自分以外の多くの人間に対して「猜疑心」というものを抱いてしまっていれば、つまり私が、「自分自身と自分以外の多くの人間とが抱いている価値観というものが、最低限のライン以上で共通しているということ（例《たと》えば、自分の抱いている価値観というものと自分以外の多くの人間の抱いている価値観というものとが、根本的なレベルでは同じようなものであるということ）」や、「自分自身と自分以外の多くの人間とが、互いに最低限のレベル以上で内面的同一化をしているということ（例《たと》えば、社会に属する殆《ほとん》ど全ての人間が、自分自身に快の感情を抱かせることや不快の感情を抱かせないことを望むのと同様に、自分以外の多くの人間に快の感情を抱かせることや不快の感情を抱かせないことをも望むということ）」などを充分に確信することができなければ、私は、周囲の多くの人間に対して常に警戒心というものを抱くようになってしまい、「今にも、自分が窃盗に遭ってしまうかも知れない」・「今にも、自分がナイフか何かで誰かに刺されてしまうかも知れない」といったことを常に考えて、慢性的な緊張というものに耐えながら生きていくことを余儀なくされてしまうかも知れません。

「多くの人間は、理由もなく他人を傷付けたりはしたくないと考えてくれる」・「多くの人間は、他者の痛みや他者の不快感といったものを自分自身の痛みや自分自身の不快感に準ずるものとして感じ取ってくれる」といったことを私が確信できているからこそ、私は、自分以外の多くの人間と普通に接することを可能とし、大きな問題もなく人間関係を築いていくことを可能とし、この人間社会の中で安心して生きていくことを可能とすることができているのだろうと考えられます。（これは現代の日本の社会におきましても言えることなのですが、多くの子供達が自分の親から「自分が幸福な人生や豊かな人生を送るために多くの人間のことを信じながら生きるということ」よりも「自分が安全な人生を送るために多くの人間のことを疑いながら生きるということ」を優先的に教えられてしまうような社会というものは、人間相互の信頼や優しさ・人間相互の愛情といったものに基づいて形成される本来の人間社会の姿としては、あまりにも淋し過ぎるものであるように感じられてしまいます。）

その一方で、ある子供が良い親子関係の中で「基本的な信頼」というものを充分に獲得することができたとしても、例《たと》えば、その後の自分の人生において「誰かの酷《ひど》い裏切り」というものを受けることによって大きなショックを受けてしまうことで、その子供が人間不信に陥ってしまうといったことなども、悲しいことですが、充分に考えられるようなことなのでしょう。しかしまた、その逆に、自分が「誰かの大きな優しさ」や「自分のことを本気で心配してくれている誰かの大きな愛情」といったものに触れることによって、一度は人間不信に陥ってしまった人間が、再び誰かのことを本気で信じることや本気で愛することができるようになるといったことも、充分に考えられることであると言えます。

「ある子供の周囲の多くの人間（特に両親）が備えている安定した人格や安定した情緒」といったものも、その子供の健全な精神的発育のために非常に大切なものであると言えます。例《たと》えば、自分の両親の情緒というものが度を越して不安定過ぎるものですと、子供は、「自分が何を考えて、何をすれば良いのか」・「何が正しいことで何が間違ったことなのか」・「自分が親から何を望まれているのか」といったことを自分で判断することができ難《にく》くなってしまう場合があるのでしょう。（勿論《もちろん》、どんなに精神的に成熟している大人であっても、自分の心を自分の理性によってだけで完全にコントロールすることができる訳ではありませんので、こういったお話も全て、「程度の問題」であり、「可能性の問題」であるに過ぎません。ですから、ここで私が申しております「ある子供の両親の備えている安定した人格や安定した情緒」といったものも、自分の子供に対して衝動的に暴力を振るってしまったり・自分の子供を些細《ささい》なことで怒鳴り付けてしまったりしない程度の「安定した人格や安定した情緒」であると言えます。）

また、例《たと》えば、自分が嬉しい時に笑っただけ・自分が悲しい時に泣いただけなのに、自分の母親から「煩《わずら》わしい」と厳しく怒られてしまうことなどがあれば、子供は、自分の感情を表現することを怖れるようになってしまい、自分の抱いた感情というものを素直に自分の言葉や表情などによって表現することを殆《ほとん》どできなくなってしまうかも知れません。恐《おそ》らく、このようなことが、その子供が「抑鬱神経症」などの心の病の症状に陥ってしまうことの一つの要因になり得ることなのだろうと考えられますし、その子供が「笑顔の苦手な性格（アフェクションレスキャラクター）」というものを形成してしまうことの一つの要因になり得ることなのだろうとも考えられます。また、例《たと》えば、自分が何かの自発的な行動をしただけ・自分が何かの自由な行動をしただけなのに、自分の父親に殴られてしまうことなどがあれば、子供は、自己防衛を目的として自分の好奇心や自分の自発的な欲動といったものの多くを自分自身の心の奥底に閉じ込めるようになってしまい、大人の目を常に気にしているような状態の子供・大人に嫌われない自分であるために必死になっているような状態の子供になってしまうかも知れません。

人間以外の哺乳動物を使っての実験（霊長類学者ハリ・ハローの実験など）でも、「幼い頃から母親と引き離されてしまって愛情をあまり得られることなく育ってしまった子供は、多くの場合において、他の子供に比べて他者への警戒心を強く抱くようになってしまい、ほかの子供と遊んだり触れ合ったりしようとすることが少なくなってしまい、強い攻撃性を備えるようになってしまう」との結果が出るというお話があります。恐《おそ》らく、人間の子供は、自分が両親と多くのお話をする中で「言語能力の基礎」というものや「コミュニケーション能力の基礎」というものを身に付け、自分が両親と多くの時間を一緒に生活する中で「社会生活の基礎」というものを身に付け、自分が家族を中心とした多くの人間のたくさんの愛情を一身に受ける中で「安定した人格」というものや「強く豊かな人間性」というもの・「愛と優しさとを備えた心」といったものを形成していくことができるのです。また、多くの子供は、自分が両親の愛情を充分に受けることによって、「自分が生きていくための安全」というものをも確保することができると言えるのでしょう。

（全ての人間にとって、「自分が自分の保護者と一緒に暮らしている子供の頃の期間」というものは、自分が一人暮しを始めた時や自分が家庭を築いた時・自分が親になって子供に仕付《しつ》けや教育をする側の人間になった時などに、自分が家事を問題なく行うことができるように・自分が家族の人間関係を円滑に保つことができるように・自分が毎日の生活習慣を支障なく行うことができるように・自分が家族の役割分担のバランスをうまく保つことができるようになるための「トレーニングの期間」としての意味があり、「自分が学校などに通っている子供の頃の期間」というものは、自分が大人になって社会に出た時や自分が学校を卒業して就職をした時などに、自分が仕事上の義務や社会人としての責任をしっかりと果たすことができるように・自分が多少の辛《つら》い経験や逃げ出したくなるような厳しい体験にも耐えることができるように・自分が社会の中での自分の人間関係というものをうまく構築していくことができるようになるための「トレーニングの期間」としての意味があり、「自分が両親や他の多くの大人達に様々なことを教わったり社会の常識を教わったりする子供の頃の期間」というものは、自分が大人になって社会に出た時などに、社会に生きる人間としての最低限のルールや社会に生きる人間としての最低限の礼儀といったものを守って比較的うまく生きていくことができるようになるための「トレーニングの期間」としての意味があると言えます。ですから、このような「多くの人間が子供の頃に通過する人生のトレーニングの期間」というものをより良く過ごすことができた人間は、多くの場合におきまして、社会の中で一人の大人の人間として生きていくことができるだけの充分な能力を身に付けることもできると言えるのでしょう。）

子供が自分の両親から本当に愛されて育ったのであれば、（少なくとも子供の精神的発育の初期の段階においては）子供にとっては、両親という存在が、「自分の目標」となるものであり、「自分の憧れ」となるものであり、もっと幼少の段階の子供にとっては、両親という存在が、「自分の絶対的な価値基準」となるものであり、「自分自身」となるものでさえあると言えます。『**子は親の背中を見て育つ。**』という日本の諺《ことわざ》がありますが、現実の人間の家族関係というものも、この言葉の通りなのです。例《たと》えば、素敵な両親のもとで「たくさんの愛情」というものと「必要最低限の充分な仕《し》付《つ》け」というものとを当たり前のように受けることができた幸福な子供は、仮に、自分の育った家庭が金銭的に裕福な家庭ではなかったとしても、多くの場合におきまして、とても素適な人間・とても心の豊かな人間・とても幸福な人間に成長していくことができるのでしょう。また、「とても素適な人間・とても心の豊かな人間・とても幸福な人間に成長していく自分の子供の姿というものを見るということ」が、親にとっては、最高の喜びとなることであり・最高に幸せなことでもあるのです。

次に考えられます「人間が社会的価値観というものを問題なく獲得していく上で必要であると考えられる要因」と致しましては、「自分が、自分の存在している現実世界というものを必要最低限以上に充分に把握するということ」が挙げられるのだろうと思います。例《たと》えば、非常に基本的なことに関して申し上げますと、現代の多くの人間社会に属する人間にとっては、「自分の両親に代表される他者という対象を自分が把握するということ」や「その他者を通じて（他者を鏡として）、自己という対象を自分が把握するということ」などが、不可欠なことなのだろうと考えられますし、「空間原則の概念（この世界では、空間というものは常に絶え間なく連続的に繋《つな》がっており、ある物体が突然に消失するというようなことはありえない。）」と時間原則の概念（この世界では、時間というものは常に絶え間なく連続的に繋《つな》がっており、それは、止まることも戻ることも決してなく、一定の速度で進み続けることしかありえない。）とを自分が把握するということ」なども、決して欠かせないことなのだろうと考えられます。（児童心理学者ボールビーの学説によりますと、多くの人間は、これらの把握というものを、自分が三歳くらいになるまでには完全に果たすということです。）

（少しだけ余談になってしまうのですが、勿論《もちろん》、ここで私が申しております時間や空間に関してのお話」は、私達の日常生活を考えての一般的なお話・単純化して考えてのお話なのであり、例《たと》えば、アインシュタイン《Albert Einstein 1879 - 1955　ドイツ生まれの理論物理学者　著「特殊相対性理論」「一般相対性理論」》の理論通りに考えますと、「時間軸というものも空間軸というものも、客観的に捉えた上で、それらはともに歪み得るものである」と言えます。）

「必要最低限以上の言語能力というものを自分が獲得するということ」も、「人間が自分の属する社会の社会的価値観というものをうまく獲得していく上で不可欠なこと」であると言えるのでしょう。特に、人間が「一般化された価値観」や「抽象的な価値観」などを獲得していくためには、「自分が充分な言語能力というものを獲得しているということ」が、非常に重要な条件になるのだろうと考えられます。

（尚《なお》、ここで私が申しております「一般化された価値観の獲得」とは、例《たと》えば、ある子供が、「自分は、自分の母親のことを愛する」という価値観を一般化すること・演繹《えんえき》することによって、「子供は、自分の母親のことを愛するものである」という価値観を獲得する場合などのことです。次に、「抽象的な価値観」という言葉に関してなのですが、ここでは幾何学的なことを例に挙げて説明をさせて頂きますが、例《たと》えば、「直線」というものは概念的なものであり、現実に私達が直線として把握する全ての対象には歪みや厚みがありますので、それらは、厳密には直線とは呼べないものであると考えることもできます。私達は、自分の心の中にある「直線というものの定義」に、現実に自分が感覚を通じて把握した「直線に類似した対象」というものを同化させることによって、その対象を直線として捉えているのだろうと考えられるのであり、このことは、プラトン《Platon B.C.427 - B.C.347　古代ギリシアの哲学者　著「国家」「饗宴」》の用いた「イデア」という言葉に関わるようなことです。そして、この「直線というものの定義」に当たるものが、「抽象的な価値観」というものの一つの例として挙げることができるものなのだろうと考えられます。）

「言葉や言語」といったものは、多くの人間にとって非常に重要なものであると考えられますので、「人間の用いる言葉や言語」といったものに関しまして、特に大切であると思えることを、ここで何点か付け加えさせて頂きたいと思います。まず、人間は、具体的な物体や抽象的な概念に名前を付け、思考や意識・価値観や欲動といった人間心理の内的な要因をも言語化することによって、「現実に存在する様々な物体」や「現実に生じる様々な現象」・「自分自身の精神に内在する様々な要因」や「自分自身の精神に生じる様々な現象（心的現象）」といったものを対象化し、形式化し、規格化することができたのだろうと考えられ、それによって人間は、例《たと》えば、「非常に複雑な思考」というものを行うことも可能とするようになったと言えるのだろうと考えられます。社会に属する殆《ほとん》ど全ての人間が自分の成長過程において急速に遂げる「精神的進化」とも呼べるほどの精神の発達（特に思考能力の発達）というものも、人間の言語能力の獲得や人間の会話の能力の獲得なくしては、有り得ないものであると言えるのでしょう。

しかし、その一方で、「言葉」というものは、対象や現象を代替的に（象徴的に）表すものであるに過ぎず、別々の社会に属する人間にとって「言葉の定義」というものが大きく異なってしまうのは勿論《もちろん》のこと、同じ社会に属する人間であっても、使用する一人一人の人間によって「言葉の定義」というものは少しずつ様々に異なってしまうものですので、この「言葉」というものは決して完璧なものでも万能なものでもなく、その「言葉というものであるが故の様々な限界や危険性」といったものを常に備えてしまっているものでもあるのです。例《たと》えば、人間は、言葉を使うことによって誰かとの明確で詳細な意志の疎通を図ったり、誰かと意見を交わすことで共同で思索を巡らせたりすることもできるのですが、その一方で、「言葉というものであるが故の様々な限界や危険性」・「人間同士の意志の疎通における重要な要素である言葉遣いや表情といったものに関する問題」などは、少なくない場合におきまして、人間関係に「様々な誤解による不和」というものを生み出してしまうこともあります。逆に考えますと、「誰かの心に誤解を生じさせてしまったり・誰かを不快にさせてしまったりしないような優れた会話の能力」というものや、「自分の素直な気持ちを相手にうまく伝えることができるような優れた言語能力」といったものは、この社会の中で人間が生きていく上で、その人間自身に非常に大きな様々なメリットを齎《もたら》してくれるものであると言えるのでしょう。

例《たと》えば、「他者との意志の疎通や他者とのコミュニケーションを円滑なものとするための充分な能力」と「内面的同一化に基づくような愛の力や優しさの力」との両者を自分が備えていれば、現実の人間関係において生じてしまう問題の多くは、避けることや解決することが非常に容易になるのだろうと考えられるのです。（ここで私が申しております「内面的同一化に基づくような愛の力や優しさの力」とは、「自分が誰かにされて不快に感じてしまうような行動や態度は、自分も周囲の人間に対して決してとらないでいたい」と自分に望ませてくれるような力であり、「自分が誰かにされて嬉しいと感じることができるような行動や態度を備えて、自分も周囲の人間に対して接したい」と自分に望ませてくれるような力であると言えます。）

自分が誰かに対して失礼な態度や無礼な言動を無闇に（または、自分が礼儀や常識を知らないが故に）繰り返してしまい、その結果として相手の気持ちを大きく害してしまい、人間関係の不和を生じさせて自分にも相手にも不快な気持ちを感じさせてしまうことなどは、とても損なことであると言えるのでしょうし、賢い人間の行う行動・大人の人間の行う行動とは、とても言えないような行動であると言えるのでしょう。（『**礼儀作法には、骨を折って得るだけの充分な値打ちがある。**』とは、ル・ゴフ《Jacque Le Goff 1924 - フランスの歴史学者　著「中世西洋の文明」》の言葉であり、『**礼儀は、受け取る側よりも支払う側を豊かにする貨幣である。**』とは、ペルシアの諺《ことわざ》にある言葉です。また、ゲーテの言葉によれば、『**世間が求めているのは、感情よりも礼儀である。**』ということであり、ルソーの言葉によれば、『**人にそれとなく好意や敬意を示すところに、真の礼儀というものがある。**』ということなのです。礼儀というものは、「自分が相手に対して内面的同一化をしているということを最も当たり障りなく伝えることができる非常に素晴らしい表現形式の一つ」となり得るものであると言えるのでしょう。）

尚《なお》、ここで私が申しております「他者との意思の疎通や他者とのコミュニケーションを円滑にするための充分な能力」とは、先ほどに御説明致しましたような「優れた会話の能力や優れた言語能力」といったものを中心として、「誰かに対して自分の素直な気持ちを伝えることができるような表情というものを、自分が自然に作り出すことができる能力」・「相手の言葉や相手の態度・相手の行動や相手の仕草《しぐさ》などから、相手の言いたいことや相手の心理状態・相手の真意や相手の本当に望んでいることなどを的確に理解することができるような能力」といったものをも含むものであるということにさせて頂きたいと思います。（少なくない数の人間は、こういった種類の能力が自分自身に不足してしまっているということを原因の一つとして、様々な人間関係の問題を生じさせてしまう場合があると言えるのでしょう。）

もっとも、「他者との意志の疎通や他者とのコミュニケーションを円滑なものとするための充分な能力」と「内面的同一化に基づくような愛の力や優しさの力」との両者が自分と相手との両方に充分に備わっていたところで、自分と相手との「お互いに対する内面的同一化の程度の違い（好意の程度の違い）による人間関係の問題」というものは、残り続けてしまうかも知れませんし、「現実における様々な社会的制約を原因として発生してしまう人間関係の問題」・「一人一人の人間の価値観の違いや一人一人の人間の考え方の違いを原因として発生してしまう人間関係の問題」といったものも、残り続けてしまうかも知れません。やはり、現実の人間関係というものは、必ずしも自分の思い通りに形成したり維持したりすることができるような都合の良いものばかりではなく、少なくない場合におきましては、非常に複雑で非常に厄介な性質を持ってしまうようなものなのであり、また、「そのように複雑で難解なものであるからこそ、現実の人間関係というものは、非常に面白いものなのである」というようにも言えるのでしょうね。（「人間の言語能力の発達」というものは、その功罪として、「人間同士のコミュニケーション」や「人間同士の意思の疎通」といったものを非常に複雑なものとしてしまっており、このことが、多くの人間の人間関係に混乱や誤解といったものを生じさせてしまったり・多くの人間の人間関係に不和や争いといったものを招いてしまったりすることの原因となってしまっていると言えるのです。尚《なお》、少しだけ関連することとして付け加えさせて頂きますが、「自分と誰かとがお互いのことを深く理解し合うためには、お互いが自分自身の気持ちに正直になって・お互いが相手の気持ちというものを考えて、充分に話し合うことが有効である」ということは、多くの人間にとって、殆《ほとん》ど全ての場合におきましては疑う余地のないことなのでしょう。）

「現代社会の中で多くの人間が自分の成長とともに獲得していく会話の能力や言語能力といったものに関してのお話」をもう少しだけ続けさせて頂きますが、言うまでもなく、実際の人間の生活や実際の人間関係において必要となる「会話の能力」や「言語能力」といったものは、自分の属している社会によっても・自分の備えている文化によっても・自分の割り当てられている役割によっても・自分の抱いている目的によっても・自分の置かれている状況によっても・自分の立っている立場によっても・自分の持っている個性によっても、実に様々なものとなります。例《たと》えば、自分が誰かに何かを教えたり・自分が誰かを叱ったり・自分が誰かに何かを説明したりする際には、正確に物事を伝えることができるような・論理的に物事を順序立てて話すことができるような「言語能力の高さ」というものが自分に必要になる場合があると言えるのでしょうし、その一方で、自分の友人関係や自分の家族関係といった親しい人間関係においての会話を楽しむためには、自分の言葉の選び方の良さや自分の話題の広さ・自分の話題の分野の良さや自分の語彙の広さ・自分のお話の面白さといった「会話のセンス」というものが自分に必要になる場合が少なくはないと言えるのでしょう。（「礼節」や「寡黙」といったものを尊重するチベットの諺《ことわざ》には、**『ものを言う時には、ライオンのように大胆に、兎のように優しく、矢のように鋭**

く、そして、ぴんと張られた弓の弦のように釣り合いがとれていなければならない。』という言葉があります。）

「具体的な良い会話の仕方」や「具体的な良い言葉の使い方」・「多くの人間に好かれることができるような会話の仕方」や「多くの人間に好かれることができるような言葉の使い方」といったことに関してのお話になってしまいますと、それは、膨大な量の方法論になってしまうのだろうと考えられますので、この本の中でそのようなお話を詳しく扱うことは致しません。基本的な考え方に関してのことだけ簡単に言及させて頂きますが、誰かに対して自分が話をする時には、「聞いている人間の立場を考えて話すということ」が大切なことであり、誰かの話を自分が聞いている時には、「話している人間の立場を考えて聞くということ」が大切なことであり、「自分と話をしている相手や自分の置かれている状況・自分の立っている立場や自分の持っている目的などに合わせて、自分の用いる話題や自分の言葉遣い・自分の話し方や自分の話の内容をうまく使い分けるということ」なども非常に大切なことであると言えるのでしょう。

（例《たと》えば、気の知れた友達同士や仲間同士の間では、どのような言葉を使ってどのような話題の会話をしようと自由であって然るべきなのだろうと思いますが、「初対面の相手や目上の相手に対しては、人間であることの礼儀として・日本人であることの良識として、敬語を使って礼儀正しい態度で接するべきである」ということなどは、やはり、言えることなのだろうと思えるのです。それに、自分が「相手を不快にさせてしまうような言葉」や「相手に誤解を抱かせてしまうような言葉」・「美しさや知性を全く感じさせないような言葉」・「乱れた言葉」や「嫌悪感を感じさせるような言葉」といったものだけしか使うことができないということが、「自分と誰かとの間で生じてしまう人間関係の不和の問題」の原因となってしまう場合があるのだろうと考えられますし、「自分に対して周囲の人間が低い評価をしてしまうこと」や「自分に対して周囲の人間が悪い印象を抱いてしまうこと」などの原因となってしまう場合もあるのだろうと考えられます。現実社会におきましても、多くの人間は、「自分の言語能力の限界」というものによって大きな損をしてしまうことが多くあるのです。)

(尚《なお》、言うまでもなく、「言葉や会話」といったものは固定的なものではなく、時代の変化や場所の変化・状況の変化や人間関係の変化といったものに対応して大きく変わっていく流動的なものですので、「美しい言葉遣いの定義」や「美しい話し方の定義」・「楽しい話題の定義」や「楽しい話し方の定義」といったものは、一概に断言することができるような簡単なものではありません。しかし、「自分の使用する言葉・自分の口から出る言葉」といったものは、いわば、「自分という人間の知性の象徴」や「自分という人間の人間性の象徴」・「自分という人間の心の内面が具体的に表出した代表的な形」といった言葉で呼べるものでもある訳ですから、それは、粗末に扱ってしまったり適当に考えてしまったりはせずに、少なくとも、「自分の外見」や「自分の肩書き」など以上に大切に考えて然るべきものであるということは、言えることなのでしょう。)

『親切な言葉は、冷たい水よりも喉の渇きを癒してくれる。』とは、G・ハーバードの言葉であり、**『言葉遣いで思慮深さが、使う言葉で知識が知れる。』**とは、旧約聖書に書かれている言葉です。また、

『口は災いのもと。』という日本の諺《ことわざ》に類する言葉と致しまして、ワイドヴィルは、**『賢者の口は、心の中にあり、愚か者の心は、口の中にある。』**という言葉を残していますし、メナンドロス《Menandros B.C.342 - B.C.291　古代ギリシアの劇作家　著「デュスコロス」》は、**『しゃべって後悔することはよくあるが、黙っていて後悔することはあまりない。黙っているか、さもなければ、言葉が沈黙に優《まさ》るようにせよ。』**という言葉を残しています。)

尚《なお》、少し前の時代の様々な社会(例《たと》えば、中世のヨーロッパや平安時代の日本のような社会)におきましては、「呪文」や「言霊」といった言葉によって象徴されますように、「言葉による魔力」というものは、確かに多くの人間に信じられているものでした。そして、現代におきましても、特に「人間の精神に対して働き掛ける魔力」という意味では、「言葉による魔力」というものは、充分に健在のものであると言えるのでしょう。例《たと》えば人間は、自分が様々な言葉(相手を誉めるような言葉や相手を貶《けな》すような言葉)を巧みに使用することによって、誰かを喜ばせたり・誰かを悲しませたり・誰かを勇気付けたりすることができるような「非常に便利な力(時として非常に危険な力)」というものを、ある程度まで自由自在に発揮することができると言えます。(**『言葉は蜜蜂と同じであり、密と針とを同時に持っている。』**という言葉は、スイスの諺《ことわざ》にある言葉です。)自分が「自分にとっての良い言葉」や「自分にとっての座右の銘」といったものを何か一つ覚えておくことによって、自分が自分自身の人生というものをより充実させることができるようになるという場合なども、決して少なくはないと言えるのでしょう。

ここで、「人間の使う言葉」や「人間の話す言語」といったものに関してのお話から、「人間が社会的価値観というものを円滑に獲得していくために必要であると考えられる条件」に関してのお話に戻らせて頂きますが、ある子供の周囲の多くの人間（特に家族や友達）が、「その子供の欲動の多くを基本的には認めてくれるような方向性」と「その子供の欲動のうちの社会的価値観に適さないような部分を適度に否定してくれるような方向性」とをバランス良く備えているということ（「厳しい父親」と「優しい母親」とのバランスが保たれているということなど）も、その子供が自分の社会の社会的価値観というものを円滑に獲得していくために、ある程度は必要になることなのだろうと考えられます。このような「自分の欲動の多くの部分を基本的には認めてもらえるということ」と「自分の欲動のうちの社会的価値観に適さないような部分（罪や悪として解釈されるような部分）を適度に否定してもらえるということ」とは、一人一人の人間が、自分の成長とともに「自分の自立性（自律性）」や「自分の自発性」といったものをうまく獲得していくためにも必要になることなのだろうと考えられるのです。

（反抗期の子供達や思春期の子供達・社会的価値観を得ていく中途段階にある子供達が、大きな事故や悲惨な犯罪に巻き込まれてしまわないように・他人に多大な迷惑を掛けてしまったり誰かのことを取り返しのつかないほどに傷付けてしまったりしないように・後々にその子供達本人が自分自身の心に強い罪悪感や後悔の念を抱いてしまうと思われるような殺人や買売春といった非常に大きな罪を現在において無闇に犯してしまったりしないように、「その子供達のガードレールになってあげるということ」・「最低限必要であると思われるだけの社会的価値観というものを時に厳しくその子供達に与えてあげるということ」・「人間が抱く動物的な欲動というものを社会的価値観に適合した健全な形でうまく充足したり昇華したりすることができるようになるための方法を提示してあげるということ」などは、その子供達の両親を中心とした全ての大人達の果たすべき務めであると言えるのでしょう。と申しますのも、「無知」というものは必ずしも「罪」という言葉で呼べるものではなく、例《たと》えば、人間の「幼さ故の無知」や「未熟さ故の無知」といったものは、当然のこととして誰にでもあるのだろうと考えられるものなのですが、残念なことに、「無知であるが故に自分が行ってしまった行動」というものによって、自分自身が結果として罪を犯すことになってしまったり・後々に強い罪悪感を感じる結果になってしまったりするといったようなことは、現実にも決して少なくはないようなことなのです。)

(極端に申しますと、「子供の犯す全ての犯罪というものは、その犯罪の責任のうちの多くの部分が、その子供の両親を中心とした周囲の一人一人の大人にある」とさえ言えるのでしょう。生まれた時から犯罪者である人間などは、一人もいないのですから、子供の犯してしまった全ての犯罪の「責任」や「罪悪」といったものは、「実際に犯罪を犯してしまった子供」だけにではなく、「犯罪を犯してしまうような子供に育ててしまった両親」にもあり、「それをただ傍観してしまっていた全ての大人達」にもあると言えるのだろうと考えられるのです。)

(何時《いつ》の時代のどんな社会であっても、「ある子供の性格や人格」を作るのは、その子供の家族であり、その子供の属している社会であり、その子供の周囲の多くの人間であると言えます。「親が自分の子供を産み・育て、そうして成長した子供が未来の社会を作り、その子供がまた更に自分の子供を産み・育てる」といったことが繰り返されて、時代というものは少しずつ前に進み、世代というものは少しずつ交代していき、私達の生きた社会というものは、やがて次の時代の人間達に受け継がれていくのです。このように考えて参りますと、「自分が、自分の子供を産み・育てる」ということは、「自分が、未来というものを作り・育てる」ということと同じ意味を持つようなことであるとも言えるのでしょうね。）

（子供は、自分の両親を選ぶことも・自分の生まれてくる家庭を選ぶことも・自分の生まれてくる環境を選ぶこともできません。「自分の存在を無条件に認めてもらえるということ」や「親の愛情を自分が無条件に与えてもらえるということ」・「自分が生きていく上で必要である社会的価値観というものを充分に与えてもらえるということ」などは、全ての子供の当然の権利であるべきなのだろうと私は思うのです。同様に、「子供を無条件に愛することができるということ」や「子供を自分の生きがいの一つとすることができるということ」・「子供の幸せや喜びといったものを、自分の幸せや喜びといったもの以上のものとして感じることができるということ」などは、全ての親の最高の特権なのであり、全ての親が「自分の人生において感じることができる最高の喜び」というものを獲得するための最も重要な一つの要素となるようなことでもあると言えるのでしょう。）

例《たと》えば、両親の過保護によって自分の欲動の全てを認められることができてしまった子供は、自分が大人になっても、「自分の自立性（自律性）」というものを充分に発達させることができずに、自分の周りで生じた問題を解決する際に周囲の人間に完全に頼ってしまうようになってしまったり、自分の欲動や自分の言動を自分の意志によってコントロールする（支配する）ことが極端なほどに苦手になってしまったりするかも知れません。逆に、非常に厳しい過度なほどの両親の仕付《しつ》けによって自分の欲動を殆《ほとん》ど認めてもらうことができなかった子供は、自分が大人になった時には既《すで》に、「自分の自発性」というものの多くの部分を失ってしまい、自分の抱く様々な欲動というものを素直に自分が感じるということすら、難しいこととするようになってしまうかも知れません。

（ここで、「自律性」というものに関して述べている言葉を、少しだけ付け加えさせて頂きたいと思いますが、**『経験によれば、自分に対して弱くて寛容であることと、人に対して厳し過ぎることとが、同じ悪徳に過ぎないのは確かである。』**とは、ラ・ブリュイエールの言葉であり、アナルカシスの言葉には、**『人間は、自分の口と心と性とを統御する術を知らねばならない。』**とあります。また、「自立性」というものに関して述べている言葉も少しだけ付け加えさせて頂きますが、**『どんな鳥でも、自分の翼で飛び立つほかはない。』**とは、ブレイク《William Blake 1757 - 1827 イギリスの詩人・画家 著「無垢の歌」「経験の歌」》の言葉であり、**『磨かれた石は、何時《いつ》までも地面にとどまってはいない。』**とは、アルメニアの諺《ことわざ》にある言葉です。尚《なお》、旧約聖書の中にも、**『自分の手でできる行いは、力を尽くして自分の手で為《な》せ。』**という一説を見付けることができます。）

ですから、例《たと》えば、「自分の欲動の全てを充足させ続けながら不自由を感じることもなく両親に甘やかされ続けて育つということが、全ての人間にとって、最も幸福で最も理想的な形の成長過程である」という訳では、決してないのです。「人間の心」というものも「人間の体」というものも、「自分の心や体が、傷を負ってしまったり痛みを受けてしまったり決してしないように」・「自分の心や体が、ストレスを受けてしまったり疲れてしまったり決してしないように」と、あまりにも過保護にされてしまうことで、「現実の多少のストレスや現実の多少の疲労などに耐えることができるだけの力」というものを喪失してしまい、結果として、自分の心や自分の体が非常に弱くて脆いものとなってしまうことがあるのです。自分が（特に子供の頃に）、少しくらいの辛《つら》い思いをすることや、少しくらいの激しい運動をすることなどは、むしろ、自分自身の心や体を将来に向けて鍛えることに繋《つな》がるようなことなのでしょう。現実にも、例《たと》えば、多くの子供達は、砂場や川の中などで自分の体を少し汚しながら遊ぶことを通じて、細菌や病気といったものに対する抵抗力というものを身に付けていくと言われています。

（「体を動かすということ」を怠ってしまっている人間が、自分の筋肉というものを少しずつ弱く硬いものにしていってしまうのと同様に、「心から何かを感じるということ」や「深く何かを考えるということ」などを怠ってしまっている人間は、子供の場合におきましては、自分の心や脳を充分に鍛えたり成長させたりすることができなくなってしまうのだろうと考えられ、大人の場合におきましては、自分の心や脳を少しずつ衰えさせていってしまうことになるのだろうと考えられるのです。「Chapter2 - 8」でも少し触れさせて頂きますが、「ここで私が挙げておりますような人間の心と体との仕組《しく》み」というものは、人間が生得的に備えている「自分がエネルギーを無駄に浪費してしまうことを避けることによって自分自身が効率的に生き延びるための仕組《しく》み」であり、「種の保存という生物の共通の目的の方向性に充分に適合している仕組《しく》み」でもあると言えるのだろうと考えられます。このように考えて参りますと、「自分が、心身ともに健康で強い状態・心身ともに元気で活動的な状態であり続けるためには、自分の体にも自分の心にも適度な負担やストレスを与え続け、新しいことに挑戦することによって自分の体にも自分の心にも新鮮な刺激を与え続け、充分な栄養と充分な休息とを与え続け、自分の体や自分の心を適度に鍛え続けるということが大切である」ということが言えるのでしょう。自分の愛する誰かの心や体に対しても・自分自身の心や体に対しても、「スポイルさせてしまうこと・甘やかすことによって駄目にしてしまうこと」は、現実にも多くの人間が時々してしまうようなことなのですが、可能な限り避けるべきことであると言えます。)

(例《たと》えば、「大自然の中で小動物や植物と直接に触れ合うこと」・「川の水の感触や土の匂いを感じること」・「裸足の自分の足に直接に触れている野原の草の感覚や河原の小石の感覚を感じること」・「体を使って家族や友達と自然の中で遊ぶこと」・「自分の身の回りに生じた様々な問題や様々な課題といったものを自分自身の力で解決することや自分が誰かと協力することによって解決すること」・「自分の興味や自分の感情といったものを素直に自分の言動に反映させること」・「笑顔を確認し合える距離での家族や友達との会話やスキンシップを日常的に充分に行うこと」などを子供の頃から充分に経験することができた人間は、そういった経験をすることが殆《ほとん》どできていない人間に比べて、自分の五感というものを充分に発達させること・自分の身体能力というものを充分に発達させること・自分の思考能力というものを充分に高めていくこと・自分の自発性を高めていくことや自分の情緒発達をスムーズに行なうこと・自分が充分なコミュニケーション能力を身に付けていくことなどができ易くなると言えるのでしょう。「Chapter2 - 8」のところでも言及させて頂きますが、一人一人の人間が持っている可能性というものが充分に発揮されるためには、一人一人の人間に「良い育成環境」や「良い人間関係の環境」といったものが与えられることが不可欠なことなのです。)

勿論《もちろん》、「予想できる危険を排除しようとすること」や「考えられる失敗を避けようとすること」などは、当然、必要と思えるようなことなのですが、人間が現実に生きていく限り、「完全に安全な状態」や「危険が全くない状態」といったものは、有り得ないものなのでしょう。言うまでもないこととして、多くの人間が「危険を好んで生きる人間」である必要などは少しもないのですが、例《たと》えば、自分が犯罪や事故の被害者になってしまう危険性というものを可能な限り下げるために「自分は、海外旅行や危険の伴うスポーツなどを決してしない」ということを自分の心の中に定めてしまうことなどのように、神経質なほどに危険を怖れてしまっていては、自分が、「積極的に自分の人生を楽しむこと」も「自分の人生の可能性を大きく広げていくこと」もできなくなってしまうかも知れません。フランスの諺《ことわざ》には、『**風の具合を気にし過ぎる者は、種も蒔かず、樹も植えない。**』という言葉がありますし、ヴォルテールの言葉にも、『**多くの場合、苦労には、その見返りとしての喜びが待っており、危難にも、少なくない魅力がある。**』という言葉があります。

特に、子供というものは、多くの場合におきましては、「冒険をすること」や「探検をすること」・「少し危険な遊びをすること」や「少し怖い体験をすること」・「少しいけない体験をすること」などが大好きなものです。高い木に登ることや火遊びをすること・川で泳ぐことや知らない山の中に出掛けることなどを通じて、子供は、自然というものを知ることができますし、危険なことや気を付けなければならないことを体験的に学習することもできます。同様のことを通じて、子供は、自分の体や自分の心を逞《たくま》しく成長させていくこともできるのでしょうし、「自分も自然の中に生きている」・「自分も自然の一員である」といったことを、再確認することもできるかも知れません。

確かに、多くの子供にとって、「自分が体を使って遊ぶということ」や「自分が大自然の中で遊ぶということ」などは、「自分が家の中でテレビゲームをして遊ぶということ」や「自分が部屋の中で読書をするということ」などよりも、遥《はる》かに多くのリスクや危険性といったものを自分自身に齎《もたら》してしまうようなことなのですが、それは同時に、非常に多くのメリットというものを自分自身に齎《もたら》すことができるようなことでもあるのです。子供という存在は、好奇心のかたまりなのであり、合理的な観点（合理的な価値観）を身に付けた親から見れば「無駄なこと・無意味なこと」として思われるような多くのことが、子供の心と体とを非常に豊かな強いものにしてくれますし、子供の人生を非常に充実した楽しいものにしてくれます。このようなことを考えますと、幼稚園生や小学生くらいの小さな子供に対しては、子供の自主性（子供の我侭《わがまま》）を可能な限り自由にさせてあげて、その一方で、「誰かを不快にさせるようなことや誰かに迷惑を掛けるようなことは決してさせない」・「誰かの心や体を傷付けるようなことは絶対にさせない」・「自分の心や体（その子供の心や体）に重大な危険を及ぼすようなことは絶対にさせない」・「自分の将来（その子供の将来）を崩壊させてしまうようなことは決してさせない」といったくらいの「最低限のラインでの絶対に必要な制約」というものを厳しく与えていくということが、子供を育てる親の抱く教育理念としては、非常に大切なことであると言えるのかも知れませんね。

また、これは人間だけには限らず、植物も動物も含めて全ての生物に対して応用することができる考え方なのですが、自分が、「完全に安全な状態」や「非常に楽な状態」・「完全に満たされた状態」や「何も不自由がない状態」で生きる場合よりも、「少し危機的で厳しい状態」や「何かしら満たされないような状態」・「やりたいことが多くある状態」や「するべきことが多くある状態」で生きる場合の方が、人間は、より積極的に生きること・より逞《たくま》しく生きること・より能動的に生きること・より強く生きることができるものなのでしょう。

（尚《なお》、「自分が危険を好むということ」と「自分に勇気があるということ」とは、多くの場合におきましては完全に別々のことなのであり、「誰かに対して無闇に喧嘩を売ること」や「誰かのことを無意味に挑発すること」・「無謀な挑戦をすること」や「無意味に危険を犯すこと」などが勇気のある行為であるということでは、決してありません。「ただ無闇に危険を好むということ」が勇気と呼べるようなことなのではなく、「自分の大切な何かを守るためや自分の求めている何かを手に入れるためには、多少の危険や多少のリスクといったものを怖れないということ」が勇気と呼べるようなことなのです。そして、この「勇気」というものは、自分が自分の人生というものを積極的に生き抜いていく上で、多かれ少なかれ、全ての人間に例外なく必要なものであると言えるのでしょう。セザール・ウーダンの言葉には、**『幸運の女神は、勇敢な人間に手を差し伸べる。しかし、勇敢であることと無謀であることとは大きく違うことである。』**という言葉があり、ゲーテの言葉には、**『金を失うのは軽い損失、名誉を失うのは重大な損失、勇気を失うのは償い難《がた》い損失である。』**という言葉があります。また、**『教養のある精神というものは、勇気を失わせるものではない。』**とは、ヴォルテールの言葉です。）

「自分の人生において多少の失敗の経験や多少の挫折の経験といったものを得るということ」も、自分自身の心がより強いものに育っていくための切っ掛けとなり得ることです。例《たと》えば、自分が何かに失敗する経験や自分が何かに挫折する経験を全く得ることなく育ってしまった子供は、大人になってから自分が初めて体験した大きな失敗の悔しさや大きな挫折の悲しみによって、深く打ち拉《ひし》がれてしまうかも知れません。また、子供の頃に自分の両親に親身になって叱ってもらった経験のある人間（例《たと》えば、危険な遊びをした自分のことを涙を流しながら真剣に叱ってくれている両親の姿を見たことのある人間）は、大人になってから自分が誰かに注意をされたりした時にも、その誰かの言葉に対して無条件に（反射的に）憤慨して反発してしまうのではなく、その誰かの言葉を吟味したり理解したりしようと努めることができるのだろうと考えられますし、「自分のことを想って叱ってくれている」・「自分の幸せを望んで叱ってくれている」といった事実に対して自分が感謝の気持ちを覚えることができるという場合もあるのだろうと考えられます。「命の危険に関わるような遊びを子供がした時に、両親がそのことを真剣に叱ってあげること」などによって、その子供が、「本当にいけないことや本当に危険なことが何であるのか」ということを、表面的にではなく本質的に（ただの知識としてではなく、情動体験として）理解することができるようになるという場合も多くあると言えるのでしょう。

（「情動体験」というものに関してのお話には、「Chapter1 - 3」のところでも触れておりますが、「自分が誰かに叱られる経験をする」ということは、子供の精神的な発育にとって非常に大きな意味のあることです。何故なら、自分が誰かに叱られることで嫌な気持ち・悲しい気持ち・辛《つら》い気持ち・苦しい気持ち・悔しい気持ちといった様々な不快の感情を抱いた子供は、少なくない場合におきまして、「自分は、何故叱られたのか」・「自分は、何をしたから叱られたのか」といったことを自問自答することによって、その答えというものを自分の力で導き出すことや、自分の心の中に「自分を律するルールとしての価値観」というものを形成することができる場合があるのだろうと考えられますし、「自分の普段の行動を考え直す機会」や「自分の抱いている価値観を考え直す機会」・「自分そのものを見直す機会」といったものを得られることもあるのだろうと考えられるからです。「自分が誰かに叱られる経験をする」ということも、「自分が誰かに誉められる経験をする」ということや「自分が何かの楽しい経験をする」ということ・「自分が何かの悲しい経験をする」ということや「自分が何かの幸福な経験をする」ということなどと同様に、「人間の精神的発育にとって欠かせない様々な栄養素を得るということ」という言葉で表現することができるようなことなのでしょう。)

(勿論《もちろん》、「ある人間が他の誰かを叱るという場合」には、「叱る側の人間が、どのような人格を備えており、どのような態度で叱るのか」・「叱られる側の人間が、どのような人格を備えており、叱る側の人間に対してどのような印象を抱いているのか」といったことが、「叱られる側の人間が何を感じることができ、何を受け取ることができ、何を学ぶことができるのか」といったことに対して、非常に大きな影響を与えることになると言えます。『**ある人間を愛する者だけが、その人間を叱り付けて矯正する権利を持つ。**』とは、ツルゲーネフ《Ivan Sergeevich Turgenev 1818 - 1883　ロシアの小説家　著「猟人日記」「父と子」》の言葉です。)

(例《たと》えば、「ある子供のことを、教師や両親を中心とした社会に属する多くの大人達が叱るという場合」にも、大人達が、自分の抱いていた不快の感情を発散するために叱ってしまったり・自分の利己的な欲動を充足するために叱ってしまったりするのではなく、「自分の抱いている価値観や自分の抱いている信念に基づいて叱るということ」・「その子供が叱られる理由や自分が叱る理由を説明してあげながら叱るということ」・「その子供達の安全のために叱るということ」や「その子供達の将来のために叱るということ」・「その子供達の幸せのために叱るということ」や「その子供達の気持ちを考えてあげながら叱るということ」などが、非常に大切なことであると言えるのでしょう。例《たと》えば、ある子供が大人から、一時的な感情によって叱られてしまったり・暴言を浴びせられながら叱られてしまったり・暴力を振るわれながら叱られてしまったりすれば、その「自分が叱られてしまっている理由」というものがどんなに正当な理由であったとしても、「その大人が自分に投げ掛けた言葉」というものを自分が素直に受け入れることができる子供は、常識的に考えても殆《ほとん》どいないのだろうと考えられます。

（また、ジューベールの言葉には、『**子供達は、批判よりも規範を必要とする。それは、教育においても、仕付《しつ》けにおいても同じことである。**』という言葉がありますが、例《たと》えば、言葉で伝えたり注意したりしても理解することができないくらいの小さな子供を自分が叱る場合には、暴力や暴言で子供を怖れさせることによって叱ってしまうのではなく、自分が率先して態度で示してあげたり・自分が子供に見本を見せてあげたりするべきなのでしょうし、言葉で伝えたり注意したりすれば理解することができる小学生以上になったくらいの子供を自分が叱る場合にも、暴力や暴言で子供を怖れさせることによって叱ってしまうのではなく、その子供自身の抱いている価値観や罪悪感・その子供自身の抱いている人間性や道徳心などに訴え掛けるような言葉を自分が用いることによって、その子供に説明をしてあげたり・その子供に納得をさせてあげたり・その子供を諭してあげたりするべきなのでしょう。実際にも、「怒鳴られたり殴られたりしながら自分が叱られてしまうこと」よりも、「手本を見せてもらったり説明をしてもらったりしながら自分が叱られること」の方が、子供にとって、自分の精神的な成長に非常に役立つことなのだろうと考えられます。それに、「暴言や暴力に頼ることによってしか、自分が叱ることができないということ」は、叱る側の人間の人間性の低さの現れであるとさえ、言えるのだろうと思うのです。）

（これは、「私からのお願い」としてのことでもあるのですが、もし貴方が誰かのことを叱るような機会があれば、その際には、可能な限り体罰に頼ることなく叱るようにしてあげて下さい。勿論《もちろん》、時には、悪戯《いたずら》をした子供のお尻を叩いたりするくらいの少し厳しい叱り方といったものも、子供に価値観を与える上で非常に効果的な叱り方なのだろうと考えられるのですが、「度を越して厳し過ぎる仕付《しつ》け」や「子供の心に深い傷を与えてしまうような仕付《しつ》け」・「体罰による仕付《しつ》け」や「子供に怖れを抱かせてしまうような仕付《しつ》け」・「非常に偏った仕付《しつ》け」や「親の都合だけに合わせたような仕付《しつ》け」といったものは、仕付《しつ》けを受けた側の子供の心や叱られた側の子供の心に、悪い影響や危険な影響といったものを与えてしまう大きな危険性を持つものでもあるのだろうと考えられるのです。）

（例《たと》えば、「自分が誰かから異常なほどに厳しく叱られてしまった体験」や「自分が誰かから殴られたり罵声を浴びせられたりしながら怒られてしまった体験」といったものが、「ある子供にとっての強烈な恐怖体験」になってしまったり・「ある子供に痛烈な心的外傷を負わせてしまう原因となるような体験」になってしまったりすることがあるのだろうと考えられますし、更に悪いことには、自分が誰かから体罰を受けてしまった人間は、少なくない場合におきまして、今度は、自分が誰かに対して体罰を与えるようになってしまうのだろうと考えられるのです。同様に、自分が誰かから虐待を受けてしまった人間も、少なくない場合におきまして、今度は、自分が誰かに対して虐待をするようになってしまいますし、自分が誰かから虐《いじ》めを受けてしまった人間も、少なくない場合におきまして、今度は、自分が誰かを虐《いじ》めるようになってしまうのです。つまり、このようにして、「Chapter2 - 6」で申し上げました「悲しみの連鎖」や「憎しみの連鎖」といったものに非常に近い「不幸の連鎖」や「罪悪の連鎖」・「暴力の連鎖」や「虐待の連鎖」といったものが生じてしまう可能性があるのだろうと考えられるのです。このようなことを考えて参りますと、結局のところは、「叱られる側の人間と叱る側の人間とが、自分が叱った結果や自分が叱られた結果として、お互いに成長することができるような良い叱り方・お互いのためになるような良い叱り方」といったものが為《な》されることが、理想的であると言えるのでしょうね。)

(もっとも、「虐《いじ》め」や「虐待」といったものは、「自分が誰かから心や体を酷《ひど》く傷付けられてしまった」・「自分が誰かから虐《いじ》めや虐待を受けてしまった」といったことを被害者自身が主観的に感じてしまった時から生じるものなのだろうと考えられますので、「虐《いじ》め」や「虐待」の発生の事実などを見極めることは、「痴漢」や「セクシャルハラスメント」の発生の瞬間や発生の事実などを見極めることと同様に、現実的には非常に難しいことであると言わざるを得ません。尚《なお》、繰り返しになってしまうのですが、「虐《いじ》め」や「虐待」といったものを世の中から可能な限り少なくするために最も大切なことも、「全ての人間が、自分以外の人間の痛みというものを自分自身の痛みとして感じ取ることができるような・自分以外の人間の幸せというものを自分自身の幸せとして感じ取ることができるような内面的同一化に基づく愛情や優しさといったものを抱くということ」にあると言えるのでしょう。）

次に、「自分が発達過程において受ける教育の環境が良いものであるということ」や、「自分が発達過程において経験する人間関係の環境が良いものであるということ」なども、自分自身が「円滑な社会的価値観の獲得」や「健全な精神的発育」をしていく上で、非常に重要な要因になることなのだろうと考えられます。人間の子供は（オランウータンなどの人間以外の多くの高等哺乳動物の子供でも同じなのですが）、「遊び」というものの中で様々なことを学んでいくのです。例《たと》えば、多くの子供達は、自分が走り回って遊んでいて転んでしまった時に痛い思いをすることなどによって、「危険なことが何であり、安全なことが何であるのか」ということを知ることができますし、合理的な観点を身に付けている大人達から見れば無駄なことであると思えるような様々な遊びを自分がしていくことの中で、子供達は、「想像力」や「工夫する力」・「考える力」や「生きていくための知恵」といったものを身に付けていくことができ、「充分な運動能力」というものを獲得していくこともできます。

子供達は、自分が友達と遊ぶ中で、「集団の一員である自分」というものを把握したり、「他の人間も自分と同じように、様々なことを感じたり、考えたりしている」ということを知ったりすることができるのでしょう。これは、多くの人間が抱く「他者に対しての敬意」や「他者に対しての優しさ」といったものにも関わってくるようなことであり、例《たと》えば、ある子供は、自分と友達との関係の中で、「自分がされて嫌なことは、友達には決してしない」といったような「内面的同一化の仕組《しく》みを肯定する非常に重要な価値観」というものを獲得することもできるかも知れません。（**『人が自分にしてくれたらと望**

むことを、人にも同じようにしてやりなさい。』とは、ルカの福音書に書かれている言葉です。）また、自分と一緒に遊ぶ小さな人間集団の中で、多くの子供達は、「スキンシップや挨拶・会話や言葉遣いといったコミュニケーションの方法」というものを学ぶことができますし、「一般的な人間関係におけるルール」や「集団生活の中でのルール」といったものを学ぶこともできます。「一人一人の人間によって少しずつ異なる個性というものを知り、多くの子供達が、自分以外の様々な人間のことを同じ人間として認めることができるようになる」ということもあると言えるのでしょう。これらのことは、多くの子供達が学校の授業の中で習うどんなことよりも大切な学びなのだろうと、私はそのように考えております。

また、これは理想論に過ぎないことであるとも思えるようなことなのですが、「実際に行われる教育」というものにおきまして大切なことは、「子供の将来の可能性を狭めず、それでいて、子供の才能を充分に伸ばしてあげられるような教育が為《な》されること」にあり、「学ぶことや知ることが、子供にとって苦痛なことになるのではなく、子供にとって楽しいことになるような教育が為《な》されること」にあると言えるのでしょう。（「実際に行われる教育」というものにおきまして、子供達自身が「楽しみながら学ぶこと」ができるようになるためには、「子供達が、工夫をしたり・想像力を働かせたり・何かの体験をしたりして、楽しみながら学ぶことができるような教育の方法や教育環境」・「子供達が、新鮮な驚きや強い喜びといったものを感じながら学ぶことができるような教育の方法や教育環境」・「子供達が、競い合ったり切磋琢磨し合ったりしながら学ぶことができるような教育の方法や教育環境」・「子供達が、やる気を出して自発的に学ぶことができるような教育の方法や教育環境」といったものを、現実に考え直したり整え直したりしてあげる必要もあるのだろうと考えられます。例《たと》えば、「子供に目指すべき目標を用意してあげたり、子供の頑張りそのものを誉めてあげたりすること」によって、「子供にやる気を出させてあげること」などができると言えるのでしょう。もっとも、例《たと》えば、「自分が誰かと競争をして勝つこと」よりも、「自分が誰かと協調することや、自分が誰かに対して優しくすること」などに大きな意味と大きな価値とを見出すことができる子供達も少なくはないのだろうと考えられますので、これらのことは、生徒個人の資質によって大きく変わってくるようなことでもあるのだろうと考えられます。)

(「子供に目指すべき目標を用意してあげる」という例を示しましたが、「人間は、自分が何かに向けて自発的に頑張る際にも、短期的な目標と長期的な目標との両方を定めたり、自分が頑張ったことに対しての自分自身への御褒美というものを時々与えたりすることによって、より効率的に何かに対して努力をすることができる場合がある」と言えるのでしょう。具体的に申しますと、受験生が、「一年後の大学入試に合格する」という長期的な目標と、「今日の課題を確実にこなす」という短期的な目標とを意識して定めるということや、「自分が勉強を頑張った結果として模試で良い点を取れた時に、自分自身に対しての御褒美を何かあげる」ということを意識して行うことなどによって、自分の気持ちを長期的に前向きな状態に保ったままで、効率的に受験勉強に打ち込むことができるという場合があると言えます。)

更に、ある社会の中で多くの子供達が深刻な問題を抱えることもなく円滑に様々なことを学んでいくことができるためには、「学びを促す側の人間である親や教師といった立場の人間が、良い人格や良い価値観といったものを充分に備えている」ということが必要なことであると言えますし、その社会の一般的な社会的価値観として、「勉強ができることや勉強をすることが、良いことである」・「勉強をすることや学ぶことが、意味のあることである」といったような価値観が当然のこととして確立しているということも、必要なことであると言えます。例《たと》えば、学びを促す側の人間である教師は、「生徒達に学ぶことの喜びというものを分かって欲しい」・「生徒達にいろいろなことを理解させてあげたい」といったことを強く望む「教育に対しての熱意や情熱」のようなものを自分自身が抱いているべきなのでしょうし、学ぶ側の人間である生徒も、「自分が進んで貪欲に学ぼうとする姿勢」や「教わるのではなく学ぶという前向きな態度」といったものを自分自身が備えているべきなのでしょう。

また、これは当たり前のことでもあるのでしょうが、「子供達が学校の中で何をどのようにして教えてもらうのか」という教育システムに関しての問題も、「子供の学力の高さ」や「子供の勉強に対する意欲の高さ」などに強く影響することなのだろうと考えられます。「学習効率を高めるための具体的な方法論」などに関してのお話には、この本の中ではあまり詳しく触れたくはないのですが、例《たと》えば、「エビングハウス《Hermann Ebbinghaus 1850 - 1909　ドイツの心理学者　著「記憶について」》の忘却曲線」というものを考えますと、「一旦《いったん》記憶をしてそのまま使わないままでいた記憶よりも、期間をおいて繰り返し使用した記憶の方が忘れ難《にく》くなる」ということが言えるのだろうと思いますし、「脳の記憶の仕組《しく》み・記憶同士の結び付きの仕組《しく》み」といったものを考えますと、「任意の数字や任意の単語などを憶える時には、文章や映像・音声や行動などと結び付けて憶えた方が（右脳と左脳とをバランス良く使用して憶えた方が）効率的に憶えることができる」ということも言えるのだろうと思います。（同様に、「本を読むときに声に出して読むということ」などのように、「自分の五感を使って学習をするということ」や「自分の行動を伴った学習をするということ」なども、自分の脳の活動を活性化させるためにも非常に効果的なことであると言えるのでしょう。）

それと、これは、「学習をするということ」以外の多くのことに関しても同様に言えることなのでしょうが、「一般に、ある分野の学問を学ぶ際には、その分野の基礎というものをしっかりと固めておくということが、非常に大切なことである」と言えるのでしょう。幾つかの簡単な例を挙げさせて頂きますが、例《たと》えば、子供の頃に活字や漢字に対しての苦手意識を抱いてしまった人間は、文系の学問全般が苦手になってしまうかも知れませんし、子供の頃に数字に対しての苦手意識を抱いてしまった人間は、理数系の学問全般が苦手になってしまうかも知れません。このような点を考えますと、「基礎的な学力を子供に学ばせてあげる初等教育の段階」におきましては、その子供の将来の可能性を狭めてしまったりしないためにも、「ある子供の分からないことや理解できないことなどを、教師や両親が放っておいたままにしないで、その子供が理解できるまで根気強く諦めずに教えてあげる」ということが、非常に大切なことであると言えるのでしょう。勉強を教えてもらっている子供の方も、自分が問題を解けるようになることで嬉しい気持ちを感じたり、知ることの喜びというものを体感したりすることができれば、勉強に対して自分が抱いてしまっていた苦手意識というものが少しずつ薄れ、自分が勉強を拒絶してしまうようなことも少しずつなくなっていくのだろうと考えられます。

勿論《もちろん》、「勉強ができるということ」だけが、子供を評価してあげられる唯一の価値基準であるという訳ではありませんし、「勉強を一生懸命するということ」だけが、子供にとって有益なことであるという訳でも決してありません。「友達がたくさんいるということ」・「充実した趣味や特技を持っているということ」・「熱中できる遊びや楽しみがあるということ」・「家族や友達をとても大切にしているということ」・「家の手伝いや社会貢献に積極的であるということ」・「誰かに対しての思いやりがあるということ」・「礼儀正しいということ」・「絵や歌が上手であるということ」・「元気で活発であるということ」・「運動が得意であるということ」・「将来に対しての夢があるということ」・「他人の気持ちを分かってあげられるということ」など、例は無数に挙げられるのですが、こういったことの全てが、子供達本人にとっても・他の多くの人間にとっても、大きな意味と大きな価値とを持つことなのだろうと考えられるのです。ですから、「ある子供の備えている様々な特性や個性・優しさと正しさとを求めるような性格や豊かな人間性といったものに大きな価値と大きな意味とを見出し、子供の個性や人間性といったものを認めてあげたり誉めてあげたりすることができるような両親の価値観や教師の価値観」といったものも、子供の健全な精神的発育にとって非常に重要なものであると言えるのでしょう。

実際にも、多くの場合におきましては、「自分が勉強をできるということ」や「自分が勉強を一生懸命にするということ」などよりも、「様々な特性や個性を自分が備えているということ」・「優しさと正しさとを求めるような性格や豊かな人間性といったものを自分が備えているということ」などの方が、その子供自身が自分の人生を幸せなものにしていくために大きく役立つようなことですし、その子供自身が人間的で豊かな人生・精神的に充実した人生を生きていくためにも非常に重要なことになるのです。このようなことを考えますと、「一人一人の子供が、様々な特性や個性・優しさと正しさとを求めるような性格や豊かな人間性といったものを獲得すること」の方が、教育の中で優先して求められるべきことなのであり、その上で、「一人一人の子供が、勉強を一生懸命にするということや高い学力を身に付けるということ」などが、補足的な意味で求められるべきであると言えるのかも知れません。

例《たと》えば、「自分が、学校の勉強ができる子供であるということ」よりも、「自分が、誰かの痛みを分かってあげられる子供であるということ」・「自分が、誰かに流されて生きるのではなく、自分で判断して自分の正しいと信じる道を生きられる子供であるということ」・「自分が、勉強以外にも自分を表現したり証明したりすることができる何かの得意分野や何かの能力を持っている子供であるということ」・「自分が、家族や友達と素適な人間関係を築いていけるような子供であるということ」などの方が、人間として、ずっと大切なことであると言えるのでしょう。(現代の多くの社会に確立している社会的価値観に完全に支配されてしまわずに考えるのであれば、「自分が勉強をすることができるということ」や「自分が金銭的に裕福であるということ」・「自分が見た目だけの美しさを手に入れているということ」や「自分が快楽主義的で悦楽的な体験を豊富に持っているということ」・「自分が何かのメディアを通じて有名になること」などよりも遥《はる》かに重大で遥《はる》かに有意味なことは、無限にあると言えます。勿論《もちろん》、これらのものを強く求めること自体が罪なことや悪いことであるという訳ではないのですが、現代の多くの先進国の社会に属する少なくない数の人間は、宗教的なほどに・狂信的なほどに、「自分の金銭的な豊かさ」や「自分の物質的な豊かさ」・「自分の外見的な美しさ」や「周囲の人間に評価されることができる高い学歴」・「自分の知名度」や「可能な限り多くの可能な限り強い快楽」といったものを、節度なく・盲目的に、求め過ぎてしまっていると言えるのかも知れませんね。）

（また、「あまりにも完成され過ぎてしまっているような子供」・「人格や性格に全く非の打ち所がないような子供」といったものも、不自然な存在・少し異常な存在であると言えるのだろうと思います。子供は、自らの精神的発育の過程・自らの肉体的発育の過程を通して、「大人の人間としての生活習慣を面倒がらずに実行することができる能力」や「大人の人間としてのものの考え方」・「自分の周囲の人間を不快にさせたりしないような礼儀や言葉遣い」といったものを少しずつ獲得していくものですので、少しくらい自分勝手であったり・少しくらい礼儀を知らなかったり・少しくらい我侭《わがまま》であったり・少しくらい非合理的であったり・少しくらい反抗的であったり・少しくらい理想主義的であったりする方が、むしろ、子供らしいと言えるのでしょうし、人間らしいとも言えるのでしょう。このような点を考慮致しますと、「子供を育てる親が心掛けるべきこと」とは、「必要最低限のルールだけを子供に対して厳しく与えてあげて、後は、その子供の行動の全てをできる限りそのまま受け止めてあげ、その上で、子供に優しくアドバイスをしてあげたり・自分の行動で手本を示してあげたり・子供の主張を同じ目線で聞いてあげたりし、その子供が何かの小さな良いことや何かの小さな立派なことをした時には、大袈裟《おおげさ》なほどにその子供を誉めてあげたりすること」などにあり、「親自身が、子供に対しての非常に寛容で大きな心や、子供に対しての非常に大きな優しさといったものを抱き続けるということ」などにあると言えるのだろうと思います。）

ですがまた、「子供にとって重要なことは、自分が勉強をするということや自分が勉強をできるということなどだけではない」といったことが、間違いのない事実であるということの一方で、「この社会が学力の高い人間の多い社会であるためには、何が必要なことなのか」という一点だけで考えますと、「勉強ができることは良いことである」・「勉強をすることが意味のあることである」といったような類《たぐい》の社会的価値観というものが社会に属する多くの人間に当たり前のように認められている社会であることが、間違いなく必要なのだろうと考えられるのです。現代の日本の社会を考えてみましても、「人間が勉強をするということや人間が何かを学ぶということに対して高い価値や大きな意味を見出すような社会的価値観というものが、現代社会においては比較的弱いものになってきてしまっている」ということが、「現代社会において、学力低下という社会現象が生じてしまっている」ということの一つの大きな根本原因となってしまっていると言えるのでしょう。(非常に残念なことに、現代の日本の社会に確立している社会的価値観は、「学歴」というものに価値を見出すことは多くあっても、「学習」というものに価値を見出すことは殆《ほとん》どありません。)

子供達は、自分の自尊心を守るためや誰かの期待に応えるために、自分が頑張って勉強をして成績を伸ばし、テストで良い点をとって学校の先生や両親に誉められる経験をすることなどで、「自分が勉強をもっと頑張ろうとする意欲」というものを抱くことができます。また、少し前の時代の日本の社会におきましては、「学歴社会」という社会の仕組《しく》みが、「子供達の学習意欲の向上」や「子供に勉強をさせようとする親の意欲の向上」といったものの原動力の一部となっていたという点も、確かに考えられるのでしょう。尚《なお》、子供に対して厳しく叱り過ぎることは逆効果になってしまうのだろうとも思えるのですが、中学生や高校生くらいの少し成長した子供の場合には、自分の両親から「少しくらいは勉強しなさい」・「一日に一時間くらいは家でも机に向かいなさい」といった少し厳しい言葉というものが自分に浴びせられることによっても、子供達の学力能力が向上していくという可能性は充分にあるのだろうと考えられます。(その一方で、「親にそういったことを言われることで、自分のやる気を失ってしまうような子供」も、現実には少なくはないのかも知れませんけれどね。)

(「ある子供に対して周囲の人間が抱く期待」というものと「その子供が周囲の人間に応えるためにする頑張り」というものとの関係のお話に関しまして、ここで少しだけ補足をさせて頂きます。先述のように、「親に期待されることや親に誉められることによって、子供が更に頑張れるようになる」ということは、確かに充分に有り得ることなのですが、その一方で、「その子供が、親の期待に応えるためだけに必死になってしまうこと」や「その子供が、親の期待に応えられる自分でなければ耐えられないと感じるようになってしまうこと」・「その子供が、良い子である自分やエリートである自分などを自分自身に押し付けてしまうこと」などは、その子供自身の心に大きな危険と大きな問題とを齎《もたら》してしまう結果にもなり得るようなことなのだろうと考えられるのです。)

(ですから、「周りの人間がその子供を誉めることや周りの人間がその子供に期待することによって、結果としてその子供の能力や学力を伸ばしていこうとする」という「ピグマリオン効果」と呼ばれるものを上手に利用するためには、「子供が無理をしてしまわない程度に親が子供に対して期待をしてあげるということ」や、「子供が失敗をしてしまったりあまり良くない結果を出してしまったりした時にも、その子供が頑張っていたことや努力していたことに親が気付いてあげて、その努力や頑張り自体を誉めてあげるということ」などが大切なことであると言えるのでしょう。勿論《もちろん》、この「ピグマリオン効果」というものは、「子供が自発的に勉強をするようになること」のためだけではなく、「子供が自発的に家事の手伝いをするようになること」のため・「子供が自発的に他人に対して親切にするようになること」のため・「子供が自発的にスポーツや芸術に自分の情熱を傾けるようになること」のためなどにも、充分に有効なものであると言えます。また、子供ではなく大人の場合であっても、「誰かが自分に対して抱いてくれている期待というものに、自分が応えようとするということ」・「誰かが自分に対して抱いてくれている信頼というものを、自分が裏切りたくはないと思うということ」などは、時として、多くの人間の心に非常に大きな力を与えてくれることです。)

ある子供が「勉強をするということを好きになるという時」や「学ぶということを好きになるという時」などに、少なくない場合においてその切っ掛けとなるのは、「良い成績をとった自分に対しての両親や先生からの誉め言葉」・「勉強のできる自分に対してのクラスの友達からの尊敬の言葉」といったものであり、一旦《いったん》自分が勉強を好きになることができた子供は、「勉強をすることが好きなので、自分がもっと勉強を頑張ることができ、もっと成績が上がって自分が両親に誉められることによって、更に勉強をすることを好きになることができる」といったような「良い形の循環」の中に入ることができるのだろうと考えられます。それに対して、ある子供が「勉強をするということを嫌いになってしまうという時」や「学ぶということを嫌いになってしまうという時」などに、少なくない場合においてその切っ掛けとなるのは、「良くない成績をとってしまった自分に対しての両親や先生からのあまりに厳しい言葉」・「勉強ができない自分に対しての周囲の人間からの侮蔑《ぶべつ》的《てき》な視線」といったものであり、一旦《いったん》自分が勉強を嫌いになってしまった子供は、「勉強をすることが嫌いなので、自分が学びたいという意欲を失ってしまい、もっと成績が下がって自分が両親に叱られてしまうことで、更に勉強をすることを嫌いになってしまう」といったような「悪い形の循環」の中に陥ってしまうことがあるのだろうと考えられるのです。

少し前の時代の教育社会におきまして、「落ちこぼれ（この言葉自体は、私個人の意見と致しましては、あまり好きな言葉ではありません。）」と呼ばれるような状況に少なくない数の子供達が陥ってしまったのは、「学力や学歴を重視するような社会」・「学力や学歴を尊重しようとする多くの人間の価値観」などを原因としての結果なのではなく、「学力や学歴しか重視しないような社会」・「学力や学歴しか尊重しようとしない多くの人間の価値観」などを原因としての結果なのであると言えるのでしょう。ある子供が備えている「高い学力を持っているということ」や「勉強ができるということ」・「勉強を頑張ることができるということ」や「学ぶことが好きであるということ」といった特徴は、言うまでもなく、その子供の「良い点」や「長所」と呼べるようなことなのであり、現実の教育において決して忘れてはならないのだろうと思われることは、「勉強や学問に関してのこと以外にも、生徒や子供達の特徴として大切なことや長所となることは、数え切れないほどたくさんある」ということなのです。（また、これは現代の日本の状況にも言えることなのだろうと思えるのですが、「遊び盛りの小学生や中学生が、自分の生活時間のうちの多くの時間を、受験のための勉強に費やしてしまうような社会」・「勉強をすることの苦手な人間が、勉強をすることの得意な人間に対して負い目を感じてしまうような社会」

などは、恐《おそ》らく、その社会に属する多くの人間を幸せにすることができるような社会ではありませんし、人間社会として少し不自然なものなのだろうとさえ、私には感じられてしまいます。）

（学力が低下してしまった生徒に対して、「落ちこぼれ」というレッテルを貼ってしまうような学校社会の価値観や社会全体の価値観といったもの自体が、大きな間違いや大きな罪悪と呼べるものであったのだろうと私には思えるのです。例《たと》えば、ある生徒の学力が低くても、その生徒に高いコミュニケーション能力があったり・その生徒に何かの特技があったり・その生徒に誰にも負けないくらいに好きなことがあったり・その生徒に将来に向けての大きな夢があったりすれば、その生徒が「落ちこぼれ」などと呼ばれる理由は少しもありませんし、そもそも、「ある人間の価値の優劣」や「ある人間の能力の優劣」といったものは、仮に比較可能なものであったとしても、学校の成績などで測れるような単純なものでは決してありません。「学校の成績」という指標で測ることができるものなど、「学校教育に対しての従順さの程度」や「学校教育に関しての要領の良さの程度」といったものだけであるに過ぎないとさえ言えるのかも知れませんね。「学校の成績が下がったから、その生徒は落ちこぼれである」などというような価値基準は、非常に稚拙で短絡的なものであると言えるのでしょう。）

（尚《なお》、関連することとして付け加えさせて頂きますが、少し前の時代にテレビなどの様々なメディアで使われていたような「金銭的に裕福な人間を、人生の勝ち組と呼び、そうでない人間を、人生の負け組と呼ぶような価値基準」というものも、非常に稚拙で短絡的なものであると言えるのだろうと思います。言うまでもなく、現実には、「金銭的に裕福な人間が、人生の勝利者であり・幸福な人間である」

ということでは決してありませんし、「金銭的に裕福でない人間が、人生の敗北者であり・不幸な人間である」ということでは決してありません。そもそも、「人生を勝ち負けで考えるということ」自体が、大きな間違いであると言えるのでしょうね。）

（また、例《たと》えば、「金銭的な力や腕力という意味での力を自分が持っているということ」・「権力という力や人々への影響力という意味での力を自分が持っているということ」などよりも、「素適な家族や良い友人が自分にいるということ」・「心の豊かさや心の強さを自分が備えているということ」・「良い信念や良い価値観を自分が備えているということ」・「人間というものに関しての哲学や人生というものに関しての哲学を自分が抱いているということ」・「愛情や優しさといったものの本質的な意味を自分が充分に理解しているということ」などの方が、人間が幸福な人生や充実した人生といったものを送る上では、遥《はる》かに重要なことであると考えることも充分にできるのです。現代の多くの日本人が抱いている価値観というものは、アメリカ的な文化やアメリカ的な経済の仕組《しく》みといったものを自分の社会の中に取り入れていく過程において、「快楽主義的で利己主義的で、物質主義的で合理主義的で、金銭の損得というものを非常に重視したようなアメリカ的な価値観」というものに汚染されてしまったと言えるのだろうとさえ考えられます。例《たと》えば、「性に関しての日本人の文化」や「日常生活に関しての日本人の文化」といったものも、現代におきましては、アメリカ的なものに大きく傾倒してしまっていると断言することができるのでしょう。）

（勿論《もちろん》、私は、「アメリカ的な価値観というものが、必ずしも悪である」ということを主張したい訳ではありませんし、「アメリカ的な価値観というものが、必ずしも誤りである」ということを主張したい訳でも決してありません。ですが、例《たと》えば、「自分が、快楽主義的なことや利己主義的なこと・物質主義的なことや合理主義的なことに大きな価値というものを見出し、理性的なことや利他的なこと・精神的なことや非合理的なことの価値というものを完全に否定してしまうこと」などには、「自分の人生の価値や自分の人生の意味といったものを大きく損なってしまう危険性」というものが潜んでいるのだろうと考えられますし、「自分の人生の可能性や自分の人生の多様性といったものを大きく狭める危険性」というものが潜んでいるのだろうとも考えられるのです。尚《なお》、誤解を避けさせて頂くためにも申し上げておきたいことなのですが、そもそも、「アメリカ的」という言葉を用いて先ほどに私が示しましたイメージというもの自体が、偏見に満ちたものであるとも言えるのでしょうし、「多くの社会においては人間というものは非常に個性的なものであり、同じ国家や同じ社会の中に生きる人間であっても、一人一人の人間によって非常に大きな価値観の違いや非常に大きな考え方の違いがある」ということは、間違いなく言えることとです。また、「人間が生きるということの意味」に関してのお話や「人間が生きるということの価値」に関してのお話は、「Chapter2 - 4」や「Chapter2 - 8」で詳しく述べておりますので、ここで特に言及することは致しません。）

「学校の初等教育の段階で、子供達が何を優先的に教えられるべきなのか」ということに関しまして、ここで一点だけ、私の個人的な意見を加えさせて頂きたいと思います。例《たと》えば、現代の日本の社会において多くの子供達に対して行われております「英語の早期教育」や「パソコンの早期教育」といったものが必ずしも悪いものであるとは私も申しませんが、そういったものよりもずっと大切な学びというもの・人間の根幹となるような学びというものは、例《たと》えば、「国語」や「道徳」などにあると言えるのだろうと私には思えるのです。「道徳や倫理・モラルや人間性といったものを学ぶことの大切さ」に関してのお話は、他の様々なところで詳しく述べておりますので、ここでの説明は省略させて頂きたいと思うのですが、「国語というものを学ぶことの大切さ」に関して申し上げますと、例《たと》えば、他者とのコミュニケーションのためにも・自分の精神的な成長のためにも、「言語能力」というものは全ての人間にとって非常に重要なものであると言えますし、ある子供に「本を読む能力」というものさえ充分にあれば（本を読むということが、その子供にとって「苦痛なこと」ではなく「楽しいこと」でさえあれば）、その子供が「ある学問を勉強したい」・「ある分野について学びたい」といったことを望んだ時には、大学や専門学校といった教育機関に高い授業料を払って無理に通ったりしなくとも、図書館で様々な本を読んだり・インターネットや辞典を使って色々な疑問を調べたりすることを通じて、どんな学問分野のことでも学ぶことができるのだろうと考えられます。（「学校に通ったり誰かに習ったりしなければ、学問をすることや何かの能力を身に付けることはできない」といったような考え方は、多くの場合においては、決して正しいものではありません。）

（「道徳」や「良心」といったものに関しての有名な言葉を少しだけ例示させて頂きますが、『**耳がよい者が音楽に対して妥協をしないように、心が真っ直ぐな者は、道徳に関して妥協をしない。**』とは、ガストン・ド・レヴィスの言葉です。また、ナポレオン《Napoleon Bonaparte 1769 - 1821　フランス第一帝政の皇帝》の言葉には、『**人間は、美徳よりも悪徳に支配される。**』とあり、A・ロンドレの言葉には、『**精神よりも金の方が、ずっと手に入れ易い。**』とあります。「人間が、自分の社会の中で道徳心や良心といったものをうまく手に入れたり保持したりするということが、必ずしも容易なことではないということ」・「人間が、道徳心や良心といったものをうまく獲得するためには、良い教育や良い仕付《しつ》けといったものを充分に受けるということが有効であるということ」なども、多くの場合におきましては、確かなことであると言えるのでしょう。)

尚《なお》、「人間が何かを学ぶということ」とは、「人間が何かを知るということ」や「人間が何かを感じるということ」・「人間が何かを考えるということ」や「人間が何かを記憶するということ」・「人間が何かを体験するということ」や「人間が何かを理解するということ」などの総合的な結果としての呼称なのであり、例《たと》えば、「参考書を読むということや問題集を解くということ・学校や塾で授業を受けるということなどだけが、学ぶということである」という訳では、決してありません。

勿論《もちろん》、「どのような学問分野に関しての学びなのか」・「学校の成績に繋《つな》がるような学びなのか、そのような学びではないのか」といった問題によっても違ってくることなのでしょうが、例《たと》えば、「自分が誰かと海外旅行に出掛けること」や「自分が誰かと真剣に何かについて語り合うこと」からでも、「自分が学ぶことができること」や「自分が理解することができること」などは、数え切れないくらいにたくさんあるのだろうと考えられるのです。(多くの場合におきましては、「自分が実際に何かを体験したり経験したりしたことによる学び」や「自分が実際に何かを感じたり考えたりしたことによる学び」といったものの方が、「教科書による学び」や「学校の講義の中での学び」といったものよりも、ずっと実質的で価値のある学びとなり、実際の自分の人生の中で非常に役立つ有意義で実践的な学びとなると言えます。）学校や塾での勉強というものだけを「唯一の学び」として考えてしまい、「自分が何かを知るということ」や「自分が何かを学ぶということ」自体を自分が嫌いになってしまったり・自分がそれらを拒絶するようになってしまったり・自分がそれらに対して苦手意識を持つようになってしまったりすることは、自分の人生の可能性や多様性といったものを大きく狭めてしまうようなことなのでしょうし、非常に勿体無いようなことなのでしょう。

（アリストテレス《Aristoteles B.C.384 - B.C.322　古代ギリシアの哲学者　著「オルガノン」「政治学」》の言葉には、『**物事を学ぶのに決まった方法はない。**』という言葉があり、ジュリアス・シーザー《Gaius Julius Caeser B.C.100 - B.C.44　古代ローマの将軍・政治家　著「ガリア戦記」「内乱記」》の言葉には、『**経験は、あらゆる事柄の教師である。**』という言葉があります。）

ここで、「教育」や「学び」といったものに関してのお話から、「人間が社会的価値観をうまく獲得していくための条件」というものに関してのお話に戻らせて頂きます。

「一人一人の人間の社会的価値観の獲得」ということには勿論《もちろん》、「人間の脳の備えている性質」というものが非常に深く関わってくるのですが、この「人間の脳」というものは、その脳細胞の数としては、生まれた瞬間から少しずつ死滅していくだけのものなのですが、その脳自体の機能としては、人間が生きていく中で少しずつ発達し続け、成長し続けていくものであると言えるのでしょう。ですから、人間には（特に子供には）、自分の脳の発達水準や精神の成長段階に適した「自分が理解することのできる知識」や「自分が獲得することのできる価値観」といったものがあり、多くの人間が社会的価値観というものをうまく獲得していくためには、「一人一人の人間の脳の発達水準や精神の成長段階に合わせて、獲得するべき社会的価値観や乗り越えるべき課題（発達課題）といったものが、一人一人の人間に対してうまく与えられていくということ」が必要であると言えるのだろうと考えられるのです。（「人間の脳の可塑性」というものを考えますと、「人間の精神的な発育には、子供の頃の育成環境・教育環境というものが非常に重要なものである」ということが言えるのですが、このお話に関しましては、「Chapter2 - 5」の「心の病」に関してのところと、「Chapter2 - 8」の後半のところとを参照して頂きたいと思います。）

極端な例を挙げさせて頂きますと、小学生や幼稚園児に対して、「人間愛」や「男女愛」・「人間の生きる意味」や「人間の生きる価値」などに関してのお話をすることは、全く無意味なことであるとまでは申しませんが、比較的意味の小さいことであるとは言えるのだろうと思います。と申しますのは、多くの小学生や多くの幼稚園児の脳の発達水準の高さや精神の成長段階の高さは、そのような哲学的なお話や抽象的なお話を充分に理解することができるほどには、発達したり成長したりしてはいないのだろうと考えられるからです。小学生や幼稚園児くらいの子供がするべきことは、「そのような哲学的なお話や抽象的なお話を自分が理解するということ」などよりも、「自分がいろいろな遊びを体験して純粋に今の時間を楽しむということ」にあり、「自分が良い友達や良い思い出をたくさん作るということ」にあり、「優しさや思いやりを充分に備えた心というものを自分が育むということ」などにあると言えるのでしょう。また、付け加えるまでもないことなのだろうと思いますが、子供は、当たり前のように、

「自分が誰かと遊ぶこと」や「自分が仲の良い友達をつくること」を自然と求めるものでもあります。勿論《もちろん》、「このような子供の性質（子供が誰に強要される訳でもなく、自発的に、自分が友達をつくったり誰かと遊んだりしたいと望むようになるという性質）」というものも、人間にとって本能的なものであり、多くの場合におきましては、社会的価値観にも肯定されているものであり、人間が自分の属する社会の中でうまく生きていくために必要であると考えられる「生得的に形成されている動物としての人間の心の仕組《しく》み」と呼べるようなものでもあるのです。

次に、「ある子供が実際に何かの価値観を与えられて、その価値観を自分のものにしていく段階」におきましては、「その子供が、自分の欲動の仕組《しく》みに沿った形で価値観を与えられるということ」や「その子供が、自分の実際の経験を通じて価値観を得るということ」などが重要なことになるのだろうと考えられます。尚《なお》、私がここで申しております「自分の欲動の仕組《しく》みに沿った形で価値観を与えられるということ」とは、例《たと》えば、「自分が何か良いことをして、自分の両親に誉められて嬉しい思いをすることを通じて、価値観を得るということ」や「自分の好奇心を何かに触発されるような形で、価値観を得るということ」などです。勿論《もちろん》、ある程度まで精神的に成長した人間は、「少し複雑な価値観」や「少し抽象的な知識」・「誰かの経験を間接的に見聞きして得たような知識」といったものをもスムーズに自分の知識として取り入れることができるようになるのでしょうし、「自分の自尊心」や「自分の知的好奇心」・「自分の合理的な判断」といった動機によっても、様々な価値観や知識を自発的に求め、得ていくことができるようになるものなのでしょう。（非常に強い「好奇心」や「探求心」といったものを抱いており、非常に強い「知的欲求」や「知ることに対する渇望」といったものを備えているということが、人間という生物の最も大きな特徴の一つであると言えるのだろうとも考えられるのです。少なくとも、この地球上に生きている全ての生物の中では、「知識や知恵といったものを自分が得るということ」を自分の人生の目的の一つとして生き続けることができるのは、唯一、人間だけであると言えるのでしょう。）

また、「人間は、自分と内面的同一化をしている誰かや自分の尊敬している誰か・自分と親しい誰かや自分の好きな誰かから教わった価値観の方が、自分の知らない誰かや自分の嫌いな誰かから教わった価値観よりも、より素直に受け入れていくことができるものである」ということも、確かなこととして言えるのだろうと思います。**『人はただ、自分の愛する人からだけ学ぶものである。』**とは、ゲーテの言葉です。

そして、人間は誰しも、自分と親しい誰かや自分の好きな誰かを中心とした「自分の周囲の様々な人間」の影響というものを非常に強く受けながら、自分自身の価値観や自分自身の信念・自分自身の性格や自分自身の人格といったものを、少しずつ形成したり変化させたりしていくものなのです。（良い意味でも悪い意味でも、多くの人間は、自分以外の多くの人間から非常に頻繁に・非常に日常的に様々な影響を受け、自分以外の多くの人間に非常に頻繁に・非常に日常的に様々な影響を与えていると言えます。そして、全ての人間にとって、一人一人の人間が自分の心の中で育てていく「人間としての自分自身の心」というものの一部は、このような「自分と他者との人間関係」によって育まれていくものであり、殆《ほとん》ど全ての人間にとって、一人一人の人間が自分の心の中で抱く「自分自身のアイデンティティー」

というものの一部も、このような「自分と他者との人間関係」によって成り立っているものなのです。）

（恐《おそ》らく、人間は、自分と内面的同一化をしている誰かに対して、「自分と同じ価値観を共有すること」を求めようとするものなのでしょう。例《たと》えば、教育制度が確立されていなかった過去の時代の社会におきましても、家族や地域を通じた様々な人間関係において行われる「親から子供への価値観の受け渡し」・「大人から子供への仕付《しつ》け」・「複数の人間の間での価値観のぶつけ合い」などによって、その社会の社会的価値観というもの・その社会に属する多くの人間が抱くモラルや社会規範といったものは、少しずつ育まれ、長い期間に渡って受け継がれ、現代まで保たれてきたのだろうと考えられるのです。）

（その一方で、このような「社会の中で人間関係を通じて行われる社会的価値観の形成と社会的価値観の受け渡しとによる方向性」というものは、少なくとも、現代の多くの人間社会におきましては、「個性というものの否定」に繋《つな》がるほどに強力な力を持つものではないのだろうと考えられ、特に、現代の日本のような社会におきましては、このような「社会の中で人間関係を通じて行われる社会的価値観の形成と社会的価値観の受け渡しとによる方向性」というものが、非常に弱いものになってきてしまっているということも言えるのだろうと考えられます。つまり、このようなことが、「社会的価値観の希薄化」という現代社会に生じてしまっている深刻な社会現象の直接の発生原因となってしまっていることの一つなのだろうと考えられるのです。）

ここで、お話を「人間が自分の属する社会の中で社会的価値観というものをうまく得ていく上で必要であると考えられる前提条件」に関してのことから、「社会的価値観そのもの」に関してのことに戻させて頂きますが、先ほどにも申し上げました通り、私達が自分の属している社会の中で無意識のうちに（時には意識的に）取り込んでいく社会的価値観というものは、私達が自分の属している社会の中で人間として生きていく上で、私達自身にも・私達の属している社会全体にも多くのメリットを齎《もたら》してくれているものであると言えます。勿論《もちろん》、その一方で、世の中の多くの物事や現象に「良い面」と「良くない面」とが同時に存在するのと全く同じように、「社会的価値観」というものにも、それが人間の心に齎《もたら》してくれる「良い面」と、それが人間の心に齎《もたら》してしまう「良くない面（危険な影響の可能性）」との両方があると言えるのでしょう。

この「社会的価値観というものが人間の心に齎《もたら》してしまう危険な影響の可能性」というものに関しての代表的で重大な一つのことを、これから少し詳細に議論させて頂きますが、結論を先に申してしまいますと、社会的価値観を受け入れ続けることが自分にとって完全に義務的なこととなってしまった人間は、「自分の抱いている欲動に基づいているはずの自分の価値観」というものでさえ、自分の欲動と完全に分離している「自分の抱いている記憶としての自分の価値観」に過ぎないものとして認識するようになってしまう可能性があるのだろうと考えられるのです。

このことは、少し理解して頂き難《にく》いと思われるようなことでありながら、人間心理にとって非常に重要なことでもありますので、具体的な例を挙げて説明をさせて頂きますが、現代社会に生きる人間のうちの少なくない数の一部の人間は、「他人に対して優しくするべきである」・「自分の子供の世話をきちんとするべきである」・「栄養のバランスのとれた食事を摂取するべきである」・「充分な睡眠を決められた時間にとるべきである」といった社会的価値観を自分が繰り返し与えられることによって、自分がそれらの欲動を充足するということが社会的価値観に強制されていること（自分にとっては完全に義務的なこと）になってしまうことで、人間が動物として生得的に備えているはずの「自分が誰かに優しくすることや自分が子供の笑顔を見ること・自分が食事を摂ることや自分が睡眠をとることなどによって、喜びや幸せな気持ちといった快の感情を獲得することができる」という根本的な心の仕組《しく》みというものを崩壊させてしまい、「自分が欲動を充足することによって快の感情を得る」ということ自体を難しいこととしてしまっているのだろうと考えられるのです。

（もっとも、現代の日本のような社会に生きる人間のうちの少なくない数の人間の心の中で起こってしまっているのだろうと考えられる「自分が欲動を充足することによって自分の心の中に快の感情が発生するという仕組《しく》みというものの一部が崩壊してしまうこと」の原因となることには、「Chapter2 - 8」でもお話致しますが、「自分が食事を摂るということや自分が安全な睡眠をとるということなどが、私達にとっては完全に当たり前のこととなってしまったことによって、それらの喜びに対して私達自身が完全に慣れてしまっているということ」も挙げられるのだろうと考えられますし、「自分の心を抑圧して可能な限り社会的価値観に従順になるべきであるというようなことを、社会の中で繰り返し教えられてきたことによって、私達が自分自身の心の動きというものを敏感に感じ取るということ自体を難しいこととしてしまっているということ」なども挙げられるのだろうと考えられます。）

尚《なお》、「ある一つの宗教が非常に多くの人間に深く信仰されている社会」などにおきましては、このような「強制的な社会的価値観を社会に属する多くの人間が繰り返し与えられ続けることによって、多くの人間の心の中の欲動の充足と快の感情の発生との仕組《しく》みというものが崩壊してしまうという危険性」は、あまり考慮する必要がないものとなると言えるのかも知れません。と申しますのは、「宗教の教義」というものの中には、多くの場合、「自分以外の人間に対して優しくするべきである」・「自分以外の人間に対して親切にするべきである」・「日々の食事や日々の安息を大切にし、その食事や安息に対して感謝をするべきである」といった価値観が含まれており、その宗教を心から信じている人間は、そのような教義を守ること（社会的価値観を守ること）を通じて自分の欲動を充足することができるはずですから、その宗教の信者の心の中では、「自分が誰かに優しくすることによって得られる喜び」や「自分が食事をすることによって得られる喜び」といったものが消えてしまうということなどは、考え難《にく》いことなのだろうと思われるからなのです。また、その宗教社会に属する人間の多くは、自分が宗教の教義を守り続けることによって、「自分の信念に自分を照らし合わせた上で自分自身のことを肯定すること」ができますし、「同じような宗教的教義を信じている人間に自分のことを認めてもらうこと」もできる訳ですから、それによって、例《たと》えば、自分の抱いている承認欲求（ここでは、他者からの承認や自分自身からの承認を求める欲求）などをも充足することができるのだろうと考えられます。

（誤解を避けるために申し上げておきたいのですが、私は、「宗教の必要性」や「宗教の万能性」といったものを力説したい訳では、決してありません。宗教社会というものも、その他の様々な社会の仕組《しく》みと同様に、その功罪と呼べるような多くの問題点を備えてしまっているものであると言えます。例《たと》えば、「その宗教を信じる人間達が、自分達の人生の多くの時間を自分の信じる宗教のために費やすことで、その人間達が自分自身のための人生ではなく、宗教のための人生というものを送ってしまうかも知れないという問題点」や「その宗教を信じる人間達が、自分の宗教の教義というものを厳しく遵守しようとし過ぎるために、他の宗教を信じている人間達と相容れなくなってしまうかも知れないという問題点」・「その宗教を信じる人間達が、自分の宗教によって形成されている社会的価値観というものを厳しく遵守しようとし過ぎるために、時代の変化や社会の変化に的確に対応して、自分の社会の社会的価値観というものを柔軟に作り変えていくことができないかも知れないという問題点」などがあるのだろうと考えられます。例《たと》えば、現実社会におきましても、「宗教社会という社会の仕組《しく》みが備えてしまっているのだろうと考えられるこれらの問題点」というものがあるからこそ、「異なる宗教を信じる人間集団の間での紛争」というものが、絶えないものとなってしまっていると言える面があるのでしょうし、少なくない数の宗教社会が、自分達の社会の中に「経済社会の仕組《しく》み」というものをうまく取り入れることができないでいると言える面があるのでしょう。)

(勿論《もちろん》、このような「宗教社会という社会の仕組《しく》みが備えてしまっているのだろうと考えられる問題点」というものは、「その宗教の教義の厳しさが、どの程度のものなのか」・「その宗教の教義の形が、どのようなものなのか」といったことによっても、その問題点の大きさや深刻さなどが、非常に大きく変わってくるものであると言えるのでしょう。例《たと》えば、「自分の宗教以外の宗教や自分の宗教で信じられている神以外の神の存在などを、徹底的に排除していくような侵略的な宗教」というものがある一方で、「無償の愛情や無償の優しさを全ての人間に対して与えるべきであるということを、教義の中で積極的に主張しているような宗教」というものもあると言えるのです。尚《なお》、「様々な宗教の具体的な性質の違いに関してのお話」は、この本の中で詳しく述べることは致しません。）

（また、このお話には、「Chapter2 - 8」のところでも言及させて頂きますが、「どのような社会の仕組《しく》みというものが正しいものであり、人間の行うどのような行動というものが正しいものであり、人間社会や人間の心に生じるどのような現象や出来事といったものが問題であると言えるのか」といった疑問は、多くの場合におきましては、何らかの偏った価値基準や何らかの偏った立場などに準拠することなしには、簡単に結論を出すことができないようなものです。ですから、「純粋で自然豊かな宗教社会というものの中に経済社会の仕組《しく》みというものを無理に浸透させ、その社会に属する多くの人間の価値観というものを、精神よりも物質を大切にするような価値観に変化させていってしまうということが、正しいことであると言えるのかどうか」・「人間が、神のためではなく自分自身のために生きようとすることなどは、考え方によっては、神への冒涜《ぼうとく》と呼べることではないのだろうか」・「自然への悪影響などを考慮するのであれば、近代的な経済社会や物質社会といったものの方が、経済的に未発達であると言われながらも自然との共存や人間の精神的な充実を目指している社会よりも、ずっと稚拙で退廃的なものであり、未来のことを全く考えていない社会であると言えるのではないのだろうか」といった疑問に関しても、絶対的な答え・普遍的《ふへんてき》な答えを出すことなどは決してできません。）

（尚《なお》、「宗教」というものに関しての私のこのようなお話は、無宗教社会と呼べる現在の日本の社会に育った私の見解によるものですので、これも、私自身の抱いている偏った価値基準に準拠したものであるに過ぎないと言えます。そもそも、厳しい宗教を信じている人間達にとっては、このような「宗教の存在や神の存在に疑いを投げ掛けるような議論」というものをするということ自体が、既《すで》に大きな罪と呼べるようなことなのかも知れませんね。)

お話を戻させて頂きますが、私には、少なくとも現代の日本の社会に属する人間のうちの少なくない数の一部の人間の心の中では、「自分の抱いている欲動を充足することによって、自分が快の感情を得ることができるという仕組《しく》み」・「日常の暮らしの中で自分が小さな喜びや小さな楽しさを感じられるようなこと（自分が好きな物を食べることや自分が暖かい布団の中で眠ること・自分が好きな人の笑顔を見ることなど）を積み重ねることによって、自分が大きな幸福感や充実感といったものを感じることができるという仕組《しく》み」といったものが、消え掛けてしまっていると言えるのだろうと思えるのです。

繰り返しになってしまうのですが、これはつまり、私達の社会の中の少なくない数の人間にとっては、社会に決められている法律やモラル・社会に規定されている常識や習慣などのような「社会的価値観」というものを守り続けるということが、完全に義務的なことになってしまっており、「自分自身の抱く欲動というものと社会的価値観というものとの両者に肯定されているような行動を自分がした時に自分自身が得られるはずの心理的なメリット（例《たと》えばそれは、自分の欲動の充足を通じて得ることができる自分の快の感情）」というものが、失われてしまっている可能性があると考えられるということなのです。

それに、現代におきまして多くの人間は、「自分の欲動を抑圧するということ」や「自分の欲動を昇華するということ」に完全に慣れてしまっており、自分の心の中で抑圧や昇華といった心的現象をしているということに自分自身が気付くということすら、殆《ほとん》どできなくなってしまっていると言えるのでしょう。（勿論《もちろん》、このこと自体は、必ずしも悪いことではなく、人間の心の仕組《しく》みから考えても当然のことです。）人間社会に属する殆《ほとん》ど全ての人間は、自分が生まれた時から死ぬまでの間ずっと、自分の属する社会の社会的価値観というものに対して、できる限り従順であるように育てられ、その過程において当然のこととして、自分の抱いている欲動の多くを抑圧したり昇華したりし続け、自分の心の中に生じている感情や感覚・記憶や思考といった様々な心的現象の多くの部分を抑圧し続けていくのだろうと考えられます。ですから、その結果として、多くの人間は、自分の心に生じている心的現象というものに素直に気付くということを難しいこととしてしまっている（意識的なことではなく無意識的なこととしてしまっている）のだろうと考えられるのです。

（「Chapter2 - 2」でもお話致しましたが、多くの人間は、自分が幼い年齢の段階において、自分自身が生き続けること・自分自身が誰かの力で生き延びさせてもらえることを目的として、例《たと》えば、「両親に従順である自分」や「社会に適合している自分」・「両親の抱いている価値観を遵守した自分」や「周囲の人間にとって理想的な自分」でいられるように努めようとします。勿論《もちろん》これは、幼い子供が、「自分が生き延びるためには、自分が両親に好かれなくてはならないので、両親に気に入ってもらえる自分になろう」と思考した結果として意識的に行っていることなのではなく、「両親を自分が喜ばせることや両親に自分を認めてもらうこと・両親の笑顔を自分が見ることや両親と自分とが一緒に居ることなどが、自分自身にとっても、非常に大きな喜びと幸福感とを感じられるようなことである」という人間の生得的な心の仕組《しく》み・内面的同一化に基づく心の仕組《しく》みによって、本人にとっては無意識的に・非常に自然に行われていることなのであると言えるのでしょう。また、このような心理的な仕組《しく》みというものを自分が備えているおかげで、人間社会に属する多くの子供達は、自分の社会のルールや自分の社会の社会的価値観といったものを、特に意識する必要もなく、自然に自分の内側に取り入れていくことができるのです。)

例《たと》えば、本来は、「母親が自分の子供のことを虐待することがいけないことである」ということの前に、母親は、「自分の子供のことを愛したい」と自発的に望むものであるはずなのです。親というものは、「自分の子供の肌に触れていたい」と思い、「自分の子供の笑顔を見ていたい」と思い、「自分の子供の傍《そば》にいてあげたい」と思い、自分を慕ってくれる我が子のことを自然と愛おしく思うもののはずなのでしょうし、母親と子供とが互いに内面的同一化をし合っており、母親が自分の子供のことを素直に愛することができているのであれば、その母親が「自分が誰かに殴られてしまいたくはない」と望むのと全く同様に、「自分の子供のことを殴ってしまいたくはない」と望むもののはずなのでしょう。子供を持つ全ての親にとって(特に、自分のお腹を痛めて子供を産んだ母親にとって)、自分の子供の存在というものは、まさしく自分の分身であり、自分そのものでもあるのです。(愛や優しさといったものが極端に喪失され掛けてしまっているこの時代だからこそ、本当は、殆《ほとん》ど全ての人間が心の奥底では、自分が誰かに優しくされることや自分が誰かに優しくすること、即《すなわ》ち、自分が誰かに愛されることが自分が誰かを愛することを非常に強く渇望しているのです。)

（私は思うのですが、全ての人間関係において最も大切なものとは、このような「内面的同一化に基づく愛や優しさ」といったものなのであり、特に、親子関係に関して申しますと、愛や優しさといったものなくしては、健全な親子関係など有り得ないと言えるのでしょう。例《たと》えば、母親や父親が、「自分の子供の喜びや幸せ・自分の子供の痛みや悲しみ」といったものを、「自分自身の喜びや幸せ・自分自身の痛みや悲しみ」といったものと同等以上のものとして感じることができていれば、その子供が自分の両親に対して抱く愛や優しさといったものも、健全に育まれることができるのだろうと考えられます。そして、多くの人間が一般的に抱く「幸福というものの条件」というものを考える上でも、この「愛や優しさ」といったものは、最も大切で最も重要な要素の一つになると言えるのでしょう。例《たと》えば、「仕付《しつ》けや教育・経済的な豊かさや物質的な豊かさなどが最低限しかなく、愛や優しさといったものが充分にあるような家庭」の方が、「仕付《しつ》けや教育・経済的な豊かさや物質的な豊かさなどが充分過ぎるほどにあり、愛や優しさといったものが大きく欠けてしまっているような家庭」よりも、その家庭に属する大人達にとっても・その家庭に属する子供達にとっても、ずっと幸福な家庭であり、大きな喜びや楽しさを感じられる家庭であり、多くの時間を笑顔で過ごすことができるような家庭であると言えるのでしょう。）

「子供が自分の両親の言うことを素直に聞く」ということも、本来は、その子供が強制させられるようなことではなく、「自分が親の言うことを素直に聞くことで、親のことを喜ばせてあげたい」・「自分が父親や母親に余計な不安や心配を抱かせたくはない」といった「その子供自身の内面的同一化に基づく欲動によること」なのだろうと考えられるのです。勿論《もちろん》、これは、「自分の人生の先輩である親の言うことは、これからの自分の人生においてもきっと役立つと考えられることなので、親の言うことを自分が素直に聞く」・「自分が両親に嫌われたくはないので、親の言うことを自分が素直に聞く」といった「その子供自身の価値観や怖れに基づいた判断（意識的思考や無意識的思考に基づいた判断）によること」でもあると言えます。

（親と子供とがお互いに内面的同一化をし合い、相手の喜びや不安を自分自身の喜びや不安と同等のものとして感じることができるようになっているのであれば、例《たと》えば、「家出をすることはいけないことである」と誰かに価値観を与えられる必要もなく、子供は自発的に、「自分の両親に心配を掛けさせたくはない」と思うものなのであり、親は、夜遅くまで帰ってこない自分の子供のことを非常に心配に思うものなのです。また、多くの人間にとっては、自分が一番安心して過ごすことができる場所・自分が一番安心して眠ることができる場所が、家庭という場所なのでしょうし、連絡もなしに自分の家族の誰かが家に帰ってこなければ、その家族のほかの人達は、家にまだ帰ってきていない人間のことが心配で、自分が眠ることができないという場合も少なくはないものなのでしょう。）

同様に、「自殺という行為をすることが、人間にとっていけないことである」ということの前に、人間は誰しも、「自分が生き延びたい」・「自分が生き続けたい」といったことを自発的に望むものです。ここで、「自殺」ということに関して、少し深く考えさせて頂きます。人間が自殺という行為をしてしまうという時、その殆《ほとん》どの場合は、「自分が、何かの苦痛や悲しみ・悩みや苦労・迷いや罪悪感といったものから、逃避してしまいたい」ということを望んでのことであると言えるのですが、それは、実際には、「自分の未来における全ての可能性や全てのチャンスといったものを、自ら否定しようとしたり・自ら失おうとしたりしているということ」にほかなりません。そうやって自分が「死」というものを手に入れることによって、確かに、自分がこれから先の人生において「悲しい思い」や「苦しい思い」といったものを感じることなどは全てなくなるのですが、それと同時に、自分がこれから先の人生において「楽しい思い」や「幸せな思い」といったものを感じることなども、完全になくなってしまいます。そして、この「自殺という行為」を自分が実際にしてしまえば、自分が持っていたはずの「自分の未来に向けての可能性」というものは、完全に消滅することになってしまい、自分と親しい関係にあった全ての人間を、とても深く悲しませることにもなってしまうのです。（他のところでも言及しておりますが、「自殺という行為」は、「人間にとって最も罪深い行為」と呼べるものの一つなのでしょう。）

「Chapter2 - 4」の「真実」というものに関してのお話のところで申し上げましたが、「人間の心的現象というものの全てに意味と価値とを見出すことができる」と考えれば、「人間が心を持って生きるということ」は、それだけで、例外なく大きな意味と大きな価値とを持つことであると言えるのです。人間は、「自分が生きている」・「自分が生の状態にある」という時点で、無意味な存在でも無価値な存在でも決してなく、この絶対的な前提（心を持って生きている全ての人間が意味と価値とを持つ存在であるという前提）の上で、「自分自身の幸せ」や「自分の大切な誰かの幸せ」・「自分の大切なもの」や「自分の生きがいとなるもの」などを発見したり、それらを自分が少しずつ大きなものに成長させたりしていくことによって、一人一人の人間は、「自分の生きる意味」や「自分の生きる価値」といったものを、更に大きなものへと成長させていくことができるのでしょう。（客観的に且つ物理的なことだけを重視して考えれば、一人一人の人間の存在というものは、限りなく無意味に近いようなものとして捉えることも可能なような存在なのですが、主観的に且つ精神的なことを重視して考えれば、一人一人の人間の存在というものは、限りなく有意味なもの・他の何物にも増して有意味なものとして捉えることが可能なような存在なのです。）

それに、どんな人間の人生というものも、「楽しいこと」や「嬉しいこと」・「悲しいこと」や「辛《つら》いこと」などの繰り返しによって構成されているものですので、仮に、現在の自分がどんなに不幸な状態であると感じられるとしても、自分が前向きに生きてさえいれば、そのうち必ず「何か良いこと」や「幸せを感じられる瞬間」などが自分に訪れるものであると言えます。（ラテン語の諺《ことわざ》にもありますが、**『不幸な者は希望を抱け、幸福な者は用心をせよ。』**ということなのです。この現実社会の中では、「不幸な者」と「幸福な者」との立場が突然に入れ替わるというようなことも、決して珍しくはないことであると言えるのでしょうし、そもそも、幸福の定義というものは全ての人間に完全に共通したものではありませんので、「幸福な者」や「不幸な者」といった言葉も、様々な基準によって解釈することができるものであると言えるのでしょう。尚《なお》、ペリアンドロス《Periandros B.C.625 - B.C.585 ギリシア七賢人の一人》の言葉にも、**『運命の女神に微笑まれている時には、自分が慢心してしまうことに注意をし、運命の女神に背を向けられている時には、自分が絶望してしまうことに注意をせよ。』**とあります。）

（付け加えさせて頂きますが、「一時的な自分の状況」や「一時的な自分の人生の状況」といったものだけを考えて、「自分は、不幸な人間である」・「自分の人生は、不幸な人生である」といったことを判断してしまうことは、多くの場合におきましては、決して正しくはないようなことであり、自分自身のためにもならないようなことです。例《たと》えば、現在の自分にとっては、自分の現状というものが、苦労と苦難の連続の大変な毎日であるように感じられるとしても、自分が将来になってから振り返って考えてみれば、「その苦労していた期間というものが、そんなに不幸なものではなかったように感じられるということ」・「その苦労していた期間というものが、自分が大きな成功を手に入れるためや自分が大きく成長していくために、必要不可欠な大切な期間であったということに気付くことができるということ」なども、決して少なくはないようなことなのでしょう。**『若いうちの苦労は、買ってでもしろ。』**という日本の諺《ことわざ》がありますが、現実にも、多くの人間にとっては、自分の得た全ての経験や苦難といったものが、自分の人生の糧となるものであり、自分の心を成長させてくれる大切な要因となるものでもあると言えます。）

例《たと》えば、「自分が愛している誰か」や「自分が大切に思っている何か」・「自分のことを大切に思ってくれている誰か」や「誰かに話したいと思える自分の思い出」などが何か一つでも現在の自分にあれば、自分の人生というものは、既《すで》に充分に良いものであると言えるのだろうと考えられ、既《すで》に充分に有意味なものであると言えるのだろうと考えられるのです。それに、自分が真剣に手を抜かずに生きている限り、人間の人生において完全に無駄と言えるような時間や出来事・完全に無駄と言えるような苦労や経験などは、全く有り得ません。（ある人間が「人間としての心」というものを持って生きている限り、その人間自身にとって完全に無駄な行動も完全に無駄な生き方も何一つないと断言することができます。）現代の実際の社会におきまして、少なくない数の人間が「自分自身」や「自分の人生」に充分な意味や充分な価値を見出すことができないでいるのは、一般的な価値観（社会的価値観）というものが非常に偏ったものとなってしまっている（それでいて漠然とした希薄なものとなってしまっている）現代の日本のような社会の中では、実際に目に見えるお金や高価な物など以外の「本当に大切なものの価値や意味」といったものを、多くの人間が見落としがちになってしまっているからなのでしょう。繰り返しになってしまいますが、全ての人間は、そのような充分に素晴らしい人生・充分に意味のある人生を送っているということを絶対的な前提とした上で、更に、自分自身の実際の人生の中で、「自分の大切な何か」や「自分の大好きな誰か」・「自分の素敵な思い出」や「自分の生きがいとなる何か」を見付けたり手に入れたりしていくことによって、より素晴らしい人生・より意味のある人生を送ることができると言えるのです。

（また、例《たと》えば、現在において、「自分のことを苦しめる何か」や「自分のことを悩ませる何か」があって、自分が「死んでしまいたい」と本気で考えてしまうくらいに辛《つら》い気持ちや悲しい気持ちを感じてしまっているとしても、その辛《つら》い気持ちや悲しい気持ちといったものが永遠に続いてしまうということは、決してありません。映画の台詞などで使われているような言葉を用いて申しますと、『**明けない夜というものは決してなく、止まない雨というものも決してない。**』ということなのです。むしろ、長い雨の後に雲の間から開けていく晴れ渡る空というものは、非常に澄んだ美しいものとなり、空で輝く太陽・夜空に輝く星や月といったものも、以前にも増して美しいものとなります。同じように、苦労した経験や努力した経験といったものを乗り越えることができた人間は、殆《ほとん》どの場合におきまして、非常に大きな喜びというものを手に入れることができますし、長く辛《つら》い時期を乗り越えることができた人間は、何かの大きな喜びを手に入れることができた時には勿論《もちろん》のこと、何かの小さな喜びを手に入れることができた時にも、その喜びをとても嬉しいものとして敏感に感じることができるようになるものなのです。)

また、現実の世の中には、「望まない死」というものを強制させられてしまった人間も多くおりますし、私達は誰もが例外なく自分が生き続けるためにやむを得ず、たくさんの植物やたくさんの動物の命を犠牲にしていると言えますので、生き続けることを選択することが可能である私達は、そういった多くの命(生き続けることを選択することが不可能であった命)のためにも、できる限り長く・できる限り強く生き続けるべきであると言えるのでしょう。

ここで、「人間が自殺という行為をするということ」に関してのお話から、「人間の抱く欲動と社会的価値観との関係というもの」に関してのお話に戻らせて頂きます。言うまでもないことであると感じられてしまうかも知れませんが、例《たと》えば、人間は本来であれば、「食事をしなければならないもの」である前に、「何か美味しいものを食べたい」ということを自発的に望むものですし、「眠らなければならないもの」である前に、「ゆっくりと眠りたい」ということを自発的に望むものです。また、人間は本来であれば、「自分が誰かを殺してしまってはいけないもの」である前に、「自分が誰も殺してしまいたくはない」ということを自発的に望むものですし、「自分が誰かを愛さなくてはいけないもの」である前に、「自分が誰かを深く愛していたい」・「自分が誰かに対して優しくしたい」といったことを自発的に望むものであると断言することができます。

同様に、人間は本来であれば、「周囲の人間と仲良くしなければならないもの」である前に、「周囲の人間と仲良くしたい」ということを自発的に望むものであると言えるのでしょうし、「結婚をして自分の子供を持たなければならないもの」である前に、「自分と苦楽をともにして一緒に人生を歩んでくれるパートナーが欲しい」・「帰宅した自分を笑顔で迎えてくれるような家族が欲しい」・「誰からも祝福され、誰からも認められて愛し合える異性が欲しい」・「自分が生きることの新たな意味となり、自分が生きることの新たな証となり、自分が生きることの最大の喜びとなるような自分の愛する子供が欲しい」といったことを自発的に望むものであると言えるのでしょう。同じように考えますと、人間は本来であれば、「自分の家族の世話をしなければならないもの」である前に、「自分の家族に幸せでいて欲しい」ということを自発的に望むものですし、「自分の家族と一緒に多くの時間を過ごしたい」ということを自発的に望むものなのです。

（「離婚」や「病気」・「経済的な事情」や「家族関係の複雑な事情」など、現実には様々な家庭の問題もあるのだろうと思いますが、やはり、最も理想的な家庭の形というものは、家族の全員が一緒にいられて、家族の全員がお互いに協力し合ったり助け合ったりしながら生きていけるような形であると言えるのでしょう。それに、現実に様々な家庭の事情や家庭の問題に振り回されることで幸せを失ってしまう可能性が一番高いのは、経済的な力も肉体的な力も備えていない子供達・何の罪もない子供達なのです。）

（また、「ベビーシッターや保育園による保育」・「行政による介護や生活保護」といったものが間違ったものや罪なものであるとは申しませんが、それらはいわば、家族や家庭といったものを「代替」するに過ぎないものなのであり、やはり、本来の理想的な形としては、一つの家庭がその家庭の中で大きな問題もなく完結するべきなのでしょう。勿論《もちろん》、その一方で、例《たと》えば、近所の人達や地域の人達がお互いに内面的同一化をし合い、家族のようにお互いを思いやったり・自発的にお互いを助け合ったりするといったことも、とても人間らしいことですし、とても素敵なことです。尚《なお》、「代替」という言葉に関しましては、「Chapter2 - 8」で詳しく議論させて頂きます。）

（それに、多くの人間にとっては、例《たと》えば、「自分を育ててくれた両親が年をとって病に倒れてしまった時に、その子供が自分の両親の身の回りの世話をしてあげること」などは、その両親にとっても・その子供にとっても、大きな喜びと大きな誇りとを自分自身に感じさせてくれることであると言えるのでしょうし、ある人間が「生活保護や誰かの擁護などに頼らずに経済的に自立している自分」というものを自覚することができることは、その人間自身に、一人の大人としての誇りと自信とを感じさせてくれることであると言えるのでしょう。特に、多くの人間にとって、「自分の子供に愛情の込もった世話をしてもらうということ」などが、「自分とそれほど関わったこともない介護担当の役所の人間に形だけの世話をしてもらうこと」などよりも、遥《はる》かに嬉しいことであるというのは、疑う余地のないことです。

（このように考えてみますと、「年金の仕組《しく》み」や「介護福祉の仕組《しく》み」といったものは、言うまでもなく、その仕組《しく》みの長所や必要性も充分に認められるものなのですが、一方でそれらは、社会に属する一人一人の人間の利己性というものを助長し、家族間や近所間での人間関係といったものを希薄化させ、多くの人間をより孤独な存在にしてしまう危険性を持っているものでもあるのだろうと考えることができますし、社会の中で多くの人間が感じられるはずの「人間関係を通じて得られるような様々な喜び」や「内面的同一化に基づくような様々な喜び」といったものを失わせてしまう危険性を持っているものでもあるのだろうと考えることができます。また、「生活保護の仕組《しく》み」というものが社会の中に確立していることによって、その社会に属する人間のうちの少なくない数の一部の人間は、「自分が真面目に働いて自分の生活費を稼ごうとする意欲」というものの一部を失ってしまい、「自分の経済的自立に対して自分自身が抱いていたはずの誇りや自尊心」といったものをも失ってしまうかも知れません。)

(例《たと》えば、少し前の時代の日本の社会におきましては、「年金の仕組《しく》み」や「介護福祉の仕組《しく》み」といったものが社会の中に確立されていなくとも、多くの子供達は、年齢を重ねた自分の両親や自分の祖父母の世話を、誰に強制される訳でもなく自発的に行っていたと言えるのでしょうし、「生活保護の仕組《しく》み」というものがなくとも、地域を通じた人間関係でのお付き合いや助け合いなどによって、貧しい暮らしをしている多くの人間のうちの少なくない数の人間達も、豪華な暮らしとは言えないものなのでしょうが、ある程度までは安定した生活をしていくことができていたと言えるのでしょう。そして、恐《おそ》らく、「人間の優しさ」や「人間の愛情」・「人間の思いやり」や「人間の温もり」といったものを感じることができるそのような生活は、貧しい生活や時間に追われるような忙しい生活であったとしても、必ずしも不幸なものではなかったのだろうと考えられるのです。)

(尚《なお》、誤解をして頂きたくないので付け加えさせて頂きますが、私は、こういった「様々な種類の社会の仕組《しく》み・様々な種類の社会システム」といったもののことを否定するようなつもりは全くありません。日本の法律にも定められておりますような「全ての国民が最低限度の文化的な生活をすることができる社会」というものを実現するためにも、このような社会の仕組《しく》みや社会システムは、確かに役立っていると言えるのでしょうし、「社会全体・国家全体が一つの家族のようにお互いに助け合い、社会の中で全ての人間が例外なく幸せを感じながら生きることができるような社会を実現したい」というような理想論的な価値観というものも、そこにはあると言えるのでしょう。『**政治というものの主な目的は、都市中の人々が、お互いに友情と愛情とを持ち合うようにすることである。**』とは、アリストテレスの言葉です。)

(また、勿論《もちろん》、このような「社会に属する全ての人間の相互の助け合い」や「社会に属する全ての人間の幸福」といったものを肯定する社会的価値観や社会の仕組《しく》みの根底にも、誰かの不幸を自分自身の不幸と同等のものとして感じることができ、誰かの幸福を自分自身の幸福と同等のものとして感じることができるという「内面的同一化に基づく人間の愛や優しさの仕組《しく》み」というものがあるのだろうと考えられます。「Chapter2 - 3」でも詳しくお話致しましたことなのですが、この「内面的同一化に基づく人間の愛や優しさの仕組《しく》み」というものは、人間の本質と呼べるようなものなのであり、人間が生きていく上で決して忘れてはならないものの一つであると言えるのでしょう。一人の例外もなく全ての人間は、自分の心の中の根本的な部分では、同じ種の生物として本能的に、自分の家族や自分の友達に対しては勿論《もちろん》のこと、自分とあまり関わり合いのない多くの人間に対しても、「可能な限り幸せに生きて欲しい」・「自分の人生の中で、多くの喜びや楽しさを感じながら生きて欲しい」といったことを強く望んでいるものなのです。現代社会において生じてしまっている決して小さくはない問題の一つは、「この大切な心的現象というものを、少なくない数の人間が抑圧してしまっているということ」にあります。）

（それに、このお話は「Chapter2 - 8」のところでも詳しく議論させて頂きますが、「多くの人間が幸せに生きることができるような社会」というものを目指すためには、例《たと》えば、「高齢者を養っている世帯で収入の少ない世帯」や「たくさんの子供を育てている世帯で収入の少ない世帯」などには、確かに、政府の援助や社会の協力といったものが充分にあって然るべきであると言えるのでしょう。例《たと》えば、ある家庭がたくさんの子供を育てていれば、当然のことですが、子育てのために必要となる食費や教育費といったものも、子供の少ない家庭や子供のいない家庭に比べて、ずっと多くなると言えます。現実にも、例《たと》えば、「自分達は、子供を作らない」ということを決めている夫婦の中には、「子供をたくさん育てることにお金が費やされることで、自分達が経済的に困窮してしまうこと」などを憂慮して、そのように決めている夫婦も少なくはないのだろうと考えられるのです。これは、現代の日本の社会において実際に生じてしまっている「少子化」という社会現象の一つの大きな原因となっていることであるとも言えます。）

（「年金の仕組《しく》みや生活保護の仕組《しく》みといった新しい社会の仕組《しく》みが現実の社会の中に一つ一つ誕生する度に、その新しい社会の仕組《しく》みが社会に属する人間の心に対して与える様々な影響に関してのお話」

や「少子化という社会現象の原因となる様々なことに関してのお話」などは、「Chapter2 - 8」の「理想社会」というものに関してのお話のところで詳しく議論させて頂きますが、「ある社会の中に形成された社会の仕組《しく》みや社会システムといったものが、その社会に属する人間達の抱く良識や優しさ・その社会に属する人間達の抱くモラルや意欲といった様々な形の人間の心の力というものを奪い去ってしまう危険性がある」ということが間違いなく言えるのです。例《たと》えば、現代の日本の社会におきましても、「義務教育」という社会の仕組《しく》みがあることによって、「自分が勉強をしたい」ということを望む子供達自身の意欲の一部や「自分の子供に充分に勉強をさせてあげたい」ということを望む親達の意欲の一部が失われてしまっているという面が間違いなくあると言えますし、「社会保障」という社会の仕組《しく》みがあることによって、社会に属する多くの人間が抱く「弱者に対する優しさ」というものの一部が失われてしまっているという面も間違いなくあると言えます。)

厳密に考えて参りますと、人間が行う「勉強」や「仕事」といったものも、「自分が誰かに強制させられて行うもの」ではなく、「自分が自発的に望んで行うもの」であることが、より理想的なのでしょうし、より人間的なのでしょう。「勉強」や「仕事」といったものは、現代社会の多くの人間が自分の人生の多くの時間を費やす非常に重要なものですので、ここから、「人間が行う勉強や仕事といったものに関してのお話」を、少し詳しく展開させて頂きます。まず、「人間が勉強をすることによって得ることができるメリット」というものに関してのお話から考えさせて頂きますが、例《たと》えば、「自分が何かを知ることによる喜び」や「自分が何かを理解することによる喜び」・「自分の知的好奇心を充足することによる喜び」や「自分が何かの知識を知っていることの喜び」といったものは、人間の感じられる喜びとして間違いなくあると言えますし、「自分の人生に必要な知恵や知識といったものを学んでいくことによって、自分が、自分の人生をより豊かに・自分の人生をより充実させながら生きることができるようになる」といったメリットも、間違いなくあると言えます。

（『**他人の書物を読むことに時間を費やせ。他人の辛苦によって、容易に自己の改善が成し遂げられる。**』とは、ソクラテスの言葉です。もっとも、現代社会におきましては、非常に多くの種類の本・非常に様々な種類の本が出版されていますので、「自分が何の本を読むのか」ということによっても、自分が学べることや自分が感じられること・自分が考えさせられることや自分が理解できることなどは、当然のこととして大きく変わってくると言えるのでしょうし、本ではなく映画や舞台といったものを自分が見ること・誰かの歌や言葉といったものを自分が聞くことによっても、それを通じて自己の改善が成し遂げられるという可能性は充分にあると言えるのでしょう。尚《なお》、「本」というものに関して述べている言葉を、ここで少しだけ付け加えさせて頂きますが、ジャン・スタニスラフ・ド・ブールレの言葉には、『**本は、くまなく読んでも不充分であり、読んだことを消化することが必要である。**』という言葉があり、ピエール・ド・ラゴスの言葉には、『**君の読む本と君の友人の名を言いたまえ、君の人柄を言おう。**』という言葉があります。）

それに、自分の人生において何かの困難な問題にぶつかった時にも、自分が現在までに様々な勉強や様々な経験を重ねることの中で培ってきた「冷静に考えることや的確に判断することができる能力」・「現実に自分の人生を生き抜いていく上で役に立つ処世術」といったものが自分自身に身に付いていることで、目の前にある困難な問題というものを自分がうまく解決方向に向かわせることができるかも知れません。**『行動は、知識の誠実な果実である。』**とは、フラーの言葉であり、**『肩幅が広いからといって、至上の力を発揮する訳ではない。知性こそ、何処《どこ》でも通用する至上の力である。』**とは、ソフォクレス《Sophokles B.C.496 - B.C.406　古代ギリシア三大悲劇詩人の一人　著「エディプス王」「エレクトラ」》の言葉です。尚《なお》、スペンサー《Herbert Spencer 1820 - 1903　イギリスの哲学者・社会学者　著「綜合哲学体系」》の言葉にも、**『教育というものの最大の目的は、子供達の人格形成にあり、その最大の目標は、子供達に知識を授けることにではなく、子供達に良い行動を起こさせることにある。』**という言葉があります。また、「様々な物事や現象に関しての深くて広い知識」というものを自分が充分に得ておくことによって、自分が実際の自分の人生の中で何かの体験をした時にも、より多くのことを感じること・より深くのことを考えること・より本質的なことを理解することができるようになると言えるのでしょう。

(例《たと》えば、「自分が、ある国の歴史背景や現在の文化の状況といったものを充分に調べてから、その国へ旅行に行くこと」と、「自分が、ある国のことを何も知らずに、その国へ旅行に行くこと」とでは、自分がその旅行を通じて考えさせられることや感じられることなどは、非常に大きく違ってくると言えます。自分が同じ絵画を見て感じられることも・自分が同じ音楽を聴いて感じられることも・自分が同じ小説を読んで感じられることも・自分が同じ映画を見て感じられることも、「自分が抱いている感性や価値観・自分が過去に得た体験の記憶などがどのようなものであるのか」といったことによって非常に大きく変わってくることであると言えるのでしょう。「自分が、様々な知識や様々な経験といったものを自分自身の心の中に豊富に積み重ねていくことによって、自分の目に映る全てのものが違って見えるようになり、自分の耳に聞こえる全てのものが違って聞こえるようになり、自分の感じられる全てのものが全く別のものとして新鮮に感じられるようになる」といったことさえ、充分に有り得ることなのです。「人間が何かを学ぶということ」とは、言うまでもなく、そのこと自体が「心的現象」と呼べることであり、「真実」と呼べることではあるのですが、「自分が何かの良い学びをするということ」によって、人間は、自分の心に生じる様々な心的現象の意味や価値といったものを更に高めることができるのでしょうし、自分が生きるということ自体の意味や価値といったものをも更に高めていくことができるのでしょう。）

次に、「人間が仕事をすることによって得ることができるメリット」というものに関してのお話を考えさせて頂きますと、例《たと》えば、「自分の仕事を通じて誰かの心に満足感や楽しい気持ちといった様々な心的現象を生じさせることによって自分自身が感じられる喜び」・「自分の仕事を通じて社会に貢献することによって自分自身が感じられる喜び」・「自分が仕事を通じて生活費を稼いで自分の力で自分の家族を養っていくことによって自分自身が感じられる喜び」といったものが、人間の感じることができる喜びとして、間違いなくあると言えます。（例《たと》えば、「宝くじに当選することで偶然に自分が大金を手に入れること」や「自分以外の誰かの力で自分が大金を手に入れること」などよりも、「何かの仕事や何かの努力を自分自身が行った結果として、自分がお金を手に入れること」の方が、ずっと意味のあることですし、「そのようにして自分の力で手に入れたお金」というものの方が、「宝くじや投資などによって自分が得たお金」というものなどよりも、ずっと価値のあるものなのです。同様に、「自分の力で手に入れた何か」や「自分の手で作り上げた何か」・「自分の力で達成した成功」や「自分の力で手に入れた幸せ」といったものの方が、「完全な偶然によって自分が得た名声や地位」・「相続や譲渡によって自分が誰かから譲り受けただけの大金」といったものよりも、遥《はる》かに大きな意味と大きな価値とを持つものであると言えるのでしょう。)

また、多くの社会におきましては、「社会的価値観に認められている勉強や仕事といった行為を自分が積極的に行うこと」を通じて、人間は、「周囲の多くの人間に認められることで自分自身が感じることができる喜び(承認欲求の充足による喜び)」というものをも得ることができるのだろうと考えられます。

それに、「自分の抱いている動物としての欲動(攻撃衝動や露骨な性的欲動など)」というものに完全に従順になることが決して許されていないこの社会におきましては、「自分が遊ぶこと」や「自分が本気の恋愛をすること」・「自分が仕事をすること」や「自分が勉強をすること」・「社会に認められているような楽しみや趣味に自分が没頭すること」などによって、自分自身の欲動というものを柔軟に発散したり昇華したりすることや、自分の毎日の時間を様々なことに使用していくことなどが、多くの人間にとって必要なことであると言えるのでしょうし、恐《おそ》らく、「多くの人間は、それらのこと(遊ぶことや恋愛をすること・仕事をすることや勉強に励むこと・趣味に没頭することや家庭の幸せを求めることなど)を自分の信念の一つとして考えることによって、自分の人生というものを、より明確な形のものにすることができる」ということも言えるのでしょう。(勿論《もちろん》、これは、「自分の人生というものを、適度に明確なものにすることができる」・「自分の人生というものを、比較的明確なものにすることができる」といったことであるに過ぎず、「実際の一人一人の人間の人生というものが、複雑なものであり、一人一人の人間自身にとっても悩みや迷いの多いものである」ということには、何の違いもありません。）

（**『仕事は、人生に味を付ける塩である。』**とは、フラーの言葉であり、**『働くよりも、何もしない方が、ずっと苦しいことである。』**とは、エンニウス《Quintus Ennius B.C.239 - B.C.169 古代ローマの詩人著「年代記」》の言葉になります。現代の日本のような社会に属する人間のうちの大多数の人間にとっては、「自分が生産的な仕事をするということ」・「自分が仕事をして賃金を得るということ」・「自分が仕事をして誰かに幸福を与えるということ」・「自分が仕事をして社会に貢献するということ」・「自分の心や自分の体に無理をし過ぎてしまわない程度に自分が仕事に励むということ」など自体が、自分自身の心に安定と安全とを齎《もたら》してくれることであると言えますし、自分の存在意義や自分の生きがいの一部となり得ることであると言えますし、自分自身に自信や誇りを抱かせてくれることであると言えますし、自分自身の心の健康に繋《つな》がることでもあると言えます。また、勿論《もちろん》、現代におきましては、「仕事」というものだけではなく、「趣味」や「学問」といったものも、この「自分の人生に味を付ける調味料」になり得るものであると言えるのでしょう。現実にも、例《たと》えば、現代の日本のような社会には、「自分の仕事に情熱を燃やす人間」だけではなく、「自分の趣味に情熱を燃やす人間」や「自分の恋愛に情熱を燃やす人間」・「自分の家庭のために情熱を燃やす人間」や「それらの全てを可能な限り大切にしようとする人間」と、実に様々な生き方・実に様々な生き様をしている多くの人間がいると言えます。）

（「親友と呼べる誰かと自分とが友情を深めていくということ」や「自分が誰かと本気の恋愛をするということ」・「愛する誰かと自分とが結婚生活を続けていくということ」や「自分の子供を自分が大切に育てていくということ」・「何かの趣味や遊びに自分が没頭するということ」・「何かの仕事や勉強に自分が真剣になるということ」などは、多くの人間にとって、「自分の人生を構成する大切な要素」と呼べるようなことです。言うまでもなく、人間が実際にそれらの「自分の人生を構成する大切な要素」というものを手に入れたり保持したりしていく際には、楽しいことや幸せなことばかりが得られる訳ではなく、悲しいことや辛《つら》いことなども多く得られてしまうのでしょうが、例《たと》えば、「自分の人生を構成するそれらの大切な要素というものを、自分が一つ捨て去ってしまうということ」は、「自分の人生の価値や意味・自分の持っている可能性やチャンス・自分が得られる充実感や豊かさ・自分が感じられる楽しさや喜びといったものを、一部分まとめて捨て去ってしまうということ」と、同じことを意味してしまうようなことなのでしょう。現実にも、それらの「自分の人生を構成する大切な要素」というものを何かしら備えている人間は、殺人や自殺・暴行や性犯罪といった決して許されない重大な犯罪を犯してしまうことなど決してなく、比較的健全な形で自分自身の人生を充実させていくことができるのです。）

（ですから、自分の人生に「私は、友達なんか作らない」・「私は、恋愛なんかしない」・「私は、結婚なんかしない」・「私は、子供なんか持たない」・「私は、趣味や遊びなんてものには時間を使わない」・「私は、定職なんかには就かない」・「私は、勉強なんかしない」といった制約を自分の意志によって設けてしまうようなことは、できる限り避けた方が良いことなのです。また、「特定の何かの学問分野を自分が嫌いになってしまったからといって、全ての学問を嫌いになってしまうこと」・「特定の何かの仕事を自分がすることを嫌いになってしまったからといって、働くことそのものを嫌いになってしまうこと」なども、可能な限り避けるべきことなのであり、「万能を目指すのではなく何かに特化した自分の個性を伸ばすということ」・「オールマイティーな人間になることではなくスペシャリストになることを目指すということ」の素晴らしさというものをも認めるべきなのでしょう。勿論《もちろん》、「先述致しましたような自分の人生を構成する大切な要素というものの一部分が欠けてしまえば、その人間の人生は失敗である」などということでは決してないのですが、「ある人間の人生に、良い家族や良い友達・良い趣味や良い仕事・何かで遊んだ良い思い出や誰かと恋をした素適な経験といったものがあった方が、その人間の人生というものが、より豊かで素晴らしいものになる」ということは、多くの場合におきましては、確かなことであると言えます。特に、「家族」というものは、全ての人間が最も大切にするべきものであり、人間は本能的に、「他の何よりも自分の家族を大切にしていたい」・「自分の家族には幸せであり続けて欲しい」・「自分が家族に対して、できる限り尽くしてあげたい」といったことを自然と望むものでもあると言えるのでしょう。)

(それに、結婚や出産をして自分の家族を一人また一人と増やしていくことによって、人間は、自分の人生を生きていく中で自分が感じることができる喜びや悲しみ・楽しさや幸せといったものをも、二倍・三倍に増やしていくことができるのだろうと考えられます。何故なら、多くの人間にとって、「自分の結婚相手の喜びや悲しみ」・「自分の子供の喜びや悲しみ」といったものは、自分の心に生得的に備わっている内面的同一化の仕組《しく》みに基づく愛や優しさの力によって、「自分自身の喜びや悲しみ」といったものと同等のものか、それ以上のものとして感じることができるものだからです。勿論《もちろん》、「Chapter2 - 3」でも申し上げております通り、内面的同一化の対象となる相手は、自分の両親や自分の子供を中心とした自分の家族だけではないのですが、「自分の家族」という相手が、自分にとって最も強力な内面的同一化の対象となるということは、人間の場合だけではなく他の全ての動物の場合に関しても、間違いなく言えることなのでしょう。そして、殆《ほとん》ど全ての人間にとって、自分の家族というものは、自分にとって何よりも確かな「自分の生きる証」となるものであり、自分にとって何よりも大切な「自分の生きがい」となるものであり、「自分のアイデンティティー」となるものであり、「自分の人生を充実した豊かなものにしてくれるもの」でもあり、自分が自分の人生を前向きに生きていくための「自分の生きる力の源となるもの」でもあります。)

(現代社会には、「勉強をすることや仕事をすること・趣味に没頭することや誰かと遊ぶこと・恋愛をすることや結婚をすること・出産をすることや子育てをすることなどに大きな意味と大きな価値とを見出さないような価値観」というものを抱いてしまっている人間が、非常に多くなってしまっているというように私には感じられてしまうのですが、これらの「人間の根本的な営みの意味や価値」といったものを否定してしまうことは、人間自体の意味や価値の一部を否定してしまうことにもなり得るようなことなのだろうと考えられるのです。また、現代において少なくない数の人間が実践していることである「人間が利己的に・快楽主義的に遊び続けるということ」などにも、大きな意味と大きな価値とがあると考えることは勿論《もちろん》可能なのですが、人間という存在が生物としての存在である以上、やはり、「人間の感じることができる最も大きな喜び」というものの一つの種類には、「自分が愛する異性と一緒になることによる喜び」や「自分の子供を産み育てることによる喜び」といったものが間違いなくあり、「人間の感じることができる最も大きな幸福」というものの一つの種類には、「自分の家族全員が幸せであることによる幸福」というものが間違いなくあると言えるのでしょう。『**人間の営みの中で最も尊く美しい行為は、誰かを愛するという行為・特に自分の家族を愛するという行為にあり、人間の営みの中で最も有意味な行為は、自分の子供を産み育てるという行為にある。**』といったことを断言することもできるのかも知れませんね。）

（尚《なお》、このお話を逆に考えますと、「人間にとっての非常に大きな不幸」というものの一つの種類には、「自分が愛する異性と一緒になることを決して許されないことによる不幸」というものがあり、「自分が自分の子供を産み育てることが決して許されないことによる不幸」というものがあると言えるのだろうと考えられます。「自分が異性と一緒になることを許されないということ」や「自分が子孫を残すことを許されないということ」は、動物としての人間の心の仕組《しく》みというものを考えても、それは、非常に辛《つら》いことであると容易に推測することができるのです。ギリシア神話の悲劇やシェイクスピアの悲劇の中にも、「愛し合う二人の男女が何らかの理由によって結ばれることができないことの悲劇」や「愛し合っていない二人の男女が何らかの理由によって結婚させられてしまうことの悲劇」といったものは、非常に頻繁に語られています。）

つまり例《たと》えば、現代において多くの人間は、「自分が勉強をするということ」や「自分が仕事をするということ」などを、「自分にとって当たり前のこと」として受け入れることによって、「自分が毎日の生活の中で何をすれば良いのか」・「自分の人生のうちの多くの時間をどのように使えば良いのか」といった疑問に関して、深刻に迷ったり悩んだりしなくても済むようになっているという面もあるのだろうと考えられるのです。この点を考えますと、「学生は勉強をするべきである」・「社会人は仕事をするべきである」といったような社会的価値観は、その社会に属する一人一人の人間の昇華した欲動のベクトルというものを「勉強や仕事」といった一定の方向（社会的なモラルに反しない方向・社会的な利益に結び付くような方向）に向かわせ、社会全体に安全と秩序とを齎《もたら》し、社会全体に様々な意味での便益と発展（経済の発展や文明の発展・学問の発展や文化の発展）とを齎《もたら》し、一人一人の人間の心に安定と平穏とを齎《もたら》してくれているものでもあると言えるのでしょう。

（「自分の好きな仕事を見付けるということや自分の好きな学問分野を見付けるということ・自分の好きな趣味を見付けるということや自分の生きがいとなる何かを見付けるということ・自分が没頭できる何かを見付けるということや自分が本当に良い意味での人間関係を築くということなどを、自分の属する社会の社会的価値観に適合する形で行うということ」が、人間が、この社会の中で大きな罪を犯してしまったり・大きな危険に巻き込まれてしまったりせずに、うまく自分の人生を充実させながら生きていくことができるようになるためにも、非常に大切なことなのだろうと考えられます。例《たと》えば、思春期や反抗期の時期において、自分が真剣に取り組める学問や芸術・自分が没頭することができるスポーツや趣味などが何か一つでも自分にある人間は、自分の抱く強烈な欲動というものを発散したり昇華したりするために非行に走ってしまったりはせずに、自分の抱く強烈な欲動というものを学問や芸術・スポーツや趣味などに向けて発散したり昇華したりすることで、比較的健全で安全な思春期や反抗期を過ごすことができるのでしょう。勿論《もちろん》、このようなことは、人間の思春期や反抗期において重要なことであるというだけではなく、人間の人生の全般に渡って重要なことであると言えます。）

（尚《なお》、一人一人の人間が自分自身の心の中に抱く信念や価値観といったものは、自分の属している社会の社会的価値観というものに非常に大きく影響されるものですので、「良い趣味や良い仕事を見付けるということ・良い家族関係や友人関係を維持するということ・自分が情熱を燃やせる何かを見付けるということなどを、モラルに反するような快楽主義的な非行に走るということなどよりも、ずっと価値や意味の高いこととして認識するような確固たる社会的価値観」というものが社会の中に確立していなければ、「その社会の中で多くの人間が、社会的価値観に適合している自分の行動や自分の興味・自分の仕事や自分の趣味などに対して、大きな意味や大きな価値を見出すということ」も、比較的難しいことになってしまうと言えるのでしょう。）

（特に、小学生や中学生・高校生くらいまでの子供の場合は、「自分の人生の柱」や「自分の人生哲学」・「自分自身の信念」や「自分のアイデンティティー」といったものが充分に確立されてはいませんので、「家庭で与えられる社会的価値観」や「学校社会の中で確立している社会的価値観」・「自分の家族が抱いている価値観や信念」・「自分の友人達や自分の担任の先生が抱いている価値観や信念」・「テレビなどの各メディアから与えられる情報としての価値観」といったものが、自分自身の抱く価値観や信念に対して非常に大きな影響を及ぼすことになると言えます。ですから、「子供達が健全な精神的発育の過程を経ることができるような社会」というものを目指すためには、家庭や学校・地域社会や各メディアなどを含めた意味での「良い発育環境・良い育成環境」というものを作ってあげることが非常に大切なことなのであり、「社会の中に良い社会的価値観というものを確立するということ」は、そのような「良い発育環境・良い育成環境」を社会の中に構築していくための絶対条件の一つであると言えるのだろうと考えられるのです。）

また、自分が勉強に対して真剣に取り組むことや自分が仕事に対して誠実に取り組むことによって、人間は、少なくない場合におきまして（現代の多くの先進国の社会の中では）、自分自身の人生というものを「より安全なレール（ライン）」の上に乗せることもできるのだろうと考えられます。この「自分自身の人生というものを、より安全なレールの上に乗せること」とは、例《たと》えば、「自分が、有名な進学校に通い、一流の大学に進学し、有名な企業に就職し、業績を上げて出世をし、自分の家庭を持ち、自分の子供を育て……」といったように、「生涯全般に渡って深刻な問題に自分が悩まされることが比較的少ないような生活を送ること」であり、「人間の生きる意味や人間の生きる目的に関しての悩みや迷いを自分が抱く必要があまりないような生活を送ること」であり、「経済的な困窮状態に自分が陥ってしまうことが有り得ないような生活を送ること」などです。勿論《もちろん》、このようなことは、「自分の属している社会に構築されたり確立したりしている社会の仕組《しく》みや社会的価値観がどのようなものなのか。（自分の属している社会が、学歴社会なのか、実力主義の社会なのか、少し前の時代の日本のような年功序列制で終身雇用制の会社の多い社会なのか。）」といったことによって大きく違ってくることであると言えるのでしょうし、多くの人間は、このような打算的な動機（「自分が楽に生きたい」・「自分が安全に生きたい」といったような動機）だけで勉強や仕事に励んでいるのではなく、自分の好きな学問分野や自分の好きな仕事に対して真剣に取り組み、それらを純粋に楽しみ、それらを自分自身の誇りや信念・自分自身の生きがいやアイデンティティーの一つとしながら、自発的に勉強や仕事に励んでいる（勉強や仕事をすることそのものを目的として励んでいる）とも言えるのでしょう。

「人間が仕事や勉強をするということの意味や価値」に関してのお話を、もう少しだけ続けさせて頂きます。現代社会におきましては、「計算機があれば、人間の計算能力というものは無用のものである」・「辞書やインターネットによって簡単に情報を手に入れることができる社会なので、人間の知識というものは無用なものである」・「機械の行える仕事をわざわざ人間が行うことは、無意味なことである」といったような価値観を主張している人間も少なくはないのだろうと思えるのですが、合理主義的な観点だけに限定して考えるのでなければ、このような価値観というものは、人間として非常に淋しい価値観なのであり、決して正しくはない価値観なのだろうと考えられるのです。「Chapter1 - 2」と「Chapter2 - 4」のところでも申し上げましたが、「厳密に永遠に存在することができる物理的なものだけに、意味と価値とを見出すことができる」と考えるのであれば、人間の存在というもの自体が完全に無意味なものや無価値なものであると考えられてしまうのであり、「人間の心的現象というものの全て（現在・過去・未来の全ての時代において全ての人間の心に生じる全ての心的現象）に、意味と価値とを見出すことができる」と考えることによって、心を持って生きる全ての人間という存在の意味と価値といったものをも・人間が生きるということ自体の意味や価値といったものをも、例外なく肯定することができると言えます。

現実にも、人間が主観的に感じる「何かの物事の価値や意味」・「何かの現象の価値や意味」といったものは、合理性や金銭的価値観といった人間の外的な尺度によって的確に測れるような単純なものでは決してなく、「自分の心に生じている心的現象」という非常に曖昧で不確かで主観的な基準によってしか測れないようなものなのです。「人間の心的現象というものの全てに、意味と価値とを見出すことができる」と考えれば、「人間が自分で何かの情報を覚えるということ（または記憶をしているということ）」や「人間が自分で何かの計算をするということ（または計算ができるということ）」それ自体に大きな意味と大きな価値とがあると考えることができますし、「何かの仕事や動作を、機械ではなく人間が行うということ」それ自体に大きな意味と大きな価値とがあると考えることができます。

（このお話には、「Chapter2 - 8」のところでも言及させて頂きますが、一見して非合理的であると思えるような人間の行動の全てが、その人間自身の心に何らかの心的現象を生じさせる可能性を持っていると言えますし、人間の心的現象の全てに意味と価値とがあると考えるのであれば、自分が何かを知ることや自分が何かを考えることなどを含めた「人間が何かを学ぶということ」の全てが大きな意味と大きな価値とを持っていることであると言え、自分が体を働かせることや自分が頭を働かせることなどを含めた「人間が何かの仕事をするということ」の全てが大きな意味と大きな価値とを持っていることであると言えるのです。）

また、「人間の心に生じる心的現象の全てに、意味と価値とを見出すことができる」と考えれば、「自分が何かの知識を知って生きるということ」と「自分がその知識を知らずに生きるということ」とは、完全に違うことであると言えますし、「自分が何かの知識を知って死ぬということ」と「自分がその知識を知らずに死ぬということ」とも、完全に違うことであると言えます。このような点から考えましても、「人間が何かを学ぶということ」は、それ自体が充分に大きな意味と充分に大きな価値とを有しているることなのです。（『**知って死ぬのと知らずに死ぬのとは違う。**』とは、吉田松陰《1830 - 1859 幕末の尊王論者・思想家》の言葉であり、『**生が死の姿でないようにするのが勉学である。**』とは、ディオニュシオス・カトーの言葉になります。）

同じように、一人一人の人間にとって、「自分の心に何かの素晴らしい体験の思い出があるということ」と「自分の心に素晴らしい体験の思い出がないということ」とは、大きく違うことであると言えますし、「自分の心に何かの信念を抱いて生きるということ」と「自分の心に信念を抱かずに、自分が何となく生きるということ」とも、全く違うことであると言えます。これらの違いというものは、他人が見てすぐに分かるような明らかな違いではないとしても、自分自身の心にとっても・自分自身の人生にとっても、非常に大きな意味のある違いなのです。

尚《なお》、少し哲学的な言葉を用いますが、一般に、「人間の行う全ての学び」というものは、自分の人生において何かの形で役に立っていることが目に見えて分かるような・自分にとって疑いようもなく得な結果を齎《もたら》してくれていると考えられるような「現実主義的な学び」というものと、知ることや理解することそのものが目的であるような・何かの形で役に立っていたとしても目に見えて分かることは少ないような「観念主義的な学び」というものとに区分することができると考えられます。（「それが良いことであるのか否か」ということは別にして、現代の日本の多くの教育機関では、この「現実主義的な学び」と「観念主義的な学び」との両方が行われていると言えるのでしょう。）

（学者という立場の人間は、「観念主義的な学び」というものを求めがちになり、それに対して、学者以外の多くの人間は、「現実主義的な学び」というものを求めがちになるものであると言えるのだろうと考えられるのですが、実際には、どんな学びであっても、意味と価値とを例外なく有しているものであると言えるのです。私がこのお話の中で示そうと努力しております「人間の知恵や叡智としての学び」といったものも、学校などで教えられます「情報や知識としての学び」といったものも、様々な書物を読むことで学ぶことができます「方法論としての学び」や「誰かの体験の模倣としての学び」といったものも、「何かを知ったり・何かを感じたり・何かを考えたり・何かを学んだり・何かを思ったりするといった心的現象が、人間の心の中に生じるということ」には決して違いはありませんので、それらは一つの例外もなく、大きな意味と大きな価値とを有しているものであると言えます。そして、この「人間が何かを学ぶということや人間が何かを知るということの全てに、大きな意味と大きな価値とがある」ということを絶対的な前提とした上で、自分の定めた何かの目的や目標・自分の抱いている将来の夢や憧れなどに対して「より有益な学び」や「より目的に適した学び」といったものと、「比較的有益ではない学び」や「比較的目的に適してはいない学び」といったものとを、一人一人の人間が個別に区分することができるということなのです。）

（例《たと》えば、「植物や花の名前を憶えるような学び」というものなどは、人間が便宜的な目的のために後天的にある対象に付加した名前を憶えるだけの学びなのであって、普遍性や真実性を持たない学びであると考えることもできるのでしょうし、「高校や大学の数学や古典の授業での学び」というものなどは、自分がその学問分野の専門職に就かなければ実質的な役には立たないような学びであると考えることもできるのでしょう。ですが、それでも「人間が何かを学ぶこと自体の意味」や「人間が何かを学ぶこと自体の価値」といったものは、決して失われないのです。）

もっとも、「このような知の分類」というものは、必ずしも固定的なもの・画一的なもの・絶対的なものではありません。例《たと》えば、学校で多くの子供達が同じようなことを学ぶという場合にも、学ぶ側の一人一人の子供の抱いている価値観の違いや将来の夢の違いなどによって、その学びというものが、ある子供にとっては「観念主義的な学び」となり、他の子供にとっては「現実主義的な学び」となるということもあるのだろうと考えられます。それに、具体的な例を一つだけ挙げさせて頂きますが、例《たと》えば、「織田信長が1582年に本能寺の変で明智光秀の反逆によって殺された」という基礎的な日本史の知識というものも、学んでいる人間がそれを歴史上の事実としてだけで認識すれば、その学びというものは、「観念主義的な学び」と呼べるものになるのですが、学んでいる人間が「信頼していた部下に裏切られた時の人間の気持ち」というものを推察して、そこから何かを感じたり考えたりすることができれば、その学びというものは、「現実主義的な学び」と呼べるものになると言えるのでしょう。

（先ほどに展開致しましたお話に関連することとして申し上げますが、「機械に何かの情報が保存されているということ」と「人間が何かの情報を記憶しているということ」とは、大きく違うことであると言えますし、「機械に何かの仕事をさせるということ」と「人間が何かの仕事をするということ」とも、大きく違うことであると言えます。もっと厳密に申しますと、「人間以外の動物が何かを考えたり何かを感じたりするということ」と「人間が何かを考えたり何かを感じたりするということ」とも、大きく違うことであると考えることができるのです。人間社会というものが「人間のための社会」であり続けるためには、究極的には、この「人間というものを特別な存在として考えるような価値観」というものが、確立した社会的価値観によって維持され続けていることが必要であると言えるのでしょう。何故なら、人間というものを他の全ての存在よりも特別な存在として考え続けなければ、例《たと》えば、現代より少し未来の時代におきまして、人間以上の高い知能や人間以上の温もりのある心を備えた「進化した新たな生命体」・人間が抱く愛情や優しさといったものと同じような感情を備えた「機械やロボット」などが社会の中に誕生してしまった際に、「人間の存在意義」というものが完全に失われることになってしまうかも知れないといった可能性が考えられるからなのです。

（尚《なお》、私がここで用いております「意味」という言葉は、「人間にとっての意味」・「人間を中心に考えての意味」・「人間にとって有益な意味」といったものを考えての言葉なのですが、例《たと》えば、多くの人間にとって、「自分の持っていたペットロボットが壊れてしまうこと」は、「自分が大切に育てていた花が枯れて死んでしまうこと」よりも意味的には小さなことですし、「自分が大切に育てていた花が枯れて死んでしまうこと」は、「自分の飼っていたペットが死んでしまうこと」よりも意味的には小さなことになります。そして、それらの全てのことは、「一人の人間が死んでしまうこと」よりも、意味的には小さなことになると言えるのだろうと考えられるのです。「命を持っている存在なのか、そうでない存在なのか」・「心を持っている存在なのか、そうでない存在なのか」・「人間であるのか、そうでない存在なのか」といった区別によって、人間以外の全ての存在というものは、少なくとも人間の抱く主観的で感情的な価値観の中では、「自分達人間とは違う存在」として明確に区別されて認識されている必要があるのだろうと考えられます。これは、私達の生きる世界・私達の生きる社会というものが、現代のような人間中心の世界・人間中心の社会であり続けるためにも必要不可欠なものなのだろうと考えられる前提なのです。）

（言うまでもなく、「人間が、自分のお気に入りの道具や物・自分の育てている植物や自分の可愛がっているペットのことを大切にすること」などは、とても素適なことであると言えますし、そのように「人間以外の様々な存在を大切にすることができる余裕があるということ」もまた、「人間が人間であることの一つの証明」と言えるようなことなのだろうとも考えられるのですが、それでも、やはり人間にとっては、「人間という存在」以上に大切な存在は決して有り得ないのでしょう。このようなことは、全ての人間が生得的に備えているはずの「生物の種としての人間の本能」によることなのだろうと考えられれ、もし、このような根本的な本能というものを多くの人間が忘れてしまうことなどがあれば、先ほどにも例示致しましたように、人類は、そのことを原因として、「自分の種の絶滅の危機」や「自分の種の存在意義の消滅の危機」などに陥ってしまうことさえあるのだろうと考えられるのです。）

（例《たと》えば、現代社会におきましては、「一見して、ペットなどのことを人間以上に非常に大切にしていると思えるような人間」が少なくはないと考えられるのですが、そのような人間も、厳密に分析致しますと、「ペットの存在」というものによって「人間の存在」というものを代替させているに過ぎないのだろうと考えられます。勿論《もちろん》、「ある人間が、自分の現実の家族関係や友人関係といったものを充分に大切にしており、愛している」ということを前提として、「その人間が、自分のペットのことを家族同然に大切にし、愛する」といったことは、人間の行う行動として非常に素適なことであると言えるのでしょうし、とても素晴らしいことであると言えるのでしょう。それに、言うまでもなく、「動物を無闇に殺したり虐《いじ》めたりすること」などは、理性を重んじる存在としての人間の立場から考えても・本能的な生物としての人間の立場から考えても、決してするべきことではありません。)

ここで、お話の中心を、「人間が行う勉強や仕事といったものに関してのこと」から、「人間の抱く欲動というものと社会的価値観というものとの関係に関してのこと」に戻させて頂きますが、「法律によって規定されているような社会的価値観に関してのこと」であっても、ここまでに例を挙げて参りました「人間のモラルによって維持されているような社会的価値観に関してのこと」と、基本的には同じように解釈をしていくことができます。例《たと》えば、とても日常的な例を挙げさせて頂きますが、「人間は、赤信号の横断歩道を渡ってはいけないと法律に定められていることを理由として、その決まりを守っている」ということの前に、「人間は、自分が交通事故に遭ってしまう危険を回避するために、その決まりを守っている」というだけのことであると考えることができます。それなら例《たと》えば、「私は赤信号の横断歩道でも、車が見えなければ渡る。でも、小さな子供が自分を見ている時には、自分の真似をするとその子供が危ないので、渡らないようにしている」といったくらいの決まりを自分自身の心の中で作ることなどの方が、ずっと人間らしいことであると言えるのかも知れません。（余談になりますが、自動車や自転車・バイクや徒歩なども含めて、「自分が、道路交通に関してのルールやマナーといったものを軽んじて扱ってしまったりはせずに、意識をして充分に守るということ」は、自分が誰かを傷付けてしまったり自分が怪我をしてしまったり・自分が事故を起こしてしまったり誰かの人生を崩壊させてしまったりしないためにも、全ての人間が努めて行うべきことなのでしょう。）

同様に、多くの人間が、「自分は、麻薬などを服用しない」と決めていることの理由にも、「麻薬などを服用するという行為が、法律によって禁止されている行為だから」といった理由の前に、「麻薬などを服用することによって、自分自身の脳の仕組《しく》みを崩壊させてしまったり・自分の人生を台無しにしてしまったりすることを、自分は避けたいと感じるから」・「麻薬などを自分が服用することによって、自分の家族や自分の友人達を悲しませてしまったり・自分の家族や自分の友人達を不幸にしてしまったりすることを、自分は避けたいと感じるから」といった理由（自分の感情や自分の欲動といった自分自身の心の力に基づいた理由）があるはずなのでしょう。

何度か脱線してしまいましたが、要するに、私がここで申し上げたいことは、現代社会に生きる多くの人間は、「社会に属する多くの人間のモラルによって維持されている社会的価値観」というものであっても、「社会に規定されている法律によって維持されている社会的価値観」というものであっても、「人間の抱く欲動と同じ方向性を持つと考えられる社会的価値観」というものは、自分が、法律や規則・モラルや社会規範といったものを「価値観」としてだけで捉えてしまうのではなく、自分の心から生じている「欲動」としても捉えることによって、「自分の価値観を守り続けていると同時に自分の欲動を充足し続けている」ということを自分が認識することができるようになり、自分の毎日の生活の中の何気ない様々な行動（自分の些細《ささい》な欲動を充足するような行動）を通じて、多くの「快の感情」というものを得ることができるようになる（「そのような心理的な仕組《しく》み」というものを、自分の心に再び取り戻すことができるようになる）のだろうと考えられるということなのです。

例《たと》えば、ある親が自分の子供を育てるという時にも、「自分の子供を虐待してはいけない」という強迫的な価値観を自分で強く意識してしまうのではなく、マニュアル通りの保育や教育といったものを自分と子供とに対して押し付けてしまうのでもなく、「子供を愛したい」と望む自分自身の素直な欲動というものを柔軟にそのまま感じられるように意識をし、ぎゅっと自分の子供のことを抱き締めてあげることによって、または、自分が子供の笑顔を見ることができた時に感じる自分の嬉しい気持ちというものを素直に感じられるように意識をし、自分が子供に対して優しく微笑み返してあげることなどによって、親の側は、子育てというものを素直に楽しめるようになることでしょうし、子供の側も、幸福で充実した幼少の期間というものを過ごせるようになることでしょう。

（このような「愛に満ちた親子関係」というものは、本来の生物としての人間にとっては非常に当たり前のものなのですが、現代社会の少なくない一部の人間にとっては失われ掛けてしまっているものなのだろうとも考えられ、このような「愛に満ちた親子関係」・「親から子供への充分な愛情や優しさ」

といったものが失われ掛けてしまっているということが、「Chapter2 - 5」の「心の病」に関してのところでも申し上げましたように、少なくない数の人間が実際に様々な心の病というものに陥ってしまうことの最も大きな原因の一つとなってしまっているのだろうと考えられることなのです。）

ですから、ここのところで私が提案させて頂きたい重要なことの一つは、「多くの人間に、自分自身の心（心的現象）というものを、もっと素直に・もっと敏感に感じるようになって頂きたい」ということなのです。例《たと》えば、「自分の抱く欲動や自分の抱く感情といったものを無意識のうちに抑圧するということ」に完全に慣れてしまっている現代社会の多くの人間も、「自分自身の心（心的現象）」というものを、もっと素直に・もっと敏感に感じることができるようになれば、「空腹の時に自分が美味しい食事を食べるということ」・「寒い日の夜に自分が暖かい布団に入るということ」や「自分が誰かと笑顔で挨拶を交わすということ」や「自分が誰かの小さな優しさに触れるということ」などのような「自分の毎日の生活の中のとても些細《ささい》な様々な出来事」によって、多くの幸せや多くの喜びといったものを素直に・頻繁に感じることができるようになるのでしょう。

（「自分の感じるものや自分の考えるもの・自分の信じるものや自分の望むものなどの全てが、自分自身にとって・一人一人の人間自身にとって非常に大切なものである」ということは、「Chapter2 - 4」の「真実というものに関してお話」のところでも申し上げました通りです。多くの場合におきまして、それらは、「自分自身にとって最も大切なもの」と言っても過言ではないようなものなのでしょう。）

できることなら、貴方も、忙しい毎日の中でも時々は立ち止まって、「自分自身の心のこと」について、自分を追い詰め過ぎない程度に考えたり意識したりしてみて下さい。余裕がある時には、普段の生活の中で抑圧してしまっている自分の感情や自分の感性・自分の欲動や自分の思考といったものを適度に開放して、思い切り泣いたり心のままに笑ったり・美味しい食事を食べたり美しい芸術を求めたり・楽しい時間を求めて友達と遊んだり・都会に疲れた心と体とを自然に触れることで癒したりしてみて下さい。そして、可能であれば、「貴方自身の心」と「貴方の周囲の人間の心」とを、宝物のように大切に考え、貴方が体の健康を気遣ったり・睡眠によって体の疲れを癒したり・食事によって体に必要な栄養を摂取したり・運動によって体に刺激を与えたりすることを求めるのと同じように、意識的に心の健康を気遣ったり・心の疲れを癒したり・心に栄養を与えたり・心に刺激を与えたりすることを求めてみて下さい。

（「自然に触れることで心と体とを癒す」という例を示しましたが、人間も他の多くの動物と同様に、自分の進化の歴史の多くの時間というものを大自然の中で過ごしてきましたので、「自然の中に自分の身を委ねることによって癒されることができる」という面が、人間にも間違いなくあると言えるのです。特に、都会で生活をしていて自然に触れる機会が少ない現代社会の多くの人間・都会で出会う数え切れないほどの人間の意識というものや実際の自分の人間関係というものによって疲れ切ってしまっている現代社会の多くの人間は、「都会での複雑な人間関係」や「厳しい自分の仕事の環境」などのことをすっかり忘れ、人間の少ない森や林・川や湖・山や海といった大自然の中に身を委ねることによって、とても大きく癒されることができるのだろうと考えられます。）

勿論《もちろん》、私がここで申し上げましたようなことは一例に過ぎないのですが、例《たと》えば、そういったことを意識的に（慣れてくれば、意識せずとも自分の心的現象に敏感に・素直になれるようになるはずですが、自分の心的現象を感じ取るということを無意識的な抑圧によって難しいこととしてしまっている状態の人間は、慣れないうちは、意識的に自分の心的現象を感じ取ろうとすることが必要であると言えるのでしょう。）実践することによって、恐《おそ》らく、多くの人間は、もっと自分のことが好きになれ（自分のことを好きになれるということは、人間の心にとって非常に大きな良い意味のあることです。）、もっと自分のことを大切にすることができるようになり、もっと自分の人生を楽しめるようになり、もっと人間らしく生きられるようになるのだろうと考えられるのです。

ここで、「毎日の生活の中での日常的な欲動の充足」というお話に関連することと致しまして、申し上げておきたいことがあるのですが、人間は、自分の社会的立場や家族の中での自分の立場などが変わることに応じる形で、「自分の欲動を充足するための対象」や「自分の欲動を昇華するための対象」・「自分が情熱を燃やす対象」や「何かに対しての自分の情熱の程度」・「自分の活動の種類」や「自分の活動の目的」などを変える必要が生じることがあり、時には、「自分の価値観」や「自分の信念（生きがい・アイデンティティー）」といったものをも変える必要が生じることがあるのだろうと考えられます。

例《たと》えば、自分が子供から少し大人になって高校や大学に進学をすれば、「体を動かしたり頭を働かせたりして自分が精一杯遊ぶということ」などを自分の欲動を充足するための対象や自分の欲動を昇華するための対象としていた状態から、「自分が勉強をするということ」や「自分が部活動に一生懸命に励むということ」などを自分の欲動を充足するための対象や自分の欲動を昇華するための対象に変える必要があると言えるのでしょうし、自分が就職をすれば、「自分が仕事にやりがいを見出して懸命に仕事に取り組むということ」などに、自分が結婚をすれば、「自分が、自分自身を幸せにするとともに、自分の結婚相手を幸せにするということ」などに、自分が子供を育てるようになれば、「自分が、自分自身を幸せにすること以上に、自分の子供を幸せにするということ」などに、自分の欲動を充足するための対象や自分の欲動を昇華するための対象を変えていく必要（移していく必要）があると言えるのだろうと考えられるのです。

（スタールの言葉には、『**女性にとっての恋愛というものは、自分の人生の全てとなり得るものであるが、男性にとっての恋愛というものは、自分の人生を美しく彩るためのイベントやエピソードとなり得るに過ぎないものである。**』という言葉がありますが、この言葉が正しいことを言い得ているのか否かということは別にして、私は、『**結婚をして自分の子供を持つようになれば、女性にとっても男性にとっても、自分の築いた新しい家族こそが、自分の人生の全てとなり得るのである。**』ということが、恐《おそ》らくは言えることなのだろうと信じております。）

同様に考えて参りますと、例《たと》えば、自分が結婚をすれば、結婚前のように友人達と夜中まで遊び歩いているようなことを少なくする必要が生じてくる場合があると言えるのでしょうし、特に、子育てや家事を自分がしっかりとこなしていくためには、自分の活動のベクトルを「家の外」よりも「家の中」に多く向けられるように、自分の生活のスタイルというものを変える必要が生じてくる場合があると言えるのでしょう。（また、多くの人間は、結婚や出産といった人生のイベントを通過して自分の新たな家族を手に入れることによって、「自分の人生というものを大切にするということ」以上に、「自分の家族を大切にするということ」や「自分の家族の人生を大切にするということ」などを、「自分自身の生きがいの一つ」とすることができるようになります。）

続きまして、「自分の立場や自分の置かれている状況が変わった時に、自分の活動の種類や自分の活動の目的を変更するということ・自分が情熱を燃やす対象を変更するということ」などに関しての例を挙げさせて頂きますが、例《たと》えば、「自分が交通事故に遭って自分の体の一部が不自由になってしまった場合に、運動などの肉体活動に向けていた自分の活動のベクトルというものの多くの部分を、学問や執筆などの精神活動に向けるということ」・「自分が高齢になって仕事を退職してしまった場合に、金銭目的や営利目的の仕事に向けていた自分の活動のベクトルというものの多くの部分を、金銭や営利などの絡まない自分の趣味としてのことや自分の好きな慈善活動に向けるということ」などが、このことの一例として挙げられるのだろうと思います。

現実にも、多くの人間は、「自分が何かを学んだり自分が何かの技術を得たりするための段階」というものを充分に経てから、「自分の得た知識や技術を実際に活用したり発展させたりするための段階」というものに入り、その後に、「自分の得た知識や技術などを誰かに教えたり受け継がせたりするための段階」というものを踏んでいくのです。尚《なお》、「自分が積極的に自分の人生というものを楽しみたい」と望むのであれば、「自分が友達と遊ぶということ」や「自分が恋愛をするということ」・「自分が仕事をするということ」や「自分が家事をするということ」・「自分が趣味に没頭するということ」や「自分が子育てをするということ」などのような「自分の行う様々な活動（行動）の全て」を、可能な限り積極的に・手を抜かずに楽しもうとするということが大切なのであり、「自分の活動の水準（身体活動の水準と精神活動の水準）」というものを可能な限り高いレベルに保っておこうとするということが大切なのであるといったことも、多くの場合には、確かなこととして言えるのでしょう。

次に、ここまでの議論の中で私が例示して参りましたような種類の社会的価値観とは異なり、「人間の根本的な欲動というものと同じ方向性を持つとは思えないような種類の社会的価値観というものを、人間がうまく肯定しようとする場合に関してのこと」を、考えてみることに致します。と申しますのも、現代において多くの社会に確立していると考えられる様々な種類の社会的価値観の中には、「その社会に属する多くの人間が生き易くなるように形成されている（その社会において多くの人間が生き延びることが容易になるように形成されている）」のではなく、「その社会が全体として機能していき易くなるように形成されている（その社会全体の秩序や安定を保つことが容易になるように形成されている）」のだろうと考えられるようなものが少なくはないのです。

これは例《たと》えば、「物の所有に関してのことを定めている社会的価値観」や「職業倫理に関してのことを定めている社会的価値観」といったものに関してのお話です。まずは、「物の所有に関してのことを定めている社会的価値観」というものを中心に考えながらお話を進めさせて頂きますが、例《たと》えば、野生動物としての人間にとっては、「自分以外の生物から食料を奪い取って自分が生き残るということ」などは、当然にして肯定されることであると言えるのだろうと考えられます。ですが、言うまでもなく、自分がこの社会の中で他人の物を無断で奪い取ってしまえば、それは、「窃盗」という犯罪行為になってしまいますので、少なくとも、「所有権という個人の権利」を法律の力によって全ての人間に認めている現代の多くの社会におきましては、許されない行為・否定される行為であると言えるのでしょう。

（厳密に考えますと、人間は、「自分の内面的同一化に基づく欲動」というものから生じる力として、「自分の同族が持っている物や自分の仲間が持っている物・自分と同じ人間が持っている物などを、自分が奪い取ってしまいたくはない」といった方向の心の力というものをも生得的に備えているのだろうと考えられます。これは、人間だけに限らず、大自然の中で生きる多くの動物にも応用することができる考え方なのであり、特に、群れを作って行動するような動物達は、例《たと》えば、自分自身が酷《ひど》く飢えている場合でなければ、自分の見付けた食料というものを自分だけで独占するようなことは決してせずに、誰に強制される訳でもなく、自分の家族や自分の仲間達にもその食料を分け与えようとすることでしょう。同じように、全ての人間の心の中にも、「利己的な方向性・利己的な欲動」というものと「利他的な方向性・利他的な欲動」というものとが根本的な仕組《しく》みとして同時に備わっているのであり、その両者の方向性の間での葛藤《かっとう》というものが、多くの人間の心の中では頻繁に生じているのだろうと考えられるのです。もっとも、ここで私が申しております「利他的な方向性・利他的な欲動」というものは、

「自分の家族全体」を一つの存在として考えたり、「自分と同じ日本人という民族全体」を一つの存在として考えたり、「自分と同じ人間という種全体」を一つの存在として考えたり、「自分と同じ動物全体」を一つの存在として考えたり、「自分と同じ生物全体」を一つの存在として考えたりすることなどによって、「利己的な方向性・利己的な欲動」というものと非常に類似した意味を持つものになるとも言えるのでしょう。）

（尚《なお》、補足的なことを申し上げておきますが、この本の中で私が用いております「葛藤《かっとう》」や「軋轢《あつれき》」・「ジレンマ」や「コンフリクト」といった言葉は、人間が、「自分が実現したいと望んでいる二つ以上のことがあるにも拘《かか》わらず、その二つ以上のことを全て実現するということは、現実的に不可能であるという状態」や「自分が実現したいと望んでいる二つ以上のことがあるにも拘《かか》わらず、そのうちの片方を優先すれば、もう片方が犠牲になってしまうという状態」などに陥ってしまった時に感じてしまう「非常に遣《や》り切《き》れない気持ち」や「すっきりとしない苛立ちのような気持ち」といったものを示す言葉として解釈して頂ければ、少なくとも、この本の中では語弊は生じません。例《たと》えば、重病の患者に対して病名や余命を伝えようとしている時の医者という存在は、多くの場合におきましては、「患者本人に対して事実を偽りなく伝えるべきである」という「医者としての正義」と、「患者本人に対して大きな精神的ショックを与えてしまいたくはない」という「人間としての優しさ」との間で、強い葛藤《かっとう》というものを覚えてしまうことでしょう。更に申しますと、戦争中の社会におきまして、自分が、自国の人間の命を守るために敵国の人間を撃ち殺すことなども、「自分の大切な誰かの命を守るということ」という意味では良いことであると言えなくもない一方で、「自分と同種であるはずの人間を殺してしまうということ」という意味では決して許されない罪であると言え、自分自身の心に非常に強い葛藤《かっとう》を生じさせてしまう原因となるはずのことです。)

そして、ここで大切なことの一つは、「どうして、その行為(ここでは、窃盗という行為)が許されない行為なのか」という点にあるのです。この疑問への答えとして、「法律によって罪として規定されている行為だから、それは、許されない行為なのである」ということだけを考えることもできるのですが、そのように法律というものだけを理由にしてしまいますと、その法律を守る人間の心の中では、「法律という社会的価値観によって、自分自身の欲動が抑圧されてしまっている」というだけの形になってしまい、行き場を失ってしまった自分の欲動のベクトルというものを、自分の心の中に溜め込むことになってしまうのだろうと考えられます。それに、法律によって裁かれるような罪だけを唯一の罪として考えてしまいますと、「誰かを傷付ける行為や誰かを悲しませる行為をある人間がしたとしても、法律に定められていることでなければ、それは、罪とはならないのだろうか」・「自分の犯した犯罪を誰かに知られたり裁かれたりしなければ、それは、罪とはならないのだろうか」といった考え方にも、至ってしまい兼ねません。

(「法律に違反してしまうことだから、その行為は悪いことである」という順番で考えるのではなく、「その行為が悪いことだからこそ、法律に規定されているのである」という順番で考える方が、本当は自然なことなのでしょう。勿論《もちろん》、このようなことも、厳密に考えますと、法律というものが、社会に属する人間の自由や平等・社会に属する人間の幸福や権利といった「その社会において必要なことや良いこととして認識されていること」を肯定しているものであり、窃盗や殺人・傷害や暴行といった「その社会において悪いことや罪なこととして認識されていること」を否定しているものであるということを前提としてのことですし、「その社会における一般的な善悪の基準」というものと「法的な善悪の基準」というものとが充分に似通ったものであるということ・「人間が生物として生得的に備えている善悪の基準」というものと「法的な善悪の基準」というものとが充分に似通ったものであるということをも前提としてのことです。「嫌がる誰かを力づくで無理矢理に従わせること」や「誰かの自由を無理矢理に剥奪すること」などが罪なことであり・悪と呼べることであるというのは、言うまでもないようなことなのでしょう。尚《なお》、ある社会における「良いことの定義」や「悪いことの定義」・「正しいことの定義」や「間違ったことの定義」といったものも、その社会の社会的価値観によって様々に異なるものなのであり、それらのことに関しての普遍的《ふへんてき》で絶対的な定義というものなどは、人間が生得的に備えている性質というものを考慮することによって、ある程度は確定的に定義することができるものであるとしても、完全な形で定義することは決してできないようなものであると言えるのでしょう。）

次に、「職業倫理に関してのことを定めている社会的価値観」というものに関してのお話に入らせて頂きますが、こちらも、少なくとも一見した限りでは、「人間が動物として生得的に抱いている欲動の方向性」というものとは、殆《ほとん》ど関係のないものなのだろうと考えられます。

ここではまず、「お金のことに関係した職業倫理の崩壊」ということに関して言及させて頂きたいと思うのですが、この社会に属する殆《ほとん》ど全ての人間は、「経済的な観念」や「お金の大切さ」・「経済的な合理性」といった社会的価値観というものを、子供の頃から非常に強く（それはまるで、全ての物事の価値や意味といったものが、お金というものに集約されてしまっているかのように）教えられてしまっておりますので、実際にも、現代におきまして多くの人間は、お金というものに非常に弱くなってしまっていると言えるのだろうと考えられます。例《たと》えば、政治家は、私腹を肥やすために賄賂を受け取ってしまうかも知れませんし、医者は、お金のために患者に対して過剰な診察をしてしまうかも知れません。また、お金以外のことに関しても、例《たと》えば、学校の教師や会社の上司は、自分の役職の特権を用いて、自分の利己的な欲動を充足するために、自分の生徒や自分の部下を脅してしまうかも知れません。

そこで、ここのところで私が提案させて頂きたい重要なことのもう一つは、「多くの人間に、自分の生き方や自分の職業に関しての良い信念というものを抱いて（形成して）頂きたい」ということなのです。（尚《なお》、これは、少しだけ余談になってしまうのですが、「誰かに強制される形で自分が何かの信念を抱くということ」よりも、「自発的に自分が何かの信念を抱くということ」の方が、人間にとって、より素晴らしいことであり・より大きな意味を持つことであると言えるのでしょうし、「誰かに強制される形で自分が何かの行動を起こすということ」よりも、「自発的に自分が何かの行動を起こすということ」の方が、人間にとって、より素晴らしいことであり・より大きな意味を持つことであると言えるのでしょう。勿論《もちろん》、「誰かに言われたことを、自分が言われた通りに実行するということ」が無意味なことであるという訳では決してないのですが、「自分で何かを考えたり・自分で何かを感じたりした結果として、自分がしたいと結論に至ったこと・自分がするべきであると結論に至ったことを実行するということ」の方が、より自由なことであり、より人間的なことであると考えることができるのです。）

例《たと》えば、「自分の生き方に関しての信念」というもので例示致しますと、「自分の家族を幸せにするということ」や「自分が卑怯な行動をしないということ」・「誰かを悲しませるようなことを自分がしないということ」や「自分の誇れる自分であろうとするということ」など、他にも例を挙げていけば無限にあるのでしょうが、こういった種類の価値観というものを自分自身の信念として抱くことによって、人間は、「自分の価値観というものと自分の欲動というものとの間の新たな仕組《しく》み」というものを作り出すことができるのだろうと考えられるのです。

(尚《なお》、私がここのところで申し上げております「この二つの提案」というものは、「自分の心的現象の多くを敏感に・素直に感じられるような心の余裕というものを既《すで》に充分に持っており、毎日の生活の中の小さな楽しみや喜びといったものをも充分に敏感に感じられているような方」・「自分の生き方や職業に関しての良い信念というものを既《すで》に抱いており、社会に規定されている法律やモラルを自分が守り続けることも全く苦にならないという状態にあるような方」には、殆《ほとん》ど関係のないような提案になってしまうかも知れませんし、殆《ほとん》ど参考にならないような提案になってしまうかも知れません。)

つまりこれは、「自分の抱いている信念というものを守り続けることによって、自分自身の生を肯定することができるような心の仕組《しく》み」・「自分の抱いている信念というものを守り続けることによって、自分の生き方に誇りを持つことができるような心の仕組《しく》み」・「自分の抱いている信念というものを、人自分の人生を生きていく上での中心的な柱とすることができるような心の仕組《しく》み」といったものを、人間が、自分自身の心の中に構築するということであり、その際に自分自身の心の中に抱く信念というものが、法律やモラルによって形成されている価値観（自分の属している社会の社会的価値観）というものと同じ方向性を持つものであることによって、人間は、「社会的価値観を守り続けることで、自分の欲動の一部を昇華し続けることができる」・「社会的価値観を守り続けることが、自分のアイデンティティーの一部となる」といったような心の仕組《しく》みを、自分自身の心の中に作り出すことができるのだろうと考えられるのです。

これは、言葉を変えて申しますと、過去の人類の歴史におきまして「宗教」というものが作り出してきた「社会的価値観と人間の心との仕組《しく》み」というものに近いものを、一人一人の人間が自分自身の心の中に自分の力で新たに構築するということでもあると言えるのでしょう。（「Chapter2 - 2」のところでも申し上げましたが、「信念」というものは、「自分の欲動の昇華の形」というものを、自分自身の意志によって決定し、自分の心の中にその昇華の形を定式化するためのものでもあるのです。）

勿論《もちろん》、現実的に考えますと、「自分が、社会的価値観を守ることを自分自身の誇りとする」・「自分が、法律やモラルを厳守することを自分自身の誇りとする」といった漠然とした形の信念というものを、全ての人間が自分自身の心の中に無条件に作り出すことができる訳ではないのでしょうから、多くの場合におきましては、人間が備えている「欲動の仕組《しく》み」というものを利用することを通じて、「社会的価値観に適合するような信念」というものを、自分の心の中に形成することになるのだろうと考えられます。（尚《なお》、この際に利用される「人間の欲動の仕組《しく》み」というものは、その殆《ほとん》どが、「Chapter2 - 3」

で御説明致しました「人間の内面的同一化に基づくような欲動の仕組《しく》み・人間の抱く愛や優しさに繋《つな》がるような欲動の仕組《しく》み」というものです。）

まずは、「自分の属している社会に規定されている法律や一般的なモラルを定義している社会的価値観といったものを人間がうまく肯定していくための信念」に関してのことで考えさせて頂きますと、例《たと》えば、「自分が法律を犯してしまうことによって自分の家族や友人達を悲しませたくはないので、自分は、自分の属する社会の法律というもの厳守する」といった形の信念・「自分の誇れる自分であり続けたいので、自分は、自分が正しいと信じているモラルというものを厳守する」といった形の信念などが、良い例として挙げられるのだろうと思います。

次に、「自分の就いている職業の職業倫理や職業上の暗黙のルールを定義している社会的価値観といったものを人間がうまく肯定していくための信念」に関してのことで考えさせて頂きますと、例《たと》えば、「医療関係者が、医者や病院のための医療である前に、患者のための医療であると認識すること」・「教育関係者が、教師や保護者のための教育である前に、生徒のための教育であると認識すること」・「政治関係者が、公務員や政治家のための行政である前に、社会や市民のための行政であると認識すること」などが、それらの職業に就いている多くの人間が、「理想的な形の職業倫理」というものをうまく形成したり肯定したりするために自分自身の心の中に抱く価値観・自分自身の心の中に定める信念として、非常に有効なものであると言えるのでしょう。これらはつまり、医者や看護婦・教師や公務員といった職業の人間が、患者や生徒・市民といった立場の人間との内面的同一化を充分にすることによって、例《たと》えば、医者や看護婦といった医療関係の職業の人間が、「自分が患者に対して喜びを与えることを自分自身の喜びや誇りとすることができるような信念」というものを、自分自身の心の中に形成するということです。（例《たと》えば、患者の心を酷《ひど》く傷付けるような言動としての「ドクターハラスメント」と呼ばれる行為を行ってしまうような一部の医者や一部の看護婦は、医療関係者として備えているべき職業倫理というものを失ってしまっている人間であるというだけではなく、人間として備えているべき愛情や良識といったものをも失ってしまっている心無い人間であると言えるのでしょう。）

（自分が、「より豊かな生き方をすること」や「自分自身に誇れる生き方をすること」を実現するためには、人間は、「金銭的に・合理主義的に・快楽主義的に・利己的に考えて、何が得なことなのか」といったことだけではなく、「自分の信念や良識に照らし合わせて考えて、何が正しいことなのか」といったことを、自分の価値基準や自分の行動の判断基準として生きていく必要があると言えるのでしょう。もっとも、現代社会におきましては、「自分の信念や自分の良識を大切にした生き方を実践するということが、一人一人の人間にとって必ずしも容易なことではない」ということも、残念ながら、言えることなのかも知れませんね。）

それと、これは、何かの職業に就いている全ての人間にとって非常に大切なことなのだろうと考えられることなのですが、「経済的な合理性というものだけに自分の心を支配されてしまわずに、自分が、自分の仕事を楽しもうとする心を持ち続けるということ（自分が、そのような心の余裕を持ち続けるということや、自分が、仕事を楽しもうとする意識を持ち続けるということ）」・「自分が、自分の仕事を通じて誰かの心に何らかの心的現象を与え、その誰かに充実した時間や幸せな時間を過ごしてもらえることなどを、自分自身にとっての大きな喜びや誇りとして感じることができるような心の在り方というものを持ち続けるということ」なども、自分の仕事に対しての良い信念（自分自身の心の中に定式化する「自分の欲動をどのような方向に昇華していくのか」という形）というものを自分自身が抱いていくための非常に大切な心構えとして、挙げることができるのだろうと思います。（言うまでもなく、これらのことは、「自分が、自分の仕事に対して手抜きをするということ」では、決してありません。）

例《たと》えば、生産業の人間も販売業の人間も・流通業の人間もサービス業の人間も、様々な職業に就いている多くの人々が、「消費者の幸福や安全・消費者の喜びや幸せ」といったものを望み、それらを「自分自身の幸福や安全・自分自身の喜びや幸せ」といったものと同等以上のものと考えて仕事に従事することができるような社会であることができれば、自分達の利益や経済的な合理性のために消費者を犠牲にしてしまうような経営（「消費者に何かの危険を与えてしまうこと」や「消費者を困窮した状態に陥らせてしまうこと」・「消費者に何かの不快な思いをさせてしまうこと」や「消費者の幸せの一部を失わせてしまうこと」といった様々なリスクを、意図的に・確信犯的に作り出してしまうような経営）をする人間も、格段に少なくなるのだろうと考えられるのです。

（ここで私が申しております「自分が仕事を通じて誰かの心に何らかの心的現象を与えるということ」とは、例《たと》えば、「自分が販売業において購買者の心に満足感と喜びとを与えるということ」や「自分がサービス業において消費者の心に幸せな気持ちを感じさせるということ」などを指しています。「自分自身の心や自分以外の誰かの心に何らかの心的現象を生じさせるということが、人間にとって大きな意味と大きな価値のあることである」というお話は、「Chapter2 - 4」の「真実」に関してのところで議論させて頂いております通りです。）

勿論《もちろん》、「自分が実際にどのような信念を抱くのか」ということは、一人一人の人間の自由であって然るべきことなのだろうと、私もそのように思います。ですが、「Chapter2 - 2」の「信念に関してのお話」のところでも申し上げましたように、例《たと》えば、ある人間が「良い信念」というものを抱くためには、「その人間の抱く信念というものが、その人間自身の欲動とその人間の属する社会の社会的価値観とのバランスをうまく保つことができる信念であるのかどうか」ということが、とても重要な問題になるのだろうと考えられるのです。また、その人間自身が、自分の抱いている信念というものに対して固執し過ぎずに、自分の心に負担を掛け過ぎない程度に、時には自分の信念というものを適度に柔軟に（あまりにも柔軟過ぎることも、問題であると言えるのでしょうけれど）変化させていくことができれば、もっと理想的なのだろうと思われます。

（私がこのお話の中で申しております「信念」というものは、その信念を抱いている人間の人生というものが、精神的により有意義なものになり、その信念を抱いている人間の毎日の生活というものが、精神的により豊かなものになるためのものなのです。ですから、「その信念を抱いている人間のことを永続的に不幸にしてしまうような信念」や「その信念を抱いている人間の人生を最終的に崩壊させてしまうような信念」などを自分が抱いてしまっている場合には、それらの信念が自分のアイデンティティーの一部を形成しているものであったとしても、自分がそれらの信念を捨て去ってしまった方が結果として自分自身のためになるという場合も少なくはないと言えるのでしょう。失ってしまった信念やアイデンティティーは、再び取り戻したり新たに作り直したりすれば良いだけのことです。勿論《もちろん》これは、「自分の負担になるような友人関係や家族関係は、すぐに終わらせてしまった方が良い」・「自分の気に入らないような仕事や勉強は、すぐに放棄してしまった方が良い」などといったことを主張している訳では、決してありません。）

「ある人間の抱く信念というものが、良い信念と呼べるものであるためには、その信念が、その人間の抱く欲動とその人間の属する社会の社会的価値観とのバランスを保った信念であるということが必要である」と申しましたが、「Chapter2 - 2」のところでもお話致しましたように、人間はもともと、「自分の抱いている欲動の方向性と完全に矛盾しているような信念」というものは抱くことができないのだろうと考えられますし、「社会的価値観の方向性に完全に反しているような信念」というものを抱くことも、非常に難しいことであると言えるのだろうと考えられます。（「社会的価値観による方向性」というものが非常に漠然としてしまっている現代の日本のような社会・「人間が抱いているはずの様々な欲動による方向性」というものが非常に軽視されてしまっている現代の日本のような社会におきましては、多くの人間が、「自分は、どのような信念を抱くべきなのか」といった疑問に、非常に深く悩まされてしまっていると言えるのでしょう。）

このことに関しての具体的な例を少しだけ挙げさせて頂きますが、その社会に属する多くの人間が、

「肉体労働という仕事は、レベルの低い仕事である」と認識してしまっているような社会におきましては、実際に肉体労働に従事している多くの人間は、「自分の仕事に対しての強い誇りや強い自信といったものを自分が抱くということ」を、比較的困難なこととしてしまうかも知れません。（現代におきまして、「芸能関係の仕事」や「スポーツ関係の仕事」といったものが異常なほどに強い人気を博しているのは、テレビや新聞といったメディアを中心として、そのような職業に注目を集めさせるような「社会的価値観の操作」ということが為《な》されてしまっているからであると考えることができるのでしょう。）それに対して、「人間がモラルや法律を守るということが、素晴らしいことであり、大きな意味のあることである」・「法律やモラルを守ることができる人間は、法律やモラルを全く守ろうとしない人間よりも、素晴らしい人間であり、尊敬されるべき人間であり、認められるべき人間である」といったような社会的価値観が確立している社会におきましては、実際にも、多くの人間は、「自分が法律やモラルを守り続けながら生きていくということ」を、比較的容易なこととすることができるのだろうと考えられます。

（対して、「反抗期や思春期を過ぎても、尚《なお》も自分が子供であるかのように法律やモラルに反する行為をし続けている人間が、自分の行動に対しての羞恥心や罪悪感といったものを全く感じることができないような社会」・「犯罪者という存在が、多くの人間の憧れの対象となってしまっていたり、社会規範や法律に反することが、多くの人間の憧れの対象となってしまっているような社会」などにおきましては、「一人一人の人間が、自発的に法律やモラルを守って生きようとすること」が、比較的困難なことになってしまうのだろうと考えられるのです。勿論《もちろん》、社会に反するこのような「倒錯的な価値観」というものは、小説の中や映画の中・ゲームの中などのような「空想の世界」・「仮想現実の世界」といったところだけで使用されたり肯定されたりするべきものなのであり、「現実世界の価値観」というものと混同して考えてしまってはならないものであると言えるのでしょう。）

（もっとも、「空想の世界や仮想現実の世界における価値観や常識と、自分が生きている現実の世界における価値観や常識とを完全に区別するということ」・「自分の備えている複数のペルソナというものを、自分の意志の力によって完全に支配して使い分けるということ」などが、全ての人間に容易に行えることとなのかどうかということにも、大きな疑問が残ってしまうと言えるのでしょう。人間も、少なくとも数百年前の時代までは、「単一の現実世界・自分の周囲の狭い範囲の世界」というものだけを自分の唯一の世界として認識していたはずですので、「遠く離れた世界・空想の世界や仮想の世界といったものを自分が認識することによって、人間の心に大きな影響が出てしまったり・人間が自分の心に大きな負担を抱えてしまったりする」といった可能性は、充分にあるのだろうと考えられるのです。生物としての人間の心の仕組《しく》みには、「非常に多くの情報を無闇に与えられることに耐え続けることができるだけの能力」や「複数の世界の価値観を完全に使い分けることができるだけの能力」・「非常に多くの様々な社会と非常に多くの様々な人間の存在とを認識したり意識したりし続けることに耐えられるだけの能力」といったものは、必ずしも備わっているものではないのかも知れませんね。）

（尚《なお》、このような「様々なメディアから与えられる無数の情報というものが現実の人間の心に対して与えてしまう危険な影響の可能性」・「仮想の世界や空想の世界を情報として与えられることによって現実の人間の心に生じてしまうかも知れない危険な影響の可能性」といったものに関してのお話は、「Chapter2 - 8」で詳しく扱うことにさせて頂きます。また、これは、誤解を避けさせて頂くためにも言及させて頂きたいことなのですが、このようなお話は、「メディアというものの良さや意義」・「仮想の世界や空想の世界といったものの良さや意義」などを否定するためのお話では決してなく、そういったものの持つ危険性や問題点を提起したり解決したりしていくためのお話です。）

同様に、例《たと》えば、「人間が育児や家事をするということが、素晴らしいことである」というような社会的価値観を多くの人間が抱いている社会であることができれば、「その社会の中で育児や家事に専念している父親や母親が、自分の行動に対して強い信念を抱き、育児や家事をしている自分自身に対して強い誇りを感じる」といったことが、比較的容易なことになるのだろうと考えられます。何度か申し上げておりますことなのですが、やはり、多くの場合におきまして、「社会に属する多くの人間が抱く価値観や信念」といったものは、「その社会の社会的価値観」というものの影響を非常に強く受けるのです。

（自分の価値観というものを少しだけ肯定的なものに変え、自分の考え方というものを少しだけ前向きなものに変え、自分の行動の多くを可能な限りポジティブに楽しもうとするような気持ちを持つことさえできれば、多くの人間は、例《たと》えば、「自分が子育てをすること」や「自分が年老いた誰かの介護をすること」なども、「自分が恋人との恋愛をすること」や「自分が友達と何かで遊ぶこと」などに近いくらいに、自分が充実した時間を感じたり・自分が誰かとのコミュニケーションを楽しんだりしながら行えるようになるのでしょう。人間が何らかの形で過ごしていく全ての時間というものは、何をしている時間であっても・誰と一緒にいる時間であっても、掛け替えのない自分の人生の一部なのであり、決して取り戻すことのできない貴重なものなのですから、私達も、「自分と誰かとの触れ合い」や「自分と誰かとの心の通じ合い」といったものを積極的に楽しみ、「自分が幸せな時間を誰かと共有すること」を素直に幸せに感じ、「嬉しい気持ち」や「楽しい気持ち」といったものを意識して自分がたくさん感じるように心掛けることによって、できるだけ多くの「有意義な時間」というものを積み重ねていきたいものですよね。勿論《もちろん》、人間が生きていく上で、「完全に無意味な時間」や「完全に無意味な行動」などといったものは決して有り得ないのですが、「自分が、自分自身の心の持ち方というものを少しだけ変えたり・自分自身の物事の考え方というものを少しだけ変えたりすることによって、自分の人生というものを、自分自身にとってより有意義なもの・より充実したものにしていくこと」などは、「Chapter2 - 5」の後半のところでも申し上げました通り、間違いなく可能なことなのです。)

続きまして、「法律やモラルによって規定されている社会的価値観というものを、人間が自分自身の抱く信念というものの力を利用して、うまく遵守するということ」に関してのお話に関連することと致しまして、「人間の抱く罪という概念（人間の考える罪という概念）」に関しての考察を、ここから少し詳しく展開させて頂きたいと思います。（余談になりますが、この「Chapter2 - 7」で展開致しておりますお話の多くは、人間心理の非常に複雑な部分に関わるお話であり、概念的で抽象的なお話であり、多くの人間に理解して頂くことが必ずしも容易ではないと予想されるお話ですので、言葉や文章の示していることをよく考えて頂き・よく確認して頂きながら、読み進めて頂きたいと思います。）まず、「人間の抱く罪という概念（人間の考える罪という概念）」というものには、大きく分けて二種類のものがあると考えることができるのですが、その一つ目は、人間が法律に反する行為を行ってしまうことによる「法的な罪（crime）」というものであり、もう一つは、人間が道徳的な決まりを破ってしまうこと（宗教社会においては、神の掟に背いてしまうこと）による「倫理的な罪(sin・vice)」というものです。（「実定法」と「自然法」という分類で考えるのであれば、実定法というものは、前者の「法的な罪」に近いものであり、自然法というものは、後者の「倫理的な罪」に近いものであるということになります。）

尚《なお》、現代の日本の社会におきましてもそうでありますように、現実の多くの社会の中での「法的な罪の基準」というものと「倫理的な罪の基準」というものとは、とても似通った形をしているものなのですが、それらが似通った形となっている理由は、「近代民主主義国家の法的な罪の基準というものの多くの部分が、倫理的な罪の基準（特に宗教の教義によって形成される罪の基準）というものを参考にして作られたものであったからである」と言えるのでしょう。このことは、「現代に至るまでの人間社会の発展の歴史」というものを少し考えてみて頂ければ、容易に御理解頂けることと思います。

また、「倫理的な罪の基準」というものに致しましても、それを参考にして成り立っていると考えられる「法的な罪の基準」というものに致しましても、それらはともに、「もともとの生物としての人間が抱いている罪悪感の仕組《しく》みや欲動の仕組《しく》み」といったものと「多くの人間の思考錯誤の結果として形成された（しかし恐《おそ》らく、現代においても完成されているとはまだ言えない）社会的価値観」というものとに従って形成されているものであると言えるのでしょう。ですから、「倫理的な罪の概念」や「法的な罪の概念」といったものは、現代の私達の生活にも、非常に大きな・非常に多くのメリットを齎《もたら》してくれているのです。例《たと》えば、私達の社会の中で、多くの人間が「法的な罪の概念」や「倫理的な罪の概念」といったものを充分に意識することによって、「私達自身の安全や生存」・「私達の社会の秩序の安定」といったものは、少なくとも、何も決まりのようなものがない状態よりは、ずっと確かなものとなっていると言えるのでしょう。

次に、「法的な罪と倫理的な罪との違い」というものに関しまして、少し議論をさせて頂きたいと思います。「法的な罪」というものが、警察機関や法律社会に属する誰か（自分以外の誰か）に「法律によって罪として規定されている自分の行動」を罪として認識された瞬間に発生し、その罪を償うための具体的な方法（罰金や禁固刑など）や明確な罪の基準（法律）といったものが用意されているのに対し、「倫理的な罪」というものは、自分自身が「自分の行った何かの行動（または、自分の行おうとしている何かの行動）」を罪であると認識した瞬間に発生し、その罪を償うための方法は、「自分自身でその方法を見付け出して悔い改めるということ」しか基本的にはなく、その罪の基準というものは、「自分自身が抱いている価値観や信念」・「自分自身が備えている欲動の仕組《しく》みや罪悪感の仕組《しく》み」といったものによって形成されるものであると考えることができます。

人間が「倫理的な罪」というものを犯してしまった時に自分に与えられてしまう「本当の意味での罰」というものは、「自分が天罰を受けてしまうということ」や「自分が地獄に落ちてしまうということと」・「自分が次に生まれ変わった時において、不幸を背負ってしまうということ」などのような宗教的な類《たぐい》のことにあるのではなく、「心の中で自分自身が罪悪感というものを痛烈に感じてしまうということ」にあるのだろうと考えられるのです。尚《なお》、ある人間が、「自分が法律を守り続けるということ」を自分自身の信念の一部や自分自身の誇りの一つとすることができていれば、その人間にとっては、「法的な罪」というものが「倫理的な罪」というものの性質をも併せ持つものとなります。つまり、その罪を自己認識した時（法律によって規定されている罪を犯してしまっている自分のことを自分自身が認識した時）に、その人間の心の中には、大きな罪悪感というものが生じることになるのだろうと考えられるのです。もっとも、先ほどにもお話致しましたように、「法的な罪の基準」というものと「倫理的な罪の基準」というものとは、多くの社会において、似通った部分が非常に多いものですし、全ての人間は、「法的な罪の概念」というものよりも「倫理的な罪の概念」というものを先に（その一部は先天的に）取得しているものですので、現代社会におきまして多くの人間は、「法的な罪の基準や法的な罪の概念」といったものと「倫理的な罪の基準や倫理的な罪の概念」といったものとを、常に混同して捉えてしまっていると言えるのかも知れませんね。

（付け加えるまでもないことなのかも知れませんが、例《たと》えば、ある社会の中で「天国や天の恵み」・「地獄や天罰」といったような「宗教的な因果応報の思想」というものが多くの人間に信じられていることなども、決して無意味なことではないと言えるのでしょう。例《たと》えば、社会に属する多くの人間が、「自分が誰かに親切を施すことを繰り返していけば、それはいずれ、何倍もの幸運となって必ず自分のところに戻ってくる」・「自分が何かの罪を犯すことを繰り返していけば、それはいずれ、何倍もの不運となって必ず自分のところに戻ってくる」といったような価値観や認識を抱いていることによって、「多くの人間が罪を犯してしまうことを事前に予防することができるような力」・「多くの人間の心に愛情や優しさといったものを抱かせることができるような力」といったものが、社会全体に充分に齎《もたら》されることができるのでしょうし、現実にも、多くの場合におきましては、「親切な行いをしている人間は、内面的同一化に基づく自分自身の欲動を充足することによって、自分が快の感情を得ることができるというだけではなく、何らかの形での実質的な幸福というものを自分が得ることもできる」ということが予想できますし、「非道な行いをしている人間は、内面的同一化に基づく自分の欲動を充足することができなくて、自分が不快の感情を得ることになってしまうというだけではなく、何らかの形での実質的な不幸というものを自分が被ることにもなってしまう」ということが予想できます。尚《なお》、イスラム教の教典であるコーランの一説にも、『**お前達が良いことをすれば、それがみな我が身のためとなり、お前達が悪いことをすれば、やはり、それがみな我が身の悪となる。**』という言葉があります。）

続きまして、「人間が実際に抱く倫理的な罪の基準」というものに関して、議論を加えさせて頂きたいと思うのですが、一つの宗教がとても広く・とても強く信仰されているような社会におきましては、「人間が実際に抱く倫理的な罪の基準」というものは、「全ての人間が生得的に備えている罪悪感の基準」というものを根底にして、「自分達の信じている宗教の教義」というものによって構築されていると言えるのでしょう。しかし、多くの人間が特定の宗教や特定の思想などに準拠することなく、自分の意志によって価値観を選び取り・自分の意志によって信念を構築している現代の日本のような社会におきましては、「人間が実際に抱く倫理的な罪の基準」というものは、「全ての人間が生得的に備えている罪悪感の基準」というものを根底にして、「一人一人の人間が自分自身の心の中に定めた信念」というものや「一人一人の人間が自分自身で選び取った価値観」というものによって構築されていると言えるのだろうと考えられます。

(「罪悪感というものが人間の心の中に生じる原因となること」に関してのお話のところで申し上げました通り、「自分が家族間での性行為をすること」や「自分が幼少期に性的体験をすること」・「自分が、自分自身や自分の家族・自分の友人や自分の恋人・世界中の全ての人間といった自分と内面的同一化をしている誰かを、傷付けることや悲しませること・不幸にすることや殺すこと」など、それと恐《おそ》らく、「自分が、受胎した自分の子供を中絶すること」や「自分が、産まれて間もない自分の子供を手放すこと」なども、種の保存を最大の目的とする動物としての人間の心の仕組《しく》みによって、無条件に強く禁止されることであり、自分自身に無条件に強烈な罪悪感を感じさせることであると言えるのでしょう。倫理的な罪というものの大まかな基準は、全ての人間が共通に・生得的に抱いているものなのだろうと考えられるのです。)

そして、一人一人の人間が選び取る信念や価値観といったものは、自分の属する社会の社会的価値観(一般的なモラルや社会規範など)の影響というものを大きく受けているのが常であり、また、自分が社会的価値観に適合した信念や価値観といったものを選び取るということが、自分自身が自分の属する社会の中でうまく生きていくためにも非常に大切なことであるというお話は、今までのところで何度も申し上げて参りました通りです。

ですから、現実社会におきましても、多くの人間は、「法律に抵触していると思われるような行動」というものを自分が犯してしまった時だけには限らず、「一般的なモラルに背いていると思われるような行動（倫理的な罪に該当すると思われるような行動）」というものを自分が犯してしまった時にも、「罪悪感（罪の意識）」というものを自分自身の心に感じることができます。例《たと》えば、現代の日本の社会に確立されていると考えられます一般的なモラルや一般的な良識といったものに照らし合わせて考えてみますと、「自分よりも弱い誰かを自分が虐《いじ》めること」・「自分が自然環境というものを無駄に破壊すること」・「自分が誰かに対して嘘《うそ》を吐《つ》くこと（特に誰かを傷付けてしまうような結果を齎《もたら》してしまう嘘《うそ》を吐《つ》くことや、自分の家族を中心とした自分と親しい誰かに対して嘘《うそ》を吐《つ》くこと）」などによって、多くの人間は、決して弱くはない罪悪感というものを自分自身の心の中に感じることができるはずです。そして、恐《おそ》らく、「自分の犯した罪というものによって自分の心に生じる罪悪感というものを素直に感じることができる人間は、自分の犯した罪というものによって自分の心に生じる罪悪感というものを全く感じることができなくなってしまった人間に比べれば、遥《はる》かに救いがある」ということが言えるのでしょう。

（**『人を欺いて得をするよりは、損をする方が良いと思え。人を欺くことで得をすれば、自分が限りなく嘆く羽目になるが、損を嘆くのは一度で済むからである。』**とは、キオン《Chion　前五世紀に活躍したギリシアの哲学者・政治家》の言葉であり、**『卑劣な人間は、自分の利益にならなければ、決して約束を守らない。』**とは、セルバンテスの言葉です。また、ペルシアの諺《ことわざ》には、**『恩を仇で返すような根性**

は、恵みの雨を貪欲に吸収しながら何も生み出さぬ、不毛な砂漠と同じである。』という言葉があり、フランスの有名な言葉にも、『卑劣な人間は、自分の犯した罪に対しての罰を与えられても腹を立て、誰かの優しさを自分が受け取っても感謝をしない。金持ちになることはあるかも知れないが、心から愛する友や家族は一人として持てない。そして、そのような生き方をすることによって自分が最も損をしているということに、決して気付くことができないのである。』という言葉があります。)

と申しますのも、「自分が抱いている倫理的な罪の基準」に該当してしまうような行動というものを繰り返し、「そのような行動をした時に自分自身の心に感じる罪悪感」というものをできる限り感じないように努めてしまった人間は、やがて、「罪悪感を素直に感じることができる自分の心の仕組《しく》み」というものを失ってしまい、「自分自身の信念」というものを失ってしまい、「人間としてのモラル」というものを失ってしまい、「自分に対して抱いていた誇りや拘《こだわ》り」といったものをも失ってしまう可能性があるのだろうと考えられるのです。(人間の心というものは必ずしも強いものではなく、少なくない数の人間は、自分が感じる罪悪感という非常に不快な感情というものから逃れるために・自分が罪悪感というものを感じなくても済むようになるために、自分自身の心の仕組《しく》みというものの一部を無意識的に抑圧し、自分自身の心の仕組《しく》みというものの一部を無意識的に歪めようとしてしまうことがあるのだろうと考えられます。尚《なお》、言うまでもなく、誰もが「自分の描いている理想通りの生き方」というものをすることができる訳ではないのですが、「自分の理想としている自分を目指すための努力」というものは、前向きな人生を生きようとする全ての人間にとって、決して怠るべきものではないとも言えるのでしょう。)

「自分の犯した罪に対しての罪悪感というものを素直に感じることができる自分の心の仕組《しく》み」というものを失ってしまった人間は、多くの場合におきまして、「倫理的な罪の基準を定めていた自分の価値観」というものや「社会的価値観に適合していた自分の信念」といったものをも失うことになってしまうのだろうと考えられますので、その結果として、「社会的価値観（法律やモラル）を遵守していた自分自身に対しての誇りや拘《こだわ》り」といったものをも抱くことができなくなってしまい、「倫理的な罪を自分が犯さないでいたことによって自分自身が感じられていたはずの様々な快の感情」というものや「自分の心の動きの多くの部分を素直に敏感に感じることができていたはずの自分自身の心の仕組《しく》み」といったものをも、連鎖的に失ってしまう可能性があるのだろうと考えられます。（尚《なお》、その中でも例《たと》えば、「食事をすることによって得られる快の感情」や「性的刺激によって得られる快の感情」といった「体感的で直接的な刺激によって得られる快の感情」というものは、「内面的同一化によって得られる快の感情」や「言語を介した刺激を通じて得られる快の感情」といったものと比べれば、比較的失われ難《にく》い快の感情であると言えるのでしょう。）

更に、そうなってしまいますと、その人間にとっては、「自分自身の心に生じる様々な心的現象というものに価値や意味を見出すということ」自体が難しいこととなってしまうのだろうと考えられ、「自分が良識を持って生きるということや自分が誇りと信念とを自分自身に感じながら生きるということに価値や意味を見出すということ」なども難しいこととなってしまうのだろうと考えられますので、その人間の感じることができる「価値の基準」や「意味の基準」といったものは、目に見えて分かり易く周囲の多くの人間にも認められている（しかし本質的な意味や価値を直接有してはいない）「金銭によるもの」や「物質的なもの」、それと、人間の感じる様々な心的現象の中でも「自分自身が感じる利己的で短絡的な快楽（その多くは、体感的で直接的な刺激によって得られる快楽）」といったものだけに限られていってしまうのだろうと考えられるのです。そして、その人間は結果として、自分が抱いている利己的な欲動や動物的な欲動のみに従って、ひたすらに「快楽」というものを求めるようになってしまうかも知れませんし、自分が抱いている金銭的な価値観や合理的な価値観のみに従って、ひたすらに「お金そのもの」や「金銭的に高価な物」を求めるようになってしまうかも知れません。

（また、そのようにして社会的価値観というものを捨て去ってしまった人間は、多くの場合においては、「自分の周囲の一般の人間に、自分の行動や自分の考え方に同意してもらったり共感してもらったりするということ」などを難しいこととしてしまいますので、「自分と同じような境遇・自分と同じような立場・自分と同じような状況にある数人の人間だけを自分の仲間として、全体の大きな人間社会とは別の小さな人間集団というものを形成し、自分達だけに特有の社会的価値観というものを形成し、その小さな人間集団の中で自分の承認欲求や親和欲求といったものを充足し続けようとすること」があるのだろうと考えられるのです。「不良集団」や「非行集団」・「犯罪者集団」や「暴力集団」といった呼称で呼ばれるような人間集団の多くは、このような形で形成されるものであると言えます。これらは、少年や少女を中心とした多くの人間の「心の弱さ」というもの故に形成されたり拡大したりしていく人間集団であると考えることもできるのです。もっとも、「社会に属する多くの人間にモラルや良識といったものを与えることができるような社会的価値観というものが社会全体に充分に確立されているとは、どのように考えても言えないような状況にある現代の日本の社会」などにおきましては、自分達の「居住地域の違い」や「性別の違い」・「職業の違い」や「年代の違い」・「通っている学校の違い」や「勤めている企業の違い」などに基づいて、全ての人間が、それぞれに独立した小さな人間集団というものを当たり前のように形成し、それぞれの人間集団に独自の社会的価値観というものが当たり前のように形成されていると言えるのでしょう。）

（勿論《もちろん》、それぞれの企業や学校・年代や職業などの中で「小さな人間集団」というものが形成されたり、その「小さな人間集団」の中で独自のルールや独自の価値観が形成されたりすることなどは、少なくとも、現代の日本のような複雑な社会におきましては、当たり前のことなのであり、そのような現象を全面的に否定するつもりは、私にもありません。「一人一人の人間の個性というものの大切さ」という点から考えましても、「一人一人の人間が、他者とは少しずつ異なる価値観や信念を持っているということ」は、そうであって然るべきことであると言えるのでしょう。ですが、この人間社会というものが、「人道的に考えてより良い社会」・「より多くの人間が幸せに生きられるような社会」であるためには、それぞれの小さな人間集団というものが、社会全体から完全に孤立したものではなく、社会全体・国家全体・人間全体といった大きな単位で包括的にまとまったものであることが必要なのであり、「必要最低限のレベルでの社会的価値観」というものが、殆《ほとん》ど全ての人間集団に共通に確立していることが必要なのです。尚《なお》、ここで私が申しております「必要最低限のレベルでの社会的価値観」とは、例《たと》えば、全ての人間が生得的に自分自身の心の中に獲得していると考えられる「自分の心に罪悪感を生じさせてしまう行為の基準」というものや「自分の心に愛情と優しさとを抱かせてくれる内面的同一化に基づいた心の仕組《しく》み」というものと同じベクトルを持つような社会的価値観のことであり、「自分が誰かを傷付けること」や「自分が誰かを悲しませること」などを否定してくれて、「自分が誰かを喜ばせること」や「自分が誰かを幸福にすること」などを肯定してくれるような社会的価値観のことです。）

別の言い方を致しますと、倫理的な罪に該当するような行動を繰り返しながらも自分の感じる罪悪感というものを感じないように努め続けてしまった人間は、「自分が、自分の犯してしまった倫理的な罪に該当するような行動に対して、罪悪感を感じてしまうことなく生きられるような形」に自分自身の信念や自分自身の価値観といったものを変えてしまう（自分自身の心の仕組《しく》みの一部を作り変えてしまう）危険性があるということなのです。そして、そのような人間は、結果として、「自分が抱いていた人間らしい信念」や「自分が抱いていた人間らしいアイデンティティー」といった人間として非常に大切なものを失ってしまい、「自分が人間として心豊かに生きるということ」や「自分が精神的に充実した人生を生きるということ」・「自分が人間としての誇りを持って生きるということ」や「自分が強い心を抱いて生きるということ」などを不可能なこととしてしまうかも知れないといったことが考えられるのです。

例《たと》えば、ある人間は、「自分の利益のために誰かを陥れる」という行為をし続け、その行為によって自分自身の心の中に感じられるはずの罪悪感というものを否定し続けた結果、自分の欲望の一部（親和欲求や愛情欲求など）をも否定することになってしまい、「自分が誰かと内面的同一化をする（例《たと》えば、自分が身近な誰かを大切に想ったり・自分が身近な誰かを素直に愛したりする）」という人間として当たり前のことすら、難しいこととして感じるようになってしまうかも知れません。（「人間の抱く欲動や願望・人間の抱く望みや願い」といったものと、「人間の抱く怖れや罪悪感・人間の抱く恐怖心や嫌悪感」といったものとは、相反するものでありながらも常に同時に人間の心の中に生じるもの・互いに裏表の関係にあるものなのだろうと考えられますので、例《たと》えば、「自分の抱く罪悪感というものを抑圧しようとし続けた結果として、自分の抱く欲動というものをも抑圧するようになってしまう」といったことが、人間の心の中では起こり得るのだろうと考えられるのです。）

（また、少し前のところで、「充分に使用されなくなってしまった人間の脳は、少しずつ脆弱《ぜいじゃく》なものとなっていってしまう」というお話を致しましたが、例《たと》えば、感情や欲動を抑圧し続け過ぎてしまった人間の脳は、感情や欲動を感じられ難《にく》くなってしまいますし、思考することを怠り過ぎてしまった人間の脳は、思考すること自体が苦手になってしまいます。つまり、「内的な要因による人間の心の仕組《しく》みの崩壊」というものには、「自分の心を充分に機能させることを怠ってしまうこと・自分の心をスポイルさせてしまうことによる人間の心の仕組《しく》みの崩壊」と「自分が罪悪感などの不快の感情や強烈で危険な記憶などから逃げ続けようとしてしまうことによる・自己防衛的な理由による人間の心の仕組《しく》みの崩壊」との両者の場合があるのだろうと考えられるのです。）

現代社会におきましても、少なくない数の人間は、このようにして「自分の倫理的な罪の概念」というものを失ってしまい、「自分が誰かを傷付けること」や「自分が誰かを悲しませること」などのような倫理的な罪というものを、罪悪感を全く感じることなく犯すようになってしまっているのだろうと考えられます。

そして、更に良くないことには、「自分の誇り」や「自分の拘《こだわ》り」・「自分の生きがい」や「自分の生きる目的」・「確固たる自分の信念」や「自分のアイデンティティー」といったものを失ってしまっている人間は、そういった「自分の柱となるもの」を自分の心の中に抱くことができている人間に比べて、自分の本能的な欲動や自分の衝動的な感情といったものを、自分の理性による介入（自分の信念や価値観を用いて行う意識的な思考や無意識的な思考）を経ることなしに、直接的に・短絡的に自分の行動に反映させてしまうことが多くなってしまうのだろうと考えられるのです。（特に、強い信念というものを失ってしまっている人間は、「自分の抱いている利己的な欲動の力」や「自分の抱いている他者に対しての意識の力」などに対して強く抵抗することができなくなってしまうのでしょう。尚《なお》、「集団心理に陥ってしまっている人間」や「依存症の禁断症状に陥ってしまっている人間」も、自分の衝動的な行動を抑えて理性的に行動することができ難《にく》くなってしまう場合が非常に多くあると言えます。）

ある人間は、そのような心的現象の過程を経た結果として自分が行ってしまった「たった一度の感情的な行動や衝動的な行動」によって、「倫理的な罪」というものを犯してしまうだけではなく、「法的な罪」というものをも犯してしまい、社会の中で大きな問題を発生させることもなく順調に生きることができていたはずの「自分の人生全体」を崩壊させることにもなってしまうかも知れません。つまり、以上のようなことを総合的に考えたものが、「倫理的な罪というものを犯すことを繰り返してしまった人間に対して与えられてしまう罰」と呼べるものなのだろうと考えられるということなのです。

フランクル《Viktor Emil Frankl 1905 - オーストリアの精神医学者 著「夜と霧」》は、『**人間にとって最も重要なことの一つは、自分の人生というものに対して、自分がどれほど大きな意味を感じられるかということである。**』として、自分の毎日の生活に意味を見出すことができない人間が抱いてしまう欲求不満のことを、「実存的欲求不満」と名付けています。この「実存的欲求不満」という言葉を拝借して申し上げますと、人間は、自分が何かの倫理的な罪というものを犯すことを繰り返し、自分の犯した倫理的な罪に対して自分が感じるはずの罪悪感というものから逃げ続けようとすることを繰り返すことによって、「実存的欲求不満」というものを抱く結果になってしまう可能性があるのだろうと考えられるのです。（自分自身の欲動や感情といったものを抑圧し過ぎた人間も、同様に「実存的欲求不満」というものに陥ってしまうことがあるのだろうと考えられます。）人間は、自分の感じる強烈な不快の感情の一つである罪悪感というものから逃げ続けようとすることによって、「罪悪感を感じる自分のこと（不快の感情を感じる自分のこと）」を素直に認めなくて済むようになるのと同時に、「幸福を感じる自分のこと（快の感情を感じる自分のこと）」を素直に認めることもできなくなってしまうのでしょう。そして、そのような状態に陥ってしまった人間のうちの少なくない数の人間は、他の誰でもない自分自身のことなのに、「何かの行動をしている自分や何かを考えている自分のこと」・「何かを求めている自分や何かを感じている自分のこと」などを、常に客観的に遠くから見続けているような精神状態に陥ってしまい、言いようのない虚無感というものを恒常的に感じ続けることになってしまうのだろうと考えられるのです。

（『**人生というものは、短い物語に似ている。大事なのは、その長さではなく、その価値である。**』とは、セネカ《Lucius Annaeus Seneca B.C.4 - A.D.65　古代ローマ・ストア派の思想家　著「道徳書簡」「対話篇」》の言葉であり、『**多くの人間は、自分が長生きをしたとしても満足をすることができないかも知れないが、自分が充実した人生を過ごせたことには深く満足をすることができるものなのである。**』とは、ベンジャミン・フランクリン《Benjamin Franklin 1706 - 1790　アメリカの政治家・哲学者・科学者》の言葉です。「自分が、精神的に満足できるような人生というものや精神的に充実した人生というものを送ること」・「自分が、精神的に充実した毎日というものや精神的に実り豊かな毎日というものを過ごすこと」などができるようになるためにも、人間は、「自分の抱く良心」や「自分の感じる罪悪感」といったものを絶対に捨て去ってしまってはならないのでしょう。）

包括して申しますと、「自分が倫理的な罪を犯し続けたことによって、自分自身に誇りを持つことができなくなってしまった人間」・「自分が倫理的な罪を犯し続けたことによって、自分の生き方や自分の信念に自信を持つことができなくなってしまった人間」・「自分が倫理的な罪を犯し続けたことによって、多くの人間の中に自分がいても周囲の一般の人間から自分のことを認められることができなくなってしまった人間」・「自分が倫理的な罪を犯し続けたことによって、自分の心の動きというものを自分で素直に感じ取ることができなくなってしまった人間」は、そういったことが自由にできる多くの人間に比べて、「慢性的なフラストレーション状態」というものに陥ってしまい易くなり、「毎日の生活の中でのストレス」というものを溜め込み易くもなってしまう（実存的欲求不満に陥ってしまう）のだろうと考えられるのです。

そして、「一つの倫理的な罪」というものを犯してしまった人間は、このようなストレスや実存的欲求不満から逃れるために、非常に偏った信念（それは、「モラルや罪悪感といったものを排除した信念」であり、「打算的で快楽主義的な動機を中心とした信念」であり、時として「様々な犯罪にも結び付いてしまうような信念」）というものを無意識的に自分の心の中に形成してしまい、結果としてその人間は、より多くの罪・より大きな罪を重ねていくことになってしまう場合もあるのだろうと考えられます。（**『心の安らぎを得ている人間は、自分自身に対しても他人に対しても迷惑を掛けない。』**とは、エピクロス《Epikourous B.C.341 - B.C.271　古代ギリシアの哲学者》の言葉です。現実にも、犯罪を繰り返して犯してしまうような人間というものは、多くの場合におきましては、「自分の心に平穏を得ること」も、「自分自身に誇りを抱くこと」も、「自分が良い信念や良いアイデンティティーを抱くこと」もできていないのであり、それに対して、人間らしい心の仕組《しく》みというものを保ち続けており、自分自身の心に充分な余裕を抱くこともできている人間の多くは、「自分以外の人間に対しても自発的に優しくすること」・「善行と呼べるような振舞《ふるま》いをすること」・「植物や小動物といった様々な命を粗末にしてしまわないこと」・「誰かに対して迷惑を掛けてしまわないこと」などを、特に意識する必要もなく自然と実行することができるものなのでしょう。）

また、そのようにして罪悪感というものを捨て去ってしまった人間（倫理的な罪に関しての社会的価値観やモラルに関しての社会的価値観といったものを捨て去ってしまった人間・自分の犯した倫理的な罪に対して罪悪感を素直に感じることができるような心の仕組《しく》みというものを捨て去ってしまった人間）は、その捨て去ってしまった罪悪感というものを再び自分が取り戻さない限り、多くの場合におきましては、繰り返して何度も同じような罪を犯すことになってしまうのだろうと考えられるのであり、このようなことが、「人間の犯す様々な罪や犯罪者の犯す様々な犯罪といったものが、常習化していってしまう」ということの非常に大きな根本的原因であるとも言えるのでしょう。「凶悪な犯罪の常習者となってしまっている人間」や「非人道的な性格を備えてしまっている人間」のうちの殆《ほとん》ど全ての人間は、「自分の感じる罪悪感の重みというものに自分自身が耐え切ることができずに負けてしまい、その結果として、自分の良心や自分の人道的なモラルといったものを失ってしまった弱い人間（弱い心を持った人間）」なのですし、「実存的欲求不満に自分が陥ることで、人間らしい価値の基準や意味の基準（例《たと》えば、自分が誰かを幸せにすることの喜びや自分が日常的に感じる小さな幸福といったものを、価値のあるもの・意味のあるものとして素直に認められるような基準）といったものを失ってしまった悲しい人間」なのです。

重要なことの一つは、「自分が、倫理的な罪というものを犯すことによって自分の心に罪悪感というものを感じた時に、自分のことを真摯《しんし》に見つめ直し、自分の行動の善悪や自分の考え方の善悪を自分に厳しく問うことができるかどうか」ということにあると言えるのでしょう。その時に自分のことを真摯《しんし》に見つめ直し、自分の行動の善悪や自分の考え方の善悪を自分に厳しく問い、自分の犯した罪を深く反省することができれば、人間は、再び同じような罪を自分が犯さないで済むための「確固たる価値観や強い信念」・「倫理的な罪に関しての明確な基準」といったものを獲得することができるのだろうと考えられます。逆に、自分が倫理的な罪というものを犯すことによって自分の心に罪悪感を感じた時に、自分の感じた罪悪感というものから逃げ続けようとしてしまったり・自分の感じた罪悪感というものを誤魔化《ごまか》そうとしてしまったりすれば、人間は、「倫理的な罪を定義するような自分の価値観の一部（倫理的な罪を定義するような自分の信念の一部）」を失ってしまうことになるのだろうと考えられるのです。

過去に何かの罪を犯してしまった人間も（勿論《もちろん》、そうではない人間も）、「自分の価値観」というものや「自分の考え方」というものを意識的に変え、「自分の信念とするもの」や「自分が生きていく上での誇りとするもの」を変え、「人間としてのモラル」や「人間としての良識」・「倫理的な罪に対しての罪悪感を素直に感じられるような心」や「自分の心的現象を素直に感じ取れるような心」といったものを取り戻し、時には、「自分の生きていく場所」や「自分の従事する仕事」・「自分の生き方」や「自分の人間関係」といったものをも変えていくことによって、人間は誰だって（何時《いつ》だって・何処《どこ》でだって）、自分の人生をやり直すこと・自分という人間を変えることができるのでしょう。『**人間は、川ではない。立ち止まることもできるし、後戻りすることもできる。**』とは、イタリアの諺《ことわざ》にある言葉です。（日本の諺《ことわざ》には、『**罪を憎んで人を憎まず。**』という言葉がありますが、ある人間が犯罪を犯してしまった時に非難されるべきは、「その人間自身の存在」ではなく、「その人間の犯してしまった行動」であり、「そのような行動をその人間に犯させてしまったその人間自身の心の弱さやその人間自身の価値観」であると言えるのでしょう。）

（また、多くの場合におきましては、現実的にも、「自分が何かをやり始めるのに遅過ぎるということ」

や、「自分が自分の生き方を改めるのに遅過ぎるということ」などは、断言することは決してできないようなことなのです。例《たと》えば、日本を代表する地理学者である伊能忠敬《1745 - 1818　江戸後期の測量家・地理学者　作「大日本沿海輿地全図」》が日本地図の正確な測量をし、地球の大きさを測ることに挑戦したのは、五十五歳を過ぎてからのことであったと言われていますし、言うまでもなく、高齢になってから偉業をやり遂げた人間は、現代までの歴史において他にも非常に多くいます。逆に考えますと、「自分がどんなに早くから何かをやり始めたとしても、不慮の事故などによって若くして命を失ってしまい、自分が望んでいたことをやり遂げられない結果になってしまう」といった可能性も間違いなくあると言えます。この現実世界というものは、「不確実性や偶然性の介入」といったものを非常に強く受けている世界であり、この現実世界に実際に生きている一人一人の人間も、「不確実性や偶然性の影響」といったものを非常に強く受けながら生きていると言えますので、「現在に生きているどんな人間にとっても、絶対に確実な未来というものは決して有り得ない」ということと同時に、「現在に生きているどんな人間も、無限の可能性を備えている」・「どんな人間の未来にも、無限の可能性がある」といったことが言えるのです。）

勿論《もちろん》、自分が現在までに失ってしまった時間というものは決して取り戻すことはできませんし、過去にあった何かの事実を無かったことにするということも現実的には不可能なことなのですが、全ての人間にとってより大切なものは、「過去」というものよりも「現在」や「未来」といったものであると断言することができます。（例《たと》えば、「亡くなってしまった誰かのために遺族や知人達が行う葬儀」というものでさえ、ある意味では、今とこれからを生き続ける遺族や知人達自身のためのものなのであり、また、そうであって然るべきものなのです。）尚《なお》、ここで私が申しております「自分の人生をやり直すということ」とは、「自分の過去を捨て去るということ」ではなく、「自分の現在と未来のために自分の過去を活用するということ」であり、「自分の過去を後悔し続けるということ」ではなく、「自分の過去の経験の反省の中から自分の現在と未来とに役立つ何かを見付け出すということ」なのです。

ここで、「反省」という言葉と「後悔」という言葉とに関しまして、若干の補足を加えさせて頂きたいと思います。まず、人間が自分の人生を前向きに生きるためにすることとして、「自分の過去を反省するということ」は、時として必要なことであり、対して、「自分の過去を後悔し続けるということ」は、多くの場合においては禁物なことであると言えるのでしょう。ソクラテスの言葉にも、**『反省のない生活は、人間の生活ではない。』**とあります。また、「自分が全力を尽くして努力をしたのにも拘《かか》わらず、自分が失敗をしてしまうということ」などは、決して恥じるべきことではなく、対して、「自分に目標や夢があるにも拘《かか》わらず、自分が何の努力もせずに諦めてしまうということ」などは、できる限り避けるべきことであると言えるのだろうと思います。「自分の過去を反省すること」や「手を抜かずに頑張ったのに自分が失敗をしてしまうこと」などは、自分の現在と未来においても役に立つ「何らかの知恵」や「何らかの心の力」といったものを自分自身に与えてくれますが、「自分の過去を後悔し続けること」や「努力もせずに自分が諦めてしまうこと」などは、多くの場合におきましては、それほど良いものを自分自身に与えてはくれません。それに、少なくとも私には、「後悔と諦めとの連続によって構成されている人生」というものは、あまりにも淋し過ぎるものであると思えてしまいますし、あまりにも悲し過ぎるものであると思えてしまいますし、とても勿体無いものであるようにも思えてしまうのです。

（また、現実にも、「自分が挫折をした時の苦しさ」や「自分が失敗をした時の悲しさ」・「自分が敗北をした時の悔しさ」などを一度も味わうことなく大きな成功や勝利を手に入れることができた人間は、殆《ほとん》どいないと言えることでしょうし、「自分の目標を阻害する何かの障害」や「自分が陥ってしまった何かのスランプ」などに一度も悩まされることなく何かの分野で大成功をすることができた人間も、殆《ほとん》どいないと言えることでしょう。多くの場合におきましては、挫折というものから立ち直り、失敗や敗北といったものから何かを学び取り、障害というものを乗り越え、スランプというものを脱出して、自分に対して可能な限り厳しく自分の人生の中で戦い続けた人間・前に進むことを望んで努力をし続けた人間・決して諦めずに自分を信じ続けた人間のみが、大きな成功や大きな勝利といったものを自分の人生の中で掴み取っていくことができるのです。**『千里の道も一歩から。』**・**『ローマは一日にして成らず。』**といった言葉は、既《すで》に、日本の諺《ことわざ》としても定着している言葉です。）

「自分を変えるということ」に関しての少し極端な例を挙げさせて頂きますが、例《たと》えば、自分が明日には死んでしまうとしても、「現在のこの瞬間から自分の生き方というものを、自分でより正しいと考える生き方に変えるということ」などは、決して無意味なことではありません。何故なら、「Chapter2 - 4」のところでも申し上げましたように、「人間の生きる意味や人間の生きる価値といったものは、人間の心に生じる様々な心的現象というものにこそある」と考えることができますので、「自分という人間が、自分の生き方に強い誇りと強い自信とを抱いて、強い信念を持ちながら生きるということ」などにも、充分に大きな意味と大きな価値とを認めることができるからです。短い時間の心的現象だからといって、それが無意味なものや無価値なものであるということには決してなりませんし、ある心的現象の意味の大きさや価値の大きさといったものは、ある程度まで推測することは可能であるとしても、「その心的現象を受け取る人間（その心的現象を感じ取る人間・その心的現象を自分の心に生じさせる人間）の人数」や「その心的現象の生じている時間の長さ」・「その生じている心的現象の強さ」といった何らかの尺度によって、必ずしも明確に測れるようなものではないのです。例《たと》えば、「死を目前にして苦しんでいる誰かに対して、ほんの一時のものであっても、喜びや安らぎといったものを与えてあげ、幸福というものを感じさせてあげるということ」などには、非常に大きな意味と非常に大きな価値とがあると断言することができるのでしょう。

また、「人間が前向きに生きていく上で、反省というものは、時として必要なものであるが、後悔というものは、できるだけしない方が良いものである」という先ほどのお話に関連することとして付け加えさせて頂きますが、人間というものは、誰もが例外なく、「過去の自分」というものがあったからこそ、「現在の自分」というものがあると言えます。ですから、例《たと》えば、過去の自分の行動や過去の自分の実情といったものが現在の自分にとって非常に気に入らないものであったとしても、「自分の過去というものを無闇に否定してしまうこと」は、「現在の自分を否定してしまうこと」と同義であるとさえ言えるようなことなのであり、そういったことは可能な限り避けるべきことであると言えるのです。例《たと》えば、「大事にしたいと思えるような大切な思い出」というものも、「忘れてしまいたいような嫌な記憶」というものも、「自分の抱いている嬉しかった時の体験」というものも、「自分の抱いている悲しかった時の体験」というものも、「一生を通じて自分と関わる誰かとの大切な出会い」というものも、「ほんの少しの時間だけの誰かとの出会い」というものも、それら全てが自分の心に大きな影響を与え、それら全てが自分の心を大きく成長させ、数え切れないほどの偶然や必然の重なり合いの中の唯一の結果（運命によって選び取られた唯一の結果）として、「現在の自分の人生」というものが形作られているのであり、「自分の持っているどのような過去の体験であっても、それが現在の自分を構成している大切な一部分である」ということは、疑問を挟む余地のない事実なのでしょう。

「運命」や「偶然」といったものに関しても少しだけ言及させて頂きますが、例《たと》えば、「自分が現在の自分の友達と巡り合えたという偶然」も、「自分が現在の自分の両親のもとに生まれることができたという偶然」も、「自分が人間として生まれることができたという偶然」でさえ（これは、「人間の魂の所在というものが何処《どこ》にあるのか」・「人間の生命の根源というものが、どのようなものであるのか」といった宗教的で根本的な命題に関しての考え方にもよることなのでしょうが）、天文学的な確立・奇跡的な確立の中から運命によって選び取られた唯一の結果であると言えます。（もっと大きな視点から考えますと、「地球という天体に多くの生命が誕生し、その生命が現在においても存在し続けられているということ」もまた、「現代までに発見されている多くの天体に、生命の痕跡というものが非常に少ないということ」を考慮すれば、奇跡的なことであると言えるのでしょう。例《たと》えば、私達の未来においてのことで考えますと、遠くない未来の時代に太陽系の天体の位置というものがほんの気紛れな程度に変化しただけで、地球上に存在している全ての生命体は脆くも滅びていってしまうかも知れません。）私達も、自分が人間として産まれてくることができたからには、「自分に与えられた巡り合わせのうちのできるだけ多くのもの」を大切にし続け、「自分に与えられたチャンスのうちのできるだけ多くのもの」を活かそうと努力をし続け、「自分が得ることのできた思い出のうちのできるだけ多くのもの」を大事にし続けながら生きていきたいものですよね……。

それに、人間というものは、決して「万能なもの」でも「完璧なもの」でもありませんので、長い人生の中では、誰もが、「忘れてしまいたい苦い思い出」や「誰にも触れられたくない辛《つら》い経験」・「自分が誰かを傷付けてしまった経験」や「自分が何かの倫理的な罪を犯してしまった経験」といったものを、多かれ少なかれ得ていってしまうものです。

また、現実の人間の人生におきまして、「自分が何かの罪を犯すことによって自分の心に生じてしまった罪悪感」や「自分が誰かを傷付けたりすることによって自分の心に生じてしまった自責の念」・「自分が過去に得てしまった様々な悲しい経験」や「自分が過去に得てしまった苦くて辛《つら》い思い出」といったものから自分が逃げ続けてしまわずに、それらを乗り越えて自分が前向きに生きていくためには、「それらを自分が抱えることの重圧に耐えられるだけの強い心」というものと「それらの全てを包み込んでも余裕を保っていられるような大きくて広い心」というものとを自分が充分に備えておくということが、必要なことであると言えるのでしょう。つまり、本当の意味での「人間の心の強さ」というものは、こういった場面において試されることになるのだろうと考えられるのです。

『神は、過ぎた罪は許しても、同じ罪を繰り返す者には、罰を与える。』とは、コーランに書かれている言葉であり、**『過《あやま》ちを犯すことは人間的なことであり、それは必ずしも罪ではないが、ある日の過《あやま》ちに再び陥るのなら、その過《あやま》ちは罪と呼べるものになる。』**とは、プブリリウス・シルス《Publilius Syrus　前一世紀に活躍したローマのミモス劇作家》の言葉になります。また、**『神が人間の犯した罪を少しも許さなければ、天国は何時《いつ》までも空っぽだろう。』**という言葉は、モハメッド・ベン・シュネブの言葉です。（人間は誰でも、自分が生きていく中で何らかの罪を犯してしまうものなのでしょう。例《たと》えば、「自分が死に絶える」ということでさえ、それによって誰かを悲しませたりしてしまうことですので、考え方によっては、罪と呼ぶこともできるようなことなのです。）

「罪というものに関して」の議論にも及んでしまいましたが、「Chapter2 - 7」のここまでのところで私がお話して参りましたようなことが、現代の日本のような社会において起こってしまっている「社会に属する多くの人間のモラルの崩壊」という社会現象（暴力団や不良集団といった一部の人間だけではなく、「世の中の非常に広範囲の様々な人間」や「当たり前のように平和な日常生活を普通に送っている人間」のうちの少なくない数の人間のモラルというものまでもが、見え難《にく》いところで大きく崩壊してきてしまっているということ）の代表的な原因となっていることの一つなのだろうと考えられます。（現在において実際にメディアを通じて伝えられる様々な犯罪というもののうちの少なくない一部分は、「社会に属する多くの人間のモラルが崩壊してきてしまっているということ」や「全ての人間が生得的に備えているはずの根本的な心の仕組《しく》みというものが、一部の人間の心の中で崩壊してきてしまっているということ」などを原因として生じてしまっている「氷山の一角」としての犯罪であるに過ぎないのです。）

確認の意味も含めて、もう一度まとめさせて頂きますが、ここのところで私が提案させて頂きたい重要な二つのことは、「現代の様々な人間社会に属する多くの人間に、もっと素直に・もっと敏感に（その一方で、自分を追い詰め過ぎない程度に）自分の心に生じている心的現象というものを感じるようになって頂きたい」ということと、「現代の様々な人間社会に属する多くの人間に、自分が抱いている欲動と自分の属している社会の社会的価値観とのバランスを保った良い信念というものを抱いて頂きたい」ということとにあります。（「実際の人間社会というものがより良い社会であるためには、その社会の中に、どのような社会的価値観が、どのように確立されるべきなのか」といったことに関してのお話は、「Chapter2 - 8」で詳しく議論させて頂きます。）

（現代の日本のような社会において起こってしまっている「社会に属する多くの人間のモラルの崩壊」という非常に重大な社会現象の原因として考えられることと致しましては、他にも、「少なくない数の人間が、自分が感じる欲動や自分が感じる感情といったものを無意識のうちに当然のように抑圧することに完全に慣れてしまっており、自分がそれらの心的現象を素直に感じ取るということを難しいこととしてしまっているのと全く同じように、自分の感じる罪悪感というものを素直に感じ取るということをも難しいこととしてしまっているということ」・「少なくない数の社会の社会的価値観というものが、異常なほどに希薄化してしまったり・異常なほどに多様化してしまったりしているために、一人一人の人間に与えられる社会的価値観の種類や社会的価値観の強度なども非常に様々なものとなってしまっており、結果として、一人一人の人間が抱く善悪の基準や罪悪感の基準といったものまでもが、非常に様々なものとなってしまっているということ」・「少なくない数の大人達が、まるで、自分が思春期や反抗期の子供であるかのように、社会において禁止されていることや社会において悪いこととされていることに対しての強い憧れを抱き、それらを強く求めるような価値観というものを抱き続けてしまっているということ」なども挙げられるのだろうと考えられます。尚《なお》、「Chapter2 - 8」で詳しく議論させて頂きますが、「テレビやインターネットを中心としたメディアというものによって、社会全体にも社会に属する一人一人の人間にも、異常なほどの種類と量とを兼ね備えた情報というものが無条件且つ無闇に与えられてしまっているということ」も、「社会に属する多くの人間のモラルの崩壊」という深刻な社会現象の原因の一部となってしまっていることであると間違いなく言えるのでしょう。）

そして私は、多くの人間に、「自分の抱いている何かに対しての怖れ」や「自分を無理に抑え付ける法的な束縛」といったものの力によってだけで自分自身の行動を規制するような生き方というものをしてしまうのではなく、一人一人の人間がそれぞれに抱いている「動物としての欲動と罪悪感」や「人間としての欲動と罪悪感」・「人間としての価値観と信念」や「人間としての良識と誇り」といったものの力によって（それらのバランスというものによって）、自分自身の行動や自分自身の人生の選択などを決定していくような生き方というものを目指して頂きたい（実行して頂きたい）と強く思います。また、「実際に自分がそのような生き方をするということ」が、「自分という人間が、より人間らしく（欲動や怖れ・規則や合理性などの力に完全には支配されてしまわずに、自分の意志と自分の信念・自分の内側から生ずる様々な力とともに）生きるということ」に繋《つな》がることでもあると言えるのでしょう。

恐《おそ》らく、人間は、良い信念というものを自分が抱き、自分の考える自分自身というものに大きな価値と大きな意味とを感じ、自分自身のことを誇れるようになり、自分自身のことを素直に好きと言えるようになることなどによって（特に、自分の抱いている良い信念というものの力によって）、「他者の視線を気にし過ぎてしまう自分の意識」や「社会的価値観による自分への要請」・「自分の抱いている動物的な欲動」といった様々な力に、ある程度まで打ち勝つことができるようになるのです。また、このようなことが、「ある人間が、自分の理性によって自分自身を支配する（自分の欲動や自分の本能・自分の意識の力や自分の肉体そのものをある程度まで支配する）ということ」でもあると言えるのでしょう。こういった「心の強さ（自分の理性によって自分を支配することができるだけの心の強さ）」というものを手に入れることができるようになるという意味でも、「良い信念を抱くということ」は、人間にとって非常に大切なことであると言えるのだろうと考えられます。（尚《なお》、「人間が自分の抱く様々な欲動というものを適度に自在にコントロールすることができるようになるということの大切さ」に関してのお話は、「Chapter2 - 8」のところでも議論させて頂きます。）

例《たと》えば、ここでは簡単な例を挙げさせて頂きますが、良い信念というものをしっかりと抱くことができている人間であれば、自分の信念というものに完全に反しているような「虐《いじ》め」や「万引き」といった行為をしている自分の友人のことを迷うことなく止めることができるのでしょうし、普段の生活の中で自分の気に触るような些細《ささい》なことが何かあったとしても、すぐに暴力に訴えてしまったり誰かに憤慨してしまったりはせずに、自分の誇りと自分の自制心との力によって（更には、「自分が誰かに痛みを与えることに対して感じる自分の罪悪感の力」というものと「誰かの痛みを自分自身の痛みと同等のものとして感じることができる愛と優しさの力」というものによって）、冷静に対処することができるのでしょう。（少なくない場合におきましては、**『自分が殺人を傍観することは、自分が殺人を許可することと同じことであり、自分が虐《いじ》めを傍観することは、自分が虐《いじ》めを許可することと同じことである。』**とさえ、言えるのかも知れません。）

（「Chapter2 - 5」のところでは、「人間は、自分と内面的同一化をしている誰かの恥ずかしいと思われるような行動を自分が見た時には、自分自身が恥ずかしいような気持ちを感じてしまうものなのである」ということをお話致しましたが、同様に、「人間は、自分と内面的同一化をしている誰かの倫理的な罪に該当すると思われるような行動を自分が見た時には、自分自身が決して弱くはない罪悪感というものを感じてしまうものなのである」ということが言えるのです。そして例《たと》えば、多くの母親は、自分の子供が犯罪行為というものを犯してしまった時に、自分自身が「非常に強い罪悪感」というものを感じることができ、その「自分の感じた強い罪悪感の力」というものに基づいて、迷惑を掛けてしまった誰かに自分が心からの謝罪をすることや、自分の子供を厳しく戒めることなどができるのでしょう。また、このことから考えますと、「自分の親しい誰かに対して少しも厳しくなることができない人間は、自分自身に対しても殆《ほとん》ど厳しくなることができない人間であるか、或《ある》いは、その親しい誰かに対して精神的に大きく依存してしまっている人間である」ということも、多くの場合におきましては、言えることなのかも知れませんね。）

（「自分が、誰かに対して暴力を振るってしまったり・誰かの心を意図的に傷付けてしまったり・犯罪や薬物に手を染めてしまったり・お酒や賭け事などに中毒的なほどに依存してしまったり・やってはならないと自分で思っていることを止められなかったり・やらなければならないと自分で思っていることから逃げてしまったりするといったようなこと」は、その少なくない場合が、「自分自身の心の弱さ」というものを原因として、また、「自分が、自分自身の心の弱さというものから逃げようとしてしまうこと」を原因として起こってしまっていることであると言えるのだろうと考えられます。『**悪とは何か。それは、人間の心の弱さから生ずる一切のものである。**』とは、ニーチェの言葉です。)

(「自分が犯罪を犯すことに慣れてしまうこと」や「自分が何かの恥ずかしい行為をすることに慣れてしまうこと」なども、その少なくない場合におきましては、「自分自身の心の弱さ故に起こってしまっていること」であると言えるのでしょう。人間というものは、自分が「体の痛み」というものに慣れてしまうことが決してないのと同様に、自分が自分自身の心を欺いてしまったり・自分が自分自身の心の弱さに負けてしまったりしない限りは、罪の意識や恥の意識・悔しさや切なさといった「心の痛み」というものに自分が慣れてしまうことも、決して有り得ないことなのです。勿論《もちろん》、「自分の心の弱さというものが現実の自分の行動に対して強く影響してしまう危険性」というものは、人間であれば誰もが備えているものなのであり、その心の弱さというものを自分の心の中から完全に消し去るということは、厳密に考えれば、誰にもできないことであると言えるのでしょう。しかし、その一方で、「より強い心というものを自分が持とうとすること」は、誰にだって可能なことであり、誰もがするべきことであると言えるのだろうと思えるのです。)

（もしも、現在において自分が、現実に「そのような心の弱さ」というものを抱いてしまっていながらも、より強く・より良く生きたいと望んでいるのであれば、自分の心に生じてしまっている欲求不満や葛藤《かっとう》の問題といったものを先述のような逃避的な形・倒錯的な形によって誤魔化《ごまか》そうとしてしまうことを、自分の勇気の力や自分の信念の力といった自分の強い心の力を用いることによって止めるように努め、「毎日の生活の中で発散されない自分の欲動というものを、社会的価値観に適合した何らかの形で発散することができるような状況」というものを作ったり・「毎日の生活の中で自分に不快な感情や不安な感情を与えてくる対象に対しての自分の接し方」というものを変えたり・「物事を考えたり感じたりする自分の心のスタンス」というものを変えたりすることによって、もっとポジティブで根本的な・もっと実質的で健全な・もっと本質的で現実的な解決方法を探すべきであると言えるのでしょう。尚《なお》、「実際に人間が強い心というものを自分のものとするためには、具体的にどうすれば良いのか」といったことに関してのお話は、「Chapter2 - 4」の後半のところで言及させて頂いておりますので、ここでの説明は省略させて頂きたいと思います。）

（一方で、言うまでもないことなのでしょうが、「自分が適度に賭け事やお酒を楽しむこと」なども、多くの人間にとって、自分の人生というものを充実したものとし、自分の人生というものを楽しいものとしていくための大切な一つの要素となり得ることです。ですから、多くの人間にとって、自分がお酒や賭け事を嗜《たしな》む際に重要なことの一つは、「自分の家族や自分自身を不幸にしてしまわない程度に・自分の人生を崩壊させてしまわない程度に、最低限の節度を持って、そういった賭け事やお酒などを、純粋に・能動的に楽しむということ」にあると言えるのだろうと思います。特に、現代社会におきましては、お酒や賭け事による何かの失敗・自分が小さな罪や少しの過《あやま》ちを犯してしまうような失敗・恋愛や人間関係においての失敗といったものは、人によって大小の違いや回数の違いはあるものの、誰でも一度や二度は経験してしまうものなのでしょう。ですが、「人間が失敗や過《あやま》ちを犯してしまうこと自体は、必ずしも悪いことではない」と言えるとしても、「自分の人生に大きな後悔を作り出してしまうような失敗や過《あやま》ち・取り返しのつかないような失敗や過《あやま》ち」といったものを犯してしまうのではなく、「後になってから笑い話で済ませられる程度の失敗や過《あやま》ち」といったものを犯してしまうことに留めておきたいものですよね……。尚《なお》、「お酒や薬物に対して、自分が依存するようになってしまうこと」・「複数の異性との関係や賭け事に対して、自分が中毒的なほどに熱中するようになってしまうこと」などが罪であると考えることができる理由は、それらが、自分自身や自分の大切な誰かを不幸にしてしまう可能性というものを、著《いちじる》しく高めてしまうことだからなのであり、ここで私が申しております失敗や過《あやま》ちとは、例《たと》えば、「お酒や賭け事に自分が溺れることによって、自分が誰かの信用を大きく失ってしまうこと」や「異性関係でのトラブルによって、自分が誰かを酷《ひど》く傷付けてしまうこと」などのようなことです。）

（また、「自分よりも弱い者を虐《いじ》めたり傷付けたりしようとしてしまう人間の心理」や「自分よりも不幸な者を追い詰めようとしてしまう人間の心理」・「自分よりも何かの能力で劣っている者を見下そうとしてしまう人間の心理」や「何かに失敗した者を馬鹿にしようとしてしまう人間の心理」・「自分とは考え方や立場の違う者を無意味に否定しようとしてしまう人間の心理」といったものは全て、「自分が誰かよりも相対的に上にいるということを自分自身に無理矢理にでも言い聞かせることによって、優越感や安心感といったものを自分が得ていたい」という自分自身の心の弱さというものを構成要因の一部に含んでいるものであると言えます。同様に、「勇気というものを喪失して臆病になってしまう人間の心理」や「努力というものを怠って怠惰になってしまう人間の心理」・「誰かに対して無闇に嫉妬や憎悪の感情を抱いてしまうような人間の心理」といったものも、自分自身の心の弱さというものを構成要因の一部として含んでいるものであると言えるのでしょう。そして、こういった類《たぐい》の心的現象の全ては、「その心的現象に基づいて人間が実際に起こす行動というものによって、その人間が悪と呼べる存在になってしまう可能性や、その人間が何らかの罪を犯してしまう可能性」などをも備えているものなのです。)

(少しだけ関連するお話を付け加えさせて頂きますが、「優しさ」や「慈《いつく》しみ」といった言葉と、「憐《あわ》れみ」や「情け」といった言葉とは、同じような意味で使われることも多いような言葉なのですが、微妙にニュアンスの異なる言葉であるとも言えるのだろうと思います。と申しますのも、「憐《あわ》れみ」や「情け」といった言葉は、「優しさ」や「慈《いつく》しみ」といった言葉よりも、「相手を見下したようなイメージ」というものを多く含んでしまっている言葉であるように、少なくとも私には感じられてしまうことがあるのです。勿論《もちろん》、「誰かのことを見下したりするのではなく、誰かのことを気の毒に思ったり・誰かのことを可哀想《かわいそう》に思ったりすること」は、とても人間らしいことであり、内面的同一化に基づくそれらの心的現象を抱くことは、とても素晴らしいことであるとも考えられるのですが、「自分が強く生きたい」ということを望んでいる人間は、多くの場合において「自分が誰かに憐《あわ》れみや情けを与えられてしまうこと」を非常に強く拒否したり嫌悪したりするものですので、例《たと》えば、「自分が誰かに対して可哀想《かわいそう》という言葉を使ったり・自分が誰かのことを気の毒という言葉で形容したりすること」などは、時として、「慈愛《じあい》」よりも「侮辱」を相手に与え、相手を憤慨させてしまうような結果に結び付いてしまうことが少なくはないようなことであると言えるのでしょう。例《たと》えば、両親のいない人間のことや身体的な障害を持っている人間のことを、それだけの理由で「可哀想《かわいそう》」や「気の毒」といった言葉で無条件に形容してしまうことなどは、ある意味では、相手に対して非常に失礼なことであり、相手の人格や人権を無視してしまっているようなことであり、相手が憤慨してしまっても当然のようなことであると言えます。）

私は、ここまでのお話の中で、罪悪感という罰を伴うような「倫理的な罪」というものを中心にして、「人間の抱くモラルや人間の抱く良識といったものに関しての社会的価値観の形成」ということに関わるお話を進めて参りました。ですが、ここで、誤解を避けるためにも申し上げておきたいのですが、少なくとも、現代のこの社会の中での「法律という概念の必要性」・「法的な罪の概念の必要性」といったものは、私自身も充分に理解しておりますし、肯定しておりますし、確信しております。「社会の中に法律というものが規定され、刑罰というものが用意されることによって、その社会の中で多くの人間が犯してしまうかも知れない罪というものを事前に防止することができる」というような可能性は、疑いようもなく考えられるものであると言えるのでしょうし、「何が悪いことであり、何が良いことであるのか」ということが非常に分かり難《にく》い状態にある現代の日本のような社会におきましては、例《たと》えば、商法などによって経済社会のルールというものが明確化される必要性なども、間違いなくあると言えるのでしょう。ですから、法律と正義（それは例《たと》えば、「人間社会全体の平和」や「一人一人の人間の平等」・「社会に属する多くの人間の幸福」や「社会に属する多くの人間の安全と人権の確保」といった社会的価値観と同じ方向性を持つような正義）との間のギャップを埋めるような努力というものをすることなどには、非常に大きな意味・非常に良い意味があるのだろうと、私自身もそのように確信しております。

ですが、そういったことの一方で、「法律による罰（実刑）というものも、決して万能なものではない」といったことは、事実として間違いなく言えることなのだろうと考えられるのです。例《たと》えば、金銭的に非常に豊かな状況にある人間や金銭感覚の麻痺してしまっている人間にとっては、「罰金」という罰則を伴う法律の存在は、自分の犯罪行為を抑止するための理由とはならなくなってしまうかも知れません。同様に、自分の時間というものを大切に感じることができない人間や、刑務所の中で自分が過ごす時間というものを苦痛に感じることができない人間にとっては、「禁固刑」という刑罰を伴う法律の存在は、自分の犯罪行為を抑止するための理由とはならなくなってしまうかも知れないと考えられます。更には、例《たと》えば、自分の命というものに大きな価値と大きな意味とを見出すことができない人間にとっては、「死刑」という刑罰を伴う法律でさえ、自分の犯罪行為を抑止するための理由とはならなくなってしまうかも知れません。（尚《なお》、「死刑」という刑罰の本当の意味は、「自分が生きて罪を償ったり・自分が生きて罪を悔やんだり・自分が生きて被害者や被害者の家族に謝罪をすることさえ許されないほどの非常に重い刑罰」ということなのだろうと考えられ、「生き続けることが許されないこと」・「自分自身に備わっている全ての可能性というものを、死によって奪い去られてしまうということ」とともに、「罪を償うことさえ許されないこと」・「人間としての大切な心の要素である罪悪感や思いやりといったものを取り戻す機会さえ与えてもらうことができないということ」などが、この刑罰の本質であると考えることができます。「死刑という刑罰を受けること」などよりも、「多くの人間に幸福を感じさせてあげられるような善行というものを、自分が自発的に多く行なうということ」などの方が、「罪の償いの形」としては、人間としてずっと素晴らしい形であると言えるのでしょう。）

（また、このことは、考え方によっては当たり前のことでもあるのでしょうが、殆《ほとん》ど全ての社会におきましては、「法律によって定められていることが、どんな場合であっても、常に正しいこと・必ずしも正しいこと・最も正しいことである」という訳では、決してありません。例《たと》えば、少し極端な例を挙げさせて頂きますが、「自分が法律を厳守することを最優先し、窃盗という罪を犯さなかったがために、自分が空腹によって餓死してしまうこと」などがあれば、それは、少しやり過ぎと申しますか、人間として不自然な価値観と人間として不自然な行為であると言えるのだろうと考えられます。同様に、こちらも少し極端な例なのですが、「赤信号の横断歩道に子供が一人でいるのに、自分が道路交通法を厳守することを最優先するために、その子供のことを助けようとしないこと」などがあれば、それもまた、人間として不自然な価値観と人間として不自然な行為であると言うことができるのでしょう。）

（例《たと》えば、「離婚をすることを罪なことと考えて、自分が配偶者の暴力や浪費癖に困窮しながら人生を送ること」よりも、「離婚や再婚をして幸福な家庭を築き直すこと」の方が、人間の行動として良いことであると言える場合もありますし、「借金をすることを悪いことと考えて、起業をしたいと考える自分の夢を諦めること」よりも、「多少のリスクを負ってでも、より大きな成功を信じて自分の会社を作ることに挑戦してみること」の方が、人間の行動として素晴らしいことであると言える場合もあります。「自分が金銭的にも生活的にもそれほど困窮している訳でもないのに、風俗関係の仕事や自分の性を売り物にしたような仕事で自分が働くこと」などは、「罪」や「恥」といった言葉で呼べるようなことであるとしても、「自分の生活や自分の子供の生活を守るために、やむを得ず自分が風俗関係の仕事をすること」などは、非難されるべきことや恥として感じるべきことでは少しもないと言えるのでしょう。それに、「自分が殺人を犯してしまうこと」や「自分が自殺をしてしまうこと」といった最悪の選択肢を避けるためには、その他の多くの選択肢は、何らかの小さな罪に繋《つな》がるものであったとしても、考慮の対象に入れて然るべきものとなると言えるのです。）

（これらのことは、「罪の重さの違い」や「価値の大きさの違い」といった概念によって考えた方が良いようなことであると言えるのかも知れませんね。例《たと》えば、「賭博」などよりも「窃盗」などの方が、「窃盗」などよりも「傷害」などの方が、「傷害」などよりも「殺人」などの方が、その罪の重さとしては、遥《はる》かに重いものなのだろうと考えられます。「限度のある喧嘩」や「賭博」・「未成年の飲酒」や「未成年の喫煙」といったものなどは、「非行」や「不良」といった言葉で片付けられるものであるとも考えられるのですが、「傷害」や「暴行」・「殺人」や「自殺」・「レイプ」や「軽率な買売春」といったものなどは、そういった言葉で片付けることができる範囲を遥《はる》かに超えてしまっている非常に重い罪であると考えられるのです。また、例《たと》えば、「自分が健康でいられることの価値」というものは、少なくとも自分自身にとっては、その他のどんなものにも代えられないくらいに大きな価値を持つものであり、「人間の命の価値の重さ」というものは、少なくとも人間自身の主観から考えるのであれば、その他のどんなものの価値よりも重いものですので、「自分が、自分の命や自分の健康・誰かの命や誰かの健康を守るために、法律を犯したり、小さな罪を犯したりすること」などは、むしろ、多くの場合におきましては、人間として非常に尊い行為であると言えるのでしょう。『**徳と同じように、罪にも段階がある。**』とは、ラシーヌ《Jean Racine 1639 - 1699 フランスの劇作家 著「アンドロマック」「ベレス」》の言葉です。）

（その一方で、例《たと》えば、「教義という名前を持つ絶対的な社会的価値観」というものが確立している厳しい宗教社会の中では、「自分の信じている宗教の教義に逆らうことによる罪というものは、他のどんな行為による罪よりも重いものであり、決して許されないものである」といったような価値観を多くの人間が自分の信念として抱いている場合も少なくはないのだろうと考えられます。例《たと》えば、とても厳格なユダヤ教徒にとっては、その教典である「タルムード」に書かれていることに逆らった行いをすることが、非常に重い罪と呼べることなのでしょうし、とても厳格なイスラム教徒にとっては、その教典である「コーラン」に書かれていることに反する行いをすることが、非常に重い罪と呼べることなのでしょう。勿論《もちろん》、「宗教によって形成される罪の基準」というものも「動物としての人間が感じる罪の基準」というものも・「法律によって規定される罪の基準」というものも「私達が感じる倫理的な罪の基準」というものも、それら全てが「共通した部分」というものを多く持つものであり、それら全てが「共通した罪の基準」というものを多く持つものでもあると言えます。ですから、例《たと》えば、「誰かを傷付けたり殺したりすること」や「子供に対して性的虐待を加えること」などは、殆《ほとん》ど全ての社会におきまして、非常に強烈な罪悪感の対象・非常に重い罪の対象として位置付けられていることとです。）

また、私は思うのですが、「法律というものが社会の中にあることによって、多くの人間が犯罪を犯さなくなる」という「法律と社会秩序との仕組《しく》み」というものが現実に機能していくための原動力となるものは、ここまでに私が示して参りましたような「犯罪を犯した人間が実際に受けてしまう法律によって定められた具体的な刑罰」というものにあるとともに、「犯罪者というレッテルを貼られてしまった人間に対する他者からの厳しい視線（特に、親や友達といった自分の親しい他者からの厳しい視線・悲しそうな視線）」というものにもあり、「犯罪を犯そうとしてしまっている人間が抱く強い罪悪感」や「実際に犯罪を犯してしまった人間が抱く強い罪悪感」といったものにもあると言えるのでしょう。それに、恐《おそ》らく、「法律と刑罰とによって成り立つ仕組《しく》み」というものによってだけで人間の犯罪行為の全てを抑止しようとする方向性には、どんなに厳しい罰則やどんなに細かい規程を定めたところで「越えることのできない限界」というものがあるのだろうと考えられ、その限界を乗り越えるためには、やはり、「人間の内面的同一化に基づく愛や優しさの力」・「人間の抱く倫理的な罪の概念や人間の抱く良識」といったものを利用することが間違いなく必要なのだろうと考えられるのです。（尚《なお》、「何かの罪を犯してしまった人間に与えられる罰」というものは全て、それが適正な厳しさの罰であるとは誰にも断言することができないようなものなのでしょう。）

このお話に関連致しまして、実際に何かの罪を犯してしまった人間が行う「自分の犯した罪の償い」ということに関して、ここから少し詳しい考察を加えさせて頂きます。例《たと》えば、殺人という罪を自分が犯してしまったことの罰として、その被害者の家族に対して自分がどれだけのお金を支払ったとしても、自分がどんなに長い期間に渡って刑務所の中に入ったとしても、死刑という形でその罪の罰を自分が受けたとしても、教会に行って自分の罪を告白したり懺悔をしたりしたとしても、その被害者の命というものは、決して戻ることはありませんし、その被害者の家族の悲しみというものも、完全に消えることは決してありません。このように、法的な罪というものであっても・倫理的な罪というものであっても、ある人間が一度犯してしまった重大な罪というものは、自分がどんな形の罰を受けたとしても・自分がどんなに長い時間を費やして後悔し続けたとしても、厳密に考えるのであれば、その罪を自分が完全に償うことは決してできないのです。(「誰かの体を傷付けることや誰かから何かを奪い取ることなどの犯罪を犯してしまった加害者が、その犯罪の被害者自身や被害者の家族に許しの言葉をもらうことによって、自分の気持ちというものが少しだけ楽になるといったこと」は確かにあるのですが、「最終的に、自分の罪というものを許すのかどうか」ということは、結局のところ、「自分自身の心次第」によって決まることなのでしょう。)

(殺人や暴行などの凶悪な犯罪を犯し、誰かの幸せや喜びといったものを永遠に奪うことになってしまった人間は、自分の心を欺いたり・自分の心を直視することから逃げてしまったりしない限りは、そのような大きな罪を犯してしまった時から自分の命が尽きるまでの間ずっと、自分の犯した罪というものを背負い続け、自分の抱く強い罪悪感というものを感じ続けながら生きていくことになってしまうのだろうと考えられるのです。また、だからこそ、弱い心を持った人間は、決して消えることのない強い罪悪感というものから自分が逃れるために・その罪悪感というものを自分が感じなくても済むように、自分の心の仕組《しく》みというものを無意識のうちに変化させてしまうことがあるのでしょう。恐《おそ》らく、人間の感じる罪悪感というものは、自分の犯した犯罪の事実というものを自分以外の誰にも気付かれなかったとしても・自分の犯した犯罪の責任というものを自分以外の誰かに不条理に押し付けることができたとしても、その罪悪感というものを自分が強く感じてしまうものなのであり、「自分自身がその罪悪感を感じないで済むように自分の心の仕組《しく》みというものを変えてしまうこと」や「自分の犯した罪を悪いこととして定めていたような自分の抱いている価値観というものを捨て去ってしまうこと」・「本当に心の底から反省をして自分の犯した罪を悔い改めること」などをしない限りは、その罪の意識の力に自分が苛《さいな》まれ続けてしまうものなのです。)

(ここで、少しだけ余談になってしまうのですが、このような「罪悪感に関してのお話」に関連することと致しまして、「投射や投影といった心的現象」に関しての説明を、簡単に加えさせて頂きたいと思います。人間は、自分が何かの罪を犯してしまった時に自分自身の心の中に生じる「自己への罪悪感」や「自己への嫌悪感」・自分が誰かに嫉妬をしてしまっていたり何かに対して勇気を持てないでいたりするような「自分の欠点」や「自分の短所」といったものを自分で認めたくないがために、また、それらから自分が目を背けたいがために、時として、「自分の罪」や「自分の欠点」などを「他者の罪」や「他者の欠点」として認識しようとしてしまうことがあります。これは例《たと》えば、「自分が相手に対して敵意を持っているのに、自分が相手から憎まれていると思い込むこと」や、「自分で許すことができない自分の面を感じているのに、その許せない対象を他の人間に移し変えようとすること」などです。そして、このような心的現象のことを、心理学関連の学問分野では、「投射」や「投影」といった名称で呼びます。この「投射」や「投影」といった心的現象は、「その心的現象を自分の心の中に生じさせている本人にとって、意識的なものであるのか無意識的なものであるのか」ということに拘《かか》わらず、人間の備えてしまっている心の弱さ故に誰の心にでも起こり得る非常に一般的な心的現象であると言えるのでしょう。これらは、日本語で使われる「責任転嫁」という言葉に近い意味の心的現象であるとも言えるのだろうと考えられます。尚《なお》、『**自分の欠点は、恥と思え。自分の欠点を矯正することは、恥と思うな。**』とは、アヴァダーナの言葉であり、『**賢者は、己の過失の原因を自分自身に問うが、愚者は、その原因を他人に問う。**』とは、中国の諺《ことわざ》にある言葉です。）

（また、この「投影」という心的現象に関連することとして申し上げますが、人間が誰かに対して吐く「嘘」というものには、人間が自分自身の心の中で行う「投影」という心的現象と同様に、多くの場合におきまして、「こうあって欲しい」と望む自分自身の「願い」や「願望」といったものが詰められているのであり、「嘘」というものの持つこのような性質は、自分自身に対して向けられている嘘や妄想であっても・自分以外の誰かに対して向けられている嘘や言い訳であっても、全く同様であると言えます。それに対して、人間が抱く「幻想」というものや人間が眠っている時に見る「夢」というものには、多くの場合におきまして、自分自身が自分の心の中に抱いている「欲動」というものと「怖れ」というものとの両方が詰められていると言えるのでしょう。もっとも、「Chpater1」でもお話致しましたように、「欲動」というものと「怖れ」というものとは、相反するものでありながら、人間の心の中に常に同時に出現するものでもあると考えられます。）

例《たと》えば、「法律に定められている刑罰」というものは、罪を犯してしまった側の人間に「自分が悔い改める機会や自分が人生をやり直す機会」といったものを与えるための仕組《しく》みであるに過ぎず、被害を被ってしまった側の人間に「少しの慰めや少しの金銭的な補償」といったものを与えるための仕組《しく》みであるに過ぎません。また、この「法的な罪に対しての刑罰というものを定めることによって、人間が犯してしまう犯罪というものを事前に防止する」という仕組《しく》みは、実際に犯罪を犯してしまった人間やこれから犯罪を犯そうとしてしまっている人間に、「法律によって定められている刑罰というものを受けてしまえば、自分の罪というものは完全になかったことになるのか」・「法律によって罪として定められているような行為でなければ、それは罪とはならないのか」といった疑問を抱かせてしまう危険性をも備えているものなのだろうと考えられます。ですから、ある社会が、この「法的な罪に対しての刑罰というものを定めることによって、人間が犯してしまう犯罪というものを事前に防止する」という仕組《しく》みに頼り過ぎてしまうことによって、その社会に実際に生きている一人一人の人間の抱く「倫理的な罪に対しての罪悪感」というものが薄れていってしまうという危険性があるのだろうと考えることもできるのです。

（また、これは、考え方によって結論が大きく異なってしまうようなことでもあるのでしょうが、例《たと》えば、「死刑という刑罰を伴う法律の仕組《しく》み」というものは、「生きるべき人間」と「死ぬべき人間」とを法の権力を用いて選別してしまうような仕組《しく》みなのであり、「そのような法律の存在というものが、倫理的に許されるものなのかどうか」という根本的な疑問が抱かれてしまうようなものでもあるのだろうと考えられます。同様に、「人間に対して無理な延命治療を施すこと」や「遺伝子を操作することによって産まれてくる人間の性質を操作すること」・「受精卵を調べることによって生まれてくる人間の命の選別をすること」や「一度完全に死んでしまった人間を再び無理矢理に蘇らせること」などのような「生命倫理に抵触し兼ねない様々な行い」の中にも、人間の踏み込んではならない「神の領域の所業としての性質」・「人間の存在意義自体や多くの人間の抱いている根本的な価値観自体を根底から覆《くつがえ》してしまうような危険な性質」といったものが潜んでいると言えるのかも知れません。例《たと》えば、「自分の判断によって誰かを死に至らしめる可能性がある」という裁判官や陪審員の行為・「自分の要求によって誰かを死に至らしめる可能性がある」という原告や検察官の行為・「自分の行動によって犯罪者自身や犯罪者の家族の人生を壊してしまう可能性がある」という警官の行為などは、法律というものを盾にして行っている行為ではあるとしても、生物としての全ての人間が備えている性質から考えれば、ある意味では「罪悪感の対象となる行為」であると言えるのです。もっとも、このような疑問を突き詰めて参りますと、「そもそも、法律というものを用いて人間が人間を裁くという行為自体が、倫理的に許される行為なのかどうか」という疑問にも繋《つな》がってしまうと言えるのでしょう。関連することとして付け加えさせて頂きますが、中世の少なくない数の宗教社会におきましては、「宗教の教義」という名称の法律に基づいて、「神」の名を借りる形で、罪人が裁かれていたと言えます。）

（そもそも、人間を裁いたり人間の生死を決めたりしてしまうような「ある種の職業の持つ特別な権力」や「ある種の立場の人間の持つ特別な権利」といったものは、一人の人間が備えてしまうには、あまりにも大き過ぎる力であると言えるのかも知れませんね。また、少なくとも、「何かの職業特権というものを持つ職業に実際に就いている人間には、その職業特権を自分が悪用してしまわないための高いモラルや職業倫理・その職業特権の魅力に自分が支配されてしまわないための強い心・自分が責任感を充分に感じてその仕事に従事しようとする姿勢などが必要である」ということは、間違いなく言えることなのでしょう。そういった「職業特権を持つ職業」に就いている人達とは、例《たと》えば、子供の心を育てたり子供に物事を教えたりする立場にある「教師」を中心とする「教育関係の職業」に就いている人達であり、人間の命というものや人間の健康というものを直接的に左右する立場にある「医師」や「看護婦」のような「医療関係の職業」に就いている人達であり、法律の力を用いて人間の人生を大きく変え得る立場にある「弁護士」や「裁判官」のような「法律関係の職業」に就いている人達のことです。厳密に考えれば、子供の命を一時的に預かる「幼稚園の保父さんや保母さんの仕事」に就いている人達・高齢者や障害者の健康に直接的に影響を及ぼしてしまう可能性を持つ「介護福祉に関わるような職業」に就いている人達も、とても責任のある仕事をしていると言えるのだろうと考えられますし、政治や公務に携《たずさ》わる人間である「政治家や警察官」といった人達も、ある種の職業特権を持った人達であると言えるのでしょう。)

(また、「そういった職業に就いている人達は、自分の就いている職業に対しての高いレベルでの職業倫理というものを失ってしまった時点で、その職業を自分自身の意志によって辞するくらいの責任感を持っているべきである」ということも、言えることなのかも知れません。と申しますのは、職業倫理を失ってしまいながらもそういった職業に就き続けてしまっている人間は、その結果として、自分の持っている職業特権によって誰かを不幸にしてしまったり・自分が法的な罪を犯してしまったりすることになる可能性が決して少なくはないのだろうと考えられるからなのです。勿論《もちろん》、特別な職業特権を持たないような仕事をしている多くの人達にとっても、「職業倫理」というものは、意識して大切にして然るべきものであると言えるのだろうと思います。）

現実に犯罪を犯してしまった人間が、自分の犯した罪というものを深く反省し、被害者に対しての心からの謝罪というものをし、「これから先の自分の人生を、心を入れ替えて生きていこう」と素直に思えるようなことがあるとすれば、それは恐《おそ》らく、「刑罰によって自分が支払った罰金」や「刑罰によって自分が受けた懲役」などによることだけではなく、「自分と被害者との間の内面的同一化」や「それとともに自分の心の中で起こる価値観の変更と信念の変更」などによることでもあるのだろうと私は思うのです。

例《たと》えば、「友達との約束を破る」という「倫理的な罪」を犯してしまった人間は、約束を破られてしまったその友達の気持ちになって自分を見つめ直し、約束を破られてしまった時のその友達の気持ちというものを自分の気持ちと同化させて、悲しい気持ちや切ない気持ちといったものを自分が強く感じることによって、深く反省することができるのでしょう。同様に、「誰かを殺してしまう」という「法的・倫理的な非常に重い罪」を犯してしまった人間は、殺されてしまったその誰かの家族やその誰かの友人の気持ちになって自分を見つめ直し、殺されてしまったその誰かの家族やその誰かの友人が感じる悲しみや切なさ・怒りや憤りといったものを自分の感情と同化させて、それを自分で非常に辛《つら》いこと・耐え切れないほどに悲しいこととして強く感じることによって、深く反省することができるのだろうと考えられます。

（また、「自分が何かの悪いことや何かの危険なことを行った時に、両親や先生に自分が怒られること・警察や他の大人に自分が叱られることなどで非常に嫌な思いをすることによって、その結果として自分が深く反省したり悔い改めたりすることができる」というようなことも、特に、子供の場合などは、充分に考えられることであると言えるのでしょう。と申しますのは、勿論《もちろん》、一人一人の子供の資質や個性による個人差というものもあるのでしょうが、多くの子供は、社会的価値観というものを得ていく中途段階にあると考えられますので、まだ、「動物としての罪悪感の概念・生得的な罪悪感の概念」しか持っておらず、「人間としての罪悪感の概念・法律や規則を破ることに対しての罪悪感の概念」などを充分に獲得することはできていないのだろうと考えられるからです。）

（その一方で、既《すで》に自分が年齢的には充分な大人であるにも拘《かか》わらず、「自分が誰かに怒られてしまうことが嫌なので、自分は悪いことをしない」・「自分が刑罰に処されてしまうことが嫌なので、自分は犯罪を犯さない」といった理由によってだけで自分の犯罪行為というものを抑止しているような人間は、精神的に非常に未熟な人間であると言えます。本来であれば、一人一人の大人が、自分の抱いている「信念」や「良識」・自分の抱いている「良心」や「誇り」・自分の抱いている「善悪の基準」や「罪悪感の基準」といった「自分の内側から生じる積極的な力」というものによって、自分自身の行動というものを厳しく律したり・犯罪を犯してしまったりしないように自分のことを厳しく戒めたりするべきなのでしょうし、そもそも、精神的に充分に成長することができている人間は、特に意識することもなく、「自分が自律をする」ということを自然に行えるものであると言えるのでしょう。同様に、例《たと》えば、「自分が誰かに叱られることが怖いので、罪を犯してしまった時に、自分が誰かに謝罪をしようとする」・「自分が誰かに嫌われることが怖いので、自分が好感を持たれるような振舞《ふるま》いをする」といった理由によってだけで自分の行動を規定してしまっている大人も、精神的に非常に未熟な人間であると言えます。そういったことも、「自分の良心」や「自分の良識」・「自分の誇り」や「自分の信念」といったものに基づいて、自分自身の積極的な意志によって自分を律するべきことです。）

（尚《なお》、少しだけ関連することとして付け加えさせて頂きますが、「自分が周囲の誰かの意見に対して素直であること」や「自分が周囲の誰かの意見に対して従順であること」などよりも、「自分が自分自身の気持ちに対して素直であること」や「自分が自分自身の気持ちに対して正直であること」などの方が、多くの人間にとってはずっと大切なことであると言えるのでしょうし、多くの人間の心理的な健康にとっても、非常に有益なことであると断言することができるのでしょう。）

ですから、「どんな犯罪を犯してしまった人間も、法律に定められている厳罰というものを受けることによって、必ず反省をして更生することができる」といったような考え方は、大きな間違いなのです。（勿論《もちろん》、刑務所の中や少年院の中で、「厳しい規律と規則とに耐えられるだけの精神力というものを養うこと」や「その後の自分の人生のための教訓というものを得ること」・「許されることと許されないこととの基準や良いことと悪いこととの基準といったものを得ること」・「社会に適応することができるだけの生活能力や経済能力を備えること」などは、決して無意味なことではありません。）例《たと》えば、凶悪な犯罪を犯してしまった一人の少年が、本当の意味で反省をしたり更生をしたりするためには、その少年が、「自分が失ってしまった罪悪感の概念というものの再形成（または、自分が獲得することができていない罪悪感の概念というものの獲得)」と「内面的同一化に基づく愛や優しさといったものの再獲得」などを達成することが必要であり、「充分な良識や人間的なモラルといったものを含んだ社会的価値観の獲得」と「良い信念や良いアイデンティティーといったものの形成」などを達成することが有効であると言えるのだろうと考えられます。

しかしまた、「凶悪な犯罪を犯してしまった加害者がどんなに深く反省をしたところで、被害者の幸せや被害者の家族の幸せといったものの一部は、決して戻らないものである」ということも、多くの場合におきましては、紛れもない事実なのです。特に、「少年犯罪による殺人」などの場合は、「加害者は反省をして形だけでも自分の人生を作り直すことができるのに、被害者は二度と自分の人生をやり直すことができず、被害者の家族が抱く悲しみや怒りといったものも決して完全に消えることはない」といった場合が多くあると言えるのだろうと思います。ですから、犯罪に巻き込まれてしまって自分自身や自分の家族の幸せの一部が奪われてしまう非常に悲しい人間が増えてしまわないためにも、「内面的同一化を肯定するような社会的価値観」や「善悪の概念に関わるような社会的価値観」・「倫理的な罪の基準を規定するような社会的価値観」や「法的な罪の基準を規定するような社会的価値観」といったものが、全ての人間に事前に(誰かが取り返しのつかないような凶悪な犯罪を犯してしまう前に)与えられておく必要があると言えるのだろうと、私はそのように思うのです。

(勿論《もちろん》、様々な罪を犯してしまった人間が、モラルや良識といったものを比較的容易に取り戻したり・比較的容易に社会に適合しながら生きられるような状態になったりするためには、そのような犯罪者が比較的容易に社会復帰をすることができるような社会であるための「行政による社会の仕組《しく》み」や「周囲の多くの人間の協力」といったものも、非常に大切なものであると言えるのでしょう。特に、ある社会の中で、万引きや売春・傷害や薬物乱用などのような罪を繰り返し犯してしまった子供達が、その後の自分の人生を比較的容易にやり直していくことができるためには、その社会に属する多くの人間が、人間としての愛情や優しさ・モラルや良識といったものを自分が充分に備えている上で、「人間は誰でも、変わることができる」というような考え方・「ある人間の犯してしまった罪や悪と呼べる行為の多くは、その人間が心から悔い改めて、善行と呼べるような行為や誰かに幸福を齎《もたら》すような行為を繰り返すことによって、少しずつ償っていくことができる」というような考え方を抱いていることも必要なことであると言えるのかも知れませんね。)

次に、「人間が実際に罪（犯罪）を犯してしまう動機や原因として考えられるものに関してのお話」を、ここから少しだけ展開させて頂きますが、言うまでもなく、人間が様々な罪（倫理的な罪も法的な罪も含めた意味での罪）を犯してしまう動機や原因として考えられるものには、幾つもの種類があるのだろうと考えられます。

まず、例《たと》えば、「自分が自分自身の人生の中で獲得してきた価値観や信念」といったものが、「自分の属する社会における一般的な罪の基準や善悪の基準を規定するような社会的価値観」というものと大きく違ってしまっているような場合、人間は、自分の行動を罪として感じることもなく、自分の属する社会における罪というものを犯してしまうかも知れません。次に、例《たと》えば、「他人の物を盗んではいけない」・「無闇に生き物を殺してはいけない」といったような価値観を自分がまだ充分に得られてはいない小さな子供は、自分の行動を悪いこととして意識することもなく、他人の物を利己的に奪い取ってしまったり・小さな動植物を無意味に殺してしまったりするかも知れません。（その一方で、繰り返しになってしまうのですが、「生物としての罪悪感の概念」というものは、全ての人間が生得的に獲得しているはずであると考えられるものですので、例《たと》えば、多くの子供は、「両親を悲しませてはいけない」という罪悪感の基準を社会の中で社会的価値観によって獲得する以前の段階におきましても、「両親を悲しませたくはない」ということを自発的に望むものであると言えます。）

また、ある人間が、「法的な罪の基準を規定するような社会的価値観」や「倫理的な罪の基準を規定するような社会的価値観」といったものを自分の社会の中でうまく獲得することができたとしても、「罪の重さというものを軽く捉えてしまうような価値観」や「誰かに知られてしまわなければ、罪を犯しても構わないと考えるような価値観」といったものをも得てしまったりすれば、その人間は、自分の抱く動物的な欲動や合理的な動機といったものに負けてしまい、例《たと》えば、自分が手っ取り早くお金を手に入れるために強盗などの犯罪に手を染めてしまうかも知れません。（勿論《もちろん》、ここまでに何度も申し上げて参りました通り、実際には、「自分の犯した罪」というものを自分以外の誰にも知られなかったとしても・「自分の犯した罪」というものが誰にも裁かれなかったとしても、自分の犯してしまった罪に対しての罰というものは、「罪悪感」という形で自分自身に襲い掛かり、非常に大きな負の影響というものを自分自身の心に及ぼしてしまうことになります。）

「ある人間が、実際に自分の人生の中で何かの大きな罪（犯罪）というものを犯してしまうのかどうか」ということには、「その人間が抱いている欲動（その人間が自分の毎日の生活の中では充足することができていないでいる欲動の強さや種類）」と「その人間が得ている（形成している）価値観やモラル」とのバランスの問題というものも深く関わってくるのだろうと考えられます。例《たと》えば、毎日の食事にも困るくらいに厳しい生活を強いられるような社会に生きている人間の中には、自分の抱いている「食欲」という欲動や「自分が生き続けるためには食べ物が必要である」という価値観などが、自分の抱いている「他者から見て尊敬される人間でありたい（盗みを働くような人間であるとは思われたくない）」という欲動や「犯罪を犯したり、誰かの物を奪い取ったりしてはいけない」というような良識やモラルなどに勝ってしまい、結果として強盗や窃盗といった犯罪に手を染めてしまう人間も少なくはないかも知れません。

その一方で、そのような厳しい社会の中で物質的・金銭的には貧しい生活を送りながらも、「罪などを犯さない正しい人間でありたい」という「自分の強い信念」や「自分の強い誇り」などが「自分の利己的な欲動」などに勝っているために、犯罪を犯してしまったりはせずに、自分自身に誇りや信念を抱くことで自分の欲動を昇華しながら、また、自分の周囲の貧しい人達と助け合うことで他者と内面的同一化をし、それを自分自身の誇りや幸福としながら生きていくことができるような「強い心」と「強い信念」とを持った人間も間違いなくいるのでしょう。**『互いに助け合うことにしよう。そうすれば、不幸の重荷はずっと軽くなる。』**とは、フロリアンの言葉です。

（「貧困と罪との関係」ということに関して述べている言葉を、ここで少しだけ紹介させて頂きますが、『貧困は、気高い心を堕落させることはできないし、富は、卑しい心を高めることはできない。』とは、ヴォーグナルの言葉であり、『貧乏が罪の母であるとすれば、精神の欠陥はその父である。』とは、ラ・ブリュイエールの言葉になります。）

また、あまりにも自分の欲動というものを普段から抑圧し過ぎてしまっている人間や、抑圧してしまっている自分の欲動というものを普段から昇華したり発散したりすることがあまりにもできていない人間の中には、「自分の心の中に抑圧されている欲動の力」というものが「自分の良識や信念などを守ろうとする心の力」というものを遥《はる》かに勝ってしまっている状態にある人間も少なくはないかも知れません。そうした状態の人間は、何かの出来事を切っ掛けとして自分の欲動というものを爆発的に（大きな波や風を切っ掛けとして防波堤が崩れ、大量の水が流れ出してしまうかのように）表出させてしまい、その結果として大きな罪や大きな過《あやま》ちを犯すことになってしまうかも知れません。

自分の「感情的な行動」や「衝動的な行動」・「お酒や薬物を摂取して不安定な精神状態に陥ることによって、理性や良識といった顕在《けんざい》意識というものが一時的に希薄になってしまい、本能や欲望といった潜在《せんざい》意識というものが剥《む》き出《だ》しになってしまった時の行動」・「集団意識というものと同化してしまうことによって、罪悪感というものを一時的に喪失してしまった時の行動」といったものが、結果として重大な犯罪などと結び付いてしまい、その「たった一度の過《あやま》ち」・その「たった一度の間違い」といったものが、自分自身の人生と自分以外の誰かの人生とを台無しにしてしまったりすることは、非常に勿体無いことですし、非常に悲しいことですし、非常に不幸なことですし、非常に残念なことです。

「自分自身の人生」や「自分以外の誰かの人生」といったものが、「自分自身の衝動的な行動」や「自分自身の感情的な行動」といったものの犠牲になってしまわないためには、「自分の感情や自分の衝動といったものが、そのまま何の検閲も受けることなく実際の自分の言動に反映されてしまうのではなく、自分の感情や自分の衝動といったものが、実際の自分の言動に反映される前に一度、自分の理性による介入（自分の信念や自分の価値観を用いた意識的な思考や無意識的な思考）というものを受けることができるような心の持ち方を自分が普段から作っておく」ということが、とても大切なことであると言えるのでしょう。人間は、自分が「強い信念」や「自分に対する誇り」・「自分の大切なもの」や「自分のポリシー」などを持っている人間であることができれば、自分の抱く一時的な衝動や自分の抱く一時的な感情によって自分の行動というものを支配されてしまったりはせずに、自分の行動というものをある程度まで意志的に・自在に支配することができるようになるのです。（この点は、「人間という存在が、他の多くの野生動物とは大きく違うということ」の顕著《けんちょ》な一例であるとも言えます。）

勿論《もちろん》、このような種類の思考（欲動の抑圧に結び付くような思考）というものは、殆《ほとん》どの人間の日常生活におきましては、無意識下で行われている（無意識思考によって行われている）ものなのだろうと考えられます。生まれた時から無条件に与えられ続ける社会的価値観というものによって自己の性的欲動や自己の攻撃衝動といったものを抑圧し続けてきた多くの人間は、自分がある程度まで肉体的にも精神的にも成長し終えた段階におきましては、既《すで》に、半自動的にそのような抑圧というものをすることができるようになっているということなのでしょう。そして、実際に社会の中で生活をしている多くの人間は、この「半自動的な抑圧」という心の仕組《しく》みが自分に備わっているおかげで、「罪を犯してしまうことに繋《つな》がるような自分の欲動」というものを、感じることすらしなくて済むようになっているということなのだろうと考えられるのです。（精神分析学的な言葉を用いて申しますと、「超自我による検閲・良心や罪悪感による働きといったものは、少なくない一部の人間にとっては、常に無意識的なものなのである」ということなのです。）

また、自分自身の行う何かの行動によって「取り返しのつかないような大きな悲劇」や「自分の心にずっと残ってしまうような大きな後悔」といったものを自分が産んでしまわないためには、「自分が感情的になってしまいそうな時（例《たと》えば、弱い者に対して暴力を奮ってしまいそうになった時や、怒りに任せて結果を省みずに行動してしまいそうになった時）には、大きく一つ深呼吸をしたり・心の中で三つくらい数を数えたりすることで、一先《ひとま》ず自分自身の心を落ち着かせようとする」といったような習慣を自分が日頃から身に付けておくということなども、言うまでもないような些細《ささい》なこととして感じられてしまうかも知れませんが、とても有効なことなのだろうと考えられます。（これは、多くの社会におきまして、親から子供へ・子供から孫へと伝わってきた「生活の知恵」や「暮らしの知恵」としての考え方であると言えるのでしょうが、**『誰かを誉めたり・誰かにお礼を言ったり・誰かに挨拶をしたりする時には、三つまで数を数え終わらないうちにするべきであり、誰かを叱ったり・誰かに怒ったり・誰かに注意したりする時には、十まで数を数え終わってからするべきである。』**といったことが大切な考え方の一つであると言えるのかも知れませんね。）

と申しますのも、「自分が誰かに振るってしまった暴力」や「自分が犯してしまった何かの犯罪」といったものの動機となるものが、自分の抱いてしまった「ほんの一時の衝動的な感情（怒りや憎しみ・妬みや悲しみなどの不快の感情）」によるものであったとしても、その自分の行為に対する後悔の念というものは、とても強力に・とても長い期間に渡って自分自身の心の中に残り続けてしまう場合が多くあるようなものなのです。

（殆《ほとん》どの場合におきましては、「憎しみ」というものは、「悲劇」というものしか産むことはなく、「怒り」というものは、「後悔」というものしか産むことはありません。『**怒る術を知らぬ者は愚か者であるが、怒ることを望まぬ者は賢者である。**』とは、中国の諺《ことわざ》に見られる言葉であり、『**怒りの結果は、怒りの原因よりも遥《はる》かに重大なものである。**』とは、マルクス・アウレリウス《Marcus Aurelius 121 - 180古代ローマの皇帝　著「自省録」》の言葉になります。また、『**愚かな人はすぐに怒りを表すが、賢い人は辱めを隠すことを知っている。**』とは、旧約聖書に書かれている言葉であり、『**怒りは、無謀に始まり、後悔に終わる。**』とは、日本の諺《ことわざ》にもある言葉です。）

例《たと》えば、「自分の肉親を殺してしまった人間の感じる後悔の念の強さや罪悪感の強さ」といったものは、少なくない場合におきまして、その人間の感じられるはずの幸せというものの大部分を奪ってしまうほどに非常に強力なものとなる可能性を持つものなのであり、その後悔の念や罪悪感が、一生消えずにその人間の心の中に残り続けてしまうということも、充分に有り得るようなものであると言えるのでしょう。何故なら、「肉親を殺害することによる罪」というものは、「自殺をすることによる罪」というものと同じく、倫理的に考えても・法的に考えても・宗教的に考えても・人道的に考えても・本能的に考えても、「最も重く最も許されない罪の一つ」として位置付けられると考えられるものだからです。（多くの社会の法律の中で、「親族殺人」というものが非常に重い罪の一つとして位置付けられていることは、動物としての人間の心の仕組《しく》みというものを考えても、容易に納得することのできることなのでしょう。）

更に、「人間が一般的に抱く様々な欲動というもの自体の中に、その欲動を自分が非常に強く抱いてしまうことによって、この社会において罪として認識されているような行為を自分が犯す結果になってしまうと思われるような欲動（例《たと》えば、嫉妬心や独占欲・攻撃衝動や性的欲動）というものが多くある」ということも、現実にこの社会の中で多くの人間が罪を犯してしまうことの一つの重要な原因であると言えるのだろうと考えられます。また、勿論《もちろん》、「一人一人の人間が、自分自身の心というものを意識的に操作しようとすることによって、これらの欲動（自分が何らかの罪を犯す結果に繋《つな》がる要因になってしまう高い可能性を持つような欲動）というものを自分が把握したり支配したりすること」などは、確かに、ある程度までは可能なことなのだろうと思われるのですが、「これらの欲動というものを、自分が全く抱かないような状態にすること」などは、人間という存在が動物としての性質を備えている存在である限り、厳密には不可能なことです。

（「自分の欲動を適度に支配したり適度に抑圧したりすること」などは、人間が単純な野生動物としての存在ではなく、社会の中で生きる文化的で理性的な存在であることの証しでもあるのですが、「自分の欲動を完全に否定したり完全に抑圧したりすること」などは、動物としての自分を否定することであり、生物としての自分を否定することであり、人間としての自分を否定することでもあると言えるのでしょう。「理性と感情」・「人間的な信念と動物的な欲動」・「自己の持つ理念と他者への意識」といった相反する様々な力というものに挟まれながらも、自分に欠如している何かを求め続けるような主体的で能動的な存在であってこそ、人間という名で呼べる存在になるのだろうと考えられるのです。）

この点を考慮致しますと、例《たと》えば、人間が自分の人生において大きな罪（法的な罪・倫理的な罪）を犯してしまわないためには、「自分の属する社会においての罪の基準というものを社会的価値観を通じて充分に認識したり獲得したりし、その罪の基準というものを自分の価値観や信念として定着させておくということ」や「自分の欲動というものを、普段から適度に発散したり昇華したりしていくということ（ストレスやフラストレーションなどを溜め込み過ぎずに解消していくということ）」などが、非常に大切なことであると言えるのだろうと考えられます。同じように、「自分が、社会的価値観と自分の欲動とのバランスを適度に保った良い信念というものを抱くことによって、法律やモラルを自分が守り続けることを通じて自分の欲動の一部を発散したり昇華したりしていくことができるようになる心の仕組《しく》みというものを、自分自身の心の中にうまく作っておくということ」や「自分の体の健康状態というものに日頃から気を配っておくのと同様に、自分の心の健康状態というものにも日頃から気を配っておくということ」・「周囲の人間の行動や集団心理といったものに惑わされたり操られたりしてしまわないだけの強い信念や強い意志といったものを、自分の心に抱いておくということ」なども、非常に大切なことであると言えるのでしょう。

また、人間には、「禁止されている行為を、自分の憧れの対象として求めてしまうようなところ」・「恐怖の対象とされているものを、自分が見てみたいと感じてしまうようなところ（怖いもの見たさというようなもの）」・「嫌悪の対象となっているものに、自分が触れてみたいと感じてしまうようなところ」などもあると言えるのだろうと考えられます。例《たと》えば、「自分の攻撃的な衝動を充足することや自分の性的な欲動を充足することなどが、自分の子供の頃から無条件に禁止（抑圧）されてしまっていたことであるがために、自分の攻撃的な衝動を充足することや自分の性的な欲動を充足することなどを、より強く求めるようになってしまう」といったような方向性が、多くの人間には、確かにあるのだろうと考えられるのです。

（殆《ほとん》ど全ての人間は、幼少期において「自分の性的な欲動」というものを抑圧する際に、「性的な行為というもの」や「性に関わる様々なもの」を、「禁止するべきもの」や「抑圧するべきもの」・「隠すべきもの」や「嫌悪するべきもの」・「罪悪感の対象となるもの」や「怖いと感じられるもの」・「不潔と感じられるもの」や「恥ずかしいと感じられるもの」・「肉体的な痛みを伴うもの」や「強烈な感覚を伴うもの」といったようなイメージと結合させて認識することによって、その抑圧というものを行っているのだろうと考えられます。そして、恐《おそ》らく、私達のうちの少なくない数の人間にとっては、「禁止されている行為」や「抑圧するべきとされている行為」・「隠すべきとされているもの」や「嫌悪するべきとされているもの」・「罪悪感の対象となる行為」や「怖れの対象となるもの」・「不潔と感じられるものや行為」・「恥ずかしいと本人が感じる人間の側面や人間の行為」・「肉体的な痛みを伴う非常に強烈な感覚」といったもの自体が、本来であれば「人間に不快の感情を喚起させるはずのもの」であるにも拘《かか》わらず、「性体験に似た刺激を感じさせるもの」や「性的な興奮を喚起させるもの」になってしまっているということなのでしょう。)

(また、自分自身や自分以外の誰かの性的な何かや性的な行為に対して人間が感じる違和感や嫌悪感・羞恥心や不快感といったものは、自分自身が人間社会の中で成長した人間であるが故に感じるものなのであり、これらの不快の感情の心の力の源泉は、言うまでもなく自らの性的欲動そのものにありま す。ですから、性に対して不快の感情を覚えるという人間の心理は、当然のように性を抑圧し続ける人間社会に育った人間にとっては非常に一般的なものでありながら、動物としての心の仕組《しく》みを持つ人間にとっては反動形成的で倒錯的なものであるとも言えるのでしょう。いずれにせよ、人間社会の色に染まっている殆《ほとん》ど全ての人間は、多少の程度の違いや質の違いはあれど、性に関する自分の行動に対しても罪に関する自分の行動に対しても、罪悪感や背徳心と伴に恍惚な快楽の感情を感じると言えます。)

(つまり、「自分が誰かを殺すこと」や「自分が誰かに暴力を振るうこと」・「自分が誰かを虐《いじ》めること」や「自分が誰かの物を盗み取ること」・「自分が何かの犯罪を犯すこと」などは、現代の日本のような社会におきましては、「それが、禁止されていることであり、自分自身に罪悪感を感じさせることである」という共通点で、少なくない数の人間にとって、「自分が性的欲動を充足すること」や「自分が性的な行為をすること」に非常に近い心理的な意味を持ってしまう可能性があるということなのです。また、現代において少なくない数の人間が求める「性的倒錯」というものの形式の大部分も、この理論を用いて説明することが可能であると言えます。例《たと》えば、自分の恋人や自分の配偶者を中心とした「自分の性的欲動の対象となる異性」の「その異性本人が恥ずかしいと感じる何か」や「その異性本人が隠そうとする何か」などが、少なくない数の人間にとって、自分の性的興奮というものを呼び起こす非常に強い刺激になり得るということなのです。）

（更に、自分自身の心に罪悪感を感じさせたりしない表現や刺激である分、文明社会に属する多くの人間のうちの少なくない数の一部の人間にとっては、「性器自体の露出などの露骨な性的表現や露骨な性的刺激といったもの」以上に、「下着姿や水着姿の露出などのフェティシズム的で間接的な性的表現や性的刺激といったもの」の方が、自分の抱く素直な性的興味の対象となり易くなるという場合も多くあると言えるのでしょう。また、「隠されたものや見えないものに対して大きな魅力や強いエロティシズムを感じることができる人間の性質」というものは、「人間が想像力を働かせることによって自分にとっての理想像を自分自身の心の中で作り上げるということ」や「人間が自分自身の欲動の充足とともに更なる自分自身の欲動の喚起をも促してくれるような刺激というものを好むということ」などとも無関係ではありません。尚《なお》、この考え方から申しますと、「ある人間の幼児期における自分の性的欲動の抑圧の形によって・幼児期に体験した性に関わる出来事によって、その人間が成長した後に陥る性的倒錯の形というものがある程度まで決定する」ということと「性的欲動というものが全くと言えるほど抑圧されていない社会においては、人間が性的倒錯に陥ることは有り得ない」ということとが言えるのだろうと考えられます。)

(また、現代社会において少なくない数の人間が備えてしまっている「幼児愛的な性的倒錯の傾向」というものには、「晩婚化」や「少子化」・「女性の出産年齢の高年齢化」や「女性の生涯出産回数の減少」といった社会現象が深く関係していると考えることもできます。「生物としての人間の立場から考えれば、既《すで》に子供を産み育てているべき年齢の人間」の多くが、自分の抱いている「本来であれば自分の子供に対して向けるべき愛情」というものを発散する対象を持てていないでいるということが、このような倒錯が人間の心の中に生じてしまうことの潜在《せんざい》的な原因・根本的な原因の一つとなってしまっていると言えるのでしょう。)

例《たと》えば、「自分が誰かを殺してしまうこと」や「自分自身が自殺をしてしまうこと」・「自分が近親相姦をしてしまうこと」などのような非常に重大な罪というもの(動物としての人間が生得的に備えている性質から考えても非常に重大な罪であると考えられるもの)を一部の人間が犯してしまう動機には、「禁止されている行為をすることを求めてしまう人間の性質」というものが、時として大きく関わっているのだろうと考えられます。「人間が人間を殺すという行為(つまり、殺人という行為)」は、例《たと》えば、人間という種全体を一つの生命体として考えてみれば、「自滅行為」や「自殺行為」として捉えることも可能なようなものなのです。ですから本来は、「殺人や自殺といった行為」は、倫理を重んじる理性的な存在としての人間の立場からは勿論《もちろん》のこと、種の保存を最大の目的とする生物としての人間の立場からも、「最も禁止されるべき行為」の一つであり、「非常に強い罪悪感を自分に抱かせる行為」であり、

「最も強烈な怖れを自分に抱かせる行為」の一つであるはずなのでしょう。

（本来の人間という存在にとっては、「自分や自分の愛する誰かが充実した人生を歩むことができているということ」・「自分が素晴らしい友人関係や素晴らしい家族関係の中で生きることができているということ」・「自分の配偶者や自分の子供達を自分が心から愛しながら家族全員が健康に生きることができているということ」などの方が、「自分がお金持ちであるということや自分が高い学力を備えているということ」・「自分が社会貢献をしているということや自分が堅気の仕事で真面目に働いているということ」などよりもずっと大切なことですし、そういった多くのことよりも、「自分が自殺をしてしまったり自分が誰かを殺してしまったりは決してしないということ」・「自分が誰かを酷《ひど》く傷付けてしまったり自分が誰かを酷《ひど》く悲しませてしまったりは決してしないということ」などの方が、更に大切なことなのです。例《たと》えば、自分が誰かを殺してしまったり自分が自殺をしてしまったりすることは決してなく、自分のやるべきことや自分のやりたいことが何か一つでも自分にあって、自分の大切な誰かが一人でも・自分の大切な何かが一つでも自分にあれば、それだけで充分に素晴らしい人生を歩むことができていると言えます。）

そして、「そのように最も禁止されている行為であるからこそ、一部の人間は、究極の刺激の対象（最も強烈な刺激の対象）として、殺人や自殺といった行為（または、自虐や犯罪といった行為）を自分が求めてしまう」ということなのだろうと考えられますし、「自然界においては、生きている状態の生物達のすぐ隣に当たり前にあるはずの死というものが、人間社会の中では、最も抑圧されているものであり・最も怖れられているものであるがために（多くの人間の心の中で起きている強烈な抑圧の反動として）、一部の人間は、死というものに対しての異常なほどの強い憧れを抱き、死というものに関連する何かを異常なほどに強く求めてしまう」ということなのだろうと考えられるのです。（勿論《もちろん》、これらのことは、心理学的に考えれば、「完全に倒錯的なこと」であると言えるのでしょうし、生物としての心の仕組《しく》みから考えれば、「異常の極みとも呼べるようなこと」であると言えるのでしょう。）

（少し余談になってしまうのですが、殆《ほとん》ど全ての経済社会におきまして少なくない数の人間が抱く「浪費願望」というものの構成要因のうちの一部分は、「自分自身の抱く経済的怖れというものによって普段から節約を強要させられてしまっている現代社会の多くの人間が、禁止された行為としての浪費というものを求めること」によって生じていると言えるのだろうと考えられます。尚《なお》、ここで私が申しております「浪費願望」というものは、人間が「浪費という行為そのもの」を快楽の対象として求める場合に抱く「お金を使うことそのものを目的とする願望」・「時として人間が買い物依存症などの症状に陥ってしまうことの原因の一端ともなってしまうような願望」のことを指しており、それに対して、私達が一般的に行っております浪費という行為の主な目的は、「自分がお金を使うことを通じて得ることができる様々な商品やサービスが自分自身に対して齎《もたら》してくれる便益や心的現象」にあると言えるのでしょう。「経済的怖れ」という言葉に関しましては、「Chapter2 - 8」のところで詳しく議論させて頂きます。）

また、更に良くないことには（これは、「社会に属する多くの人間のモラルの崩壊ということ」に関してのところでも申し上げましたことなのですが）、実際に「何かの重大な犯罪行為」というものを犯してしまった人間は、自分のことを自分自身の心の中で肯定するために（自分の感じる罪悪感というものから自分が逃れようとするために・自己否定をしてしまいたくないがために）、自分の抱いている様々な価値観や罪悪感のうちの「自分が犯してしまったその重大な犯罪行為というものを、決して許されないこととして定めているような価値観や罪悪感」といったものを、捨て去ろうとしてしまうことがあるのだろうと考えられるのです。

そして、何かの大きな犯罪を犯してしまったその人間は、「自分の中で許されない罪として認識していたはずのその犯罪行為」というものを、自分の欲動の昇華対象とし、「その犯罪行為を自分がすることによって、自分の抱いている様々な欲動というものの一部を発散させたり昇華させたりすることができる」というような心の仕組《しく》み（「自分の感じる罪悪感」というものの一部を、「不快の感情」としてではなく「快の感情」として感じることができるような心の仕組《しく》み）というものを、自分自身の心の中に作り出してしまうことがあるのだろうと考えられます。（尚《なお》、多くの場合におきましては、ある行動を自分がしてしまうことを強く避けていたり・強く怖れていたり・強く罪悪感の対象として認識していたりすればするほど、「自分がその行動をした時に快の感情を感じることができるようになるという心の仕組《しく》み」を倒錯的に自分自身の心の中に捏造《ねつぞう》してしまった時には、その行動を自分がすることを求める強い倒錯的な欲動やその行動に対しての自分の強い執着心といったものは、以前において自分が感じていた怖れの強さや罪悪感の強さに比例するかのように、抗《あらが》い難《がた》いほどに非常に強力なものとなると言えるのでしょう。）

つまり、このようなことの結果として、自分が大きな犯罪を犯してしまった時に反省することや悔い改めることができなかった人間の犯罪行為というものは常習化し、その犯罪者自身の中で独自のルール（その犯罪の実行の形式や方法などのルール）というものが決められ、多くの場合におきましては、そのような犯罪者は、「犯罪を繰り返してしまう自分のことを誰かが止めてくれること」などのような何かの切っ掛けを与えられることがない限りは、自分の犯す犯罪行為というものを、際限なくエスカレートさせていくことになってしまうのだろうと考えられるのです。（勿論《もちろん》、このようなことも、犯罪を犯してしまった人間本人の「心の弱さ」というもの故に、心理的な自己防衛を目的として・過度の抑圧や強烈な不快の感情によって自分自身の心が崩壊してしまうことを無意識的に防ごうとするがために、起こってしまうことであると言えるでしょう。自分の感じる罪悪感というものを乗り越えられるだけの「心の強さ」というものを充分に備えることができている人間は、何かの犯罪を自分が犯してしまった時にも素直に反省することができますので、犯罪の常習者になってしまったりすることは殆《ほとん》どないのだろうと考えられます。）

（この「自分が何かの行為や行動を通じて実際に得ることのできた感情や快感といったものだけでは決して満足することはなく、より大きな刺激や感情といったものを得ることを求めて、自分の行為や自分の行動を更にエスカレートさせていく」という「犯罪を犯してしまう人間の特徴的な点」を考えましても、「際限なくエスカレートしていく犯罪行為」というものと「際限なくエスカレートしていく性的快楽を求める行為」というものとは、根底の部分で共通するような心理的意味が多いものなのだろうと考えられるのです。）

お話が少し複雑になってしまいましたので、ここで若干の補足を加えさせて頂きたいと思います。ただ今のお話の中で私が申し上げました「独自のルール」というものは、何かの犯罪を犯してしまった人間が、「自分自身の抱いている罪悪感」や「自己否定に繋《つな》がるような自分の気持ち」といったものから自分が逃れることを目的として（自分の心の中で自分自身のことを無理矢理にでも正当化することを目的として）、「自分の欲動の昇華の方式」というものを「自分の犯してしまった犯罪行為というものに結び付くような形」に歪めていくことによって形成されるものです。これは例《たと》えば、「殺人」という犯罪を犯してしまった人間が、殺人という行為を犯してしまった自分自身の心に生じる強烈な不快の感情というものからの心理的な自己防衛を目的として、「……の条件を満たして自分が誰かを殺すことによって、自分の欲動の一部を発散したり昇華したりすることができる」といったように、自分自身の心の中に「犯罪行為の実行と自分の欲動の昇華とが結び付くような明確な仕組《しく》み」というものを定式化するといったことであり、このような心的現象（「犯罪行為の実行と欲動の昇華とが結び付くような仕組《しく》み」というものの定式化）の結果として、人間の犯す犯罪行為というものの多くが常習化していってしまうということなのだろうと考えられるのです。（自分が何かの犯罪を犯してしまった際に深く反省をすることができなかった人間は、少なくない場合におきまして、「社会的価値観に反するような非常に危険な昇華の形」や「社会的価値観に反するような非常に危険な信念の形」といったものを自分自身の心の中に捏造《ねつぞう》してしまうことになるのでしょう。）

また、ただ今のお話の中で私が申し上げました「犯罪者が自分の犯罪行為をエスカレートさせていってしまう」ということは、「Chapter2 - 5」の芸術と感動に関してのお話のところで扱いました「人間が、自分が繰り返し体験した感覚や経験といったものに、少しずつ慣れていってしまう」ということから説明することが可能なのだろうと考えられます。つまり、ある人間が二度目・三度目に同じような犯罪を犯してしまった時には、その人間の脳の中には既《すで》に、「自分が一度目に犯罪を犯してしまった時の記憶」というものが残っておりますので、その人間は、一度目に犯罪を犯してしまった時ほどには、興奮をしたり快楽的な刺激を強く感じたりすることができないのだろうと考えられるのです。このため、(特に、快楽主義的な動機に基づいて犯罪を犯してしまう犯罪者の場合には、このことは顕著《けんちょ》に言えることなのだろうと考えられるのですが、) 犯罪を犯してしまった人間の多くは、より興奮することができるような刺激というものを求めて、自分の犯す犯罪行為の内容を際限なくエスカレートさせていくことになってしまうのでしょう。

「殺人鬼」や「快楽殺人者」といった呼称で呼ばれるような犯罪者が犯す「無差別殺人」や「大量虐殺 (ホロコースト・ジェノサイド)」といったもの (普通の人間には到底理解することができないと思えるような卑劣で残酷で異常な凶悪犯罪というもの) も、以上のような理論から説明することができるものなのかも知れません。

(どんなに凶悪な犯罪者であっても、「その犯罪者が一番最初に犯す犯罪行為の発端となる欲動」というものは、「私達が普段から抱いているような欲動」というものとそんなに変わらないものであるはずなのです。「産まれた時から悪人である人間」や「生まれた時から犯罪者である人間」などは、この世の中に一人もいません。ここまでに私がお話しして参りましたような様々な要因によって、「ある人間の欲動の仕組《しく》み」や「ある人間の罪悪感の仕組《しく》み」といったものが崩壊してしまい、その人間が自分自身の心の中に「危険な価値観」や「危険な信念」といったものを形成してしまい、「些細《ささい》な切っ掛けによって自分が犯してしまった小さな罪」というものが段々とエスカレートしていくことに自分で歯止めを掛けることができなくなってしまい、最終的には、「取り返しのつかないほどの大きな罪」というものを犯す結果になってしまうということなのでしょう。『**大罪を犯す前に、必ず幾つかの罪がある。**』とは、ラシーヌの言葉です。繰り返しになってしまいますが、「自分の人生の中で大きな犯罪などを自分が犯してしまわないために重要なこと」は、「自分が何かの小さな罪を犯してしまった時や自分が何かの小さな悪いことをしてしまった時に、自分自身の感じる罪悪感というものから逃げてしまわないこと」にあり、「自分の過去の罪や自分の過去の過《あやま》ちといったものを背負いながら生き続けていくことができるだけの強い心というものを自分が抱くということ」にあり、「良い価値観や良い信念といったものを自分がうまく形成するということ」にあり、「自分の欲動を発散したり昇華したりするための良い方法というものを自分がうまく獲得しておくということ」などにあると言えます。

（例《たと》えば、売春や万引きといった罪悪の常習者は、自分の行っている売春や万引きといった行為を、「倫理的な罪」や「法的な罪」・「生物としての罪」や「人間としての罪」として素直に認識をして、それらの行為を「罪」や「悪」といった言葉で呼べる行為であると認めた上で、自分自身の強い意志と確かな信念とによって・自分の強い心の力によって、売春や万引きといった自分の行為を自発的に止めることなしには、それらの罪悪の呪縛というものから完全に抜け出すことはできないのでしょう。勿論《もちろん》、「誰かに諭されることによって、売春というものが罪な行為であると認識すること」や「自分が犯罪を犯すことによって、自分の家族までをも悲しませてしまっているという事実を知ること」などを通じて、人間が自分の犯した罪を悔い改めることは可能なことなのですし、自分が何かの犯罪の常習者となってしまっている状態や自分が何かへの依存症に陥ってしまっている状態などから立ち直るためには、家族や友人といった周囲の人間の献身的な協力というものが非常に重要なものとなることも決して少なくはないのですが、最終的には、「自分自身の抱いている強い心の力」というものによって「自分自身の抱いてしまっている心の弱さ」というものに打ち勝つことだけしか、自分の陥ってしまっている問題の根本的で絶対的な解決方法・自分自身をより良い状態に変えていくための確実な方法というものはないのです。)

(例《たと》えば、「自分が何かをする」・「自分が何かを止める」・「自分が何かをし続ける」・「自分が何かを止め続ける」といったことを自分自身で決断して厳守し続けるということは、言葉を変えて申しますと、「自分で自分に関してのルールを決めて、自分自身との確かな約束を交わし、そのルールや約束を自分が守り続けるということ」であり、「このルール」や「この約束」は、自分が自分自身の心と真っ直ぐに正面から向き合うことができた時に初めて、うまく自分で決定して自分が守り続けていくことができるようなルールなのであり、うまく自分と交わして自分が守り続けていくことができるような約束なのでしょう。最も危険なことの一つは、自分が何かの罪を犯してしまったり・自分が何かの罪を繰り返してしまったりした時に、自分自身に嘘《うそ》を吐《つ》いてしまったり・自分自身の気持ちを誤魔化《ごまか》してしまったり・自分の犯した罪の責任を誰かや何かに転嫁してしまったり・自分自身の心の仕組《しく》みの一部を崩壊させてしまったりすることによって、自分の感じるべき罪悪感というものから自分が逃げ続けてしまうことにあります。）

（また、犯罪心理学で言われる「ブロークンウィンドウの理論」というものを考慮致しますと、軽犯罪や風紀の乱れ・秩序の乱れやモラルの崩壊などに関して厳しい社会の方が、そうでない社会に比べて、凶悪犯罪というものを予防することも容易になるのだろうと考えられます。ここで、「ブロークンウィンドウの理論」とは、「秩序の些細《ささい》な乱れや小さな犯罪が許されているところ・些細《ささい》な風紀の乱れや小さな悪いことが見過ごされているところなどにおいては、強い信念を持っていない人間の心の中では、自分の感じる罪悪感や自分の備えている良識といったものが、強さを失ってしまうことがある」ということを示している理論です。）

言うまでもないことなのかも知れませんが、「犯罪者」と呼ばれるような人間が犯してしまう様々な犯罪行為というものも、決して犯罪を犯してしまったりはしない他の多くの人間が行う様々な行為というものと同じく、その人間自身の「欲動と感情の仕組《しく》みによる結果」や「記憶を用いた思考による決定」などに基づく行為であると言えます。（「自分の欲動を充足することができたことによって快の感情が自分の心の中に発生し、自分の欲動を充足することができなかったことによって不快の感情が自分の心の中に発生し、自分が快の感情を求めて不快の感情を嫌うことによって、自分自身の欲動の充足というものが半自動的に促されるという人間の心の仕組《しく》み」というものに関してのお話と、「自分の価値観や自分の信念を中心とした様々な記憶というものを用いて、合理的な判断や正しいと思われる判断などをするという人間の心の仕組《しく》み」というものに関してのお話は、別のところで詳しい説明を加えておりますので、ここでの解説は省略させて頂きたいと思います。）

そのような行為とは、例《たと》えば、ある人間の「スリルを求める欲動による行為（例《たと》えば、自分が何かを盗むことによって得られる物自体を目的とした行為としての窃盗ではなく、自分が何かを盗む過程でスリルを味わうことを目的とした行為としての窃盗）」や「刺激を求める欲動による行為」・「自分の合理的な価値観による決定に基づいての行為（例《たと》えば、自分が金品を得るために行う強盗）」・「自分の信じる誰かに従っての行為や自分の信じる何かに従っての行為（例《たと》えば、宗教を強く信じる人間が異教徒の人間と争うこと）」・「自分の抱いている倒錯し過ぎた好奇心による行為」や「禁止されていることに自分が憧れての行為」・「罪を犯している自分と平然と日常生活を送っている自分との二面性を楽しむための行為」や「自分だけの（自分達だけの）秘密を楽しむための行為」・「スケープゴート的に自分のストレスを暴力によって発散することだけを目的としての行為」や「自分を束縛する何か（誰か）への抵抗としての行為」・「悪いことをしているという感覚を自分が刺激の対象として求めての行為」・「誰かに対しての強い憎しみや強い怒りのための行為」・「誰かに対しての強い恨みや強い嫉妬のための行為」・「自分の欲動や自分の衝動といったもの（本能）を、自分の価値観や自分の信念といったもの（理性）を用いた意識的な思考や無意識的な思考によってうまく抑圧することができないことを原因としての行為」といったものです。

（尚《なお》、「スコープゴート」と申しますのは、「生贄《いけにえ》」や「贖罪《しょくざい》」といったことを指し示す言葉であり、「古代ユダヤにおいて人間の罪を背負わされて荒野に放たれた山羊《やぎ》」に由来した言葉です。ある犯罪者が、「自分の欲動を充足したい」・「自分のストレスを発散したい」といった非常に身勝手で利己的な欲動を中心的な動機として、誰かを暴行したり・誰かを強姦したり・誰かを殺害したりするような犯罪を犯してしまう場合におきまして、その犯罪の犯罪者自身にとっては、その犯罪の被害者のことを「自分のために捧げられた生贄《いけにえ》」として解釈することが可能なことから、犯罪心理学の分野などでは、このような犯罪の被害者のことを「スケープゴート」という名称で呼ぶことがあります。また、この「スケープゴート的な犯罪動機」というものは、最も残酷で最も許されない犯罪動機の代表的なものであると言えるのでしょう。）

更に、「そのような様々な行為を自分がすることを通じて、自分自身が快楽というものを得たい」ということや、「そのような様々な行為を自分がすることを通じて、現在において自分のことを怖れさせたり・悩ませたり・困らせたりしているような何かの対象（自分自身の感じるストレスやフラストレーション・現在の自分の厳しい現実生活や自分が抱いている罪悪感など）というものから、自分が一時的にでも逃れてしまいたい」ということなども、少なくない数の人間が犯罪を犯してしまう場合の動機の一部として、確かに挙げることができるのでしょう。

「犯罪を犯してしまうような人間」と「犯罪を犯してしまわないような人間」との違いというものは、

「自分の獲得している価値観や信念といったものが、自分の属する社会に確立している社会的価値観というものに、充分に適合しているのか、そうでないのか」という違いにあり、「自分の欲動を自分の理性によってうまく抑圧することができるのか、自分の欲動や自分の衝動に自分の精神や自分の肉体を完全に支配されてしまうのか」という違いにあり、「自分の感じる罪悪感などの自分の心の動きというものを、自分が確実に感じることができているのか、確実に感じることができていないのか」という違いなどにあるのだろうと考えられます。しかし、実際には、「犯罪を犯してしまうような人間」と「犯罪を犯してしまわないような人間」との心理的な違いというものは、非常に微妙なものなのであり、結局のところ、「決して犯罪を犯してしまったりはしないと思えるような全ての人間も、何かの動機や何かの切っ掛けによって犯罪を犯してしまう危険性というものを、充分に備えている」ということを断言することもできるのでしょう。(尚《なお》、ここで私が展開しております「人間の犯罪動機というものに関してのお話」は、「事故による犯罪」や「過失による犯罪」・「意図的ではない犯罪」や「意識的ではない犯罪」といったものを考慮の対象に含んではおりません。)

勿論《もちろん》、自分が「良い信念」や「強い心」といったものをしっかりと抱くことができていたり・充実した毎日というものを送ることができていたりしているのであれば、「自分が将来において犯罪を犯してしまうかも知れない」といったような心配は、「する必要がないもの」なのだろうと考えられますし、むしろ、「しない方が良いもの」なのだろうと考えられます。「自分が犯してしまうかも知れない犯罪」というものを心配することなどよりも、例《たと》えば、「自分の人生を素直に楽しもうとすること」や「自分の人生を精一杯生きようとすること」などを考えることの方が、ずっと自分自身のためになることですし、自分が犯罪を犯してしまったり大きな罪を犯してしまったりすることを予防するためにも、そういった前向きで健全なことを考えることの方が、ずっと効果的なことなのです。（自分が無闇に余計なことを心配してしまうことによって、自分自身が恒常的なストレスというものを感じる結果になってしまい、自分が余計に犯罪を犯しやすくなってしまう」といったことも充分にあるのだろうと考えられます。これは、例《たと》えば、「自分がストレスを被る結果になってしまう人間の心のパラドクス」・「自分の人生を楽しもうと無理に努めなストレスを被る結果になってしまう人間の心のパラドクス」・「自分の人生を楽しもうと無理に努め過ぎることによって、逆に、自分の人生を素直に楽しむことができなくなってしまう人間の心のパラドクス」といったものと、理屈的には同じようなことです。）

また、このお話は、考え方や見方によって異論や反論が多く出てしまうようなお話でもあるのでしょうが、「社会の中に存在する最低限の人数の犯罪者」というものは、ある意味では、「必要悪」として考えられるような性質を備えているものでもあり、「社会の中に最低限の人数の犯罪者がいることによって社会全体が得ることができるメリット」というものも、確かにあると言えるのでしょう。（もっとも、ここで私が示しております「最低限の人数の犯罪者が社会全体に対して与えてくれるメリット」というものは、犯罪者を扱ったような小説や劇・犯罪者を扱ったような映画や漫画といったものが社会の中にあることなどによって、充分に代替可能な程度のものなのだろうと考えられます。これは、「戦争の悲惨さというものを人間が知るためには、実際に自分の人生の中で戦争の悲劇というものを体験しなくとも、映画や小説などを通じて代替刺激的にその悲惨さというものを学ぶことができる」といった類《たぐい》のことと同じことです。）

例《たと》えば、「正義の味方が悪者を滅ぼす」といったような勧善懲悪《かんぜんちょうあく》的なお話というものは、「紀元前に作られたと考えられる神話」というものから「現代に作られている映画や小説」といったものに至るまで非常に普遍的《ふへんてき》にあるお話なのであり（様々な時代の人間・様々な社会の人間に普遍的《ふへんてき》に好まれている種類のお話なのであり）、こういったお話は、恐《おそ》らく、多くの人間が共通して抱く「一つの憧れ」のようなものなのです。それに、「罪を犯して罰を受けている犯罪者」のことを自分が知覚することによって、「自分は罪を犯さないような人間になろう」といったように犯罪者を反面教師にすることで、モラルに関する価値観や良識に関する信念といったものを自分がうまく獲得したり肯定したりしていくことができる人間もいるかも知れませんし、犯罪者の存在を自分が見ることによって、優越感を求めるような自分の欲動の一部をうまく充足させることができる人間もいるかも知れません。（『**人のふり見て我がふり直せ。**』という言葉は、日本の諺《ことわざ》にある言葉であり、これは勿論《もちろん》、友達関係や家族関係を含めた人間の生活全般のことに関しても同様に言えるのだろうと考えられる言葉です。）更に、自分自身が犯罪を犯してしまったりは決してしないような一般の人間が、一時的に自分の心を「犯罪を犯す人間」と同一化させることや、一時的に自分の心を「犯罪者を裁く人間」と同一化させることなどによって、普段の日常生活の中では発散することができ難《にく》いような「自分の欲動の危険な部分」というものを発散したり昇華したりすることができるという面も確かにあるのだろうと考えられます。

（尚《なお》、これは、使っている言葉も主張している内容も少し極端過ぎるように思える言葉でもあるのですが、ルイ・ド・ボナルド《Louis Gebriel Ambroise Vicomte de Bonard　十八世紀後半から活躍したフランスの哲学者・政治家　著「政治宗教権力論」》の述べている『**秩序正しい社会では、善人は模範になるべきであり、悪人は見せしめになるべきである。**』という言葉からも、同様の考察を得ることができると言えるのでしょう。）

「正義という言葉」や「悪という言葉」を当たり前のように用いてしまいましたが、「ある社会において、何が正義であり、何が悪であるのか」といったことの多くは、「その社会に生きる人間達の欲動」というものに「その社会の歴史や主義・その社会の宗教や思想・その社会の生活様式や文化・その社会の常識や一般的な理念」といったものが複雑に影響して作り出された「その社会の社会的価値観」というものが決定することであると言えるのでしょう。ですから、「正義という言葉が示すもの」や「悪という言葉が示すもの」も、結局のところは、それぞれの社会の中で後天的に形成されたものなのであり、極端な例を挙げさせて頂きますと、自分達の経済的な利益のために他者を陥れることを「正義」という言葉で呼んでしまう人間もいれば、自分達の宗教以外の宗教を信じている異教徒を迫害することを「正義」という言葉で呼んでしまう人間もいる訳なのです。このようなことを考えますと、「人間というものは本来、完全に性善説的な存在でも完全に性悪説的な存在でもなく、欲動を持った動物としての存在であるに過ぎないものなのである」ということを再確認することができます。その「動物としての存在である一人一人の人間」が、社会というものの中で肉体的にも精神的にも成長し、様々な知恵や知識・肉体的な能力や精神的な能力といったものを身に付けていくことによって、「欲動や感情といった本能というものだけではなく、自分の抱いている価値観や信念・良心やモラルといった理性というものにも基づいて自分の行動を決定していくことができる存在としての人間（人間と呼べる人間）」になることができるのです。

（何度かお話しておりますことなのですが、「人間が生得的に備えている欲動の仕組《しく》み」や「人間が生得的に備えている罪悪感の仕組《しく》み」といったものを考慮することによって、生物としての全ての人間が共通に抱いているのだろうと考えられる「性善説的なもの」や「性悪説的なもの」を見出すことも、勿論《もちろん》、可能であると言えます。例《たと》えば、「種の保存」という生命の最大の目的のために形成されたと考えられる「人間の内面的同一化の仕組《しく》み」というものを考えれば、人間の抱く「愛や優しさ」・人間の抱く「誰かに対しての思いやり」といったものは、「性善説的なもの」であると考えることができますし、この社会に確立している多くの社会的価値観から考えた限りでは、人間の抱く「独占欲や攻撃衝動」・人間の抱く「誰かに対しての嫉妬心」といったものは、「性悪説的なもの」であると判断することができるのです。尚《なお》、「誰かを傷付けること自体を目的とした攻撃衝動というものが、人間の基本的な欲動の一つとして全ての人間の心の奥底に形成されているものである」ということは、人間自体の性質を考えてみましても・人間以外の多くの動物の性質を考えてみましても、必ずしもそうとは言えないことなのだろうとも思えます。）

（つまり、例《たと》えば、「自分が誰かを愛すること」や「自分が誰かに優しくすること」・「自分が誰かに親切にすること」や「自分が誰かを幸せにすること」・「自分が自分自身の欲動を充足すること」や「自分が自分以外の誰かの欲動を充足すること」・「自分が自分自身や自分以外の誰かの生活の安定や生活の安全を確保すること」などは、殆《ほとん》ど全ての人間にとって、自分自身の欲動を充足して快の感情を自分の心の中に生じさせることですので、「全ての人間が生得的に抱いている普遍的《ふへんてき》な善の基準というものに該当するようなこと」であると言えます。それに対して、例《たと》えば、「自分が誰かを傷付けてしまうこと」や「自分が誰かを悲しませてしまうこと」・「自分が誰かを殺してしまうこと」や「自分が誰かを不幸にしてしまうこと」・「自分が自分自身の欲動を完全に無視してしまうこと」や「自分が自分以外の誰かの欲動を完全に無視してしまうこと」・「自分が自分自身や自分以外の誰かの生活の安定や生活の安全を阻害してしまうこと」などは、殆《ほとん》ど全ての人間にとって、自分自身の欲動を充足することができずに不快の感情を自分の心の中に生じさせてしまうことであり、場合によっては、強い罪悪感というものをも自分自身の心の中に生じさせてしまうことですので、「全ての人間が生得的に抱いている普遍的《ふへんてき》な悪の基準というものに該当するようなこと」であると言えるのです。)

(尚《なお》、例《たと》えば、「自分の家族を守るために、自分の家に入ってきた強盗を自分が殺害すること」などは、「自分の家族の幸福や命を守ること」という意味では、「善」と呼べるようなことなのですが、「自分が誰かを殺してしまうこと」という意味では、「悪」と呼べるようなことなのであり、実際の多くの人間社会におきましても、「自分自身の心に強い葛藤《かっとう》を生じさせるようなこと」であると言えるのでしょう。人間の行う様々な行為のうちの少なくない一部の行為は、このような「悪と善との両方の性質を備えているような行為」なのです。少し大規模なお話を用いての例を挙げさせて頂きますと、例《たと》えば、「自分の国家の自衛のために、自分の国の軍隊が核兵器を所有すること」なども、核兵器の使用や核戦争の悲劇といった最悪の結果を想定に含めるのであれば、「非常に大きな罪」や「非常に大きな悪」といった言葉で形容することができることであると言えるのでしょう。)

ここで、「Chapter2 - 7」のまとめと「Chapter2 - 8」への導入を兼ねまして、「社会的価値観」という概念自体とその重要性に関しまして、もう少しだけお話を付け加えさせて頂きたいと思います。

まず、人間社会に属する一人一人の人間の行動というものは、「その人間の性格」や「その人間の人格」・「その人間の抱いている欲動」や「その人間の抱いている感情」・「その人間の抱いている怖れ」や「その人間の抱いている罪悪感」・「その人間の抱いている信念」や「その人間の抱いている価値観」などによって決定され、それら全て（人間の心的現象の全て・人間の心に形成される全ての要素）は、その人間の属する社会の社会的価値観の影響というものを非常に強く受けます。例《たと》えば、「自分が何を喜びとするのか」・「自分が何を怖れるのか」・「自分が何に対して罪悪感を感じるのか」・「自分が何に対して誇りを抱くのか」・「自分が何を自分らしさとして考えるのか」といったことも、それら全ては、「自分の生得的な性質」というものに「自分の得た様々な経験」や「自分の属している社会に確立している様々な社会的価値観」といったものが非常に強く影響した結果として決定されていることであると考えられますので、「ある社会の中に、どのような社会的価値観というものが、どの程度に安定して確立しているのか」ということが、「その社会に生きる全ての人間の人格形成」に対して大きな影響を及ぼし、「その社会に生きる全ての人間の人生そのもの」に対して大きな影響を及ぼし、社会の仕組《しく》みの形成や社会秩序の安定といった「その社会全体の性質そのもの」に対しても、非常に大きな影響を及ぼすことになるのです。

勿論《もちろん》、現実の社会というものは、時代によっても場所によっても様々に変化（進化）していく生物のようなものであり、「ある社会の中にどのような社会的価値観が確立していることが、その社会に属する多くの人間にとって最も良いことなのか」といった類《たぐい》の疑問は、簡単に結論を出すことができるような疑問ではありません。ですが、根本的なレベルでの社会的価値観や最低限のレベルでの社会的価値観（つまりそれは、人間の欲動の仕組《しく》みや人間の罪悪感の仕組《しく》みに従った「全ての人間が生得的に備えている基本的な方向性」というものを、ある程度まで肯定することができるような社会的価値観）というものは、「その社会に属する多くの人間が幸せに生きることができるような社会」というものを実現するためにも、どんな時代にも・どんな社会にも共通に（例外なく）確立されるべきものなのだろうと考えられるのです。例《たと》えば、少し極端な例を挙げさせて頂きますが、「親は子供を愛するものであり、子供は親を愛するものである」・「全ての人間の命というものは、他の何にも代えられない非常に大切なものである」といった価値観が基本的な社会的価値観として肯定されていない社会は、そのような価値観が充分に多くの人間に肯定されている社会（そのような社会的価値観が充分に確立している社会）に比べて、その社会に属する多くの人間を幸せにすることは決してできないのだろうと推測することが可能なのです。

私がこのお話の中で「良い社会的価値観の確立と安定」ということに拘《こだわ》り続けておりますのは、それが、社会に属する多くの人間の悩みや苦しみ・悲しみや痛みといったもののうちの少なくない一部分を排除し、社会に属する多くの人間が幸せや喜び・楽しさや充実感といったものを多く得られるようになることに直結するのだろうと考えられる非常に重要なことだからなのです。例《たと》えば、この社会におきまして、「虐《いじ》めに苦しむ子供」や「親の虐待に苦しむ子供」・「犯罪に巻き込まれてしまって悲しい思いをする人間」や「犯罪で家族を失ってしまって辛《つら》い思いをする人間」を一人でも少なくするためには、「良い社会的価値観というものを確立させたり安定させたりするということ」が、「社会に属する人間の行動というものを法律によって厳しく限定すること」などよりも、ずっと重要な条件であると言えるのだろうと考えられます。そして、現実にも、例《たと》えば、現代の日本の社会におきましては、「社会的価値観というものが少しずつ希薄化して崩壊していくこと」に連動する形で、社会に属する多くの人間が抱いていたモラルや良識といったものも希薄化して崩壊してきてしまっているのだろうと考えられるのです。尚《なお》、「具体的にどのような社会的価値観というものが、社会の中で肯定されるべきなのか」というお話に関しましては、「Chapter2 - 8」の「理想社会」に関しての議論のところで、詳しい考察を展開させて頂きたいと思います。

Chapter2 - 8　経済と合理・現実の社会と理想の社会

多くの人間が経済の仕組《しく》みというものと深く関わり合いながら生きている現代社会におきましては、「健全で活発な経済社会の仕組《しく》み」や「安定していて機能的な経済社会の仕組《しく》み」といったものを構築することが、「多くの人間が幸福に生きることができるような社会」というものを実現するためにも不可欠なことであると考えられます。そこで、ここから、「経済社会」や「経済の仕組《しく》み」といったものに関しまして、少し詳しい考察を展開させて頂くことに致します。

（尚《なお》、これは当たり前のことでもあるのでしょうが、「少しの欠点もないような経済社会の仕組《しく》み」や「完全に安定した経済社会の仕組《しく》み」といったものは、現実的に考えましても、実現不可能なものであると言えますので、私がこれから展開致します「経済に関しての前向きな考察」というものも、「できる限り欠点の少ないような経済社会の仕組《しく》み」や「できる限り安定した経済社会の仕組《しく》み」・「その社会に属するできる限り多くの人間が幸福を感じることができるような経済社会の仕組《しく》み」や「できる限り理想的な形に近いような経済社会の仕組《しく》み」といったものを目指しての考察であるに過ぎません。）

まず、とても基本的なことに関してのお話から入らせて頂こうと思うのですが、現代までの間に人間が自分達の社会の形成において作り出してきた様々な種類の社会的価値観というものの中でも、「経済や金銭に関しての社会的価値観」といったものと「合理性や損得に関しての社会的価値観」といったものと（勿論《もちろん》、この二種類の社会的価値観は、互いに深く関連しているものでもあります。）は、恐《おそ》らく、現代社会が機能していく上で非常に重要な社会的価値観であり、特に現代の日本のような社会におきましては、「社会の柱」と呼べるような社会的価値観でもあると言えるのでしょう。

ですが、ここで忘れてはいけないのだろうと思われる重要なことの一つは、「この柱というものは、社会をうまく機能させたり調整したりしていくのに有用な柱なのであって、社会（一人一人の人間の力によって社会全体が半自動的に機能していく上での柱となるような経済や金銭に関しての社会的価値観・合理性や損得に関しての社会的価値観といったものが確立している社会）に属する全ての人間に対して、必ずしもメリットだけを齎《もたら》してくれるものではない」ということです。勿論《もちろん》、このようなことは、この「経済や金銭に関しての価値観」・「合理性や損得に関しての価値観」といったものに関してしか言えないようなことなのではなく、殆《ほとん》ど全ての物事や出来事にも同様に、その物事やその出来事が備えている「良い面（メリット・長所・利点）」と「良くない面（リスク・短所・欠点）」とがあると言えるのでしょう。「ある物事の価値や意味・ある出来事の価値や意味といったものを判断する人間が、どのような価値基準や考え方・どのような立場や物の見方で判断をするのか」といったことによっても、その物事の価値や意味・その出来事の価値や意味といったものは、非常に大きく変わってくることになると言えます。それなのに、人間というものはつい、「良い物」と「悪い物」・「良いこと」と「悪いこと」といった二元論に従って、様々な物事や出来事に対しての自分の判断というものを簡単に下そうとしてしまうものですよね……。

（例《たと》えば、ここでは、現代の多くの社会に生じている様々な出来事に関してのことで少しの例を挙げさせて頂きますが、「社会が文明化して物や情報で溢れていくことによる良い面と良くない面」・「経済や政治が地球規模のものとなっていくことによる良い面と良くない面」・「ある社会の中に新しい価値観が生まれ、過去の価値観が失われていくことによる良い面と良くない面」など、他にも様々に考えられると言えます。ですから、例《たと》えば、「何かの出来事の意味や価値・何かの物事の意味や価値といったものを私達が判断する上で大切なこと」は、「その物事やその出来事の良い面も良くない面も平等に目を背けずに考え、何かの偏った立場や何かの偏った考え方に寄り過ぎずに様々な角度からその物事やその出来事の本質的な価値や意味といったものを判断しようとするということ」にあり、「見つかってしまった良くない面に対しては、その良くない面を覆い隠してしまったり放置してしまったりせずに、その良くない面によって齎《もたら》されてしまうリスクというものを分散したり処理したりするための良い方法を考え、その良くない面を消去したり解決方向に向かわせたりするための実質的な良い手段を考えるということ」などにあると言えるのでしょう。）

現実にも、例《たと》えば、「何かの物事や何かの出来事・誰かの考え方や誰かの判断といったものの中で、何が正しいことで何が間違ったことなのか・何が良いことで何が悪いことなのか・何が賢いことで何が愚かなことなのか」といった類《たぐい》の疑問の多くは、何らかの偏った価値基準や立場・何らかの偏った主義や思想などに基づいてしか完全な答えを出すことはできないようなものなのであり、「自分が現在において、どのような行動や判断をすることが正しいことなのか」・「自分が現在において、どのような行動や判断をすることが自分自身にとって最も良いことなのか」といった類《たぐい》の疑問も、自分の行った判断の結果や自分の行なった行動の結果といったものが完全に出た後でなければ、「正解と呼べるような判断や行動が、果たして何であったのか」ということが完全には分からないという場合も決して少なくはないようなものなのでしょう。

ですから、例《たと》えば、「傍目《はため》に見て、どんなに正しく・どんなに賢く・どんなに強く・少しも迷うことなく生きていると思えるような人間」であっても、その人間も、他の多くの人間と同じように、自分の信じている「正しいことの基準」や「良いことの基準」などを自分の行動の判断基準として、自分自身にとって良い結果が訪れることや自分の大切な誰かにとって良い結果が訪れることなどを信じて、それに向かって様々な判断をしたり行動をしたりしながら生きていると言えるのです。このように、人間は、自分の抱いている価値基準や自分の抱いている価値観といったものに自信を持って生きることによって、より強く生きること・より迷わずに生きることなどができるようになるのだろうと考えられるのですが、その一方で、先ほどにも申し上げました通り、多くの物事の価値や意味・多くの出来事の価値や意味といったものは、それを判断する人間の価値基準や判断基準といったものによって大きく変わってくるものであると言えますので、結局のところ、「全ての人間（何かの価値基準に依存しながら生きている全ての人間）は、何らかの盲目的な部分（例《たと》えば、自分の知らない部分・自分の感じられない部分・自分の考えられない部分・自分の理解できない部分）を持ってしまっている」・「全ての人間は、何らかの偏った基準に傾倒しながら生きている」といったことも、確かなことであると言えるのでしょう。

（その一方で、「Chapter2 - 7」のところでも議論させて頂きましたことなのですが、生物としての全ての人間が共通に備えている「良いことと悪いこととを判断するための価値基準」や「正しいことと間違ったこととを判断するための価値基準」といったものは、「誰かを傷付けることや誰かを悲しませることと・誰かに不快な思いをさせることや誰かを殺すことなどによって人間が自分自身の心の中に感じる罪悪感」というものと、「誰かを喜ばせることや誰かを幸せにすること・誰かを楽しませることや誰かを癒してあげることなどによって人間が自分自身の心に感じる喜び」というものとを中心として説明することができます。つまり、「内面的同一化に基づく愛情や優しさの仕組《しく》み」というものと「生物としてのタブーを犯してしまわないようにするために備えられている罪悪感の仕組《しく》み」というものとを中心として、「人間が自分自身の利己的な欲動を充足することによって快の感情を感じられるという仕組《しく》み」や「人間が自分自身の欲動を充足することができないことによって不快の感情を感じてしまうという仕組《しく》み」といったものをも含めた「人間の生得的な心の仕組《しく》みそのもの」が、全ての人間が共通して備えている最も根本的で最も絶対的な価値基準であると言えるのです。）

私はこのお話の中で、ここまでのところでも様々な物事や出来事を肯定したり否定したりしておりますし、これから先のところでも様々な物事や出来事を肯定したり否定したり致しますが、それらは全て、「ある物事やある出来事の全ての面を肯定したり否定したりしている」ということでは決してなく、「ある物事やある出来事の一つの面を肯定したり否定したりしている」ということであるに過ぎません。この点は、誤解のないようにお願いしたいと思います。

それでは、「経済」というものに関してのお話を続けさせて頂きたいと思うのですが、まず、非常に根本的なことと致しまして、「人間は、経済的な価値観（この言葉は、合理性に関わる価値観や損得に関わる価値観などをも含めた意味での言葉であると考えて下さい。）というものを手に入れることによって、新たな怖れというものを手に入れてしまった」ということが言えるのだろうと考えられます。この「新たな怖れ」とは、例《たと》えば、「企業の経営に自分が失敗してしまうことへの怖れ」であり、「勤めている会社を自分が解雇されてしまうことへの怖れ」であり、「誰かに借りている借金を自分が返せなくなってしまうことへの怖れ」であり、「自分がお金を失うことによって自分の家族が生活をしていけなくなってしまうことへの怖れ」であり、「将来の自分が金銭的に非常に困ってしまうことへの怖れ」などです。

そして、こういった様々な「経済的怖れ」というものが現実のものとなってしまった時に、人間は「経済的な死」というものを迎え、その死は時として、自殺という最悪の手段を通じて、現実の「生命の死」へと繋《つな》がってしまうこともあります。更に悲しいことには、「自分の経済的な破滅や自分の経済的な死といったものを避けることを目的として、ある人間が他の誰かのことを殺してしまう」というようなこと（強盗殺人や保険金目的の殺人など）さえ、現実には起こってしまっていると言えるのでしょう。「人間の命の価値」や「人間の生きる意味」といったものが、「どれだけ多くのお金の価値」や「自分がどれだけ多くのお金を持っていることの意味」・「どれだけ高価な物の価値」や「自分がどれだけ高価な物を持っていることの意味」といったものとも比べることができないほどに非常に大きな価値と非常に大きな意味であるということが、少なくとも人間自身にとっては、疑う余地のない事実であるにも拘《かか》わらずです。

（ここで、「人間が自殺という行為をしてしまう」ということに関しまして、「Chapter2 - 7」で考察をさせて頂きましたことに加えて、更に少し深く議論させて頂きますが、人間が自殺という最悪の選択をしてしまう動機となるものと致しましては、「経済的な死からの逃避」というもののほかにも、「複雑な人間関係からの逃避」や「生きているが故の苦しみからの逃避」・「自分を苦しませる何かからの逃避」や「自分の感じる罪の意識からの逃避」といったように、非常に様々なものがあるのだろうと考えられます。ですが、どんなに深刻で重大な理由があったとしても、「自殺という行為が、自分の人生からの逃避としての行為である」という点は決して変わることはなく、「自殺という行為を自分がすることによって、自分の大切な誰かを酷《ひど》く悲しませてしまう結果になる」という点から考えましても、また、人間が生得的に備えている生物としての心の仕組《しく》みから考えましても、「自分が自殺という行為をしてしまうということ」は、「非常に重い罪を犯してしまうこと」であると言えるのです。)

(「Chapter2 - 5」でも議論させて頂きましたが、人間も他の生物と同様に「生きたいと望むもの・生き続けたいと望むもの・生きるべきもの・生き続けるべきもの」なのであり、「死という選択肢を自分で選んで、自分の人生に自分で終止符を打ってしまうこと」は、どんな理由があったとしても、正しいこととは決して呼べません。そして、自分が自殺という行為をするということは、「自分に死ぬ勇気がある」ということや「自分は死ぬのが怖くない」ということでは決してなく、「自分に生き続ける勇気がない」ということや「自分は生き続けるのが怖い」ということであるに過ぎないようなことなのです。イタリアの諺《ことわざ》にも、『**勇気が試されるのは、死ぬことにではなく、生きることにである。**』という言葉があります。)

(現実にも多くの場合におきましては、「自殺という最悪の選択をすること」のほかにも、「自分に恐怖を与える何かから自分が逃れるための方法」や「自分が何かに反抗したり自分が何かと戦ったりするための方法」などは、必ずあるはずなのです。大切なことは、「自殺という選択肢を選ぶことを自分で考えてしまうほどに追い詰められてしまう前に、自分のプライドや自分の世間体などを気にし過ぎずに、自分の信頼のおける誰かに相談をしてみるということ」や、「自殺という最悪の選択肢以外で、自分が選び取ることが可能な全ての選択肢を思い付く限り考えてみるということ」にあり、「自分にとって大切な誰かのことや自分にとって大切な何かのこと・自分が死んでしまった後に残されてしまう自分の家族のことや自分の友人達のことを、真剣に考えてみるということ」などにあると言えるのでしょう。勿論《もちろん》、「自分が逃げることなく問題を解決するということ」や「自分の力だけで問題を解決するということ」の方がベストなことではあるのですが、「自分が自殺をしてしまうこと」や「自分が誰かを殺してしまうこと」といった最悪の選択肢を避けるためには、「自分が目の前の問題から一時的に逃げること」や「自分が誰かに一時的に頼ること」なども、選んで然るべき選択肢であると言えるのだろうと思います。勿論《もちろん》、そういった選択肢を自分が選ぶ際には、「自分が何かから逃げ続けてしまわないように心掛けるということ」や「自分が誰かに全面的に頼り続けてしまわないように心掛けるということ」なども、非常に大切なことであると言えるのでしょう。）

（人間は、「自分の大切な何かや自分の大切な誰かのことを想い続けて生きるということ」ができるものですし、自分が生きてさえいれば、何時《いつ》かは必ず、何かのチャンスや何かの喜びといったものが誰にでも巡ってくるものであると言えます。自分が死んでしまっては、自分が喜ぶことも自分が楽しむことも・自分が笑うことも自分が悲しむことも・自分が誰かを幸せにすることもできなくなってしまいますし、自分に内在していた全ての可能性というものが、自分が死んでしまった瞬間に完全に絶たれてしまうことになるのです。それが決して楽な選択ではないとしても、「自分が生きるということ」や「自分が生き続けるということ」そのものが、一人一人の人間にとって大きな意味のあることであり、大きな価値を持つことであり、最も大切なことであると言えるのでしょう。）

（例《たと》えば、多くの人間は、自分の愛する誰かの笑顔を見ることができた時に、「自分が今まで生きてぃて良かった」ということを心の底から感じることができますし、「大きな幸せ」というものを感じることもできます。全ての親は、「自分の子供の笑顔」というものを自分の生きがいとすることができますし、全ての人間は、「自分の家族の笑顔や自分の友人の笑顔・自分の恋人の笑顔や世界中の全ての子供達の笑顔」といったものを自分の生きがいとし、自分の生きる理由とし、自分が生きていくための力とし、自分の幸せを構成する大きな要素の一つとすることができるのでしょう。勿論《もちろん》、ここで私が挙げておりますことは、「人間が生き続けるための理由となり得ること」のほんの一例であるに過ぎないのですが、例《たと》えば、「自分の大切な誰かや自分の愛する誰かの笑顔といったものを、自分が、これから先の自分の人生の中で少しでも多く見たいと望むこと」だけでも、人間が自分の人生を生き続けることを選択するための充分過ぎる理由となるのです。）

「社会に属する一人一人の人間が経済的怖れというものを非常に強く感じるようになってしまった」という点が、経済というものが人間社会に齎《もたら》してしまった「良くない点」の代表的なものであると言えるのに対して、経済というものが人間社会に齎《もたら》してくれた「良い点」の代表的なものは、そのシステム（経済というシステム）が備えている「社会全体を調整するための非常に効率的な機能」というものにあると言えるのだろうと考えられます。例《たと》えばそれは、経済というシステム（金銭というものに全ての物やサービスの価値基準を集約させることで機能する社会システム）によって成り立っている「需要

(ある物やサービスを買おうとしている側)と供給(ある物やサービスを売ろうとしている側)とのバランスによる価格原理の仕組《しく》み(ある物やサービスの需要量や供給量が変化することに連動する形で、その物やサービスの価格や生産量が変化するという仕組《しく》み)」というものを利用した「各生産業への資源分配の調整をする機能」であり、「各生産者が物やサービスを生産する量と各消費者が物やサービスを消費する量との調整をする機能」であり、「各職業への労働力分配の調整をする機能」であり、必要とされている個所《かしょ》に経済の力を集中させることができるような「市場(株式市場や金融市場)規模でのお金の流れの調整をする機能」などのことです。

(例《たと》えば、「この社会の中で、経営者が会社を興す時や企業がビルを建設する時などに、そのための資金というものを銀行や株主などから円滑に調達することができるような仕組《しく》み」というものも、資本主義経済・株式会社制度といった経済システムのおかげでできているものであると言えるのでしょう。もっとも、十年くらい前の日本の企業と欧米の企業との自己資本比率の違いなどを考えてみても推察することができますように、近代の多くの日本企業の経済は、「株式会社制度による金融システム」というものによって成り立っていたと申しますよりも、現在では崩壊してしまった「護送船団方式による金融システム」というものによって成り立っていたと言えるのかも知れません。尚《なお》、「具体的にこれらの経済システムというものが、どのようなものであるのか」・「経済に関してのこれらの言葉の意味が、どのようなものであるのか」といったことに関しましては、この本の中で私が目的とするところとは殆《ほとん》ど関係のないお話になってしまいますので、ここで詳しく扱うことは致しません。)

そして、「経済の仕組《しく》み」というものは、「社会全体に対しての非常に効率的な調整の機能」というものを用いることによって、「社会の中の様々な合理化」というものを進めていきます。例《たと》えば、基本的なことに関して申し上げますが、経済の仕組《しく》みを備えた社会の中の各経済主体（家計や企業など）が、「多くの物の価値や多くのサービスの価値の交換媒体となっている貨幣（お金）」というものをより多く自分のものにしたいと望むことで、家計という経済主体は、「無駄と思われるような出費」というものをできるだけ抑えるとともに、「働くことや投資をすることを通じて自分が得ることができる収入」というものをできるだけ増やそうと努力をしていくことでしょうし、企業という経済主体は、無駄と思われるような人件費を削り、生産におけるコストを抑え、「費用対効果」というものを可能な限り効率的な値に保つための努力をしていくことでしょう。（この「費用対効果」という言葉は、「どれだけのお金を使って、どれだけの効果を得るのか」ということを示している言葉なのですが、勿論《もちろん》、「営利を目的とする企業」というものを考えた上での「費用対効果」という言葉における「効果」に当たる部分は、短期的・長期的な金銭的利益に結び付くような効果のことを指しています。）

現代の日本の（少なくとも物質的には）非常に豊かな状況というものも、疑いようもなく、経済という社会の仕組《しく》みが齎《もたら》してくれたものです。（勿論《もちろん》、「現代の日本の金銭的に豊かな状況・物質的に豊かな状況といったものは、経済の仕組《しく》みというものを利用して様々な努力をしてきた過去の一人一人の人間の功績によるものである」と言うこともできます。）不況と言われ、伸び悩みと憂慮されている現在の日本ですが、この現在の日本の状況でさえ、経済的にもっとずっと厳しい他の国の他の社会に生きる多くの人間からすれば、考えられないほどに裕福な状況なのであり、私達は、この現代の日本という社会に生まれることができたという時点で既《すで》に、経済的・物質的には非常に恵まれた環境にあると言えるのでしょう。(例《たと》えば、あまり裕福ではない他の国の他の社会に生きる多くの人間と比較して考えますと、現在の自分に、「自分の食べる物」が充分にあり、「自分の着る服」があり、「自分の住む家」があり、「自分のことを愛してくれていて自分のことを必要としてくれている家族」がいるのであれば、それ以上を望むことなどは贅沢過ぎると考えられるくらいに恵まれた状況であると言えるのです。)

(また、関連することとして申し上げますが、たまたま自分が、先進国の経済的に裕福な家庭に生まれることができたからといって、それで自分が、経済的に困窮してしまっている多くの発展途上国の人間よりも必ずしも人間的に優れているという訳でも・必ずしも人間的に偉いという訳でも決してないのでしょうし、それで自分が、必ずしも人間的に豊かな心を持って生きることができているという訳でも・必ずしも幸せな人生を送ることができているという訳でも決してないのでしょう。人間の優劣というものは、何らかの偏った価値基準によってしか判断することができないものなのであり、人間の幸福や不幸の基準といったものは、一人一人の人間の主観的な価値基準によってしか判断することができないものなのです。「経済的に豊かな人間や大きな権力を持っている人間が、偉い人間であり、優れた人間であり、幸福な人間である」といった価値基準は、とても偏った価値基準であると言えますし、人間として非常に淋しい価値基準であると言えます。)

ここで、少し余談になってしまうのですが、「行政の経済・政府の経済」といったものに関してのことを考えますと、政府や行政といった組織は、その性質上、企業間の競争や市場での価格原理などを利用した「経済の仕組《しく》みによる調整の機能」というものをうまく利用することができないため、一般企業に比べて、「金銭的な無駄」というものを生じさせ易くなってしまうということが言えるのだろうと考えられます。ですから、政府や行政といった機関が、経済社会というものに対して可能な限り金銭的に合理的なものであるためには、「金銭的な無駄」や「労働者のモラルハザード（例《たと》えば、一生懸命に働いても働かなくても給料が同じだろうと考えて、公務員という職業に就いている人達の多くは、一般企業に就職している人達の多くよりも懸命に働こうとはしなくなってしまうかも知れません。）」といったものを排除するための努力を常に行い、社会に対して最小限の大きさでありながら充分な機能を発揮することができるものであるように、「職業倫理に対しての高い意識」と「自分の仕事に対しての高いモチベーション（モチベーションという言葉は、インセンティブという言葉とほぼ同じことを意味する言葉であり、やる気や意欲といった意味の言葉です。）」とを持って、可能な限りの努力をしようとし続ける必要があると言えるのでしょう。（現在の日本の政府のように無意味に巨大になり過ぎてしまって効率性を失ってしまっている状況の政府というものが、経済的に健全な状態というものを取り戻し、社会全体に対して適正な大きさとなることを目指し、莫大な額の借金というものを少しずつでも減らしていくためには、これは、現在の法律による制約の下では非常に難しいことであるということも事実なのですが、「公務員の解雇」や「公務員の給料の大幅な削減」などを含めた「政府内・行政内での大幅なリストラクチュアリング」ということを検討することも必要であると言えるのかも知れません。）

（もっとも、実際には、このような理想的な形の政府の経済活動の実践が非常に難しいことであるということも、疑う余地のない事実です。政府や行政といったものも人間が作ったものであり、それを機能させているものも一人一人の人間であるという以上、それらは、決して「万能なもの」でも「完璧なもの」でもなく、様々な限界や様々な問題点を含むものとなってしまいます。これは、企業や法人などの組織といったものが、決して「万能なもの」にも「完璧なもの」にもなり得ないということと同じ理由によることとなのですが、その理由とは、それらを構成したり機能させたりしている人間という存在自体が、決して「万能なもの」でも「完璧なもの」でもないからなのです。例《たと》えば、「社会の中に犯罪が横行してしまうこと」や「社会全体の経済の動きが停滞してしまうこと」・「社会の中で人間的で文化的な生活というものを送れなくなってしまう人間が増えてしまうこと」や「社会に属する多くの人間が幸せを感じながら生きることができなくなってしまうこと」・「社会に属する多くの人間に何かの感染症や心の病が蔓延してしまうこと」などに関しても、そういったことの原因の一部というものは、間違いなく政府や行政にあると言えるのですが、その一方で、「完全に円滑な経済」や「犯罪の全くない社会」といったものを形成することは、現実的には不可能に近いようなことなのであり、故に、政府や行政のできる唯一のこと・政府や行政のするべき唯一のこととは、「決して手を抜かずに、できる限り理想の社会であることを目指して、最大限の努力をし続ける」ということに限られてしまうと言えるのでしょう。）

その一方で、「経済を活性化する」という観点から考えますと、「政府や行政の行う消費活動（例《たと》えば、行政の行う公共投資や企業発注）というものが、市場経済を活性化するための原動力の一部となっている」という面も間違いなくあると言えます。また、これは、言うまでもないような当たり前のことであるとも考えられるのですが、民主主義国家における政府や行政といったものは、市民のために作られているものであり、その活動の経済的原動力というものも、市民の支払う税金などから成り立っているものですので、政府や行政といった組織が行う「法治」や「政治」といったものは、常に、「市民のためのもの（老若男女・職業・居住地域の如何《いかん》を問わず、市民全体のためのもの）」・「市民の意見を反映したもの」・「市民の暮らしの安全や市民の幸福のためのもの」でなくてはならないと言えるのでしょう。（尚《なお》、大学の授業で行われているようなお話をこの本の中で詳しく展開することを私は望みませんので、政治学に関係するお話である「民主主義や多数決といったものの正当性や必要性と限界や欠点とに関してのお話」・「政治が腐敗していくことを避けるために、政府の活動に対しての外部監査が、厳しく行われる必要性があるのか否かということに関してのお話」・「政治が腐敗していくことを避けるために、政治組織内部に関しての法律や各公務員の待遇に関しての法律などを、政府と利害関係のない独立した外部機関が規定する必要性があるのか否かということに関してのお話」・「理想的な行政機構や具体的な政治の仕組《しく》みに関してのお話」などには、詳しく言及することを避けさせて頂きたいと思います。）

例《たと》えば、可能な限り（考えられる限り）良質で良好な「経済の状態」や「法律の整備の状態」・「教育の実施の状態」や「治安の維持の状態」など（勿論《もちろん》、「どのような経済の状態や教育の実施の状態などが、良質で良好なものであると言えるのか」といった疑問は残ってしまいます。）を目指して不断の努力をするということは、行政や政府といった組織のするべき義務であり、行政や政府の仕事に関わっている多くの人間の果たすべき義務であると言えます。その一方で、先ほどにも申し上げました通り、政府や行政といったものを動かしているものが「様々な弱さや様々な欠点を持つ一人一人の人間」であるという以上、政府や行政といったものも万能なものでも完璧なものでも決してありませんので、ここで私が申し上げておりますような理想的な形の政府の活動というものも、現実的には、『**言うは易く、行うは難**《かた》**し。**』という日本の諺《ことわざ》にある通りのことなのでしょう。（また、「政府や行政の経済」といったものを考えた上での「費用対効果」という言葉における「効果」に当たる部分は、「市民の得られる便益の度合い」や「市民の感じられる幸福の度合い」といったものにあると言えるのだろうと考えられます。つまり、この場合の「費用対効果」という言葉は、「どれだけ少ないお金を効率的に使って、市民の幸福の度合いや市民の便益の度合いといったものを高い水準に保つことができるのか」ということを示している言葉であると言えるのでしょう。）

「経済そのもの」に関してのお話からは、もう少し離れていってしまうのですが、先ほどに私が「経済というものの簡単な仕組《しく》み」に関してのお話のところで用いました「無駄」という言葉は、経済的な価値基準から考えた上での「無駄（金銭的な無駄・合理的な立場から考えた上での無駄）」というものを示している言葉です。それに対して、例《たと》えば、「一人一人の人間の人生にとって、何が無駄なことであり、何が有意味なことであるのか」といった疑問は、簡単に答えを出すことができるような疑問ではありません。恐《おそ》らく、厳密に考えるのであれば、一人一人の人間にとって（一人一人の人間の心にとって・一人一人の人間の人生にとって）「完全に無駄なもの」や「完全に無駄なこと」などは、全くないと言えるのでしょう。ラ・フォンテーヌの言葉にもありますが、『**良識ある人間にとっては、無用なものは何もない。**』ということなのであり、『**人生に無駄はない（一人一人の人間が自分の人生において行**

う全てのことの中で、完全に無駄なことは何一つない）。』ということなのです。

（「金銭的な利益に結び付かないことや、自分の利己的な欲動の充足に直接的に結び付かないことは、全て無駄なことである」といったような偏った価値観は、精神的に非常に淋しい価値観・精神的に非常に貧しい価値観であると言えるのでしょう。例《たと》えば、「子供が芸術やスポーツを頑張ること」などは、必ずしも、その子供がプロになってお金を稼ぐためでなくとも構わないのです。「その子供が自分の頑張っている芸術というものを心から楽しめているということや、自分の頑張っているスポーツというものを真剣に楽しめているということ」自体が、何よりも大切なことであると言えます。「大人が何かの趣味や遊びに打ち込むこと」の場合も、金銭的なメリットや卓越した技術・周囲の人間の評価などを求めての趣味や遊びである必要などは全くないのであり、「その趣味や遊びを自分が心から楽しめているということ」・「その趣味や遊びを楽しむことで、自分の人生が更に豊かなものとなっているということ」などが、何よりも大切なことであると言えます。何故なら、「人間の心に生じる心的現象」というものそのものが、大きな意味と大きな価値とを有しているものだからなのです。「自分の好きな何かがあるということ」や「自分が本気で打ち込める何かがあるということ」・「自分の抱いている夢や目標に向かって、現在の自分が真剣に努力をしているということ」など、それら全てが、自分自身の心に強い心的現象を生じさせてくれるようなことであり、非常に有意味なことでもあると言えるのでしょう。）

（例《たと》えば、現代において多くの人間は、人間の努力や人間の行動の全てに、「合理的な理由や意味」・「将来の成功に結び付くような意味や価値」・「金銭的な利益に結び付くような意味や価値」・「目に見えて分かる物理的な結果や具体的な結果に結び付くような意味や価値」・「周囲の人間に認められることができるような意味や価値」といったものを求めますが、例《たと》えば、「自分が現在において音楽を演奏することに没頭する理由」は、「自分が音楽が好きだから」・「自分が音楽を演奏していたいから」といったことだけで充分なのでしょうし、「自分が音楽を演奏することの意味や価値」といったものも、「自分の心に様々な心的現象・大きな心的現象を生じさせるということ」だけで充分なのでしょうし、「自分が音楽を演奏することの目的」というものも、「自分の心に様々な心的現象・多くの心的現象を生じさせるため」ということだけで充分なのでしょう。「自分が音楽をすること」や「自分が絵画を描くこと」・「自分が仕事をすること」や「自分が何かを学ぶこと」・「自分が恋愛をすること」や「自分が友人と遊ぶこと」・「自分が家事をすること」や「自分が何かを楽しむこと」・「自分が何かを考えること」や「自分が何かを感じること」など、人間の行う行動そのものの全てが、その人間自身に様々な心的現象を齎《もたら》してくれることであり、大きな意味と大きな価値とを有することであると言え、その中でも特に、「自分のやりたい何かを自分がするということ」・「自分の好きな何かを自分がするということ」・「自分がやるべきであると考える何かを自分がするということ」などには、より大きな意味とより大きな価値とがあると言えるのです。)

(勿論《もちろん》、その一方で、「自分の人生の将来の成功に繋《つな》がるような努力をすること」・「周囲の人間に認められることができるような努力や行動をすること」・「自分が生活をしていくための収入を得られることに繋《つな》がるような努力や行動をすること」なども、「自分の現実の人生をより豊かなものとしていくこと」・「自分の現在の人生を充実したものとしていくこと」・「自分の人生を、前向きで将来を見据えたものにしていくこと」・「現在の自分の心に様々な良い意味での心的現象を生じさせること」などにも繋《つな》がるようなことであり、非常に有意味なことであると言えます。また、これは、一人一人の人間の性格や人格によっても異なることなのでしょうが、「自分がその分野のプロになる」・「自分がその分野の大会で優勝する」といったような大きな目標が自分にあった方が、自分がそれらの趣味や楽しみに対して、より真剣に打ち込むことができるようになるという場合も多くあると言えるのでしょう。)

「無駄」という概念に関しての考え方の一例と致しまして、ここでは、「ある人間の時間の過ごし方」ということに関して、少しだけ考えさせて頂きますが、ある人間が自分の趣味に勤《いそ》しんでいる時間(例《たと》えば、自分の好きな音楽を聴いたり・自分の好きな映画を見たり・友達と何かで遊んだりしている時間・娯楽の時間)というものは勿論《もちろん》、自分自身の心に様々な心的現象を生じさせてくれる時間でもあり、それは、その人間自身にとって非常に大きな意味を有している時間であると言えます。ある人間が休日に家の中で寝転がっている時間というものも、その人間の体の疲れや心の疲れといったものを解消する効果もあり、心理的にも肉体的にも非常に大きな意味を有している時間であると言えます。(自分が何かの目的に向かって真剣に突き進んでいる時にも、「必要に応じて休憩をして自分が疲れを充分に解消すること」や「自分が休憩をしている時には、自分の抱えている厄介な問題を一時的に忘れて、リラックスして精神的にも充分に疲れを癒すこと」などは、「自分が手を抜かずに努力をすること」や「自分が真剣に頑張ること」などと同じくらいに、とても大切なことであると言えるのです。)

(もっとも、例《たと》えば、「病気や怪我などの特別な理由がある訳でもないのに、自分が何日も寝ながら過ごしてしまう」といった「過度の休息」というものは、自分の体や心を癒してくれるどころか、逆に、自分の体や心を大きく疲れさせてしまう場合が少なくはないようなものであると言えるのでしょう。例《たと》えば、「自分が明日頑張るために、今日は休息を取るということ」・「自分がこれから最大限の力を発揮するために、今は力を温存するということ」などのような休息の取り方が大切なのです。尚《なお》、このように、「度を過ぎた栄養不足」や「度を過ぎた栄養過多」・「度を過ぎた運動」や「度を過ぎた休息」といったものは、人間の体や人間の心に良くない影響を及ぼしてしまうことがあるですが、人間は、自分の毎日の生活の中に「適度な刺激」や「適度なストレス」といったものがあってこそ、自分が何かの嬉しいことや何かの楽しいことを体験した時などに、その喜びや楽しさといったものを素直に感じることができるとも言えます。関連することと致しまして、人間は、自分が空腹の時であればこそ、「自分が食事を得た時の喜び」というものも倍増して感じられますし、自分が疲れている時であればこそ、「自分が休息をとった時の効果」というものも非常に大きなものとなるのです。このように、人間の心にとっても・人間の体にとっても・人間の人生そのものにとっても、「様々な心的現象のバランスの良さ」や「様々な物理的要因のバランスの良さ」といったものは、非常に大切なものであると言えるのでしょう。）

（この「バランスの良さというものが、非常に大切なものである」というお話は、他の様々なことに関しても同様に言えることなのだろうと考えられ、それは正に、『**過ぎたるは猶及《なお》ばざるが如《ごと》し。**』という言葉の通りなのだろうと考えられます。例《たと》えば、ある多忙な人間が「自分の毎日の時間というものを、どのように使うのか」ということを考える上での「家庭のための時間と仕事のための時間とのバランス」・「自分が個人的に趣味や遊びに没頭するための時間と自分が他の人間との人間関係を楽しむための時間とのバランス」といったものの大切さ、世界規模で考えた上での「自然と文明とのバランス」や「人間社会と自然社会とのバランス」といったものの大切さ、他にも、「ある人間の摂取する栄養のバランス」というものの大切さや「大自然の中の生態系のバランス」というものの大切さなど、これは恐《おそ》らく、例を挙げ続けていけば切りがないようなものなのでしょう。）

例《たと》えば、「自分が友達と遊んでいる時間」や「自分が誰かと他愛《たあい》もない話をしている時間」といったものも、少なくとも、そこに自分の心的現象というものが生じているという時点で、決して無駄なものではないと言えるのです。更に、この世界に起きる殆《ほとん》ど全ての出来事には、「運」や「偶然性」といったものが大きく関わって参りますので、例《たと》えば、「自分が選択することができる様々な時間の過ごし方の中で、どのような時間の過ごし方というものが、より大きな意味とより大きな価値とを持つ時間の過ごし方であると言えるのか」といった疑問は、簡単に結論を出すことができるような疑問ではありません。

（「偶然」や「運」といった言葉に関しまして、ここで少しだけ補足をさせて頂きますが、私達が現実の日常生活におきまして「偶然」や「運」といった言葉で片付けている現象というものの多くは、「複雑な自然現象」や「様々な物理現象」・「自分以外の多くの人間の心的現象から生じた行動」といった「自分には把握し切れないような非常に多くの要因・自分には想像し切れないような非常に多くの要因」というものが複雑に重なり合って形成された現象であると考えることができます。従って、それらの現象というものは、自分という個人が把握することができる微量な情報だけから考えれば、確かに「偶然」と呼べるものなのですが、社会全体・世界全体に生じている無限とも言える数の微小な現象の全てを緻密に把握することができるのであれば、それは、「必然」と呼べるものになると言えるのでしょう。この考え方は、「複雑系」と呼ばれる学問分野においても非常に重要なものとなる考え方なのですが、現在・過去・未来においてこの世界に生じる全ての現象は、非常に複雑で膨大な量の因果関係・原因と結果の関係を通じて完全に繋《つな》がっているものなのであり、その意味では、「この世界に生じている全ての現象は、必然的なものである」と言え、「偶然に起きている現象など、この世界には何一つない」と言えるのです。現実世界に生じている全ての出来事の因果関係というものを完全に正確に把握することは、私達一人一人の人間にとっては間違いなく不可能なことなのであって、故に、この無限の偶然と無限の必然との重なり合いによって構築されている非常に複雑な現実社会の中で私達が何かを実際に成し遂げるということは、時として決して容易《たやす》くはないようなこととなってしまうと断言することができます。)

(また、これは言うまでもないことなのかも知れませんが、私達が現実に自分の人生を生きていく上では、「偶然や運といったものに自分が完全に頼り切ってしまい、現実的な努力というものを何もしなくなってしまうこと」などは、自分自身のためになるとは決して言えないようなことであり、禁物なことであると言えるのでしょう。**『ツキとは呼ぶものであり、運とは運ぶものであり、運命とは、自分の力で切り開いていくものである。』**と考えるべきなのです。同様に、**『天命というものは、人事を尽くしてから待つべきものである。』**ということも断言することができるようなことなのだろうと思います。)

（尚《なお》、偶然や運といったものを極端に重視して考えますと、例《たと》えば、「今日までの自分が何の重大な問題もなく安全で健康な毎日を送っているのにも拘《かか》わらず、明日に自分が事故や事件などに巻き込まれることで突然に死んでしまう可能性」というものなども、完全に否定することができる訳ではありません。現実にも、多くの人間は、自分の人生において「自分の死に方」や「自分の死に場所」・「自分の死ぬ時」や「自分の死に様」などを自分自身の意志によって選ぶことはできないものなのです。しかしその一方で、人間は、自分が生きてさえいれば、多かれ少なかれ、「自分の生き方」や「自分の生き様」などを自分自身の意志によって選ぶことができます。ですから、今を生きる全ての人間にとって常に大切なことは、「どのように死ぬのか」ということよりも、「どのように生きるのか」ということにあると言えるのでしょう。「何時《いつ》の日にか必ず訪れてしまう自分の死というものに対して自分が強く恐怖することと」などよりも、「限られた人生を自分がどう生きるのかということを前向きに考え、悔いのないように真剣に生きようとすること」・「自分が生きている間に可能な限り多くの楽しさや多くの喜びといったものを得ようとすること」などの方が、人間にとって、ずっと大切なことであると言えるのです。）

（『**優れた人間は、死に場所を選ばない。生き方を選ぶのである。**』とは、トゥキディデス《Thoukydides B.C.460 - B.C.400　古代ギリシアの歴史家》の言葉であり、『**人は誰しも、死というものを怖れるべきではない。それまでずっと、生きるということが何であるのかということを理解してきたのだから。**』とは、フラーの言葉になります。「誰もが何時《いつ》かは、自分の命を失い、自分の肉体を失い、骨だけとなって土へと戻っていく」という非常に厳しい現実というものを真剣に受け止め、自分の命の限界というものと正面から向き合って、「生きるということの意味」や「命というものの意味」などを深く理解することによって、人間は、自分が抱いてしまう「死に対しての強い怖れの意識」というものに打ち勝った上で、自分の人生を、より積極的に・より前向きに生きることができるようになるのでしょう。）

（また、このような考え方から申しますと、「自分が、今日という日・今という時間を、ベストに生きようとするということ」や、「自分が、今やりたいこと・今できること・今するべきことを、精一杯実行するということ」などの繰り返しこそが、「充実した人生」と呼べるものに繋《つな》がるような生き方であると言えるのかも知れませんね。**『何時《いつ》かできることは全て、今日でもできることである。』**とは、モンテーニュの言葉になります。現実にも、多くの人間は、「過去の自分や未来の自分よりも、現在の自分というものが、輝いた状態の自分・充実した状態の自分・精一杯頑張って生きている状態の自分であり続けたい」と望んでいるものなのでしょう。また、「自分がそのように望み、そのように心掛けて生きるということ」こそが、実際に自分の人生を「充実したもの」・「豊かなもの」・「素晴らしいもの」・「後悔を残さないようなもの」・「自分自身に誇れるようなもの」にしていくためにも、非常に大切なことなのだろうと考えられるのです。ドビュッシーの言葉を拝借して申しますと、**『まるで明日死ななければならない人のように、死に物狂いになって今日一日を精一杯生きる。』**ということが人間には時として必要であるということなのであり、ムンク《Edvard Munch 1863 - 1944 ノルウェーの画家》の言葉を拝借して申しますと、**『明日突然に自分が死ぬことになったとしても自分の人生を後悔することがないように、精一杯真剣に今を生きる。』**ということが人間には時として必要であるということなのです。）

ですが、例《たと》えば、「自分の抱いている何かの目的や何かの信念といったものに対して、自分の実行している時間の過ごし方や自分の実行しようとしている時間の過ごし方が、どれだけ適合的な時間の過ごし方であるのか」ということであれば、自分が選択することのできる様々な時間の過ごし方というものの間に、「自分の抱いている目的や信念に対して、より適合したもの」と「そうではないもの（比較的無駄と言えるようなもの）」という差異を認めることは可能なのだろうと考えられます。ですから、「努力」と呼べるものとは、「自分が定めた何かの目的に向けて、自分自身の望む結果というものを少しでも確かなものにするために自分が行う行為（その目的に対してより効果的な行為・その目的に対してより適合的な行為）」であると言えるのでしょう。（こういったお話はつまり、「自分の選び取った何かの手段というものが、自分の定めた何かの目的に対してどれだけ適合的なものであり、どれだけ合目的的なものであるのか」といったことに関してのお話です。また、このような「目的適合性を充分に備えた行動」や「合目的性を充分に備えた行動」といったものが、「目的意識を持った行動」や「先見の明のある行動」といった名称で呼べるものとなると言えます。）

例《たと》えば、ここでは、多くの人間に身近な例を挙げさせて頂きますが、「受験に受かる」ということが現在の自分の目的であるとすれば、「試験勉強をする」という行為などが、そのための努力と呼べるものになるということです。また、「自分が無理をし過ぎて体調を崩してしまうようなこと」でもあれば、それによって自分の望む結果というものは大きく遠退《とおの》いてしまいますので、「自分に無理をし過ぎるような行動というものは、良い努力とは決して言えないものである」ということが言えます。『**汝《なんじ》の力に**

余る重荷を汝《なんじ》の肩に載せるな。』とは、ホラティウスの言葉です。

人間の人生における全ての体験や経験といったものは、どんな体験や経験であっても、完全に無駄と呼べるものなどには決してならないものなのであり、そのような絶対的な前提（「人間にとって無駄な体験や無意味な経験などは何もない」という前提）を踏まえた上で、自分にとって「より充実した経験」や「より充実した時間」・自分にとって「より意味のある体験」や「より意味のある時間」といったものを求めていくことによって、人間は、より有意義に生きること・より充実した生き方をすることができます。（「人生」というものは、常に限られた時間のものであり・過ぎ去ってしまった時間は決して取り戻すことができないものであり・時としてあまりにも儚《はかな》く呆気《あっけ》ない一時の夢のようなものであり・全ての人間にとって掛け替えのない一度切りのものであり・多くの人間にとっては非常に短過ぎる時間しか持たないものであり、自分が立ち止まっていても走り続けていても、「時間」というものは常に過ぎ続けてしまうものですので、自分の人生を積極的に有意義に生きようとする殆《ほとん》ど全ての人間にとっては、自分の体や自分の心に無理をし過ぎてしまわない程度で、可能な限り前に進もうとし続けることが大切なことなのです。）

例《たと》えば、ある人間が今、「自分の将来に向けての何かの目的や目標」・「自分の将来に向けての何かの夢や憧れ」といったものを抱いているのであれば、それらのために懸命な努力を重ね続けることで、その人間の抱いている夢や目標といったものも、何時《いつ》の日にか、現実のものとなることでしょう。「自分が夢を抱き続けるということ」や「理想を現実にするための努力というものを自分がし続けるということ」・「何に対してもすぐに諦めてしまうのではなく、自分の可能性を信じて希望を抱き続けるということ」などは、とても素晴らしいことであると言えます。「その夢や目標を自分が決して諦めたくはない」と望む自分の強い気持ちというものがあることによって、自分を頑張らせてくれる非常に大きな力が得られるということも多くあると言えるのでしょうし、そもそも、挑戦してみる前から諦めてしまっていたのでは、何も成功することも何も達成することもできません。（「どうせ……」と諦めてしまうのではなく、「きっと……」と希望を抱き続けることが大切なことなのです。「自分には才能がない」・「自分には運がない」といったように理由を付けて諦めることは誰にでもできますが、「ある人間に才能や運といったものが、あるのか否か」ということの判断は、厳密には誰にもできないことであると言えるのでしょう。）**『勝利の女神は、努力をした人間のことを、他の誰よりも深く愛する。』**とは、カルトゥスの言葉になります。それに、誰にとっても人生というものは一度だけのものですから、「妥協や諦めの連続によって、自分の夢や自分の目標といったものを捨て去ってしまい、自分の人生に後悔を生み出してしまうこと」などは、可能な限りしたくないものですよね。（**『天は、自らを助くる者を助くるのみ。』**という言葉もあります。本来、神という存在は、自分の力で精一杯頑張っている人間の背中をほんの少しだけ後押ししてくれるような、そんな存在なのかも知れません。）

（どんなに自分の過去というものを後悔したとしても、「人間が、自分の人生を始めからやり直すということ」は、決して誰にもできません。「人生の途中で自分が方向転換をするということ」や「人生の途中で自分の生き方を変えるということ」などは可能であっても、「失ってしまった時間を自分が取り戻すということ」や「犯してしまった自分の罪をなかったことにするということ」などは、決してできないことなのです。そして、一度しかない自分の人生だからこそ、多くの人間は、「自分で自分に対して誇れるような生き方をしたい」・「我武者羅《がむしゃら》でも良いから、自分の人生を精一杯生きたい」・「妥協をしない生き方や、自分の理想を目指した生き方をしたい」・「自分が何をできるのかということ以上に、自分が何をしたいのかということを大切にした生き方をしたい」といったことを強く望むのでしょう。また、自分が現実に、「そういった生き方を実践したい」といったことを本気で望んでいるのであれば、「自分が、今日からの自分の人生における一日一日の全ての時間というものを可能な限り大切に考えるべきである」ということが言えるのでしょうし、「自分が、自分の本当に望んでいることを実現するための努力というものを今すぐにでも始めるべきである」ということも言えるのでしょう。実際にも、「叶えたいと自分が感じる夢を見る権利」や「達成したいと自分が望む目標を抱く権利」といったものは、誰にだってあるはずです。『**楽しいことを探そう。生きている間だけなのだから。**』とは、アウルス・ペルシウス・フラックス《Aulus Persius Flaccus 34 - 62　古代ローマの風刺詩人　著「諷刺詩」》の言葉であり、『**今日を生きる者だけが生きる。**』とは、デュ・ベレー《Joachim Du Bellay 1522 - 1560　フランスの詩人》の言葉になります。恐《おそ》らく、『**人生というものは、楽しむためのものであり、できる限り大きなできる限り多くの幸福を自分が得るためのものである。**』と極論することもできるのでしょう。）

（勿論《もちろん》、そのような「夢や理想を追った生き方」を自分が実践することは、多くの場合におきましては、決して楽なことではありませんし、恐《おそ》らく、そのような生き方を自分が実践することによって自分自身が被ってしまうリスクというものも、決して少ないものではありません。それに、今から努力をし始めたところで、自分の望むその目標を達成することは難しいかも知れませんし、「自分の努力が実を結んでくれない可能性」というものの方が、「自分の努力が確実に身を結んでくれる可能性」というものよりも、遥《はる》かに高いかも知れません。ですが、自分が諦めてしまったり・自分が努力することを止めてしまったりすれば、自分が成功することができる可能性や自分が目標を達成することができる可能性といったものは、多くの場合におきましては、完全になくなってしまいますし、自分が人間として精神的に成長することも、そこで一旦《いったん》止まってしまうことになるのだろうと考えられます。）

（別のところでも言及させて頂きました通り、「自分が人間としての心を持って生きてさえいれば、人間には常に無限の可能性が備わっている」と言えますし、また、自分が頑張ってきたのに失敗をしてしまったり・自分が努力をしてきたのに目標を達成することができなかったりしたとしても、それまでに自分がしてきた努力や頑張りといったものは、決して無駄なものとはなりません。「何かの目的や何かの目標に向かって一心不乱に努力をしてきた自分の時間」というものは、「自分の人生の中のとても大切な時間」・「自分の人生の中のとても有意義な時間」と呼べるものなのであり、「自分の心を大きく成長させてくれた貴重な時間」とも言えるようなものなのです。多くの場合におきましては、何かの努力や何かの思い切った行動を起こした後の自分というものは、既《すで》に、過去の自分よりも精神的に大きく成長することができていると言えるのでしょう。勿論《もちろん》、「自分が精一杯の努力をして夢や目標を達成することができた結果」というものも、非常に素晴らしいものであると言えますが、「自分が夢や目標を達成するまでに行なってきた精一杯の努力の過程」というものも、同じくらいに大切なものであり、同じくらいに素晴らしいものであると言えます。金銭的な価値観や合理的な価値観といったものに自分自身の価値基準を完全に支配されてしまっている人間でなければ、「自分が何かの夢に向かって努力をしたこと」や「自分が何かの目標に向かって頑張ったこと」に対して、後悔をしたりなどは決してしないはずです。）

しかし、そういったことの一方で、ここまでに私が申し上げて参りました人生観に関してのお話とは完全に矛盾すると思われるようなことを申し上げてしまうのですが、「自分の抱いている大きな夢や自分の抱いている大きな目標といったもののために、現実の自分の生活や大切な自分の家族などを犠牲にしてしまう」といったことは、「自分自身の幸せ」のためにも「自分の大切な誰かの幸せ」のためにも、可能な限り避けるべきことであると断言することができるのだろうと思います。**『理想のために現実を顧《かえり》みない者は、当然の成り行きとして破滅の道を歩むことになる。』**とは、マキャベリの言葉です。（「夢や理想を追うこと」も「現実と向き合うこと」も、ともに大切なことなのです。）

（少し寂しいことではあるのですが、多くの人間は、自分が少しずつ大人になっていく過程において、「理想と現実との違い」というものを知り、「自分の一番大切な何か」を手に入れるため・「自分の一番大切な誰か」を守り続けるために、「自分の大切な他の何か」というものを捨て去り、「なりたい自分」ではなく「なれる自分」を探し、「やりたいこと」ではなく「できること」を探すようになってしまうものなのかも知れませんね。例《たと》えば、多くの人間は、自分自身にとって最も大切な存在となる「自分の愛する家族」を手に入れるため・「自分の愛する家族との幸せな生活」というものを守り続けるために、自分の抱いていた夢や自分の抱いていた理想といったもののうちの一部を捨て去ったり・自分の子供に受け継がせたりし、「自分の家族を幸せにすること」や「自分の子供達を立派な人間に育てていくこと」などを自分自身の人生の目的や目標として定め、自分の人生における大きな方向転換というものをすることになると言えるのだろうと思います。勿論《もちろん》、「多くの人間が実感するそういった厳しい現実」の一方で、「自分の夢を追い駆け、自分の夢を達成する」ということと「自分の現実の毎日の生活を大切にし、自分の家族との幸せな生活を大切にしていく」ということとをうまく両立させることができている人間も、決して少なくはないと言えるのでしょう。私達にとって非常に大切なことの一つは、「自分のできること」と「自分のしたいこと」と「自分のするべきこと」とのギャップを埋めるための努力を怠らないことにあり、「理想の自分」と「現実の自分」とのギャップを埋めるための努力を怠らないことにあります。）

（また、このお話に関連することとして付け加えさせて頂きますが、自分が、「自分の望んでいる誰にも縛られない自由」や「自分の抱いている果てしない夢」・「自分の描いている理想」や「自分の抱いている壮大な目標」・「今の自分を精一杯楽しむために全力を費やすような生き方」といったものを手に入れるために、「自分の人生に敷かれている安全なレール」や「比較的安定した地道な生き方」・「社会の中に便宜的な意味で設けられている常識」や「計画的で自分の将来を考えた生き方」といったものを重視せずに生きていこうとするのであれば、「それなりのリスク」や「それなりの危険性」といったものを自分が覚悟して生きていく必要があるということも、多くの場合におきましては、言えることなのでしょう。）

（『勇敢過ぎる者は、その勇敢さ故に早く命を落とすことになり兼ねない。強過ぎることは、弱過ぎることと同様に危険なことなのである。』という言葉がイギリスの諺《ことわざ》にはありますし、『自分の乗っている馬を速く走らせようとする時には、ゆっくりと歩かせようとする時よりも充分に大きな注意を払うことが必要である。自分の馬が何かにぶつかってしまった時に自分の身に及ぶ危険というものも、早く走らせている時の方がゆっくりと歩かせている時よりも、ずっと大きなものとなる。』というモンゴルの諺《ことわざ》もあります。「人間として、自分の人生というものを自由に謳歌《おうか》しようとすること・積極的に楽しもうとすることが、とても素適なことであり、とても大切なことである」ということは言うまでもないことなのですが、「自分が実際に自由で積極的な生き方を実践する際に最低限の注意を怠ってしまうことは、非常に危険なことである」ということも、恐《おそ》らくは言えることなのです。）

（また、勿論《もちろん》、多くの場合におきまして、何かの目的や何かの目標を達成するための方法や手段といったものは一つではありませんし、セオリー通りの生き方や常識通りのやり方をすることが、必ずしも必要なこと・必ずしも正しいこと・必ずしも正解と言えるようなことであるという訳でもないのでしょう。現実にも、セオリーや常識に縛られない型破りなやり方で何かを成し遂げた人間は、多くいると言えます。「道」というものは、最初から完全な道としてあるものではなく、誰かがその道を最初に通り、多くの人間がその道を通っていくことによって、「道」と呼べるものとなっていく訳ですから、誰かが最初にその道を歩もうとしなければ、「道」というものは永遠に切り開かれないものです。しかしまた、その一方で、「セオリーや常識といったものを自分がうまく活用することによって、多くの人間が、比較的効率的に・比較的合目的的に・比較的安全に自分の人生を歩んだり、自分の定めた目的を達成したりしていくことができている」ということも、確かな事実として言えることなのでしょう。）

（尚《なお》、先ほど、「誰にも縛られない自由な生き方」ということを申し上げましたが、「現代において多くの人間は、自由という言葉の意味を履き違えてしまっている」ということも、言えることなのかも知れません。「自由」という言葉の本来の意味は、「自分《じぶん》に由《よ》る」ということなのであって、「社会や規則に対して自分が無意味に逆らうこと・自分に課せられた義務や自分のするべき仕事の責任から自分が無闇に逃れようとすることなどが、自由と呼べることである」ということでは、決してないのです。現実にも、例《たと》えば、自分が強い信念というものを抱くこともなく、「自由」という言葉を追い求めたり乱用したりしている人間は、少なくない場合におきまして、自分が何かの苦労をすることや自分が何かの努力をすることを避けるための言い訳として・自分自身の弱さ故の逃避というものを正当化するための言い訳として「自由」という言葉を用いることになってしまったり、子供の反抗期と大差ないようなことを「自由」という言葉で置き換えてしまったりしていると言えるのでしょう。）

お話を戻しまして、「経済の仕組《しく》みというものが備えている様々な側面」に関してのお話を、もう少し詳細に考えて参ります。「経済社会の中で自分が生きることによって、多くの人間が、経済に対する新たな怖れ（経済的怖れ）というものを手に入れてしまう」という点は、先ほどに申し上げました通りです。他にも、「経済的な考え方から発生する合理化というものにより、人間が代替という行為を余儀なくされてしまう」という点や、「それぞれの人間が希望している職種に就くことが、経済による労働力の調整によって難しくなってしまう」という点、「経済という仕組《しく》みの中に身を置くことによって、一人一人の人間が、打算的で合理的な価値観というものを強く持つようになってしまう危険性がある」という点や、「競争社会の中で生活せざるを得なくなってしまうことにより、少なくない数の人間は、常にストレスを感じてしまうような強迫的な環境下に自分を晒《さら》してしまうことになる危険性がある」という点、「それらのことによって、多くの人間が心の余裕や生活のゆとりなどを失ってしまう危険性がある」という点などが挙げられるのだろうと考えられます。そういった様々な点の中でも、私がここで特に重視して考えさせて頂きたいのは、「人間が経済の仕組《しく》みによって代替という行為を余儀なくされてしまう」という点です。

この「代替」という概念は、現代の人間社会におきましては非常に重要な概念であると考えることができるものですので、これから、少し詳しく考察させて頂くことに致します。まず、私が用いております「代替」という言葉のイメージを明確に理解しておいて頂きたいのですが、例《たと》えば、この社会に生きる人間は、「ある絵画を見ること」を「その絵画を映した写真や画像などを見ること」によって代替することが非常に多くあると言えるのでしょう。つまり、「実物を見たり本物に触れたりした時に人間が感じることができるのであろう感覚刺激」というものに類似した刺激を作り出すことによって、私達は、いわば、「感覚の代替」ということをしていると言えるのだろうと考えられるのです。また、例《たと》えば、ある企業は純利益の増加を目的として人件費を削減するために、今までは人間が行ってきた様々な仕事というものを、機械によって代替させることにするかも知れません。現在の日本の社会におきましては、既《すで》に当たり前のものとなってしまっておりますが、「タバコやジュースの自動販売機」・「工場で単純作業をする機械」などが、このような代替の代表的な一例となります。そしてこちらは、いわば、「機能の代替」ということであると言えるのでしょう。

尚《なお》、誤解を避けさせて頂くために先に申し上げておきたいのですが、私は、人間の行う代替という行為の全てを否定するようなつもりは全くありませんし、代替という行為が全面的に悪いものであるということを主張しようとしている訳でも決してありません。そもそも、厳密に考えて参りますと、「世の中に存在している様々な物体や世の中に生じている様々な現象の中で、どこまでが本物と呼べるものであり、どこからがその本物を代替しているものなのか」という境目を決めることさえ、非常に難しいことであると言えるのでしょう。例《たと》えば、私が先ほどに「本物」を示す一例として挙げました「絵画」というものも、人間が実際にこの三次元世界で視覚的に感じている像というものを平面世界に移し変えた結果としてのものですので、それは既《すで》に、「代替」と呼べるもの（それは時として「偽物」とさえも呼ばれてしまうもの）であると考えることもできます。（少なくとも、現代の日本のような社会の中では、人間が代替という行為を全くすることなく生活していくことは、不可能に近いようなことであると言えるのでしょう。）

それに、この現代社会の中では、「物理的な限界や時間的な限界・経済の仕組《しく》みによる金銭的な限界などによって、多くの人間が、代替ではない本物を求めること（例《たと》えば、遠く海外の美術館にある本物の絵画を見ることや、自分が実際に長期間に渡って冒険旅行に行くことなど）ができない状況にある」と言えますし、「代替しているものを利用するという行為が、一人一人の人間にとって、非常に有益な面を持っているものである」ということも、間違いなく言えることです。例《たと》えば、ここでは簡単な一つの例しか挙げませんが、自分の価値観をある程度まで確立することができている人間（精神的にある程度まで大人になっている人間）であれば、テレビや映画などの様々なシーンを自分が見ることによって、自分が憧れているような体験というものを疑似体験する（代替的に体験する）ことができ、それを通じて、自分の抱えていたストレスを解消することができるという場合があると言えるのでしょうし、自分が何か大切なことを学び取ることができるという場合もあると言えるのでしょう。

しかし逆に、例《たと》えば、「自分の価値観を殆《ほとん》ど確立することができていない幼い子供が、暴力的なシーンの多い映画や戦争を美化したようなテレビ番組などを見ることによって、その子供の心の中に新たな怖れの形成や偏った価値観の形成が為《な》されてしまう」といったことも、可能性としては充分にあると言えるのだろうと考えられますし、他のある子供は、「現実の世界」というものと「仮想の世界」や「空想の世界」といったものとを混同して認識してしまい、ゲームやアニメなどの空想世界の価値観というものを、そのまま自分の現実世界に適応しようとしてしまうかも知れません。（メディアが発達し、子供の世界と大人の世界との情報の壁というものが希薄なものになっていくことで、子供達が知るべきではないような非常に多くの情報・非常に様々な情報・非常に危険な情報が子供達に無条件に与えられてしまうことにより、結果として、少なくない数の子供達の心には非常に強い心理的な悪影響が及んでしまっているとも言えるのでしょう。）

また、「ある人間が、テレビなどを通じて自分以外の様々な人間のことを代替的に知覚することによって、強い憧れの感情や強烈な嫉妬の感情といったものを自分自身の心の中に頻繁に抱くようになってしまい、結果として、非常に強いストレスやフラストレーションといったものを自分が恒常的に感じるようになってしまうということ」や、「ある人間が、テレビなどを通じて非常に偏った情報というものを与えられ続けることによって、結果として、自分の価値観や自分の考え方を危険な方向や極端な方向に変容させせられてしまうということ」なども、実際に現代社会の中で起こってしまっているのだろうと考えられることなのです。（もう少し後のところで詳しく議論させて頂きますが、「テレビやインターネットを中心とした様々なメディア」というものは、「社会的価値観というものに対して非常に大きな影響を与える可能性」や「一人一人の人間が抱く価値観というものに対して非常に大きな影響を与える可能性」といったものを持っていると言えます。特に、社会的価値観の希薄化や多様化が激しい現代社会におきましては、この「メディアによる人間社会への影響」というものは、軽んじて考えることが危険であるほどに強いものになってしまっていると言えるのでしょう。）

このように、「人間が様々な代替というものを利用すること」にも、その「良い面」と「良くない面」との両方があると言えるのですが、ここで、決して忘れてはいけないのだろうと考えられる一つのことと致しまして、「人間は、実際に自分の五感を通じて本物を感じるということを、可能な限り大切にするべきである」ということを、私は主張させて頂きたいと思います。例《たと》えば、「小説や映画の中に出てくる主人公と自分とを同一視し、空想世界での冒険や仮想世界での体験などを自分が代替的に感じること」も確かに素適なことであり、非常に有意味なことではあるのですが、人間はそれ以上に、「現実の自分の人生の中で自分が実際に体を動かして様々な体験をすること」を大切にするべきなのです。また、

「電話や手紙・メールやチャットといったものを通じての友達との連絡や家族との会話」といったものも非常に便利で良いものなのですが、やはり、「実際に人間同士が顔を合わせてお互いに手の届く距離で行う会話」というものが、そういった代替的な様々な通信手段の一つ前にあるべきなのでしょう。(勿論《もちろん》、「手紙や電話・メールやチャットといった様々な通信手段というものが、それぞれに直接の会話とは違った特別な良さや特別な長所といったものを持っている」ということも、恐《おそ》らくは言えることです。例《たと》えば、手紙やメールといったものは、自分が文章を書いている時に、相手の反応によって自分の思考を寸断されることがありませんので、「こちらの伝えたい情報を正確に伝えることができるという場合」が多くあると言えるのでしょうし、特に親しい誰かへの手紙やメールの場合には、「普段なら絶対に言わないような大胆なことをも突っ走って書いてしまうという場合」もあると言えるのでしょう。)

「自分が、合理性や便利さといったものを追求し過ぎてしまったために、様々な代替的な手段というものに完全に頼った状態になってしまい、現実の自分の人生というものを人間的なものでなくしてしまうこと」などは、一人一人の人間自身にとって非常に危機的なことであり、非常に勿体無いことであると言えます。そもそも、人間は、「何かを求めて自分の肉体を動かしたり・自分の五感を通じて様々なことを体感したりする生物としての存在」なのであり、「デジタルな情報を合理的に処理していくだけの機械としての存在」などでは決してありません。例《たと》えば、「メールや手紙によって行われるコミュニケーション」などよりも、「現実の人間同士の会話やスキンシップを通じてのコミュニケーションであると言えるのでしょうし、「パソコンなどの方が、やはり、遥《はる》かに人間らしいコミュニケーションであると言えるのでしょうし、「パソコンに映し出されている絵画や外国の風景を見ること」などよりも、「自分が実際に美術館や海外へ行って自分の目で本物を見ること」などの方が、やはり、自分自身の心に「遥《はる》かに大きな意味のある心的現象」や「遥《はる》かに大きな価値のある心的現象」を齎《もたら》してくれることであり、自分自身の心に「遥《はる》かに強烈な感動」や「遥《はる》かに鮮烈な衝撃」を齎《もたら》してくれることであると言えるのでしょう。（また、例《たと》えば、「写真やビデオに自分達の思い出を保存しておくこと」なども、勿論《もちろん》、とても素敵なことなのですが、例《たと》えば、「自分の生きている今の瞬間の楽しい思い出や素晴らしい記憶といったものを、自分自身の心に強く感じ、その楽しい思い出や素晴らしい記憶といったものを、自分自身の心に強く焼き付けること」の方が、もっと素敵なことであり、もっと人間らしいことであり、もっと大切なことであると言えます。）

このような『**人間は、代替世界ではない現実世界に起きていることを大切にするべきであり、代替的なものではない本物を大切にするべきであり、自分の現実の人生というものを大切にするべきである。**』といった前提は、少なくとも、人間という存在が、限られた時間の中で生きている存在（時間的な制限の設けられた命としての存在）であり、この三次元世界の中に生きている存在（空間的な制限の設けられた命としての存在）である限り、決して覆《くつがえ》ることのないものなのだろうと、私自身はそのように確信しております。例《たと》えば、「自分が現実の生活において友達や家族とお話をすること」は、「自分がテレビ番組や映画を通じてタレントや俳優のお話を聞くこと」などとは、比べ物にならないほどに大きな意味と大きな価値とを持つことですし、「自分が実際に様々なところへ旅行に行くこと」は、「テレビで旅行の番組を自分が見ること」や「インターネットで海外の情報を自分が知ること」などとは、比べものにならないほどに大きな意味と大きな価値とを持つことです。私達が、より充実した自分の人生・より豊かな自分の人生・より人間的な自分の人生を送っていこうとする上では、このような価値基準（「代替は所詮、代替に過ぎない」といった価値基準）を決して忘れてしまってはならないのでしょう。

（「現実世界というものから自分が逃げ続け、代替的な世界というものに自分の興味の多くの部分を向け続けること」は、確かに、比較的楽なことですし、比較的安全なことなのですが、そういったことは、多くの場合におきましては、「自分の心を大切にすること」にもならないようなことなのです。これは、具体的な例を挙げさせて頂きますと、「現実の自分の生活の中での異性に対してではなく、映画俳優やアイドルといった代替的な世界の中の異性に対して、自分が擬似的な恋愛感情を抱き続けること」や、「現実の自分の人生の中で自分の成功を目指すのではなく、テレビゲームなどの代替的な世界の中で、自分が擬似的な人生の成功を目指し続けること」などであり、「現実の自分の人間関係を積極的に大切することなく、メールやチャットを通じての希薄で表面的で安全なコミュニケーション・テレビやラジオを通じての完全に受動的な刺激の取り入れといったものばかりを積極的に行っていること」などであると言えます。）

また、「代替しているもの（ある意味では偽物）が、代替されているもの（本物）と完全に同じ性質を備えることはできない（本物に対して完全に代替的なものとなることはできない）」ということも、多くの場合におきましては、確かなことであると言えるのでしょう。例《たと》えば、「自分が栄養補助食品（サプリメント）を摂取する」という行為が「自分が食事を摂る」という行為に対して完全に代替的なものとなることは、決してできません。確かに、「栄養補助食品を摂取する」という行為によって、「栄養を摂る」という目的は達成されているのかも知れないのですが、そこには、御馳走《ごちそう》を見ることで「美味しそう」と感じる人間の心や、食事をすることで「美味しい」と感じる人間の心などが完全に抜け落ちてしまっているのです。

（「自分が栄養補助食品によって栄養を摂る」という行為と「自分が食事によって栄養を摂る」という行為とが、大きく違うことであると言えるのと全く同様に、「自分が体外受精やクローン技術によって子孫を作る」という行為と「自分が実際の性交による生殖を行って子孫を作る」という行為とも、大きく違うことであると言えます。そして、その違いとは、「それぞれの行為を行った際に人間が自分自身の心の中に感じることができる心的現象の質の違いや心的現象の大きさの違い」といったものであり、それはつまり、「Chapter2 - 4」でもお話致しました通り、「自分の生きる意味の大きさの違いや自分の生きる価値の大きさの違い・自分の存在意義の大きさの違い」といったものでもあると言えるのです。「自分が食事によって栄養を摂ること」や「自分が実際の性交による生殖を行って子孫を作ること」などの方が、他の代替的な手段を用いて物理的な目的のみを達成することなどよりも、ずっと有意味なことであり、ずっと大きな価値を持つことであり、ずっと人間らしいことであり、ずっと人間としての本質に基づいていることであると言えるのでしょう。）

（尚《なお》、勿論《もちろん》、「クローン技術や遺伝子操作の技術といったものを人間に対して用いることが、倫理的に許されることなのかどうか」という生命倫理的な疑問などにも、議論の余地が多分にあるのだろうと考えられます。例《たと》えば、確かに、「遺伝子操作の技術を利用した医療を通じて、多くの人間が様々な病気から救われることができる」という素晴らしい可能性なども考えられるのですが、多くの人間が感じてしまっている通り、「クローン技術や遺伝子操作の技術を人間に対して用いることは、一般に、強い罪の意識と言い知れない抵抗感とを人間自身に感じさせることである」ということが言えるのでしょうし、少なくとも、「自分がクローン人間として生まれることが嫌であれば、自分がクローン人間を作り出すということは、罪や悪として考えられることである」ということなどが言えるのでしょう。また、少し抽象的なお話になってしまいますので恐縮なのですが、このような「クローン技術や遺伝子操作の技術といったものを人間に対して用いることによって人間が感じる罪悪感」というものは、「宗教的な社会的価値観や倫理的な社会的価値観によって経験的に形成された罪悪感」であると考えられる面もありますので、「自分のお腹にいる胎児を堕ろしてしまうことに対して人間が感じる罪悪感」というものほどに「人間にとって本能的で本質的な罪悪感」ではないとしても、「賭博が禁止されている日本において自分が賭け事を行うことに対して人間が感じる罪悪感」というものなどよりは、遥《はる》かに「人間にとって本能的で本質的な罪悪感」なのだろうと考えられるのです。)

同じように、「タバコの自動販売機」というものが「売店にいるおばあさん」という存在に対して完全に代替的なものになることも、決してできません。この代替におきましては、何気ない会話をしたり・手渡しで商品を受け渡したりといった「人間同士の触れ合い」や「それに伴う人間の心の動き」といったものが、完全に失われてしまっていると言えます。

同様に、「コンビニエンスストアのお弁当」というものが「母親の手料理」というものに対して完全に代替的なものになることは、決してできませんし、「全自動の食器洗い乾燥機」というものが「人間の手洗い」というものに対して完全に代替的なものになることも、決してできません。代替ではないものに人間が拘《こだわ》り続けるということ（例《たと》えば、「コンビニエンスストアのお弁当」ではなく「母親の手料理」に自分が拘《こだわ》り続けるということや、「自動販売機に販売を任せること」ではなく「店頭の人間が販売を担当すること」に企業が拘《こだわ》り続けるということなど）は、一見して非合理的な行動や無駄な拘《こだわ》りであるように見えるとしても、実際の一人一人の人間の心にとっては、非常に大きな意味と非常に大きな価値とを有することであると言えます。例《たと》えば、「自分の作った手料理を自分の子供に食べさせてあげて、自分の子供に喜んでもらえるということが、母親にとって非常に幸せなことである」ということは、言うまでもないことなのでしょうし、母親の手料理を食べることができた子供の方も、「自分の母親の優しさ」や「自分に対しての母親の愛情」といったものを強く感じ取ることができるのでしょう。（これは、「自分の母親の手料理というものが、コンビニエンスストアのお弁当などよりも美味しいものなのかどうか」といった問題とは、また、全く別の問題であると言えます。）それに、「自分のやるべき仕事があるということ」や「自分のやるべき作業があるということ」・「自分が何かの行動をするということ」や「自分の心に何かの心的現象が生じるということ」などは、一人一人の人間にとって、それ自体が充分に大きな意味と大きな価値とを持つことであると言えるのです。（「人間の抱くことができる主観的な価値基準」というものから考えるのであれば、「機械が作り出したもの」よりも「人間が自分の手と自分の頭で作り出したもの」に、「機械が何かの作業を行うこと」よりも「人間が何かの作業を行うこと」に、「機械が何かの情報を蓄積すること」よりも「人間が何かを学び取ること」に、大きな意味と大きな価値とがあると言えます。）

勿論《もちろん》、「自分が本当にやりたいと望んでいる重要な何か」が現在の自分にあるのであれば、「お店で買った物で自分が作る物を代替させることによって、自分の自由な時間というものを増やそうとすること」・「便利な家電製品を利用することによって、自分が毎日の家事などのために費さなければならなかった時間や意識といったものを削減し、自分の本当にやりたいことに多くの時間と多くの意識とを向けられるようにすること」などは、とても良いことであると言えるのでしょうし、自分の人生というものを豊かなもの・充実したものにしていくためにも、非常に効果的なことであると言えるのでしょう。これはつまり、言葉を替えて申しますと、「自分にとって比較的重要な何かに対して自分の意識や自分の時間のより多くの部分を費やすために、自分にとっては比較的重要ではない他の何かを必要最低限のレベルで・他人に不快感を与えてしまわないだけのレベルでシンプルにこなしていく」ということです。例《たと》えば、自分にとって比較的重要ではないと考えられるような「自分の身嗜《みだしな》み」や「自分の毎日の家事」といったものに関しては、時間を掛け過ぎずに合理的に・必要最低限のレベルでシンプルにこなし、自分にとって比較的重要であると考えられるような「自分の仕事」や「自分の趣味」・「自分の友人関係」や「自分の家族関係」といったものに関して、多くの時間と多くの意識とを費やすことができるようにするといったことなどが、現実的な実践の好例として挙げられるのだろうと思います。尚《なお》、アインシュタインは、自分の着衣を選ぶ毎日の手間を省くために、三着の同じ服を用意して、それを着回していたそうです。勿論《もちろん》、「毎日の自分の食事や毎日の自分の服装などを含めた自分のライフスタイル全般というものを、自分の仕事や自分の趣味などと同等に大切にしたい」と考える人間も少なくはないのでしょうから、「自分にとって何を重要なものとして考え、自分にとって何を比較的重要ではないものとして考えるのか」といったことは、社会によっても・時代によっても・一人一人の人間によっても、様々に異なってくることであると言えるのでしょう。）

（このお話に関連することとして申し上げますが、自分が誰かとの人間関係というものを構築したり維持したりしていく上でも、「自分が決して妥協をすることができないような拘《こだわ》りを持っていること以外の部分では、周囲の人間の意見というものを自分が迎合すること」によって、「自分の抱いている誇りや自分の抱いている信念といったものを自分自身が大切にしながらも、自分の人間関係というものを円滑に構築したり維持したりしていくこと」ができ易くなる場合が少なくはないのだろうと考えられます。このお話を理解して頂くためには、「妥協」という言葉と「迎合」という言葉との意味的な違いを把握して頂くことが効率的なのだろうと思うのですが、簡単に申しますと、「妥協」という言葉は、「何かをすることを自分が諦め、自分自身を無理矢理に納得させた上で、より楽な道やより安全な道を自分が歩むために、自分自身が誰かの意見や自分自身の意見に従うこと」を指している言葉であると言えるのに対し、「迎合」という言葉は、「自分が自分の意見とともに周囲の誰かの意見をも尊重することによって、その結果として自分が自発的に誰かの意見を快く受け入れること」・「誰かを不快にさせてしまうことも自分自身が不快な思いをしてしまうことも、自分にとっては嫌なことなので、そうなってしまうことを避けるために、自分の意志によって積極的に誰かの意見を素直に受け入れること」を指す言葉であると言えます。現実社会におきましても、多くの人間は、「自分が誰かと無駄な言い争いをしてしまうことや自分が何かのいざこざに巻き込まれてしまうことなどは、可能な限り避けたい」・「自分自身にも自分の周囲の人間にも、不快な思いをさせてしまいたくはない」といったことを強く望むものですので、「自分が誰かの意見にうまく迎合することによって、自分と周囲の人間との人間関係というものを円滑にしている」という面が、多くの人間には、間違いなくあると言えるのでしょう。）

（同様に、「妥協」という言葉と「譲歩」という言葉とも、意味的には大きく異なる言葉であると言えます。「妥協」という言葉には、「自分の心を曲げてしまう」というようなニュアンスが含まれてしまうのだろうと考えられるのですが、「譲歩」という言葉には、「自分の定めた目的を達成するために、自分が相手とうまく交渉をする」というようなニュアンスが含まれているのだろうと考えられるのです。ですから、実際の一人一人の人間の人生におきましても、「自分が妥協をすること」は、可能な限り避けるべきことであると言えるのでしょうが、「自分が誰かの意見を迎合すること」や「自分が誰かとの交渉において譲歩すること」などは、自分の人生を充実させていくために・自分がうまく自分の人生を生き抜いていくために・自分がうまく社会に適応していくために、時として必要なことであると言えるのでしょう。）

（また、ここでもう一つ、非常に重要なこととして付け加えさせて頂きたいのですが、「自分が他の誰かに働き掛けるような行為」というものは、どのような行為であっても、決して一方向的なものではなく、常に双方向的なものであると断言することができます。例《たと》えば、先ほどに私が例として挙げさせて頂きました「母親が自分の子供のために食事を作ってあげるという行為」というものを考えましても、それは勿論《もちろん》、「その子供のためのこと」ではあるのですが、同時に、「母親自身のためのこと」でもあると言えるのでしょう。何故なら、その母親も、「自分の作った料理を子供に食べさせてあげること」や「自分の作った料理を食べて嬉しそうな顔をしている自分の子供の姿を見ること」などによって、自分自身の心に大きな喜びというものを感じることができるはずだからです。）

（同様に、「困っている誰かに対して、自分が親切にしてあげるということ」も、それは勿論《もちろん》、「その困っている誰かのためのこと」ではあるのですが、同時に、「親切な行為をした自分自身のためのこと」でもあると言えるのです。困っている誰かに親切にすることで、自分は、「自分自身の存在意義」というものを感じ取ることや「大きな充実感」というものを覚えることができるかも知れませんし、「ありがとう」とお礼を言ってもらうことができれば、自分もきっと、とても幸せな気持ちになることができますからね。尚《なお》、このように考えて参りますと、例《たと》えば、「親切にされている側の人間も、自分が誰かに親切にされることによって・誰かの親切に対して自分がお礼の言葉や笑顔で応えることによって、親切にしてくれている誰かに生きがいや喜びといったものを与えることができている」といったように捉えることができるのです。人間社会に属する殆《ほとん》ど全ての人間にとっては、「自分が誰とも関わらずに生きていく」ということは、多くの場合においては不可能に近いことですので、「人間社会の中で実際に生きている殆《ほとん》ど全ての人間は例外なく、自分が誰かと関わったり・自分が誰かに何かの心的現象を与えたり・自分が誰かに生きる意味や生きる喜びといったものを与えたりしている」ということが言えるのでしょう。）

（例《たと》えば、自分が病気を患ってしまっていたり・大きな怪我を負ってしまっていたりして、ベットで横になって過ごす時間がとても多いような毎日を過ごしているとしても、「自分を看護してくれている誰かや自分の身の回りの世話をしてくれている誰かに対して、自分が笑顔やお礼の言葉で応えること」

によって、「その看護をしてくれている誰かや身の回りの世話をしてくれている誰かに、幸せな気持ちや大きな喜びといったものを感じさせてあげること」などは、充分にできると言えます。勿論《もちろん》、「誰かに依存しているような状態に、自分が固執し続けてしまうこと」などは、良いことであるとは言えないのですが、「仮に、自分が誰かに頼り切ってしまっているような状態にあるとしても、自分の存在は、自分自身にとっても他の誰かにとっても、決して無意味なものではない」ということなのです。尚《なお》、言うまでもないことなのかも知れませんが、自分が誰かに対して依存してしまっているような状況にある時に大切な心構えは、「自分のできることは、手抜きをせずに自分でしっかりと行うようにするということ」や「自分以外の多くの人間に対しての感謝の気持ちというものを、決して忘れないようにするということ」などにあると言えるのだろうと思います。そして、このように厳密に考えて参りますと、「自分自身や自分以外の誰かに対して何の心的現象も与えていない人間・生きていることの意味や価値を全く持たない人間など、この世の中には一人もいない」ということを断言することが間違いなくできるのでしょう。尚《なお》、『**この世で最も快い果実は、感謝である。**』とは、メナンドロスの言葉であり、『**人間は、自分が誰かから施しを受けたことは忘れるべきではなく、自分が誰かに施しを与えたことは憶えておくべきではない。**』とは、イタリアの諺《ことわざ》にある言葉です。「自分が誰かに対して感謝をすること」も「自分が誰かから感謝をされること」も、とても気持ちの良いことですので、私達も、普段の生活の中で当たり前のように感じることができる「多くの感謝の気持ち」というものを積極的に大切にしていきたいものですよね。家族に対して・友達に対して・恋人に対して・街中で偶然に知り合った誰かに対して・自分が偶然に入った飲食店の中で働いていた店員に対して、自分がその相手に対して何気なく感じた感謝の気持ちというものを素直に感じ・大切に受け止め・さり気ない言動によって相手に伝えることで、人間は、自分自身にも・その相手にも、幸福な気持ちというものを齎《もたら》すことができるのでしょう。）

現代社会におきまして、少なくない数の人間は、代替的な様々なものを利用することによって、「合理性」や「便利さ」といったものを自分が手に入れていく代わりに、自分自身と自分の人生にとって非常に大切な要素であると考えられる「人間と人間との直接的な触れ合い」や「人間としての心の豊かさ」・「自分の人生に対する積極性」や「自分の生きている現実の世界というものを重視する価値観」といったものを失ってしまっているというようにも、私には感じられてしまうのです。「合理的な観点から見た上での無駄」というものや「金銭的な価値観から考えた上での無駄」というものを排除し過ぎることによって、人間は、「自分が生きる」ということを、非常に窮屈なこととして感じるようになってしまっているとさえ、言えるのかも知れませんね……。（今よりも更に少し先の時代におきましては、先進国の社会に属する人間のうちの少なくない数の人間は、情報に溢れた社会の中で生き続けてきたことの反動として、「テレビもラジオも・電話も携帯電話も・インターネットもEメールも・雑誌も新聞もないような生活」というものを強く望むようになっているかも知れません。）

（人間は、無機質な機械としての存在でも、理性を持たない動物としての存在でもないのですから、多くの場合におきまして、人間の得られる「本質的な喜び」や「本当の意味での幸せ」といったものは、「より楽な生き方を自分が追求すること」や「より効率的な生き方を自分が追求すること」・「より合理的な生き方を自分が追求すること」や「より安全な生き方を自分が追求すること」などによって得られるものでは決してなく、「自分自身の利己的な欲動の充足のみを求めた生き方を自分が追求すること」

によって得られるものでも決してないのです。勿論《もちろん》、「自分が、楽で安全な方法や合理的で効率的な方法を、必要に応じて選択すること」などは、確かに、限られた自分の人生の中で自分のやりたいことを効率的にこなしていくためにも・限られた自分の人生の中で自分の定めた目標を確実にやり遂げていくためにも、必要であると言えることなのですが、「楽であることや安全であること・合理的であることや効率的であることなどを、非常に極端に尊重し過ぎたり求め過ぎたりするような生き方を自分がしてしまうこと」は、自分自身の「人生の豊かさ」というものを大きく損なわせてしまう危険性を持つようなことでもあると言えるのでしょう。)

(日常的なことで幾つかの例を挙げさせて頂きますが、自分が旅行に行く費用や自分が旅行に行く時間を節約するために、「自分が実際に海外旅行へ行くこと」を「テレビやインターネットなどで海外の情報を知ることによって、自分が海外旅行へ行った気分になること」で代替するということや、自分が移動する時間や自分が誰かと会っている時間を節約するために、「自分が実際に誰かと会って話をすること」を「自分が電話やメールを使って誰かに用件を伝えること」で代替するということなどは、合理的で効率的なことではあるとしても、やはり、「自分が実際に旅行に行くこと」や「自分が実際に誰かと会って話をすること」などと比較しますと、自分自身に少し虚しい印象を感じさせてしまうようなことであると言えます。)

尚《なお》、これから先の時代におきまして、科学技術の進歩や工業技術の発展・様々な学問の進歩などによって、「様々なものに対しての完全な意味での代替をすること」が可能となれば、先述のような前提

（「代替するものが、代替されるものに対して完全に代替的なものとなることは、決してできない」という前提）は、失われていくことになってしまうと言えるのかも知れません。例《たと》えば、これは、人間や動物の存在を完全に代替してしまうような「心を持った存在としての機械」というものが、現在において人間が担っているような役割というものを完全に（人間が行うのと全く同じような質で）代替するようになってしまうことや、人間の五感全てに働き掛けるような「仮想現実の世界」というものが、一人一人の人間の理想とする世界に適合するような形で現実の世界を完全に（現実の世界と全く同じようなリアルさで）代替するようになってしまうことなどです。

しかし、そのような「人間自身に対しての完全な意味での代替」や「人間の存在する世界に対しての完全な意味での代替」などを許してしまうことは、私達人間の存在意義の危機にも繋《つな》がってしまうことなのでしょうから、私達人間は、そういった「人間自身に対しての完全な意味での代替」や「人間の存在する世界に対しての完全な意味での代替」などを、「理屈としてではなく感情として」否定することになるのだろうと考えられます。

例《たと》えば、「一人一人の人間のために作られた個別の仮想現実の世界・一人一人の人間にとってまさしく理想と呼べるような仮想の世界の中で、全ての人間が、自分の欲動の全てを充足しながら半永久的に生きる」といったことも、そんなに遠くない未来におきましては、可能となるかも知れません。そして、生物の進化の目的（全ての生命の究極の存在意義）というものが「自分という生命の永続的な生存」と「自分自身の能力の補完」との二つにあるとすれば、そのような状態（一人一人の人間が、自分自身の精神を半永久的に存在させ続けながら、自分の欲動の全てを完全に充足し続けることができる仮想現実の世界の中で、半永久的に生き続けるという状態）は、客観的に考えて、「一つの理想の形」と呼べるような状態であると言えます。ですが例《たと》えば、少なくとも私自身は、主観的に考えて、「自分がそのような状態に陥ること」を決して望みはしませんし、むしろ、「そのような状態に自分自身や他の多くの人間が陥ってしまうこと」に対して、言い知れないような強い恐怖心というものをすら感じてしまいます。（この恐怖心は、先ほどに私が別のところで例示致しました「クローン技術によって新たな人間を作り出してしまうことなどに対して、私達が心の底で感じてしまう怖れや罪悪感」・「母親の体の中にいる胎児を中絶によって殺してしまうことなどに対して、私達が心の底で感じてしまう怖れや罪悪感」といったものに近いものなのかも知れません。）これも、私の「理屈としてではなく感情として」の否定であると言えるのでしょう。

（「Chapter2 - 7」のところで申し上げました内容とも重なってしまうことなのですが、私達の生きているこの社会というものが「人間社会」と呼べるものであり続けるためには、私達は、「人間という存在を完全に代替しまうものの存在」を認めてしまってはならないのでしょうし、どんなに人間に類似した役割を果たすものであったとしても、動物や機械などのことを人間と全く同等のものとして考えてしまってはならないのでしょう。同じく、私達の生きているこの社会というものが「人間社会」と呼べるものであり続けるためには、私達は、「この社会が、現実に生きている生物としての人間という存在を中心とした社会である」ということを、決して忘れてしまってはならないのでしょう。尚《なお》、「地球全体という規模での人間界と自然界とのバランスというものの大切さ」に関してのお話には、もう少し後のところで触れさせて頂きたいと思います。）

（勿論《もちろん》、「小動物を可愛がることや愛すること」・「自分のお気に入りの物を大切にすること」などは、人間として、とても素適な行為であると言えるのでしょうし、「自分の種以外の存在や生物以外の存在といったものをも大切にすることができるだけの心の余裕が自分自身にあるということ」も、人間として、とても素晴らしいことであると言えるのでしょう。また、例《たと》えば、「人間を中心とした価値の基準や意味の基準」というものに従って考えてみましても、ある人間が、「自分がペットを愛するということ」によって、自分自身の心に様々な快の感情を得ることができていれば、「そのペットを愛することは、その人間にとって非常に有意味なことである」と断言することができますし、「そのペットは、その人間にとって非常に大きな価値を持つ存在である」と断言することができます。）

（しかし、厳密に考えますと、「ペットなどの小動物や生物以外の物のことを、人間以上に愛してしまうこと」などは、生物としての人間の抱く価値観・生物としての人間の選択する行動としては、少し不自然な価値観や少し不自然な行動なのだろうと考えられるのです。少なくとも、「自分の飼っているペットや自分の集めている宝石などのことを愛し過ぎたり大切にし過ぎたりしているために、自分が、自分の家族関係や自分の友人関係などを大切にすることができないような状態に陥ってしまうこと」などがあれば、それは、人間として危険なことであると考えて間違いはないのだろうと思います。）

（例《たと》えば、現代の日本の社会におきましても、「積極的に子供を産み育てようとしない夫婦の多くは、自分達がペットを飼ったりすることによって、もしも自分達に子供がいたら、その子供が自分達の心に果たしてくれるのであろうと思われる役割というものの一部を、ペットに代替させてしまっている」ということが言えるのでしょうし、更には、「積極的に子供を産み育てようとしない夫婦の多くは、そのような代替をペットにさせることによって、本来であれば自発的に子供が欲しいと強く感じられるはずの自分達の欲動というものを、弱いものとしてしまっている」ということも言えるのでしょう。こういったお話は、「人間が、小動物や生物以外の様々な物などに、自分の恋人の役割や自分の配偶者の役割・自分の友達の役割や自分の家族の役割などを部分的に・心理的に代替させるようなこと」に関しても、同様に言えることです。)

(勿論《もちろん》、私は、「人間がペットや物に対して愛着を覚えることや、人間がペットや物を心から愛することなどが、罪と呼べるようなことであり、悪と呼べるようなことである」などといった非常に偏った価値観を正当化しようとしている訳では決してありません。私はただ、「人間にとっては、やはり、同種の生物である人間に触れることで自分が癒されたり・同種の生物である人間同士で愛し合ったりすることが、最も自然なことなのであり・最も大切なことなのである」といった当たり前のことを申し上げようとしているだけなのです。もっとも、避妊や中絶といった選択肢を選ぶことが可能である現代社会に生きる多くの人間達は、既《すで》に、「生殖によって子孫を繁栄させることを最大の目的としているはずの本来の野生動物としての人間」の立場から考えれば、とても不自然な存在であり、とても危険な可能性を持つ存在であると言えるのかも知れませんね。尚《なお》、誤解をして頂きたくないので付け加えさせて頂きますが、私自身は、「避妊という行為」や「中絶という行為」などを絶対的に否定するようなつもりでも、決してありません。特に、現代の多くの先進国の社会におきましては、「避妊という行為」は少なくない数の恋人関係や夫婦関係において普通に行われている行為であり、胎児を生物として考えた上では大きな罪と言えるような・母体に対しての深刻なダメージを与えてしまう可能性を持つような・妊娠や中絶をした人間の心に非常に良くない危険な影響を与えてしまうような「望まない妊娠や中絶」といった「誰にとっても不幸な結果」を避けるためにも、男女の両者が正しい知識を得た上で・行為の結果を考えて・目的意識を持って・お互いのことをよく考えて実行して然るべき行為であると言えるのでしょう。）

「代替的な道具や代替的な方法を人間が実際に利用することによって生じてしまう様々な問題点」に関してのお話に戻らせて頂きますが、例《たと》えば、最近では完全に当たり前のものとなってしまっている「携帯電話を使っての会話」や「携帯電話を使ってのメール」といったものも、確かに、非常に便利なものではあるのですが、場所の制約や距離の制約を超えての他者とのコミュニケーションを可能とする媒体であるそれらは、「常に自分の身近にいてくれる人間」としての役割を部分的に代替してしまう可能性を持つものであると考えることもできるようなものなのです。

ですから、それらの媒体を使用する人間が、「ある程度までの淋しさに耐えられるだけの強さ」というものを失ってしまうこと（自分が携帯電話を持っていることで、淋しくなれば何時《いつ》でも何処《どこ》でも電話やメールでの誰かとのやり取りができるということが言えます。尚《なお》、関連するお話として申し上げますが、現代におきまして少なくない数の人間は、「携帯電話依存症」や「インターネット依存症」・「メール依存症」や「テレビ依存症」といった名称で呼べるような状態に陥ってしまっているとさえ言えるのかも知れません。）や、「直接に人間と人間とが話し合ったり触れ合ったりするような双方向的な人間関係」というものを怖れるようになってしまうこと、「何時《いつ》何処《どこ》で誰から連絡があるのか分からない」・「今すぐにも、電話やメールが自分に届くかも知れない」といったような緊張感（これは、自分の近くに常に特定の誰かや不特定の誰かがいて、「その誰かが自分に何を話し掛けてくるのか」・「その誰かが自分に何時《いつ》話し掛けてくるのか」といったことが自分に全く分からない状態にあるような時に人間が感じてしまうと推測される緊張感というものに非常に近いものなのだろうと考えられます。）というものを慢性的に感じるようになってしまうこと（常に自分が待機状態にあり続けるということによるストレスを、自分が強く感じるようになってしまうこと）や、「自分に電話が掛かってこないことによる淋しさ」・「自分にメールが届かないことによる淋しさ」といったものを非常に強く感じるようになってしまうことなどがあれば、それは、少し考えなければならないことであると言えるのだろうと思われるのです。

（特に、現代におきましては、「携帯電話やインターネットといったものが、様々な犯罪行為の温床となってしまっている」と言えるようにさえ、感じられてしまう部分があります。もっとも、「手紙や電話といった通信手段のシステム」・「クレジットカードやテレホンカードなどの便利な技術」といったものが社会の中に普及され始めた時代におきましても同様にそうであったように、新しい技術や新しいシステムが社会の中に誕生すれば、その技術の利用やそのシステムの利用に関しての法律の整備や暗黙のルールの確立といったものが為《な》されるまでの期間においては、それらの技術やシステムを悪用した犯罪行為というものが、一時的に横行してしまうものなのかも知れませんけれどね。)

(ここで、「社会の中に携帯電話やインターネットといったものが普及することによって、その社会の中に生じてしまうと考えられる良くない意味での変化」というものの簡単な一例を挙げさせて頂きたいと思います。例《たと》えば、現在よりも少し前の時代におきましては、「一人一人の人間が家族以外の誰かとの連絡を取るための主な手段」というものは、「自宅の電話」や「自分の住所を利用した郵便」といったものであり、それらは、「家庭や家族といったものを基礎とした連絡手段」と呼べるものであったと考えられるのですが、現代におきましては、「一人一人の人間が家族以外の誰かとの連絡を取るための主な手段」というものは、「自分個人で持っている携帯電話」や「自分個人で取得しているメールアドレスを利用したメール」といったものに成り代わり、それらは、「個人というものを基礎とした連絡手段」と呼べるものに変わってしまったと言えるのでしょう。ですから、それによって、「一人一人の人間が構築する人間関係や社会関係」といったものが、「家庭を中心とした社会関係や人間関係」といったものから、「個人を中心とした社会関係や人間関係」といったものへと変化していってしまうということなども、可能性としては充分にあることなのだろうと考えられるのです。)

(つまり、こういったことにより、「自分の親や自分の子供が、どのような人間と関わっているのか」・「自分の親や自分の子供が、自分と一緒にいない時には、何処《どこ》で何をしているのか」といったことを家族が相互に理解をするということなどが、比較的難しいこととなってしまうかも知れませんし、多くの家庭における家族関係というもの自体が、非常に希薄で他人行儀な人間関係になってしまうかも知れません。このお話には、もう少し後のところでも言及させて頂きますが、現代社会に生きる私達は、「家族の繋《つな》がり」というものを、意識してもっと大切にする必要があると言えるのでしょう。「プライバシーの尊重」や「個人の人格の尊重」といったことも、確かに大切なことであると言えるのですが、「お互いに対して言いたいことも言い合えないような家族関係」・「自分の親が普段誰と何をしているのかということや自分の子供が普段誰と何をしているのかということが、お互いに殆《ほとん》ど分かっていないような家族関係」・「夕食の食卓を一緒に囲むこともできないような家族関係」といったものでは、やはり、少し淋し過ぎますよね。特に、精神的に未熟である中学生くらいまでの小さな子供がいる家庭におきましては、「家族の繋《つな》がり」というものは、最優先にされて然るべきものであると言えるのでしょう。）

（また、「インターネットを通じての情報通信」というものは、他の様々な通信手段と比べても、匿名性や秘密性が非常に高いものであると考えられますので、例《たと》えば、「自分のなりたい自分の人格」や「自分の理想とする自分の人格」といったものを代替世界としてのインターネットの世界の中に形成して自分が演じようとしてしまう人間も、少なくはないのだろうと考えられますし、「現実の日常生活において抑圧されてしまっている自分の欲動を露骨に投影させたような人格」というものを代替世界としてのインターネットの世界の中に形成して自分が演じようとしてしまう人間も、少なくはないのだろうと考えられます。少なくない数の人間は、現実の世界とは別のインターネットの世界の中で・現実の世界の自分の人間関係とは違う別の人間関係の中で、メールやチャットを介しての他者との会話などの「普段の自分とは違う自分を創り出すことが比較的容易に可能である環境での他者との精神的交流の活動」を行うことによって、自分が普段の生活の中では抑圧し続けている様々な欲動や「自分の本心としての欲動を叶えることが比較的容易に可能である自分でありたい」という変身願望といったものが、露骨に表出してしまうことになっていると言えるのでしょう。普段の生活の中で、周囲の人間に対して素直に優しくすることができないでいる人間は、インターネットの世界の中では、「誰に対してもとても親切に振舞《ふるま》うことができるような優しい人格」というものを創り出すことができるかも知れませんし、普段の生活の中で、周囲の人間の言いなりになってしまって自分の欲動の多くを抑圧してしまっている人間は、インターネットの世界の中では、「とても強暴で残酷な人格」というものを創り出すことになってしまうかも知れません。)

(そして、そのような人間にとっての「代替世界と現実世界との境目」というものが非常に希薄なものになってしまった時に、何かの大きなトラブルが発生してしまったり・何かの大きな事件に発展してしまったりするといった危険性も、完全に否定することはできません。「自分の信念や自分の価値観といったものを確立していく中途段階にある高校生くらいの子供達が、インターネットの様々なサイトを通じて、環境や世代の違う不特定多数の人間と接触をすることによる危険性」・「人間としての基本的な信頼というものを絶対的な根底とした現実の日常生活に慣れている善良で一般的な人間が、罪悪感を感じ難いインターネットの世界の中でゲームを楽しむかのように誰かを騙しているような人間と接触をすることによる非常に大きな危険性」といったものも、間違いなくあると言えるのでしょう。)

(勿論《もちろん》、最も重要なことは、「インターネットや携帯電話などの通信媒体を使用する側の一人一人の人間のモラルや暗黙のルールといったものが充分に確立されること」にあり、「インターネットや携帯電話などの通信媒体を使用する側の人間が安全に快適にその媒体を使用することができるように、法律やシステムの整備などが充分に為《な》されること」にあると言えるのだろうと考えられます。他の様々なことと同様に、「最も重要なこと・最も大切なことの一つは、常に、一人一人の人間の心の在り方にある」ということが言えるのです。例《たと》えば、インターネットや携帯電話などの通信媒体を使用する人間は、「その媒体を使用することによって自分自身に齎《もたら》されるメリット」というものと「その媒体を使用することによって自分自身に齎《もたら》されてしまうリスク」というものとを充分に知り、「自分が現在において何をしていて、その結果として、これから自分がどうなると予測されるのか」といったことを必要に応じて充分に意識し、「自分の確固たる価値観」や「自分の大切な信念」といったものをしっかりと持った上で、インターネットなどの通信媒体の中の世界というものを、あくまでも「現実の自分の人間関係や現実の自分の人生・現実の自分の世界や現実の自分の行動といったものを、部分的且つ一時的に補足したり部分的且つ一時的に代替したりするに過ぎないもの」として捉え、本当の意味で自分自身のためになるように、それらの媒体を自分が上手に利用していくということが、必要であると言えるのだろうと考えられます。また、「インターネットを介した向こう側にいる相手も、姿形《すがたかたち》は見えなくても自分と同じ一人の人間である」ということを意識した上で、「自分が現実の日常生活において周囲の人間を気遣ったり・自分が現実の日常生活において自分とコミュニケーションをとる相手の気持ちを考えたりするのと同じように、代替世界であるインターネットの中でも、人間としての良識や人間としてのモラル・相手を思いやる気持ちや誰かへの気遣いといったものを忘れないようにするということ」も、インターネットなどの情報媒体を頻繁に使用する人間には、非常に大切な心構えであると言えるのでしょうね。）

（繰り返しになってしまうのですが、現代の日本のような社会に生きる多くの人間は、「自分の存在している現実の世界」や「現実の自分の人生」・「現実に自分が行う行動」や「現実の人間同士の触れ合い」といったものを、可能な限り大切にする必要があるのだろうと考えられるのです。例《たと》えば、身近な例を挙げさせて頂きますが、自分の誕生日に誰かからメールや電話で「おめでとう」と伝えてもらうことも嬉しいことですけれど、自分の誕生日に誰かが自分に直接会いに来てくれた上で、お互いの笑顔を確認することができる距離で「おめでとう」と言ってもらえることの方が、更に嬉しいことですよね。）

勿論《もちろん》、このような「人間が様々な代替を利用することに伴って被ってしまう危険性」というものに関してのお話は、携帯電話やインターネットといったものに関してだけしか言えないお話であるという訳ではありません。例《たと》えば、人間がテレビやラジオ・雑誌や映画を通じて代替的に「自分以外の誰かの姿を見ること」や「自分以外の誰かの声を聴くこと」などによっても、自分が心の中に抱いていた淋しさというものの一部は、代替的に癒されることができるのだろうと考えられます。そして、このような「代替的な癒し」が行われることにより、自分が本能的に抱いているはずの「現実における人間関係の触れ合いというものを求めるような欲動」が少しだけ弱くなってしまうということが起こり得ると言えるのでしょう。「テレビを中心とした様々なメディア」というものが非常に発達している・広範囲に普及している現代の日本のような社会におきましては、このようにして、「多くの人間が本能的に抱いているはずの淋しさ」というものは、代替的な手段によって表面的な部分だけが癒されたり誤魔化《ごまか》されたりし、その一方で、多くの人間が心の奥底で抱いている「人間同士の現実の体の触れ合いや双方向的な人間関係・お互いを想い合うような人間関係や深い愛情を伴う人間関係といったものを求めるような欲動」というものは、その渇きを更に一層強いものにしていってしまっているのだろうと考えられるのです。

（現実の社会の中では、「テレビやインターネットといったものの良さ」というものばかりが強く主張されてしまっているのですが、「現代までの間にテレビというものが多くの人間の心に対して与えてしまった負の影響」や「これからの時代においてインターネットというものが多くの人間の心に対して与えてしまうと考えられる負の影響」といったものも、間違いなく非常に大きなものです。例《たと》えば、極端なことを申しますと、「多くの人間が心の病に陥ってしまうこと」や「少なくない数の人間が自殺に追い込まれてしまうこと」・「社会に属する多くの人間の性的なモラルや倫理的なモラルが崩壊してしまうこと」・「社会の中で犯罪が横行してしまったり事件が増加してしまったりすること」・「少なくない数の人間が自分の現実の人生に対して積極的に向かうことができなくなってしまうこと」や「少なくない数の人間が現実的で直接的な他者とのコミュニケーションを自分がすることを非常に苦手なこととするようになってしまうこと」などの原因の一部も、少なくとも現代の日本の社会におきましては、テレビやインターネットなどの情報媒体・携帯電話やEメールなどの通信媒体といったものにあると断言することができます。）

（また、「経済や政治の腐敗が、社会に属する多くの人間の心や社会に属する多くの人間の実生活に対して与えてしまう負の影響」というものの罪悪の一部が、経済や政治に実際に中心的に関係している人間にあると言えるのと同様に、「メディアというものが社会に属する多くの人間の心に対して与えてしまう負の影響」というものの罪悪の一部も、メディアというものに実際に中心的に関係している人間にあると言えるのでしょう。「経済の仕組《しく》みというもの」も「様々な情報媒体や通信媒体といったもの」も、人間が作り出したものでありながら、少なくとも現代の日本の社会の段階におきましては、多くの人間の心に対して、大きな利益というものよりも更にずっと大きな不利益というものを齎《もたら》す結果となってしまっています。少なくとも、メディアというものに関わる人間は、「誰かを傷付けるような情報」や「誰かを悲しませるような情報」・「不確かな情報」や「誰かを不幸にする可能性を持つような虚偽の情報」・「多くの人間の心に危険な影響を与えてしまう可能性を持つ情報」や「社会全体に不利益を齎《もたら》してしまうような情報」といったものを流してしまわないように、可能な限り留意する必要があると言えるのでしょう。）

（「テレビやインターネットといったものを中心とした様々な情報媒体・通信媒体といったものが、現代社会において少ない数の人間が、引《ひ》き篭《こ》もりと呼ばれるような状態に陥ってしまうことの原因となってしまっている」という部分も、間違いなくあると言えるのでしょう。勿論《もちろん》、この「引《ひ》き篭《こ》もりと呼ばれるような状態に少なくない数の人間が陥ってしまうことの原因」として考えられることと致しましては、他にも、「人間が自宅から一歩も外に出ることなく生活をしていくことが可能であるような環境というものが社会の中に整えられてしまっているということ」や「社会全体での核家族化が進み、親子が共依存の状態に陥ってしまっているような家庭が増えてしまっているということ」・「自分が現実に誰かと社会的な人間関係を作り出すことや保ち続けることに対して大きな意味と大きな価値とを見出すことができるような社会的価値観というものが、薄れてきてしまっているということ」・「他人との人間関係を保つことを極度に苦手に感じてしまう人間や、他人と関わることを極度に怖れてしまう人間が増加してしまっているということ」・「家の中に篭《こ》もり続けてしまい、家族以外の人間と日常的に関わることも・勉強や仕事をすることも全くないような状態に陥ってしまっている子供のことを、愛情を持って厳しく戒めるということが殆《ほとん》どできないような親が増えてしまっているということ」なども挙げられるのだろうと思います。)

(また、言うまでもないことなのでしょうが、自分自身が「強い心」というものを持ってさえいれば、太陽の下で日常的に自分の体を積極的に動かすようにしたり・直接的で双方向的な人間関係を大切にするように意識したり・周囲の人間の視線というものを意識し過ぎないように自分の心のスタンスを変えたり・テレビやインターネットなどの代替的な情報媒体や通信媒体に頼ることを意識的に止めたり・誰かの献身的な協力を受けることなどによって、自分が鬱《うつ》病や引《ひ》き篭《こ》もりといった状態から自分自身の力によって抜け出すということも、殆《ほとん》ど全ての人間には充分に可能であるはずなのでしょう。これは、どんなことに関しても言えることなのですが、「自分の周囲の人間の協力」というものをどれだけ多く得ることができたとしても、人間が自分で何かを成し遂げようとする時に最終的に頼ることができるのは、自分自身の強い意志の力や自分自身の素直な心の力といった「自分自身の心の力」というものだけなのです。自分が積極的で活動的な生活をすることが、自分が積極的で活動的な心を持つことに繋《つな》がりますし、自分の心に適度な刺激を与えたり・自分の心の動きを抑圧し過ぎないようにしたり・自分の心を必要に応じて意識的に鍛えたりすることが、自分が活発で強靭な心を持つことにも繋《つな》がります。)

（「社会に形成されている様々な社会の仕組《しく》み」や「社会の中で行われている様々な仕事」・「社会に出回っている様々な商品」や「社会に提供されている様々なサービス」といったものが、「社会に属する一人一人の人間のためのもの」・「社会に属する一人一人の人間の幸福のためのもの」であるべきなのと同様に、携帯電話や電子メール・テレビやインターネットといったものも、それらを利用する一人一人の人間にとって本当の意味で有益なものであるべきなのです。ですが、少なくとも現代におきましては、それらの様々な情報媒体やコミュニケーション媒体が、一部の人間を不幸にしてしまったり・一部の人間を現実の自分の人生に積極的に向かえないような状態にしてしまったり・一部の人間の心を酷《ひど》く疲れさせてしまったりしていると言えます。このように、多くの人間に害を齎《もたら》すようなものであり続けるのであれば、それらの情報媒体やコミュニケーション媒体も、禁止されたり否定されたりするべき「悪」や「罪」といった言葉で呼べ得るものとなってしまうと言えるのでしょう。勿論《もちろん》、最終的に問われるべきは、「それらの媒体を使用する側の人間のモラルや価値観」と「それらの媒体を提供する側の人間のモラルや価値観」といったものにあると言えるのだろうと思います。関連することとして付け加えさせて頂きますが、例《たと》えば、「学校」や「企業」といった組織も、それらの組織自体のためのものでは決してなく、その学校やその企業に関わる可能な限り多くの人間のためのもの・その学校やその企業に関わる可能な限り多くの人間の幸福のためのものであるべきなのです。）

また、多くの場合におきましては、「代替的な役割を果たしている何かが、代替されている何か・本物や現実を、どれほど完全に代替することができているのか」ということによって、「その代替的な物や代替的な手段を利用している人間が、自分自身の心の中にどのような心的現象を生じさせることができるのか」ということも、大きく変わってくると言えます。(尚《なお》、「Chapter2 - 4」でも議論させて頂きました通り、「人間社会においての何かの物事や何かの出来事の意味や価値」・「人間を中心として考えた上での何かの物事や何かの出来事の意味や価値」といったものは、「その物事やその出来事が、人間の心の中に実際にどのような心的現象を生じさせることができるのか」ということによって決まるものであると言えますので、「代替的な役割を果たしている何かが、代替されている何か・本物や現実を、どれほど完全に代替することができているのか」ということによって、「その代替的な役割を果たしている何かが備えている価値の大きさや意味の大きさ」といったものが決まるということも有り得ると言えるのでしょう。)

例《たと》えば、「ある人間の抱いている性的欲動を代替的に充足するものが、その人間に性的興奮を齎《もたら》すような絵画や写真であるのか、それとも、音声や動画であるのか、或《ある》いは、文章や想像であるのか」ということによって、「それらの代替的な手段というものが、現実の人間同士の性的な接触というものを、どれだけ完全に代替することができるのか」ということが大きく違ってくると言えるのでしょうし、その結果として、「その人間が、自分の抱いている性的欲動というものを、どれくらい充足することができるのか」ということや「その人間が、自分の抱いている性的欲動というものを、どのような形で充足することができるのか（どのような心的現象を自分自身の心の中に生じさせながら充足することができるのか）」ということなども、大きく違ってくると言えるのでしょう。勿論《もちろん》、このようなお話は、「実際に自分が誰かと会って行う会話というものを部分的に代替するものが、電話であるのか、手紙であるのか、メールであるのか」といったことに関しても、「現実の自分の人生の中で得られる様々な体験というものを部分的に代替するものが、テレビドラマであるのか、映画であるのか、演劇であるのか、小説であるのか、漫画であるのか、ゲームであるのか」といったことに関しても、応用して同様に考えていくことができるようなお話です。

ここで、「人間の行う代替という行為」に関してのお話から、「経済という社会の仕組《しく》み」に関してのお話に戻らせて頂きます。現代に至るまでの長い歴史の中で人類が築いて参りました様々な形の文明社会におきまして、「貨幣を介した交換経済による仕組《しく》み」というものと、その仕組《しく》みが社会の中に確立していることを前提として成り立つ「市場原理の仕組《しく》み」や「金融システムの仕組《しく》み」といったものとは、社会に属する殆《ほとん》ど全ての人間に当然のこととして受け入れられて参りました。そして、実際にも、そういった「経済の仕組《しく》み」というものは、経済社会に属する少なくない数の人間に「物質的な豊かさ」や「楽で安全な生活」といったものを与えてくれたと言えるのでしょうし、社会全体にも「高い合理性」や「高い機能性」・「効率の良さ」や「生産性の高さ」といったものを齎《もたら》してくれたと言えるのでしょう。

〈経済に関しての少し専門的な言葉を用いてしまいましたので、最低限必要であると考えられる部分に限って、言葉の補足を簡単にさせて頂きたいと思います。「貨幣を介した交換経済による仕組《しく》み」というものは、「労働力と貨幣との交換・商品やサービスと貨幣との交換といったことを可能とすることによって、社会全体での一人一人の人間の分業化が促進され、商品やサービスの生産と流通が円滑に行われ、社会全体が効率的に機能していくようになるという仕組《しく》み」であり、「市場原理の仕組《しく》み」というものは、「自分が経済的に優位な立場にありたいと望む一人一人の人間の経済的な怖れというものを力の源として、消費者側の需要と生産者側の供給とのバランスというものが調整され、様々な商品や様々なサービスの価格と生産量とが社会の中で半自動的に調整されていくという仕組《しく》み」であり、「金融システムの仕組《しく》み」というものは、お金を誰かに貸した人間やお金を誰かに投資した人間が、お金を借りた人間やお金を投資された企業から利子や配当金といったものを正当な報酬として受け取ることができるというルールを正当化し、そのような資金の投資と資金の調達とを株式市場という経済社会全体の大きな市場で行うことができるような制度というものを確立すること・銀行が消費者から預けられた資金を企業に融資することが一般的に行われるような社会の仕組《しく》みというものを確立することなどによって形成される「経済社会の中で、お金が必要な人間が必要な時に多額の資金を円滑に調達することができるようになるという仕組《しく》み」であると説明することができるのでしょう。)

しかし、そういった「経済という社会の仕組《しく》みが人間社会に齎《もたら》してくれた良い点(メリット)」というものが間違いなくある一方で、少なくとも私自身は(私以外の多くの方々にも同様の印象を感じて頂けるかと思うのですが)、私達が当たり前のように従っている「経済社会の仕組《しく》み」というものに対して、非常に強い違和感や非常に根本的な疑問を感じてしまうことが少なからずあるのです。例《たと》えば、私は、「自分は一滴の汗も血も流すことなく、親から自分が相続したお金を貸し出したりすることだけで巨額の財産を築ける人間」がいる一方で、「寝る間も惜しんで働いてさえ、貧しい生活しかすることができない人間」も少なくはないという事実に対して、強い違和感や大きな疑問を感じてしまいます。勿論《もちろん》、私も、「古典経済学で言われる労働価値説（商品の生産に要する労働量によって商品価値というものが決定され、その商品価値を考慮しての労働者賃金というものが決定されるとする説）」というものを全面的に肯定するつもりなどはありませんし、「消費者側の需要と生産者側の供給とのバランスによって成立する価格原理」というものが経済社会全体に対して齎《もたら》してくれる「非常に質の高い合理化の機能」・「市場全体での商品やサービスの調整と分配の機能」といったものを全面的に否定するつもりなどもないのですが、正直な印象（率直な印象）と致しまして、やはり私は、一生懸命に働いている人間には、それなりの幸福というものが訪れて然るべきなのだろうと思えてしまうのです。

石川啄木《1886 - 1912　明治末期の歌人・詩人　著「一握の砂」・「悲しき玩具」》の述べた『**働けど働けど、我が暮らし楽にならず。**』という言葉を切実に実感してしまう人間が少なくないような社会というものは、経済社会というものの常識を抜きにして考えてみましても、不自然に感じられてしまうもの・理想的とは言えないようなものなのであり、何らかの制度的な問題を抱えてしまっている社会であると考えざるを得ないようなものなのでしょう。

（経済的に強い立場の者が経済的に弱い立場の者を搾取してしまうことが平然と肯定されてしまうような「経済による暴力とも呼べるような仕組《しく》み」というものが、現代の多くの社会の経済システムの中には内在してしまっているとさえ、私には思えてしまう時があります。「自分の持っている資金を安全に運用することだけで多額の収益を得ることができる人間が多く出てしまうような経済の仕組《しく》み」というものは、「経済社会の中で必要な個所《かしょ》に資金を円滑に集めることができるような状況」というものを作り出すためにも確かに必要であると考えられる仕組《しく》み・資本主義経済や自由主義経済といったものの根幹となるような仕組《しく》みなのですが、「そのような仕組《しく》みというものは、経済的な観点や合理主義的な観点以外から考えても、良い仕組《しく》みであると言えるのかどうか」・「そのような仕組《しく》みを利用して、資金を安全に運用することだけで・株価の変動に合わせて右から左へとお金を移動させるマネーゲームを行うことだけで自分が多額の収益を得ることが、善と呼べるような収益の獲得の仕方なのかどうか」といった疑問点は非常に強く残ってしまうと言えるのでしょう。『**適正な利益を遥《はる》かに越えた過剰な利益というものは、全て、他人の大きな損失の上に成り立つものなのである。**』とは、モンテーニュの言葉になります。)

(また、「経済競争の最初の段階において既《すで》に貧しい状況にある人間」や「経済競争の最初の段階においで既《すで》に貧しい状況にある社会に属する人間」は、いわば、競争の最初の段階から大きなハンデを背負わされてしまっているようなものなのであり、その「自分が立たされてしまっている経済的に困窮した状況」というものから自分の力だけで抜け出すことは、自分の利用することができる金融システムや経済システムの形の違いなどによっても異なることなのでしょうが、多くの場合におきましては、決して容易《たやす》いことではないのです。例《たと》えば、自分の収入がそれほど多くある訳でもないのに多額の借金をしてしまった人間は、「どんなに自分が一生懸命に働いたとしても、自分の稼ぎの殆《ほとん》ど全てを借金の返済に充てなければならず、高い利子が課せられてしまうことによって、借金自体もなかなか減らない」といった「貧しさの連鎖」とも呼べるような状態に陥ってしまうかも知れません。プブリリウス・シルスの言葉を用いて申しますと、『**借金は、自由な人間を奴隷にすることがある。**』ということなのです。尚《なお》、「自分が借金をしてしまうということ自体が、必ずしも罪や悪といった言葉で呼べるようなことである」という訳では決してないのですが、自分が借金をしてしまうことによって齎《もたら》されてしまう「自分自身への精神的な負担」や「自分自身への経済的負担」といったものを考えますと、少なくとも、「借金は、しなくて済むに越したことはないものである」・「借金は、気軽な気持ちでしてしまってはならないものである」といったことは、多くの場合には言えることなのでしょうね。)

(このように考えて参りますと、「返済できる経済能力がないと分かっている人間に高利子でお金を貸し出してしまうような悪質な金融業者」というものは、社会に属する多くの人間の幸せの一部を奪い去ってしまう危険性を持つものであり、「そのような業者の存在を許してしまう社会の仕組《しく》み」というものも、社会に属する多くの人間の幸せの一部を奪い去ってしまう危険性を持つものであると考えられますので、それらはともに、大きな問題を含むもの・悪とさえ呼べるものであると考えることができます。「国際間での経済的な搾取」ということに関して考えてみましても、「先進国に属する多くの人間は、自分達の国と発展途上国との間の経済的な豊かさの度合いの大きな違いというものを利用して、発展途上国に属する多くの人間が低賃金で行っている重労働による生産というものを搾取する形で、自分達が豊かで楽な生活をすることができている」と言えるような面が、間違いなくあるのでしょう。)

(また、「経済の仕組《しく》みというものが社会の中で円滑に機能していくための前提条件となるルール」であると考えられるような「自分がお金を誰かに貸し出すことによって、その誰かから利子を徴収することができるというルール」や「自分がお金を企業に投資することによって、その企業から配当金を受け取ることができるというルール」・「自分の持っている財産の多くを、自分の子供に相続させることができるというルール」や「非常に多くの財産を、一人の人間が所有することができるというルール」といったものも、既《すで》に私達にとっては、完全に当たり前のルールとして捉えられてしまっているものなのですが、例《たと》えば、「一人一人の人間の平等」や「一人一人の人間の公平さ」・「一人一人の人間の幸福」や「一人一人の人間の人生」といったものを本当に重視した観点から考えるのであれば、少なくはない問題・小さくはない問題を含むルールであると考えることも間違いなくできるようなものなのです。尚《なお》、こういったお話に近いことは、トマス・モア《Thomas More 1478 - 1535 イギリスの政治家・社会思想家・共産主義社》も、自身の主著である「ユートピア」の中で言及しています。)

(勿論《もちろん》、「自分が誰かにお金を貸し出すことによって、その誰かから利子を正当に徴収することができるというルール」や「自分が企業に資金を投資することによって、その企業から配当金を正当に受け取ることができるというルール」といったものが社会の中に確立しているからこそ、例《たと》えば、自分の個人的な資産を殆《ほとん》ど持っていない企業経営者も、「充分に魅力のあるプロジェクト」というものを自分が有していたり、「充分に高い経営能力」というものを自分が備えていたりするのであれば、銀行や株式市場から円滑に経営資金を集めることができるのでしょうし、「財産の所有」や「財産の相続」などが社会に属する全ての人間に当然の権利として認められているからこそ、多くの人間が、自分の経済的な成功というものを目指して頑張ることができるという面も、間違いなくあると言えるのでしょう。ですから、「そういったルールが確立されているということが、経済の仕組《しく》みというものが円滑に機能していくための重要な前提条件の一つである」ということは、確かに、疑いようのないことなのだろうと考えられます。また、「経営者と出資者とがお互いに協力をし合って企業を運営し、その結果として生じた企業の利益というものを、両者が分担する」といったような考え方からするのであれば、更に、「現行の経済の仕組《しく》みによって、世界中の多くの人間は、以前よりもずっと裕福な生活をすることができるようになっている」という事実から考えてみましても、現代において機能している経済社会の仕組《しく》みというものは、「最良の仕組《しく》み」とまでは言えないものであるとしても、「大きな利点と素晴らしい長所とをそれなりに備えている仕組《しく》み」であるとは言えるのでしょうね。）

（しかし、例《たと》えば、「株式や出資などに関しての前述のようなルール」というものが確立していることによって、一人一人の人間は、自分が産まれた瞬間から、「経済的な豊かさの程度」としては、決して平等なものではなくなってしまいます。それに、裕福な家庭に自分が産まれることで、自分の人生の始めの段階から既《すで》に充分な財産を持つことができた人間は、その財産を運用していくことだけでたくさんのお金を儲けることもできるでしょうから、「汗を流したり深く考えたりしながら何かを作り出したり何かの仕事に従事したりするということに対しての強い意欲」というものを抱くことができなくなってしまい、その結果として、「自分が頑張って努力をして何かを作り出したり誰かを楽しませたりすることの喜び」や「自分が頑張ってお金を稼ぐことの喜び」といったものを感じることもできなくなってしまい、自分の人生を精神的に充実したものにしていくこともできなくなってしまうかも知れません。このお話は、もう少し後のところで詳しく議論させて頂きますが、人間は誰でも、「精神的な弱さ」というものを持っているものなのであり、特に、強い信念というものを抱くことができていない人間は、自分が苦労や努力をしなくても済むような環境にあれば、楽な方向や安全な方向に逃げようとしてしまうことが少なくはないようなものなのです。）

（更に、「現行の経済の仕組《しく》みが備えてしまっていると考えられる様々な欠点に関してのお話」を続けさせて頂きますが、現代の多くの先進国の社会におきましては、「ある人間の行う労働の種類やある人間の行う労働の強度・ある人間の行う労働の時間やある人間の行う労働が作り出す社会的便益」といったものと「その人間の得ることができる報酬の大きさ」というものとのバランスいうものが、あまりにも不自然なものとなってしまっており、時として、あまりにも不公平なものとなってしまっていると言えるのだろうと考えられます。極端な例を挙げさせて頂きますが、例《たと》えば、この現代の日本の社会の経済システムの中では、自分が短時間で歌った一つの曲や自分が短時間で作った一つのキャラクターなどを大々的にヒットさせることができれば、それだけで多額のお金を稼ぐことができ、「自分がそれ以上は一生働かなくても、経済的には殆《ほとん》ど困らない」といったようなことにもなり得るのです。また、世界全体で考えてみますと、「自分の国に石油という資源が豊富にあるということだけで、自分が苦労をして働く必要もなく多額の報酬を手に入れることができるという人間が多くいるということ」なども、不自然なことであり、不公平なことであると考えることもできることなのでしょう。）

（社会の中で何らかの労働に従事している全ての人間が、「自分の行っている労働の種類」や「自分の行なっている労働の強度」・「自分が労働を行っている時間の長さ」や「自分の行っている労働の効率の良さ」・「自分の行っている労働が社会に対して齎《もたら》している貢献の大きさ」や「自分の行なっている労働が自分以外のどれだけ多くの人間に対して便益を齎《もたら》しているのかということ」・「自分の行っている労働が自分以外の多くの人間に対して与えている物理的メリットの大きさ」や「自分の行っている労働が自分以外の多くの人間に対して与えている心理的メリットの大きさ」といったものに相応した「適正な額の報酬」というものを受け取ることができるような社会の仕組《しく》みや経済の仕組《しく》みといったものが形成されることが、理想的なことの一つであると言えるのでしょう。）

（勿論《もちろん》、こういったお話も、現実的には理想論であるに過ぎず、「何らかの労働に従事している一人一人の人間が獲得するべき適正な額の報酬」というものを完全に正確に計算することは、実際には不可能なことですし、「何らかの労働に従事している全ての人間が、自分の行っている労働に相応した適正な額の報酬というものを得ることができるようになるための社会の仕組《しく》みや経済の仕組《しく》み」といったものを完全な形で構築することも、実際には不可能なことです。その一方で、「何らかの労働に従事している一人一人の人間が獲得するべき適正な額の報酬」というものを、ある程度まで正確に計算することは、実際にも可能なことであると言えるのでしょうし、「何らかの労働に従事している全ての人間が自分の行っている労働の質や量にある程度まで相応した適正な額の報酬・主観的にも客観的にも多くの人間が納得することができる額の報酬というものを得ることができるようになるための社会の仕組《しく》みや経済の仕組《しく》み」といったものを、大まかな形で構築するということも、実際にも可能なことであると言えるのでしょう。これは例《たと》えば、「多くの人間の生活の根底を支えている非常に重要な職業である農業や漁業・牧畜業といった第一次産業に従事する人間の中の経済的に困窮してしまっている人間に対して、場合によっては、税金の優遇措置をしてあげること」などのことです。尚《なお》、「著名な作家や有名な歌手が、自分の書いた本や自分の歌った曲などを通じて、多くの人間に様々な心的現象を与えているという点」・「著名な作家や有名な歌手が、自分の書いた本や自分の歌った曲などを通じて、社会全体に大きな経済効果を齎《もたら》しているという点」などを考慮すれば、その作家や歌手が得ている多額の報酬というものも、適正な額にある程度まで近い報酬であると考えられるのかも知れませんね。これは、スポーツ選手や芸能人といった職種に関しても、同様に言えるようなことなのでしょう。）

（こういった様々な点を考えて参りますと、まるでそれが万能なものであるかのように主張され・信頼され・崇拝されております「現代社会の経済の仕組《しく》み」というものの中にも、その「功罪」と呼べるような決して少なくはない問題点・決して小さくはない問題点を見出すことが間違いなくできます。現代において多くの先進国の社会が採用している「資本主義自由経済による経済社会の仕組《しく》み」というものも、「最も素晴らしい社会の仕組《しく》みであり、最も素晴らしい経済の仕組《しく》みである」と断言することができるようなものなのでは決してなく、「現代に至るまでの歴史の中で淘汰《とうた》されずに残っている社会の仕組《しく》み・経済の仕組《しく》みである」というだけのことなのであり、「現代に至るまでの歴史の中で淘汰《とうた》されてきた他の様々な社会の仕組《しく》み・経済の仕組《しく》みと比べて、合理性や効率性に比較的優れている社会の仕組《しく》み・経済の仕組《しく》みである」というだけのことなのです。）

また、私は、一方の社会の中では、毎日の食料を充分に得ることもできずに、毎日多くの子供達が飢えや栄養失調によって病気になってしまったり死んでしまったりしているというのに、他方の社会の中では、一日に何百万人分という食料が、「売れ残ってしまった」というだけの理由で捨てられてしまっているという事実に対しても、強い違和感と根本的な疑問とを感じてしまいます。（尚《なお》、少し前の時代の日本には間違いなくあったはずの「食べ物を粗末にしてはいけないと考えるような社会的価値観」や「食べ物を自分が粗末にすることに対して強い罪悪感を感じることができるような社会的価値観」といったものは、経済的な考え方や合理的な考え方などに自分達の価値観が支配されていく中で、多くの日本人の心の中からは、完全に消えてしまったと言えるのかも知れませんね……。）

（「ある人間の生まれた時代が何時《いつ》であるのか」・「ある人間の生まれた国が何処《どこ》であるのか」・「ある人間の生まれた身分が何であるのか」・「ある人間の生まれた家が誰の家であるのか」といったことが、そのまま、「その人間が、経済的にも物質的にも豊かな生活を送ることができるのか、それとも、そのような生活を送ることはできないのか」・「その人間が、生活に適度な精神的余裕を持ちながら健康に長生きができるような幸せな人生を送ることができるのか、それとも、食べる物や安全を求めて自分が必死になりながらも自分が若くして死んでしまうような悲しい人生を送ることになってしまうのか」といったことまでをも相当な程度に決めてしまうような社会というものが、現在において考えられる最も良い社会の形であるとは、私は決して認めてしまいたくはないのです。理想論なのかも知れませんが、そのような不公平やそのような不平等といったものを、「運命」という言葉や「常識」という言葉などで片付けてしまうことは、あまりにも哀しいことであり、あまりにも淋しいことであり、あまりにも残酷なことであるように感じられてしまいます。）

それに、現実の社会の目標とするべきもの（特に、経済の仕組《しく》みを備えている社会の目標とするべきもの）が、ベンサム《Jeremy Bentham 1748 - 1832　イギリスの法学者・思想家　著「道徳と立法の原理序説」》の言葉にあるような**『最大多数の最大幸福』**というものにあるとすれば（また、現実の社会の目標とするべきものが、経済学で言われているような「商品生産とサービス生産の最大化」や「社会に属する全ての人間の得られる総便益の最大化」といったものにあるとしても）、「自分が働くことを望んでも働く場所が得られないような多くの人間がいる現代の経済社会」・「企業の利益のために経済的な死を迎えることを余儀なくされてしまう多くの人間がいる現代の経済社会」・「一生懸命に働いても決して金銭的に楽な生活をすることができない多くの人間がいる現代の経済社会」・「労働らしい労働を全くすることなく資金の運用をすることだけで多額の利益を獲得することができる多くの人間がいる現代の経済社会」というものは、それらの目標の実現に対して最適な形の社会ではないと言えるのだろうと思えてしまいますし、実際に社会の中で生活をしている一人一人の人間にとっても、決して最良の社会ではないと言えるのだろうと思えてしまうのです。（**『喉元過ぎれば熱さを忘れる。』**という言葉が日本の諺《ことわざ》にはありますが、好況の時代には殆《ほとん》ど問題として感じられないこのような点も、不況の時代におきましては、非常に大きな問題点として痛切に感じられるものとなってしまいます。）

尚《なお》、ここで私が御紹介致しました**『最大多数の最大幸福』**というベンサムの言葉は、「可能な限り多くの人間が手にすることのできる可能な限り多くの数の可能な限り大きな幸福」というものを指し示す言葉であり、「そのような幸福を多くの人間が実際に手にすることが可能であるような社会」というものを目標とした意味での言葉であると考えて下さい。

この「最大多数の最大幸福」というベンサムの言葉に関連致しまして、ここから、「どのような社会が、その社会に属する多くの人間に幸福を齎《もたら》すことができるような社会なのか」ということに関しての考察を、少しだけ展開させて頂きたいと思います。（尚《なお》、この考察は、もう少し後のところで展開させて頂きます「理想社会の現実的な形成」に関してのお話にも、深く関係する考察です。）

まず、「社会に属する一人一人の人間が、自分自身の基本的な欲動を発散したり昇華したりすることが比較的容易である社会」・「社会に属する一人一人の人間が、自分の望んでいることや自分の求めていることの多くを（法やモラルに反しない程度で）実現することが可能である社会」が、多くの人間にとって「幸福を感じられる社会」と呼べるものであると考えることができるのでしょう。

勿論《もちろん》、「Chapter2 - 4」の「真実」に関してのお話のところでも申し上げました通り、「人間が自分自身の心の中に形成する幸せの定義」というものは、厳密に考えれば、一人一人の人間によって少しずつ異なるものであると言えます。ですから、ここで私が申しております「全ての人間にとって、自分自身の抱いている欲動というものを充足するということが、自分自身が幸福になれるということに直接的に必ず結び付く」というお話は、一般的に考えてのものであり、単純化して考えてのものです。と申しますのも、例《たと》えば、文明社会の中で生活をしている全ての人間は、大自然の中で生活をしている野生動物達とは精神的に大きく異なる存在ですので、「自分の抱いている欲動」や「自分の抱いている感情」といったもののみに従いながら生きているものであるという訳では決してなく、「自分の抱いている理性」

や「自分の抱いている信念」といったものにも従いながら生きているものであると言えますし、「内面的同一化に基づく人間の愛情や優しさ」といったものを考慮するのであれば、「自分以外の多くの人間の幸せ」というものが、「自分自身の幸せ」というものを構成する重要な要素となり得るとも言えます。

それに、例《たと》えば、「普段から豪華な食事を食べている人間が、何時《いつ》もと同じように豪華な食事を食べることができた時に感じられる喜び」というものよりも、「普段から充分な食事を得ることができていない人間が、久しぶりに普通の食事を食べることができた時に感じられる喜び」というものの方が、その喜びの大きさの度合いとしては、ずっと大きなもの・ずっと強いものになるはずです。長い時間を離れ離れで過ごしていて、電話やメールでしかお互いに連絡を取り合うことができなかった恋人同士は、自分が相手に直接会って、お互いの笑顔を見ることができただけで、涙が止まらなくなるほどに嬉しく感じられるものなのでしょう。(尚《なお》、全ての人間にとって、「涙を流すという行為」は、最大の感情表現の一つなのであり、自分の心の中に蓄積されているストレスを発散したり昇華したりするための最も効果的な方法の一つでもあると言われています。) また、一人一人の人間にとって、「自分の描いた夢や自分の定めた目標を実現するために(自分の抱いている欲動を充足するために) 努力をしている時間」・「自分の努力や苦労の結果として、自分の夢や自分の目標を達成することができた瞬間」といったものは、「何の努力も何の苦労もすることなく目標を達成することができた瞬間や何の努力も何の苦労もすることなく成功を手に入れることができた瞬間」・「目標の達成や成功の入手に至るまでの何の努力も何の苦労もないような時間」といったものなどよりも、ずっと充実した素晴らしい時間(大きな価値と大きな意味とを有している時間)であると言えますし、ずっと幸福な瞬間であると言えます。(実際にも、自分が多くの苦労や多くの努力をした分だけ、「その苦労や努力の後に自分が夢や目標を達成することができた時の充実感や達成感」・「その苦労や努力の後に自分が成功や勝利を手に入れることができた時の幸福感や嬉しさ」といったものは、倍増していくものであると言えるのでしょう。）

つまり、このようなことを考えて参りますと、「自分の抱いている欲動というものをあまりにも簡単に充足することができるような状況」・「自分の抱いている欲動というものをあまりにも容易に充足することができるような生活」といったものは、殆《ほとん》ど全ての人間にとって、「自分自身の感じることができる幸福の度合いというものを最大にすることができないような状況や生活」であるというだけではなく、「自分の人生というものが非常に退屈で物足りないものとして感じられてしまうような状況や生活」であるのだろうと考えられ、「人生の中で大きな感動や強烈な感情といったものを自分が得られる機会を、極端に少なくしてしまうような状況や生活」でもあるのだろうと考えられるのです。

（このお話に関しまして、とても単純な例を一つだけ挙げさせて頂きますが、人間は、「自分の抱いている日常的な小さな欲動というものを、意図的に充足しないでおいたり一時的に我慢しておいたりすること」によって、次の機会に自分が同じような欲動を充足することができた時に感じられる喜びというものを、ずっと大きなものとすることができます。このことを応用して考えて参りますと、「人間は、自分の抱いている全ての欲動を完全に充足しようと躍起《やっき》になってしまうのではなく、自分の抱いている欲動の充足の程度や自分の抱いている欲動の充足の方法などを、自分自身の意志によって適度にコントロールすることで、より充実した生き方をすることができるようになる」ということが言えるのでしょう。『喜びが後回しになるのは、とても楽しい苦しみである。』とは、プブリリウス・シルスの言葉であり、こういったことは、「食欲の充足」や「性欲の充足」・「睡眠欲の充足」や「親和欲求の充足」など、人間の抱くあらゆる種類の欲動の充足に関して、例外なく言えるのだろうと考えられることです。）

それに、現代の日本のような社会は、「多くの人間の欲動の昇華される方向や多くの人間の欲動の昇華される対象が、確立された社会的価値観というものによって確実に方向付けされている」とは、必ずしも言えないような状況にありますので、ある程度まで自分の欲動を充足した人間の抱く更なる欲動（マズローの欲求階層説における高次の欲求・人間が生理的欲求などを満たした上で求める欲求）というものが、少なくない場合におきましては、非常に危険な方向（社会的なモラルに反するような方向・倒錯と呼べるような方向・犯罪に結び付いてしまうような方向）に向かってしまうことになるかも知れません。この点を考えますと、「社会秩序の安定や社会に属する多くの人間の安全の確保といった目的のためにも、一人一人の人間が、自分の抱いている様々な欲動を充足するのに少しの苦労を要するくらいの社会であった方が、都合が良いと言える」といった考え方を導き出すことも可能なのです。（良い社会的価値観が確立している社会におきましては、「精神的にも時間的にも余裕のできた多くの人間が、社会の中で慈善活動をすることなどの良い方向に向けて、自分の欲動を昇華させることができる」といったことが考えられるのですが、良い社会的価値観が全く確立していない社会におきましては、「精神的にも時間的にも余裕のできた多くの人間が、倒錯的な自分の性欲を充足することなどの危険な方向に向けて、自分の欲動を昇華させるようになってしまう」といったことが考えられるのです。）

このように、「全ての人間にとって、自分自身の抱いている欲動を充足するということが、自分自身が幸福になれることに完全に直結する」という見解に関しての反論というものは、非常に多く・非常に簡単に挙げられるのですが、ここでは単純化して考えさせて頂くことに致しまして、「全ての人間にとって、自分の抱いている欲動を充足するということが、自分自身が幸福になれることに完全に直結する」という見解を事実と仮定致しますと（現実にも、殆《ほとん》どの場合におきましては、「人間の抱く根本的な欲動である食欲や睡眠欲・安全欲求や親和欲求といったものを全く充足することができていない人間は、幸福な人間とはとても呼べないような生活環境や心理的状況にある」ということを断言することができます。）、「一人一人の人間の幸福」というものを論じる上で重要なことは、「一人一人の人間が、何を望んでおり、何を求めており、何を欲しているのか」といったことであると言えるのでしょう。

例《たと》えば、激しい戦争が続いている社会の中に生きる人間の多くは、「安全」や「平和」といったものを強く望むのだろうと考えられますし、身分や人種に関しての厳しい差別が行われている社会の中に生きる人間の多くは、「平等」や「公平」といったものを強く望むのだろうと考えられます。食料を充分に得ることができないような貧しい社会（物質的に貧しい社会・金銭的に貧しい社会）の中に生きる人間の多くは、「栄養」や「健康」といったものを強く望むことでしょうし、家族の愛に恵まれなかった人間の多くは、「人間の愛情」や「人間の優しさ」といったものを強く望むことでしょう。そして、例外なく全ての人間が共通して望むものは、「生存」というものであると言えるのだろうと考えられ、生物としての全ての人間は、自分が愛する異性と一緒になり、自分の子供を産み育てるといったことをも強く望むと考えられます。ですが勿論《もちろん》、人間の欲動というものは、そういった「全ての人間に与えられるべき基本的な権利」や「動物としての人間が抱く基本的な欲動（食欲や睡眠欲・愛情欲求や安全欲求）などが一通り充足されたとしても、そこで完結するものでは決してありません。

（恐《おそ》らく、人間にとって、「自分の欲動の充足によって自分が得ることができる一時的な満足」というものは多くあるとしても、「自分の欲動の充足によって自分が得続けることができる恒久的な満足」というものは決して有り得ないと言えるのでしょうし、人間の欲動というもの自体にも、「限り」や「果て」といったものは、決して有り得ないと言えるのでしょう。ラカンの言葉には、『**人間にとって一つの真実があるとすれば、それは、欠如である。**』という言葉がありました。人間とは、自分の抱いている欲動というものを、どんなに多く・どんなに的確に充足することができたとしても、更に、自分の何処《どこ》かに「欠如」というものを見出し、何かを求め続けることができる生き物であると言えるのでしょう。このことに関しまして、日常的な簡単な例を一つだけ挙げさせて頂きますが、例《たと》えば、「人間は、寒い冬には、暖かい暖房の中で過ごすことを望み、暖房によって自分の体が充分に温かくなることができれば、今度は、その暖かい部屋の中で何か冷たい飲み物を飲みたいと望んだりすることがある」と言えるのだろうと思います。このような人間心理の仕組《しく》みを、心理学の用語では、「ストロークハンギング」と呼ぶのですが、人間という存在は、自分の中に何かの欠如を見付けては、その欠如を埋めるために行動をし、その欠如を埋めた後には、すぐにまた次の欠如を自分の中に見付けられるような存在なのであり、「安定した状態に自分がある時には、刺激を求め、何かの刺激を自分が得ている状態にある時には、安定を求める」といったようなことを繰り返す存在であるとも言えるのです。）

（基本的には、「自分自身に対して見出すことができる全ての欠如」というものに対応する形で、「人間の抱く全ての欲動」というものが生じると考えることができます。例《たと》えば、栄養が欠如している人間は、「食欲」というものを抱くようになることでしょうし、愛を与えられることが欠如している人間は、「誰かの深い愛情」というものを求めるようになることでしょう。緑の少ない都会の中に生きている人間は、「自然に触れること」で大きな喜びを得ることができるのだろうと考えられますし、毎日をデスクワークに追われる人間は、「体を動かすこと」で楽しい気持ちを感じることができるのだろうと考えられます。甘やかされて育った子供は、「親身になって自分を厳しく叱ってくれる誰かの存在」というものを強く求めるかも知れません。こういったことは全て、「人間が、自分自身に欠如しているものを埋め合わせようとして、様々なものを求めている」と考えることが可能なようなことなのです。）

（現代の日本などの先進国の社会におきましては、「多くの人間が、自分の抱いている食欲や睡眠欲・安全欲求や承認欲求といったものをあまりにも簡単に充足することができるために、自分自身の中に、より人間らしい哲学的な欠如というものを見出し、それ故に、様々なことに関して深く悩むようになってしまっている」ということも言えるのだろうと考えられます。例《たと》えば、「自分の毎日の食糧を得ることだけでも非常に大変な社会」におきましては、多くの人間は、自分が生き延びることだけで精一杯になってしまい、理想的な友人関係や自分の人生の意義に関しての深い関心を抱くことができる余裕・自分の生き方や自分自身の誇りなどに関しての深い考察を巡らせることができる余裕といったものさえも、持てなくなってしまうかも知れません。自分の生き方や自分の生きる目的などに関して真剣に悩むことができる人間は、自分の心の中に「生きる余裕」というものを抱いているからこそ、そういった哲学的な・人間的な様々なことに関して真剣に悩むことができるのであり、「自分自身の心の中に、そういった余裕がある」ということが、「自分という存在が、動物としての存在ではなく、人間としての存在である」ということの一つの証でもあると言えるのでしょう。これは、「Chapter2 - 2」で御紹介致しました『**人間は、自由の刑に処されている。**』というサルトルの言葉と深く関わることでもあると言えるのだろうと思います。つまり、人間にとって、「サルトルの言う自由というものを手に入れること」とは、ある意味では、「ラカンの言う欠如というものを自分の中に見出し続けること」と非常によく似た意味を持つことでもあるのです。)

多くの人間は、「自分の抱いている基本的な欲動の充足」や「人間として与えられるべき基本的な権利の入手」といったことを果たした上で、「自由」というものを求めることでしょうし、「生きがい」というものを求めることでしょうし、「楽しみ」というものをも求めることでしょう。更に、人間の抱く「昇華した形の欲動（高次の欲動）」というものは、その欲動の形が、社会の違いによっても・文化の違いによっても・一人一人の人間が抱く価値観の違いによっても様々なものとなりますので、「社会に属する多くの人間の抱く昇華した形の欲動というものが、どのようなものとなるのか」ということに関しての社会的価値観が漠然としている社会におきましては、「多くの人間の抱く昇華した形の欲動というものが、どのようなものとなるのか」ということを定義することは、非常に難しいことになると言えます。それに対して、「社会に属する多くの人間の抱く昇華した形の欲動というものが、どのようなものとなるのか」ということを確定的に決定することができるような社会的価値観が、ある程度以上に確立している社会におきましては、「その社会に確立している社会的価値観というものが、どのようなものであるのか」ということを考慮することによって、「その社会に属する多くの人間が、昇華した形の欲動として、どのような欲動を抱き易くなるのか」ということを判断することが、比較的容易になると言えるのでしょう。(この考え方は、この先で展開致します「理想社会に関してのお話」のところでも、使用させて頂きます。)

また、例《たと》えば、栄養や自由・平和や安全などを(形だけなのかも知れませんが)比較的容易に入手することが可能である現代の日本のような社会におきましては、「そういったものを自分が入手するということ」が、私達にとっては、既《すで》に当たり前のこととなってしまっており、「そういったものに対して私達の考える価値の大きさや意味の大きさ」といったものは、かなりの程度まで下がってきてしまっているとも言えるのだろうと考えられます。

現実にも、現代の日本の社会に実際に生きている人間のうちの少なくない数の人間(特に若者)は、例《たと》えば、「多少の束縛」や「多少の危険」・「強烈な刺激」や「命を賭けた冒険」といったもの(現代に至るまでの歴史において、「平和」や「安全」・「自由」や「安定」などを入手することと引き換えに私達が失ってきたようなもの)を強く求めてしまっていると言える面があるのでしょう。

人間には、「自分が一度手に入れてしまったものに対しては、自分自身の考える価値というものが低下していってしまう」という心理的な性質があるのだろうと考えられます。(これは、「比較によって物事や現象を感覚する」という人間の性質と無関係のことではありません。)『**人間は、手に入れているも**

のよりも、期待するものを喜ぶ動物である。』とは、ルソーの言葉であり、『**人間は、獲物よりも狩猟を好む。』**とは、パスカルの言葉です。人間というものは、時として、「本当に大切なもの」を自分が失ってしまった時に初めて（或《ある》いは、自分で苦労をして・自分で努力をして「本当に大切なもの」を手に入れることができた時に初めて、更には、当たり前のように自分の傍《そば》にいてくれていた「自分の大切な誰か」を失ってしまった時に初めて）、そのものの大切さや価値の大きさなどに気付くことができるものなのかも知れませんね……。また、人間が実際に、「平和や安全・自由や平等・栄養や健康といったものの大切さや価値の大きさ」を本当の意味で知るためには、その人間自身が、「戦争や死・危険や不自由・飢えや病気・怪我の痛みといったものの悲しさや悲惨さ・苦しさや辛《つら》さ」といったものを、何らかの形で（間接的にでも・代替的にでも）知る必要があるということも、多くの場合におきましては、言えることなのでしょう。

（人間が感じることができる「自由の喜び」というものの全ては、ある程度の「不自由さ」の中に成り立っているものなのであり、人間が感じることができる「命の喜び」というものの全ても、ある程度の「命の限界」の上に成り立っているものなのです。『**自制ができぬうちは、決して自由であるとは言えぬ。』**とは、デモフィロスの言葉になります。「自制をすることが全くできていない人間は、自分の欲動や自分の感情といったものに支配されることから解き放たれて自由になるということが、全くできてはいない」という言い方をすることもできるのかも知れませんね。尚《なお》、「自分が一人だけで長い時間を過ごすことの淋しさや自分が孤独であり続けることの切なさといったものを経験したことのある人間であってこそ、自分が誰かと一緒にいられることの喜びや自分が誰かに必要とされていることの喜びといったものを、本当の意味で実感することができる」といったことも、恐《おそ》らくは、事実として言えることなのでしょう。）

例《たと》えば、現代におきまして、「ある人間が、命の大切さというものを本当の意味で理解することができる瞬間」というものは、その多くの場合が、「その人間が、自分と内面的同一化をしている誰かの死というものを経験し、言い知れない悲しさと強い淋しさとを実感した瞬間」なのだろうと考えられます。「子供の頃に自分の可愛がっていたペットが死んでしまった時に、非常に深く悲しんだ経験のある人間」や、「自分の友達の家族が亡くなってしまった時に、その友達の本当に悲しそうな姿を見た経験のある人間」・「悲劇的な小説や映画などに出てくる登場人物と自分自身とを同一視して、命を失うことによる悲しみというものを代替的にでも強く感じることができた人間」は、そういった経験（「死」というものに関わる情動体験）を全く持たない人間に比べて、命の大切さというものを強く感じられるようになり易いと言えるのでしょう。中国の諺《ことわざ》にも、『**自分の部屋が狭いと悔しがっていた人間も、家に屋根のない多くの人間がいることを知って、自分の幸福に満足するようになり、自分の履く靴がないと不平不満を言っていた人間も、たまたま足のない人間に出会うことで、自分の運命に満足するようになる。**』という言葉があります。

同様に、人間は例《たと》えば、「何の罪もないのに様々な要因によって若くして死んでいってしまう多くの人間」のことを自分が考えれば、「自分が生き続けることができているという幸福」を、より素直に感じられるようになることでしょうし、「この世に生を受けることもなく死んでいってしまった多くの命」

のことを自分が考えれば、「自分がこの世に生を受けることができたという幸福」を、より素直に感じられるようになることでしょう。（自分が非常に不幸な人生というものを歩んでいるように思えるとしても、「自分自身のことを自分が憐《あわ》れみ続けること」は、「自分自身に対して自分が言い訳をし続けること」や「自分自身のことを自分が責め続けること」などと同様に、「自分の気持ちを一時的に楽なものにすることができるようなこと」ではあるとしても、「最終的な結果として、自分自身のためになるようなこと」では、決してないのです。「自分という人間が、より有意義に・より豊かに自分自身の現実の人生を生き抜いていくためには、可能な限り前向きに・可能な限りポジティブに生きていこうとし続ける必要がある」ということを断言することができるのでしょう。）

『薔薇が散って、いよいよ薔薇の美しさを思わせるように、失うことによって、得たものの値打ちというものは、一層鮮明なものとなる。』とは、野上弥生子《1885 - 1985　小説家　著「海神丸」「迷路」》の言葉なのですが、残念なことに、現実には、「人間の命」や「人間の健康」といったものを中心とした「人間にとって本当に大切なもの」の多くは、それを失ってしまった後では、二度と「その本当に大切なもの」を手に入れることができないようなものであるということも、多くの場合においては、紛れもない事実なのです。ですから例《たと》えば、自分が、「自分に家族がいるということ」や「自分に友人がいるということ」・「自分が充実した毎日を送れているということ」や「自分が不安の少ない平和な毎日を送れているということ」・「自分が健康でいられているということ」や「自分が衣食住にあまり不自由をしていないということ」などを、「取るに足らないような当たり前のこと」として考えてしまうのではなく、「大きな意味と大きな価値とを持った非常に大切なこと」・「他の何にも替えることができないくらいに非常に幸福なこと」として考えることができれば、人間は、自分の人生というものを、今よりも更に大切なものとして感じることができるようになると言えるのでしょうし、自分の人生というものに対して、今よりも更に積極的に・前向きになることができると言えるのでしょうし、今よりも更に有意義な人生を送ることができるようになると言えるのでしょう。（実際にも、「自分の家族」や「自分の健康」といった「自分自身にとって本当に大切なもの」は、それを自分が持っている時には、「非常に当たり前のもの」として感じられてしまうようなものなのです。日本の諺《ことわざ》にも、『**親孝行、したい時には親はなし。**』という言葉があります。「当たり前の幸せ」というものを、可能な限り大切にしていきたいものですよね。）

（ここで、「健康」というものに関して述べている言葉を少しだけ挙げさせて頂きますが、『**肉体の健康に勝《まさ》る富はない。**』とは、旧約聖書に書かれている言葉であり、『**ダイヤモンドよりも健康を千倍も大切にするべきだ。**』とは、スペインの諺《ことわざ》にある言葉です。また、中世ラテンの諺《ことわざ》には、『**陽気・休息・正しい食養生、薬や手術よりも、この三人の医師に一任するべきである。**』という言葉があり、ルソーの言葉には、『**節制と労働とが、人間にとって最良の薬となる。**』という言葉があります。「医食同源の考え方に基づいて、適度に自分の健康や摂取する栄養のバランスを考えた食生活をするということ」が、自分が医者や薬に頼らないような健康な生活を長く送ることのために非常に重要なことであると言えるのでしょう。尚《なお》、「人間が薬というものを使用すること」は、勿論《もちろん》、悪いことでも罪なことでもないのですが、「薬というものに頼らずに済むことの方が、人間として自然なことであり、より良いことである」ということも確かなことです。現実にも、「自分が薬に頼ることを止めることや自分が医者に頼ることを止めることによって、心身ともに本当に健康な状態になることができた人間」は、多くいると言えるのでしょう。)

少しお話が逸れてしまいましたが、結局のところ、「ある社会に属する多くの人間が抱く幸福の定義」というものは、「自分の抱いている基本的な欲動（食欲や睡眠欲・安全欲求や承認欲求・愛情と優しさとを求める欲動など）というものを、適度に充足することができる」・「平等や自由・安全や安定といった人間としての基本的な権利を、自分が適度に保障されることができる」といったことを前提として、「その社会に属する多くの人間が抱く昇華した形の欲動というものが、どのようなものとなるのか」ということによって、ある程度までは判断することができるのだろうと考えられ、「Chapter2 - 2」の信念や昇華に関しての考察から、「社会に属する多くの人間が抱く昇華した形の欲動というものは、その社会に確立している社会的価値観というものと、人間の備えている生物としての基本的な性質というものとの両方に肯定されているような形の欲動である」ということが言えるのだろうと考えられますので、「ある人間の幸福の形」というものは、「人間が共通して備えている基本的な性質」と「その人間の属している社会の社会的価値観」とを考慮することによって、ある程度まで推測することができるものなのだろうと考えられます。

ですから、「一般的に考えての幸福な人間とは、自分の抱いている基本的な欲動というものを適度に充足することができ、人間としての基本的な権利というものを自分が適度に保障されることができ、更に、社会的価値観によって定められている自分の昇華した形の欲動をも、ある程度まで充足することができる人間のことである」ということが言えるのだろうと考えられ、「そのような人間を多く作り出すことができるような社会というものが、その社会に属する多くの人間に幸福を齎《もたら》すことができるような社会である」ということが言えるのだろうと考えられるのです。

「人間の幸福」や「多くの人間に幸福を齎《もたら》すことができるような社会」といったものに関してのお話から、「経済の仕組《しく》み」というものに関してのお話に戻らせて頂きます。

現代の多くの資本主義経済社会が採用している経済システム（株式会社制度の仕組《しく》みや銀行の金融の仕組《しく》みなどによって成り立っている経済システム）というものは、確かに、非常に合理的で効率的なシステムであると考えられるものなのですが、非常に不安定で危険なシステムであるとも間違いなく考えられるようなものなのです。（裏を返せば、現代の多くの資本主義経済社会が採用している経済システムというものは、「的確に情報操作や社会的価値観の操作を行うこと・景気を左右すると考えられる要素を的確に作り出すことなどによって、社会全体や世界全体での景気変動をある程度まで自由に操作することができる」という大きなメリットを齎《もたら》してくれるシステムであるとも言えます。）例《たと》えば、ここでは簡便化のために完全に独立した（他社会との取引が全くない）一つの社会だけについて考えてみますが、「現代の多くの先進国が備えている経済の仕組《しく》みというものは、ある一人の人間の経済活動というものが、他の人間の経済活動に対しても大きな影響を及ぼし、その影響が、乗数効果的に社会全体に広がっていくという危険性を持っているものである」ということが言えます。（勿論《もちろん》、この点は、経済や金融に関しての知識を備えている人間のうちの少なくない数の人間にとっては、言うまでもないような当たり前のことなのでしょう。)

社会を構成する一人一人の人間が、「自分個人の経済的未来」や「自分の属している社会全体の経済的未来」といったものに対して肯定的に・前向きに考えており、お金を活発に動かしているうちは、経済というものは、多くの人間の積極的な経済活動によって非常に活発なものとなり、加熱していくことでしょう。ですが逆に、社会を構成する一人一人の人間が、「自分個人の経済的未来」や「自分の属している社会全体の経済的未来」といったものに対して不安を感じ、お金を活発に動かさなくなってしまいますと、経済というものは、急速に(一人一人の人間の「経済的怖れ」というものの力によって相乗効果的に)冷え込んでいくことになってしまいます。(人々の抱く経済的怖れの強さというものを緩和し、社会全体の経済の動きというものを活発なものとしていくことさえできれば、社会の中に様々な需要や様々な雇用を増やすこと・投資家や起業家の活発な活動を促すことなどは、非常に容易に達成できることとなるのです。)

これは例《たと》えば、「株価(株式投資家各人の行動というものが、他の投資家のマインドに対して与える強い影響)や為替相場」といったものに関しても言えるのだろうと考えられることですし、「一人一人の人間の消費行動というものが産業に対して直接的に及ぼす影響・他の様々な産業に対して波及的に及ぼす影響」といったものに関しても、同様に言えるのだろうと考えられることです。このように、経済というものは、「経済社会を構成する一人一人の人間の判断(一つ一つの経済主体の判断)の影響によって、大きく左右されてしまう危険性」というものを持つものなのであり、非常に不安定な面を持つものなのです。勿論《もちろん》、逆に考えますと、「社会を構成する全ての人間が、自分達の経済的な未来に対しての明るい展望というものを抱き、消費と投資とを積極的に行うことができるようになれば、少なくとも一時的には、社会全体の景気というものを上向かせていくことができる」といったことを断言することもできます。

（「好況」という社会状況には、「社会に属する一人一人の人間が、非常に弱い経済的怖れというものを抱いている状況」というものが関わっており、「不況」という社会状況には、「社会に属する一人一人の人間が、非常に強い経済的怖れというものを抱いている状況」というものが関わっていると言えるのでしょう。また、「生産者の抱く経済的怖れというものが、適度な水準で一定に保たれているということ」・「生産基盤や生産資源・労働力や資本といったものが、社会の中に充分にあり、それらが、社会の中で円滑に分配・調整されているということ」などを前提と致しまして、好況時の経済社会の中で、多くの消費者の抱く経済的怖れというものが充分に弱いものであれば、その経済社会の中では、好況時において物価が高騰していくという「インフレーション」と呼ばれる経済現象が発生し、不況時の経済社会の中で、多くの消費者の抱く経済的怖れというものが充分に強いものであれば、その経済社会の中では、不況時において物価が下落していくという「デフレーション」と呼ばれる経済現象が発生すると考えることができます。）

（尚《なお》、不況時の社会におきまして、生産者の生産能力や生産基盤といったものが極端なほどに不充分なものである場合には、不況なのに物価が高騰していってしまうという「スタグフレーション」と呼ばれる経済状態に陥ってしまうことがあるのだろうと考えられますし、逆に、好況時の社会におきまして、生産者の生産能力や生産基盤といったものが充分なものであり、消費者の抱く経済的怖れというものが強い状態に保たれている場合には、ある程度まで好況なのに物価が少しずつ下落していくという経済状態に陥ることもあるのだろうと考えられます。更に、「物価の変動に呼応して、労働者賃金というものが変動すれば、相対的な物価というものは変わらないのだから、経済的な状況に変化はないのではないのだろうか」・「物価や労働者賃金が変動したところで、一人一人の人間の貯金の額や借金の額といったものは変動しないのだから、インフレーションやデフレーションといった経済現象が人間に対して与える経済的な効果というものは、一人一人の人間の経済的な豊かさの度合いによって大きく違ってくるのではないのだろうか」といったことも、「経済社会の好況や不況」といったものを考える上では、考慮する必要があることなのでしょう。)

社会に属する多くの人間が、自分の持っているお金の大部分を自分で保管することよりも、銀行などに預貯金することの方が、銀行などに預貯金することよりも、株式などに投資することの方が、株式などに投資することよりも、物やサービスを買うことによって消費をすることの方が、自分の属する社会の経済全体の将来的な動きを活発にしていく（不況の状態の社会を好況の状態の社会に変えていく）ためには、効果的なことなのだろうと考えられるのです。例《たと》えば、現在において不況の状態の社会に属する多くの人間が、「自分の属する社会の経済的な未来に対しての強い不安や強い怖れ」といったものを抱いてしまい、消費や投資を自分が積極的にすることなどを控えるようになってしまえば、その社会の経済全体は、活発な動きというものを更に失ってしまう（「デフレスパイラル」と呼ばれるような経済状態に陥ってしまう）ことになります。

そうではなく、ある社会に属する多くの人間が、「自分の社会の経済的な未来に対しての明るい展望や強い期待」といったものを抱くことができれば、家計の支出というものは増加し、企業の収入というものも増加し、労働者の給料というものも増加し、それによって更に、家計の支出というものは増加していくことになるのでしょう。更に、企業は、経営拡大のために従業員をより多く雇い、新たな投資を積極的に行うようにもなるのだろうと考えられます。同様に、「株価」というものも、ある投資家が何かの株を大量に買うことによって、その株やその関連株を買うことに追随する多くの人間が現れることでしょうし、それを通じて、企業の使用することができる資産というものは増加し、その資産を使って企業が業績を上昇させることによって、多くの投資家は、更にその企業の株を購入しようと考えることでしょう。（逆に考えますと、大きな影響力と大きな財力とを持っている数人の投資家が共謀すれば、株式を通じて資金を調達している任意の企業を意図的に潰すことなどは、アメリカのヘッジファンドなどのことを考えても推測することができますように、容易《たやす》いことなのだろうと考えられるのです。尚《なお》、現代の多くの先進国の社会の株式市場というものは、各企業側にとっては、自分達の企業の実績や自分達の企業の経営状況といったものが株価に正当に反映されなくなってしまっており、各投資家や各証券会社にとっては、社会貢献のための資金運用の手段ではなく、自分達がお金を儲けるための手段にしか過ぎないものとなってしまっていると考えられますので、既《すで》に、「株式市場としての正常な機能」・「経済社会全体に対して大きなメリットを齎《もたら》してくれるような機能」といったものの大部分を失ってしまっているとさえ、言えるのかも知れません。）

つまり、「経済の仕組《しく》み」というものは、各経済主体（各家計や各企業）を一つ一つの歯車として動いている「非常に複雑で巨大な時計」のようなものであると言えるのです。一つの歯車の調子が悪くなってしまうことによって、時計全体の動きに狂いが生じてしまうように、一つの経済主体の経済活動が停滞してしまうことによって、社会経済全体の動きも活発さを失ってしまうことになります。また、時計の進む速度というものが、適度な速度を必要とするのと同じように、経済の活発さの程度というものも、適度な活発さの程度を必要とすると言えるのでしょう。

そして、この「非常に複雑で巨大な時計」を構成している一つ一つの歯車の調子を悪くしてしまっている原因というものは、一人一人の人間が自分自身の心の中に抱いてしまう「経済的怖れ」というものによる「自分の行う経済活動に対しての極端に消極的な姿勢」というものにあると言えるのだろうと考えられるのです。ですから、例《たと》えば、「ある社会の政府が、自分の社会の経済状況というものを完全にコントロールしようとするのであれば、究極的には、自分の社会に属する一人一人の人間の抱く経済的怖れというものを、完全にコントロールする必要がある」ということになります。しかし、言うまでもなく、「ある社会に属する一人一人の人間の抱く経済的怖れというものを、その社会の政府が完全にコントロールするということ（支配したり調整したりするということ）」は、現実的に不可能なことであるというだけではなく、倫理的にも決して許されないことです。尚《なお》、現実の様々な社会の政府が自分の社会の景気を向上させようとして時々行っている「公共投資を増やすこと」や「公定歩合を引き下げること」・「キャッシュフロー（社会全体に流れているお金の総量）を増加させること」や「減税を行うこと」なども、社会に属する一人一人の人間の抱く経済的怖れというものを適度に緩和させるための手段として、必ずしも常に充分な効果を発揮することができるものではありません。（「財政政策」や「金融政策」といった呼称で呼ばれるこれらの手段は、経済を上向かせる一つの切っ掛けとなり得るような手段ではあるのですが、「社会に属する多くの人間に、自分が経済活動を行うことに対しての積極的な気持ちというものが充分にあるということ」を前提とした上で充分な効果を発揮することができるような手段なのでしょう。）

勿論《もちろん》、ある社会の経済システムの中に、「根本的な欠点」や「何らかの危険性」・「明らかな問題点」や「短所であると考えられる点」といったものを確認することができるのであれば、「そういった欠点や危険性を排除していく必要性」・「そういった問題点や短所を改善していく必要性」・「長期に渡って健全で公正な安定した経済社会を作り出すことができるような経済システムというものを目指していく必要性」などは、間違いなくあると言えるのでしょう。それに、多くの人間がテレビやインターネットなどの様々なメディアによって非常に多くの情報を容易に入手することが可能である・社会経済の現状に関しての情報を多くの人間が容易に入手することが可能である現代の日本のような社会におきましては、例《たと》えば、「不良債権の問題」や「先行き不安な経済」・「各企業の低い自己資本比率」や「低迷している株式市場」・「財政的な危機にある行政や金融機関」・「経済的な死による自殺者の増加」や「企業の倒産の増加」・「社員の解雇の増加」や「完全失業率の上昇」・「企業の不祥事の増加」や「企業会計への信頼の低下」といったような「経済社会の現在と未来とに関しての様々な不安材料」というものが薄れていったり消えていったりすることによって、社会に属する一人一人の人間の抱く経済的怖れというものを緩和することができる場合も少なくはないのだろうと考えられるのです。）

（「社会の中に、公正で健全な経済システムや効率的で機能的な経済システムを構築するということ」と「社会の中に、活発で力強い経済状況や好景気と呼べるような経済状況を実現するということ」とは、必ずしも同じ手段によって達成することができることではないのでしょうが、これら二つの目的の両方に対して効果的な手段というものも、現実には多くあると言えるということなのです。もっとも、先ほどに例示致しましたような「経済に関係している様々な問題」を実際に解決していくということが、現実的には決して容易《たやす》いことではないのだろうということも、多くの場合におきましては、疑う余地のないことなのでしょうけれどね……。）

また、この「経済社会に属する殆《ほとん》ど全ての人間が抱く経済的怖れ」というものが、「多くの人間がこの社会において真面目に働くことができるようになるための原動力」となっており、「需要と供給とによる経済原理というものが社会の中で機能していくための原動力」となっているということも、間違いのないことです。例《たと》えば、「自分の将来に対しての経済的な不安（経済的怖れ）というものが自分自身の心の中にあるからこそ、社会に属する多くの人間は、自分が頑張って働いてお金を手に入れようとすることができる」と考えられる面が確かにあります。同様に、「多くのお金を自分が持っていたい（自分が経済的に困窮した状態に陥ってしまいたくはない）」といったことを社会に属する多くの人間が望むからこそ、多くの消費者は、「物をできるだけ安く買おうとする意欲」というものを抱くことができるのでしょうし、多くの生産者は、「物をできるだけ高く売ろうとする意欲」というものを抱くことができるのでしょう。

「消費者と生産者との両者が、このような意欲というものを抱くということ」を絶対の前提とした上で、経済学で言われる「価格原理」というものが発生し、消費者の「需要量や購入価格」と生産者の「供給量や売却価格」とは、供給量（需要量）の変動と売却価格（購入価格）の変動とを通じて、少なくとも理論的には、最も合理的な共通の値である「価格の均衡点・量の均衡点」に落ち着くことになります。また、生産者は、より多くの物を消費者に売るために、「より良い商品」・「より便利な商品」・「より安い商品」・「より消費者のニーズに適した商品」を作ろうとすることでしょうし、それによって「技術の革新的な進歩」というものが促されることも、少なくはありません。（『**必要は、発明の母である。**』とは、スウィフトの言葉になりますが、現実の世界を考えてみましても、「現代に至るまでの長い人類の歴史における様々な技術進歩というものが、人間の欲動や人間の願望といったものによって促されてきた」ということは、確かなことであると言えるのです。）更に、企業間の競争というものが生じることによって、社会に属する多くの人間が抱く「自分の経済活動に対しての意欲」というものは、より一層大きなものになっていくのだろうと考えられ、それを通じて、経済社会の全体の動き（技術の進歩や産業の発展などをも含めた意味での経済の動き）というものも、より一層活発なものになっていくのだろうと考えられます。

（この本の中で「経営学に関してのお話」というものを詳細に展開する意図は、私には全くないのですが、非常に基本的なことだけに関して申しますと、多くの場合におきましては、ある企業が、「他の多くの企業に対しての経済的優位」というものを獲得するためには、「充分なマーケティング」や「自分の企業の商品と他の多くの企業の商品との差別化」・「短期的な利益と長期的な利益とを考慮しての効率的な投資」や「充分な程度で尚且《なお》つ企業全体の活発な動きを失わせてしまわない程度の組織統制と機能的な合理化」・「会社内外の人材の能力を充分に生かすことができるようなシステムの構築」などを実践することが重要であると言えるのでしょうし、場合によっては、経済競争に打ち勝っていくための「充分な資金力」や「充分な技術力」なども必要であると言えるのでしょうし、更には、「良い企業環境」や「合理的で合目的的な企業方針」・「会社に対する従業員の熱意や信頼」・「充分な先見の明」や「独創的な発想力」なども不可欠となる場合があると言えるのでしょう。尚《なお》、「マーケティング」とは、「消費者の求めている商品やサービスを調査してから、供給する商品や供給するサービス・宣伝の方法や販売の方法などを決定することによって、消費者のニーズに適合した商品やサービスを消費者のニーズに適合した方法で販売し、生産者から消費者への流通というもの全体を円滑にする」ということを目的とした一連の活動のことを指す言葉になります。「ブランドイメージの構築」や「価格戦略」・「音楽や演劇などで特定の誰かを喜ばせるために、その誰かの備え持っている嗜好や興味といったものを探ったり推察したりするということ」なども、大まかに考えれば、マーケティングの一形式であると言えるのでしょう。）

つまり、「人間の抱く経済的怖れの力（人間の心の力）というものが、経済の仕組《しく》みが機能していくための原動力なのであり、社会が経済の仕組《しく》みによって効率的に動いていくための原動力なのである」

ということを断言することができるのです。もし、ある社会に属する多くの人間が、「経済的怖れ」というものを全く抱かなくなってしまえば、その社会の経済の仕組《しく》みというものは、少しも機能しなくなってしまうことでしょう。こういったことを考えてみますと、「私達の生きているこの社会というものは、経済的怖れというものに支配されてしまっている社会である」とさえ、言えるのかも知れません。(もっとも、「経済的怖れというものに支配されてしまいながら自分が生きるということ」は、「暴力への怖れというものに支配されてしまいながら自分が生きるということ」や「死への怖れというものに支配されてしまいながら自分が生きるということ」などと比較すれば、遥《はる》かに楽なこと・遥《はる》かに幸せなことであると考えることも可能なのでしょう。実際の社会を考えてみましても、特に、比較的平和で安全で豊かな暮らしをすることが可能な日本のような社会に属する多くの人間は、自分の日常生活の中で、「現実的な自分の死や自分の親しい誰かの死といったものに恐怖すること」が殆《ほとん》どないばかりか、「現実的な自分の死や自分の親しい誰かの死といったものを意識すること」さえ殆《ほとん》どありません。これは、生物としての人間・動物としての人間にとっては、非常に大きな意味を持つことです。)

また、少しだけ余談になってしまうのですが、恐《おそ》らく、学問としての経済というものが、とても不確かなもの・とても曖昧なものとなってしまう大きな理由の一つは、経済社会が成立していくための最も重要な要素であり最も根本的な原動力である「一人一人の人間の抱く経済的怖れ」というものが、経済学の分野だけで完全に説明することができるようなものではなく、心理学や社会学といった様々な分野とも密接に関わっているものだからであると言えるのでしょう。「混迷した経済社会」という言葉や「破綻した経済社会」という言葉で呼称される現在の日本の状況というものも、「社会に属する一人一人の人間の抱く経済的怖れの強さというもののバランスが崩壊し掛けてしまっている」ということを大きな理由の一つとしているものであると考えれば、その状況を理解することは、遥《はる》かに容易なこととなるのです。

（このお話に関連することを一点だけ付け加えさせて頂きますが、「学問的探求」ということにおきまして非常に重要なことの一つは、古代における哲学というものが現代に至るまでの間に様々な学問分野に分かれてきたような「学問の細分化」ということにあるとともに、人間を中心とした様々な学問分野というものを組み合わせて全体的に考えるような「学問の統合」ということにあり、例《たと》えば、各学問分野の枠組みや壁を乗り越えての「メディアリンクした視点や考え方」・「学問分野の壁というものを乗り越えた大きな観点」などから物事を論じることによって、今までは見えなかった多くのものが見えるようになり、今までは気付くことができなかった多くのことに気付くことができるようになる場合が多くあるのです。簡単な例を一つだけ挙げさせて頂きますが、例《たと》えば、この本の「Chapter2 - 7」のところで展開させて頂きました「人間の抱く罪悪感」というものに関しての私の議論は、「社会学的な視点や心理学的な視点」と「生物学的な視点や動物行動学的な視点」とを組み合わせて考えたような考察を用いたものであると言えるのでしょう。）

ここで、「ある社会の中で経済の仕組《しく》みというものが適度に円滑に機能していくために必要不可欠であると考えられる条件（主に人間心理に関係している条件）」に関しまして、少し詳細な考察を加えさせて頂くことに致します。まず、その条件の一つ目として間違いなく挙げられるのだろうと考えられることは、先ほどからこのお話の中でも申し上げておりますことなのですが、「社会に生きる一人一人の人間が、経済的怖れというものを強く抱き過ぎも弱く抱き過ぎもせず、ちょうど良い強度で、自分の経済的怖れというものを抱くということ」です。社会に属する多くの人間の抱く経済的怖れの強度があまりにも強過ぎれば、社会に属する多くの人間は、自分の行う経済活動に対して非常に消極的になってしまい、社会全体は深刻な不況に陥ってしまうのだろうと考えられますし、逆に、社会に属する多くの人間の抱く経済的怖れの強度があまりにも弱過ぎれば、社会に属する多くの人間は、無謀な投資や無計画な浪費などを繰り返してしまい、社会全体は「機能的な合理性」というものや「最適な経済的調整能力」というものを失ってしまうのだろうと考えられます。(「バブル経済」と呼ばれていた時代の日本の状態というものは、「社会に属する多くの人間の抱く経済的怖れというものが、あまりにも弱過ぎる状態」であったのでしょう。)

「現代の多くの先進国の経済社会の中で生じてしまっている非常に重大な問題」の一つは、「それぞれの時代によって・それぞれの集団によって・一人一人の人間によって、人間の抱く経済的怖れの強さというものが、あまりにも違い過ぎてしまっている」という点にあるのです。例《たと》えば、「自分の未来に対しての非常に強い経済的怖れ」というものを抱いてしまっている人間(または、お金を集めることや所有することそのものに執着し過ぎてしまっている人間・節約することや質素な暮らしをすることを最高の美徳として考えてしまっている人間)は、自分がどれだけ多額のお金を手に入れることができたとしても、必要最低限以上の消費をしようとは決してしないかも知れませんし、その一方で、「自分の未来に対しての非常に弱い経済的怖れ」というものしか抱くことができていない人間（または、自分の浪費行動を自制することが殆《ほとん》どできていない人間）は、自分の経済能力の限界を遥《はる》かに超えるような浪費を繰り返してしまい、多額の借金を背負うことや破産に追い込まれることになってしまうかも知れません。言うまでもなく、これらのことは、経済社会全体にとって喜ばしいとも・社会に属する一人一人の人間にとって喜ばしいとも、決して言えないのだろうと考えられるようなことです。

「経済活動を行う一人一人の人間が、経済や金融に関しての知識というものを、ある程度まで充分に得ておくということ」も、経済社会の形成と安定にとっては、非常に重要なことなのだろうと考えられます。勿論《もちろん》、ある人間の得ておくべき「経済や金融に関しての知識の種類や知識の量」といったものは、その人間の行う経済活動の水準や経済活動の種類などによって、大きく異なってくると言えるのでしょう。例《たと》えば、「自分が、消費を主に行う主婦であるのか、株式などに投資をする投資家であるのか、株主や出資者から集めたお金を代理的に使って企業を運営する経営者であるのか、経営者に雇用される立場にある従業員であるのか」といったことによって、自分に必要とされる知識の種類や知識の量といったものは、非常に大きく変わってくると言えるのだろうと考えられます。

具体的な例を挙げさせて頂きますと、例《たと》えば、「消費者の中でも、保証人制度や小切手の裏書きの仕組《しく》みなどのような一般的な商法知識というものを充分に得ることができていない消費者は、金銭的なトラブルに自分が巻き込まれることによって経済的な死というものに陥ってしまう可能性が高くなってしまう」ということが言えるのでしょうし、「経営者や投資家の中でも、経営知識や経営能力を充分に備えることができていない経営者・会計知識や企業の評価のための能力を充分に備えることができていない投資家は、社会経済の活性化に貢献することができ難《にく》いというだけではなく、少なくない場合においては、失業をして困窮した状態に陥ってしまう人間を無闇に増やしてしまったり・社会的な利益という点から考えても倒産するべきではないと確信することができるような企業を倒産に追い込んでしまったりすることによって、社会全体に対しての非常に大きな害を及ぼす原因ともなり得てしまう」ということが言えるのでしょう。

「返済のための計画を立てることもなしに、多額の借金をしてしまう多くの人間がいる現代の日本の状況」・「相手企業の担保だけを考慮して、その企業に資金を融資するのかどうかの判断を決めようとしてしまう銀行の人間や、相手企業の評判だけを考慮して、その企業に資金を投資するのかどうかの判断を決めようとしてしまう証券会社の人間が多くいる現代の日本の状況」・「相手企業の資本の大きさや相手企業の現在までの業績だけを考えて、取引をする相手企業を決めようとしてしまう多くの企業経営者がいる現代の日本の状況」といったものを考えますと、「この経済社会の中で人間が効率的に（円滑に・うまく）生きていく上では、自分が最低限の実用的な経済的知識というものを得るということが不可欠なことであるにも拘《かか》わらず、少なくとも現代の日本の社会においては、多くの人間が、経済に関しての充分な知識というものを得ることができてはいない」ということが言えるのだろうと考えられるのです。

「経済社会が成立していくために必要不可欠な条件」として次に考えられることは、社会に属する多くの人間が実際に抱く「価値観」というものに関してのことです。（勿論《もちろん》、「Chapter2 - 7」のところでも申し上げました通り、「ある社会に属する一人一人の人間の抱く価値観」というものは、「その社会に確立している社会的価値観の影響」というものを非常に強く受けます。）

例《たと》えば、ある社会に属する多くの人間が、「お金持ちになることは、非常に素晴らしいことである」・「経済的な成功こそが、人生の成功である」・「より多くの収入を得ようとし続けることは、人間の営みとして当然のことである」といったような確固たる価値観や確固たる信念を抱いている状況であれば、多くの人間の抱く「昇華した形の欲動」というものは、「自分がお金持ちになること」や「自分が多くのお金を儲けること」などに集約されることとなり、社会全体は、経済的に非常に強いものになっていくのだろうと考えられます。しかし、その一方で、その社会に属する多くの人間の考え方や価値観といったものは、非常に打算的で非常に利己的なものとなってしまい、「自分が何の罪悪感を感じることもなく、誰かを経済的に蹴落としてしまうこと」や「自分が誰かを騙して不幸にしながら、多額の利益を得てしまうこと」などを多くの人間が普通に行うようになってしまうことで、愛情や優しさの欠落した社会・人間的には非常に淋しい状態の社会になってしまうかも知れません。（この「社会に属する多くの人間が、経済の仕組《しく》みに関する価値観というものを過度に与えられてしまうことによって、誰かに対しての優しさや愛情といったものを失ってしまう」という問題やその危険性に関してのお話と、この問題やその危険性に対しての解決法や対処法に関してのお話とは、もう少し後で展開させて頂きます「理想社会の形成」に関しての議論のところで、言及させて頂きます。）

（尚《なお》、「経済的な成功こそが、人生の成功である」といったことを定めている社会的価値観の実例を一つだけ挙げさせて頂きますが、少し前の時代の儒教社会におきましては、「経済的な成功によって自分がたくさんのお金を儲け、立派な家に暮らして自分の家を豊かに繁栄させていくということが、男性にとっての人生の成功の基準であり、そのような立派な家・裕福な家に自分が嫁ぐということが、女性にとっての人生の成功の基準である」といったような価値観が、多くの人間に強く肯定されていたと言えるのだろうと考えられます。）

「社会に属する多くの子供達が、自分がこれから、どのような生き方をしたいと思っており、自分が将来、どのような職業に就きたいと思っているのか」といったこと（「社会に属する多くの子供達が自分の将来の夢や自分の将来の目標に関して抱いている価値観というものが、どのようなものであるのか」といったこと）も、社会全体の経済の安定や社会全体の経済の成長に対して、大きな影響を及ぼすことであると言えるのでしょう。例《たと》えば、現代の日本の社会におきましては、テレビやインターネットを中心とした様々なメディアというものの影響によって、多くの子供達の抱く将来の夢というものが、「アーティスト」や「スポーツ選手」・「タレント」や「アイドル」といった芸能関係の職業に極端に偏ってしまっていると言えるのだろうと思えるのですが、あまりにも多くの人間が、自分が充分に大人になってからも、「自分の経済的な成功や安定よりも、自分の抱く夢や理想（経済以外のことに関しての夢や理想）を大切にするような価値観」というものを抱き続けてしまいますと、「社会全体での労働力分配」や「市場全体での最適な労働力の調整」などがうまく為《な》されなくなってしまい、その結果として社会が経済的に弱体化していってしまうということも、有り得ることなのだろうと考えられるのです。

（「高度な合理化を果たしている大資本の企業が、様々な市場に介入しているということ」や「廉価で性能も悪くないような輸入商品が、国内で大量に流通しているということ」などによって、現代の日本のような社会におきましては、消費者が非常に便利に・非常に安く様々な物やサービスを購入することができるのですが、その一方で、私達一人一人の人間にとって、「気軽に仕事をするということ」・「効率性や合理性といったものを追求し過ぎずに、職人のように仕事をするということ」・「利益というものを求め過ぎずに、趣味を楽しむかのように仕事をするということ」などが、多くの業種においては、非常に難しいこととなってしまっていると言えるのでしょう。例《たと》えば、「コンビニエンスストアが乱立している現代の東京において、個人で商店を始めること」・「外国産の安い食材が大量に輸入されてくる状況の中で、高品質の食材を作ることを目指して農業を始めること」などには、非常に難しい経済的な問題が付き纏《まと》ってしまうのだろうと考えられます。こういった様々な事情によって、「多くの人間がやりたいと望む仕事」や「多くの人間が実際に稼いでいくことができる仕事」などが、時代の変化に応じる形で非常に大きく変化してきてしまっているということも、事実であると言えるのでしょう。勿論《もちろん》、現代において急速に広がりつつある「スローフード運動・生産性や利益の向上を目指し過ぎずに本当に良い美味しい食材を作ったり食べたりすることを大切にしようと考える運動」というものがもっと多くの人間に認知されることなどによって、状況は大きく違ってくるのだろうとも考えられます。私個人と致しましても、効率や利益を追求し過ぎずに本当に良いものを作ろうとするこの考え方は、とても人間的であり、食料品関連の産業以外の多くの産業にも同様に用いることができると考えられるとても素晴らしい考え方であるように感じます。）

（「心に充分な余裕を持って、効率や利益を追求し過ぎずに、良い仕事を楽しみながらしたい」といったことを望む多くの人間が、その望みを実現しながらも経済的に困窮してしまうことは決してないような経済社会の仕組《しく》みというものが、その社会に属する多くの人間を幸福にすることができるような経済社会の仕組《しく》みであり、形成されるべき経済社会の仕組《しく》みの一つであると言えるのかも知れませんね。現代の多くの先進国のビジネス社会は、気楽に仕事をしようとすることが許されていないような社会であるとさえ、言えるのでしょう。人道主義よりも経済的合理性を遥《はる》かに重視している人間のみが裕福に暮らしていけるような社会というものが人間社会として本当に理想的なものであるとは、少なくとも私には考えられません。）

同様に、ある社会の中で極端に多くの人間が、公務員や大会社の社員といった「経済的に安全で安定している職業」というものに自分が就職することを望むようになってしまいますと、その社会全体は、「より大きな経済的利益を求め続けようとするベクトル（経済的利益を自分が得ることに対して一人一人の人間が抱く意欲の総量）」というものを、比較的小さいものとしていってしまうかも知れません。（もっとも、終身雇用制というものを採用している企業が少なくなり、国家や地方公共団体の財政でさえも非常に危機的な状況になってしまっている現代の日本の社会におきましては、「公務員や大会社の社員といった職業でさえも、経済的に安全で安定している職業ではなくなってきてしまっている」と考えることも可能なのでしょう。）尚《なお》、「社会に属する多くの人間が、どのような職業に就いたり・どのような大人になったりしたいと望むのか」というお話に関連することとして付け加えさせて頂きますが、少し前の時代の日本の社会におきましては、多くの男の子達の将来の目標は、「自分の父親と同じ職業に就くことや、自分の父親に負けないくらいに立派で精神的に強い人間になること」にあり、多くの女の子達の将来の目標は、「自分の母親に負けないくらいに優しくて良妻賢母な女性になること」にあったと言えるのだろうと考えられます。そして、「そういったことを自分の将来の目標として考えていた多くの子供達の価値観」というものが、実際に、「社会全体での労働力分配」という点におきましても、「家庭の形成ということに対する一人一人の人間の考え方」という点におきましても、非常に良い影響を及ぼしていたのだろうと考えられるのです。

（尚《なお》、余談になりますが、「子供の現在や将来を心配する親の気持ち」と「自分の現在や将来を自分自身で決めたいと望む子供の気持ち」とのぶつかり合いというものは、多くの時代の多くの社会において頻繁に起こっているものであると言えるのでしょう。考え方によっては、このような親子の確執は、親と子供との両者が精神的に大きく成長していくために必要な「一種の通過儀礼のようなもの」であると言えるのかも知れませんね。）

次に、「社会に属する多くの人間が、何（どういったもの）に大きな価値や大きな意味を見出すことができるのか」ということ（「社会に属する多くの人間が、どのような価値基準を抱いているのか」ということ）も、「その社会の経済の性質が、どのようなものとなるのか」・「その社会の経済の活発さの程度が、どの程度のものとなるのか」といったことに対して、非常に強い影響を及ぼすことであると言えます。例《たと》えば、社会に属する多くの人間が、「自分が美味しい食事を摂ること」や「自分が楽しい時間を過ごすこと」などに対して、大きな価値と大きな意味とを見出しており、「自分が美味しい食事を食べたり自分が楽しい時間を過ごしたりするための出費」というものを、あまり惜しまないような状態であれば、その社会の「食事に関する産業」や「エンターテイメントに関する産業」といったものは、非常に活発なものとなっていくことができるのでしょうし、逆に、社会に属する多くの人間が、自分が生活していく上で最低限必要なものに対してしかお金を使わないような状態であれば、その社会の経済全体は、活発な動きというものを失っていくことになってしまうのでしょう。

こういったことを考えて参りますと、「社会に属する多くの人間が、自分の趣味や自分の楽しみのための消費といったものを、現在よりも更に多く行うようになること」などによって、その社会の経済全体を活性化させていくということが、間違いなく可能なことなのだろうと考えられるのです。例《たと》えば、「多くの人間が、現在よりも頻繁に恋人と映画を見に行くようになること」でも良いですし、「多くの人間が、現在よりも頻繁に家族でレストランへ食事に行くようになること」でも良いですし、「多くの人間が、現在よりも頻繁に友人達とビリヤードへ行くようになること」でも良いですし、「多くの人間が、現在よりも積極的に自分の好きな本やCDを集めるようになること」でも何でも良いのですが、「社会に属する多くの人間が、自分の経済能力の限界を突破してしまわない程度に（自分が破産をする結果になってしまったりしない程度に・自分が借金をする結果になってしまったりしない程度に）、様々な消費活動を意欲的に・積極的に行うようになること（社会に属する多くの人間が、適度な強さの経済的怖れというものを抱くようになること）」によって、社会の経済全体を活性化させたり・不況を緩和させたりしていくということが、少なくとも、理論的には間違いなく可能であると言えるのでしょう。

（勿論、「趣味やレジャー・美味しい食事や楽しい時間といったものを純粋に楽しむための産業」というものを通じての経済の活性化だけではなく、「衣食住全般の生活に密接に関わるような産業」・「高級なファッションや宝飾品関連の産業」・「合理性や効率性など以上に、人間同士の触れ合いや人間の感じる喜びといったものを重視するような産業」・「自然の再生と自然の保護とを目指していくような産業」・「心身の健康や心の豊かさを多くの人間に与えることを目的とするような産業」・「知識や芸術的教養を多くの人間に与えることを目的とするような産業」といったものを通じての経済の活性化なども、同様に充分可能なことなのだろうと考えられます。現代の日本におきましては、賭博に関する法律上の規定というものによって不可能なこととなっておりますが、「ギャンブル関係の産業」というものを通じて社会経済を活性化するということなども、充分に可能なことであると言えるのでしょう。尚《なお》、これは私の非常に個人的な意見なのですが、「日本らしい衣食住の文化・日本らしいコミュニケーションやエンターテイメントの文化といったものを大切にしたような産業」というものによって経済が活性化していくということも、これから先の時代の日本の社会におきましては、充分に有り得ることであり、とても素晴らしいことであると言えるのだろうと思います。）

（そういったことの一方で、多くの場合におきましては、「現実に社会の中で何かの産業を活性化させ、社会の経済全体を活性化させていくためには、社会に属する多くの人間の嗜好や需要といったものを変化させること・その社会の流行というものを大きく変化させることなどが必要である」といったことも言えることなのだろうと考えられますので、特定の産業や特定の市場・特定の商品や特定のサービスが有している「経済の活性化に対しての適性の度合い」というものは、その産業の種類やその市場の種類・その商品の種類やそのサービスの種類によって非常に大きく異なってくると言えるのでしょうし、同じ商品や同じサービスであっても、時代や社会の違いによって非常に大きく異なってくると言えるのでしょう。このお話は、もう少し後のところで展開させて頂きます「基幹産業」というものに関してのお話にも関わってくることなのですが、例《たと》えば、「衣食住に関連している産業というものを通じて、社会の経済全体を活性化させていくということ」は、多くの社会・多くの時代において比較的容易《たやす》いことであると言えるのだろうと思われますが、「高級なファッションや宝飾品関連の産業というものを通じて、社会の経済全体を活性化させていくということ」は、「高級な物や宝石などに大きな魅力と大きな価値とを感じるような社会的価値観」というものが確立していない社会におきましては、非常に難しいことであると言えるのだろうと思われます。尚《なお》、このお話を別の観点から考察させて頂きますと、「社会の中に流行の波というものを作り出すことや社会的価値観を操作するということを通じて、社会に属する多くの人間の嗜好や需要を変化させ、その社会の経済全体を活性化させていく」ということも、充分に可能なことであると言えるのでしょう。)

そして、経済社会全体というものを大局的に考えるのであれば、「ある人間が大量のお金を使うことによって、結果として、その人間自身のところに、多くのお金がもう一度転がり込んでくることになり易くなる」ということも、事実として言えることなのだろうと考えられます。多くの人間が、自分の経済的な安全や自分の経済的な安定といったものだけを考えてしまい、自分の行う消費行動を可能な限り控えようと考えてしまったり・経済的に安定した職業に就くことだけを考えてしまったりしてしまいますと、結果として、社会の経済全体の将来的な衰退というものを招き、その社会に属する多くの人間が実際に経済的に困窮した状態に陥ってしまう可能性というものを大きく高めてしまうようなことにさえ、繋《つな》がってしまうのだろうと考えられるのです。私達は、「自分自身の経済的な未来と自分の周囲の多くの人間の経済的な未来」のためや、「自分の属する社会全体の経済的な未来」のためにも、「自分が経済的に破滅してしまわない程度の消費」というものを、現在におきまして、もう少し積極的に行う必要があると言えるのかも知れません。(「社会が好景気であることによって、その社会に属する多くの人間の幸福の度合いというものが、心理的にも経済的にも高められる」と考えるのであれば、社会を好景気にしようとするということ自体が、「善行」と呼べる行為となり得ます。)

(また、これは考え方によっては「非常に大掛かりな詐欺」であるかのような奇妙な印象を感じさせられてしまうような仕組《しく》みでもあるのですが、例《たと》えば、ある一人の人間が個人でお金を持っているだけでは、そのお金は額面通りの資産価値しか有しませんが、その人間のお金が銀行に預けられ・銀行がそのお金を企業に融資すれば、或《ある》いは、その人間のお金が証券会社に預けられ・証券会社がそのお金で株式投資をすれば、それだけで単純に考えましても、そのお金は三倍の資産価値を有するお金となります。何故なら、企業会計におきまして、銀行から融資を受けたお金は負債として計上され・株式市場を通じて得たお金は資本をして計上され、資本と負債との合計が資産として考えられますので、先ほどの例で考えました「ある人間のお金」というものは、その人間本人にとっても・預けられた銀行にとっても・投資された企業にとっても、運用することや使用することによって収益を獲得するための「資産」となるからなのです。この点を考えましても、貯蓄や投資といった行為は、自宅に現金を保管することなどよりも、社会全体に対しての遥《はる》かに大きな経済効果を齎《もたら》す行為であると言えるのでしょう。尚《なお》、現代の日本の経済社会の実際の状況を見てみますと、例《たと》えば、銀行は無利子で国家から借り受けた資金を用いて国債を購入しているようですが、このようなことで銀行が殆《ほとん》ど危険を被ることなく利益を得ることができる仕組《しく》みというのも、不自然で奇妙な印象を受けてしまうような「非常に大掛かりな詐欺」であるかのような経済の仕組《しく》みであると言えるのかも知れませんね。ここでは詳しくは御説明致しませんが、現行の経済社会の仕組《しく》みというものが備えてしまっている欠点と呼べ得るような性質は、他にも無限にあると断言できます。）

恐《おそ》らく、「ある社会の経済というものが、常に成長し続けていく非常に活発なものであり続けるためには、大量のお金が非常に長い期間に渡って一つの場所（一つの経済主体）に留まり続けるようなことは、ない方が良い」とさえ、言えるのでしょう。勿論《もちろん》これは、「現在の自分自身の経済的な豊かさの度合いが、どの程度のものなのか」・「現在において、自分の属している社会全体の経済的な活発さの度合いが、どの程度のものなのか」といったことによっても大きく異なってくることなのでしょうが、「その行為の結果として、社会全体を経済的に豊かにすることができる」という点と、「その行為の結果として、自分自身を含めた多くの人間に対して、経済による恩恵というものを齎《もたら》すことができる」という点とを考慮致しますと、現代の日本のような経済社会におきましては、「消費（特に国内での消費）や投資（特に国内企業への投資）といった行為は、貯蓄や節約といった行為よりも、善行と呼べる行為なのである」ということが言えるのだろうと考えられるのです。（尚《なお》、「国内の経済というものを活発な強いものにしていく」ということを目的として考えた場合、国内の投資家が行う「国内企業への投資」

というものは、「国内企業が多くの資金を使用することによって、より多くの利益を得ることができるようになる」という点を考慮すれば、合目的的なことであると言え、国内の投資家が行う「国外企業への投資」というものも、「国外企業が獲得した収益のうちの一部分を、国内の投資家が得ることができるようになる」という点を考慮すれば、合目的的なことであると言えるのでしょう。）

ポーランドの諺《ことわざ》には、**『過度の浪費家は、未来の乞食であるが、過度の欲張りは、永遠の乞食である。』**とあり、ジョン・レイ《John Ray 1628 - 1705　イギリスの博物学者》の言葉には、**『貯めこむ一方の富は、嫌な匂いのする堆肥《たいひ》と同じだが、広く分かち与えると、実り豊かな肥料となる。』**とあります。（もっとも、銀行などの金融機関が効率的で社会貢献をも目的としたような理想的な経営をしている場合におきましては、「個人が銀行へ預金したお金」などの多くの部分は、「企業に対しての非常に効率的な間接的投資」と呼べるものとなりますので、「自分が預貯金をすること」と「自分が投資をすること」との社会に対しての経済効果の大きさの違いというものは、現実的には微妙なものとなると言えるのかも知れませんね。）

（尚《なお》、これは、バブル経済の頃の日本の状況を考えて頂ければ、容易に御理解頂けるのだろうと思えるようなことなのですが、言うまでもなく、「社会の経済全体が加熱し過ぎてしまうこと」にも、非常に大きな危険というものが伴ってしまうのだろうと考えられますので、現実的には、「適当な程度の経済の活発さ」や「適当な程度の経済の成長」といったものが求められるべきであると言えるのでしょう。

そして、現実の経済社会におきまして、そういった「適当な程度の経済の活発さ」や「適当な程度の経済の成長」といったものを実際に求めたり達成したりするためには、社会に属する一人一人の人間の抱く「適当な程度の経済的怖れ」というものが不可欠なものであるということも、疑う余地のないことです。）

また、現代の多くの先進国の社会におきましては、「社会に属する多くの人間が、インターネットやテレビといった情報媒体（メディア）を通じて、非常に多くの情報やコンテンツ（音楽や映像・画像や文章など）を、手軽に低料金で（少なくない場合においては無料で）入手することができる状況にある」と言えますので、「多くの人間が、情報やコンテンツを入手するために費やそうと考えるお金の額」・「多くの人間が、情報やコンテンツを入手するために実際に費やすお金の額」といったものは、少し前の時代よりも、極端に少ない額になってしまっていると言えるのだろうと考えられます。例《たと》えば、現在の自分が、自分の手に入れたい文章や写真をインターネットから無料でダウンロードすることができ、その文章や写真を自由にプリントアウトすることもできるような状況であれば、「自分でお金を出して本や写真集などを買おうとする自分の意欲の一部」というものは、多くの場合におきましては、失われてしまうことになると言えるのでしょう。これは勿論《もちろん》、文章や写真などのコンテンツだけではなく、映像や音楽などのコンテンツに関しても、同様に言えるのだろうと考えられることです。

「多くの人間が、自分の欲しい楽曲の音声情報や自分の欲しい映画の映像情報などをインターネットの中で無料に近いくらいの価格でダウンロードしたり・テレビやラジオを通じて放送されたり放映されたりしている番組の音声情報や映像情報といったものを取得したりすることができ、自宅でＣＤやＤＶ

Dなどに自由に保存することができるような現代の状況」というものは、非常に合理的で非常に効率的な状況であり、とても良い面をたくさん持っている状況でもあると言えるのですが、例《たと》えば、「著作権法による保護」や「ルールを守ろうとする一人一人の人間の良識」といったものが充分に確立していなければ、音楽業界や出版業界・映画業界やソフトウェア業界といった「違法コピーの対象となってしまう全ての業界（コンテンツ産業の全ての業界）」の利益を大きく損なってしまう危険性（経済効果を大きく失わせてしまう危険性）というものをも、備えてしまっている状況なのだろうと考えられるのです。

更に、厳密に考えて参りますと、「図書館などの公共サービス（例《たと》えば、書籍やCDを市民に無料で貸し出すというサービス）というものが、インターネットやテレビといった情報媒体が各コンテンツ産業に対して及ぼしてしまっている弊害というものと、同じような弊害を生み出してしまっている場合も少なくはない」ということも言えるのでしょう。（もっと厳密に考えますと、「各個人間で行われる様々な物や様々なコンテンツの貸与」ということも、社会全体で考えての経済効果というものを小さくしてしまう可能性を持つことなのでしょう。）無料で消費者に振舞《ふるま》われる物やサービス・完全競争の市場の中で決定された適正な価格で取引されることのない物やサービスなどは、経済原則に対して最適なものとはなり得ないものなのであり、そのような物やサービスが豊富にある社会の中では、アダム・スミス《Adam Smith 1723 - 1790　イギリスの経済学者　著「国富論」》の言葉にある『**神の見えざる手の原理**』というものも、充分に円滑に働くことができなくなってしまうのです。（『**神の見えざる手の原理**』とは、簡単に申しますと、完全競争の市場によって齎《もたら》される経済の調節機能というものを利用して成立すると考えられる「一人一人の人間が個人の利益のみを追求することによって、結果として社会全体が物理的・経済的に豊かになっていくという仕組《しく》み」のことです。経済の仕組《しく》みというものは、「社会に属する一人一人の人間の意欲というものを、金銭価値に集中させること」によって、機能しているものですので、「物の価値や物の意味・サービスの価値やサービスの意味といったものの多くが、金銭価値に置き換えられることがないような状況の社会」におきましては、経済の仕組《しく》みというものは、充分に機能することができなくなってしまうのです。）

（このことは、「市場で取引されるはずの物やサービスといったものを、インターネットや公共サービスによって提供される物やサービスといったものが、代替してしまっている」ということであると捉えることもできます。また、「ビデオやCDのレンタルを行うお店」・「古本や中古CDの売り買いを行うお店」といったものも、先ほどに私が例示致しましたような「コンテンツ産業が得られるはずの利益」というものを、大きく損なわせてしまっていると言える面があるのでしょう。勿論《もちろん》、こういった中古関係の産業や公共サービスといったものが社会の中に充実しているからこそ、金銭的にあまり余裕のない多くの人間も、本や音楽・絵画や映画などを自分が存分に楽しむことができるのでしょうし、「読み終わった本や聞き飽きたCDなどを、廃棄してしまわずに再利用しようとする」という考え方は、資源が無駄になってしまうことを防ごうとする考え方・廃棄物が増えてしまうことを防ごうとする考え方であり、地球環境の保護ということにも適合する考え方ですので、「こういった中古関係の産業や公共サービスといったものが社会の中に充実していることによるメリット」というものも、間違いなく、非常に大きなものであると言えます。しかし、「社会の経済全体に対して、少なくない悪影響を及ぼしてしまう」という一点だけで考えますと、「中古関係の産業や公共サービスといったものが社会の中に充実していることによって、他の産業が得られる利益というものが移動してしまい、社会全体で考えての経済的な損失というものも生じてしまい、社会全体で考えてのお金の流れというものが大きく減少してしまう」といったことが、間違いなく起こってしまっていると言えるのだろうと考えられるのです。)

(例《たと》えば、ある映画がテレビ番組で放送されれば、「その映画のビデオをレンタルして見ようと考える消費者の意欲の一部」というものは、失われてしまうのだろうと考えられますし、現在においてロードショー中の映画も時間が経てばレンタルが解禁になるということが解っていれば、「その映画を映画館に見に行こうと考える消費者の意欲の一部」というものも、失われてしまうのだろうと考えられます。それによって、消費者が映画を見るのに支払ったりビデオをレンタルするのに支払ったりするはずのお金の流れというものは、大きく失われてしまい、社会全体の経済効果も、大きく減少することになってしまうかも知れません。同様に、一冊の漫画本に関してのことを考えてみますと、その漫画本を図書館などで借りることが可能であったり・漫画喫茶などで読むことが可能であったり・古本屋で購入することが可能であったり・インターネットで内容を知ることが可能であったりすれば、「その漫画本を新刊で書店から購入しようと考える人間の意欲の一部」というものは、間違いなく、消え去ってしまうのだろうと考えられます。スポーツの試合がテレビやラジオで放送されることによって、「入場料を支払ってその試合を実際に見に行こうと考える人間の意欲の一部」というものは、失われてしまうことでしょうし、コンサートの映像がインターネットで公開されることによって、「入場料を支払ってそのコンサートを実際に見に行こうと考える人間の意欲の一部」というものは、失われてしまうことでしょう。また、例《たと》えば、「最新の映画を映画館で見ること」を「テレビで放映している数年前の映画を見ること」

によって代替している人間や、「最新のテレビゲームを購入して遊ぶこと」を「インターネットで無料でダウンロードしたゲームを遊ぶこと」によって代替している人間も、現代社会におきましては非常に多くいるはずなのであり、このようなことも、社会全体の経済の動きを弱めていってしまう小さくはない要因の一つであると言えます。）

（もっとも、「映画館で映画を見ることは、テレビで同じ映画を見ることよりも、意味的にも価値的にも遥《はる》かに大きなことである」・「コンサートホールやライブ会場で音楽を聴くことは、テレビやCDで音楽を聴くことよりも、意味的にも価値的にも遥《はる》かに大きなことである」・「多少のお金を支払ってでも美味しい食事を摂ることは、あまり美味しくもない食事を摂ることよりも、意味的にも価値的にも遥《はる》かに大きなことである」といった価値観を多くの人間が抱くようになることなどによって、そういった関係の産業を活性化させ、社会の経済全体を再び活性化させていくということも、充分に可能なことであると言えるのでしょう。同様に、例《たと》えば、「テレビドラマを見ることやテレビゲームをすることよりも、本を読むことの方が、遥《はる》かに意味的にも価値的にも大きいことであり、人間の営みとして知的なことである」といったような社会的価値観を構築することができれば、現代社会に生じてしまっている「日本人の活字離れの問題」というものを解決するとともに、出版業界を通じての産業の活性化をすることも可能なことであると言えます。どちらにせよ、テレビやインターネットといった情報媒体に関連する産業というものは、「CMなどの様々な効果を通じて、大きな経済効果を生み出すことができる」という素晴らしい可能性を持つとともに、「他の様々なコンテンツ産業が得られるはずの利益や、芸術・芸能・スポーツなどに関連する他の様々な産業が得られるはずの利益といったものを大きく減少させてしまい、時には、そういった産業の得られるはずの利益というものを、大きく奪い取ってしまう」という非常に大きな危険性をも持ってしまっている産業なのだろうと考えられるのです。)

(また、例《たと》えば、現代よりも更に少し未来の時代におきましては、「一台のパソコン」や「一台の携帯電話」といったものが、CDデッキやMDデッキなどのような「音声情報の再生と録音のための音楽関連機器」の全てを代替し、ビデオデッキやDVDデッキなどのような「映像情報の再生と録画のための映像関連機器」の全てを代替し、電話やメールなどのような「自分が他者と連絡をとったり通信をしたりするための機器」の全てを代替し、本や写真・雑誌や新聞・テレビやラジオなどのような「様々な形の情報を得るための媒体」の全てを代替し、「ペンやノートといった筆記用具」さえも代替し、例《たと》えば、「一台のパソコンや一台の携帯電話を自分が持ってさえいれば、他の家電や他の道具の多くが、不必要なものになる」というような時代が、訪れるのだろうと予想されます。そして、私達が現代において日常的に行っている「本やCDなどをお店で買うという行為」に代替する形で、「電子決済を通じてお金を支払い、インターネットで音楽データや文章データ・映像データや画像データなどをダウンロードするという行為」が、現代よりも非常に一般的なことになるのでしょう。更に、「資源の浪費を防ぐ」・「廃棄物を減らす」といった現代において人類に課せられている非常に重要な課題というものを考えましても、多くの先進国の未来におきまして、「衣食住に関連する産業」や「サービス関連の産業」と並んで「社会の基幹産業・社会の中心となる産業」の一翼を担うのは、「パソコン関連の産業」や「ソフトウェア関連の産業」・「様々な音声情報や映像情報などを作成するコンテンツ産業」であって然るべきなのだろうと考えられるのです。ですから、「インターネットを主な媒介として現代において非常に頻繁に行われてしまっているソフトウェアの違法コピーやコンテンツの違法コピーといったものを、どのように防止したり禁止したりするのか」ということは、これから先の時代における先進国の経済発展におきましては、非常に重要な課題の一つになると言えるのでしょう。)

(また、「図書館や公共サービスといったものに関してのお話」に深く関連することとして申し上げますが、「経済的な利益を求める方向性」というものと「倫理的な良さを求める方向性」というものとは、少なくない場合におきまして、完全に逆方向を向いてしまうと考えられるようなものですので、「自分の社会の中で、行政機関というものが、その両者の方向性のバランスというものを調整し続ける」ということは、非常に難しいことでありながら、非常に重要なことでもあると言えるのです。例《たと》えば、「国民が医療のために費やした費用のうちの多くの部分を、国家が負担するということ」や「国民が子供の教育のために費やした費用のうちの多くの部分を、国家が負担するということ」・「子供がたくさんいる家庭に対して、国家が金銭的な援助をするということ」や「生活に困窮してしまっている高齢者の世帯に、国家が金銭的な補助をするということ」・「全ての国民が無料で使用することができる図書館や公園といったものを、行政が提供するということ」などは、倫理的な見地から考えられれば、非常に素晴らしいことであると言えるのでしょうし、日本国憲法が定めている「全ての国民に、最低限度の文化的な生活というものを保障することができるような社会」というものを実現するためにも、必要なことであると言えるのでしょう。更に、例《たと》えば、現代において多くの先進国の社会の中で生じてしまっている「少子化の問題」というものを完全に解決しようとするのであれば、むしろ、「十八歳未満の子供の学費や子供の食費といったものを、国家が全面的に負担するということ」などが現実に行われることが、倫理的な見地から考えましても、理想的なことであると言えるのだろうとさえ考えられるのです。）

（しかし、そういったことの一方で、そのような「国民が生活のために費やす費用のうちの少なくない額を国家が負担するような社会の仕組《しく》み」というものが実際に備わっている社会におきましては、例《たと》えば、「生活費を稼ぐために自分が頑張って働こうとする世帯主の意欲」というものは、弱くなってしまうことでしょうし、食費や医療費などのために消費されるはずの家計のお金が、貯蓄されてしまったり投資されてしまったりすることによって、社会全体で考えてのお金の動きの活発さ・社会全体で考えての経済の動きの活発さというものは、その勢いを比較的弱いものとしていってしまうのだろうと考えられます。同様に、国民の最低限度の生活というものの全てを国家が保障することになれば、国家の経済的原動力である税金というものもそれに応じて高くなってしまうことでしょうから、国民にとっては、「自分が働いても自分が働かなくても、あまり変わらない水準の生活ができる」という状態になってしまい、一人一人の人間の抱く「自分が経済的な成功を目指して一生懸命に働こうとする意欲」というものは、低下していってしまうかも知れません。尚《なお》、ここで私が例示しておりますような国家の経済体制は、社会主義計画経済と資本主義自由経済との中間に位置するような経済体制であるとも言えるのでしょう。「経済的な利益を優先する方向性と倫理的な良さを優先する方向性との両者のバランスというものを、どのくらいの点で落ち着けるべきなのか」ということは、全ての社会・全ての国家に与えられている一つの重大な命題であると言えるのかも知れませんね。）

このような「テレビやインターネットを中心とした様々なメディア（情報媒体）というものが社会経

済全体に対して齎《もたら》してしまう悪影響」というものを考えますと、メディアが充分に発達している社会におきましては、社会の中で多くの人間が情報やコンテンツを得るために費やそうとするお金が極端に少なくなってしまう分、社会全体での経済の動きというものも、比較的弱いものとなっていってしまうのだろうと予測することができます。ですから、「メディアというものが社会経済全体に対して齎《もたら》してしまう悪影響」というものが強く生じてしまっている社会におきまして、尚《なお》も、「社会の経済的な活発さの水準」というものを、高い状態のままに維持しようとするのであれば、例《たと》えば、「新たな経済活動への意欲というものを社会に属する多くの人間が抱くようになることを目的として、新たな市場の形成を行うこと」や「自分自身が経済的に困窮してしまわない程度に経済活動を積極的に行うことを社会に属する多くの人間が望むようになることを目的として、一人一人の人間が抱く経済的怖れというものを緩和すること」・「著作権保護を強化するための法律などを確立するために、社会の仕《し》組みを変革すること」や「社会に属する多くの人間がメディアの使用に関しての高いモラルを抱くようになることを目的として、社会的価値観を操作すること」・「自分で多少のお金を出してでも有意義な時間を過ごすことを社会に属する多くの人間が望むようになることを目的として、社会的価値観の創造をすること」などが、必要なことになるのだろうと考えられるのです。（勿論《もちろん》、「著作権などの知的財産権というものが、どの程度の期間・どの程度の厳しさで・どの程度の手厚さで保護されることが、社会に属する一人一人の人間と社会全体にとって最も良い結果を齎《もたら》すことなのか」という疑問にも、議論の余地が多分にあると言えるのでしょう。恐《おそ》らく、知的財産権などのような人間の権利というものは、「適度な程度で尚《なお》且つ充分な程度に保護されているということ」が、非常に重要なことであると言えます。）

更に、社会に属する多くの人間が、「自分が楽をしてお金を儲けること」よりも、「自分が努力をしてお金を稼ぐこと」や「自分が充実感を感じながらお金を稼ぐこと」などに大きな意味と大きな価値とを見出し、「できるだけたくさんのお金を稼ぐこと」に大きな意味と大きな価値とを見出すことができるような社会であることができれば、例《たと》えば、自分が生きていくのに全く困らないほどのお金を既《すで》に持っている人間や、親から莫大な額の財産を相続することができている人間も、自分がより多くのお金を稼ぐためや、自分が一生懸命に働くことで自分の人生を充実したものとしていくために、仕事に対して積極的に・情熱を燃やしながら頑張ることができるようになるのだろうと考えられます。尚《なお》、**『汗を流して得たものは、相続したものよりも、遥《はる》かに貴重なものである。』**とは、善良王ジャンという中世フランスのモラリストの言葉であり、**『子供が質《たち》の悪《わる》いものであれば、親の遺産を相続するには値せず、子供が善良で働き者ならば、親の遺産を相続する必要はない。自分が相続することを当てにする人間は、いずれにしても、素晴らしい人間であるとは言えないのである。』**とは、中国の諺《ことわざ》にある言葉です。

（言うまでもなく、「お金」というものは、殆《ほとん》ど全ての人間にとって、自分が少ししか持っていないよりも自分が多く持っている方が、非常に便利なものではあるのですが、例《たと》えば、「自分が、何の苦労も何の努力もすることなく、たくさんのお金を手に入れてしまうこと」などは、必ずしも、自分自身の心と自分自身の人生とに良い影響だけを齎《もたら》してくれることであるとは限らないのです。例《たと》えば、楽をしてたくさんのお金を稼ぐことを一度覚えてしまった人間は、「自分が地道に働いて稼ぐ」ということに我慢することができなくなってしまうかも知れませんし、努力をして自分で働いたりすること自体に大きな意味や大きな価値があるはずなのに、お金そのものの魅力というものに完全に魅せられてしまい、本質的な物事の意味や本質的な物事の価値といったものを感じ取ることができなくなってしまうかも知れません。「Chapter2 - 4」のところでもお話致しましたことなのですが、「お金というものに内在している意味や価値」といったものの全ては、「人間の心的現象というものの意味や価値」といったものを、経済の仕組《しく》みを機能させる目的で金銭の中に代替的に集約させた二次的なものであるに過ぎないのであり、「人間の心的現象」というものに大きな意味や大きな価値を感じ取ることができなくなってしまった人間は、自分がどれだけ多くの額のお金を自由に使うことができたところで、「空虚な喜び」というものしか得ることができなくなってしまうのだろうと考えられるのです。それに、多くの場合においては、現実にも、『**悪銭身に付かず。**』という日本の諺《ことわざ》にある通りなのであり、賭け事などで楽をして稼いだ泡銭《あぶくぜに》というものは、自分が何に使ったのかも分からないうちに、泡となって消えてしまうことが多いようなものなのでしょう。また、『**綺麗な薔薇には棘がある。**』という言葉がありますように、都合の良過ぎるお話というものには、多くの場合、「何らかの裏」や「何らかの危険」・「何らかの嘘」や「何らかの犠牲」といった暗い影の部分が付《つ》き纏《まと》ってしまっているものなのです。)

「ある社会の主となる産業が何であるのか（ある社会の産業のバランスがどのようなものであるのか・ある社会の産業の構成がどのようなものであるのか・ある社会の基幹産業が何であるのか）」ということも、「その社会の形成する経済の仕組《しく》みが備える性質というものと、その社会自体が備える性質というものとが、どのようなものとなるのか」ということに、大きな影響を及ぼすことであると言えます。例《たと》えば、「ある社会が、食料生産の中心となるような農業や牧畜業などが盛んな社会であるのか、情報産業やサービス産業などが中心となっている社会であるのか、エンターテイメントに関わるような産業が主となる社会であるのか、工業や製品生産業などが非常に活発な社会であるのか、リサイクル事業や環境保全事業などに力を入れているような社会であるのか」といったことによって、「その社会が自然環境に対して及ぼしてしまう悪影響の度合い」や「その社会が行ってしまう資源の浪費の度合い」・「その社会が他社会との間で行う輸出入の量の度合い」や「その社会の経済の成長と経済の安定の度合い」・「その社会の産業とその社会の労働力市場とのバランスの良さの度合い」なども、非常に大きく違ってくることになると言えるのでしょう。(「それぞれの国が、自国の食料自給率というものをある程度以上の高さに保っておこうとするということ」は、世界全体において各国が互いに内面的同一化をし合い・助け合っているような世界の状況におきましては、必ずしも必要ではないことなのだろうと考えられますが、各国が自国の利益のみを利己的に追求しているような世界の状況におきましては、自国が食糧危機などの問題に陥ってしまう危険性というものを低下させるためにも、非常に大切なことなのだろうと考えられます。)

(尚《なお》、ここで私が申しております「その社会の産業とその社会の労働力市場とのバランスの良さの度合い」とは、例《たと》えば、「コンピューターを扱える労働者を多く必要としているのか、それとも、肉体労働のできる労働者を多く必要としているのか」といった企業側・雇用者側の「労働力需要」というものと「どんな能力や技術を持った人間が、その社会の中にどれくらいの人数いるのか」といった家計側・労働者側の「労働力供給」というものとの「社会全体で考えてのバランスの良さの度合い」のことです。この「雇用者側の労働力需要と労働者側の労働力供給とのバランスの良さの度合い」というものが高ければ高いほど、例《たと》えば、「その社会の完全失業率の高さ」や「その社会の海外からの労働力輸入の度合い」などを低い水準に抑えることができ易くなると言えるのだろうと考えられます。）

勿論《もちろん》、「ある社会の産業の構成（産業のバランス）」というものは、様々なメディアを利用した「その社会に確立している社会的価値観の形成や変更」を通じて、ある程度までは自由に変化させていくことが可能なものなのでしょうし、補助金の充実や法律の整備・市場の需要を促すための情報戦略といったものを利用した「行政の行動」を通じても、ある程度までは自由に変化させていくことが可能なものなのでしょう。

そして、地球資源の浪費や地球環境の破壊といったことが深刻な問題となりつつあり、先進国の社会に属する多くの人間の物質的な豊かさというものも飽和状態に近くなりつつある現代におきましては、例《たと》えば、自然環境に大きな害を与えてしまう性質を持ってしまい易い「自動車生産業」や「運送業」といったものが多くの社会の中心的な産業となってしまうのではなく、先ほどに例示致しましたような「コンテンツ関連の産業」や「サービス業（特に、代替的なものではなく本物を大切にするようなサービス業・人間が純粋に有意義な時間を楽しむことができるようになるためのサービス業）」・「食に関する産業」や「人間の心の豊かさに繋《つな》がるような産業」といったものが、これから先の時代において多くの社会の中心的な産業となるべきであると言えるのかも知れません。（例《たと》えば、これから先の時代におきましては、大気汚染の原因や地球温暖化の原因となってしまっている化石燃料を使用した自動車などは、電気自動車や水素燃料自動車などのような「地球環境の保全を考えている他の移動手段」に代替されるべきなのでしょうし、地球資源の浪費に繋《つな》がる紙媒体を利用した郵便などは、電子メールなどの他の通信手段に代替されるべきなのでしょう。そして現実にも、インターネットを通じての宣伝や販売・コンテンツの授受や電子決済による金銭の授受などを利用した「コンテンツ関連の産業」や「コンピューター関連の産業」といったものが盛んになれば、運送業の需要や卸売業の需要といったものは、それに合わせて減少していくことになるのだろうと考えられます。尚《なお》、「人間の衣食住に関わる産業」のような「人間の基本的な生活に深く関係する産業」というものは、殆《ほとん》ど全ての時代の殆《ほとん》ど全ての社会においてまして、共通に必要とされる産業であり、決して需要が尽きることのない産業であると言えるのでしょう。）

（「ある社会の産業の構成」というものは、それを意図的に変化させていくことが決して容易なものではないとしても、それは、「その社会に属する多くの人間が幸福を感じることができるような社会」というものを長期的に実現するためにも、時代の流れや社会の状況の変化・その社会に属する多くの人間の抱いている価値観の変化などに合わせて、柔軟に変化させたり・柔軟に適合させたりしていく必要があるものなのです。また、「社会に属する多くの人間の抱く価値観の変化や社会そのものの状況の変化などに応じて、社会の産業の構成というものを変化させていく」ということを実践する場合には、「社会の産業の構成の変更を促す際に一部の企業や一部の業界が被ってしまうと予測される非常に大きなリスクというものを、社会全体にうまく分散させていくということや、そのリスクの一部というものを、行政機関が負担していくということ」などが、社会の中に経済的な死に陥ってしまう多くの人間を出してしまわないようにするためにも、必要不可欠なことであると言えるのかも知れません。このお話は、「台風や日照りの被害によって困窮してしまった農業や漁業の人間や、地震の被害によって困窮しててしまった多くの人間に対して、国家が一時的に金銭的な援助を行うこと」・「戦争や飢饉の被害によって困窮してしまっている国に対して、他の国が一時的に国際的な人道支援というものを行うこと」などと、基本的には似たような理屈によることであり、「リスクが一ヶ所に集中してしまうことによって、生活が困窮してしまったり・不幸を背負ってしまったりする人間が社会の中に増加してしまうことを、避けるためのこと」であると言えるのでしょう。）

また、ここまでのお話の中で私が示して参りましたような「ある社会の中で経済の仕組《しく》みというものが円滑に機能していくために不可欠であると考えられるような様々な条件」というものは、その社会の中に、「法律の整備や警察組織の充実といったことを含めた充分な社会の仕組《しく》み」というものが整っており、「ある程度の充分な資本」というものがあり、「発達した充分な市場」というものがあり、「その社会に適合している充分な産業」というものがあり、「その産業によって供給される充分な量と充分な質を備えた製品やサービス」といったものが用意されているということなどを前提としてのものです。

（現代の多くの先進国のような非常に規模の大きな経済社会・他社会との競争が非常に激しい経済社会におきましては、「自分の社会のインフラストラクチャーを充分に整備するということ」や「自分の社会の貨幣価値というものを安定させ、自分の社会と他社会との間の為替相場というものを安定させるということ」なども、「自分の社会の中で経済の仕組《しく》みというものを円滑に機能させていくために不可欠な条件」・「自分の社会が、他の社会に経済的に負けてしまわないようにするために不可欠な条件」・「自分の社会の得るべき経済的な利益というものが、他の経済社会に搾取されてしまわないようにするために不可欠な条件」であると言えるのかも知れません。尚《なお》、ここで私が申しております「インフラストラクチャー」という言葉は、ある社会の中で人間が生産をしたり生活をしたりしていくために重要な基盤を作り出す全ての構造物のことを指している言葉であり、「ダムや道路・港湾や発電所・通信施設などの産業基盤」及び「学校や病院・公園などの社会福祉施設・社会環境施設」といったものが、これに該当します。)

勿論《もちろん》、「現実の一つの社会の経済（一つの国家の経済）」というものを考える上では、例《たと》えば、他の経済社会との関係の問題（「商品やサービスの他国との輸出入の量に関しての問題」・「労働力や資本の他国との輸出入の量に関しての問題」・「他国と自国との生産効率の違いや労働賃金の違い・物価の違いや社会的価値観の違い・為替相場の大幅な変動などを原因として生じてしまう競争優位に関しての問題」）といったものも大きく関わって参りますし、自国の中で実際に構築されている経済の仕組《しく》みの詳細な部分に関しての様々なお話も大きく関わって参りますので、実際の経済社会というものは、ここで私が展開させて頂きましたお話よりも、ずっと複雑で難解なものとなります。(世界規模となった現代の経済社会におきましては、「現代における半導体産業」などのような「将来において著《いちじる》しく成長することが確実視されている重要な産業」に対して、国家や企業が協力をして積極的に先行投資を行い、他国に対しての将来的な競争優位というものを逸早《いちはや》く確保しようとするということも、自国が他国に対しての経済優位というものを獲得したり確保し続けたりするために必要なことであると言えるのでしょう。)

ここでの私の議論は、「現実に機能している非常に複雑な経済社会」というものを、その根本的な部分を決して変えないようにしながら、細かな条件や要因を全て捨象して、可能な限り単純化して考えた上での議論（より良い経済社会というものを実現するために多くの人間に知っておいて頂くことが有益であると考えられた範囲のことを中心として展開させて頂いた議論）です。（特に、商品の市場やサービスの市場・労働力の市場や資本の市場といったものの多くが、完全に世界規模のものとなってしまっている現代社会におきましては、「自分の国が、他の国よりも経済的に優位な立場に立っているのかどうか」ということが、自分の国に属する多くの人間の経済的な豊かさの水準というものを、大きく左右することになってしまうと言えるのでしょう。また、例《たと》えば、自分の国に属する多くの人間の「購買意欲」や「消費意欲」といったものが非常に高いものであったとしても、多くの人間が「国内の製品やサービス」よりも「国外の製品やサービス」を積極的に購入しているような状態・「国内の旅行」よりも「国外の旅行」を積極的に行っているような状態ですと、多くの人間が「国外の製品やサービス」よりも「国内の製品やサービス」を積極的に購入しているような状態・「国外の旅行」よりも「国内の旅行」を積極的に行っているような状態と比較して、国内の経済の中で生じる経済効果・ドメスティックな経済効果というものは、小さなものとなってしまうのだろうと予想されます。勿論《もちろん》私は、例《たと》えば、「国内の経済を活発なものとするために国が輸入品に関税を掛けるということや、国内の多くの人間が海外の製品を可能な限り買わないようにするということなどが、必ずしも正しいことである」などといったことを主張している訳ではありません。）

（尚《なお》、「国際経済学」や「貿易論」といったものに関してのお話・「各家計や各企業といった一つ一つの経済主体が個別的に経済的優位というものを獲得するためには、具体的にどのような手段が有効なのか」ということに関してのお話・「自分の国や自分の社会が、他国や他社会に対しての経済的優位というものを獲得するためには、具体的にどのような政策が有効なのか」ということに関してのお話をすることなどは、この本の中で私が目的としていることとは大きく異なってしまっていることですので、そういったお話に関しましても、この本の中で詳しく触れることは致しません。）

続いてここから、「経済」という概念を中心と致しまして、「理想社会」というものに関しての考察を加えて参ります。まず、「経済や法律といったものを利用した社会の仕組《しく》み」というものを極限まで採用していった上での「理想的であると考えられる極的な社会の一つの形（効率性や機能性を極限まで重視した社会の形）」というものは、社会に属する人間の行動の全てが法律によって規制され、社会に作り出されている商品やサービスの全て（「誰かに優しくしたいと望む人間の善意に基づいての行為」や「誰かを幸せにしてあげたいと望む人間の良心に基づいての行為」といったものも、この中に含まれます。）が経済によって調整されていくことで機能していく社会であると言えるのでしょう。しかし、ここまでのお話の中でも申し上げて参りましたように、このような社会におきましては、一人一人の人間が自分の行動の判断基準や自分の価値基準とするものは、「法律の規定」や「金銭的な価値観」といったものだけとなってしまい、恐《おそ》らく、人間の心の豊かさというものは、大きく失われてしまうことになるのだろうと考えられます。

逆に、「経済や法律といったものを利用した社会の仕組《しく》み」というものを極限まで取り除いていった上での「理想的であると考えられる極的な社会の一つの形（人間の心の力というものを極限まで重視した社会の形）」というものは、社会に属する一人一人の人間が、自分の信念と自分の価値観・自分の欲動と自分の罪悪感といったものだけに従って行動したり考えたりしていく社会であると言えるのでしょう。恐《おそ》らく、このような社会におきましては、一人一人の人間の心というものは、非常に豊かで充実したものとなっていくことができるのですが、その一方で、社会の中の様々なもの（商品やサービス・労働力や人間の意欲など）が調整されずに、社会全体のバランスというものは、完全に崩れていってしまうことになるのだろうと考えられます。また、このような社会（「経済や法律といったものを利用した社会の仕組《しく》み」というものを極限まで取り除いていった社会）を実現する際におきましては、「法律による規制」というものや「経済による調整」というものが働かない分、「洗練された社会的価値観・確立された社会的価値観」というものを得られる機会が、全ての人間に例外なく充分に与えられることが不可欠であると言えるのでしょう。つまり、一部の民族社会や一部の宗教社会の中では現在においてもそうであるように、「人間としての欲動と罪悪感の仕組《しく》みとに基づく善悪の基準」が「社会的価値観によって与えられた価値基準」といったものに強く影響を受ける形で形成された「社会に属する一人一人の人間の心」というものが、「社会全体の秩序を形成していく法律の役割」というものを担う必要があり、「社会全体のバランスを調整していく経済の役割」というものを担う必要があるということなのです。尚《なお》、そのためには、「社会に属する一人一人の人間に与えられる社会的価値観」というものが、「社会の中の様々な犯罪の防止（秩序の維持）」や「社会の中の様々なもの（商品やサービス・食料や労働力など）の調整」を充分に行えるほどに洗練されたものであることも、必要不可欠なことであると言えるのでしょう。

そして、これは考え方によって結論が大きく異なってしまうようなお話でもあるのでしょうが、少なくとも私には、「前者の極的な社会（法律の規制と経済の調整とによって機能していく社会）」というものよりも、「後者の極的な社会（人間の抱く欲動や優しさ・人間の抱くモラルや罪悪感・人間の抱く価値観や信念といったものによって機能していく社会）」の方が、「その社会に属する一人一人の人間にとって、より良い社会」・「その社会に属する一人一人の人間にとって、自分の人生や自分の毎日の生活の中で幸福を感じることが比較的容易な社会」であると言えるように、思えてしまうのです。（「全ての人間の心の中に生得的に備わっている性善説的な心の仕組《しく》み」というものをうまく利用し、「社会に属する全ての人間の心のバランス」というものをうまく調整することによって、「社会に属する全ての人間の欲動や感情・思考や行動」といったものを適度に調整することができれば、法律の仕組《しく》みや経済の仕組《しく》みといったものが全くない社会というものを成立させ、円滑に機能させていくということも、理論的には可能なことなのでしょう。）

確かに、「法律の仕組《しく》み」というものが、社会秩序の一部を形成したり維持したりしていくのに非常に適しているということは、全く疑う余地のないことなのだろうと考えられますし、私も、そのような事実を否定する意図などは少しも持っていないのですが、例《たと》えば、人間にとってあまりにも本質的なことまでもが法律によって規制されてしまう社会（「親が子供を虐待してはいけない」という生物としての人間にとって非常に当たり前のことが、法律によって強制される必要がある社会や、「歩きタバコをしてはいけない」という日常的な小さなマナーに関してのことが、法律によって強制される必要がある社会など）というものは、人間社会として、「非常に歪《いびつ》なもの」であるように感じられてしまいます。（「他人に対しての思いやり」や「周囲の人間に対しての気遣い」といったものが多くの人間にとって当然のものとなれば、日常的なマナーに関しての詳細なルールを法律によって規定する必要性などは、少しもなくなるのでしょう。）

（行政が「法律と刑罰との仕組《しく》み」というものを用いることによって全ての問題を解決しようとし、法律や条令が数多く定められることによって次々に人間の行動が制限されたり禁止されたりしていくような方向性というものに、私は、強い疑問と危険性とを感じてしまわざるを得ません。「社会の中で暗黙の了解として定められている様々なルールや一般的なマナーといったものが、社会に属する一人一人の人間が抱いている愛情や優しさ・罪悪感やモラル・信念や価値観などによって守られ、その結果として社会の秩序が形成されたり保たれたりしていく」といった方向性は、決して不要なものなどではないのでしょう。社会を構成している多くの人間が、「人間の心の力」というものを蔑《ないがし》ろにし、「法律と刑罰との仕組《しく》みによる力」というものに頼り切ってしまうことで、一人一人の人間が抱く「倫理的な罪に対しての罪悪感」や「モラルを大切にしようとする意識」・「優しさや愛情を人間にとって非常に重要なものとして考える価値基準」といったものは、現在よりも更に薄れていってしまい、その結果として、社会に属する多くの人間の心というものは、更に荒んだ・更に淋しい・更に窮屈なものになってしまうのだろうということさえも予想されるのです。**『国が乱れるほど、法律が増える。』**とは、タキトゥス《Cornelius Tacitus　ローマ帝政時代の歴史家　著「ゲルマニア」「年代記」》の言葉になります。）

「経済の仕組《しく》み」というものが、社会の中の様々なものを的確に調整し、経済主体としての各人間が抱く経済活動へのインセンティブというものを高めることによって、その結果として、社会全体が合理的に・効率的に機能するようになり、社会全体が物質的に・金銭的に豊かになっていくといったことは、間違いなくあることなのだろうと考えられるのですが、例《たと》えば、あまりにも人間にとって本質的なもの（「人間の命」や「人間の臓器」・「人間の健康」や「人間の安全」・「人間の精子」や「人間の卵子」・「人間同士の触れ合い」や「人間同士の性的な接触」・「人間の愛情」や「人間の優しさ」といったもの）までもが経済によって（金銭を介した取引によって）平然と売買されてしまうような社会というものは、これもまた、人間社会として、「非常に歪《いびつ》なもの」であるように感じられてしまうのです。

（例《たと》えば、罰金という制度は、「お金を支払いさえすれば、人間の犯した罪が消える」といったような非常に危険な価値観を肯定してしまっているものであると捉えることもできるようなものなのでしょうし、「医療費用や手術費用を支払うことができない多くの子供達が治療を受けられずに死んでいってしまう」というようなことは、「充分なお金を持っていない人間には、自分の命を永らえさせる権利すらない」といったような非常に危険な価値観を肯定してしまっていることであると捉えることもできるようなことなのでしょう。こういった価値観が、倫理的に考えて正しい価値観であるとは、私は決して認めてしまいたくはないのです。）

（このようなお話は、「経済の根本的な仕組《しく》み」というものに完全に反してしまっているようなお話でもあるのでしょうが、「金銭こそが、全ての物事や全ての出来事の価値や意味の集約されたものである」・「お金さえあれば、殆《ほとん》ど全ての物を自由に買うことができ、殆《ほとん》ど全てのことを自由に行うことができる」といったような価値観に多くの人間の心が完全に支配されてしまっている社会の中では、その社会に属する多くの人間は、「心の豊かさ」や「金銭以外の価値基準」といったものを失っていってしまい、人間の心に様々な心的現象を生じさせるという「全ての出来事や全ての物事の本質的な意味や価値」といったものを素直に感じ取ることもでき難《にく》くなってしまうのでしょう。社会に属する多くの人間が、「時には、自分の金銭的な損得を抜きにして、自分が誰かを喜ばせたり誰かを助けたり・自分が何かを楽しんだり何かの幸せを感じたりしたい」といったことを素直に感じ、そういったことを自発的に望んで行動を起こすことができるような社会の方が、その社会に属する多くの人間を実際に幸福にすることができるような社会であると言えるのだろうと思います。）

「経済的怖れや法的な束縛といったものが、人間の行動を規定したり、社会の中の様々なものを調整したりしていくような社会」よりも、「人間の欲動や罪悪感・人間の信念や価値観といったものが、人間の行動を決定していくような社会」の方が、「一人一人の人間が、自分の心的現象というものを素直に感じ取り、それ（自分の心的現象）に自分自身（自分自身の肉体）を同調させて行動していくことができる社会」であると言えますので、後者の社会の方が、「その社会に属する多くの人間が、窮屈さを感じることなく生きることができるような社会」であり、「その社会に属する多くの人間が、慢性的なストレスというものを感じることなく素直に生きることができるような社会」であり、「その社会に属する多くの人間が、幸福と充実感とを感じながら毎日を生きていくことができるような社会」であると言えるのだろうと考えられるのです。

しかし、そういったことの一方で、現実的に考えてみますと、仮に、「一人一人の人間の心」というものが、「現代において多くの社会の中で法律というものが果たしている役割」や「現代において多くの社会の中で宗教というものが果たしている役割」といったものを完全に代替することができたとしても、「現代において多くの社会の中で経済の仕組《しく》みというものが果たしている社会全体の調整の機能や、一人一人の人間が経済的怖れというものを抱くことによって成立する人間のインセンティブ向上の機能」といったものを「一人一人の人間の心」というものが完全に代替することができるとは考えられません。また、そのような「現代において多くの社会の中で経済の仕組《しく》みというものが果たしている機能」というものに完全に代替することができるような「経済の仕組《しく》み以外の何かの良い社会の仕組《しく》み」というものを、私が今すぐに提案することができるという訳ではありませんし、勿論《もちろん》、そのような社会の仕組《しく》みを私が今すぐに構築することができるという訳でも決してありません。それに、恐《おそ》らく、「経済の仕組《しく》みというものを現代の多くの社会が今すぐに放棄してしまうことが、多くの人間に対して、良い結果を齎《もたら》してくれるようなことではない」ということは、間違いなく断言することができるようなことです。ですからせめて、現代の多くの経済社会に属する多くの方々に、「経済社会の仕組《しく》みというものが、決して万能な仕組《しく》みではないということ」や「経済の仕組《しく》みというものが、経済社会の中に実際に生きる人間の心を必ずしも楽にするものではないということ」などを充分に理解して頂き、経済の仕組《しく》みによって社会全体に齎《もたら》されてしまう悪影響というものを、可能な限り軽減して頂きたいと私は思うのです。

（「緻密な計算に基づいて非常に高いレベルでの合理化と効率化とを追及した計画経済」というものを実現することができるのであれば、「商品やサービス・労働力や資源などの調整の機能」というものを、その計画経済がうまく代替することができるのかも知れませんし、全ての人間に共通に与えられる社会的価値観の中に、「一生懸命に仕事をしないことは、罪なことである」・「誰かに喜びを与えることこそが、人生の意味と人生の目的である」といったような非常に強力な社会的価値観が確立しているのであれば、「人間のインセンティブコントロールの機能」というものをも、その社会的価値観がうまく代替することができるのかも知れません。ですが、これらはともに、少なくとも現代社会の段階におきましては、理想論に過ぎないことです。特に、社会主義計画経済という経済の仕組《しく》みを採用していた国家の多くは、「それが、どれくらい高いレベルで合理化と効率化とを追求した計画経済であったのか」という疑問もあるのでしょうが、現実の歴史の中でも、資本主義自由経済という経済の仕組《しく》みを採用している国家との競争において、敗北してきてしまったと断言することができるのだろうと思います。）

（「法律と刑罰との仕組《しく》み」や「経済の仕組《しく》み」といったものによる「社会秩序の形成」や「社会の様々なことの調整」・「社会の合理化と効率化」・「人間のインセンティブの向上」といった方向性と、「人間の抱く信念と価値観」や「人間の抱く愛情と優しさ」・「人間の抱く罪悪感」や「人間の抱く欲動」といったものによる「社会秩序の形成」や「人間のインセンティブの向上」といった方向性との両者のバランスがうまく均衡している社会というものが、これから先の時代において考えられる「新しい理想的な社会の一つの形」であると言えるのかも知れません。つまりこれは、「法律や経済といった社会の仕組《しく》みによる力」と「社会的価値観や人間の抱く欲動などによって形成される人間の心の力」との性質の大きく異なる両者の力が、うまくお互いを補い合い、うまくお互いの力のバランスを取り合いながら人間社会全体が機能していくような形の社会のことです。尚《なお》、マックス・ウェーバー《Max Weber 1864 - 1920　ドイツの社会学者・経済学者》の「プロテスタンティズムの倫理と資本主義の精神」という本には、「宗教によって形成される社会的価値観」と「人間が現実に行う経済活動」との関係が考察されています。）

経済社会の中で生きている私達は、「金銭的な価値観や合理的な価値観に多くの人間が支配されてしまいがちになってしまう現代の経済社会の仕組《しく》み」というものを、充分に理解したり認識したりし、蔑《ないがし》ろにされてしまっている「人間の心」というものを、現在よりももっと大切にするべきなのでしょう。例《たと》えば、この経済社会の中では、自分が仕事をしている時や自分が会社に行っている時・自分が金銭の関わる取引（買い物や投資など）を行っている時などには、合理的な価値観や金銭的に厳しい価値観を持ち、他者に対しての強い競争心というものを抱いてしまうことなどもやむを得ないことなのでしょうが、せめて、会社や仕事を離れてプライベートな自分になっている時間や家庭に帰っている時間などには、自分の考え方や自分の価値観といったものを変えて（自分の使用するペルソナというものを使い分けて）、自分自身や自分の家族・自分の恋人や自分の友人達を含めた「一人一人の人間の心」というものを、可能な限り大切にするべきなのです。

（それに、殆《ほとん》ど全ての人間にとって、「家族の暖かさ」や「家庭の安らぎ」といったものは、「仕事での精神的な疲れ」や「自分の人間関係の疲れ」といったものを、非常に大きく癒してくれるものでもあると言えるのでしょう。『**居心地の良い家庭は、幸福の偉大な源である。これは、健康と良心に次いで重要なものである。**』とは、シドニー・スミス《Sydney Smith 1771 - 1845 イギリスの著述家・聖職者》の言葉になります。)

また、「自分が金銭的なしがらみを考慮することや打算的な考え方を抱くことなど全くなく、ひたすらに何かに夢中になって遊んでいた子供の頃の心」や「自分の行動に関しての損得などは全く意識せずに、一生懸命に自分の好きなことや部活動などに対して頑張っていた学生の時の心」といったものには、決して忘れてはいけない大きな価値と大きな意味とがあるということ(人間が生きていく上でとても大切な心の要素があるということ)も、間違いなく言えるようなことなのでしょう。現代の日本の社会に属する少なくない数の人間は、自分が少しずつ大人になっていく過程において、この「大切な心」というものを少しずつ失ってしまっていると言えるのかも知れませんね。

(「自分の犯してしまった倫理的な罪や法的な罪といったものに対して素直に罪悪感を感じることができるような子供の頃のピュアな心」・「野に咲く花や満天の星空を自分が見ることができた時に美しさというものを敏感に感じたり、誰かの好意や誰かの優しさに自分が触れることができた時に嬉しさというものを敏感に感じたりすることができるような子供の頃の素直で正直な心」・「金銭的なしがらみや合理的な動機などに自分が完全に縛られてしまうことなく、今の自分が過ごしている時間というものをひたむきに頑張ったり一生懸命に楽しんだりすることができるような子供の頃の純粋で曇りのない心」

といったものは、人間にとって掛け替えのないものであり、非常に大切なものであると言えます。そして、そういった「子供の頃の純粋で素直な心」というものを自分の心の中に保ち続けながら生きることができれば、多くの人間は、自分の人生というものを更に充実させながら・自分の人生というものを更に素晴らしいものとして感じながら・自分の人生というものを更に楽しみながら生きていくことができるようになるのだろうとも考えられるのです。）

例《たと》えば、スポーツや芸術といった分野の仕事に携《たずさ》わっている人間には特に（それ以外の分野の仕事に携《たずさ》わっている人間にも、多くの場合は同様に）言えることなのだろうと思いますが、自分の仕事を通じて自分が稼ぐことができる「お金」というもののためだけではなく、自分の仕事を通じて誰かの心に何らかの心的現象を生じさせることで自分自身が感じることができる「喜び（それは例《たと》えば、誰かの心に幸せな気持ちや楽しい気持ち・満足感や充実感などを与えることによって自分自身が感じることができる喜び）」というものに対しても大きな意味と大きな価値とを見出し、自分の仕事を自分自身が「楽しむこと」そのものに対しても大きな意味と大きな価値とを見出すといったことが、自分自身が自分の仕事を好きになる上でも、非常に重要なことであると言えるのでしょう。

自分の毎日の生活時間のうちの多くの時間を仕事のために費やさざるを得ない現代社会に属する多くの人間は、例《たと》えば、自分の行う仕事に対して、「自分が、お金を稼ぐためだけに仕事をする」といったような考え方を抱いてしまうのではなく、「自分が、自分の仕事を好きになり、自分の仕事を楽しみ、自分の仕事に対して誇りを抱き、結果として、お金を稼ぐこともできる。その稼いだお金によって、自分自身のプライベートや自分の家族の将来といったものをも充実させていくことができるので、自分は、更に仕事に対しても私生活に対しても積極的に頑張ることができる」といったような考え方を抱いていた方が、自分の人生というものを、より充実させられるようになるのだろうと考えられるのです。(本来の人間の姿と致しましては、「自分が仕事をすること」だけのために人生を生きるのではなく、「自分がお金を稼ぐこと」だけのために仕事をするのでもなく、「自分の人生を充実したものとしていくこと」のために、仕事をしたりお金を稼いだりするべきなのでしょう。)

このことは、例《たと》えば、「お金」というものを、自分の人生や自分の仕事の「目的」として考えてしまうのではなく、自分自身と自分の家族とを幸せにしていくための「手段」として考え、自分が仕事を頑張ったために得ることができた「結果」として考えるということでもあると言えるのでしょう。(もっとも、多くの人間にとっては、「自分の選んだ目的」というものと「自分の選んだ手段」というものとの間にある境目というものは、非常に曖昧なものなのであり、自分自身すらも気付かないうちに、「自分の選んだ目的」というものと「自分の選んだ手段」というものとが入れ替わってしまっているということなども、現実の人間の人生におきましては、少なくはないことであると言えるのでしょう。これは例《たと》えば、「自分の抱いている夢を実現する」という目的のために、「自分が多くのお金を稼ぐ」という手段を選んでいたはずなのに、自分が気付いた時には、「自分が多くのお金を稼ぐ」ということ自体が、自分の目的となってしまっているというようなことです。「今の自分の目的としていることが、果たして何であり、そのために今の自分が手段としていることが、果たして何であるのか」といったことを自分で時折確認してみるということは、自分自身が、自分の歩んでいる道・自分の選んだ道というものを踏み外さずに、常に自分らしく真っ直ぐに生きていくためにも、とても大切なことであると言えるのでしょうね。)

「理想社会というものに関してのお話」に戻らせて頂きますが、「ある社会の中で、宗教や思想といったものが、どの程度の役割を果たすのか」・「ある社会の中で、性欲というものが、どのように扱われるのか」といったことも、「その社会の性質がどのようなものとなり、その社会に生きる多くの人間がどのような性質を備えることとなるのか」といったことに対して、非常に大きな影響を及ぼすようなことなのだろうと考えられます。例《たと》えば、「宗教や思想といったものが、社会的価値観の絶対的な後ろ盾となっている社会」と「宗教や思想といったものが、多くの人間に殆《ほとん》どと言って良いほど意識されていない社会」とでは、その社会の性質そのものも・その社会の社会的価値観の安定の度合いも、大きく違うものとなってしまうことでしょうし、「人間の性欲というものが、ある程度まで規制されている社会(当然のように抑圧されている社会)」と「人間の性欲というものが、殆《ほとん》どと言って良いほど規制されていない社会」とでも、その社会に属する多くの人間の心の在り方というものは、非常に大きく違うものとなってしまうことでしょう。

そして、特に、現代の日本の社会におきましては、社会に属する多くの人間の抱く「恋愛や性といったものに関しての価値観」というものは、非常に大きく変化しつつあり、特に、社会に属する多くの人間の抱く「性的なモラル」というものは、ここ十数年くらいの間に、急速に低下しつつあると言えるのだろうと考えられるのです。そこで、ここから、「社会に属する多くの人間の抱く性的なモラルというものが崩壊していってしまう」という社会現象そのものと、その社会現象が起こってしまう原因に関しまして、少し詳しい考察を展開させて頂くことに致します。（言うまでもなく、人間も動物ですので、非常にうまく自分の性欲を抑圧することができている人間にとっても・自分の抱く性欲を抑圧することが殆《ほとん》どできていない人間にとっても、「性」や「性欲」といったものは、自分自身の精神にとって、非常に重要なものとなり、非常に大きな意味を持つものとなるのです。）

まず、この「社会に属する多くの人間の抱く性的なモラルというものが崩壊していってしまう」という社会現象の主な原因となることと致しましては、「一部の社会の中の社会的価値観やモラルの概念といったものそのものが、非常に希薄なものとなってきてしまっているということ」・「テレビやインターネットなどに代表されるメディア（情報媒体）というものを通じて、性というものや性愛を中心とした恋愛というものを露骨に肯定するような様々な情報が社会の中に当然のように（私達の生活のとても身近なところで非常に頻繁に）飛び交ってしまうことによって、社会的価値観が危険な方向に歪められてしまっているということ」などが挙げられると言えるのでしょう。（テレビなどを通じて、性的なイメージに繋《つな》がるような何らかの些細《ささい》な情報が放送されることだけでも、そのテレビを見ている子供の心が強く揺さ振られる結果となってしまう場合があるのです。）

（この「メディアというものが私達の社会の社会的価値観と私達自身の抱く価値観とに対して及ぼしてしまう非常に危険な影響」というものに関してのお話は、「露骨な性や節度のない性・近親間の性交や子供の性交・売り物としての性や愛情を伴わない性といったものを肯定したり羨望したりするような情報を与えられることによって、私達の社会の社会的価値観と私達自身の抱く価値観とに及ぼされてしまう非常に危険な影響」というものに関してだけではなく、例《たと》えば、「人間の死というもの自体や人間を殺すという行為・人間を傷付けるという行為や人間を悲しませるという行為といったものを奨励したり憧れの対象として考えたりするような情報を与えられることによって、私達の社会の社会的価値観と私達自身の抱く価値観とに及ぼされてしまう非常に危険な影響」というものに関しても、同様に言えるのだろうと考えられるお話です。勿論《もちろん》、そういった倒錯的な価値観や倒錯的な考え方といったものは、少なくとも、理性や秩序・人道主義や人間の良心といったものを強く尊重している多くの人間社会におきましては、「社会的価値観によって形成される人間の良識」や「人間の内面的同一化に基づく愛情と優しさ」・「人間が生得的に備えている罪悪感」や「人間の抱くモラルに関しての価値観」といったものによって、強く否定され・強く禁止され・強く非難され・強く抑圧されるべき価値観や考え方であると言えるのでしょう。)

(「メディアというものが私達の社会の社会的価値観と私達自身の抱く価値観とに対して及ぼしてしまう非常に危険な影響」というものに関してのお話に深く関連することとして言及させて頂きますが、特に、「インターネットのアダルトサイト」というものは、プロキシを利用したり海外サーバーを利用したりすれば、実質的な規制というものが殆《ほとん》ど皆無な状況であると考えられ、「露骨な性的表現を肯定しているような画像」や「倒錯的な性的行為を憧れの対象として考えているような映像」といったものを、誰でも簡単に閲覧することができるような状況であると言えるのだろうと考えられますので、この「インターネットのアダルトサイト」というものは、社会に属する一人一人の人間が自分自身の心の中に抱く「自分の抱いている性的なモラルというものを守り続けたい」・「自分の抱いている性的なモラルというものを可能な限り守り続けるべきである」といった欲動や意志の力を、極端に阻害してしまっていると言える面があるのだろうとも考えられるものなのです。）

（そもそも、「多くの人間が、画像や音声を介しての代替的な性的刺激というものを自分に与えてくれる性的なビデオや性的な書籍といった様々な媒体を使用することを通じて、自分が現実には異性と少しも関わることなく、自分の性欲の一部を自己完結的に充足することができるような環境」というもの自体が、「生殖による子孫の繁栄を最大の目的としてきた生物としての人間」という存在にとっては、非常に危険なものなのだろうと考えられますし、「多くの人間が、あまりにも簡単に自分の性欲を充足することができるような環境」というもの自体が、「自分の性や自分の性欲といったものを適度に抑圧し続けながら生きることによって、自分が、露骨な性的表現を感覚したり露骨な性的快楽を得たりすること以外にも、様々なことに大きな価値や大きな意味を見出すことができるようになり、様々な対象に美しさや素晴らしさを感じることができるようになり、様々なことに喜びや楽しさを感じることができるようになり、自分の心の豊かさや自分の心の多様性といったものを入手することができるようになったのだろうと考えられる社会に生きる人間」という存在にとっては、非常に危険なものなのだろうと考えられるのです。少なくとも、近代に至るまでの多くの人間社会におきましては、「多くの人間にとって自分の性欲というものが、あまり簡単には充足することができないものであったこと」・「代替的な手段による性欲の充足でさえも、恥の概念と罪の概念とが付《つ》き纏《まと》うものであったこと」などによって、一人一人の人間の心の中の「本能的な動物としての心」と「理性的な人間としての心」とのバランスというものが、非常に微妙なところで保たれてきたと言える面があるのでしょう。）

また、「自分と性的な関係にある恋人を自分が持つということを、まるで、偉いことや優れていることであるかのように捉えてしまうような価値観というものが、大人の社会だけではなく、高校生くらいの子供の社会においても、平然と肯定されてしまっている場合が少なくはないということ（勿論《もちろん》、多くの人間にとって、恋人や恋愛といったものも大切にして然るべきものなのですが、例《たと》えば、家族や友達・友情や愛情といったものも、恋人や恋愛といったものと同じくらいか、それ以上に大切にして然るべきものであると言えます。）」・「自分の人生における成功というものを、自分自身の欲動の充足や自分自身の快楽の追及といったことに見出すような価値観（動物的傾向・快楽主義的な傾向に非常に偏ってしまっているような価値観）というものが、社会の中に広く浸透してしまっているということ」・「多くの子供達が、家庭での仕《し》付《つ》けを受けることや学校での教育を受けることなどを通じて、自分の性欲をある程度まで抑圧することを当然のこととして考えるような価値観や、自分の性を大切にするべきであり、本当に好きな人ができた時のために自分の性を大切にとっておくべきであるといったような価値観を、間接的にでも誰かから与えてもらうことができていないということ」なども、この「社会に属する多くの人間の性的なモラルの崩壊」という社会現象の原因として挙げられることなのでしょう。

（『**娘の純潔の確かな番人は、本人や家族の厳しさである。**』とは、モンテーニュの言葉です。）

（その一方で、「Chapter2 - 7」の「罪悪感に関してのお話」のところでも申し上げました通り、「ある子供が、自分の性や自分の性欲といったものを、非常に強烈に・非常に強制的に・非常に強い恐怖心を自分が抱いてしまうような形で抑圧させられてしまうということ」なども、「その子供自身の心に、悪い影響や危険な影響を及ぼしてしまう可能性を持つようなこと」であると言えます。このことには、フロイトも、自身の考察の中で幾度となく触れているのですが、幼少の段階において自分の性の抑圧や自分の性欲の抑圧を適度に・円滑に・充分に・当たり前のように行うことができなかった人間は、その後の自分の人生の中で「様々な神経症的な症状」というものに陥ってしまい易くなる傾向があるのです。その子供自身が、「性や性欲といった概念を意識し過ぎずに自分や他者といった存在を捉えるということ・性や性欲といった概念を意識し過ぎずに自分を表現したり他者と交流をしたりするということなどが、人間社会の日常生活においては、非常に当たり前のことであり、常識的な当然のルールである」といったような認識を自然に抱く形で、自分自身の性欲を抑圧していくことができれば、それが、最も理想的な抑圧の仕方であると言えるのかも知れません。恐《おそ》らく、人間にとって非常に大切なことの一つは、強い性欲を抱くことが当然である「本能的な動物としての自分の存在」と、日常生活においては自分の性欲をある程度まで支配したり抑圧したりすることが当然のこと・理想的なこととされている「理性的な人間としての自分の存在」との両者を、自分がともに認めてあげることにあり、そのような相反する側面を持つ自分という存在を、自分が素直に受け入れてあげることにあるのです。)

更に、「性的な経験を豊富に持っているということを、人間的に優れていることとして考えるような非常に偏った価値観というものを、社会に属する人間のうちの少なくない数の一部の人間が、強く抱いてしまっているということ」・「少なくない数の人間が、そのような価値観(性的な経験を豊富に持っているということを、人間的に優れていることとして考えるような非常に偏った価値観）を抱いてしまっているために、自分の友人の性的な体験の情報や他の誰かの性的な体験の情報などを自分が見聞きした時に、自分が強い嫉妬心を抱いてしまい・自分が強い劣等感を感じてしまい・自分が強い対抗意識を持ってしまい、自分の虚栄心や自分の見栄を満足させるために、自分自身が性的な体験をすることや自分自身が恋愛体験をすることなどを、無闇に・焦って求めてしまうような少年少女達が多くいるということ」・「自分の性的な体験を誰かに知られることや、自分の性に関わる何かを誰かに知られたり見られたりすることなどを非常に恥ずかしいこととして考えるような恥の概念に関わる社会的価値観というもの自体が、少しずつ弱いものとなってきてしまっているということ」なども、「社会に属する多くの人間の性的なモラルの崩壊」という社会現象の原因の一部として挙げられることなのだろうと考えられます。

（例《たと》えば、「テレビのニュース番組を通じて、大人の人間の倒錯的な性的嗜好の犠牲となってしまった小中学生くらいの子供の悲惨な性的体験に関しての情報というもの・高校生くらいの子供の売春に関しての情報や多くの大人達の性的なモラルの乱れに関しての情報といったものが少し流されるということ」だけでも、それを見ている人間のうちの少なくない数の人間の心に対して、非常に良くない意味での大きな影響・自分自身の性的倒錯の傾向を幼児愛的な方向に傾けてしまうような影響といったものが及んでしまう危険性があると言えますし、厳密に申し上げますと、「私がこの本の中で、性に関してのこのようなお話を展開するということ」だけでも、この本を読んで頂いている方のうちの少なくない数の人間の心に対して、非常に良くない意味での大きな影響・自分自身の性的モラルの遵守を比較的困難なこととしてしまうような影響を与えてしまう危険性があると言えるのです。）

もう少し付け加えさせて頂きますと、「社会に属する多くの人間の抱いている価値観というものが社会的価値観というものと非常に強く同一化してしまうことによって、多くの人間の個性というものが失われ掛けてしまっているということ（例《たと》えば、社会に属する多くの人間が、自分の抱いている美意識や良識に基づいて自分の性的なモラルを守り続けるということに対して、強い誇りや強い自信を抱くことができなくなってしまっているということ）」なども、この「社会に属する多くの人間の性的なモラルの崩壊」という社会現象の原因の一部として挙げられることなのでしょう。（つまりこれは、現代社会におきましては、中高生くらいの若者を中心とした多くの人間が「確固たるアイデンティティー」や「確固たる信念」といったものを抱くことができていないために、「Chapter2 - 1」で申し上げましたような「大衆」という存在に近い状態に、少なくない数の人間が陥ってしまっているのだろうと考えられるということなのです。「確固たるアイデンティティー」や「確固たる信念」といったものを自分が抱くことができていれば、人間は、「自分自身の性的なモラルというものを、自信を持って守り続けるということ」・「周囲の人間の価値観や自分自身の欲動に流されて自分が快楽に没頭してしまうことを、自分の強い意志の力によって避けるということ」などを、比較的容易なこととすることができるのだろうと考えられます。）

勿論《もちろん》、「社会に属する多くの人間の抱く性的なモラルというものが、急激に希薄化していく」という社会現象が「人間社会そのもの」と「その社会に属する一人一人の人間の心」とに対して、必ずしも悪い影響（デメリット）だけを及ぼしてしまう訳ではなく、その社会現象が「人間社会そのもの」と「その社会に属する一人一人の人間の心」とに対して与えてくれる良い影響（メリット）と呼べるようなものも、間違いなくあると言えるのでしょう。例《たと》えば、ある人間が、「自分の抱く性的欲動というものを殆《ほとん》ど抑圧しなくても済むような環境」というものの中で生きることになれば、そのことによって、その人間は、動物としての自分が抱く「性的欲動の力」と人間としての自分が抱く「自分の性的欲動を抑圧しようとする理性的な力」という自分の心に生じている相反する力の間の葛藤《かっとう》というものに深く悩まされずに済むようになるのだろうと考えられます。

しかし、「多種多様の文明社会を築いてきた人類が例外なくその一部を強く抑圧しようとし続けてきた性的欲動というものを、現代において完全に開放してしまうということ」・「多くの人間が、自分の人生の目的を性愛のみに見出してしまうようになるということ（特に、生殖を目的としないような性愛のみに見出してしまうようになるということ・恋愛や結婚とも関わりのないような性愛のみに見出してしまうようになるということ）」・「多くの人間が、自分の性の価値というものをあまりにも軽んじてしまうようになるということ」・「多くの人間が、自分の人生のうちのできるだけ早い段階で性的な体験をすることや、自分がより多くの性的な体験をすることなどを、偉いことや良いこと・尊敬されるに値することや素晴らしいこととして考えるような非常に快楽主義的な価値観を抱いてしまうようになるということ」などは、言い方を変えますと、「理性的な生き物である人間という存在」を、「本能的な生き物である動物としての存在」のレベルにまで押し下げてしまうことであると言えるのかも知れません。

（「自分が性的な体験を多く持っているということ」や「自分が性的な体験を早い段階で得ているということ」などは、「快楽主義的な観点」というものから考えることによってのみ、大きな価値と大きな意味とを見出すことができるようなことなのであり、「理性的な観点」や「倫理的な観点」・「人間としての多様な心の豊かさを求めるような観点」や「人間の形成する本当に幸せな恋愛の形と性愛の形とを求めるような観点」といったものから考えれば、それらは、「他人に対して自慢することができるようなこと」でも「他人から賞賛されることができるようなこと」でもなく、「他人より偉いこと」でも「他人より優れていること」でも決してなく、むしろ、時代と社会の違いによっては、「他人から非難されてしまうようなこと」や「罪悪として受け止められてしまうようなこと」であり、「不幸として受け止められてしまうようなこと」や「哀れみの対象となってしまうようなこと」でさえ、あると言えるのでしょう。）

（「性的な体験を多く得ている人間が、性的な体験を得たことが全くない人間に対して感じる優越感」・「性的な体験を得たことが全くない人間が、性的な体験を多く得ている人間に対して感じる劣等感や嫉妬心」といった心的現象を多くの人間の心に生じさせている価値基準というものは、「モラルを重視する理性的な動物としての人間の存在」ではなく、「欲動に支配される本能的な動物としての人間の存在」を考えれば、確かに、動物としての人間が生まれ持っている性質の一つとして完全に否定することは決してできないような価値基準であり、全ての人間が本能的に備えている価値基準なのだろうとも考えられます。ですが、このような価値基準のみに自分が支配されてしまうことは、金銭的な価値基準のみに自分が支配されてしまうことなどと同様に、文明社会に生きる理性的な存在としての人間にとっては、非常に寂しいことであり、非常に勿体無いことであり、自分自身と自分の人生とを人間的なものではなくしてしまう可能性を持つようなことでもあると言えるのです。勿論《もちろん》、「快楽主義的な価値基準というものが、人間にとって完全に不必要なものである」ということでは決してないのですが、「快楽主義的な価値基準というもののみが、人間の価値基準の全てとなってしまって然るべきである」ということでも決してありません。)

「こういった社会現象（社会に属する多くの人間の性的なモラルが崩壊してしまうという社会現象）が現実に起こることによって、どのような現象がその社会に属する人間の精神に生じてしまい、どのような影響が人間社会に及ぼされてしまうのか」といったことに関しましては、残念ながら、完全に予想し切ることは私にも（恐《おそ》らくは誰にも）不可能なことなのですが、少なくとも、この社会現象というものが、社会の中で一人一人の人間が実際に形成している「欲動や罪悪感・嫉妬心や羞恥心・美意識や良識といった自分自身の心の中の様々な要素の全体としてのバランス」というものを大きく崩してしまう高い可能性を持つような非常に危険な社会現象なのであるということは、間違いなく言えることなのでしょう。

具体的な例を挙げさせて頂きますが、「自分が経済的にそれほど困窮している訳でもないのに、気軽な気持ちで売春などをしようとしてしまう少年少女が多くいるような状況」・「インターネットなどを通じて不特定多数の人間に自分の性的な何かを曝け出したり知られたりすることを、恥らうことも罪悪感を感じることも全くなく受け入れることができてしまう少年少女が多くいるような状況」・「自分の性に関わる何かを売ることで金銭を得ることを何の罪悪感も何の抵抗も感じることなく行えてしまう少年少女が多くいるような状況」・「恋人でもない異性と平然と性的関係を結ぶことができる少年少女が多くいるような状況」といったものは、恐《おそ》らく既《すで》に、人間社会として異常な状況なのであり、「セクシャリティーの概念の変化」や「恥の概念の大幅な変化」といった言葉によって社会学的な見地から解釈することだけで済ましてしまえるような状況というものを、遥《はる》かに越えてしまっている状況なのだろうと私には思えてしまうのです。勿論《もちろん》、こういったことは、少年少女に限ったことではなく、多くの大人達に関しても同様に言えることなのでしょうし、このような行為を子供達に求めてしまっている少なくない数の大人達にも・このような社会の状況を容認してしまっている社会全体にも（その社会に属する全ての大人達にも）、「社会に属する多くの人間の性的なモラルの崩壊」という社会現象の原因と責任の少なくない一部があると言えるのでしょう。

（また、程度の違いや状況の違いといったものもあるのでしょうが、例《たと》えば、「自分が誰か見知らぬ異性との食事や遊びに付き合う代わりに、その異性から金品をもらうこと」なども、自分の性の一部を売り物にしてしまっていること・自分自身や他の誰かの心を粗末に扱ったり悪用したりしてお金を稼いでいることであり、風俗関係の仕事とさほど変わらないようなことであり、罪の意識や恥の意識の対象に充分になり得るようなことであると言えるのでしょう。「出会い系サイト」や「デートクラブ」などのように、こういった関連のことに関しての日本人のモラルの乱れは、非常に顕著《けんちょ》なものであり、非常に危機的なものであるとさえ言えます。）

（例を挙げるのも憚《はばか》りたくなってしまうような倒錯的で異常なことなのですが、例《たと》えば、「小学生くらいの女の子が、気軽な気持ちで、インターネットで知り合った四十歳代くらいの男性との食事に付き合って、その見返りとしてお金をもらうといったようなこと」・「中学生くらいの女の子が、気軽な気持ちで、自分の身に付けていた下着を中年の男性に売って、その見返りとしてお金をもらうといったようなこと」などは、どのように考えても人間社会として異様なことですし、本来であれば、両者にとって罪の意識や恥の意識の対象となるべきようなことですし、様々な事件や犯罪に発展してしまう高い危険性を持ってしまっているようなことですし、両者にとって最終的に・総合的に自分自身のためには決してならないようなことです。また、「こういったことが日常的に行われてしまっているような社会」・「多くの人間が、自分自身や自分の知り合いの行うこういった行為に対して罪の意識や恥の意識を強く感じることができないような社会」といったものは、その社会に属する多くの人間を幸福にすることができるような社会では決してないのだろうと容易に断言することができるような社会ですし、「人間の良識や人間のモラルといったものが大きく失われてしまっている社会」・「悲しいほどに病的な社会」・「情けないほどに堕落した社会」といった言葉で表現することができるような社会であるとさえ言えるのかも知れません。）

それと、これは本来であれば（この社会が、倫理やモラルに関しての社会的価値観を充分に確立することができている社会であれば）言うまでもないことなのだろうとも思えるようなことなのですが、「一人一人の人間にとって、自分の性というものを大切にすることによって自分が得ることのできるメリット」というものも、間違いなくあるのです。このことは、紛れもない事実でありながら、現代の多くの先進国の社会の中では非常に軽んじられてしまっているように思えてしまうようなことですので、「自分の性を大切にすることによって自分が得ることができるメリットというものを、現代社会に生きる多くの人間に、再確認・再認識して頂きたい」という私自身も意図を込めまして、ここでは敢《あ》えて、このお話に関しましても、少し詳しく議論させて頂くことに致します。

例《たと》えば、「自分が結婚をするまでの間、ずっと自分の性を大切に守ってきた人間が、自分と結婚をした相手と初めて性的な体験をした時に感じられるのであろう喜びの感情の強さや幸福の感情の強さ」といったものは、多くの場合におきましては、自分が結婚をする前から複数の相手と何度も性的な体験をしてきた人間には決して得られないほどの非常に強い快の感情・人間の感じられる全ての感情の中でも極限に近いくらいの非常に強い快の感情となるものなのでしょう。それに、例《たと》えば、自分の性を大切に守ってきた貞淑《ていしゅく》な女性と結婚をすることができた男性は、多くの場合におきましては、自分以外の異性に対して性的な部分を殆《ほとん》ど見せていない自分の妻のことを、まるで宝石のように・まるで宝物のように大切に考えることができるようになるのだろうと思います。（**『この世で誰が一番深く愛されるだろうか。それは、貞淑《ていしゅく》な妻である。』**とは、バルトリハリの言葉であり、**『娘が処女を失うのは、二度と見出せない宝石を失うようなものである。』**とは、セルバンテスの言葉です。尚《なお》、「宝物」を意味する「treasure」という英語には、「自分の大切な人」という意味も含まれています。）

また、これは、非常に私的な意見になってしまうのかも知れないのですが、「あまりにも性的経験の豊富な女性」・「性的経験の豊富さを無闇に（まるで貪るかのように）求めてしまっている女性」・

「あまりにも自分の性を軽んじてしまっている女性」などは、男性の目から見て、「自分と一時の快楽を共有するための相手（露骨な言い方を致しますと、性欲の捌け口として利用するための相手）」には選び易くなるとしても、「自分が真剣な恋愛をするための相手」・「自分が結婚をするための相手」・「幸せな家庭生活に繋《つな》がるような恋愛をするための相手」としては、考えられ難《にく》くなってしまうのだろうと私には思えてしまうのです。尚《なお》、同性の目から見ても、「性的経験の豊富さを無闇に求めてしまっている人間」・「あまりにも性に関してのモラルや節度のない人間」などは、嫉妬心の対象や嫌悪感の対象となってしまう場合が決して少なくはないのだろうと考えられます。（どんな社会におきましても、男性は、自分の恋人の女性や自分の結婚相手の女性の「処女性・性的な純粋さ」というものを、心の奥底では、強く尊重してしまうものなのでしょう。もっとも、このようなことは、男女平等が強く叫ばれている現代、むしろ、男性よりも女性の方が強くなっているような印象さえ感じられる現代におきましては、男性の目から見た女性に関してだけではなく、女性の目から見た男性に関しても、同様に言えるようなことなのかも知れませんね。）

それに、「人間が、自分の性欲というものをある程度まで抑圧すること」は、「自分自身の人生というものを、より人間的なものとするために必要なこと」であり、「自分自身が、性的な接触によって自分自身が得ることができる快楽というもののみを自分の価値基準としてしまわないようにするために必要なこと」であり、「自分の抱いている性欲の力というものを昇華させて、社会的価値観に適合した別の方向に向けての力・社会的価値観に適合した別の対象に向けての力として発揮することのために必要なこと」でもあると言えるのでしょう。これは、言葉を変えて申しますと、「人間が、自分の抱いている性欲の力というものに自分の肉体と自分の精神とを完全に支配されてしまわないようにするために必要なこと」であり、「(麻薬やお酒を乱用することに対して依存的になってしまったり・万引きや浮気をしてスリルを味わうことに対して依存的になってしまったりするのと同様に)自分が、性的な快楽というものに対して依存的になってしまったりすることを避けるために必要なこと」であり、「自分の人生というものを、より人間らしい豊かなものとしていくために・自分の抱いている性欲の力というものを最大限に利用していくために必要なこと」であるということなのです。(「性に関しての抑圧」や「性に関しての葛藤《かっとう》」といった心的現象を自分自身の心の中で適度に生じさせていてこそ、人間的であると言えるのでしょう。)

「性的な快楽」や「摂食による快楽」といったものは、「自分自身の利己的な欲動の充足によって人間が得ることができる様々な快楽」の中でも、最も基本的な快楽として位置付けられるようなものなのだろうと考えることができますし、「自分が性的な肉体的刺激を得るという体験」や「自分が摂食をするという体験」・「自分の肉体を傷付けられるという体験」や「自分が陶酔的な快楽を味わうという体験」といったものは、「自分の肉体が現実に存在している状態にある」・「自分の肉体が実際に生存している状態にある」といったことを最も手軽に確かめることができるような体験なのだろうと考えることができます。そして、だからこそ、少なくない数の人間は、「自分が抱いてしまっている欲求不満や実存的欲求不満」・「自分が感じてしまっているストレスやフラストレーション」といったものから自分自身が逃れること(そういったものを意識しなくても済むようになること)を目的として、「過剰な摂食を繰り返すこと」や「リストカットなどの自傷行動を繰り返すこと」・「お酒や悪物を過剰に摂取し続けること」・「無闇に性的な快楽を求め続けること（性交中毒・性交依存とも呼べるような状態に陥ってしまうこと）」などに対して依存的になってしまうことがあるのでしょう。しかし、当然のことですが、この社会において、「自分が、より人間らしく・より幸せに・より強く・より充実した人生を生きたい」といったことを少しでも望むのであれば、自分の弱さ故にそういった倒錯的な行動に自分が依存的になってしまうようなことは、可能な限り避けるべきことです。

（「自分自身が恋愛をしていなければ我慢ができないような状態」や「自分が、常に恋愛に憧れ、常に理想の恋愛を夢見ているような状態」・「自分が、恋愛以外のことに対して大きな意味や大きな価値を見出すことができないような状態」といった「恋愛中毒・恋愛依存」とも呼べるような状態も、「生殖による種の繁栄を最大の目的としている生物としての人間の心の仕組《しく》み」というものを考慮すれば、人間が陥ってしまい易い依存状態の一つであると言えるのだろうと考えられます。言うまでもなく、「自分が恋愛をするということ」や「自分が誰かに恋をするということ」そのものは、決して悪いことではなく、むしろ、「自分が恋愛というものを全くしないということ」の方が、人間にとっては非常に不自然なことです。それに、「素適な恋愛というものを経験すること」によって、多くの人間は、「自分自身の人生をより豊かなものにしていくこと」や「自分自身の心をより大きなものに成長させていくこと」もできるのでしょう。ですから、ここでも問題となるのは、「自分が恋愛というものに対して、どれくらい依存的な状態であるのか」・「恋愛をするということ以外にも、自分にとって大切な何かや重要な何かがあるのかどうか」といったことなのであり、「恋愛というものに対しての自分の依存の程度」というものが問題なのです。）

勿論《もちろん》、「自分が適度な食事を摂ることによって得られる喜び」や「自分が適度な運動をして体感的な刺激を感じることによって得られる喜び」・「夫婦間や恋人の間での愛のある性的な体験を自分がすることによって得られる喜び」といったものは、人間がそれらを求め続けることが当たり前のようなものであると言えます。（少し余談になりますが、生物としての人間の体の仕組《しく》みというものを考えれば、人間の抱く性欲というものは、十五歳くらいから三十歳くらいまでの期間において、特に強くなると言えるのでしょう。）ここで私が問題としておりますのは、「ある人間が、それらの行為というものを求めているのか否か」ということなのではなく、「ある人間が、それらの行為というものに依存しているのか否か」ということなのであり、「ある人間が、それらの行為を適度に自制することが可能なのかどうか」ということなのであり、「それらの行為に対してのある人間の依存の程度が、どれくらいに強いものなのか」ということなのです。

例《たと》えば、「強い性的欲動」や「性に対しての強い興味」といったものは、人間が動物である限り、誰の心の中にも例外なくあるものなのですが、「自分の抱いている性的欲動や自分の抱いている性に対しての強い興味といったものを、自分の意志の力によって、ある程度まで理性的にコントロールすることができるいうこと」が、自分が「欲動に完全に支配されてしまう動物としての存在」ではなく、「理性と本能とのバランスによって生きる人間としての存在」であり続けられるための大切な一つの条件でもあると言えるのでしょう。**『肉欲（性欲）の奴隷たることは娼婦の一生であり、それは、純粋さと誠実さとを備えた人間（人間らしい人間）の送るべき一生ではない。』**とは、アナクシマンドロス

《Anaxagoras B.C.610 - B.C.546　古代ギリシア・ミレトス派の哲学者》の言葉です。（勿論《もちろん》、私は、「人間は、自分自身の抱く性欲というものを、完全に抑圧するべきである」などといった非常に偏った価値観を主張するつもりでは決してありません。人間の行動原理の全ても人間の心や体の仕組《しく》みの全ても、最終的には、自分自身の欲動というものに基づいている訳ですから、「人間が、自分の抱いている何かの根本的な欲動というものを、完全に抑圧したり否定したりするということ」は、恐《おそ》らく、「生物としての人間・動物としての人間を、完全に否定するということ」や「自分という存在そのものを、完全に否定するということ」と同義であるとさえ、言えるようなことなのでしょう。）

尚《なお》、「性的なモラルというものは、人間社会に無用なものである」・「一人一人の人間が自分の抱いている性欲というものを思いのままに発散したり充足したりすることができる社会になった方が、多くの人間の感じることができる幸福の度合いというものを、大きく高めることができる」といったような考え方をしてしまうことも不可能なことではないのですが、このような快楽主義的な考え方を多くの人間が完全に肯定してしまうことには、非常に大きな危険が潜んでいるのだろうと考えられるのです。現実社会に目を向けてみましても、例《たと》えば、「子孫を残すという目的と性的な行為という手段とが完全に分離してしまい、多くの人間が、子孫を残すという目的と全く無関係に性的な行為という手段をあまりにも節度なく求めてしまっているような昨今の少なくない数の先進国社会の状況」というものに対しては、本能的な生物としての人間という面から考えても・理性的な存在としての人間という面から考えても、私は、非常に強い不安と非常に大きな疑問とを抱いてしまいます。また、「性交というものが、男女間で楽しむレジャーに過ぎないものとなってしまっているような昨今の風潮」や「性交というものが、男女間で形成される唯一の愛の形であるかのように捉えられてしまっていると思えるような昨今の風潮」などに対しても、私は、非常に大きな危険性と非常に強い違和感とを感じてしまいますし、人によっては、非常に強い嫌悪感と非常に強い不快感とをさえ、感じてしまうことでしょう。(多くの場合におきましては、自分が周囲の多くの人間に好感を抱いてもらえるような人間になるためにも・自分の恋愛を自分の周囲の多くの人間に素直に認めてもらえるようになるためにも、「周囲の多くの人間に素直に祝福をしてもらうことができるような気持ちの良い恋愛」や「多くの人間に好感を抱いてもらうことができるような微笑ましい恋愛」といったものを自分が実現するためにも、「恋愛に関しての適度なモラル」や「性に関しての適度なモラル」といったものは、抱いておいて然るべきものなのです。)

(間違いなく言えるのだろうと考えられることの一つは、「自分の性欲を少しも抑圧せずに生きるような生き方というものが多くの人間に全面的に肯定されてしまっている社会や、そのような生き方を肯定している社会的価値観というものが完全に確立してしまっている社会などにおいては、その社会に属する殆《ほとん》ど全ての人間にとって、自分の性欲を適度に抑圧したり適度に自制したりしながら生き続けるということが、非常に難しいこととなってしまう」ということなのです。また、「親が、自分の娘や自分の息子に対して、自分の性というものを大切にして欲しいと望むこと」・「恋人や夫婦が、お互いに対して、浮気や不倫といったことをして欲しくないと望むこと」などは、恐《おそ》らく、どのような時代のどのような社会におきましても、決して変わらないことなのだろうと考えられるのですが、例《たと》えば、「性欲の抑圧をすることを、多くの人間が著《いちじる》しく怠ってしまっているような社会」の中では、多くの人間が「自分の性的なモラルを遵守しながら生き続けること」を非常に難しいこととしてしまうのと同様に、自分の恋人や自分の家族といった人達もまた、「自分の性的なモラルを遵守しながら生き続けること」を非常に難しいこととしてしまうのだろうと考えられるのです。）

（ですから、「これから先の時代の社会というものが、私達の子供の世代の多くの人間や私達の孫の世代の多くの人間にとって、自分の抱いている性的なモラルを守り続けながら生きるということが非常に難しいような社会になってしまうこと」を避けるためにも、「人間が性的なモラルを守り続けながら生きるということを当然のことや大切なこととして肯定する確固たる社会的価値観」というものを、現代に生きる私達が、最低限のレベル以上に確立させておく必要があると言えるのでしょう。少なくとも、「快楽主義的な生き方を選んでいない人間にとって生き難《にく》いような社会になってしまうこと」・「快楽主義的な生き方を選んでいない人間が惑わされてしまうような社会になってしまうこと」・「快楽主義的な生き方を選んでいない人間が、快楽主義的な生き方を選んでいる人間に対して劣等感を感じるような社会になってしまうこと」などは、極力避けるべきことであると断言することができるのだろうと思います。尚《なお》、「自分の性や自分の命といったものを粗末に扱うということが、人間にとっては、罪と呼べるようなことである」と考えられる根本的な理由の一つは、そのような行為を自分がすることによって、自分の両親や自分の恋人といった人達のことを深く悲しませてしまう高い可能性・自分自身の人生や自分の大切な誰かの人生を不幸なものにしてしまう高い可能性といったものがあるのだろうと考えられるからです。）

もっとも、ここで私が挙げております「社会に属する多くの人間の性的なモラルの崩壊という社会現象に対しての様々な疑問や不安・様々な危険性や違和感」といったものは、私が自分自身の心の中で「性に関しての抑圧」というものを円滑に行うための「私自身への言い訳」や、私が自分自身の心の中で起こっている「性に関しての葛藤《かっとう》」というものを和らげるための「私自身への言い訳」としての面も間違いなくあるようなものなのでしょう。別のところでも申し上げましたが、「人間は、自分に欠けている何かを求めようとし続ける力（自分の欠如を埋めようとし続ける力）というものを、自分自身の心の中に何かの心的現象（欲動など）を生じさせたり・自分自身の体に何かの行動（欲動を充足するための行動など）を起こさせたりするための根本的な力の源としているものであり、そのような力というものを、自分自身が生き続けるための原動力としているものである」と言えますから、人間の抱く性欲というものも、人間の抱く他の様々な欲動と同様に、完全に充足されることは決して有り得ないようなもの（自分の性欲を充足することができた時には、大きな快の感情を得ることができたとしても、それは一時的なものであるに過ぎず、完全に満たされることは決してないようなもの）なのであり、人間は誰もが、「性に関しての抑圧」というものを自分自身の心の中で行い、「性に関しての葛藤《かっとう》（理性的な自分と本能的な自分との葛藤《かっとう》）」というものを自分自身の心の中に生じさせているものなのです。

（子供にとっても大人にとっても、生物としての全ての人間にとって、「性的欲動」というものは、絶対的なほどに強いものなのであり、少なくない数の人間は、自分自身の抱いている「性的欲動」というものを自分自身の理性の力によって適度に制御することができずに、何かの事件や何かの犯罪に結び付いてしまうような行動・何かの不幸な結果や何かの破滅的な結果に結び付いてしまうような行為をしてしまう場合があるのでしょう。そして、大多数の人間は、自分の抱いている「性的欲動」というものを自分自身の理性の力によって適度に支配したり適度に抑圧したりすることができているからこそ、人間社会の中で大きな問題を起こしてしまうことなどなく生きることができていると言えるのです。他のところでも申し上げましたが、「適度に我慢をすること」や「適度に抑圧をすること」などは、人間が人間として生きていくためには不可欠なことであると言えるのでしょうし、一方で、「あまりにも我慢をし過ぎてしまうこと」や「あまりにも抑圧をし過ぎてしまうこと」などは、人間が自分の心の健康を保ちながら生きていくためには禁物なことであると言えるのでしょう。）

こういったことは、全ての人間に関して（私自身に関しても、性について詳しく論じようとした過去の多くの研究者達に関しても、他の全ての人間に関しても）例外なく言えるようなことなのだろうと考えられ、この「性に関しての抑圧」や「性に関しての葛藤《かっとう》」についてのことで、一人一人の人間によって違うことがあるとすれば、それは、「性に関しての抑圧や性に関しての葛藤《かっとう》といったものが、自分自身にとって意識的に行われているものなのか、それとも、無意識的に行われているものなのか」という「認識の形の違い」であるに過ぎず、「性に関しての抑圧の強さの程度や性に関しての葛藤《かっとう》の激しさの程度が、病的なほどに強いものなのか、日常生活に支障をきたさない程度のものなのか」という「心的現象の強さの程度の違い」であるに過ぎないと言えるのでしょう。

そして、多くの場合には現実にも、「人間が、自分の性というものを大切にすること」とは、「自分自身（自分の心と自分の体と）を大切にすること」や「自分の人生を大切にすること」と同義のようなことであり、「自分の性というものと自分の恋愛というものとに、自分だけの特別な意味や特別な価値を持たせることに繋《つな》がるようなこと」でもあるのです。逆に、「人間が、自分の性というものを粗末に扱ってしまうこと」とは、「自分自身（自分の心と自分の体と）や自分の人生を粗末に扱ってしまうこと」と同義のようなことなのでしょうし、「自分の性というものの価値と自分の恋愛というものの価値とを下げることに繋《つな》がってしまうようなこと」でもあると言えるのでしょう。（勿論《もちろん》、素敵な恋愛を自分が経験することによって、自分の魅力を高めたり・自分が大きく成長したりすることができている人間も、現実にも非常に多くいると言えます。）「性」というものは、本能的な存在である動物にとっては勿論《もちろん》のこと、理性的で社会的な存在である人間にとっても、それくらいに重要で・重大で・中心的で・非常に大切な概念（非常に大切な要素）であるということなのです。

（とても私的なお話になってしまいますので恐縮なのですが、以前に私のところへ、幼少の頃から父親に性的な虐待を受け、中学三年生にして既《すで》に百人近くの男性との性体験を持っており、妊娠と中絶とを経験した末に自殺未遂をすることにまで至ってしまったという女の子が、相談に来られたことがあります。ここで私がこのようなお話を念入りにさせて頂いておりますのは、「自分の性を粗末に扱うことによって自分の人生を不幸なものにしてしまう悲しい人間や、自分の性を粗末に扱うことによって自分の人生を人間的に豊かなものとして感じられなくなってしまう悲しい人間が、一人でも少なくなって欲しい」という私の強い願いからなのです……。）

また、「自分の人生の意味や自分の恋愛の意味といったものを高めたいと自分が望んでいるのであれば、それを実現することが決して容易《たやす》いことではないとしても、人間は、自分の思い描いている理想の恋愛というもの・自分が夢に描いているような美しい恋愛というものを、可能な限り追い求め続けるべきである」ということも、多くの場合におきましては、言えることなのでしょう。例《たと》えば、「自分と性的な関係を持った異性の人数を増やすことだけを求めるような性の形」や「充分な心の交流をすることもなしに結んでしまうような性的な関係」といったものは、「人間として美しい性愛の形」や「人間として理想的な性愛の形」とは決して言えないようなものなのだろうと、少なくとも私自身は、理性的にもそのように考えますし、感情的にもそのように感じます。「自分と相手とのお互いの心が本当の意味で通じ合った状態（強い信頼と強い愛情とで結ばれた相思相愛の状態）での恋愛の形や性愛の形」といったものであってこそ、「良い意味での恋愛の形や性愛の形」・「大きな価値と大きな意味とを有している恋愛の形や性愛の形」・「人間として美しい恋愛の形や性愛の形」といった言葉で呼べるものになり得ると言えるのでしょう。尚《なお》、そういった「理想的な恋愛の形や理想的な性愛の形」といったものを自分が実現するということは、確かに、必ずしも容易《たやす》いことではないのでしょうが、「容易《たやす》いことではないからこそ、自分がそういった理想的な恋愛の形や理想的な性愛の形を実現することができた時に感じることができる喜びの大きさの度合いや幸福の大きさの度合いといったものは、非常に大きなものとなる」ということも、間違いなく言えることなのです。

勿論《もちろん》、多くの人間に対して「性的なモラルの遵守」を強制するような権利などは、私には少しもないのですが、ここでは私からのお願いとして（「その社会に属する多くの人間が、豊かな人間性を持って、自分自身の自己実現欲求の充足による幸福や幸福な状態の自分の家族との内面的同一化によって得られる幸福などのような多様な形の幸福を感じながら、人間らしい充実した人生を送ることができるような社会」というものを実現するためにも）、この現代社会に実際に生きている多くの方々に、「性的なモラルというものを守り続けて頂きたい」・「純粋で真剣で素敵な恋愛・人間的で理想的で美しい恋愛というものを実現して頂きたい」といったことを、強く申し上げたいと思います。（尚《なお》、「社会における様々な形の性的表現に関してのお話」や「社会の中に性的なモラルというものを実際に再構築することに関してのお話」といったものに関しましては、もう少し後のところで展開させて頂きます。）

ここから、「社会に属する多くの人間の性的なモラルの崩壊」という社会現象に関してのお話から、「理想社会そのもの」に関してのお話に戻らせて頂きますが、先ほどにも申し上げました通り、「現実の人間社会というものが、どのような社会であるべきなのか（理想とされる人間社会とは、どのような社会なのか）」ということには、「その社会に属する多くの人間が、どのようなことを幸福として考えているのか」・「その社会に属する多くの人間が、どのようなことを求めて生きているのか」といったことが非常に密接に関係していると言えます。（こういったお話は勿論《もちろん》、「人間社会というものが、人間のための社会であるということ」を前提とした上でのお話であり、「人間を中心とした世界観」を考えた上でのお話です。）具体的に例示致しますと、「ある社会の中で実行される福祉や医療といったものが、どのような性質のものであるべきなのか」・「ある社会の中で機能する経済や法律といったものが、どういった仕組《しく》みのものであるべきなのか」といったことも、「その社会が、どのような社会であるべきなのか」ということを前提として決められていくべきことであると考えられますので、それらのことを定義するためには、やはり、「その社会に属する多くの人間の抱く幸福の定義（その社会に属する多くの人間が求める幸せの形)」というものを考える必要が生じることになると言えます。

(「人間の抱く幸福の定義というものが、必ずしも全ての人間に一様のものではない」というお話は、「Chapter2 - 4」の「真実に関してのお話」のところで言及させて頂きました通りなのですが、極端な例をここで一つだけ挙げさせて頂きますと、例《たと》えば、「自分が長生きをする」ということは、一般的に考えれば、「人間の幸せを構成する一つの大きな要素」であると言えるのだろうと考えられ、現実にも、長生きをすることが実際にできた人間の多くは、「自分が長生きをすることができた結果として自分自身が感じることができた様々な大きな幸せ」というものを手に入れることもできるのだろうと考えられます。ですが、例《たと》えば、「高齢になった自分が、自由にならない自分の体を恨み、元気であった頃の自分に対して強い憧れを抱き、病に蝕《むしば》まれる自分の体の痛みや苦しみを際限なく感じ、迫り来る死に対して恐怖を感じながら、毎日を何の楽しみもなく長生きをする」・「自分の精神を正常な状態に保つことが全くできなくなってしまってからも、自分が長生きをする」といったことであれば、それらは、私も含めて少なくない数の人間にとっては、「幸せ」や「幸福」といった言葉では決して呼べないような状態であると感じられてしまうことでしょう。それに、例《たと》えば、「人間にとって大切なことは、より長く自分が生き続けるということにではなく、より有意義に限られた時間を自分が精一杯生きるということにある」といった価値基準で考えることも充分に可能であると言えます。)

(尚《なお》、「自分の病気が進行して自分が死に至るのを待つだけの状態にある人間が、自分自身で安楽死を選ぶ権利というものを持つべきなのかどうか」・「脳死状態にある患者の家族が、その患者の延命治療を止める権利というものを持つべきなのかどうか」といった疑問は、幸福論的な観点や合理的な観点・倫理的な観点や宗教学的な観点など、考える立場によって様々な結論や正反対の結論が出てしまうような非常に複雑な疑問・絶対的な答えを出すことは決してできないような疑問なのだろうと考えられますので、ここでは、そういったお話に深く触れることは致しません。これだけは間違いなく言えるのだろうと私が考えております「人間の命に関しての哲学」を一つだけ付け加えさせて頂きますと、「何かの望みや何かの喜び・何かの救いや何かの楽しみ・自分がしてみたい何かのことや自分の叶えたい何かの夢などが、たった一つでも現在の自分にあるのならば、また、自分の逢いたい誰かや自分の愛する誰か・自分を愛してくれている誰かや自分を必要としてくれている誰かが、たった一人でも現在の自分にいるのならば、更に、これから先の自分の人生において、何かの幸福を感じることができる可能性や何かの喜びを味わうことができる可能性・誰かと楽しい時間を分かち合うことができる可能性や心からの笑顔を自分が浮かべることができる可能性といったものが、ほんの少しでも現在の自分にあるのならば、人間は、生きるべきであり、生かされるべきでもある」といったことを断言することは、できるのだろうと思います。）

そして、「ある社会に属する多くの人間の抱く幸福の定義」というものは、「その社会に属する一人一人の人間にとって、自分が抱いている基本的な欲動（食欲や最低限の性欲・睡眠欲や承認欲求・内面的同一化に基づいて愛と優しさとを求める欲動など）が、適度且つ充分に充足されるということを前提として、自分の更なる欲動が昇華して向かう方向や対象が、どのようなものであるのか（自分の抱く高次の欲動というものが、どのようなものであるのか）」ということによって、ある程度までは判断することができるものであると考えられ、「ある社会に属する多くの人間の欲動が昇華して向かう方向や対象」といったものは、「その社会に確立している社会的価値観」と「人間が生得的に備えている基本的な性質」との両者に充分に肯定されているような欲動の昇華方向（欲動の昇華対象・欲動の昇華の形・高次の欲動の形）であると言えるのだろうと考えられます。このことは、ここまでの議論の中で、私が幾度かに及んで申し上げて参りました通りです。

では、「私達が現実に生きているこの社会の性質やこの社会の仕組《しく》み」といったものは、「私達の抱いている欲動」や「私達の抱いている幸福の定義」・「私達の抱いている昇華した形の欲動」や「私達の社会に確立している社会的価値観」といったものに、どれくらい適合的なものであると言えるのでしょうか。例《たと》えば、「経済的怖れというものに殆《ほとん》ど全ての人間が心理的に支配され、自分達の社会の中に大きな貧富の格差というものを生み出しながら、経済の恩恵（個人にとっての利便性の向上や機能性の向上・社会全体にとっての合理性の向上や生産性の向上・一人一人の人間のインセンティブの向上や様々な物の最適な分配と調整など）というものを自分達が受けるということが、人間にとって本当に幸せなことであると言えるのかどうか」・「福祉という言葉のもとに、一人一人の人間の意志というものを完全に無視するかのように、自分の社会に属する全ての人間を無条件に長く生き続けさせようとし、他の社会に生まれてきた多くの子供達を見殺しにしていくということが、本当に正しいことなのかどうか」・「一人一人の人間が（各国が・各社会が・各企業が・各家庭が）、自分の経済的な優位性というものを求めるために、資源を浪費し続け、環境を汚染し続け、他者を不幸に陥れ続けていくこの社会の仕組《しく》みというもの、また、そうせざるを得ない多くの人間を生み出してしまっているこの経済社会の仕組《しく》みというものが、果たして、どこまで正しいものであると言えるのか」といった疑問は、考えるべき点が非常に多く残っている疑問であると言えるのだろうと思います。

（人間が形成する「人間社会」というものは、言うまでもなく、本来であれば、人間のための社会・人間の幸福のための社会であるべきものですので、「どのような経済の仕組《しく》みによって、社会が調整されていくべきであり、どのような法律の仕組《しく》みによって、社会が規制されていくべきなのか」といったことの前に、「どのような経済社会や法律社会が、その社会に属する一人一人の人間の心に対して、どのような影響を及ぼすのか」ということが考慮されるべきなのでしょうし、「ある社会が、実際にどのような社会であるべきなのか」ということは、「その社会に属する一人一人の人間が、どのような社会であって欲しいと望んでおり、どのような社会に自分が生きることを幸福として考えているのか」といったことが考慮された上で決定されるべきことなのでしょう。**『人々の利益のために社会が存在するのであって、社会の利益のために人間が存在するのではない。』**とは、スペンサーの言葉になります。自分の利権を求めてばかりの少なくない数の政治家達は忘れてしまいがちになってしまうのでしょうが、このような価値観こそが、政治に携《たずさ》わる全ての人間が抱いていて然るべき職業倫理というものに繋《つな》がるような価値観なのです。）

（また、「自分達の社会というものが、どのような性質を備えた社会であるべきなのか」というお話に非常に深く関係することとして申し上げますが、この地球という星の環境が、百年後におきましても千年後におきましても人間にとって暮らし易いものであり続けるためには、私達は、全ての人間が現在において一時的に「どれだけの経済的な損失」や「合理性・利便性の喪失」を被ってでも、「自然環境の保護と再生」ということに対して、全力を尽くすべきであると言えるのかも知れません。ラブロック《James Lovelock 1915 - イギリスの生物物理学者》は、自身の唱える『ガイア理論』の中で、「人間も動物も、植物も海も、大地も大気も含めたこの星の全てが、地球・ガイアという名の一つの生命体である」といった捉え方を示しました。この「ガイア理論の考え方」というものを考慮した上で、大きな視点から物事を考えるのであれば、例《たと》えば、「私達が現在において地球の環境を破壊すること」とは、「未来における私達自身の体を破壊すること」と同義であるとさえ、言えるようなことなのかも知れません。尚《なお》、残念なことに、現実の現代社会において多くの人間は、「自分達が何らかの形で、具体的な地球環境の破壊という事実や地球環境の破壊が実際に人間社会に齎《もたら》してしまう影響といったものを実感したり・体感したり・その被害を被ったりすること」なしには、「地球環境の汚染や自然環境の破壊といったことに対しての現実的な危機感」というものを、覚えることができないでいるのでしょう。

（この「地球環境を破壊するということが、私達自身の体を破壊することと、同じような意味を持つことである」というお話に関しての現実的な例を、ここで少しだけ挙げさせて頂きます。例《たと》えば、工場廃水によって海が汚染され続けてしまえば、その海で育った魚や貝を食べる私達の体も、少しずつ毒物に汚染されていってしまうことになるのだろうと考えられますし、自動車の排気ガスによって大気が汚染され続けてしまえば、その汚染物質は降雨によって地上に降り注ぎ、その雨を吸って植物は育っていきますので、野菜や果物を食べている私達の体も、少しずつ毒物に汚染されていってしまうことになるのだろうと考えられるのです。将来的には、「宇宙ステーションが完成すること」や「人類が他の星に移住することができるようになること」などによって、状況は完全に変わるのかも知れませんが、少なくとも、現代の段階におきましては、人類も地球の一部なのですから、「人類が地球環境と無関係に生き続けていく」ということは、実質的に不可能なことであると断言することができます。）

（また、このお話と深く関係することとして申し上げておきたいことなのですが、人間に限らず全ての生物というものは、自分が生きていく中で・場合によっては自分が死んでしまった後にも、自分の周囲の環境というものを絶えず変化させ続けていく存在なのであり、このことに関しては、象や鯨のような大型の生物であっても・バクテリアや菌類のような微小な生物であっても、決して例外はありません。例《たと》えば、人間に関してのことで簡単な例を挙げさせて頂きますが、人間の総人口が二倍になれば、人間の口から吐き出される二酸化炭素の量というものも、約二倍になるのだろうと考えられます。現実の社会におきましては、森林や熱帯雨林の減少・自動車やエアコンなどの過剰な使用・様々なエネルギーの過剰な浪費といったことが、空気中の二酸化炭素量の増加を含む「温室効果ガスの増加・大気汚染」といったことに拍車を掛け、そういったことが総合して、地球温暖化や地球環境の汚染を促進していると言えるのでしょう。現代社会におきましては、様々な発電方法の中でも「原子力による発電」というもののみが、放射能汚染に対する危険性という点で、強い非難の標的となっておりますが、「火力による発電」というものも、地球温暖化への影響という非常に大きな問題を抱えていると言えます。理想的には、エネルギーに関する技術というものも、他の様々な技術や他の様々な知識と同様に、本当の意味で人間の役に立つように・総合的な意味で人間社会にとって有益となるように使用していくべきものです。）

（そして、このような厳しい状況の中で、「現在において地球に生きている人間の数を減少させること」や「これから先の時代において地球上で起こるのだろうと予想される人口の増加を厳しく抑制すること」などが、倫理的に決して許されないことであると考えますと、例《たと》えば、「人間の数が増加していくことに比例するように、森林や熱帯雨林などの量を、増加させ続けていく必要がある」といったことが言えるのかも知れません。つまり、私がここで申し上げたいことの一つは、「人間という存在は、環境を無作為に・無責任に変え続ける存在から、自分達の望む方向に向かって、意図的に・計画的に環境を変え続ける存在へと、大きな進化を遂げる必要があると言えるのかも知れない」ということなのです。そして、実質的にこのような役割を果たすことができる唯一の生物の種は、少なくとも現段階においては「ガイアの管理者」とも呼べるような立場にある「人間という生物の種」だけなのであり、自分の種の保存を最大の目的とする生物としての人間の立場から考えてみましても、「自分達がより快適に暮らしていくことができるようになるために、地球環境の保護をすること」や「自分達の子孫がより長く快適に暮らしていくことができるようになるために、地球環境の再形成をすること」などは、いわば、「人類に課せられた使命」なのだろうと考えられるのです。）

（尚《なお》、「地球に生きる人間の数が大幅に増加することを原因として現実に生じてしまうのだろうと予想される地球規模の様々な問題」には、「空気中に含まれる二酸化炭素の量が増加することなどによって生じてしまうと予想される地球温暖化の問題や大気汚染の問題」といったもの以外にも、例《たと》えば、「人間の必要とする食べ物の量が大幅に増加することによって生じてしまうのだろうと予想される食糧不足や水不足の問題」・「人間の居住する地域の広さが大幅に拡大することによって生じてしまうのだろうと予想される土地不足の問題」といったものを挙げることも、勿論《もちろん》できます。また、例《たと》えば、「人間の得られる食べ物の全体量」を大幅に増加させるためには、「食物連鎖という自然の仕組《しく》みの底辺に位置する存在・光合成によってエネルギーを作り出す生産者としての存在である植物の全体量」というものを大幅に増加させることが不可欠であると言えるのでしょうし、「文明社会に慣れ親しんでしまった人間が大自然の中で生きるということ」や「人間社会と自然社会とを完全に融合させるということ」などは非常に難しいことであるとしても、自然と人間とのバランス・自然界と人間界とのバランスというものを地球という限られた場所の中で保ち続けるためには、「人間社会の中に多くの緑を取り入れるということ」なども、必要不可欠なことであると言えるのでしょう。)

(更に、「工夫の余地はあるとしても、地球の広さには物理的な限界がある」・「人口が爆発的に増加することによって、人間以外の動植物に対しての大きな影響が及んでしまう」といった事実を考えましても、「人口増加」という社会現象は、非常に複雑で非常に厄介な多くの問題を抱えてしまっている現象であると断言することができるようなものなのです。現実にも、1800年に十億人足らずであった人類は、爆発的な増加の結果として、2000年には六十億人を超えており、2050年には九十億人に達するとも推測されています。マルサス《Thomas Robert Malthus 1766 - 1834 イギリスの経済学者》の『人口論』という議論に提唱されておりますような状況が、私達の未来において現実のものとなってしまったりしないようにするためにも、私達人類は、現代において、何らかの計画や対策を考えたり実行したりする必要であると言えるのでしょう。尚《なお》、マルサスの『人口論』という議論は、簡単に申しますと、「ある社会の中で人口が過剰になることによって、その社会の中で、貧困な状態に陥ってしまう人間が大幅に増加してしまうことは、避けられないことである」といったことを述べている議論です。）

（また、これは、「人間の生物としての存在目的そのものの否定」に繋《つな》がってしまうような非常に危険な思想でもあるのでしょうが、「人類が、無闇に・無計画にその数を増やし続けた結果として、世界中で多くの人間が困窮した状態になってしまったり・人類の滅亡そのものを早めてしまったりすることになる」といったことを予想することができると考えるのであれば、「私達が、無計画に人類を増やし続けるということ・とても長い期間に渡って保たれ続けてきた地球の生態系のバランスというものを利己的な考え方によって短期間のうちに非常に大きく破壊してしまうといったこと自体が、人間も含めた全ての生物の種全体に対しての非常に重い罪・人間という生物の種自身にとっての非常に重い罪である」ということが言えるのかも知れません。尚《なお》、「人間性」や「モラル」・「人間としての愛情」や「人間としての罪悪感」といったものを完全に無視して、「合理性」や「効率性」といったものだけを追及して考えるのであれば、「自分の肉体や精神が衰えることによって様々な意味での生産性というものを自分が殆《ほとん》ど失ってしまってまで、自分が生き続けるということも、人間という生物の種自身に対しての罪である」といった非常に極端で非常に機械的なことを一つの考え方として述べることも不可能なことではないのでしょう。勿論《もちろん》、殆《ほとん》ど全ての人間は、自分の理屈によってではなく自分の感情によって、こういった非人間的で非人道的な考え方・残酷で無慈悲な考え方を決して認めようとはしないのだろうと考えられますし、また、「そのように、こういった危険な考え方の否定をしようとしてこそ、人間的である」とも言えます。）

（尚《なお》、補足的に付け加えさせて頂きますが、ここで私が使っております「環境破壊」という言葉は、厳密に考えれば、「人間という存在にとって不利となるような自然環境の変化」ということを指し示している言葉であるに過ぎません。と申しますのも、例《たと》えば、「熱帯性の動植物達が自分達の生存区域を広めていくためには、人間が大量の温室効果ガスを出すことによって、地表の温度を少し上昇させることが、非常に有利に働く」と言えるのだろうと考えられますし、恐《おそ》らく、「人間以外の全ての動植物達が現在よりもずっと豊かに繁栄していくことができるようになるためには、人間という存在の全てが消えてしまった方が、都合が良い」とさえ、言えるのだろうと考えられるのです。人間が破壊と汚染とを繰り返してきてしまった地球の自然環境というものも、人間が一切それに手を加えなくなれば、非常に長い年月を掛けて元の美しく健康な状態を取り戻し、人間がそれに手を加えたことなど始めから一度も無かったかのように無垢な状態で存在し続けることでしょう。恐《おそ》らく、ガイアというものにも本来は、そういった自己治癒的な回復能力が備わっているはずなのです。このように考えて参りますと、「人間という存在が主観的に追求することができる理想」というものは、所詮は、「種の呪縛というものに縛られたままの理想」なのであり、それは、「地球全体や自然全体・生命全体や生態系全体にとっての理想」などでは決してなく、「人間という単一の種にとっての理想」であるに過ぎないものなのかも知れませんね。）

勿論《もちろん》、現実の社会には、様々な限界（物理的な限界や時間的な限界）が絶対的な事実として定められておりますので、「全ての人間が望む全てのことを同時に実現する」ということや、「全ての人間が幸福でいられるような社会というものを実現する」ということなどは、少なくとも、現代の殆《ほとん》ど全ての社会におきましては、理想論に過ぎないことであると言えます。しかし、そうであるとしても、例《たと》えば、「より理想的であると考えられる社会」というものを目指して、「ある社会に属する多くの人間が、どのような価値観を抱くのか」ということに非常に大きな影響を与える重要な要因として、「その社会の社会的価値観というものの形や種類」が、ある程度まで意志的且つ具体的に定義され（「その社会に属する多くの人間が幸福になれるような社会」というものを目指す形で、人間の意志によって定義され）、その「決定された社会的価値観」というものに従うような形で、「どのような性質とどのような仕組《しく》みを備えた社会というものを、実際に目指すのか」ということが、ある程度まで定義されておくことなどは、決して無意味なことではないのでしょう。

何故なら、そのような定義（一つの社会の中である程度まで統一された「あるべき社会的価値観の定義」や「あるべき人間の幸福の定義」・「理想的な社会的価値観の定義」や「目指すべき社会の形の定義」）というものこそが、人間という存在自体と人間社会全体との「未来に向けての指針（完成を予定しての大まかな設計図）」となるものなのだろうと考えられるからなのです。勿論《もちろん》、私も、「そのような定義をするということが、現実的には、非常に難しいことである」ということは、充分に承知しております。特に、国家単位や地球単位にまで大きくなってしまっている現実の社会の中で、民族や宗教・思想や文化といった様々な違いを乗り越えての「人間共通の価値観」というものを詳細に定めることなどは、果てしなく困難な作業・不可能に近いような作業であると言えるのでしょう。（部落単位や集落単位のような小さな人間社会の中であれば、「その社会に属する多くの人間が共通して抱く社会的価値観というものを確立すること」は、比較的容易なことなのだろうと考えられます。）ですから、例《たと》えば、「ある社会において最初に定義される（再確認される）社会的価値観」や「ある社会において最初に定義される（再確認される）人間の幸福の定義」といったものは、現実的には、「人間にとって非常に当たり前のこと・非常に根本的なこと・非常に本質的なことに関しての価値観」だけであっても、充分なのです。

例《たと》えば、「自分を含めた全ての人間の心と体とを大切にするべきである」というような「人間にとって非常に基本的な価値観」や、「誰かを喜ばせること・誰かを幸せにすることなどが、良いことであり、誰かを悲しませること・誰かを不幸にすることなどが、罪なことである」というような「人間の罪悪感の仕組《しく》みの根本となる価値観」といったものを、「法律と刑罰との仕組《しく》みを用いて人間の行動を束縛する法律社会の仕組《しく》み」というものによってではなく、「全ての人間が持っている良心やモラル・全ての人間が生得的に備えている善悪の基準や内面的同一化に基づいた愛と優しさの仕組《しく》みといったものに、直接的に訴え掛けたり・それらを絶対的に肯定したりする社会的価値観」というものによって、社会の中に確立することができれば、その社会に属する多くの人間は、何の疑いもなく、自然とそれらの社会的価値観を自分の価値観として取り入れ・それらの社会的価値観に基づいて自分の信念を抱き、その社会に新たに生を受けた人間もまた、そういった「全ての人間にとっての根本的な価値観（人間の本質と呼べるような価値観）」というものを、疑うこともなく当たり前のように受け入れていくことができるのでしょう。

更に、「そのように意志的に確立された社会的価値観」や「その社会的価値観と深く関係している人間の幸福の定義」といったものに応じるような形で、経済の仕組《しく》みや法律の仕組《しく》みといったものを中心とした「社会全体の仕組《しく》み」というものが作られていくべき（作り直されていくべき）なのだろうと考えられます。また、これらのことは、私達人間が、「なるようになってしまった未来」というものが訪れてしまうことをただ待つのではなく、「自分達の望む未来」や「あるべき未来」といったものを能動的に作り出していくためにも、不可欠なことであると言えるのです。（「私達の未来」というものは現在の私達自身が作るものであり、それは、現実的で具体的な私達の行動・具体的な任意の目的に対して合目的的な私達の行動・素晴らしい未来を信じる私達の希望に溢れた行動などによって、達成されるものであると言えます。これは、「私達一人一人の人間の個人的な未来」に関しても「私達の属する社会全体や世界全体の未来」に関しても全く同様に言えることなのです。）

そして、恐《おそ》らく、このような一連のこと（「理想的と考えられる社会的価値観」や「多くの人間が抱く幸福の定義」といったものが意志的に定義され、それに応じるような形で、社会全体の仕組《しく》みが機能していくということ）が、「理想的な社会的動物としての人間の形成に繋《つな》がるようなこと」・「理想社会そのものの形成に繋《つな》がるようなこと」であると言えるのでしょう。（繰り返しになってしまいますが、ここで私が申しております「理想」というものは、「人間にとっての主観的な理想」であるに過ぎませんｍ。）尚《なお》、誤解をして頂きたくないので付け加えさせて頂きますが、このような議論は、「将来において実現するべき世界観や社会観に関しての議論」と呼ぶよりも、「人間の持つ可能性や人間社会の持つ可能性に関しての議論」と呼んだ方が正しいようなものです。この本の初めのところでも申し上げましたように、私の今回のお話を「一つの考え方」として、冷静に受け止めて頂きたいと思います。（人間の歴史の中で、かつて、一部の宗教や一部の政治思想といったものが実際にそうしてしまったように、「社会の中に、無闇に・無理矢理に社会的価値観を定めてしまうこと」・「社会の中に、詳細過ぎたり厳し過ぎたりするような社会的価値観を定めてしまうこと」・「社会の中に、極端過ぎるような社会的価値観を定めてしまうこと」などにも、非常に大きな危険というものが伴うのです。）

続きまして、ここからは、「人間にとって非常に重要な概念や非常に重要な事柄でありながら、ここまでに私が展開して参りましたお話だけでは、説明が不充分であると考えられる幾つかの部分」に関しまして、少し詳しい考察を加えさせて頂くことに致します。これから私が展開して参りますのは、「社会が実際に成立していくために必要であると考えられる社会的価値観に関しての考察」・「社会全体で考えての人間の性的なモラルの再形成と文明社会において行われる性的表現の形に関しての考察」・「生物としての人間の心と文明社会に生きる存在としての人間の心とのバランスをうまく保っていくために多くの人間が抱いておくことが必要であると考えられる価値観に関しての考察」・「社会全体や世界全体を考えた上でのより良い社会の現実的な形成に関しての考察」という四つの考察です。

それではまず、「社会が実際に成立していくために必要であると考えられる社会的価値観」というものに関しての考察を、これから簡単に展開して参ります。尚《なお》、言うまでもないことなのかも知れないのですが、ここで私が挙げて参ります社会的価値観は、非常に多くの種類（無限に近いくらいの種類）が考えられる社会的価値観というもののうちのほんの一例であり、現代の日本の社会と少し前の時代の日本の社会とを考慮した上での「必要であると考えられる社会的価値観（重要であると考えられる社会的価値観）」のうちのほんの一例に過ぎないものであると考えて下さい。

（そもそも、「ある社会の中に確立している一つの社会的価値観」というものだけを考えてみましても、それは、見方や考え方の違いによって、良い面も良くない面も複数発見することができるようなものなのであり、例《たと》えば、「どのような社会的価値観が肯定されている社会というものが、最も良い社会であると言えるのか」といった疑問も、簡単に解答を導き出すことができるような疑問ではありません。これから私が挙げて参ります社会的価値観というものも、「それらが、必ずしも絶対的に正しいものなのである」ということでは決してなく、「社会に属する多くの人間が幸せを感じられるようになること」・「社会全体に秩序や安全・平和や安定といったものを取り戻すこと」・「一人一人の人間の心に愛情や優しさ・豊かさやモラルといったものを取り戻すこと」などを目的とした時に、社会の中にある程度以上に確立していることが必要であると考えられる社会的価値観の一例であるということなのです。）

基本的な前提と致しまして、ここで考える社会におきましては、「確立された社会的価値観というものの影響によって、多くの人間は、ある程度まで共通した価値観を疑うこともなく円滑に抱く」ということにさせて頂きます。また、議論が複雑になり過ぎてしまうことを防止させて頂きたいと思いますので、「社会的価値観に著《いちじる》しく反するようなメディアからの様々な情報の影響というものや、他社会から入ってくる様々な情報の影響といったものは、基本的には殆《ほとん》ど働かない」ということも、前提とさせて頂くことに致します。

このようなことを私が敢《あ》えて申しておりますのは、「テレビやインターネットなどの情報媒体を通じて様々な情報（それは例《たと》えば、自分以外の誰かの価値観に関する情報・自分以外の誰かの経験に関する情報・将来において予測される危険に関する情報など）が社会に属する多くの人間に与えられること」によって、「その社会に属する多くの人間が、強い嫉妬心や不安感・将来に対しての強い怖れといった様々な不快の感情を抱いてしまうということ」・「その社会に属する多くの人間が、偏った価値観や偏った欲動を自分自身の心の中に形成していってしまうということ」などが起こり得るのだろうと考えられるからなのです。同様に、「社会に属する多くの人間に、そのような様々な情報が与えられること」によって、「その社会に属する多くの人間の心の中に、自分の抱いている信念や価値観に対しての強い疑問や強い反発心・自分の抱いている良識やモラルに対しての強い違和感や強い不信感といったものが芽生えてしまうということ」なども、可能性としては充分に考えられることであると言えるのでしょう。（全ての人間は、自分の歩んできた長い進化の歴史の殆《ほとん》ど全ての時間を、自分が直接知覚することができる限られた世界の限られた情報の中で生きてきましたので、例《たと》えば、「インターネットやテレビといったメディアを通じて無数の情報を自分が受けてしまうことに対して、自分が大きな影響を受けることもなく耐え切ることができるだけの能力」というものを、人間は、必ずしも備えてはいないのだろうと考えられるのです。）

（**『井の中の蛙、大海を知らず。』**という日本の諺《ことわざ》がありますが、「自分が大海を知らないままでいることの方が、蛙自身にとっては、幸せなことである」と考えることも充分にできるのです。勿論《もちろん》、向上心と努力とを決して忘れないような人間にとっては、「自分が果てしなく広い世界や様々な優れた能力を持った多くの人間の存在を知ることによるメリット」といったものが非常に大きなものとなるのでしょうが、「自分の生きる世界の範囲というものが限られていて、自分の知ることのできる情報というものが限られていて、自分と関わる人間の数というものが限られていて、自分の行える行動というものも限られている環境の中で自分が生きること」の方が、「非常に多くの人間の意識や無数の情報の中で、把握することが不可能であるほどに広過ぎる世界と答えを出すことができないほどに多過ぎる選択肢とを与えられている環境で自分が生きること」よりも、ずっとシンプルに・ずっと純粋に生きることができますので、少なくない数の人間にとっては、後者の環境よりも前者の環境の方が、自分がより幸せに生きていくことが比較的容易にできるような環境であると言えるのでしょう。）

例《たと》えば、「自分の価値観」や「自分の行動」などに関しての「強い信念」や「強い意志」といったものを充分に抱くことができていない人間は、多くの選択肢や大きな自由といったものを自分が与えられた時に、戸惑ってしまうかも知れませんし、「自分の生き方」や「自分の仕事」などに関しての「強い自信」や「強い誇り」といったものを充分に抱くことができていない人間は、「自分とは全く違う世界の中で自分とは全く違う価値観を抱いて生きている誰かの情報」や「自分よりも何らかの分野で遥《はる》かに優れていると考えられるような誰かの情報」といったものを自分が得た時に、「その誰かに対しての嫉妬心」や「その誰かに対しての嫌悪感」といったものを非常に強く抱いてしまうかも知れません。特に、現代の多くの先進国の社会におきましては、「受容し切れないほどの非常に大きな自由や受容し切れないほどの無数の強烈な情報といったものを過度に与えられ過ぎてしまっているが故に、また、把握し切れないほどの広い世界の中で、人間関係を保ち続けられないほどの非常に多くの人間の意識の中で生きているが故に、多くの人間が、良くない影響や大きな心の負担・慢性的なストレスや極度の心の疲れといったものを、自分自身の心に被ってしまっている」と言えるような面が間違いなくあるのです。)

(多くの人間にとって非常に大切なことの一つは、適度に・それでいて充分に自分自身の心に拘《こだわ》りや信念・強さや自信を持ち続けることなのであり、適度に・それでいて充分に自分自身の心に自由さや柔軟さ・良い意味での適当さや余裕を持ち続けることなのでしょう。これらのバランスが大きく崩れてしまうことによって、少なくない数の人間は、自分という人間の心が閉塞感や窮屈さに苛《さいな》まれ続けることになってしまったり、自分という人間の心が自身のポリシーや自身の自我同一性の確立を確信できないような心理状態に陥ってしまったりするのです。)

それは例《たと》えば、多くの人間が様々なメディアというものを通じて、「自分以外の誰かの性的な体験に関する情報というものを見聞きすることによって、自分自身の心の中に強い嫉妬心というものを生じさせてしまうこと」・「これから起こるかも知れない経済的な危機や自然環境の危機が人間に及ぼしてしまうと考えられる影響というものを知ることによって、自分自身の心の中に強い不安というものを生じさせてしまうこと」・「美や快楽を追求することを全面的に肯定しているような価値観というものを情報として与えられることによって、そのようなことを求める自分の欲動というものを非常に強いものとしてしまうこと」・「映画やドラマなどの異性に強く憧れたり、メディアを通じて代替的に自分の親和欲求を充足したりし続けることなどによって、現実の自分の恋愛関係や現実の自分の人間関係に対して、真剣に向き合おうとすることができなくなってしまうこと」・「誰かを愛することや誰かに優しくすること・誰かを幸せにすることや誰かを喜ばせることなどに関して、大きな意味や大きな価値を少しも見出すことなく、自分自身の利己的な楽しみと自分自身の快楽のために生きることを人間の至上の喜びとするような非常に偏った価値観というものが、メディアを媒介として一人一人の人間に強烈に与えられ、そのような価値観が、多くの人間の心に伝染し、多くの人間の心の中に形成されてしまうこと」などです。(「メディアを介してのプロパガンダ」というものも、時として、非常に大きな危険な力を持つものとなり得ます。)

勿論《もちろん》、そういったことの一方で、「社会の中に発達したメディア(インターネットやテレビなどの情報媒体)というものが充分にあることによって人間社会に齎《もたら》されるメリット」や「メディアというものが社会に属する多くの人間に様々な情報(言葉に置き換えられるような情報だけではなく、音声情報や映像情報といったものをも含めた意味での情報)を与えてくれることによるメリット」といったものも、当然のことですが、間違いなくあると言えます。例《たと》えば、「現実の社会の中では充足することが難しいような欲動(強い危険や強い刺激を求める欲動・攻撃衝動や露骨な性的欲動など)というものを、メディアを通じて代替的に充足することができる人間も、少なくはない」と言えるのでしょうし、「将来に予想される危険というものをメディアを通じて事前に知ることなどで、社会に属する多くの人間が、円滑に安全を確保することができる」という面も、確かにあると言えるのでしょう。また、「メディアというものが、社会に属する多くの人間の抱く欲動というものを誘発し、消費者の購買意欲を（企業側が意図した方向に向けて）高めることによって、社会経済全体を円滑にすることができている」というメリット（メディアを通じてのコマーシャル・プロモーションというものが行われることによるメリット）や「メディアというものを通じて、社会的価値観というものを必要に応じてある程度まで意図的に変化させることができる」というメリットも間違いなくあるのだろうと考えられます。それに、そもそもの根本的な事実と致しまして、「情報が全く存在しない社会」などというものは、厳密に考えれば、決して有り得ないものです。

大切なことは、「メディアというものを通じて情報を受け取る側の人間」と「メディアというものを通じて情報を発信する側の人間」との両者が、「メディアや情報といったものの持つメリット（人間の心に良い影響を与えてくれる可能性など）」と「メディアや情報といったものの持つリスク（人間の心に危険な影響を与えてしまう可能性など）」とを充分に知り、必要に応じて、「自分の得る情報」や「自分の流す情報」を自分自身の意志と自分自身の行動によって、規制したり・選択したり・自己管理したりすることにあると言えるのだろうと考えられます。また、インターネットやテレビを中心としたメディア（情報媒体）というものを無制限に使用し続ける人間は、「自分の心の中に、人間としての根本的な価値観や自分の誇りとしている信念といったものを確立させているということ」・「自分の心のスタンスというものを、自分自身の心の中で安定させているということ」などを前提とした上で、メディアというものを使用していくということが、大切なことであると言えるのでしょう。これは、「自分が、メディアというものを通じて、人間の心に良くない影響を与える危険性を持つ様々な情報を得ることによって、自分の人格や自分の価値観に重大な影響を受けてしまうことを防ぐために大切なこと」なのだろうと考えられますし、「自分が、メディアというものを通じて、社会全体に溢れてしまっている無数の情報を得続けることによって、混乱させられてしまったり・操られてしまったりすることを防ぐために大切なこと」なのだろうと考えられます。（勿論《もちろん》、このようなお話は、テレビやインターネットといったものだけに限定したお話ではなく、映画や小説・雑誌や新聞・ラジオやゲームといった「全ての代替世界」・「全ての情報媒体」に関しても、同様に応用して考えていくことができるようなお話なのでしょう。）

メディアというものは、宗教や思想・教育や法律といったものほどではないにしても、「一つの社会に確立している社会的価値観というものを操作し、その社会に属している多くの人間が抱いている欲動や嗜好といったものを操作し、その社会の世論というものを操作し、その社会そのものをも操作してしまうような非常に強い影響力（時としてそれは、非常に危険な影響力）」を持っているものであると言えるのです。（現代の日本の社会におきましては、少なくない数の人間にとって、メディアというものが、「情報提供の役割」や「娯楽の提供の役割」といったものの一部分だけではなく、過去の時代においては現実の人間関係において一人一人の人間がその全てを行っていた「教育の役割」や「育児の役割」といったものの一部分を果たし、本来であれば直接の人間関係において行われるはずの「人間の親和欲求の充足」や「人間の愛情欲求の充足」といったことの一部分をも果たしてしまっていると言えるのでしょう。このような「様々な役割を無制限に果たしているメディアの存在」というものは、私達人間自体と私達の人間社会に大きなメリットを齎《もたら》してくれるものであるとともに、私達人間自体と私達の人間社会に大きな危険性を齎《もたら》してしまうものでもあるのです。）

それでは、ここで、議論の中心を、「メディアというものに関してのお話」から、「社会が成立するために必要であると考えられる社会的価値観そのものに関してのお話」に戻させて頂きますが、これから私が考えて参ります（挙げて参ります）「社会に生きる多くの人間の性質」というものは全て、社会的価値観というものが多くの人間の心に非常に強く影響した結果として（「人間が生得的に備えている性質」というものに「社会的価値観」というものが強く影響した結果として）、形成されているものであると考えて下さい。

まず、ここで私が考える社会におきまして、多くの人間は、「誰かとの内面的同一化を自分がするということ」を強く求めます。つまり、多くの人間は、「誰かと自分とが仲良くするということ」・「気の合う誰かや興味の持てる誰かと自分とが一緒に楽しい時間を過ごすということ」などを求め、「誰かの幸せや喜びといったもの」を「自分自身の幸せや喜びといったもの」と同等のものとして感じ、「誰かの痛みや悲しみといったもの」を「自分自身の痛みや悲しみといったもの」と同等のものとして感じることができるということです。

また、多くの人間は、「自分の社会において一般的に優れた人間性として考えられているようなものや一般的に良い人格として考えられているようなもの」を、自分自身の心の中にも形成しようと努め、実際にそのような人間性や人格（例《たと》えば、優しさと信念とを抱き、努力を惜しまず、人生に対してもポジティブであり続けられるような人間性や人格）を備えている自分であることができれば、そのことに対しての「強い誇り」や「強い自信」といったものを感じることができます。

学生や生徒といった立場の人間の多くは、当然のこととして学校に通い、勉強や運動をしますし、子供という立場の人間の多くは、自分が誰かと一緒に遊ぶことや自分が誰かと会話をすることなどに時間を惜しまず、時々は家の手伝いをしたりもします。社会人という立場の人間の多くは、当然のこととして定職に就いて仕事をし、成人という立場の人間の多くは、当然のこととして恋愛をしたり結婚をしたりし、自分の子供を持ちたいと望み、その子供に対して無償の愛を注いで、その子供を自分以上に大切に考え、その子供を立派な人間に育てるために最大限の努力をします。（尚《なお》、「殆《ほとん》ど全ての親は、自分の子供を育てる際に、多かれ少なかれ、自分の抱いている価値観や自分の抱いている信念といったものを、自分の子供に受け継がせようとする」ということが常なのであり、このような「親子間において行われる価値観や信念の受け渡し」というものが、多くの社会において、「モラルや良識に関係するような社会的価値観というものが、世代を超えて受け継がれていく」ということに非常に大きく貢献していると言えるのです。）主婦や主夫といった立場の人間の多くは、当然のこととして育児をし、炊事や洗濯などの家事を行います。

（勿論《もちろん》、「夫婦や親子で家事を分担すること」・「夫婦や親子で家事を一緒に楽しむこと」なども、とても素晴らしいことであると言えるのでしょうし、子育てに関しての深刻な支障が生じてしまわない程度であれば、「共働きの夫婦」というものも、必ずしも悪いものではないと言えるのでしょう。尚《なお》、「男性は仕事をし、女性は家事や育児をするべきである」・「女性は、恋愛に対して受身的で保守的な態度や考え方を持つべきである」といったような「男女差に関しての価値観」というものは、例《たと》えば、「男女の平等」という観点からすれば、決して正しくはないものなのだろうと考えられるのですが、「男女の役割分担による社会秩序の形成や各家庭内の秩序の形成・男女の社会的役割や性役割の分担による一人一人の人間の行動の効率化や一人一人の人間の行動のある程度までの統制」といった観点からすれば、非常に有益なものなのだろうとも考えられ、結局のところは、賛否両論のものであると言えます。

(「男女差」というものに関しての考え方を、ここで、もう少し詳しく議論させて頂きますが、例《たと》えば、「純粋な生物としての人間」というものを考えるのであれば、男性と女性というものは、二つで一つのものとして捉えることが自然なようなものなのであり、「夫婦のどちらかが仕事をして、夫婦のどちらかが育児や家事をするということが、平等なことなのか、それとも不平等なことなのか」ということではなく、それは、「仕事をして、社会貢献をして、子供を産み育てている一つの家庭」というものを一括《くく》りの単位として解釈することが正しいようなものであると言えるのかも知れません。「男性と女性が、お互いの短所を補い合い、お互いの長所を活かし合うことによって、一つの夫婦や一つの家庭といったものが成立し、成長していく」と考えることが、最も自然な形であり、最も素晴らしい形なのでしょうね。尚《なお》、この「一括《くく》りにする単位」というものを、「一つの夫婦」や「一つの家族」といった単位よりも更に広げて、「一つの社会」や「一つの国家」・「人間という一つの生物の種」や「地球という一つの星に生きる全ての生命」といった規模にまで拡大していくことも、恐《おそ》らくは可能なことです。)

（例《たと》えば、ここでは少し極端な例を挙げさせて頂きますが、蜜蜂や蟻といった種類の虫は、「一つの巣」という一括《くく》りの単位で生命活動を展開するものであると考えることができるのでしょう。ここでは蜜蜂を例に挙げてお話を続けさせて頂きますが、蜜蜂の「一つの巣」という社会の中では、一匹の「女王蜂」に対して多数の「雄蜂」が存在しており、自分達の子孫の繁栄のための生殖を行っているのですが、それに対して、「働き蜂」というものは、生殖能力を全く持っておらず、自分が生まれてから死ぬまでの間ずっと、女王蜂や雄蜂・幼虫達のために食料を運び続け、そのまま自分自身の子孫を残すこともなく、死んでいくことになります。つまり、女王蜂や雄蜂の心の中では、「自分が生殖を行って子孫を繁栄させる」ということが、自分の生の目的として規定されているのに対して、働き蜂の心の中では、「自分が食料を探して巣に持ち帰る」ということが、自分の生の目的として規定されているのだろうと考えられるということなのです。この場合、「一匹の働き蜂」というものを独立した一つの生命体として考えれば、その「働き蜂の行動」や「働き蜂の備えている生得的な心の仕組《しく》み」といったものは、生物として非常に不自然なものであると考えられるのですが、「一つの蜂の巣全体」というものを一つの生命体として考えれば、「一匹一匹の蜂の行う全ての行動」も「一匹一匹の蜂の備えている全ての生得的な心の仕組《しく》み」も、生物の根本的な目的である「種の保存」と「種の繁栄」とを目指す方向に沿っているものとして、容易に納得することができるものとなると言えます。）

（「男女差というものに関してのお話」に戻りますが、「性差別」や「男女差別」といった言葉で考えてしまうのではなく、「家庭においての男女のそれぞれの役割」や「社会においての男女のそれぞれの役割」といった言葉で考えるのであれば、「男女差による役割分担」というものは、多くの人間社会においても・大自然の中においても、当たり前のように行われているものなのであり、必ずしも批判されるべきものではないと言えるのでしょう。**『共通点があるところでは、男女両性は平等であるが、相違点があるところでは、両者は比較にならない。』**とは、ルソーの言葉です。例《たと》えば、最も根本的な男女の相違点と致しまして、男性は、「女性の替わりに妊娠や出産をすること」・「女性の替わりに育児のために母乳を出すこと」などは、決してできませんので、「男性が家庭に入って育児や家事をすること」よりも「女性が家庭に入って育児や家事をすること」の方が、性役割分業の形としては、ずっと効率的であると言えるのでしょうし、一方で、求められている労働力の種類や行われているビジネスの種類・市場で取引をされている商品の種類やサービスの種類といったものが非常に多様なものとなっている現代社会におきましては、「男性よりも女性に向いている仕事」というものも、当然のことですが、非常に多くあると言えるのでしょう。尚《なお》、この「男女差」という点を考えますと、「多くの女性が、普通に仕事をこなしながら、同時に、出産や子育てをも問題なく行うことができるような社会」というものを目指すのであれば、「女性の出産や子育てに対しての社会全体の理解や協力・男性の理解や協力」といったものが充実することが必要不可欠であるということも、断言することができるのだろうと思います。）

（また、「女性のするべきことは、何なのか」・「男性のするべきことは、何なのか」・「女性らしさとは、どういったものなのか」・「男性らしさとは、どういったものなのか」といったことを定義するような社会的価値観が、「大人のするべきことは、何なのか」・「子供のするべきことは、何なのか」・「大人らしさとは、どういったものなのか」・「子供らしさとは、どういったものなのか」といったことを定義するような社会的価値観とともに、社会に属する多くの人間の心の中に適度に強く・適度に共通に確立している社会の方が、その社会に属する多くの人間にとって、より生き易い社会になると考えることもできるのでしょう。例《たと》えば、「そういった種類の社会的価値観が、ある程度まで強く確立している社会」におきましては、その社会に属する多くの人間は、「自分がどのような人間になるべきであり、自分がどのように生きるべきであり、自分がどんな態度で振舞《ふるま》うべきであり、自分がどんな格好をするべきであり、自分が何を食べたり何をして遊んだりするべきであり、自分が毎日の生活の中で何をするべきなのか」といったことに関して、深刻な悩みや深い迷いといったものを、あまり強く抱かなくても済むようになるのだろうと考えられるのです。「Chapter2 - 2」のところで議論させて頂きました「サルトルの言葉にある自由の刑」というものを考慮した上で、このお話を考えますと、これは、「自由の刑から逃れることを望む少なくない数の人間が、実際に逃れることができるような社会」というものを実現するということでもあると言えるのでしょう。勿論《もちろん》、その一方で、「自分のライフスタイルや自分の信念・自分の価値観や自分のポリシーといったものを確立させ、自分自身に対しての充分な自信や誇りといったものを抱くこと」ができている人間であれば、「自由の刑というものを自分が充分に楽しむことによって、自分の人生を豊かな充実したものにしていくこと」や「自由の刑というものを自分が利用することによって、自分らしさというものを確立していくこと」などができるのだろうと考えられるのです。理想論的なことを申しますが、幸運にも非常に大きな自由というものを与えられることができたからには、私達はその自由というものを苦しみながらも最大限に堪能するべきなのでしょう。）

（更に、このお話に関連することとして申し上げますが、確立した社会的価値観によって、「何歳以下の人間が子供であり、何歳以上の人間が大人であるのか」といったことが適度に確実に定められている社会の方が、その社会に属する多くの人間にとって比較的生き易い社会になるということも、言えることなのかも知れません。例《たと》えば、現代の日本の社会におきましては、「二十歳以上の人間が大人である」というような価値観は、完全に形だけのものとなってしまっており、「自立することも自律することもできていないような多くの成人」・「精神的に非常に未熟な状態にある多くの成人」が、考え方や言動が全く成長していない自分・格好や権利だけが大人である自分で満足してしまっていたり、子供のままの自分に固執し続けてしまっていたりする状態にあると言えるのでしょう。現代社会には、「何が正しいことなのか」・「何が良いことなのか」・「自分が何を好きなのか」・「長期的・総合的に考えて何が自分のためになることなのか」といった判断基準によってではなく、「何が楽しいことなのか」・「何が楽なことなのか」・「何が気持ちの良いことなのか」・「短期的・物理的に考えて何が自分にとって得なことなのか」といった判断基準によってだけで自分の言動や自分の思考の全てを行ってしまっているような「人間らしい信念や良識を殆《ほとん》ど抱くことができていない大人」や「精神的に非常に未熟で自己中心的で快楽主義的な大人」が多過ぎるようにも、私には感じられてしまいます。もっとも、「完全に確立された社会的価値観によって、その社会に属する多くの人間の行動や考え方・態度や生き方・価値観や信念といったものが、非常に強く定義されたり規定されたりしているような社会の状態」になってしまいますと、「社会に属する一人一人の人間の個性の尊重」という方向性が大きく失われてしまい、「社会に属する多くの人間の大衆化」という方向性が大きく推し進められてしまうのだろうと考えられますし、「社会的価値観に適合していない生き方をしている人間が、偏見を持たれてしまったり・

差別されてしまったり・強く自己否定するようになってしまったり・非常に強く心理的に追い詰められてしまったりするといったこと」も、良いことであるとはとても言えないようなことなのだろうと考えられますので、結局のところ、「社会の中に、適度な強さで確立された社会的価値観というものが備わっているということ」が、大切なことであると言えるのだろうと思います。)

(例《たと》えば、「自分が結婚をするということや自分の子供を産み育てるということなどを少しも考えることなく、自分の夢を追い続けるということだけを考えて生きる人間」・「自分の利己的な欲動や何らかの理由のために、犯罪に手を染めながら生きる人間」・「金銭を得たいという目的や快楽を得たいという目的のために、自分の性的な何かを商品にして生きる人間」が全くいないような社会の状態であることなどは、確かに理想的なことなのかも知れませんが、現代の日本のような大きな文明社会におきましては、現実的に考えましても、そのような状態は、少し極端過ぎるような状態・少し不自然過ぎるような状態であると言えるのだろうとも考えられます。恐《おそ》らく、「社会的価値観に否定されているような生き方を実行し、犯罪に手を染めてしまったり・自分の性を売り物にしてしまったり・就労や結婚といったことを殆《ほとん》ど自分の人生の選択肢に入れることができなかったりしながら生きる少数の人間」と、「社会的価値観に肯定されているような生き方をしながら、自分の生きがいや自分の個性といったものを、自分自身の仕事や自分自身の家庭・自分自身の趣味や自分自身のライフスタイルといったものの中に見出したり構築したりすることができるような大多数の人間」との両者が、お互いに適度にバランスを保ち合うくらいの社会というものが、現実的な社会であり、人間的な社会であり、多様性に富んだ社会であり、多くの人間が迷い過ぎたり悩み過ぎたりしないような社会であり、多くの人間が退屈をし過ぎたりしないような社会でもあると言えるのでしょう。『**文化においても人間においても、多様性というものは、人生の薬味である。**』とは、ウィリアム・クーパー《William Cooper 1910 - イギリスの小説家著「地方生活風景」》の言葉です。）

（そして、ここで私が申しております「少数の人間と大多数の人間とのバランス」というものは、決して、大きく崩れてしまったり・逆転するようなことになってしまったりしては、ならないものなのだろうと考えられます。例《たと》えば、「犯罪を犯すという行為や自分の性を売り物にするという行為といったものが、確立した社会的価値観によって全く否定されていないような社会」や「犯罪を犯してしまった人間や自分の性を売り物にしてしまった人間が、自分の行為に対しての罪悪感や違和感といったものを全く感じることができないような社会」といったものは、「非常に危険な状態の社会」・「秩序やモラルが完全に崩壊してしまっている社会」であると言えるのでしょうし、「自分が結婚も子育てもしないような生き方や自分が就職も社会貢献もしないような生き方といったものを、社会に属する多くの人間が憧れたり求めたりしてしまっているような社会」になってしまいますと、その社会は、人間社会として非常に不自然なものであるというだけではなく、間違いなく、崩壊への道というものを歩んでしまうことになると言えるのでしょう。言うまでもなく、そういった「非常にアンバランスな状態の社会」というものが、私がこのお話の中で求めております「多くの人間が幸福を感じることができるような社会」や「理想社会と呼べるような社会」といったものになり得ることなどは、全く考えられないことなのです。）

次に、私がここで考える社会におきまして、多くの人間は、「楽しむこと」や「幸せを感じること」といった「快の感情」というものを中心とした「心的現象の全て（自分の心に生じる心的現象の全て・自分の大切な誰かの心に生じる心的現象の全て・自分が誰かの心に生じさせる心的現象の全て）」というものに大きな意味と大きな価値とを見出し、自分自身が、「より充実した良い人生」というものを生きることを望みます。また、多くの人間は、「努力」や「勇気」・「優しさ」や「愛情」・「希望」や「夢」といったものに対して美徳を感じ、「素直な気持ち」や「感謝の気持ち」・「真面目さ」や「勤勉さ」といったものに対しても、大きな価値と大きな意味とを見出します。同様に、多くの人間は、「平和」や「平等」・「健康」や「安全」といったものを大切なものとして考え、「責任と義務と権利とのバランス」や「自立（自律）と依存とのバランス」といったものをも重視します。（尚《なお》、余談になりますが、「自分の言動に対して責任を持つこと」は、自分が一人前の人間であることの条件であると言えるのでしょう。）

多くの人間は、仕事や勉強をすること以外にも、「充実した趣味」や「何かの楽しみ」といったものを持ち、「何をするにも（仕事をするにも・勉強をするにも・趣味に時間を費やすにも・恋愛をするにも）真剣に楽しむことこそが、自分の本当の幸せへと繫《つな》がる」ということを、充分に理解しています。（「Chapter2 - 5」でも言及致しましたが、人間は、どんなことに対しても、決して手を抜かずに、自分の能力の及ぶ限り精一杯真剣に行うことによって、より多くの物事を自分が楽しむことができ、より多くの心的現象・より強い心的現象を自分が感じることができ、より充実した時間を自分が過ごすことができるのです。）また、多くの人間は、社会の中に法律や常識によって定められているようなこと（例《たと》えば、「誰かを悲しませたり傷付けたりしてはいけない」ということや、「自分の心と体とを粗末に扱ったりしてはいけない」ということ）を、疑うこともなく素直に受け入れ、誰かに強要される必要もなく、それらのことを自分にとって非常に当たり前のこと（自分の抱いている心の力というものとも同じ方向性を持つようなこと）として遵守しようとし続けます。

そして、多くの人間は、ここまでのお話の中で私が例示して参りましたような価値観というものを、「確立した社会的価値観」によって当然のように与えられ、それらの価値観に対しての大きな疑問を抱くこともなく、「それらの価値観に自分が従うということ」を、自分自身の誇りの一つとし、自分自身の信念の一つとし、自分自身の生きがいの一つとし、「それらの価値観に自分が逆らったり背いたりするということ」に対しては、罪悪感と怖れとを感じることになります。また、言うまでもないことなのでしょうが、ここで私が示しておりますような社会的価値観の多くは、「人間が動物として抱いている欲動」というものとも、基本的には重なるものとなるのでしょう。（尚《なお》、「性欲の抑圧を促すような社会的価値観」というものなどは、「人間が動物として抱いている欲動」というものとは、重ならないようなものであるとも考えられるのですが、「人間の抱く嫉妬心を抑えたり・人間の抱く欲動を昇華させたりすることを促すことなどによって、一人一人の人間の心のバランスというものを維持し、人間社会を円滑に機能させていくということ」を実現するためには、不可欠なものであると考えられるのです。）

（その一方で、「社会に属する多くの人間が、あまりにも強く自分の社会の社会的価値観というものを、信用し過ぎたり・信頼し過ぎたり・信奉し過ぎたりしてしまうことによる危険性」というものも、間違いなくあると言えます。例《たと》えば、現実の一部の宗教社会というものにおいてそうでありますように、「自分達の社会に備わっている社会的価値観」というものに強く固執し過ぎる人達は、自分達とは全く異なる社会的価値観を備えている他社会の人達との交流をする時に、他社会の人達のことを素直に認めることができないかも知れませんし、より良いと思われるような社会的価値観を新しく見付けることができた時にも、自分達の社会に備わっている社会的価値観を改良しようと考えることが全くできないかも知れません。)

一例と致しまして、このような社会(私がここまでに例示して参りましたような性質というものを、社会に属する多くの人間が充分に備えている社会)における「教育」というものに関してのことを、簡単に考えてみることに致します。ここで私が考えております社会の中では、学校に通っている生徒達の多くは、「自分が勉強をするということ」を当然のこととして考え、良いこととして肯定しますから、「自分が何かを学ぶこと」や「自分が何かを知ること」・「自分が何かを考えること」や「自分が何かを感じること」などに対して、積極的に取り組もうとすることができますし、学校に勤めている教師達の多く(理想的には全ての教師達)は、自分の生徒達と内面的同一化をして、その上で、「教師としての職業倫理」というものを守ろうとしますから、子供達に対して、親身になって物事を教えようとすること(例《たと》えば、「勉強ができて当然」・「分かって当たり前」といった上から見下ろした態度で子供に物事を教えようとするのではなく、一人一人の子供の視点に立って、一緒に何かを考えたり・一緒に何かを感じたり・一緒に何かを学んだりしながら物事を教えようとすること)ができます。(実際にも、多くの人間の人生の中では、「自分が子供に何かを教えている中で、様々なことを自分が学ぶことができるということ」・「自分が子供を育てていく中で、自分も精神的に大きく成長することができるということ」などがあるものなのです。）

「勉強ができるということは、良いことである」といった社会的価値観を全面的に肯定している母親や教師が、成績が伸びている自分の子供や自分の生徒を誉めることなどによって、その子供達やその生徒達は、更に自分が勉強に対して頑張ろうと思えるようになることでしょう。（尚《なお》、「学力というものだけが大切なものなのでは決してなく、子供に備わっている様々な個性や様々な能力といったものをも、可能な限り認めてあげるべきである」といったお話に関しましては、「Chapter2 - 7」のところで述べております通りです。また、人間の本質というものを重視して考えますと、例《たと》えば、「自分が生き続けるということ」や「自分が人を殺したりなどは決してしないということ」などと比較すれば、「自分が高い学力を持っているということ」や「自分が金銭的に裕福であるということ」などは、非常に些細《ささい》で取るに足らないようなことであると言えます。）つまり、このように考えて参りますと、「子供の学力低下」という社会問題も、「大人の職業倫理の低下」という社会問題も、「人間のモラルの低下」という社会問題も、それら全ての問題の原因のうちの少なくない一部分は、「社会的価値観の変化」や「社会的価値観の希薄化」といったことにあるのだろうと考えられるのです。

（恐《おそ》らく、現代の日本の社会において生じてしまっている「性交渉初体験年齢の若年齢化」や「結婚年齢と出産年齢の高年齢化」・「離婚率の増加」や「少子化」・「高校や大学を出ても定職に就かずに、不安定なアルバイト生活を続けているようなフリーター人口の増加」といった様々な社会現象も全て、

「社会的価値観の大きな変化」や「社会的価値観の急速な希薄化」といったことを原因の一部として生じてしまっている社会現象であると言えるのでしょう。「何が良いことであり、何が悪いことなのか」・「何が正しいことであり、何が間違ったことなのか」・「何がより意味のあることであり、何があまり意味のないことなのか」・「何が大切なことであり、何がそれほど大切ではないことなのか」といったことを定義している様々な社会的価値観というものが非常に大きく変化してしまうことによって、その社会に属する一人一人の人間の抱く価値観というものも大きく変化してしまい、結果として、社会全体が大きな変化を被ってしまっているということなのです。）

（少し前の時代には現代よりもずっと当たり前のことであったはずの「就職をするということ」や「自立をするということ」・「結婚をするということ」や「子供を育てるということ」・「自分の性を大切にするということ」や「人間としての尊厳とモラルとを大切にするということ」などが、現代に生きる全ての人間のうちの少なくない数の一部の人間にとっては、既《すで》に、当たり前のことではなくなってしまっていると言えるのでしょう。例《たと》えば、「フリーター人口の増加」という現代における大きな社会現象の原因となってしまっていることと致しましては、「地道な生き方をするということに対して大きな意味や大きな価値を見出すことができないような人間の増加」・「耐えたり我慢をしたりすることが非常に苦手であるような人間の増加」・「自立をしたり独立をしたりするということに対して大きな意味や大きな価値を見出すことができないような人間の増加」・「自分の経済的な将来に対しての現実的な危機感というものを覚えることができないような人間の増加」といったことが挙げられるのだろうと考えられますし、「多くの人間が抱く夢や目標・多くの人間が抱く人生の目的や幸福の定義といったものが、時代の移り変わりとともに、非常に極端な方向に変化してきてしまっている」ということも、その社会現象の原因の一部として挙げられるのだろうと考えられるのですが、こういった様々な原因というものの全てにも、「社会的価値観の変化」や「社会的価値観の希薄化」といったことが、非常に大きく関わっているのです。）

また、「親が子供を育てるということや、子供が年老いた親の世話をするということなどが、立派なことであり、大切なことであり、素晴らしいこと（或《あ》いは、当然のこと）である」といった価値観が、確立された社会的価値観によって多くの人間に認められている社会であることができれば、実際にその社会の中で子育てや誰かの介護をする人間の多くは、「自分の行っている行動に対しての強い自信と強い誇りとを抱くこと」ができるようになるのでしょうし、「自分が積極的に子育てや誰かの介護を楽しみながら行うこと」もできるようになるのでしょう。

更に、「何かの職業に就いて何かの仕事をしている全ての人間は、どのような職業に就いている人間が、人間的な価値として上位の位置にあり、どのような職業に就いている人間が、人間的な価値として下位の位置にあるといったように比較したりすることができるようなものでは決してなく、人間が何かの仕事（誰かに何かの心的現象を与える仕事や社会のために役立つ仕事など）を行うということは、それだけで充分に素晴らしいことであり・非常に大切なことであり・例外なく大きな意味を持つことである」といった価値観が、確立された社会的価値観によって多くの人間に認められている社会であることができれば、実際にその社会の中で何らかの仕事に従事する全ての人間は、「自分の就いている職業に対しての強い自信と強い誇りとを抱くこと」ができるようになるのだろうと考えられますし、「自分が積極的に仕事を楽しむこと」もできるようになるのだろうと考えられます。（言うまでもなく、先輩や後輩・上司や部下といった上下関係と呼ばれるものは、会社組織や業界全体といったものが秩序を保って効率的に機能していくためにも、有益なものであると考えられるのでしょう。私がここで申し上げたいことは、「農家の人間と弁護士・会社員とスポーツ選手・大工と漫画家・家政婦と教師といったように、分野や業界が全く違うような職業の人間を比較することなどは、不可能なことである」ということです。）

（「人間が何かの職業に就いて何かの仕事をするということは、例外なく素晴らしいことである」と申し上げましたが、その一方で、「誰かに悲しみを与えたり・誰かを傷付けたり・誰かから喜びを奪い去ったり・誰かからお金を騙し取ったり・誰かを不幸にしたりしながら、お金を儲けるような仕事」・「人間の心や人間の体などを、あまりにも直接的に商品として扱っているような仕事」・「人間の命や人間の性などを、まるで弄《もてあそ》ぶかのように商品として扱っているような仕事」といったものは、それらの仕事が仮に、社会全体に対しての非常に高い経済効果を果たしているものであったとしても、倫理的な側面や人道的な側面から考えても・人間の備えている善悪の基準から考えても、「人間社会に不利益や不幸を振り撒いてしまうような仕事」・「罪や悪といった言葉で呼べるような仕事」であると結論することができますので、それらの仕事は、「社会的価値観によって否定されたり禁止されたりするべき仕事」であると考えることができるのでしょう。このお話は、例《たと》えば、「悪質な金融業者」や「少年少女売春の斡旋業者」・「薬物の密売業者」や「アメリカにおける銃の製造販売業者」といった仕事のことです。）

（勿論《もちろん》、「程度の問題」というものもありますので、「より良い社会を実現するためには、風俗関係の業界の全てが、完全に禁止されるべきである」といったような非常に極端な考え方というものは、必ずしも正しいものであるとは言えませんし、「風俗関係の職業に就いている人間の多くが心理的に追い詰められてしまう結果になってしまうこと」や、中世ヨーロッパにおいて行われてしまったような「売春婦に対しての迫害や差別」といったものが現代の私達の社会において再び行われてしまうことなども、人道的に考えても・倫理的に考えても、望ましいことであるとは決して言えません。ですが、やはり例《たと》えば、「風俗関係の業界」というものは、「金銭の授受を介して、人間の性や人間の心といったものを直接的に売り物にしてしまっているような業界」なのであり、「風俗関係のお店に依存的になってしまうことによって、自分のプライベートの人間関係や自分の現実の家族関係といったものを大切にすることができなくなってしまう少なくない数の人間」や「風俗関係のお店で自分の性や自分の心を売り物にしてお金を稼ぐことによって、罪悪感の仕組《しく》みや欲動の仕組《しく》みといった自分の心の仕組《しく》みを崩壊させ、自分の価値基準を非常に大きく歪めていってしまう少なくない数の人間」を作り出してしまっている業界でもありますので、少なくとも、「人間のモラルや人間の理性といったものを大切にしている社会」におきましては、確立された社会的価値観というものによって、「風俗関係の仕事に就こうとした人間の多くが、強い罪の意識や強い恥の意識・強い抵抗感や強い違和感を感じることができるような社会の風潮」というものが形成されているべきであると言えるのでしょう。）

（と申しますのは、「誰かを悲しませたり誰かを不幸にしたりするような業種で自分が働くこと」・「人間の心や人間の体を傷付けたり粗末に扱ったりするような業種で自分が働くこと」などが、「人間の感じる恥の意識や罪の意識の対象となること」として全く認識されていないような社会におきましては、その社会に属する多くの人間も、「自分自身の抱いているモラルや自分自身の抱いている倫理的な良識といったものを自分が守り続けるということ」を、比較的困難なこととしてしまうのだろうと考えられるからなのです。尚《なお》、「風俗関係のお店で働いている人間などが、具体的にどのような心的現象を自分自身の心に生じさせ、自分自身の心の中の罪悪感の仕組《しく》みや欲動の仕組《しく》みといったものをどのように失っていくのか」といったお話に関しましては、「Chapter2 - 7」の「社会に属する多くの人間のモラルの崩壊」や「犯罪者心理」に関しての議論のところを参照して頂きたいと思います。）

（自分がどんなにお金に困っていたとしても、誰かを傷付けたり・誰かを悲しませたり・誰かを騙したり・犯罪を犯したり・倫理的に反するような行為をしたり・誰かの人生を崩壊させたりしながら自分がお金儲けをすることなどは、人間として反則的な行為であり、罪や悪といった言葉で呼べ得る行為であると言えるのでしょうし、そういった行為を行っての仕事というものは、人間の行うべき仕事ではないと言えるのでしょう。誰かを楽しませたり・誰かを喜ばせたり・誰かを癒したり・誰かに幸せな気持ちを与えたり・誰かの人生をより良いものにしていくお手伝いをしたりしながら自分が適正な額のお金を稼ぐことができるような仕事というものが、人間的な仕事であり・良い仕事であり・正当な仕事であり・社会に貢献することができる仕事であり・自分の人生を豊かなものとしていくことができるような仕事であると言えるのです。）

（また、これは、誤解を避けさせて頂くためにも言及させて頂きたいことなのですが、私はこの本の中で、「風俗関係の職業」や「芸能関係の職業」といったものを全面的に否定するようなつもりは少しもありませんし、「快楽主義的な生き方」や「金銭を重視したような生き方」といったものを全面的に否定するようなつもりも少しもありません。同様に、私は、「経済」や「メディア」といったものを全面的に否定するようなつもりは少しもありませんし、それらの分野に深く関係した仕事をしている人間を否定するようなつもりも少しもありません。私が少しだけ意図しているところは、芸能関係や公務員といった職業に偏り過ぎてしまっている「現代社会の多くの人間の就きたいと思う職業の好みというもののバランス」を、少しだけ調整・是正することと、快楽や金銭といったものだけに非常に大きな価値を見出してしまっている「現代社会の多くの人間の価値基準というもののバランス」を、少しだけ調整・是正することとにあるのです。私は、「誰かを否定すること」や「誰かを傷付けること」・「誰かを悲しませること」や「誰かの存在意義を失わせること」などを望んでいる訳では決してありません。）

「自分という人間の価値の大きさ（自分という人間そのものに属している価値の大きさ）」や「自分という人間が人生の成功者であるのか否かということの基準」・「自分という人間が行っている仕事の価値の大きさ」や「自分という人間が行っている行動の価値の大きさ」といったものは、「Chapter2 - 7」のところでも少し触れましたように、何らかの基準によって簡単に判断することができるようなものでは決してないのです。例《たと》えば、現代社会におきましても、「自分が有名になること」や「自分が社会的地位の高い職業に就くこと」・「自分が多くのお金を儲けること」や「自分が周囲の人間に認められること」などに大きな価値と大きな意味とを見出す人間も多くいれば、「自分の誇れる自分であり続けること」や「自分が幸せな家庭を築くこと」・「自分が誰かに喜びを与えること」や「自分が充実した毎日を過ごしていくこと」などに大きな価値と大きな意味とを見出す人間も多くいます。

「ある社会に属する多くの人間が、どのような生き方をすることに大きな価値と大きな意味とを見出し、どのような職業に就くことを望み、どのような仕事をすることに憧れるのか」といったことも、「その社会に確立している社会的価値観が、どのようなものであるのか」ということに非常に大きく左右されることであり、社会や時代の違いによっても、非常に大きく異なってくることです。例《たと》えば、少し露骨に（少し意識的に）侮蔑的《ぶべつてき》な言い方を致しますと、現代において多くの人間の憧れの対象となっている「スポーツ選手」や「アーティスト」・「アイドル」や「タレント」といった職業の人達も、時代や社会が違っていれば、生活に直接関わるような物理的な生産性というものを殆《ほとん》ど持たない「見世物であるピエロとしての存在（少し芸のうまいピエロとしての存在）」であるに過ぎませんし、特に、「自分の性的魅力を売り物としたアイドル」という存在などは、「メディアを介しての性的玩具」としての存在であるに過ぎず、その意味では風俗関係の職業に類するような存在であるとさえ言えるのかも知れません。（例《たと》えば、仮に、テレビやインターネットといった様々な情報媒体が、現代に至るまでの間に大きく発達することがなければ、現代における「スポーツ選手」や「芸能人」といった職業の人気や需要も、もっとずっと低いものであったはずです。同様に、レコードやCDといった音楽情報の再生装置が、現代に至るまでの間に大きく発達することがなければ、現代における「歌手」や「演奏家」といった職業の人気や需要も、もっとずっと低いものであったはずなのでしょう。）

（勿論《もちろん》、少なくとも、現代の多くの先進国におきましては、社会に属する多くの人間の抱く欲動や嗜好といったものが、非常に多様なものとなっており、社会に必要とされる職業の種類というものも、非常に多様なものとなっていると言えますので、人間の生活の根本と深く関わるような「衣食住に関係している職業」というものだけが重要な職業であるという訳では決してなく、多くの人間を楽しませたり・多くの人間に感動を与えたり・多くの人間の心に様々な心的現象を生じさせたりすることができるような「スポーツ選手」や「アーティスト」といった職業も、とても有意味で重要な仕事をする職業であると断言することができるのだろうと考えられます。また、そういった衣食住以外の文化的な多様な分野に対しても興味を持てるだけの余裕が社会に属する多くの人間の心にあるということも、人間として非常に素晴らしいことであると言えるのでしょうね。それに、「芸術の分野やスポーツの分野で自分が常に成長し続けようとし、自分の可能性というものを可能な限り高めようとしていくということ」・「芸術の分野やスポーツの分野で自分自身や自分以外の誰かに大きな感動を与えようとし、また、実際に自分の活動や自分の表現を通じて自分自身や自分以外の誰かに大きな感動を与えるということ」なども、人間の行動として非常に素晴らしい行動・非常に有意味な行動であると断言することができます。

一方で、例《たと》えば、「子供が芸能関係の業界でアイドルとしてお金を稼ぐこと」などは、時代と社会の違いによっては、憐《あわ》れみの対象や同情の対象となってしまうような不幸なことですし、恐《おそ》らく、バランスの保たれた健全な社会におきましては、子供は本来、余程の特別な事情がある場合でなければ、「家の外で労働をしたりお金を稼いだりするべき存在」ではなく、「精一杯遊んだり何かの分野に真剣に取り組んだりし、自分の心や自分の体を充分に育んだりするべき存在」として認識され続ける必要があるのでしょう。）

例《たと》えば、「人間の生存に直接的に関わるような仕事」ということで考えれば、農業や漁業といった仕事を中心とした「食糧生産に関わる仕事」というものが、やはり、重要視されて然るべき仕事であり、大きな価値と大きな意味とを持つ仕事であると言えるのでしょうし、「生物としての人間という存在」を考えますと、「大企業で大きな経済効果を生み出している人間」や「非常に美しい歌声で歌うことができる人間」などよりも、「多くの子供たちを立派な大人に育てている人間」や「恵まれない人生を歩んでいる誰かに自発的に幸福を分け与えてあげている人間」などの方が、ずっと大きな価値とずっと大きな意味とを持つ素晴らしい行動や素晴らしい生き方をしている人間であると言えるのでしょう。

お話を先に進めさせて頂きますが、例《たと》えば、社会に属する多くの人間が、「自分の性的な何かを売り物にすることに対して、大きな罪悪感を感じることができるような価値観」・「性的な経験の豊富さを手に入れることよりも、自分の心と自分の体とを大切にすることに対して、大きな価値と大きな意味とを見出すことができるような価値観」・「本当に好きな相手としか性的な関係を持たないこと（自分と結婚をしている相手や自分と恋人同士の関係にある相手としか性的な関係を持たないこと）に対して、誇りと自信とを抱くことができるような価値観」といったものを獲得することができれば、その社会に属する多くの人間の「恋愛に関してのモラル」や「性に関してのモラル」といったものは、高いレベルで維持されていくことができるのだろうと考えられます。更に、その社会に属する多くの人間が、「自分の心が汚れていないということや、自分が純粋な心を持ち続けているということ、自分が恋愛において一途であるということや、自分が遊びとしての恋愛はしないということ、自分が結婚を前提としての真剣な恋愛しかしないということなどに対して、強い誇りと強い自信とを抱くことができるような価値観」・「周囲の人間を不快にしてしまうようなオープン過ぎる性や、節度を越えた露骨な性などを隠さないということが、非常に恥ずかしいことであり、ある種の罪でさえあるというような価値観」といったものを獲得することができれば、その社会に属する多くの人間の「恋愛に関してのモラル」や「性に関してのモラル」といったものは、もっと確実に維持されていくことができると言えるのでしょう。

(現代社会におきましては、「少なくない数の人間が、恋愛というものに対しては、大きな意味と大きな価値とを見出すことができているのに、結婚というものに対しては、大きな意味と大きな価値とを見出すことができないでいる」と言えるのだろうと考えられますし、「少なくない数の人間が、性的体験というものに対しては、大きな意味と大きな価値とを見出すことができているのに、出産や育児といったことに対しては、大きな意味と大きな価値とを見出すことができないでいる」と言えるのだろうと考えられます。しかし、「恋愛に関してのモラル」や「性に関してのモラル」といったものが高いレベルで維持されている社会であるためには、基本的には、その社会に属する多くの人間が、「恋愛というもの」と「結婚というもの」・「性的体験というもの」と「出産や育児といったもの」とを、完全に別々のものとして考えるようになってしまってはならないと言えるのでしょう。更に、「恋愛から結婚、結婚から性的体験、性的体験から出産や育児という一連の流れが、一つのまとまりとして、順番通りに行われるべきである」といった価値観が、確立した社会的価値観によって多くの人間の心に形成されている社会であることができれば、その社会に属する多くの人間の「恋愛に関してのモラル」や「性に関してのモラル」といったものは、非常に高いレベルで維持されることができるはずです。もっとも、「恋愛や性といったものに関してのこのような考え方」は、現代社会に属する多くの人間には、「少し古臭い考え方であるような印象」というものを抱かせてしまうものなのかも知れませんね。）

勿論《もちろん》、「恋愛に関してのモラル」や「性に関してのモラル」といったもの以外に関してのことであっても、例《たと》えば、「自分の家族の幸せというものを大切にするということ」・「人間と人間との直接的な触れ合いというものを大切にするということ」・「自然環境というものを大切にするということ」・「自分の生まれた国や自分の暮らしている地域を大切にするということ（尚《なお》、愛国心や地元愛といったものが、必ずしも他社会や他国に対しての競争心に繋《つな》がるものである必要などは、少しもありません。）」・「自分達の言葉や文化といったものを大切にするということ」・「家族や友達を中心とした自分の人間関係というものを大切にするということ」・「感謝の気持ちというものを大切にするということ」・「自分が仕事をするということ」や「自分が何かを学ぶということ」・「本気で楽しめる何かや本当に好きな何かが自分にあるということ」・「良い家庭を築くということや子供達を自分が産み育てるということ」・「自分の人生というものを心から楽しむということ」・「礼儀正しい振舞《ふるま》いや地道な努力を自分ができるということ」・「自分より年配の人間や自分より目上の人間のことを、自分が敬うことができるということ」・「自分の後輩や自分より年下の人間のことを、自分が可愛がってあげたりすることができるということ」・「自分が誰かと一緒に何かをしたり、誰かと一緒に楽しい時間を過ごしたりするということ」など、例を挙げていけば切りがなくなってしまうのですが、「そのような性質やそのような行動・そのような特徴やそのような実情などを自分が実現したり備えたりしているということに対して、大きな価値と大きな意味とを見出すことができるような社会的価値観」というものが確立している社会であることができれば、その社会に属する一人一人の人間も、同様の価値観というものを疑うことなく肯定し、そのような価値観に肯定されていることを実現している自分自身に対しても大きな意味と大きな価値とを見出し、自分に誇りと自信とを抱いて生きていくことができるのだろうと考えられるのです。

（また、更に、「地球環境の保護や社会秩序の形成などをも考慮した社会」というものを目指して考えるのであれば、例《たと》えば、「社会に属する多くの人間が、二酸化炭素を排出して温暖化と大気汚染とを地球環境に対して齎《もたら》し続けながら自分がドライブをするということや、資源の浪費と廃棄物の増大とに繋《つな》がってしまうような豪華な生活を自分がし続けるということよりも、たくさんの緑を自分が育てるということや、自然環境を自分が大切にし続けるということに対して、大きな価値と大きな意味とを見出すことができるような社会的価値観」というものが社会の中に確立されるべきであると言えるのでしょうし、「社会に属する多くの人間が、誰かを困らせたり・誰かを傷付けたりするということに対してではなく、誰かを喜ばせたり・誰かを幸せにしたりするということに対して、大きな価値と大きな意味とを見出すことができるような社会的価値観」というものが社会の中に確立されるべきであると言えるのでしょう。「現代と将来の地球に生きる多くの人間に害を齎《もたら》し、現代と将来の地球に生きる多くの人間の幸福を奪い去ってしまう可能性を高めてしまうことである」という点を考慮するのであれば、「工場や家庭が海や川に汚水を垂れ流してしまうこと」・「廃棄物を無駄に増やしてしまうこと」などは勿論《もちろん》のこと、「大気を汚染し続けながら自動車を過度に使用してしまうこと」・「自然を破壊してしまうような手法を用いての農業や牧畜業を行ってしまうこと」なども、更には、「性的に過激な広告を張ることなどのように、街中の景観を乱す原因となるような行為をしてしまうこと」・「自分の周囲の人間に不快な思いをさせてしまう言動をすることなどのように、社会の風紀を乱す切っ掛けとなるような行為をしてしまうこと」なども、大きな程度の違いはあれど、「悪」や「罪」といった言葉で呼べ得るような行為であると言えるのです。）

（尚《なお》、少し前の時代の日本の社会には間違いなく備わっていたのだろうと考えられる「自分が整形をすることによって、両親から与えてもらった自分の顔や自分の体を傷付けてまでして、見た目だけの美しさというものを追求することなどよりも、自分が産まれ持っている外見的な個性というものを尊重しつつ、自分の内面的な美しさを高めていくということなどに、より大きな価値とより大きな意味とを見出すことができるような社会的価値観」というものなどは、現代社会におきましては、必ずしも必要なものではなくなってきているとも言えるのかも知れません。例《たと》えば、「自分が整形をすることで自分が美しくなること」によって、「誰かを傷付ける結果」や「誰かを悲しませる結果」・「誰かを不幸にする結果」や「誰かを怒らせる結果」などにはならずに、むしろ、「誰かを喜ばせる結果」や「誰かを幸福にする結果」・「自分自身が幸福になれるという結果」や「自分自身が明るくなれるという結果」などが自分自身の人生に訪れるのだろうと予想することができるのであれば、「自分が美しくなるために整形をする」という行為は、罪悪感の対象となるべき行為などではなく、むしろ、とても素晴らしい行為であると考えることもできるのでしょう。）

(勿論《もちろん》、「見た目の美というものを、整形や化粧によって自分が人工的に作り出す」という行為が、「罪悪感の対象となる行為」ではないとしても、「人間の本質的な価値というものは、外見にあるのではない」ということは、絶対に変わらない不変の事実として、間違いなく言えることです。**『魂の美をなくした肉体の美は、動物達の装飾に過ぎぬ。』**とは、デモクリトス《Demokritos B.C.460 - B.C.370 古代ギリシア最大の自然科学者》の言葉であり、**『姿形《すがたかたち》が彫刻の美しさを創り、活動が人間の美しさを創る。姿形《すがたかたち》に捕われ過ぎてはいけない。我々は人間なのだから。』**とは、デモフィロスの言葉になります。尚《なお》、**『容貌《ようぼう》は神の力で、衣服は我々の財力で、品性は我々の意志で生み出される。』**という言葉は、フィンランドの諺《ことわざ》にある言葉です。)

また、実際に一つの社会が機能していく上では、「その社会に確立している社会的価値観というものが、どのようなものなのか」という問題だけではなく、「その社会に属する一人一人の人間の抱く様々な意識の強さというものが、どの程度に強いものなのか」という問題なども、「その社会が、どのような性質を備えた社会になるのか」ということに対して、非常に大きな影響を及ぼす重要な要因になるのだろうと考えられます。例《たと》えば、ある社会の中で、「経済の仕組《しく》み」というものが円滑に動いていくためには、「その社会に属する多くの人間が、自分の抱く経済的怖れへの意識というものを、強過ぎもなく、弱過ぎもなく、ちょうど良い程度の強さで抱く」ということが不可欠であると言えるのでしょう。

このようなことは、「社会に属する一人一人の人間が自分自身の心の中で行う性的抑圧に対して抱く意識の強さの程度に関しての問題(これは、裏を返せば、自分の抱いている性的欲動というもの自体に対して自分自身が抱く意識の強さの程度の問題でもあると言えます。）」や、「社会に属する一人一人の人間が他者からの視線というものに対して抱く意識の強さの程度に関しての問題」などにも、同様に言えることなのだろうと考えられます。社会に属する多くの人間が抱く「経済的怖れに対しての意識の強さ」・「性的抑圧に対しての意識の強さ」・「他者からの視線に対しての意識の強さ」といったものが、非常に強過ぎる場合にも、非常に弱過ぎる場合にも、その社会の中で「人間関係の様々な問題」や「社会生活上の様々な問題」といったものが発生し易くなってしまう（犯罪が横行するようになってしまう・社会経済が不安定になってしまう・一人一人の人間の心が不安定になってしまう・秩序が不安定になってしまう）のだろうと考えられるのです。

そして、少なくとも私には（これは、理想社会に関してのお話のところでも、言及していることなのですが）、「必要であると考えられる社会的価値観というものが、社会の中に充分に確立しているということ」や「多くの人間が様々なことに対して抱く意識の強さというものが、適度なものであるということ」・「多くの人間の心の中に、社会的価値観に基づいた価値観や信念が充分に（根底的な部分では多くの人間に共通した形で）形成されているということ」などを前提として、その社会に属する多くの人間が抱いている価値観というものを考え方の基礎（「その社会が、実際にどのような性質を備えた社会となるのか」ということを決定するための考え方の基礎）とした上で、経済の仕組《しく》みや法律の仕組《しく》み・行政の仕組《しく》みや福祉の仕組《しく》み・教育の仕組《しく》みや治安維持の仕組《しく》みといった様々な社会の仕組《しく》みが形成され、社会そのものが機能していくということが、理想的であると言えるのだろうと思えるのです。

（また、少しお話は本題から逸れてしまうのですが、「社会に属する多くの人間が抱いている幸福の定義」や「その幸福を実際に多くの人間が現実のものとすることができるようになるために社会の中で形成されている社会的価値観」・「社会に属する多くの人間が抱いているニーズ」や「社会に属する多くの人間が望んでいる社会の形」といったものが時代の変化や状況の変化によって確立したり変化したりしていくことに同調して、「その社会が備えている社会の仕組《しく》み」というものが少しも変化していくことができないような状況であれば、「その社会の政治や行政といったものは、民主主義的にうまく機能することができてはいない」ということが言えるのだろうと考えられます。例《たと》えば、現代の日本の社会に関してのことで申しますと、「インターネットや携帯電話といったものが、社会の隅々にまで広まっていくこと」に対応するような形で、「インターネットや携帯電話といったものの使用に関しての法律・アダルトサイトの規制や迷惑メールの規制に関しての法律などが、可能な限り早く整備されること」が望ましいと言えるのでしょうし、「社会の高齢化が進むこと」に対応するような形で、「高齢者や障害者が積極的な社会活動をすることが容易なことになるように、高齢者や障害者のためのインフラストラクチャーが可能な限り早く整備されること」が望ましいと言えるのでしょう。また、「こういったことを現実に円滑に行うことができるような行政」であるためには、「専門家の意見や市民の意見といったものをスムーズに取り入れることができるような行政の仕組《しく》み」というものが構築されていることも必要不可欠なことであると言えます。）

（尚《なお》、ここで私が紹介させて頂きます言葉は、私がこの本の中で中心的な目的の一つとしております「より多くの人間が幸福を感じながら生きることができるような社会の実現」ということに必ずしも直接に関係しているような言葉ではないのですが、「政治や統治といったことに関しての言葉」を、ここで少しだけ紹介させて頂きたいと思います。**『政治では、人間の身体と同じように、最も重い病は、頭部から起こる。』**とは、小プリニウス《Gaius Plinius Caecilius Secundus 62 - 114　古代ローマの政治家著「書簡集」》の言葉であり、**『市民を満足させ、権力者達を絶望させぬこと。これこそ、統治の何たるかを知るものの格律である。』**とは、マキャベリの言葉です。また、**『何時《いつ》の世でも、弱小者は、権力者の愚劣な行いのために苦しむ。』**とは、ラ・フォンテーヌの言葉になります。）

ですから、やはり、「より良い社会（より多くの人間が幸福を感じながら生きることができるような社会）」というものを考える上で、非常に重要な問題となることは、「社会の中に、どのような社会的価値観が確立しているべきなのか」ということ（このことは、「その社会に属する多くの人間が、どのような価値観や信念を抱くことになり、昇華した欲動としてどのような欲動を抱くことになり、どのような幸福の定義を抱くことになるのか」ということに、非常に大きく影響することです。）であり、「その社会的価値観が、どのように・どの程度に一人一人の人間の心に影響することが、その社会に属する多くの人間に幸福を齎《もたら》す結果に繋《つな》がることなのか」ということであると言えるのでしょう。

しかし、私も（少なくとも現段階では）、「その社会に属する多くの人間が幸福を感じながら生きることができるような社会というものを実現するために確立される必要がある社会的価値観というものが、どのようなものであるのか」・「その社会に属する多くの人間が幸せを感じながら生きることができるような社会というものを実現するために構築される必要がある社会の仕組《しく》みというものが、どのようなものであるのか」といったことに関しての完全な答えを手に入れることができている訳ではありませんし、「どこまでの価値観が、どのような方法によって多くの人間に共通に与えられるべきであり、どこからの価値観が、一人一人の人間によって異なる個性というものを形成するべきなのか」といったことに関しても、絶対的な結論を導き出すことができている訳ではありません。

（勿論《もちろん》、「内面的同一化に基づく愛と優しさとの仕組《しく》みによって全ての人間の心の中に規定されている方向性」や「罪悪感の仕組《しく》みによって全ての人間の心の中に生得的に規定されている方向性」・「一人一人の人間が、自分自身の基本的な欲動と昇華した形の欲動とを、ある程度まで容易に充足することができるような方向性」といったものに適合した形の「社会的価値観」や「人間社会の仕組《しく》み」といったものが求められるべきであるということは、少なくとも私の心の中では、疑う余地のないことです。尚《なお》、「人間の愛と優しさの仕組《しく》み」というものに関してのお話は、「Chapter2 - 3」を、「人間の罪悪感の仕組《しく》み」というものに関してのお話は、「Chapter2 - 7」を参照して下さい。）

（また、「実際に社会的価値観というものが、社会に属する全ての人間に対して適度に共通に与えられるための最も純粋で効果的な方法・最も単純で根本的な形式」は、「一人一人の人間に、自分の愛する両親から家庭内での仕付《しつ》けというものを通じて社会的価値観が与えられる」という形式であると考えられるのですが、現代社会におきましては、その方法や手段は非常に複雑なものとなっており、「家庭での仕付《しつ》けというもの以外にも、学校での教育や様々なメディアの影響・学校の教師や学校の友達の影響・自分の属する宗教や自分の信じる思想といったものの影響をも通じて、一人一人の人間に、非常に多様な社会的価値観が与えられる」といったような形式になっているということが、事実として言えるのでしょう。このことも、「現代社会において、社会に属する一人一人の人間の抱く価値観というものが異常なほどに多様化してしまっているということ」の根本的な原因の一つであると言えます。「人間の優しさや人間の愛情といったものを肯定するような価値観」・「人間の心や人間の体の大切さを肯定するような価値観」・「誰かを傷付けることや誰かを殺すことなどを強く否定するような価値観」といったものは、全ての家庭において全ての子供達に確実に与えられるべき価値観であると断言することができるのでしょう。)

恐《おそ》らく、こういった疑問（「確立されるべき社会的価値観や、構築されるべき社会の仕組《しく》みといったものが、どのようなものなのか」・「一人一人の人間の心の中に形成されるべき価値観や、一人一人の人間が抱くべき昇華した欲動の形といったものが、どのようなものなのか」といった疑問）に対しての純粋な答え（本能的な存在と理性的な存在との中間に位置する人間というものに完全に適合的な答え）というものは、現在に至るまでの人類の歴史を考えてみましても、そうであったように、人間が実際に行う「より良い人間の姿とより良い社会の姿とを目指しての絶え間ない思考錯誤の繰り返し」ということによってのみ、探求され得るようなものなのでしょうね。（ここで私が申しております「答え」というものは、つまり、「理想とされる人間社会の仕組《しく》み」や「理想とされる人間の心の仕組《しく》み」といったものに関しての「具体的な設計図」とも呼べるようなものです。）そして勿論《もちろん》、人間が実際に行う「より良い社会というものを実現するための精一杯の努力」というものなくしては、「理想社会というものを実現するということ」や「より良い社会というものを実現するということ」などは、決して叶わないことであるとも言えるのでしょう。

続きまして、「社会全体で考えての性的なモラルの再形成に関してのお話」や「文明社会において行われる性的表現の形に関してのお話」といったものに関しまして、少し詳しい考察を加えさせて頂きたいと思います。まず、「ある社会に属する多くの子供達の性的なモラル」というものが、「その子供達自身の罪悪感の力」や「その子供達自身の怖れの力」といったものによって、ある程度以上の高さに維持されているものであるためには、その社会において、「性」というものが、ある程度の「陰な意味でのイメージ（隠な意味でのイメージ・淫な意味でのイメージ）」を持ち、「恥の概念や罪悪感の概念に関わるようなイメージ」をも持つものであることが必要なのだろうと考えられます。（尚《なお》、自分自身の抱く罪悪感の力や怖れの力といったものによって受動的に守られる「子供の性的なモラル」というものに対して、「大人の性的なモラル」というものは、自分自身の抱く価値観や理性・自分自身の抱く良識や人間性といったものによって、能動的に守られるべきものであると言えるのでしょう。また、勿論《もちろん》、このような「性的欲動の抑圧の形」は、全ての時代の全ての社会に属する全ての人間に普遍的《ふへんてき》なものであるという訳では決してなく、現代の日本の社会の現状というものを考えてのものであるに過ぎません。詳細に議論することは致しませんが、別の時代や別の社会においては、全く違った形の性的抑圧が行われている場合もあるはずです。）

例《たと》えば、「少女の買売春のことを、援助交際という名称で呼ぶこと」や「性交のことを、エッチという名称で呼ぶこと」・「乱用すると危険な覚醒剤や麻薬のことを、スピードやエスといった俗称で呼ぶこと」などによっても、子供達が買売春や薬物の乱用をすることに対して抱く「罪悪感の度合い」や「恥の意識の度合い」といったものは、比較的弱いものとなってしまうと言えるのです。(「自分が露骨に性的な快楽を求めるということに対して罪の意識や恥の意識を感じるということが、遺伝子的に形成された生物としての人間の心の仕組《しく》みによることなのか、後天的に社会の中で形成された人間の心の仕組《しく》みによることなのか」という疑問は、正確に解答をすることが困難な疑問であり、非常に微妙な疑問なのだろうと考えられます。また、「禁酒法の時代のアメリカにおいては、自分がアルコールを飲むことが、罪の意識や恥の意識の対象となり得たということ」・「賭博が法律によって禁止されている現代の日本においては、自分が賭け事をすることが、罪の意識や恥の意識の対象となり得るということ」などからも類推することができますように、「自分が薬物を乱用することに対して、罪の意識や恥の意識を感じるということ」などは、恐《おそ》らく、「後天的に社会の中で形成された人間の心の仕組《しく》みによること」なのであり、これらは、自分が誰かを傷付けることや自分が誰かを殺すことなどに対して全ての人間が例外なく感じる「遺伝子的に形成された生物としての人間の心の仕組《しく》みによる罪の意識や恥の意識」といったものとは、根本的に異なっているものなのでしょう。ですが、その一方で、例《たと》えば、「自分が薬物を乱用することによって、自分の大切な誰かを深く悲しませてしまう高い可能性がある」・「自分がアルコールに対して依存的になってしまう結果として、自分の人生を崩壊させてしまう高い可能性がある」といった点を考慮すれば、「自分が薬物を乱用すること」や「自分がアルコールに対して依存的になること」・「自分が窃盗をすること」や「自分が賭博をすること」なども含めて、「社会に定められている法律に反すること」や「社会に定められているモラルに反すること」の殆《ほとん》ど全てが、「遺伝子的に形成された生物としての人間の心に仕組《しく》みによる罪の意識や恥の意識」といったものの対象となり得ることであるとも言えるのでしょう。)

(例《たと》えば、「自分が飲酒運転をするということが、罪や悪といった言葉で呼べることである」ということの理由の一つは、自分が飲酒運転をすることによって、自分自身や自分以外の誰か他の人間を危険に晒《さら》してしまう可能性というものを著《いちじる》しく高める結果になってしまうからなのであり、「自分が誰かの持っている物を盗んだり奪ったりするということが、罪や悪といった言葉で呼べることである」ということの理由の一つは、自分がそれらのことをすることによって、自分の家族を悲しませてしまったり自分の家族を傷付けてしまったり・被害者を困らせてしまったり被害者に迷惑を掛けてしまったりする結果になるからなのです。また、「未成年者の喫煙や成人の過度な喫煙が、罪や悪といった言葉で呼べることである」ということの理由の一部は、自分がそれらのことをすることによって、自分自身の脳や自分自身の肉体への良くない影響を作り出してしまう高い危険性があるからなのであり、自分が何かの事件や何かの事故に巻き込まれてしまう危険性というものを高めてしまうからなのであり、自分が現在や将来において健康な子供を産むことができなくなってしまう危険性というものを高めてしまうからなのであると考えられます。次に、「未成年者が飲酒をすることや成人が自分の限界を超えて過度な飲酒をすることが、罪や悪といった言葉で呼べることである」ということの理由の一部は、自分がそれらのことをすることによって、自分自身の健康を大きく害してしまう可能性があるからなのであり、何かの大きな事故や何かの大きな事件に自分が巻き込まれてしまう可能性というものを著《いちじる》しく高めてしまうからなのです。更に、「自分が麻薬や覚醒剤を使用するということが、罪や悪といった言葉で呼べることである」ということの理由の一つは、自分がそれらのことをすることによって、自分自身の体の健康や自分自身の心の健康・自分自身の人生や自分以外の誰かの人生といったものを崩壊させてしまう可能性を著《いちじる》しく高めてしまうからであると言えるのでしょう。）

何故なら、言葉というものは、「物事や概念だけを、代替的に表現するもの」ではなく、「何らかの心的イメージをも含めた形で、物事や概念といったものを、代替的に表現するもの」だからなのです。例《たと》えば、「買売春」という言葉の方が、「援助交際」という言葉よりも、「陰な意味でのイメージ（隠な意味でのイメージ・淫な意味でのイメージ）」や「恥の意識と罪の意識とを感じさせるようなイメージ」といったものを、遥《はる》かに強く含んでいる言葉であると言えるのでしょう。（他にも、簡単な例を少しだけ挙げさせて頂きますが、「勉強をする」という言葉は、「学ぶ」という言葉よりも、「苦痛を伴ったイメージ」や「受動的なイメージ」が強い言葉であるように感じられてしまいますし、「外人」という言葉は、「外国人」という言葉よりも、「侮蔑的《ぶべつてき》でマイナス傾向のイメージ」が強い言葉であるように感じられてしまいます。尚《なお》、「現代の日本の社会の中で多くの人間が抱いている価値観」というものを考慮致しますと、「意図的に欧米の言葉を用いて何かを表現することによって、日本の言葉で何かを表現した場合よりもお洒落な印象や格好良い印象といったものを日本人の心の中に感じさせることができる場合が少なくはない」ということも言えるのだろうと思います。）

（また、現代社会におきましては、「愛」や「癒し」といった言葉・「芸術」や「アート」といった言葉を付加することによって、「人間の行う多くの行動」が正当化されてしまったり・「多くの物事の価値や意味」が高められてしまったりするといったようなことが、間違いなく起こってしまっていると言えるのだろうと考えられるのですが、そういった「言葉が持っている強い魔力」や「言葉が人間の心に対して様々なイメージを与え、人間の心に様々な心的現象を生じさせる力」といったものが乱用され、「愛」や「癒し」といった言葉・「芸術」や「アート」といった言葉が、「オールマイティーの免罪符」であるかのような性質を持ってしまうことには、非常に大きな危険性が潜んでいると言えるのでしょう。時代の違いと社会の違いによっては、「経験」や「仕事」といった言葉を付加すること・「正義」や「勝利」といった言葉を付加すること・「損得」や「利益」といった言葉を付加することなどによって、「人間の行う何かの行動」が正当化されてしまったり・「何かの物事が持つ意味や価値」が高められてしまったりするといったようなことは、頻繁に起こり得たことであると言えるのだろうと考えられます。現実の人間の歴史を紐解いてみましても、「教育という名を冠しての虐待が正当化されてしまったこと」や「正義という名を冠しての虐殺が正当化されてしまったこと」などは、事実として起こってしまったことであると言えるのでしょう。)

(本来であれば、どんな言葉を付加したところで、「人間の行う何かの行動」や「何かの物事が備えている物理的な意味や価値」といったものは、決して変わらないはずなのですが、「言葉の魔力」というものは、何かの行動や何かの物事に対して一人一人の人間が主観的に感じる意味の大きさや価値の大きさといったものを、非常に大きく歪めてしまうことがあるものなのです。ですから、「私達が、自分の抱いている公平で本質的な価値基準というものを大切にし、公正な判断や客観的で冷静な判断といったものをし続けるためには、時々、言葉の魔力というものに惑わされ過ぎてしまわないように、気を付ける必要がある」ということが言えるのかも知れません。例《たと》えば、どんなに美しい魅力的な言葉を付加したところで、「生物としての人間が生得的に抱いている根本的な善悪の基準」というものは、「人間が生物である」という前提がなくならない限り、決して変わることはないものなのだろうと考えられますので、「自分が誰かを悲しませたり誰かを傷付けたりすること・自分が誰かを殺したり自分自身を不幸に陥れたりすることなどは、非常に良くないことであり、自分自身に強い罪悪感や恥の意識といった不快の感情を感じさせることである」・「自分が誰かを喜ばせたり誰かに幸せを感じさせたりすること・自分が誰かに幸福を与えたり自分自身が幸福になったりすることなどは、非常に良いことであり、自分自身にも喜びの感情や嬉しい気持ちといった快の感情を感じさせてくれることである」といった基準は、表面的に歪めることはできるとしても、本質的に変えることは決してできないようなものなのであり、また、本質的に変わってしまってはならないようなものなのです。一方で、勿論《もちろん》、自分の抱いている根本的な善悪の価値基準を歪めたりしてしまうようなことでなければ、「自分という人間が、言葉の魅力や言葉の魔力といったものを楽しむこと」自体は、罪と呼べるようなことでも悪と呼べるようなことでも決してなく、むしろ、とても文化的で知的なことであり、人間として心豊かに生きていく上で、非常に大切なことであるとも言えるのでしょう。)

(尚《なお》、現代の日本の社会におきましては、「アート」や「アーティスト」・「芸術」や「愛」・「才能」や「天才」といった類《たぐい》の言葉は、メディアによってそれらの言葉が無闇に乱用されてしまった結果として、中身の伴わない空虚な言葉・価値の小さな安い言葉に成り下がってしまっていると言えるのかも知れませんね。例《たと》えば、「癒し」という言葉などは、メディアを通じて無闇に乱用されてしまったことによって、「その言葉が本来備えていたはずの良い意味でのイメージ」というものの多くの部分を失ってしまったように、少なくとも私には感じられてしまいます。)

社会に属する一人一人の子供達の心の中で、「性というものに対して自分が感じる罪悪感や恐怖心・羞恥心や嫌悪感といったものから構成される方向性」と、「自分自身が抱く性に対しての興味や性的欲動といったものから構成される方向性」との両者のバランスというものが適度に保たれていてこそ、その社会に属する多くの子供達の性的なモラルというものは、大きな問題もなく維持され続けることができるのだろうと考えられます。社会全体に(子供の世界も大人の世界も関係なしに)、テレビやインターネットといった様々なメディアを通じて、「人間の露骨な性というものが、全く隠されないものとなってしまうこと」や、「人間の露骨な性というものが、全く否定されないものとなってしまうこと」などには、非常に大きな危険性が潜んでいるのだろうと考えられるのです。(中学生や高校生の携帯電話にまで無作為に送られてくるアダルト関連の迷惑メール・一般家庭の郵便受けに無作為に投函される風俗関連のチラシなども、多くの人間の価値観に悪影響を与えてしまうだけではなく、多くの人間を不快にしてしまうという面もあり、「罪」や「悪」といった言葉で呼べ得るものであると言えるのでしょう。)

そして、現代の日本の社会におきましても、「社会に属する多くの人間の性的なモラルの崩壊」という社会現象は、非常に顕著《けんちょ》なものとなってしまっていると言えるのでしょう。そこで、「人間社会において遵守されるべきであると考えられる性的なモラルの基準」というものを、ここで簡単に(便宜的な意味で)定義させて頂くことに致します。こういった定義をすることが必要であると思える「私達の社会の現状」というものを、私自身も非常に残念に感じてしまうのですが、「社会に属する多くの人間の心に性的なモラルというものを確立するということ」は、「その社会に属する多くの人間が幸福を感じながら生きていくことができるような社会というものを実現すること」のために不可欠なことの一つであると考えられ、「社会に属する多くの人間の心に性的なモラルというものを確立するということ」のためには、「人間社会において遵守されるべきであると考えられる性的なモラルの基準というものを、ある程度まで確実なものとすること」が必要であると考えられますので、「倫理に関する社会的価値観」や「モラルに関する社会的価値観」といったものが非常に希薄なものとなってしまっている現代の日本の社会におきまして、「社会に属する一人一人の人間（特に子供達）に、ある程度以上に高いレベルでの性的なモラルの遵守を促す」ということを目的と致しまして、便宜的な基準という意味で、定義させて頂きたいと思うのです。

まず、中学生や高校生くらいまでの子供にとっては、「自分が性的な体験をすること」は、「罪悪感の対象や禁止の対象・羞恥心の対象や嫌悪感の対象として認識されるべきこと」であり、同様に、それ以上の年齢の人間にとって、「中学生や高校生くらいまでの子供と自分とが性的な関係を持つこと」も、「罪悪感の対象や禁止の対象・羞恥心の対象や嫌悪感の対象として認識されるべきこと」であると言えます。**『人間には、自分の人生における時期に適した快楽と道徳と知性とがある。』**とは、ボワローの言葉です。（お互いの合意があろうとなかろうと、「幼児愛における性的関係」や「近親相姦」といったものは、「人間の生物としての心の仕組《しく》みというもの」から考えましても、「誰かの人生を崩壊させてしまう高い可能性を持つ行為であるという理由」というものを考えましても、非常に重い罪と呼べるものの一つなのだろうと考えられるのです。)

また、それくらいの年齢を過ぎた人間にとっても、「自分の恋人以外の誰かや自分の結婚相手以外の誰かと自分とが性的な関係を結ぶこと」・「自分が不倫や浮気をすること」などは、「罪悪感の対象や禁止の対象・羞恥心の対象や嫌悪感の対象として認識されるべきこと」であり、そういった行為を自分という人間が実際にすることは、「露骨過ぎるような性的表現をすること」や「性を売り物にしてお金を稼ぐこと」などとともに、少なくとも、理性や倫理を大切にしている社会におきましては、抑圧されるべきことであり、否定されるべきことであり、若干の非難の対象となって然るべきことであると言えるのでしょう。

つまり、このような形の社会的価値観を社会の中に確立することができれば、このような形の社会的価値観が殆《ほとん》ど確立していない社会と比べて、「多くの子供が、自分自身の性的欲動というものを抑圧すること」も、「多くの大人が、自分自身の性的欲動というものをコントロールすること」も、遥《はる》かに容易なことになるのだろうと考えられるのです。(尚《なお》、こういった種類の社会的価値観は、「全ての人間が現実に遵守する必要があるもの」であるということなのではなく、「多くの人間が遵守していることが望ましいもの」・「多くの人間に意識されている必要があるもの」・「社会の根底に根付く形で多くの人間の心の奥底に形成されている必要があるもの」であるということなのであり、「全ての人間にとって絶対的に正しいもの」であるということなのではなく、「社会に充分に確立していた方が、その社会に属する多くの人間が生きて行き易くなるのだろうと予想されるもの」であるということなのです。また、誤解をして頂きたくないので付け加えさせて頂きますが、私は、中高生の恋愛というものを全面的に否定するような意図を持っている訳では、決してありません。）

勿論《もちろん》、ここで私が挙げております「人間社会において遵守されるべきであると考えられる性的なモラルの基準」というものは、「現代の日本の状況」と「少し前の時代の日本の状況」とだけを考えてのものであるに過ぎず、その年齢の基準や行為の限度の基準といったものに関しても、絶対的な理由や確信的な根拠を背景に持つものであるという訳ではありません。例《たと》えば、「動物としての人間が生得的に備えている性質」というものを考えてみますと、相手が十二才くらいの子供であっても、第二次性徴を経た後の異性というものは、多くの人間にとって、性欲の対象となり得るのだろうと推測することができます。現代の日本以外の全く別の人間社会のことを考えてみましても、十四歳くらいで多くの人間が結婚や出産を経験するような社会というものもありますし、一方では、婚前交渉をすること（結婚相手以外の人間と自分とが性的関係を結ぶこと）が全く許されていないような社会というものも、決して少なくはありません。

また、性に関しての非常に厳しい倫理というものが確立している宗教社会などにおきましては、「自分の配偶者以外の異性に対して必要以上に自分の素肌を見せることや、自分の配偶者以外の異性に対して自分の素顔を見せることなどが既《すで》に、恥の意識の対象や罪の意識の対象として認識されることである」と多くの人間に考えられているような社会もあると言えます。厳密に考えますと、「異性の前で歌を歌うこと」や「異性の前で踊りを踊ること」・「異性の前で声を発すること」や「異性の前で笑顔を見せること」などでさえ、「自分の性的な魅力の一部を、異性に対して露出すること」であると捉えることが可能なようなことなのです。例《たと》えば、性に関しての厳しい倫理が確立している宗教社会（敬虔なユダヤ教や敬虔なイスラム教の社会など）に育った人間の多くから見れば、「日本やアメリカの夏の砂浜で、水着姿の男女が一緒に遊んでいる様子」といったものは、「非常に退廃的な光景」・「強い恥の意識を感じさせるような光景」・「強い罪の意識を抱かせるような光景」として見えてしまうかも知れません。

（このことは、現代の日本の社会に属する多くの人間のうちの少なくない数の一部の人間に関しても同様に言えることなのだろうと考えられるのですが、幼少の頃から異性との性的な区別を受け続けてきた人間にとっては、「異性が持っているあらゆるもの」や「異性が備えているあらゆる特徴」などの全てが、自分の抱く性的欲動の対象となる可能性を持つものとなるのでしょうし、フェティシズム的な性的倒錯の対象となる可能性を持つものともなるのでしょう。例《たと》えば、「異性と何らかの触れ合いをすること」や「異性と何らかの交流をすること」などを、長い期間に渡って少しもできなかった人間は、多くの場合におきましては、「自分が異性の笑顔を見ること」や「自分が異性と会話をすること」などを実現することができただけで、自分自身の抱いている性的欲動の一部を発散させ、大きな快の感情を得ることができるのです。）

（尚《なお》、勿論《もちろん》、「異性に自分の素顔を見せること」や「異性に自分が声を掛けること」などを含む「人間の行う全ての性的表現」というものを完全に排除したり否定したりしてしまえば、「社会における男女間のコミュニケーション」というものの殆《ほとん》ど全てが不可能になってしまうことでしょうから、「社会に属する多くの人間の性的なモラルを高めるということを目的として、人間の行う全ての性的表現を完全に禁止すること」などは、少なくとも、現代の日本の社会におきましては、間違いなく行き過ぎなことであると言えます。しかしまた、その一方で、現代の日本の社会においても少なくない数の若い女性が現実にしてしまっているのだろうと考えられることなのですが、「電車の中や街中などのような公共の場所で、異性を露骨に挑発してしまうような過激な服装や露出の高過ぎる服装をすること」などは、異性を挑発することによって自分が痴漢などの被害に遭ってしまう危険性というものを高めてしまうことであり、罪の意識や恥の意識の対象となるべきことであり、「自分が備え持っている個性の問題」や「自分の服装の過激さの程度の問題」といったものによっても大きく異なってくるようなことなのでしょうが、多くの場合においては注意して然るべきことであると言えるのでしょう。)

「文明社会において人間が行う様々な表現の中で、どこまでの表現を性的な表現ではないものとして考え、どこからの表現を性的な表現に該当するもの（恥の意識や罪の意識の対象となるもの）として考えるのか」ということは、それぞれの社会によっても・それぞれの時代によっても大きく異なることであり、「性的な表現と性的ではない表現との絶対的な境界線というものを定めること」は、現実的には、不可能と呼べるくらいに難しいことであると言えます。そもそも、「人間以外の多くの動物が備えている性質」というものを考えることで容易に類推することができますように、「性的な表現を自分がすることや性的な表現を自分が見ることに対しての恥の意識や罪の意識」といったものは、文明社会に属して生きるようになる以前の「大自然の中に生きていた野生動物としての人間」の心の中には、全くなかった（少なくとも殆《ほとん》どなかった）のだろうと考えられるものなのであり、恐《おそ》らく、現代において「どの程度以上の性的表現というものが、恥の意識や罪の意識の対象となるものなのか」といったことの基準を定めているような社会的価値観というものも、「少し前の時代の人間達が、自分達の抱いている性的欲動を抑圧する過程において作り出してきたもの（便宜的な意味で定義されているに過ぎないもの）」であると言えるのでしょう。（例《たと》えば、「自分が異性の裸体を見ること」や「異性に自分の裸体を見せること」などによって「強い恥の意識」と「強い罪の意識」とを感じることができる生物は、唯一、文明社会の中で育った人間だけなのだろうと考えられるのですが、この「異性に顔を見せることは性的な表現には該当しないが、異性に裸を見せることは性的な表現に該当する」という判断基準を絶対的で普遍的《ふへんてき》な人類共通のものとするための根拠を見付けることなどは、決して誰にもできないようなことなのです。）

（それに、言うまでもなく、人間以外の多くの動物は、「人間が行っているような複雑な恋愛」や「会話を中心とした高度な意志の疎通」といったものを行うことは基本的にはありませんので、「野生動物が、自分が生得的に備えている心の仕組《しく》みに基づいて考えたり実行したりする性の形」というものは、「人間が、自分が後天的に備えた心の仕組《しく》みに基づいて考えたり実行したりする性の形」というものよりも、ずっと単純で短絡的なものであると言えるのだろうと考えられます。現実にも、一人一人の人間の心の中に形成されている「動物的で生得的な性欲と人間的で経験的な性欲との間のズレ」というものは、実際に人間が性的な体験をする段階において、少なくない数の人間の心に「強い違和感」というものを感じさせるものとなるのです。尚《なお》、「Chapter2 - 3」のところでも言及致しましたことなのですが、「多くの野生動物が、一匹の雄と一匹の雌とのカップルというものを自然と形成するということ」からも類推することができますように、「特定の異性以外の異性との間での性的接触というものを自分が行うこと」などは、倫理を重んじる社会的な人間としての立場から考えれば勿論《もちろん》のこと、動物としての人間の心の仕組《しく》みから考えても、罪悪感の対象となる行為であると言えるのかも知れません。）

例《たと》えば、「自分が不特定多数の異性に対して自分の裸を見せるということが、罪の意識の対象や恥の意識の対象となることとして社会から非難されるべきことなのか、それとも、性的な魅力や芸術的な美しさの表現・エンターテイメントのための表現として社会に歓迎されるべきことなのか」といった疑問は、答えを出すことがとても難しい疑問であると言えますし、「裸ではなく、水着姿や下着姿ならどうなのだろうか」・「異性に顔を見せることや声を聞かせることなども、厳密に考えれば、性的な表現と呼べることになり得るのではないのだろうか」・「異性ではなく、同性に対してであっても、自分自身の非常に深いところにある性的な部分を露出することなどは、罪の意識や恥の意識の対象となることではないのだろうか」といった疑問に関しても、絶対的な答えというものを導き出すことなどは、恐《おそ》らく、不可能なことなのです。

（「純粋な生物としての一人の人間が、自分の性というものを全く抑圧されないような環境の中で成長していった場合・自分が性的な知識というものを得る機会が全くないような環境の中で成長していった場合に、その人間の脳の中に備わっているどのような仕組《しく》みによって、その人間が異性との性的な接触や性的な体験を果たすことができるようになるのか」という疑問を完全に解明することができれば、「本来の純粋な生物としての人間にとっての性的表現の基準や性的欲動の形といったものが、果たして、どのようなものなのか」といった疑問に対しての正確な答えを出すことも、可能となるのだろうと考えられます。「少なくない数の原始的な生物が、単一の性だけしか持たない無性の生物である」という事実から考えてみましても、本来は一つであったはずの性というものが、進化の過程において男性と女性という二つの性に分離した瞬間から、「その二つの性が、再び一つの性になることを求め合うような脳の仕組《しく》み・心理的な仕組《しく》み」というもの・精神分析学で「ファルス」という言葉を用いて表現される何らかの心理的な力が、有性の生物である人間の脳の中にも、間違いなくプログラムされているはずなのです。もっとも、そのような「生物としての人間の性の仕組《しく》み」・「生物としての人間の性的表現の基準」・「生物としての人間の性的欲動の形」といったものが完全に解明されたところで、それらが、「文明社会に生きる私達にとっての性的表現の基準」や「文明社会に生きる私達にとっての性的欲動の形」といったものを実際に規定するための参考になるのかどうかということは、確かなことではありません。)

少し極端な例を挙げさせて頂きますが、「中世ルネサンスの有名な画家が描いた裸婦像」というものを「罪の意識や恥の意識の対象となる下品なもの」として非難しようとする人間は、あまりいないでしょうが、「写真集や映画などに出ている裸の女性の姿」というものを「罪の意識や恥の意識の対象となる性的で嫌らしい下品なもの」として考える人間は、少なくはないのでしょう。しかし、「性的な表現における美（肯定されるべきもの）と恥（否定されるべきもの）との境界線というものを、芸術的な価値基準のみに見出してしまうということが、正しいことなのかどうか」という点にも、大きな疑問が残ってしまいますし、そもそも、「ある対象が備えている芸術的な価値というものは、その対象の価値を判断する人間の抱いている価値観や美意識などによって様々に異なるものであり、非常に曖昧なものなのである」・「芸術作品の持つ価値の大きさや意味の大きさといったものは、究極的には、その作品を感じる一人一人の人間の心によって決定されるものである」といったことも間違いなく言えるのです。例《たと》えば、高尚な芸術を殆《ほとん》ど体感したことがないような小学校低学年の子供が見れば、「インターネットのアダルトサイトの画像」も「ボッティチェリ《Sandro Botticelli 1444 - 1510 イタリア・フィレンツェ派初期ルネサンスの画家》の描いたビーナス画像」も、それほど大きな違いはない「性を扱った嫌らしいもの（興味の対象になる一方で、恥の意識や罪の意識の対象ともなってしまうもの）」として、その純粋な曇りのない目には映ってしまうことでしょう。

しかし、そういった事実がある一方で、「社会に属する多くの人間の性的なモラルというものが充分に維持されている社会」というものを実現するためには、その社会の中に「露骨な性的表現というものに対して、人間が恥の意識と罪の意識とを感じるような社会的価値観」や「露骨な性的欲動というものに対して、人間が恥の意識と罪の意識とを感じるような社会的価値観」といったものが、充分且つ適度に確立されている必要があるということも、恐《おそ》らくは確かなことなのです。「ある文明社会に属する人間が行う性的表現」や「ある文明社会に属する人間が抱く性的欲動」といったものを考える上で非常に難しい点は、「その社会において、恥の意識や罪の意識の対象となってしまうような性的表現の範囲というものを、どこからどこまでと定義するのか」・「その社会に属する多くの人間の性的欲動の抑圧を、どの程度に・どのように行うのか」・「その社会に属する一人一人の人間が自分の性的表現の自粛や自分の性的欲動の抑圧を適度且つ充分に行えるような社会の仕組《しく》みというものを、実際にどのように形成するのか」といった点にあると言えるのでしょう。（少なくとも、露骨な性的表現や直接的な性交表現といったものが、テレビなどの公共のメディアを介して不特定多数の人間に無作為に・無条件に与えられてしまう状況というものは、決して小さくはない問題を含む状況であり、危険な状況であると言えます。）

現代の日本の社会に育った私の個人的な印象と致しましては、「自分の水着姿を自分の家族以外の異性（自分の性的欲動の対象となる異性）に見せることや、自分の体の一部が自分の家族以外の異性（自分の性的欲動の対象となる異性）の体の一部に触れることなどが、異性を意識し始めた段階を過ぎた以降の人間にとって、性的な表現と呼べること・性的な意識の対象となること・若干の恥ずかしさの対象となることであるのか否かの境目となる」というくらいの性に関しての意識のレベルというものが、人間的なものであり、文化的なものであり、適度にバランスの良いものであるというように感じます。（勿論《もちろん》、この「性というものに対して人間が抱く意識のレベルの高さ」というものには、社会の違いや時代の違いによって大きな差が生じるのは当然のこと、一人一人の人間によっても大きな差が生じると言えます。例《たと》えば、「挨拶としての握手やキスが習慣化している社会」におきましては、「異性と自分とが握手やキスをすることが、性的な意識の対象とはならない」という人間も多いのでしょうし、同じ社会の中に生きる人間であっても、「初対面の異性と何の抵抗もなく握手やキスを交わすことができる人間」もいれば、「異性と言葉を交わすことや視線を合わせることをも非常に恥ずかしく感じてしまう人間」もいることでしょう。これは、自分と握手をしたり自分と言葉を交わしたりするその相手が、「自分の好きな誰か」や「自分が片思いをしてる誰か」である場合などには、尚更《なおさら》のことです。）

（尚《なお》、これは、考え方によっては言うまでもないことであるとも思えてしまうようなことなのですが、「小学生くらいまでの子供の多くが、性というものに対してあまりにも強く意識し過ぎてしまっていたり・些細《ささい》な性的表現というものに対してあまりにも過敏になってしまっていたりするような状況」というものも、現代の日本の社会などにおきましては、少し不自然なものであると言えるのでしょう。男女差というものを意識し過ぎずに・お互いの性というものを気にし過ぎずに、多くの子供達が仲良く遊んでいる姿というものは、大人の目から見ても非常に微笑ましいものであると言えます。「性的意識の目覚め」というものは、全ての人間にとって、自分自身の肉体的な成長に伴う性ホルモンの分泌などのような「自分の内的な要因」と自分の周囲の人間やメディアから与えられる性に関しての情報などのような「自分の外的な要因」との相互作用によって生じるものなのであり、これは、一人一人の人間の成長段階において達成されるもの・適当な年齢の段階において適当な程度の意識の強さを獲得する形で達成されることが理想的なものなのです。）

また、更に複雑で厄介なことには、「自分が少し露骨な性的表現をすることを繰り返し、それに少しずつ慣れてきてしまった人間が、性的表現を自分が見たり自分が行ったりするということに対しての恥の意識や罪の意識といったものを、少しずつ失っていってしまう」ということが、現実社会には当たり前のように起こってしまっていると言えるのだろうと考えられますし、「一人の人間の露骨な性的表現というものが社会に属する多くの人間に認められることによって、その露骨な性的表現をした人間以外の多くの人間も、性的表現を自分が見たり自分が行ったりするということに対しての恥の意識や罪の意識といったものを、連鎖的に（伝染病が次々に感染していくかのように）失っていってしまう」ということも、現実社会には当たり前のように起こってしまっていると言えるのだろうと考えられます。例《たと》えば、「アイドルがテレビの画面の中で露骨な性的表現を行い、テレビの画面の中で多くの人間がその性的表現を認めたり肯定したりすること」などによって、そのテレビの画面を見ている多くの人間が抱く「性的表現を自分が見たり自分が行ったりするということに対しての恥の意識や罪の意識」といったものが、大きく薄れていってしまう可能性があるのです。（別のところでも申し上げましたが、「メディアというものは、社会に属する多くの人間の価値観というものを大きく変容させてしまったり・社会的価値観そのものを大きく変容させてしまったりするような非常に強い力を持つものである」ということが言えます。）

結局のところ、「禁止されるべき（否定されるべき）性的表現の範囲を定めているような社会的価値観」や「人間が実際に性的表現を行う際の最低限のルールを定めているような社会的価値観」・「性的欲動の抑圧の必要性を定めているような社会的価値観」や「性的欲動をどのように抑圧するべきであり、どの程度に抑圧するべきなのかといったことを定めているような社会的価値観」といったものを、ある程度以上の強さで社会の中に確立することなしには、「その社会に属する一人一人の人間の性的なモラルというものを、高いレベルに保つということ」も、非常に難しいこととなってしまうと言えるのでしょう。

現実にも、社会に属する多くの人間の性的なモラルというものが高いレベルに保たれている社会の中では、「性的なモラルに関しての社会的価値観（性的な欲動を適度に抑圧することや性的な表現を適度に自粛することなどを促しているような社会的価値観）」というものが、社会の中に完全に確立したものとなっており、その社会的価値観の影響によって、その社会に属する殆《ほとん》ど全ての人間の心の中にも、「性的なモラルに関しての価値観」というものが、確実に構築されているのです。そして、この「性的なモラルに関しての社会的価値観」というものが非常に希薄なものとなってしまっている現代の日本のような社会におきましては、実際にも、「自分の抱く性的な欲動というものを、自分自身の意志によって支配したり調整したりするということ」などが、社会に属する多くの人間にとって、比較的困難なことになってしまっているということなのでしょう。

尚《なお》、ここで私が展開致しました「性的表現の範囲に関してのお話」や「性的欲動の抑圧に関してのお話」といったものも含めまして、この本の中で私が扱っております多くのお話は、私がこの文章を書いております「今現在の日本の状況」というものを考えてのお話です。ですから、例《たと》えば、日本以外の地域のことを考えるのであれば、この本の中で私が展開しております議論の多くは、参考程度のものにしかならないかも知れませんし、五年後・十年後の未来の日本におきましては、この本の中で私が憂慮しておりますような問題の多くが解決され、この本の中で私が展開しております議論の一部は、非常に滑稽で無意味な議論になってしまうかも知れません。ですが、また、実際にそうなってくれること（私がこの本の中で憂慮しておりますような「現代社会に生じてしまっている様々な問題」の多くが、解決方向に向かってくれること）こそが、私がこの本を書かせて頂くに当たって最も切望していることの一つでもあるのです。

それでは次に、現代社会に生きる全ての人間にとって非常に重要な問題であると考えられます「生物としての人間の心と社会に生きる存在としての人間の心とのバランスの問題」に関しまして、考察を加えさせて頂きたいと思います。

まず、根本的なことから申し上げますが、本来は（ほんの数万年前までは）他の全ての生物達と全く同じように「自然によって形成された環境」というものの中で生きていた人間という生物の種が、自然の中とは全く違う環境である「人間によって創造された環境（経済や法律といった社会の仕組《しく》みを備えた物質文明の社会）」というものの中で生きることにより、一人一人の人間の心の中には、時として、「生物としての自分が備えている心の仕組《しく》みというものを完全に無視するかのような非常に危険な影響」というものが生じてしまうことがあると断言することができるのでしょう。

勿論《もちろん》、このことは、「人間社会の中に、法律と刑罰とによる仕組《しく》みや経済による仕組《しく》みといったものが備わっていることによって、一人一人の人間の心に齎《もたら》されてしまう影響」というものに関してしか言えないようなことなのではなく、例《たと》えば、「年金の仕組《しく》み」や「介護福祉の仕組《しく》み」・「生活保護の仕組《しく》み」や「教育制度の仕組《しく》み」といったもののように、人間社会の中に何かの新しい仕組《しく》みというものが一つ一つ増えていく度に、「その仕組《しく》みが社会に属する一人一人の人間の心に対して及ぼす影響」というものが生じてくるのだろうと考えられますし、人間社会の中に非常に多くの物やサービスといったものが溢れ、自分にとって便利な物や便利なサービスを人間が一つ一つ手に入れていく度に、「その便利な物や便利なサービスといったものが社会に属する一人一人の人間の心に対して及ぼす影響」というものも生じてくるのだろうと考えられるのです。

（誤解を避けさせて頂くために先に申し上げておきたいことなのですが、私がここで展開させて頂いておりますお話の中で触れておりますことは、現実の社会の中に無数にある「人間社会の秩序を保っている社会の仕組《しく》み」というものと「様々な種類の便利な物や便利なサービス」といったもののうちの、ほんの一例に関してのことであるに過ぎません。現実の人間社会には、もっとずっと多くの種類の「社会の仕組《しく》み」というもの・もっとずっと多くの種類の「物やサービス」といったものによって、人間の心への様々な影響というものが生じているのだろうと考えられますし、現代ではなく未来の社会におきまして、何か新しい「社会の仕組《しく》み」というもの・何か新しい「物やサービス」といったものが登場する度にも、それらを利用する人間の心への新たな影響というものが生じてくるのだろうと考えられます。）

例《たと》えば、「Chapter2 - 7」のところでも申し上げましたことなのですが、ある社会の中に「法律と刑罰とによる仕組《しく》み」というものが備わっていることによって、その社会に属する人間のうちの少なくない数の人間は、「自分の抱いている信念やモラル・自分の抱いている欲動や昇華された形の欲動といったものに促されて自分が行った行動」というものに対しても、それを、「自分が法律や社会規範といったものだけに従って行った行動」として無意識的に解釈してしまい、その結果として、「快の感情を得られる機会」や「充実感を得られる機会」といったものを失ってしまうことがあるかも知れません。次に、「Chapter2 - 8」のここまでのところでも申し上げて参りましたことなのですが、ある社会の中に「経済の仕組《しく》み」というものが備わっていることによって、その社会に属する人間のうちの少なくない数の人間は、経済社会というものが機能していくための前提条件と呼べるような考え方である「打算的な価値観」や「合理的な価値観」といったものに自分自身の心を強く支配されてしまい、人間として感じることができるはずの「誰かを想う心」や「何かをしたいと望む心」といったものを無視しがちになってしまうかも知れませんし、経済の考え方から促される「合理化」や「効率化」といったことにより、社会に属する殆《ほとん》ど全ての人間は、「自分が様々な代替をするということ」や「自分が定められた職業で働くということ」・「自分が経済的な怖れを抱いて利益を追い続けるということ」などを余儀なくされてしまうことになるのだろうと考えられます。

ある社会の中に「介護福祉の仕組《しく》み」や「生活保護の仕組《しく》み」といったものが備わっていることによって、その社会に属する人間のうちの少なくない数の人間は、「自分と家族との間で形成されるはずの密接な繋《つな》がり」や「親密な人間関係というものを通じて自分が感じられるはずの大きな喜び」・「金銭的な損得を抜きにしても自分が誰かに親切にしたり誰かを喜ばせてあげたりしたいと望む気持ち」や「素直で率直な愛情」といったものを失ってしまう可能性があるのだろうと考えられます。ある社会の中に「教育の仕組《しく》み」というものが備わっていることによって、「多くの子供達が、小学校や中学校に当たり前のように通って、勉強をすることや多くの友達を作ること」が可能となるのですが、その一方で、「家族が一緒に過ごす時間」や「自分の子供のことを責任を持って教育しようとする親の意欲」といったものの一部が削がれてしまうことになる可能性というものも、否定することはできないと言えるのでしょう。（「社会の仕組《しく》みによって、家族間の密接な繋《つな》がりというものが失われていってしまう可能性」というものさえ、あるのだろうと考えられるのです。）

（また、このようなことは、経済学におきましても、「モラルハザード」という言葉を用いて説明されていることなのですが、例《たと》えば、「自分が交通事故などを起こしてしまっても、経済的に困窮することにはならなくて済む」という「保険による仕組《しく》み」というものが社会の中に確立していることによって、多くの人間が抱く「自分が事故などを起こしたくはない」という気持ちは、少しだけ弱いものとなってしまうかも知れませんし、「保険証があれば、医療費の負担が、三割または一割で済む」という「社会保険による仕組《しく》み」というものが社会の中に確立していることによって、多くの人間が抱く「自分が病気などになりたくはない」という気持ちは、少しだけ弱いものとなってしまうかも知れません。更に、「自己破産」という法的な最終手段が残されていることによって、多くの人間が抱く「自分が経済的に失敗してしまうことへの怖れ」や「自分が経済的に失敗してしまうことへの危機感」といったものも、少しだけ弱いものとなってしまうかも知れないのです。尚《なお》、勿論《もちろん》、「自己破産」という社会の仕組《しく》みがあるからこそ、少なくない数の人間は、「自分の経済的な死」というものが自殺という最悪の手段を通じて「自分の生命の死」というものへと繋《つな》がらなくても済むのであり、「自分の借金が次々に増えていってしまうような経済的な負の連鎖」というものから自分が逃れることもできますので、「自己破産」という社会の仕組《しく》みは、経済社会の仕組《しく》みというものに完全に背いてしまっている反則のような仕組《しく》みでありながら、経済的に困窮してしまっている人間の命を救ったり・経済的に困窮してしまっている人間を不幸から逃れさせたりすることができている仕組《しく》みでもあり、非常に危険な面と非常に素晴らしい面との両者を常に同時に備えている仕組《しく》みであると言えるのでしょう。)

「流通の仕組《しく》み」というものが社会の中に確立していることによって、多くの人間が、自分の必要としているものを簡単に廉価で入手することができるようになりますので、社会に属する人間のうちの少なくない数の人間は、「自分が工夫をすること」や「自分の手で物で作り出すこと」などを、殆《ほとん》ど実行しようとしなくなってしまうかも知れません。それによって、少なくない数の人間は、「工夫をすることや創作をすることによって自分自身が感じることができる喜び」・「苦労をして何かを手に入れることによって自分自身が感じることができる喜び」といったものを獲得する機会を失ってしまうかも知れませんし、「自分の持っている物を大切にしたいと思う気持ち」というものすらも抱くことができなくなってしまうかも知れません。(現代社会におきまして、多くの子供達は、テレビゲームなどのような「商品としての様々な遊び道具」というものを与えられ過ぎてしまっておりますので、「想像力を巡らせたり発想を膨らませたりして工夫をしながら自分達で考えて遊ぶということの楽しさや充実感」というものを得る機会を失ってしまっていると言えるのかも知れませんね。)このことは、水や食料といったものを中心とした「人間の生存にとって不可欠となるような重要なもの」に関しても、同様に言えるのだろうと考えられることです。(もっとも、「製品生産業を中心とした経済社会の仕組《しく》み」というものには、「その社会に属する多くの人間が浪費行動を多くすることによって、その社会の経済全体を活性化させていくことができる」という面がありますので、「より多くの人間が、より多くの物や資源を無駄に浪費していくような社会の方が、その社会の経済の仕組《しく》みというものは、非常に活発に機能するようになる」ということも、多くの場合におきましては、確かなことであると言えます。）

「情報社会の仕組《しく》み」というものが社会の中に確立していることによって、社会に属する多くの人間は、「様々な知識や情報といったものを容易に入手すること」や「誰かとのコミュニケーションを円滑に行うための共通の話題をテレビやインターネットから日常的に得ること」・「自分が純粋に映画などを見て楽しんだりすること」や「非常に広い分野の様々なエンターテイメントを合理的に（効率的に・代替的に）楽しむこと」などができるのだろうと考えられるのですが、一方で、「少なくない数の人間の心に、嫉妬の感情や恐怖の感情といった様々な種類の不快の感情というものが、メディアを通じて余計に与えられてしまうこと」なども、現実に起こってしまっていることなのだろうと考えられます。（また、現代の日本のような社会におきましては、「自分が情報を得ることを望んではいない多くの人間も、様々な種類の情報を無条件且つ受動的に獲得してしまうことになる」・「知ることによって自分が不幸になってしまうような情報や、知らないままでいた方が良かったと後から感じてしまうような情報を、多くの人間が無条件に獲得してしまうことになる」といったことも事実として言えることなのでしょう。）

例《たと》えば、「無数の情報がインターネットやテレビといった情報媒体を介して絶え間なく飛び交ってしまっている現代の日本という社会」が、もし仮に、「一人一人の人間に与えられる情報・一人一人の人間の得られる情報というものが、現在よりもずっと少ない社会」であったならば、社会に属する多くの人間は、「インターネットやテレビといった代替世界的な情報媒体（メディア）から与えられる無数の情報」というものによって自分自身の心の中に喚起されてしまう「様々な種類の不快の感情」や「自分が抱いている価値観に対しての強い疑問」といったものを抱かなくても済むようになるのだろうと考えられますし、愛情欲求や性欲といった自分の欲動をメディアによって中途半端に喚起されてしまったり・中途半端に充足されてしまったりしなくても済むようになるのだろうと考えられるのです。また、それによって（インターネットやテレビといった情報媒体から一人一人の人間に与えられる情報というものが少なくなることによって）多くの人間は、自分の抱いている親和欲求や愛情欲求・自己実現欲求（昇華した形の欲動）といった様々な欲動を代替世界の中で充足することができなくなり、「現実の自分の人生」や「現実の人間同士のコミュニケーション」といったものを、今よりも遥《はる》かに大切にすることができるようになるのだろうと考えられます。

更に、「社会に属する多くの人間に対して、メディアが無数の情報を通じて齎《もたら》す影響」というものによって、「その社会に属する多くの人間の抱く価値観の一部が、大きく操作されてしまう」という危険性もあるのだろうと考えられますし、それを通じて、「多くの人間の抱く信念というものが操作されてしまい、多くの人間の抱く昇華した形の欲動の向かう方向や、多くの人間の抱く嗜好といったものまでもが、大きく操作されてしまう」といった危険性も、間違いなくあるのだろうと考えられるのです。現実にもこのことによって、例《たと》えば、現代の日本の社会におきましても、社会に属する多くの子供達が抱く「自分が将来、どんな職業に就きたいのか」・「自分が将来、どんな異性と結婚をしたいのか」といったことに関しての憧れや好み・夢や目標などが、社会全体の中で極端に偏ってしまっているということを断言することができるのだろうと思います。同様に、「メディアが無数の情報を通じて社会に属する多くの人間の心に対して齎《もたら》す影響」というものによって、社会に属する多くの人間が、自分自身の心の中に抱いている「何が正しいことであり、何が間違ったことなのか」・「何が良いことであり、何が悪いことなのか」・「昇華した形の自分の欲動をどの方向に（どの対象に・どのような行動に）向けるのか」・「自分が何を求めて何を望むのか」といったことに関しての価値観というものを、非常に危険な方向に偏らせていってしまうといった危険性もあるのだろうと考えられるのです。繰り返しになってしまいますが、「メディア」というものには、「ある社会の社会的価値観を変化させ、その社会に属する多くの人間の性質を変化させ、その社会そのものの備えている性質をも変化させてしまう非常に強力な力（時としてそれは、非常に危険な力）」というものが備わっていると言えるのでしょう。

（勿論《もちろん》、その逆に、「ある人間が、テレビやインターネット・ラジオや新聞などを通じて、誰かのお話や誰かの言葉を聞くこと・何かの映像や何かの画像を見ることで、自分が純粋に楽しんだり・何かの良い意味での刺激を受けたり・自分の心を大きく成長させていったり・自分が人間らしい価値基準を手に入れたりすることができる」といった場合も、非常に頻繁にあると言えます。「メディアそのものが悪である」ということなのでは決してなく、「メディアを通じて齎《もたら》される情報の一部が、決して小さくはない危険性を秘めている」ということなのであり、「情報媒体や通信媒体によって、人間の現実の人生の多くの部分を代替させてしまうことにも、決して小さくはない危険性が秘められている」ということなのです。）

「インターネットのアダルトサイト」や「風俗店のサービス」などのように、「人間が抱く性的欲動を代替的に充足することができるような仕組《しく》み」というものが現代社会に備わっていることによって、また、「テレビを通じて自分以外の誰かの姿を自分が見ることや自分以外の誰かの声を自分が聞くこと」・「インターネットでのチャットやメールを通じて自分が誰かと連絡をとること」・「ゲームや映画の中の登場人物と自分自身とを同一化させること」といったように、「人間の抱く親和欲求や承認欲求・自己実現欲求といったものすらも様々な代替的手段を利用することによって充足することができるような仕組《しく》み」というものが現代社会に備わっていることによって、この社会に属する人間のうちの少なくない数の人間は、自分の現実の人間関係（家族関係や恋人関係・友人関係など）に対して、消極的になってしまうかも知れませんし、自分の現実の人生や自分の現実の行動などに対しても、積極的になれなくなってしまうかも知れません。（「満たされない欲動が自分自身の心の中にあるということ」や「自分の心が何かを求めて乾いているということ」などは、「自分自身の心の中に、強いベクトルというものを生み出してくれること」でもありますので、「自分の抱いている欲動の多くを非常に手軽に・非常に簡単に充足することができるような環境」というものが、必ずしも全ての人間にとって理想的な環境であるとは言えないのです。）

　現代の日本の社会において生じてしまっている「少子化」という社会現象は、このような「代替的な手段が人間の心に対して与えている影響（例《たと》えば、一人暮しをしている人間も、自分がペットを飼うことや自分がテレビを見ることなどによって、自分自身が恋人や家族が欲しいと強く感じることができる重要な要因となるはずの淋しさというものの一部を、紛らわせてしまっていると言えるのでしょう。）」というものと、「自分が結婚をするということや自分の家族と暮らすということ・自分の子供を持つということや自分の子供を育てるということなどに関しての社会的価値観の大きな変化」というものと、「この社会において、結婚や出産・育児や教育といったことを現実に行う際に、多くの人間が被ってしまう実質的な大きな経済的負担」というものとを主な原因として生じてしまっているものであると言えるのだろうと考えられます。（現代の日本の社会におきましては、「自分が結婚をすること」や「自分が子供を育てること」などが、多くの人間にとって当たり前のことではなくなってきてしまっていると言えるのだろうと感じられてしまいますし、これから先の時代において、「人間が結婚をしたり子供を育てたりすることに対して、大きな意味と大きな価値とを見出すことができるような社会的価値観」というものを社会の中に充分に確立することができれば、現実に、「少子化」という深刻な社会現象の原因の一部を、解決方向に向かわせていくことができるはずです。）

（ここで私が申しております「少子化という社会現象の原因となってしまうような類《たぐい》の社会的価値観の変化」とは、例《たと》えば、「その社会に属する多くの人間が、何人くらいの子供を自分の家庭で産み育てたいと望むのか」・「その社会に属する多くの人間が、何歳くらいで、結婚や出産をしたいと望むのか」・「その社会に属する多くの人間が、自分が独身のままで遊び続けることや仕事をし続けることと、自分が結婚をして家庭に入ることや出産をしたり育児を楽しんだりすることとの、どちらを望むのか」といった類《たぐい》の社会的価値観の変化のことです。また、現代の日本の社会の実情を考えてみますと、「経済的な問題や社会生活上の問題のために、自分達が結婚をすることや自分達が出産をすることなどを控えている」という夫婦やカップルが多くいる状況であると言えるのでしょう。社会によっては、「結婚をして子供を産み育てるということが、人間として当然のことであり、元気な子供を多く立派に育てるということが、人生の大きな目的の一つである」といった価値観が多くの人間に充分に認識されているような社会というものも、少なくはないのだろうと考えられますし、「避妊をするということや中絶をするということ・離婚をするということなどが、非常に大きな罪と呼べるようなことであり、その罪の大きさに比べれば、自分が経済的に多少困窮するくらいのことは、深刻な問題と呼べるようなことではない」いった価値観が多くの人間に充分に認識されているような社会というものも、少なくはないのだろうと考えられます。そして、こういったことの全てに、「その社会に備わっている社会的価値観というものが、どのようなものであるのか」ということが、非常に密接に関係しているのです。尚《なお》、イタリアの諺《ことわざ》には、**『妻がいない男は、手綱のない馬であり、夫のいない女は、舵のない小舟である。』**という言葉があり、サンスクリットの諺《ことわざ》には、少し極端な比喩であるような印象を受けてしまう言葉なのですが、**『子供のいない家は墓である。』**という言葉があります。）

（また、「社会に属する多くの人間が、自分の一生のうちで何人くらいの子供を産み育てたいと望むのか」という社会的価値観は、社会全体に対しての非常に大きな影響を及ぼすような社会的価値観の一つです。社会に属する多くの人間の「自分が一生のうちで生み育てたいと望む子供の数」というものが少な過ぎれば、少子化という社会現象に拍車を掛けることになってしまうのでしょうし、社会に属する多くの人間の「自分が一生のうちで産み育てたいと望む子供の数」というものが多過ぎれば、人口の爆発的な増加による食糧不足の問題などに拍車を掛けることになってしまうのでしょう。「一組の夫婦が、一人から三人くらいの子供を自分の一生のうちで産み育てたいと望むくらいの社会的価値観」というものが、現代の多くの先進国社会を考慮した上で、適度なものであると言えるのかも知れませんね。）

また、これは必ずしも「社会の中に様々な社会の仕組《しく》みが誕生することによる人間の心への影響」・「社会の中に様々な種類の便利な物や便利なサービスが登場することによる人間の心への影響」などに関してのお話ではないのですが、例《たと》えば、現代の日本のような社会におきましては、社会の都会化が大きく進んでしまっておりますので、都会に住んでいる人間の多くは、「自然に触れる機会」というものを大きく失ってしまい、自分が本能的に抱いている欲動の一部（「自分が自然と触れ合いたい」ということを望む欲動）を阻害される結果となってしまっていると言えます。（例《たと》えば、「大自然の中で農業や牧畜業を営み、直接の人間同士のコミュニケーションや自分の体を使っての仕事をしている人間は、都会の中で多くの人間の意識と無数の情報とに囲まれて、代替的なメディアを通じてのコミュニケーションや機械を相手としての仕事をしている人間などよりも、心の病に陥ってしまう可能性がずっと低い」といったことが間違いなく言えるのでしょう。現代において都会の生活に疲れ切ってしまっている多くの人間にとっては、「物理的な利便性や効率的で楽な生活を求めて都会の中で暮らすこと」よりも、「心の豊かさと人間らしい生活とを求めて田舎の中で暮らすこと」の方が、ずっと幸福なことであると言えるのかも知れませんね。）

更に、現代の日本のような社会におきましては、「私達が日常生活を送っていくために役立つ様々な社会の仕組《しく》み（生活保護の仕組《しく》みや社会の秩序を保つための仕組《しく》みなど）」というものが備わっていることによって、多くの人間は、現在の自分が、「完全に安全な状態の自分・完全に安定した状態の自分・完全に先の見えた状態の自分」であるように感じられてしまい、「自分が生きるということや自分が生き続けるということに対しての物足りなさ」というものを感じてしまうことで、「より強い刺激」というものを快楽主義的に（退廃的に）求めるようになってしまっているということも言えるのでしょう。（もっとも、この「社会に属する全ての人間に対して確実に与えられているはずの安全性や将来性」といったものは、現代の日本の社会などにおきましては、少しずつ失われ掛けてしまっているとも言えるのかも知れません。）

現代社会に生きる人間にとっては「完全に当然のこと（非常に根本的な当たり前のこと）」となっているような点をも厳密に考えて参りますと、「人間の言語能力の発達」や「人間の会話の能力の発達」といったことによっても・「規則正しく時間によって仕切られた社会生活（或《あ》いは逆に、昼も夜も関係なく不規則に活動する少なくない数の人間の日常生活の乱れたリズム）」というものによっても・「衣服を身に着けるという人間の行為」によっても・「道具を使うという人間の習慣やスキル」によっても、「多くの人間の行う行動」や「多くの人間の生活様式」といったものは、非常に複雑で多様なものとなり、「二人以上の人間の間で行われるコミュニケーション」というものも、非常に複雑で多様なものとなり、結果として、現代社会に生きる全ての人間は、自分が生得的に備えている心の仕組《しく》みの一部を強く抑圧せざるを得ないことになってしまい、少なくない数の一部の人間は、様々なストレスや様々な悩みに自分自身の心が苛《さいな》まれる結果になってしまっているのだろうと考えられます。人間は、精神的な進化を遂げることによって、自分の種の生存と自分の種の繁栄とを、人間以外のどの動物よりも確かなものとし、現実にも、この地上に圧倒的な地位を持って席捲していると言えるようにさえ考えられるのですが、それによって一人一人の人間が楽に生きられるようになっているとは、決して断言することができないのです。

このようなお話の一方で、私は勿論《もちろん》、人間社会が備えている「様々な種類の社会の仕組《しく》み」・「様々な種類の便利な物や便利なサービス」といったものを否定するようなつもりは、少しもありません。「ある社会の中に、様々な種類の社会の仕組《しく》みというものが備えられているということ」・「ある社会の中に、様々な種類の便利な物や便利なサービスといったものが充分にあるということ」などは、言うまでもなく、「その社会に属する殆《ほとん》ど全ての人間に多くのメリットを齎《もたら》してくれること」でもあります。ですから、決して忘れてはいけないのだろうと思えること（私達が実際に注意する必要があること）は、そういった「様々な種類の社会の仕組《しく》み」・「様々な種類の便利な物や便利なサービス」といったものが社会に属する殆《ほとん》ど全ての人間に対して齎《もたら》してしまう「決して小さくはないリスク」というものも間違いなくあるということなのです。

例《たと》えば、現代の日本の社会に生きる全ての人間のうちの少なくない数の人間は、「物質的な便利さ」や「効率性・合理性」といったものを求めて都会に住んでいる状況にあり、自然に触れる機会や体を動かす機会といったものを失ってしまい、時間に追われた毎日を送ってしまっていますので、「自分も、時々は、自然の中に自分の身を委ねて穏やかな時間を過ごしたり、無理をしない程度に体を動かしたりしよう」といったことを意識する必要があると言えるのだろうと考えられます。次に、「様々な種類のコミュニケーションの代替手段（メール・電話・手紙など）」や「様々な種類の社会の仕組《しく》み」といったものが社会の中にあることによって、現代の日本のような社会の中では、「温かみのある人間関係」

や「人間と人間との直接の触れ合い」といったものが失われていってしまう可能性がありますので、実際にこの社会に属している多くの人間は、「人間と人間との直接の触れ合いや直接の会話といったものを大切にしよう」ということを意識する必要があるのだろうと考えられますし、「現実の自分の恋愛や自分の友人関係・現実の自分の家族関係や自分の家族の形成などを、可能な限り大切にしよう」といったことを意識する必要もあるのだろうと考えられます。

同様に、現代の日本の社会に生きる全ての人間は、「経済社会という考え方」から生じる「合理的な考え方」や「金銭的な価値基準」といったものに自分が振り回され過ぎてしまわないように、「自分の心の動きというもの（自分の欲動や自分の感覚・自分の感情や自分の思考など）を大切にしよう」ということを意識する必要があると言えるのでしょうし、「自分の選んだ信念というものや内面的同一化を求めるような自分の欲動というものを大切にしよう」といったことを意識する必要もあると言えるのでしょう。更に、「教育の仕組《しく》み（小学校と中学校の義務教育の仕組《しく》み）や幼稚園（保育園）の仕組《しく》み」といったものが社会の中に確立していることによって、親と子供とが一緒に過ごす時間というものが極端に少なくなってしまうと言えますので、現代社会におきまして、全ての親は、「自分の子供と一緒にいられる時間・自分の子供と一緒に何かを楽しめる時間というものを意識して作り、そういった時間を意識して大切にしよう」といったことを心掛ける必要があると言えるのだろうと思います。（このことは、「親の単身赴任による影響」や「家庭の核家族化による影響」などに関しても、同様に言えるようなことなのでしょう。現代の日本の社会に属する全ての人間は、「自分の家族・自分の家庭」というものを、もっと大切にする必要・可能な限り大切にする必要があるのです。）

そして、このようなことを社会に属する多くの人間が意識することによって、多くの人間の心の中の「生物としての人間の心」と「文明社会に生きる存在としての人間の心」との両者のバランスいうものが、やっと、ほんの少しだけ釣り合うような方向に向かってくれるのだろうと考えられますし、窮屈な閉塞感に苛《さいな》まれていた人間の心というものも、少しずつですが、開放されていくことができるのだろうと考えられるのです。(「電車の座席にシルバーシートというものが設けられることによって、お年寄りや体の不自由な人のために自発的に席を譲ろうとする多くの人間の意志の一部が失われてしまうことがある」というように、「制度や規則・社会の仕組《しく》みといったものに頼り過ぎてしまうことによって、人間の自発的な優しさや愛情といった心の力が失われていってしまうという場合」が多くあると言えるのでしょう。)

続きまして、ここからは特に、人間が「様々な情報媒体(メディア)」や「様々な代替」といったものを使用する際に考慮するべきと思われること(気を付ける必要があると思われること)に関してのお話を展開して参ります。

例《たと》えば、現代の日本の社会に属する多くの人間は、自分自身が抱いている「本来であれば現実世界の中で充足するべきはずの自分の欲動」というものの多くを、テレビやインターネットといった情報媒体の世界の中で代替的に充足している状況にあると言えるのだろうと考えられますので、私達は、「自分がテレビやインターネットといった情報媒体を使用することを自発的に制限したり・自分の周囲からテレビやインターネットといった情報媒体そのものを意識的に排除したりすること」などによって、現実の自分の世界の中で充足するべきはずの欲動・現実の自分の人生の中で充足するべきはずの欲動を、情報媒体の世界の中で代替的に充足することができなくなり、「現実の自分の生活や現実の自分の人生といったものに対して、もっと積極的に向き合うこと」ができるようになるのだろうと考えられますし、「自分の抱く信念や自分の抱く価値観といったものに対して情報媒体が与えてくる悪影響（偏った価値観や危険な価値観といったものを無数に与えられてしまうことによって人間の心に生じてしまうのだろうと考えられる悪影響）というものを、うまく避けること」もできるようになるのだろうと考えられます。つまり、「社会に飽和している無数の情報というものを、自分の意志で適度にシャットアウトしていくこと」によって、現代社会に生きる多くの人間は、「自分の現実の生活」や「自分の現実の人生」といったものを、より純粋に・より真剣に・より真っ直ぐに生きることができるようになるのだろうと考えられるのです。（多くの人間は、もっと気楽に・もっと穏やかに・もっと周囲の人間に対して優しくなりながら、生きることができるようにもなることでしょう。）

現実の私達の生活を考えての具体的な例を挙げさせて頂きますと、例《たと》えば、「自分は、一日に二時間だけしかテレビやパソコンに向かわない」といったことを決めたり、「自分は、目的もなくテレビの電源を入れたりインターネットに接続したりはしない」といったこと（「ある番組を見る」・「あるサイトを調べる」といった目的意識を持って、情報媒体を使用するということ）を決めたりすることによって、現代の日本の社会に属する多くの人間は、「現実の自分の生活」や「現実の自分の人生」といったものに、自分の意識や自分の時間のより多くの部分を費やしながら、「現実の自分の生活」や「現実の自分の人生」といったものを、より積極的に・より明確に・より肯定的に・よりシンプルに・より強く・より迷わずに生きられるようになると断言することができるのでしょう。（もっとも、人間という存在は、「自分の意志や自分の理性の力によって、自分の欲動や自分の怖れといったものを含めた自分の心の全てを支配することができるほどに強い精神力を持っているような存在」ではなく、「時には、自分の心の弱さというものに負けてしまい、自分が楽をできそうな方向や自分が不安を感じなくて済みそうな方向に逃げ出そうとしてしまうことがあるような存在」ですので、例《たと》えば、「自分が本気で、現在の自分の生活や現在の自分の人生を、よりポジティブな方向に変えていきたい」と望むのであれば、「自分の逃げ道となってしまう可能性を持つと考えられる全ての物を自分の周囲から排除すること」などのような少し極端で強行な手段の方が、より現実的で効果的な手段となり得ると言えるのだろうと考えられます。尚《なお》、「自分の逃げ道となってしまう可能性を持つ物が、実際にどのようなものであるのか」ということは、一人一人の人間によっても大きく異なってくるようなことなのでしょうが、一般的な例と致しましては、「テレビ」や「ラジオ」・「パソコンゲーム」や「テレビゲーム」・「インターネット」や「携帯電話のメール」・「自分の好きな食べ物」や「自分の好きな読み物」といったものを挙げることができるのでしょう。多くの人間の人生の中では、「自分の好きな何かの遊び」や「自分の好きな何かの行動」といったものが自分自身の逃げ道となってしまうことが決して少なくはないものですので、私達は、自分がそういったものに依存をし過ぎたり・逃避し過ぎたり・熱中し過ぎたりすることによって、「自分の現実の人生」や「自分の現実の人間関係」といったものを疎かにしてしまったり・蔑《ないがし》ろにしてしまったり・破滅させてしまったりすることがないように、時折気を付けるべきなのでしょうね。）

（人間の心というものは、少なくない場合において、弱いものになってしまいがちなものであると言えます。ですから私達も、「自分自身の心の弱さ」というものに負けてしまわないように・「周囲の人間の意見」というものに流され過ぎてしまわないように・「自分自身の利己的な欲動」というものに操られ過ぎてしまわないように・「楽な方向や安全な方向」といったものに逃げ過ぎてしまわないように気を付けながら、「自分自身にとっても・自分の大切な誰かにとっても、より良いと思える方向や結果」といったものを目指して、「自分の信念や自分の価値観といったものを中心とした自分の心的現象」というものの全てを可能な限り大切にして、「自分の行動や自分の欲動」といったものの全てを可能な限り有効に利用したり支配したりした上で、「自分自身にとって重要な何か」や「自分自身にとって大切な誰か」を懸命に守りながら、積極的に・前向きに・有意義に・充実した人生というものを生きようとするべきであると言えるのでしょう。勿論《もちろん》、「全ての人間がこのような生き方を実践すること」などは、現実的に考えれば、理想論と呼べることであるに過ぎません。それに、この現実社会に生きる全ての人間が、完璧で欠点のないような精神の持ち主であったなら、この世の中は、多くの人間にとって、非常に退屈でつまらないものとして感じられてしまうのだろうと考えられます。「この現実社会に生きる一人一人の人間が、誰一人として精神的に完璧な存在ではなく、それぞれに欠点と長所とを持った個性的な存在であるからこそ、また、この現実の社会というものが、多くの不確実性と多くの不完全さとに溢れている社会であるからこそ、多くの人間は、自分の人生というものを楽しみながら生きることができる」ということが、間違いなく言えることなのだろうと考えられるのです。「自分のこれからの人生がどのようなものであるのかということを、ある程度まで予測するということ」は、誰にでも可能なことであるとしても、誰の人生にも「思い掛けない出来事」というものが頻繁に起こるものなのであり、そうであるが故に、人間は自分自身の人生を退屈せずに楽しむことができるということが言えます。）

（ですが、少なくとも、例《たと》えば、「自分に大切な何かがあるということや、自分の心的現象の全てを自分が大切にするということなどによって、人間は、より有意義に生きることができる」・「強い心というものを自分自身の中に育て、自分自身の行う行動や自分自身の心の中に生じる心的現象といったものを、うまく支配したり利用したりすることができるようになることによって、人間は、自分の望むような生き方により近い生き方をすることができる」・「自分の人生をより良い充実したものとするための心掛けを怠らないようにすることによって、人間は、実際に比較的充実した人生を送ることができる」といったことも、確かなことであると言えるのでしょう。例《たと》えば、これも「人間の心の弱さ」というものを原因として、少なくない数の人間が現実にしばしば陥ってしまうことなのですが、「自分がリフレッシュをすることや自分が気晴らしをすることなどを、自分の直面している困難や障害・自分のやるべき仕事や勉強などから自分自身が逃れるための言い訳にしてしまうようなこと」などは、最終的に自分自身のためにはならないようなことであり、意識して避けるべきことであると言えます。）

（尚《なお》、繰り返しになりますが、人間の心というものは、常に、「弱さ」というものを有してしまっているものですので、自分自身の心を極力強いものに保ち続けるためには、少なくとも一般的な日常生活におきましては、「自分自身に対しての言い訳」や「自分自身の心の逃げ道」といったものを事前に用意しておくことも、極力避けるべきことであると言えるのでしょう。一方で、自分が絶望してしまわないため・自分が失敗や敗北から即座に立ち直るため・自分が心に大きな傷を負ってしまわないため・自分の心をひどく疲れさせてしまわないためには、「自分自身に対しての言い訳」や「自分自身の心の逃げ道」といったものを事前に用意しておくということが、非常に良い結果を齎《もたら》してくれる場合もあると言えます。結局のところは、この「人間は、自分自身に対しての言い訳や自分自身の心の逃げ道といったものを事前に作っておくべきなのか否かということ」も、賛否両論のことであり、一人一人の人間の個性や考え方によっても結論が大きく異なってくるようなことであると言えるのでしょうね。)

また、このことは、「社会が成立していくために必要不可欠なものとなるのだろうと考えられる社会的価値観に関してのお話」のところでも申し上げましたことなのですが、「ある人間が、テレビやインターネットといった情報媒体（メディア）を無制限に使用していくのであれば、その人間が事前に（情報媒体を無制限に使用するようになる前に）、自分の属している社会に確立している社会的価値観というものを充分に獲得しておくということ・確固たる価値観や信念といったものを自分自身の心の中に充分に形成しておくということなどが、情報媒体によって自分の心を操られてしまったり自分の心を支配されてしまったりしないようにするために、非常に重要なことなのである」ということも、確かなこととして言えるのだろうと考えられます。

総じて申しますと、「様々な情報媒体（メディア）」や「様々な代替」といったものを人間が利用していく上で大切なことは、「様々な情報媒体や様々な代替といったものに、自分が受動的に支配されてしまうのではなく、様々な情報媒体や様々な代替といったものを、自分が能動的に支配し、それらをうまく（本当の意味で自分自身のためになるように）利用していくということ」にあると言えるのでしょう。

特に、脳の仕組《しく》みが完成されていく中途段階（より人間らしい脳の仕組《しく》みが形成されていく中途段階）である十歳くらいまでの子供の場合は、「テレビやインターネット・テレビゲームといった代替世界的なものでばかり遊んでいること」や「少しの距離を移動するのにも、車やタクシー・バスや電車といったものにばかり頼ってしまうこと」・「誰かとのコミュニケーションをするのにも、メールや電話といったものにばかり依存してしまうこと」などを避け、「積極的に自分の体を使って、友達や家族と一緒に遊ぶということ」・「積極的に自分の手足を使って、運動をしたり移動をしたりするということ」・「現実に誰かと触れ合ったり現実に誰かと顔を見合わせたりしてのコミュニケーション（代替的な手段に頼らない双方向的なコミュニケーション）を行うということ」などを大切にしようと心掛けるということが、その子供自身の健全な精神的発育のために、非常に重要なことであると言えるのだろうと考えられます。（お互いの笑顔を確認することができる距離で直に行う会話やスキンシップといった最も基本的なコミュニケーションを疎かにしてしまい、メールや電話といった代替的な通信手段やテレビやインターネットといった代替的で間接的な世界にばかり頼ってしまっていたり浸ってしまっていたりした子供は、「他者と言葉や笑顔を交わして自然なコミュニケーションを取るための能力」や「他者と円滑なコミュニケーションを取るために必要な心の仕組《しく》み」といったものをうまく自分の心の中に育てていくことができなくなってしまうかも知れません。）

（現代の日本の社会において、自分の子供の精神を、健全に・安全に・人間らしく育ててあげるためには、「携帯電話やEメールといった代替的な通信媒体に可能な限り頼らないような生活環境」・「テレビやインターネットといった代替的な情報媒体に可能な限り頼らないような生活環境」・「人間と人間との直接の触れ合いや人間と人間との直接の会話を大切にしたような生活環境」・「自分の体や自分の心を充分に活動させながら毎日を暮らしていくことができるような生活環境」・「人間が生得的に備えているはずの内面的同一化の仕組《しく》みや罪悪感の仕組《しく》みといったものを決して失わないで済むような生活環境」・「自分の体や自分の心に深刻な傷を受けてしまったり危険過ぎる刺激を与えられてしまったりすることがないような生活環境」・「自分が事故や犯罪に巻き込まれてしまうことがないような生活環境」といったものを、親が意識的に作り上げてあげる必要があると言えるのかも知れませんね。更に、多くの子供達がそのような生活環境で育っていくことができるような素晴らしい社会を目指すためには、社会に属する多くの大人達が力を合わせる必要があるということも間違いなく言えます。)

また、「自分の素直な好奇心に従って様々なことを体験したり・五感を通じて現実の（代替的な手段によるものではない）多くのことを体感したりするということ」・「合理性や効率性・金銭的な価値基準などを意識し過ぎてしまわずに、自分の感じる嬉しい気持ちや悲しい気持ちなどを素直に感情として表すということ」・「自分の考え方や自分の知的好奇心に素直になって、いろいろなことに疑問を持ったり・いろいろなことを考えたり・いろいろなことを調べたり・工夫をしたり行動をしたりするといったこと」なども、子供の健全な精神的発育のためには、非常に大切なことであると言えるのでしょう。（勿論《もちろん》、「全てのことに対して無闇に疑問を抱くということ」が必ずしも正しいことであるという訳では決してないのですが、「素直な疑問というものを自分が感じること」・「様々な常識的なことに疑いを持ってみるということ」などは、多くの人間にとって、とても大きな意味のあることとです。『**懐疑から検討が生まれ、検討から真理が生まれる。**』とは、ピエール・アラベールの言葉になります。）

（自分が、小学生くらいの頃から、「外で遊んだりすることを全くせずに、受験用の勉強をしてばかりいること」や、「現実の自分の生活に支障をきたしてしまうほどに、本を読んでばかりいること」なども、自分自身の心や体の成長に「何らかの良くない影響」というものを齎《もたら》してしまう大きな危険性を持ち得ることであると言えるのでしょう。極端に単純化して申し上げますと、例《たと》えば、「幼い頃からずっとテレビばかり見ていた子供は、自分が長時間に渡ってテレビを見続けるということに適した脳の仕組《しく》みや心の仕組《しく》み・自分が長時間に渡ってテレビを見続けるということに耐えることができるような脳の仕組《しく》みや心の仕組《しく》みといったものを、獲得する傾向にある」ということが言えるのだろうと考えられますし、幼い頃からずっとインターネットばかりしていた子供も、幼い頃からずっと本ばかり読んでいた子供も、幼い頃からずっとテレビゲームばかりしていた子供も、勿論《もちろん》、程度の違いというものはあるのでしょうけれど、自分の育成環境に適合した形の脳の仕組《しく》みや心の仕組《しく》みといったものを獲得していく傾向にあるのだろうと考えられます。）

（「Chapter2 - 5」の「心の病に関してのお話」のところでも申し上げましたことなのですが、人間の脳の仕組《しく》み・人間の心の仕組《しく》みというものは、生得的に完全に完成されているようなものでは決してなく、経験的に成長させていくことが不可欠なものなのであり、程度の違いにもよりますが、意図的に変質させていくことも充分に可能なものなのであると言えるのでしょう。そして、非常に厄介な点の一つは、

「人間の脳の可塑性・人間の脳の変質させ易さの度合いというものが、一人一人の人間の人生を通じて一定のものでは決してなく、人間が子供から大人へと成長するに従って、少しずつ低下していってしまうものなのである」という点にあるのだろうと考えられるのです。このことは、「チンパンジーが、自分が幼い頃には新しい動作や新しい行動を簡単に学ぶことができたのに、自分が六歳を越えた頃になると、新しい動作や新しい行動を学ぶことが難しくなってしまう」ということなどと、基本的には同じ脳の仕組《しく》みによることなのでしょう。尚《なお》、これは少しだけ余談になってしまうのですが、このように、「類人猿や他の様々な野生動物の性質というものを知ることによって、私達人間の性質というものをも類推的に知ることができるようになる」という面は、間違いなくあると言えるのでしょうね。）

（この「自分の年齢の増加とともに促される自分の脳の可塑性の低下」という人間の性質を考慮致しますと、例《たと》えば、「人間が、健全で充分な精神的発育というものを遂げるためには、愛に溢れた家庭環境・安全な教育環境の中で、情緒教育や仕付《しつ》けといったものを子供の頃から充分且つ適度に受けるということが非常に大切なことなのであり、家族や友達を中心とした人間関係の中で、子供の頃から充分なコミュニケーション能力というものを少しずつ育んでいくということが非常に大切なことなのであり、安定した人格や安定した情緒といったものを形作る基礎となるような部分を、自分が十八歳になるくらいまでには、確立させておくことが理想的である」といったことが言えるのだろうと考えられます。尚《なお》、勿論《もちろん》、人間の精神的発育には、「非常に大きな個人差」というものがありますので、私がここで申し上げておりますようなお話は、目安としてのことであるに過ぎませんし、一般論としてのことであるに過ぎません。）

（また、このような考え方を前向きに考えてみますと、「自分が子供の頃から文字や数字に慣れ親しんでおいた方が、後々の勉強などに大きく役立つことがある」・「自分が子供の頃から家族や友達との会話に慣れ親しんでおいた方が、大人になってからも、言葉によるコミュニケーションを他者と交わすことが得意になる」といったことも、確かなことであると言えるのでしょう。特に、「芸術やスポーツの分野・外国語会話の分野」などにおきましては、「知識」や「考え方」といったものよりも「感性」や「技能」といったものを必要とする分野であるだけに、「児童期からの英才教育というものが、非常に重要なものとなる場合が少なくはない」ということが、一般的にも言われています。全ての人間は、「人間としての自分の性質や能力」といったものを自分自身が生きていく中で伸ばし続けていくものなのであり、生得的にどれだけ高い才能を与えられている人間も、「恵まれた育成環境の中で自分が生きるということ」ができてこそ、自分に与えられた才能というものを、充分に開花させることができるのです。尚《なお》、この現実の社会の中で、人間が実際に「偉業と呼ばれるような何か」を達成するためには、多くの場合におきましては、「必要最低限以上の資質や才能」と「その才能を伸ばすための充分な環境や充分な努力」・「何かに挑戦しようとし続けるだけの勇気」と「チャンスを手に入れることとチャンスを活かすことができるだけの幸運」といったものを自分自身が備えていることが、必要不可欠なことであると言えるのでしょう。そしてまた、少なくない数の人間は、自身の充分な努力によって、天才と呼ばれる人間をも遥《はる》かに凌《しの》ぐことができるような非常に高い能力を手に入れ、それを発揮することができるということも断言することができます。言い方を変えれば、「自分が努力家であるということ」それ自体が人間にとって最高で最良の才能なのです。）

（尚《なお》、「チャンスを手に入れることとチャンスを生かすことができるだけの幸運というものを備えていることが大切である」というお話に関連する言葉として、『**どんなに立派な翼を持った鳥も、空がなければ飛ぶことは決して出来ない。**』という言葉をここで挙げさせて頂きます。）

勿論《もちろん》、ここで私が展開しておりますような「人間が様々な情報媒体や様々な代替といったものを利用していく上での危険な点や注意するべき点に関してのお話」といったものも、結局のところは、程度の問題としてのお話であるに過ぎません。誤解をして頂きたくないので付け加えさせて頂きたいのですが、例《たと》えば、「現代社会において、インターネットやテレビといった様々な情報媒体・エンターテイメントやコミュニケーションのための代替的な様々な商品や代替的な様々なサービスといったものを完全に否定してしまうこと」などは、「人間が現代までの間に築いてきた文化や文明といったものの一部を否定してしまうこと」・「現代までの間に多くの人間が行ってきた様々な努力そのものの一部を否定してしまうこと（多くの人間の努力の成果や努力の結晶を否定してしまうこと）」にも繋《つな》がってしまうようなことですので、「私達が、様々な情報媒体や様々な代替といったものを、能動的にうまく利用していったり・大切にしていったりすることは、そうして然るべきことである」ということは、間違いなく言えることです。それに、現代社会におきましては、例《たと》えば、「自分が、テレビゲームで友人達と一緒に遊ぶことを通じて、その友人達と自分とが仲良くなれるということ」・「家庭の食卓に一台のテレビがあることによって、食事をする時の家族の話題が豊富になるということ」なども充分に有り得ることであると言えるのでしょう。（もっとも、「家庭の食卓にテレビがあるということなどの弊害」として、「食卓においての家族の会話というものが、表面的なものとなり易くなってしまうということ」・「一人一人の人間の言語能力や会話の能力といったものが、育たなくなってしまうということ」・「食卓においての家族間でのコミュニケーションというものが、不充分なものとなってしまうということ」などが生じてしまう可能性というものも完全に否定することはできませんし、そもそも、「食卓にテレビがなければ会話が続かないような家族」というものも、少し寂し過ぎるものであるように感じられてしまいますね……。）

また、現代よりも更に少し先の時代のことを考えますと、「社会に属する人間のうちの少なくない数の人間が、インターネットのチャットや様々なサイトを通じて誰かとコミュニケーションを交わし始めるということを切っ掛けとして、生涯を通じての大親友と出会うことができる」ということなども、充分に有り得ることとなのだろうと考えられます。ですから私も、「様々な情報媒体や様々な代替といったものの全てを、完全に否定しようとすること」などは、決して致しません。（尚《なお》、余談になりますが、「インターネットによる双方向的で不特定多数の人間を相手として行うことができる様々な形のコンテンツの受け渡し」というものは、「テレビやラジオによる一方向的な情報の受け渡し」・「電話による音声を介しての単一の人間だけを相手としての情報の受け渡し」といったものよりも、遥《はる》かに優れた便利な面を多数持っているものであると言えるのでしょう。）

しかし少なくとも、例《たと》えば、「このような様々な情報媒体や様々な代替を自分が無制限に使用していることを原因として、現実の自分の人生や現実の自分の人間関係といったものを自分が犠牲にしてしまっているということ」などがあれば、その場合には、「自分の在り方」や「自分の生き方」に関して、一度、真剣に考え直してみる必要があると言えるのだろうと思うのです。私達は、「現実の自分の人間関係」というものを大切にし、「現実に自分の体を動かすということ」を大切にし、「現実に自分が五感を通じて本物を感じるということ」を大切にし、様々な情報媒体や様々な代替といったものを、「自分の現実の生活を補足したり・自分の精神バランスを代替的に補ったりするに過ぎないもの」と認識した上で、うまく利用していくべきなのでしょう。

（また、子供の頃から、あまりにも現実というものを軽視してしまったり、楽な方向や無駄のない方向・便利な方向や効率的な方向・安全な方向や堅実な方向などを目指し過ぎてしまったりした人間のうちの少なくない数の人間は、そういった生き方を自分がしてきてしまった結果として、柔軟な心や余裕のある心・豊かな遊び心といったものを失ってしまい、自分の人生を素直に楽しむということができなくなってしまうという場合さえ、あるのだろうと考えられるのです。実際にも、現代の日本の社会に属する人間のうちの少なくない数の一部の人間は、柔軟な心や余裕のある心・豊かな遊び心といったものを失ってしまった結果として、自分の人生を素直に楽しむということができなくなってしまっており、このようなことが、現代の日本の社会において、一部の人間が、様々な「心の病」というものに陥ってしまっていることの大きな原因の一つでもあると言えるのでしょう。）

（更に、このことは、大人にも子供にも共通して多くの人間に言えるようなことなのですが、殆《ほとん》どの場合におきましては、「自分が、完全に楽で安全な生き方を選ぶこと」や「自分が、完全に合理的で堅実な生き方を選ぶこと」よりも、「自分が、少しの困難と少しの不確実性のある生き方を選ぶこと」や「自分が、少しの障害と少しの遊び心のある生き方を選ぶこと」によって、人間は、「遥《はる》かに意義深い多くのものを自分が学ぶこと」や「遥《はる》かに意味のある強烈なものを自分が感じること」などができるのだろうと考えられますし、多くの場合におきましては、そういった選択を自分がすることによって、人間は、「自分の人生というものを、より豊かで充実したものにすること・より楽しめるようなものにすること」もできるのだろうと考えられます。このことは、「人間が生得的に備えている生物としての心の仕組《しく》み」というものに非常に深く関係しているのだろうと考えられることなのですが、例《たと》えば、「自分が完全に安全で安定した状況に生きている人間」・「自分が生き続けることが少しも難しくないような状況にある人間」は、「自分の脳を活発に働かせることによって、自分の蓄えている貴重なエネルギーというものを無駄に浪費してしまうこと」を避けるために、「自分が何かを真剣に考えることや自分が何かを強烈に感じることなどを、無意識のうちに怠ろうとしてしまうこと」が多くあるのだろうと考えられるのです。これは、言い方を変えますと、「自分の脳をスポイルさせてしまうこと」・「自分の脳を甘やかせて、駄目にしてしまうこと」といった言い方をすることもできるようなことなのでしょう。**『平穏は良いものだが、倦怠《けんたい》はその知人であり、家族である。』**とは、ヴォルテールの言葉になります。)

(勿論《もちろん》、現実には、「自分が、危険過ぎる生き方や困難過ぎる生き方などを選んでしまった結果として、大きなリスクというものを被ってしまった人間」も多くいると言えるのでしょうし、「自分が、安全で安定した生き方や堅実で合理的な生き方をしながらも、様々な喜びや多くの感動といったものを、自分の毎日の生活の中で、心の底から感じることができている人間」も多くいると言えるのでしょう。ですから、結局のところ、「自分の信念や価値観・自分の資質や適正などを考慮した上で、自分に合った生き方というものを、一人一人の人間が、自分自身の意志で模索するということ」によってしか、「自分が、どのような生き方をすれば良いのか」・「自分が、どの程度の不確実性や安全性を備えた生き方をすれば良いのか」といったことに関しての答えというものは、見付けることができないものなのかも知れませんね。）

現代社会に生きる全ての人間は、自分が様々な社会の仕組《しく》みや合理的で効率的な代替手段といったものを利用することによって得ることができる「様々なメリット」というもののほかにも、自分が様々な社会の仕組《しく》みや合理的で効率的な代替手段といったものを利用する上で被ってしまう「様々な問題点や危険性」・それらの問題点や危険性を回避したり分散したりするために最低限必要であると考えられる「ルールやモラル・考え方や心掛け」といったものを充分に知った上で、経済社会の中で仕事に励んだり・社会の仕組《しく》みというものを活用したり・代替的な様々な手段というものを利用したり・代替によるエンターテイメントというものを楽しんだりするべきなのだろうと考えられます。（「必要最低限の充分なルール」や「人間として絶対に備えておくべき根底的な価値観」といったものを自分が充分に身に付けておくことができていてこそ、インターネットやテレビゲームなどを自分が現実にする際にも、安心して・心置きなく、それらに熱中することができるはずです。また、表現の自由や思想の自由・言論の自由といったものが尊重されて然るべきであるということは間違いのないことなのですが、それらの自由を社会の中で安全に全面的に肯定するためにも、この「必要最低限の充分なルール」や「人間として絶対に備えておくべき根底的な価値観」といったものが多くの人間の心に確実に形成されて根付いている必要があるのだろうと考えられます。）つまり、このことは、現代社会に生きる一人一人の人間が、「様々な社会の仕組《しく》み」や「合理的で効率的な代替手段」といったものを、本当の意味で自分自身の人生に役立つように利用していくために、必要であると考えられることなのです。そして、このような「生物としての人間の心と社会生活を営む存在としての人間の心とのバランスの問題に関しての考慮」というものは、「人間が生物である限り」、または、「人間が文明社会の中で生きている限り」、決して忘れてしまってはならないものであると言えるのでしょう。

それでは最後に、「社会全体や世界全体を考えた上での、より良い社会というものを現実に形成していくための方策に関してのお話」を簡単に展開させて頂き、本文での議論を終了させて頂きたいと思います。

このお話に関しましては、詳細に議論を行ってしまいますと、膨大な範囲にお話が及ぶことになってしまい、切りがなくなってしまいますので、可能な限り単純化して大きな視点から考えながら議論を展開させて頂きますが、まず、「より良い社会やより良い世界といった言葉で呼べるものが、その社会に属するより多くの人間・その世界に属するより多くの人間が幸福を感じながら生きることができるような社会や世界である」と考えますと、現代において、人類に課せられている最重要の課題は、「世界経済の安定を図りながら、貧困の問題や環境破壊の問題・国家間の戦争や民族間の紛争の問題といったものを解決方向に向かわせ、世界中の全ての人間が幸福を感じながら生きることができるような世界というものを実現するということ」にあると言えるのでしょう。

そして、これらのことを実現するためには、一般的な「人間の幸せの定義」というものを基礎とした「全世界に共通する必要最低限以上のレベルでの社会的価値観の形成や安定」と、その社会的価値観に基づいた「教育や福祉・思想や宗教・行政や警察・経済や法律といった様々な社会の仕組《しく》みの形成（勿論《もちろん》、思想というものが宗教というものの役割を担うという場合などもあるのでしょうから、これらの社会の仕組《しく》みの全てが必ずしも必要であるという訳ではありません。）」・「人間の生活基盤となるインフラストラクチャーの構築」などが必要であり、「一人一人の人間が抱く経済的怖れの強さというものの確実なコントロール」とともに、「世界全体を一つの経済圏と見たような巨大な規模での緻密な計画経済のようなもの」なども必要であると言えるのだろうと考えられます。（もっとも、このような考え方は、「経済社会や物質文明社会・法治社会や宗教社会といった社会の仕組《しく》みが、良いものであるということ」を前提としての考え方であると言えるのでしょうし、人間以外の非常に多くの様々な種類の生物の存在を完全に無視してしまっているような考え方であるとも言えるのでしょう。）

（尚《なお》、「より良いと思われる世界の形成」のために、「全世界に共通する必要最低限以上のレベルでの社会的価値観の形成や安定」が必要であると考えられるのは、正義の定義や善悪の定義といったものの違いによって様々な大きな争いが生じてしまうことを防ぐためであり、「世界全体を一つの経済圏と見たような巨大な規模での緻密な計画経済のようなもの」が必要であると考えられるのは、経済による調整機能だけでは、世界規模での資源配分や食料配分・労働力配分や資本配分の調整などが、人道的にも合理的にも最適なものとはならないのだろうと予想されるためです。更に、「より良いと思われる世界の形成」のために、「人間の生活基盤となるインフラストラクチャーの形成」・「教育や福祉・思想や宗教・行政や警察・経済や法律といった様々な社会の仕組《しく》みの形成」などが必要であると考えられるのは、それぞれの社会に属する一人一人の人間の安全や自由・健康や人権といったものを高いレベルで維持するためであり、社会的価値観を保ち易くすることによって、社会全体の秩序を高いレベルに維持するためでもあります。)

しかしまた、「これらのことを現実に達成するためには、乗り越えなければならない多くの困難や多くの問題がある」ということも、確かなことであると言えるのでしょう。例《たと》えば、ここまでの議論の中で何度か触れて参りました通り、ある社会に属する多くの人間の抱く「幸せの定義」というものは、全ての人間が遺伝的に共通して抱いている「基本的な欲動（食欲や睡眠欲・安全欲求や承認欲求・愛情欲求や最低限の性欲・内面的同一化に基づいて優しさや愛情を求める欲動など）」というものが適度に充足され、一般的に考えられている「人間の基本的な尊厳や権利」といったものが充分に認められるということを前提として、社会的価値観が定めている「多くの人間が抱く高次の欲動の形（昇華した欲動の形）」というものを考慮することによって、ある程度までは求められるものなのだろうと考えられます。

(尚《なお》、多くの人間が共通して抱く様々な種類の基本的な欲動というものの殆《ほとん》どは、「家庭」というものの中・「家族」というものの中で充足することができるものなのでしょう。多くの人間にとって、「自分の家庭が円満なものであるということ」や「自分の家族が幸せでいられているということ」は、自分自身の幸せの前提条件となるようなことであり、少なくない数の人間にとっては、それらが、自分自身の幸せの条件そのものとなるようなことでもあるのです。ですから、殆《ほとん》ど全ての人間にとって、最も大切なことの一つは、「自分が良い家庭に属して生きることができているということ」にあり、「自分と家族とが、ともに幸せでいられているということ」にあると言えるのでしょう。「家族」や「家庭」といったものに関して言及している言葉を、ここで少しだけ紹介させて頂きますが、マダガスカルの諺《ことわざ》には、**『家を暖めてくれるのは、熱い暖炉よりもむしろ、夫婦間の深い理解である。』**という言葉があり、アルバニアの諺《ことわざ》には、**『家庭は地面の上に築かれるのではなく、妻の上に築かれるのである。』**という言葉があります。)

ですが、多種多様の文明や文化・宗教や思想・人種や民族による違いといったものを乗り越えて、「全ての人間に共通した社会的価値観（全ての社会に共通した社会的価値観や全ての国家に共通した社会的価値観）」というものを定義し、それを通じて、「全ての人間に共通した幸福の定義」というものを確立することなどは、決して容易なことではありません。また、「ある社会の備えている価値観を強く肯定するために、別の社会の文化や宗教が備えていた価値観を無闇に否定してしまうこと」などは、「一方の社会に属する多くの人間のアイデンティティーを否定してしまうこと」にも繋《つな》がってしまうのだろうと考えられることですので、そういったことが正しいことであるとも、決して言えないのだろうと考えられます。ですから、実際には、「Chapter2 - 7」のところで議論させて頂きました「全ての人間の心の中に生得的に形成されている内面的同一化の仕組《しく》みや罪悪感の仕組《しく》み」・「人間共通の善悪の基準」といったものに適合した形の「社会的価値観」や「人間の幸福の定義」といったものが、必要最低限のレベルで全ての社会の中に確立され・全ての人間の心の中に確立されるということが、現実的なことであり・理想的なことであり・必要なことであると言えるのでしょう。

（自分の母親を悲しませてしまった子供は、一人の例外もなく、「非常に強い罪悪感」という不快の感情を覚えることができますし、自分の子供の笑顔を見ることができた母親は、一人の例外もなく、「非常に強い嬉しさ」・「非常に強い幸福感」といった快の感情を覚えることができます。そして、このような単純で根本的な「人間の心の仕組《しく》み」というものこそが、「全ての人間が生得的に獲得している善悪の基準」というものの最も原始的な形の一つなのだろうと考えられるのです。）

次に、「社会に属する一人一人の人間が抱く経済的怖れの強さというものの確実なコントロール」という課題に関してでましては、「社会的価値観の形成や変更」といった課題と同様に、「その社会にある様々なメディアから発信される情報」や「その社会において行われている教育」・「その社会の中の様々な社会の仕組《しく》み」や「その社会の中での政府機関の活動」などが社会に属する一人一人の人間の心に対して与える影響というものを効率的に利用することによって、（完全に行うことは難しいとしても）ある程度までは達成することが可能なのだろうと考えられます。しかし、例《たと》えば、「社会に属する多くの人間の抱く経済的怖れというものを緩和させることによって、現代の日本が、不況の状態から脱出すること」を達成することができたとしても、それと同時に、「自然を破壊してしまうこと」や「環境を汚染してしまうこと」・「食料や資源の浪費をしてしまうこと」・「豊かな暮らしをしている人間と貧しい暮らしをしている人間との経済的格差を広げてしまうこと」などに拍車を掛けるような結果となってしまうとすれば、それは、歓迎できるようなことでも・推奨できるようなことでも決してないのだろうと考えられるのです。（尚《なお》、「現代において環境破壊の問題というものが、どの程度の深刻さのものなのか」といった点も、考慮する必要が間違いなくあると言えるのでしょう。例《たと》えば、現代において環境破壊の問題というものが、少しの余裕もないほどに深刻な状況であるとすれば、私達人間は、経済の仕組《しく》みというものなどを一時的に完全に捨ててでも、目の前にある危機というものに対して全力で対処する必要があると言えます。）

私達にとっての現実の世界というもの・私達の住んでいる現実の地球というものは、たった一つしかないものなのですから、「貧困の問題や環境破壊の問題・戦争の問題や食糧難の問題といった深刻な問題を一つも犠牲にしてしまうことなく、同一の社会モデルの中で、全ての深刻な問題を解決することができるような方法や処方箋といったものを考案するということ」が、最も重要なことであると言えるのでしょう。（同様に、「戦争」や「紛争」といったものを無条件に禁止するだけではなく、その背景にある「経済格差の問題」や「貧困の問題」・「人間のモラルの崩壊の問題」や「それぞれの社会に属する人間が抱く善悪の基準の大きな違いの問題」といったものをも同時に解決していく必要があるのです。）「国家経済の発展や世界経済の安定といった目的のために、環境破壊の問題や戦争の問題などを犠牲にしてしまうこと」などは、現実に一部の人間の手によって行われてしまっていることなのですが、非常に危険なことであり、倫理的にも決して許されないようなことなのだろうと、少なくとも私にはそのように感じられてしまいます。（私がこの本の中で提起しております人間主義的な様々な方策や考え方のうちの一部分は、人類の外側からの何らかの力によって人類が滅亡してしまうことを避けるためよりもむしろ、自分達自身の何らかの愚かな行動によって人類が自滅の道を歩んでしまうことを避けるための方策や考え方なのです。）

世界全体を視野に入れて考えてみましても、「複数の国家の協力」や「大規模なＮＧＯの協力」などがなければ、「地球環境の保全」や「食糧難の社会への援助」・「国家間や労働階級間で生じている経済格差を埋めるための努力」といったものは、経済社会の中に生きることによって多くの人間が身に付けてしまう「合理的な考え方」や「利己的な考え方」といったものとは、完全に逆の方向を向いてしまうとさえ考えられるようなものなのです。

（理想とされるべきものが、「人類全体の永続的な安定」や「地球全体の永続的な安定」・「全ての人間の生存」や「全ての人間の幸福」などにあるのだろうということは、恐《おそ》らく、間違いのないことなのですが、現代における現実の世界の状況というものは、「広い世界の中の一部の地域の安定や一部の国家の安定」・「多くの人間の中の一部の人間の幸福や一部の人間の生存」といったものを積極的に追求したり充分過ぎるほどに確保したりすることで妥協しているのに過ぎないようなものであると言えるのかも知れません。「個は、全体を構成する一つ一つの要素であるに過ぎない」と言えるのですが、「個なくしては、全体も有り得ない」ということも、紛れもない事実なのです。「個」である「一つ一つの国家の安定や一人一人の人間の幸福」といったものが、「全体」である「社会や世界が、どれほど素晴らしいものであるのか」ということを決定すると言えるのでしょう。ほんの一握りの「個」だけを非常に手厚く保護し続けているような状況のままでは、「全体」の幸福というものを達成することなどは、不可能なことなのかも知れません。)

(それに、「世界中の多くの人間の幸福」や「世界中の多くの子供達の笑顔」・「地球全体の未来に向けての明るい展望」や「子供達が良い環境の中で幸せに暮らしていくことができるような未来への展望」といったものがあることによって、また、そういったものを実現するための「現在における私達自身の目に見える努力」というものがあることによって、人間は、「自分が感じることのできる幸福の度合い」というものを、「自分一人だけが幸福でいられている場合」などよりも、遥《はる》かに大きなものとすることができるのだろうと考えられるのです。また、言うまでもないことなのかも知れませんが、このような議論は、「現在において地球上に生きている全ての人間と自分という人間とが、内面的同一化をしているということ」を前提としての議論であり、「将来において地球上に生きる全ての人間と現在に生きる自分という人間とが、内面的同一化をしているということ」を前提としての議論であるということになります。)

(尚《なお》、誤解を避けさせて頂くために申し上げておきたいことなのですが、私は、この議論の中で、「社会主義」や「全体主義」・「国家主義」や「共産主義」といったもののことを全面的に肯定するつもりなどでも、「民主主義」や「資本主義」・「個人主義」や「利己主義」といったもののことを全面的に否定するつもりなどでも決してありません。言うなれば、私が申し上げたい一つの考え方は、「人間主義」や「地球主義」とでも呼べるような考え方なのです。現実にも、「環境破壊に関しての問題」や「経済格差に関しての問題」・「食糧難に関しての問題」や「戦争に関しての問題」といったものは、その解決方法を、国家規模や社会規模・地域規模や個人規模で考えるとともに、国際規模や地球規模で考えることが非常に重要なものであると言えるのでしょう。簡単な例を挙げさせて頂きますと、「環境破壊に関しての問題」というものを現実に解決方向へ向かわせていくためには、地域規模で行われる「身近な家庭のゴミを減らしていくための努力」といったミクロのレベルでの努力と、地球規模で行われる「各国が協力して砂漠化の問題や温暖化の問題を実質的に解決していくための努力」といったマクロのレベルでの努力との両者が、ともに不可欠なものであると言えます。

（それに、「自分の利己的な欲動だけを充足することによって人間が得ることができる幸福感」というものは、「少し乾いたような幸福感」・「少し寂しいような幸福感」なのであり、自分の周囲の多くの人間の幸福というものがあってこそ、一人一人の人間が自分で主観的に感じることができる幸福感というものも、「とても充実した幸福感」・「満ち足りたような幸福感」になるのだろうと、少なくとも私には、そのように感じるのです。そして、この考え方を非常に大きく拡大して解釈して参りますと、「地球全体や世界全体の未来に向けての明るい展望・世界中の多くの人間の感じることができる幸福・世界中の多くの子供達の笑顔といったものの全てが、一人一人の人間の幸福というものを形成する非常に重要な要素となり得る」ということが言えるのだろうと考えられます。『**私は人間なのだから、人間に関係することで、私に無縁なことは何一つない。**』とは、テレンティウス《Publius Terentius Afer B.C.195 - B.C.159　古代ローマの喜劇作家》の言葉です。）

また、これは当たり前のことでもあるのでしょうが、実際に私達が、現実の社会を変えようとしたり・現実の世界を変えようとしたりしていく上では、「一人一人の人間が、自分の自発的な意志によって行動をして、自分の力で社会や世界を変えていこうとするということ」が非常に大切なことであり、「実行することのできる人間・選択することのできる人間が、率先して行動をして、社会や世界を変えていこうとするということ」が非常に大切なことであると言えるのでしょう。

まず、「一人一人の人間が、自分の自発的な意志によって行動をして、自分の力で社会や世界を変えていこうとするということが、非常に大切なことである」というお話に関してなのですが、例《たと》えば、「自分の社会の経済を活性化する」という目的を達成する場合にも、「地球の環境を保全したり豊かな自然を取り戻したりする」という目的を達成する場合にも、「社会に属する多くの人間の心にモラルを再形成する」という目的を達成する場合にも、一人一人の人間が、「自分一人がやらなくても、誰かがやってくれるだろう」・「自分一人がやってもやらなくても、大して変わらないだろう」・「誰かに任せておけば、どうにかなるのだろう」といったことを考えてしまい、自発的な行動を殆《ほとん》ど起こさないようになってしまえば、結局は、どの目的も、決して達成することができません。それに対して、一人一人の人間が、「自分が（自分達が）率先して努力をしよう」・「自分が（自分達が）積極的に頑張ろう」といったことを考えて、自発的な行動を起こすことができれば、これらの目的を達成するための力というものは、社会全体・世界全体では、非常に大きな力になると断言することができます。

例《たと》えば、「全ての人間が、環境破壊の問題に対しての関心を抱き、自分が車に乗る回数を少しずつでも減らそうとすること」ができれば（「全ての人間が、自分の出すゴミの量を少しずつでも減らそうとすること」ができれば・「全ての人間が、社会の中に植物を少しずつでも増やそうとすること」ができれば・「全ての人間が、自然環境の保護を少しずつでも積極的に行おうとすること」ができれば）、社会全体・世界全体では、「自然環境の保護と再生に対しての非常に大きな素晴らしい効果」というものを期待することができます。同様に、「全ての人間が、自分の行う経済活動（特に消費活動や投資活動）に対して、今よりも少しだけ積極的になり、自分の属する社会の経済的な未来に対して、今よりも少しだけ前向きに考えること」ができれば、社会全体・世界全体では、「非常に大きな経済効果」というものを期待することができると言えるのでしょう。

（社会というものは、どんなに大きなものに成長したとしても、それが人間の集合体であるということには決して変わりはないのですから、「社会を構成している一人一人の人間が変わることによって、社会全体を変えるということができる」ということは、どんな社会にも例外なく言えることなのです。**『我々は皆、同じ船に乗って櫓《ろ》を漕《こ》いでいるのだ。自分達の進もうとする方向に向けて、力を合わせる必要がある。』**とは、ゼノビオス《Zenobios　二世紀に活躍したローマのギリシア人文献学者》の言葉になります。）

次に、「実行することができる人間や選択することができる人間が、率先して行動をして社会や世界を変えようとするということが、非常に大切なことである」というお話に関してなのですが、例《たと》えば、「衣食住にも困るくらいの経済状況にある人間が、新たな経済活動を活発に展開していくということ」は、不可能に近いようなことですから、「多くのお金を自由に使える状況にある人間や、生活に困らないくらいに経済的に裕福な状況にある人間が、率先して積極的な経済活動を行っていくということ」が、社会経済の活性化のためには、非常に大切なことなのだろうと考えられるのです。

（具体的に申しますと、例《たと》えば、「不況の状態にある現代の日本が好況の状態に転じていくためには、世界でもトップクラスにお金を貯め込んでいると言われている日本の高齢者層の人達の消費というものを促すことが、非常に重要なことである」と言えるのでしょう。「多くの人間が、自分自身を経済的な破滅に追い込んでしまわない程度に充分な消費をしていくということ」によって、「社会全体の将来的な経済の動きというものを、より活発なものにしていくということ」が、現実に可能となるのです。現代の日本の高齢者層の多くの人達が抱いてしまっているのだろうと考えられる「節約をすることや倹約をすることを、非常に大切なこととして考えるような価値観」・「無駄な物にお金を使わないことや生活に必要な最低限の物にしかお金を使わないことを、美徳として考えるような価値観」といったものを変化させ、「高齢者や高所得者の購買意欲や投資意欲を高めることができるような商品や市場」といったものを大きく発展させたり開発したりしていくことによって、社会全体の経済の動きというものに、活発さを取り戻していくことができるのでしょう。ですから、逆に考えますと、例《たと》えば、「多くの人間が、貯蓄をすることや節約をすることなどを自分自身の生きがいの一つとして考えているような社会」におきましては、社会全体での円滑な経済の動きというものは、望めないとさえ言えるのかも知れません。）

同様に、「自分達が生活をしていくために否応なく森林を伐採しているような人達に対して、金銭的な補助や技術的な援助といったものを何も与えることなく、自然環境の保護を一方的に訴えるということ」などは、非常に酷なことなのだろうと思われますので、「ある程度まで自分の行動に自由のある人間（自然環境の再形成や地球環境の保護と、自然環境の破壊や地球環境の汚染とのどちらを選ぶのかを、ある程度まで自由に選択することができる立場にいる人間）が、自然の保護や自然の再形成のための行動や努力といったものを、率先して起こすということ」が、非常に大切なことなのだろうと考えられます。

（また、「先進国から発展途上国に対して行われる経済援助や技術援助」といったものに関しまして、ほんの少しだけ言及させて頂きますと、「食糧支援や金銭的な補助を行うだけの援助・その場凌《しの》ぎでしかないような援助」といったものではなく、「対象となる発展途上国内に、充分な産業基盤や生活基盤を構築することを目指すような援助」・「対象となる発展途上国内で、生産と消費や需要と供給といった経済の仕《し》組《く》みが円滑に機能するようになることを目指すような援助」・「対象となる発展途上国が、最終的に経済的自立をすることができるようになることを目指すような援助」といったものが行われることが望ましいと言えるのでしょう。尚《なお》、「経済社会という社会の仕組《しく》みが、根本的に正しいものであるのかどうか」・「物質文明というものが、根本的に正しいものであるのかどうか」といった疑問点は、ここでは考慮致しておりません。）

そして、ある社会に属する一人一人の人間が、ここまでのお話の中で私が申し上げて参りましたような「経済に関しての価値観」や「環境に関しての価値観」・「モラルに関しての価値観」や「人間性に関しての価値観」といったものを自分自身の心の中に自発的に形成していくことができれば、それを通じて、その社会の中に「確固たる社会的価値観」というものを確立することもでき（「社会に属する一人一人の人間の抱く価値観が変化することによって、社会的価値観が変化するという現象」と、「社会的価値観が変化することによって、社会に属する一人一人の人間の抱く価値観が変化するという現象」との両者が考えられます。）、最終的には、「社会全体や世界全体を現実に変えていくための非常に大きな力」というものを形成することもできるのだろうと考えられるのです。（また、「地球の環境破壊の危機に関しての正確で充分な知識を得ることによって、現実に多くの人間が、自然保護のための行動を起こしてくれるようになること」などのように、「社会に属する多くの人間が実際に良い価値観を抱いていくことができるようになるためには、そのための何らかの条件が満たされるということが非常に有効な場合・必要な場合が少なくはない」とも言えるのでしょう。）

（尚《なお》、「社会に属する一人一人の人間が自分の抱いている価値観というものを変化させていくということを通じて、社会的価値観や社会全体の状態などを意志的に変化させていくということ」を現実に実行する際には、「社会に属する一人一人の人間が、自分の抱いている価値観を変化させるタイミングや切っ掛けといったものを、充分に合わせるということ」が、非常に大切なこととなる場合が少なくはないのだろうと考えられます。例《たと》えば、社会に属する多くの人間が、自分の社会の経済的未来に対して悲観的に考えて投資や消費を控えている中で、一人の人間だけが、自分の社会の経済的未来に対して楽観的に考えるようになって多額の投資や多額の消費を繰り返してしまえば、その人間は、少なくとも現代の日本に構築されております経済の仕組《しく》みの中では、殆《ほとん》どの場合におきまして、崖を転げ落ちるかのように経済的に没落していってしまうことでしょう。「社会に属する全ての人間が、ほぼ同時に・ほぼ同程度の気持ちの強さで、自分達の社会をより良い方向に変えようと行動し始めること」・「世界に属する全ての人間が、ほぼ同時に・ほぼ同程度の気持ちの強さで、自分達の世界をより良い方向に変えようと行動し始めること」が、場合によっては、非常に大切なこととなると言えるのです。）

勿論《もちろん》、私達が現実の社会や現実の世界を実際に変えていこうとする場合には、「自分達の目的としている社会の変化」や「自分達の目的としている世界の変化」・「自分達の目指している社会の形」や「自分達の目指している世界の形」といったものに応じて行われる「法律の整備」や「社会の仕組《しく》みの変革」・「経済的な援助」や「政府による広報活動」といった行政からの充分なアプローチというものも、間違いなく重要な一つの要素となるのだろうと考えられます。と申しますよりも、現代社会において生じてしまっている「地球環境の危機に関しての問題」や「人間の心と体の危機に関しての問題」・未来の社会において生じてしまうのだろうと考えられる「人類の存亡の危機に関しての問題」といったものを解決したり処理したりしていくことに殆《ほとん》ど貢献することができなければ、「何のための国家機関や政府機関なのか」ということが、疑問に思えてしまうとさえ言えることでしょう。

（その一方で、別のところでも言及させて頂きましたことなのですが、「人間という存在自体が万能なものでも完璧なものでもない」という事実がある以上、「人間によって構成されている政府や行政といったものも、他の全ての組織や他の全ての団体といったものと同様に、完璧なものでも万能なものでもない」ということを断言することもできます。）

……このような議論を展開して参りまして、私は考えてしまうのですが、もし私達が、「可能な限り多くの人間が、幸福に生きることができるような世界」というものを実現することを本気で真剣に求めようとするのであれば、現在において「経済的な大きな損失」や「利便性の大きな喪失」といったものを一時的に被ってしまうことに対して、全ての人間が完全に目を瞑《つぶ》ってでも、世界中に生じてしまっている「貧困の問題」や「戦争の問題」・「環境破壊の問題」や「飢餓の問題」といったものを、総合的に・積極的に・根本的に・力を合わせて解決していこうと努力をし、それらの問題の解決の目処がある程度まで付いたところで、「世界規模での経済の仕組《しく》みの再建」を実行するということが理想的であると言えるのかも知れません。（または、現代において多くの先進国で当然のように採用され・実践されている「資本主義経済社会の仕組《しく》み」や「株式会社制度の仕組《しく》み」といったものを、根本的に考え直す必要があると言えるのかも知れませんね。詳しく説明することは致しませんが、考え方によっては、資本主義社会で現在において採用されている「金融の仕組《しく》み」や「株式の仕組《しく》み」・「経済の仕組《しく》み」や「経済社会全体の仕組《しく》み」といったものは、「非常に大掛かりな経済的搾取というものを奨励してしまっているような仕組《しく》み」でもあると言えるのでしょうし、「一部の職業の人間や一部の経済的立場の人間に経済的搾取や利益の独占を認めてしまっているような仕組《しく》み」でもあると言えるのでしょう。）

（尚《なお》、「現代に至るまでの人類の歴史においては、紛争や戦争といったものが繰り返し行われてきたこと・飢餓や貧困といったものが完全に解決されることは一度もなかったことにより、人間の総人口が飽和状態になることなく抑制され、自然界と人間界とのバランスというものも、適度なレベルで保たれてきた」といったことを言えるような面も確かにあるのだろうと考えられますし、「この先の時代に生じてしまうかも知れない環境破壊による人類の滅亡や核戦争による人類の滅亡といったことすらも、一つの生命体としての地球・ガイアというものが健康な状態を取り戻すためには、非常に有益なことなのである」といったことを言えるような面も確かにあるのだろうと考えられます。ですが、事実がそうであったとしても、「多くの人間の犠牲の上で成り立つ一部の人間の幸福のためだけの人間社会」や「人類の滅亡の上で成立する健康な状態のガイア」といったものが理想的なものであるとは、一人の人間である私としては、決して認めてしまいたくはないのです。）

全世界・全人類が協力していくことさえできれば、「世界全体に円滑な経済の仕組《しく》みというものを立て直すこと」は、比較的難しいことではないのでしょう。経済や経営に関しての知識を多くの人間が充分に持つことができており、社会の中・世界の中に労働力や資源などが充分にあり、実際に社会の中に（世界の中に）経済の仕組《しく》みを構築する際の順序や手段を間違えずに行うことができれば、それは、ほんの数年で達成することができるようなことなのだろうと考えられます。と申しますのは、「経済の仕組《しく》み（特に、物々交換による経済の仕組《しく》みではなく、政府の発行している貨幣というものを媒介とした経済の仕組《しく》み）」というものは、社会に属する全ての人間の価値基準を「貨幣という交換媒体」に集約させ、「経済的怖れの力」というものを利用することによって全ての人間の行動を統制したり調整したりしていくための「概念的なものを利用した（実質的な存在のないものを利用した）社会の仕組《しく》み」であるに過ぎないからなのです。「経済の本質」というものは、貨幣や銀行口座・株式や資産といった

「具体的な何かの対象の中」にあるのではなく、一人一人の人間が抱く経済的な怖れや一人一人の人間が抱く経済的意欲（自分が他の人間よりも経済的に優位な立場に立とうとする意欲）といった「一人一人の人間の心の中」にあると言えるのでしょう。

それに対して、例《たと》えば、「地球環境の破壊によって毒物に汚染されてしまった大気や海洋・砂漠に変わり果ててしまった森林や草原といったものを、元の美しく健全な状態に戻すということ」には、どれだけ短く見積もって考えても、百年以上の年月を要することになってしまうのだろうと考えられますし、貧困や戦争によって失われてしまった多くの人間の命というものは、どれだけの労力や年月を私達が費やしたとしても、取り戻すことができるようなものでは決してありません。更に、今現在において、貧困や戦争によって悲しい思いや苦しい思いを実際にしている人間の心というものも、お金によって代償することができるようなものでは決してないのです。(例《たと》えば、人間の本質というものを考えるのであれば、私達が生きている現代の日本という社会におきまして、「私達の支払う税金が減ること」や「私達が現在よりも物質的に裕福な暮らしをすることができるようになること」などよりも、「強盗殺人の被害に遭って悲しい死を遂げてしまう人間が一人でも減ること」や「経済的な理由で死を選んでしまう人間が一人でも減ること」などの方が、本当は、遥《はる》かに大切なことであると言えるのでしょう。それに、「物質的に不自由がないような社会」や「楽な生活をすることが可能な社会」の中で自分が生きることよりも、「多くの大人が、まるで無垢な子供のように心から笑顔でいることができるような社会」や「犯罪・飢餓・暴力・病気・貧困・差別・侮辱といったものの恐怖に怯えながら生きることを余儀なくされてしまう人間が、殆《ほとん》どいないような社会」の中で自分が生きることの方が、多くの人間にとっては、ずっと幸せなことであると考えることも間違いなくできるのです。現代の日本のような多くの先進国の社会におきましては、こういった考え方が、極端に欠けてしまっていると言えるのかも知れませんね。）

（尚《なお》、繰り返しになってしまいますが、例《たと》えば、現代の日本の社会におきまして、「多くの子供達が、笑顔で安心して伸び伸びと暮らすことができるような社会」・「多くの大人達が、心に余裕と優しさとを持って人生を楽しみながら暮らすことができるような社会」といった「より良い社会」というものを実現するためには、社会に属する多くの人間が、自分の心に「愛情」や「優しさ」・「罪悪感」や「モラル」といった人間らしい重要な心の要素を取り戻すということが必要不可欠なことであり、社会全体に「より良い社会の仕組《しく》み」というものを構築することが有効なことであると言えます。「社会の仕組《しく》みの不備」や「社会的価値観の崩壊」などによって、多くの人間が「自分以外の誰かに対しての恐怖心」や「自分が誰かに傷付けられてしまうことに対しての恐怖心」・「自分が経済的に困窮してしまうことに対しての恐怖心」や「自分が誰かに嫌われてしまうことに対しての恐怖心」・「自分が自尊心を失ってしまうことに対しての恐怖心」や「自分の現在と将来とに関しての不安感」といった様々な不快の感情に過度に苛《さいな》まれてしまっているような社会の中では、多くの人間は、「自分が笑顔で安心して伸び伸びと生きるということ」や「自分が心に余裕と優しさとを持って人生を楽しみながら生きるということ」などを実行することができなくなってしまうのだろうと考えられるのです。「より多くの人間の幸福」というものを実現するためには、「より良い人間社会」というものを実現するということが非常に重要なことであると言えるのでしょう。）

勿論《もちろん》、「どのような選択をすることが、人間社会全体にとって正解と言えるのか」・「どのような選択が、人間社会全体に良い結果を齎《もたら》してくれるような選択なのか」といったことは、簡単に結論を出すことができるようなことではないのですが、少なくとも、ここで間違いなく言えるのだろうと考えられることの一つは、「経済ということによって、現在や過去において、多くの人間が不幸を背負うことになってしまっており、経済というものによって、未来において、世界が破滅してしまう可能性がある」ということなのです。「各国が自国の経済的優位のために、様々なもの（地球環境の破壊や他国の経済的な損失など）を犠牲にしてしまっているような現代の世界全体の状況」・「各個人が自分の経済的優位のために、様々なもの（資源の浪費や自分以外の人間の経済的な損失など）を犠牲にしてしまっているような現代の多くの社会の状況」といったものを考えますと、私は、非常に大きな危険性や非常に強い危機感といったものを感じてしまいます。（本当は、「主義の違いや民族の違い・国家の違いや宗教の違いによって、人間同士で争ったり殺し合ったりしている場合」でも、「自分の国や自分の会社の利権を求めて、無計画に経済競争を続けている場合」でも、「石油や経済的優位を求めて各国で罵り合っている場合」でもないのでしょう。人間にとって・人類にとって、もっとずっと大切なことが、間違いなくほかにあります。）

（「多くの人間の心に、モラルや良識・愛情や優しさといったものが充分に備わっている」・「この地球という星に、澄んだ水や澄んだ大気・人間が暮らし易いような自然環境といったものが充分に備わっている」といったことを絶対的な前提とした上で、「どのような社会の仕組《しく》みが、より良いものなのか」・「どのような経済の仕組《しく》みが、より良いものなのか」といったことが考えられ、社会の仕組《しく》みや経済の仕組《しく》みといったものが現実に形成されたり機能したりしていくべきであると言えるのかも知れません。「経済の仕組《しく》みを円滑に・活発に動かすということ」を、「人間の心に備わっているモラルや優しさといったものを大切にするということ」や「人間の住み易い自然環境を保っていくということ」などよりも優先させてしまうことは、人間社会自体にとっても、非常に危険なことであると言えます。それに、「宗教」や「教育」・「政治」や「法律」といった社会の仕組《しく》みというものが、その社会に属する多くの人間の幸福のためのものであるべきなのであり、「文化」や「思想」といった社会の性質というものも、その社会に属する多くの人間の幸福のためのものであるべきなのと同様に、その社会の中の商品やサービス・文明や道具・技術や知識といったものも、「経済」という社会の仕組《しく》みそのものもまた、その社会に属する多くの人間の幸福のためのものであるべきなのです。）

勿論《もちろん》、「人類は、経済という社会の仕組《しく》みを、今すぐにでも完全に捨て去るべきである」などといった非常に極端なことを主張するようなつもりは、私にも全くありません。（実際にも、人々の短期的な日常生活や人々の物理的な便益などに関してのことで考えてみますと、「現代において、経済の仕組《しく》みというものを完全に捨て去ってしまうことによって、多くの社会や多くの人間が被ってしまうリスク」というものは、「現代において、経済の仕組《しく》みというものを完全に捨て去ってしまうことによって、多くの社会や多くの人間が得ることができるメリット」というものよりも、遥《はる》かに大きなものとなってしまうことでしょう。）

ですが、現実的に考えましても、「全ての人間が、経済の仕組《しく》みというものに完全に支配されてしまい、多くの人間が、経済的困窮に陥ることを極度に怖れるようになってしまい、多くの人間が、実際に経済の仕組《しく》みに苦しめられるような結果になってしまう」といったような愚行を、人間社会全体が、これから先の時代においても懲りずに繰り返してしまうのではなく、「経済の仕組《しく》みが人間社会に与える負の影響・経済の仕組《しく》みが人間の心に与える負の影響といったものを、少しでも小さなものとするための良い方策を考える」というようなことが、「社会に属する多くの人間が幸福を感じながら生きることができるような経済社会」というものを実現するためにも、必要なことであると言えます。事実、少なくない場合におきまして、経済の仕組《しく》みというものは、人間の本質である「自分以外の誰かに対しての愛情や優しさ」といったものに基づいて人間の心の中に生じる力というものに完全に反してしまっているような力というものを、人間社会全体にも・一人一人の人間の心の中にも生み出してしまうものなのですから……。

Chapter2 - 9　まとめ

「Chapter2」の中で展開させて頂きました議論は、「社会というものの中で人間が生きていく上で重要になると考えられる様々なこと」に関しての議論でした。本文の中で何度もお話しして参りましたことですので、付け加えるまでもないことなのかも知れませんが、人間の心というものは、「生まれた瞬間から、人間の心として完成されているようなもの」ではなく、「生物としての心を基礎として、社会の中で成長していく過程で少しずつ形成されていくもの」なのです。

今回の私のお話を読んで頂きました中で、「生物である人間が社会に属して生きることで生じてしまう危うさ」というものと「社会の仕組《しく》みや様々な代替の持つ限界や問題点」といったものとを理解して頂き、「そういった問題点や危うさに対処したり・そういった限界を乗り越えたりするためには、人間の心の力（愛情の力や優しさの力・罪悪感の力や信念の力）や社会的価値観の力といったものが、非常に大切なものである」といったことをも理解して頂けていれば、私自身も、とても嬉しく思います。

それではここで、「Chapter2」の中で展開させて頂きました様々な議論の中から、「特に重要であると思われるような点」・「多くの人間にとって覚えておくことが有益であると思われるような点」を、数点だけまとめさせて頂きたいと思います。

まず、何よりも重要なことなのですが、人間の抱く「愛情や優しさ」といったものは、「内面的同一化に基づく人間の欲動」によって生み出されるものなのであり、それは本来、全ての人間が先天的に保持しているもの・全ての人間が先天的に肯定しているものなのです。「自分以外の誰かの感じる喜びや嬉しさ・自分以外の誰かの感じる悲しみや痛みといったものを、自分自身の感じる喜びや嬉しさ・自分自身の感じる悲しみや痛みといったものと同じように感じることができる」といった人間の心の仕組《しく》みというものが、人間の抱く「愛情や優しさ」といったものに繋《つな》がるものなのであり、「自分が、誰かに対しての愛情や優しさといったものを抱くことができるということ」は、人間関係の基本となることであり、自分が人間であることの証となることの重要な一つでもあると言えるのでしょう。

次に、人間の抱く「罪の意識（罪悪感）や恥の意識（羞恥心）」といったものも（厳密には、人間の抱く「嫌悪感」や「恐怖心」といったものも）、全ての人間が先天的に備えている心理的な仕組《しく》みによって生み出されるものなのであり、一人一人の人間が、「生物としてのタブー（同種の生物を傷付けてしまったり殺してしまったりすること・親族や子供を性欲の対象としてしまうこと・自分の命や自分の体を粗末に扱ってしまうことなど）」を決して犯してしまうことがないように、全ての人間の心の中に生得的に形成されているものなのです。更に、一人一人の人間は、「自分と親しい誰か（自分の家族や自分の友達）を傷付けることや悲しませることによって自分自身が感じる罪悪感」というものを拡大していくことによって、「社会の中で自分と殆《ほとん》ど関わり合いのない誰かを傷付けることや悲しませることによって自分自身が感じる罪悪感」・「人間以外の生物を殺すことや傷付けることによって自分自身が感じる罪悪感」といったものをも獲得することができるようになるのだろうと考えられます。（勿論《もちろん》、「Chapter2 - 3」でも申し上げました通り、「人間以外の生物を殺すことや傷付けることによって自分自身が感じる罪悪感というものも、人間が備えている生得的な心の仕組《しく》みによる罪悪感である」と考えることも可能です。）

（尚《なお》、「誰かを悲しませることや誰かを傷付けることによって、自分自身が悲しみや痛みを感じる」という意味では、この「罪悪感の仕組《しく》み」というものの一部と先述の「愛や優しさの仕組《しく》み」というものとは、同じ「内面的同一化の仕組《しく》み」に基づいているものであると考えることもできるのでしょう。また、「人間の抱く愛や優しさ」といったものと「人間の抱く罪悪感」というものとが根本的には同じものであると考えることができるのと同様に、「人間の抱く罪の意識」というものと「人間の抱く恥の意識」というものと「人間の抱く怖れの意識」というものとも、根本的には同じものであると考えることができます。欲動と怖れというものは、互いに裏表の関係を形成するものなのであり、更に、人間の抱く様々な感情というものは、分化した結果として形作られているものであると考えられるのです。）

そして、この「愛や優しさの仕組《しく》み」というものと「恥の意識や罪の意識の仕組《しく》み」というものとの両者が、「人類共通の善悪の定義を示すもの」となり、「正義と悪との絶対的な境界線を示すもの」となるのだろうと考えられるのです。どんなに時代が変わり、どんなに社会が変わったとしても、「人間は生物である」という前提が失われない限り、この「人類共通の善悪の定義」というものは、一人一人の人間が例外なく生得的に備えている自分自身の心の仕組《しく》みから形成される「人間の本質の一つ」として、半永久的に変わらないものであると言えるのでしょう。（一人一人の人間に「自分の家族や自分の同種の生物を喜ばせること」を自発的に行わせ、一人一人の人間に「自分の家族や自分の同種の生物を傷付けること」を自発的に禁止させている「内面的同一化に基づく生物の心の仕組《しく》み」というものは、殆《ほとん》ど全ての動物の心の中に共通に形成されている非常に根本的な心の仕組《しく》みなのであり、「種の保存」と「種の繁栄」とを現実のものとするために形成されている非常に合目的的な心の仕組《しく》みなのだろうと考えられるのです。）

（「迷惑メールと呼ばれるアダルト関連のコンテンツのメールを不特定多数の人間に送ること」や「小

中学生の子供を性的魅力の対象としたようなセクスプロイテーションを露骨に利用したテレビ番組を放映すること」なども、多くの人間に不快な思いをさせてしまうことであり、少なくない数の人間を「自分が性的なモラルを守り続けることが難しくなってしまうような状態」にしてしまうことであり、そういった意味では、罪や悪といった言葉で呼べるような行為であると言えるのです。「映画やテレビ・インターネットなどの中でのエンターテイメントとしての露骨な性的表現や露骨な残酷な表現などを、どこまでの範囲で・どの程度まで認めるべきなのか」といった問題は、非常に重要な問題であり、熟考されるべき問題であり、非常に難しい問題でもあると言えます。）

「現代の多くの先進国の社会に属する全ての人間のうちの少なくない数の一部の人間は、このような人間の本質（愛情や罪悪感を自分自身の心に抱かせる心の仕組《しく》み）というものが自分自身の心の中にもあるということを、忘れ掛けてしまっている」と言えるのだろうと思います。そして、恐《おそ》らく、「一人一人の人間の抱くモラル」や「人間社会全体の秩序」といったものが大きく崩れてきてしまっている現代の日本のような社会におきまして、社会の秩序や人々の安全な暮らしといったものを確保するために最も必要とされていることの一つは、「厳罰を伴う法律の過剰な形成や社会システムの過剰な構築を通じて、人間を規定するための入れ物を作るということ」などにではなく、そのような入れ物がなくても、多くの人間が「自分の心の形」というものをしっかりと保ち続けることができるように、「一人一人の人間が、自分自身の心の中に先天的に形成されているはずの内面的同一化の仕組《しく》みや罪悪感の仕組《しく》みといった心の仕組《しく》み（誰かに対して優しくしたり誰かのことを愛したりしたいといったことを自分が望み続けることができるような心の仕組《しく》み・誰かのことを悲しませたり誰かのことを傷付けたりしたくないといったことを自分が望み続けることができるような心の仕組《しく》み）というものを、再確認（再形成）するということ」などにあるのです。また、「社会に属する多くの人間が、自分自身の心の中に、愛や優しさ・罪悪感や善悪の概念といったものを取り戻すことができてこそ、必要最低限の法律や必要最低限の社会の仕組《しく》みといったものも、その社会の中で、充分な力を発揮することができるようになる」ということも、事実として言えることなのでしょう。（例《たと》えば、社会に属する多くの人間が、こういった「人間らしい心の仕組《しく》み」というものを取り戻してくれさえすれば、「多くの人間が安全に安心して暮らしていくことができるような社会」・「優しさや愛情に溢れた社会」といったものを作り出すことは、理論的には明日にでも実現することができることなのです。）

次に、一人一人の人間にとって、「自分の生きる意味」や「自分の生きる目的」・「自分の生きる証」や「自分の生きがい」といったものは、「全ての人間が共通して生得的に備えている心の仕組《しく》み」というものを基礎とした上で、「自分の心の中に自分自身が定める（形成する・選び取る）信念というものが、どのようなものであるのか」ということによって、ある程度までは決定されるものなのだろうと考えられます。（また、一人一人の人間にとって、「真実と呼べるもの」とは、「自分自身の心の中に生じる様々な心的現象」にあると考えられますので、私も含めて多くの人間は、「自分の生きる意味」や「自分の生きる目的」・「自分の生きる証」や「自分の生きがい」といったものを、「自分自身の心に生じる心的現象」や「自分が誰かの心に生じさせる心的現象」といったものに見出すことができると言えるのでしょう。）

例《たと》えば、何かの楽器を演奏している「ミュージシャン」と呼ばれる人間のうちの殆《ほとん》ど全ての人間は、自分が選んだ楽器を否定することはありませんし、「自分が、別の楽器を選ぶべきであった」と後悔することも決してありません。同様に、何かの競技を行っている「アスリート」と呼ばれる人間のうちの殆《ほとん》ど全ての人間も、自分が選んだ競技を否定することはありませんし、「自分が別の競技を選ぶべきであった」と後悔することも決してありません。これは、「自分の選んだ音楽（自分の選んだ楽器）に対して真剣に向き合っている音楽家」や「自分の選んだ競技に対して真剣に向き合っているスポーツ選手」の殆《ほとん》どは、「自分の選んだ音楽（楽器）や自分の選んだ競技に対して情熱を燃やすこと・音楽やスポーツを通して、自分自身や自分以外の誰かを感動させることなどを、自分自身の生きる意味（自分自身の生きる目的・自分自身の生きる証・自分自身の生きがい）の一つとする」といったような形の信念を、自分自身の心の中に定めているからなのであり、そういった人達にとっては、「自分が、自分の楽器や自分の音楽を否定すること」・「自分が、自分の選んだスポーツや自分がスポーツをするということの意味そのものを否定すること」などが、「自分自身を否定すること」や「自分の人生全体を否定すること」とも同じ意味を持つこととなってしまうからなのでしょう。（殆ど全ての人間は、自分の存在意義や自分の人生の意味といったものを自分以外の誰にも認めてもらえなくなってしまうことや自分自身で認められなくなってしまうことなどを、とても強く怖れます。多くの人間が選び取る信念の形は、自分の人生の意味や自分の存在意義といったものを積極的に肯定することを目的としてのものでもあると言えるのでしょう。）

このように、「自分の生き方」や「自分の生きがい」といったものは、一人一人の人間が、自分自身の意志によって定めていくべきものなのであり、「自分の人生」というものは、一人一人の人間が、自分の力や自分の努力によって切り開いていくべきものなのです。

尚《なお》、繰り返しになってしまうのですが、全ての人間にとって、「真実と呼べるもの」・「本質的な意味や本質的な価値を感じることができるもの」・「絶対的な意味や絶対的な価値を認めることができるもの」は、「自分自身の心に生じる心的現象」というものだけであると考えられますので、例《たと》えば、「お金」というものの本質的な意味や価値も、「それを使って、自分自身や自分の大切な誰かが幸せな気持ちを感じること」などにあり、「それを使って、自分自身や自分の大切な誰かが楽しい時間を過ごすこと」などにあると言えます。(「自分の大切な誰かの心に心的現象を生じさせていること」が知覚することを通じて、「自分自身の心に心的現象を生じさせること」ができますので、「誰かの心に心的現象を生じさせるということ」も、自分自身にとって「真実と呼べること」となり、「意味や価値を自分自身に感じさせること」となり得ます。)

(「一人一人の人間にとっての最終的な価値基準」・「一人一人の人間にとっての絶対的な意味の基準や価値の基準」といったものは、唯一、「一人一人の人間の心に生じる心的現象」というものにだけ、見出すことができるものなのです。厳密に考えて参りますと、「この世に存在している全ての物の価値や意味」も・「この世に生じている全ての現象の価値や意味」も・「金銭というものの価値や意味」も・「人間の行う全ての言動の価値や意味」も・「人間が生きることや生き続けることの価値や意味」も、全て、「人間の心に生じる心的現象というもの」に還元することができるものであると言えるのでしょう。例《たと》えば、「ある音楽の持つ意味の大きさや価値の大きさ」は、「その音楽を聴いている人間やその音楽を演奏している人間が、自分自身の心の中に、どのような心的現象をどれほど強く生じさせることができるのか」といったことによってのみ、判断することが可能なものであると言えます。また、「自分が幸福であるのか、自分が不幸であるのか」・「自分が充実した毎日を過ごすことができているのか、自分が退屈でつまらないような毎日を過ごしてしまっているのか」といったことも、一人一人の人間の心に生じる心的現象に基づいての一人一人の人間の主観的な判断によることですので、それらは全て、自分自身の心の持ち方一つで非常に大きく違ってくるようなことなのです。

(自分の現在の状況を孤独として捉えた瞬間に、人間は孤独に陥り、自分の現在の気持ちを悲しみとして捉えた瞬間に、人間は悲しみを抱きます。自分の心の持ち方次第で、人生というものは薔薇色にも灰色にもなるのです。)

私達一人一人の人間にとっては、「自分が自分自身の心に何らかの良い意味での心的現象を生じさせるということ」や「自分が誰かの心に何らかの良い意味での心的現象を生じさせるということ」などの全てが、自分自身の生きる目的の一つとなり・自分自身の生きる意味や生きる価値の一つとなり・自分自身の人生を充実したものとするための最も重要な要素の一つとなります。また、自分自身が生得的に備えている人間らしい心の仕組《しく》み(愛情や優しさの仕組《しく》み・罪悪感や恐怖心の仕組《しく》み)というものが崩壊してしまっていない本来の人間は、「自分以外の人間の幸福」というものをも「自分自身の幸福」として感じられますので、そのような本来の人間にとっては、「自分以外の人間の幸福」というものが

「自分自身の幸福」というものを構成する非常に重要な要素となり得ます。顕著《けんちょ》な例を一つだけ挙げさせて頂きますと、母親や父親といった存在にとっては、「自分の家族の一人一人が幸福であるということ」こそが、「自分自身が幸福であるということ」の最も重要な条件となり得るのです。

(応用して申しますと、例《たと》えば、医者や看護婦といった医療関係の職業に就いている人間にとっては、患者の幸福や患者の家族の幸福といったものが、自分自身の幸福の一部を形作るものとなり・自分自身の生きる目的の一つとなるべきなのでしょうし、教師を中心とした教育関係の職業に就いている人間にとっては、児童や生徒の幸福といったものが、自分自身の幸福の一部を形作るものとなり・自分自身の生きる目的の一つとなるべきなのでしょう。同様に、政治家や公務員といった行政関係の職業に就いている人間にとっては、市民の幸福や国民一人一人の幸福といったものが、自分自身の幸福の一部を形作るものとなり・自分自身の生きる目的の一つとなるべきなのでしょうし、理想的には、世界中の全ての人間にとって、「自分以外の一人一人の全ての人間の幸福」というものが「自分自身の幸福」というものの一部を形作る大切な要素となるべきなのでしょう。「職業倫理」や「人間としての思いやり」に関わるこのような考え方は、一人一人の人間にとって、決して忘れてしまうべきではないものなのです。)

私達は、経済社会の中で「合理的な価値基準」や「金銭的な価値基準」といったものを絶対的なものとして与えられながら生きているために、時折、この大切な事実というものを忘れてしまいがちになってしまうのですが、「人間にとって本当に大切なものは、高価な宝石や多額の金銭といったものではなく、人間そのものの命や人間そのものの心といったものである」ということが、疑う余地もなく言えるのです。例《たと》えば、私にとって非常に大切なものは、「私自身の命」と「私の大切な人達の命」・「私自身の心」と「私の大切な人達の心」・「私自身の幸せな人生」と「私の大切な人達の幸せな人生」・「私自身の体の健康や心の健康」と「私の大切な人達の体の健康や心の健康」・「私自身の抱く信念」と「私の大切な人達の抱く信念」・「私自身の心に生じる心的現象の全て」と「私の大切な人達の心に生じる心的現象の全て」といったものにあります。（残念なことに、人間にとって非常に大切なものであるはずの「このような価値基準」・「このような考え方の基準」というものは、金銭的な価値基準や物質的な価値基準・合理的な価値基準や効率的な価値基準といったものを極度に重視するような社会の中で自分が生きていくうちに、現代の全ての人間社会に実際に生きる人間のうちの少なくない数の人間の心の中からは、完全に消え掛けてしまっていると言えるのでしょう。）

次に、「人間の幸福の定義」というものは、厳密に考えれば、一人一人の人間によって（一人一人の人間が選んだ信念の形によって）少しずつ異なるものであると考えられるのですが、大多数の人間にとって自分自身の幸福というものを構成する非常に大切な要素となることは、例《たと》えば、「自分自身の抱く基礎的な欲動（本能的な欲動）を自分が最低限以上に充足することができるということ」・「自分の家族や自分の友達を中心とした自分自身の人間関係を自分が素晴らしいものにしていくことができるということ」・「自分自身の信念に適合した形の生き方を自分が実践すること（実践しようとすること）ができるということ」などにあると言えるのでしょう。

尚《なお》、現代の日本の社会において少なくない数の人間が求めてしまうような「快楽主義的過ぎる生き方」

や「合理主義的過ぎる生き方」などは、人間の感じることができる幸福の度合いというものを必ずしも最大化するものではありませんし、「自分の欲動の多くをあまりにも簡単に充足することができるような状態」や「自分の生存・自分の生活があまりにも安全で安定し過ぎているような状態」なども、人間の感じることができる幸福の度合いというものを必ずしも最大化するものではありません。勿論《もちろん》、「自分の欲動を充足することがあまりにもできないような状態」や「自分の生存・自分の生活があまりにも不安定で危険であるような状態」なども、多くの場合におきましては、自分自身の感じることができる幸福の度合いというものを最大化するものでは決してありません。

「一人一人の人間が、自分自身の人生というものを、より良く・より充実させながら生きていく上で最も大切なこと」の一つは、「自分に関わる様々な要素（心的現象としての要素や物理的現象としての要素）のバランスというものを適度に保つということ」にあるのです。例《たと》えば、「自分の欲動を適度に充足することができるような状態」や「自分の生活が適度に安定しているような状態」で生きることによって、多くの人間は、「幸福な時間」と「比較的幸福ではない時間」とを感じながら生きることができるのでしょうし（人間は、自分の人生の中に「幸福ではない時間」というものがあってこそ、「幸福な時間」というものを強く感じることができるのです。）、「適度に快楽主義的な生き方」や「適度に合理主義的な生き方」といったものを自分がすることによって、多くの人間は、自分が社会にうまく適応しながらも、人間としての自分の心を保ちながら生き続けることができるのでしょう。

また、現代の日本の社会におきまして一人一人の人間は、「自分自身の現実の人生」や「自分自身の現実の人間関係（家族関係や友人関係を中心とした親密な人間関係）」・「笑顔を確認し合える距離での会話や様々なスキンシップといった人間的で直接的なコミュニケーション」・「自分が生きている現実の世界や現実に生きている一人一人の人間」・「自分が現実に心や体を機能させて行う言動」といったものを可能な限り大切にするべきなのであり、それらを自分が充分に大切にしているという絶対的な前提の上で、「テレビやインターネットといった代替世界的な情報媒体」・「携帯電話やEメールといった代替的な通信媒体」などを利用していくべきなのでしょう。

勿論《もちろん》、人間社会の中からテレビやインターネット・携帯電話やEメールといったものを完全に排除したりするべきであるということでは決してないのですが、そういったものに自分が全面的に頼り過ぎてしまっているがために、自分の現実の人生や自分の現実の人間関係といったものを大切にしていくことができないという結果に陥ってしまっている人間も、現代の日本の社会などにおきましては、決して少なくはないのだろうと考えられてしまうのです。それに、お互いの笑顔を確認することができる距離で直に行う会話やスキンシップといった最も基本的なコミュニケーションを疎かにしてしまい、メールや電話といった代替的な通信手段やテレビやインターネットといった代替的で間接的な世界にばかり頼ってしまった（浸ってしまった）子供は、「他者と笑顔や会話を交わして自然なコミュニケーションを取るための能力」・「他者と円滑なコミュニケーションを取るために必要な心の仕組《しく》み」といったものを自分の心の中にうまく育てていくことができなくなってしまうかも知れません。

（「政治や法律・経済や福祉といった社会の仕組《しく》み」も、「社会に溢れている様々な商品や様々なサービス」も、「一人一人の人間が行う仕事」も、「私達が手に入れることができた様々な知識や様々な技術」も、それらは全て、私達一人一人の人間にとって総合的な意味で有益なものであるべきものなのです。）

包括的に申しまして、一人一人の人間が現実に歩んでいく「自分の人生」というものは、「自分自身を主人公とした物語」のようなものであると言え、「その物語の一番初めの設定」や「その物語のある程度の枠組み」といったものは、「運命」というものによって最初から決まっているものである（例《たと》えば、「自分の産まれた家」や「自分を産んでくれた両親」・「自分の産まれた社会」や「自分の産まれた時代」などを選ぶことは、誰にもできないことです。）とも考えられるのですが、「それ以後の自分の人生がどのようなものであるのか」ということは、基本的には、一人一人の人間が、自分自身の意志と自分自身の選択とによって作り上げていくことができることであると言えます。（尚《なお》、「自分が、どのような環境に生まれるのか」・「自分の人生が、どのくらい自由なものなのか」といったことには、一人一人の人間によって大きな差があると言えるのでしょうけれど、少なくとも、現代の日本に産まれ育った人間の多くは、「恵まれた環境」も「人生を選択する自由」も充分に持つことができていると言えるのでしょう。）

そして、全ての人間にとって、「自分が何を求めるのか」・「自分が何を望むのか」・「自分が何を欲するのか」・「自分が何を考えるのか」・「自分が何を感じるのか」・「自分が何をするのか」・「自分が何を思うのか」・「自分が何を知るのか」といったことは、それらが一つの例外もなく、「自分自身の物語を形成していくための大切な要素」となることなのです。（尚《なお》、それら全ては、「自分自身の抱く価値観」というものによって定められ、更に、「自分自身の抱く価値観」というものは、「自分の属している社会の社会的価値観」というものの影響を非常に強く受けながら形成されます。）

また、殆《ほとん》ど全ての人間は、「自分自身の物語を形成していくための非常に大切な要素」として、「幸福」というものを強く求め、「信念」というものをも強く求めます。勿論《もちろん》、「幸福」というものと「信念」というものとは、互いに非常に密接に関係しているものでもあると言えるのでしょう。「自分の生きる意味」や「自分の生きる目的」・「自分の生きる証」や「自分の生きがい」として自分自身の心に定めている「自分の信念」というものに忠実に生きることによって、多くの人間は、「幸福な気持ち（これは必ずしも、動物的な欲動の充足によって得ることができる短絡的な快の感情に限るものではありません。）」というものを得ることができますし、例《たと》えば、「家族と一緒に毎日を過ごしていくことができる幸せ」というものを守り続けるために、「自分の家族の健康や自分の家族の安全といったものを守り続けるという信念」を抱く人間もいることでしょう。（「自分の幸せの定義」として「自分の信念」を定める人間もいれば、「自分が幸せを掴み取るための手段」として「自分の信念」を定める人間もいるということです。）

恐《おそ》らく、「人間が自分の人生を積極的に生きていく上で最も大切なこと」の一つは、「自分の抱いている動物としての欲動や自分の抱いている動物としての怖れといったものに、自分自身の心を支配され過ぎてしまわないようにし、自分の幸せの定義や自分の信念の形といったものを真剣に求めるということ」にあり、「自分の定めた幸福（例《たと》えば、素晴らしい家族を持つことや多くの人間に喜びを与えることなど）を手に入れるために（手に入れ続けるために）、また、自分の定めた信念（例《たと》えば、自分の存在意義となるようなものや自分の誇りとなるようなもの）を守り続けるために、できる限りの努力（その一方で、自分の心に負担を掛け過ぎない程度の努力）をし続けるということ」にあると言えるのでしょう。

極論してしまえば、「人間が積極的に自分の人生を生きるということとは、自分の幸福（内面的同一化に基づく人間の欲動の仕組《しく》みというものを考慮することによって、自分の幸福というものには、自分以外の多くの人間の幸福というものをも含めることができます。）や自分の信念といったものを探し続け、求め続け、守り続けることである」と言えるのかも知れませんね。（「自分の幸福を求め続けたり、自分の幸福を守り続けたりしている時間」そのものが、「自分が幸福でいられている時間」と呼べるものでもあるのだろうと考えられ、「自分の信念を求め続けたり、自分の信念を守り続けたりしている時間」そのものが、「自分が信念を持って生きている時間」と呼べるものでもあるのだろうと考えられるのです。）

『後書き』

私は、次のように思うのです。現代の多くの先進国の社会に生きる人間のうちの少なくない数の人間は、「自分の心の仕組《しく》み」というものを、より深く・より客観的に・より確実に理解することによって、また、「自分の抱いている欲動や怖れと、自分の抱いている価値観や信念とのバランス（生物としての人間の心と、社会生活を営む存在としての人間の心とのバランス）が適度に維持された心の在り方」・「自分の属する社会の社会的価値観を守り続けるということが、自分のストレスや自分のフラストレーションを解消するということに繫《つな》がるような心の在り方」であるように、自分自身の心の仕組《しく》みというものを再確認したり・必要に応じて再形成したりしていくことによって、もっと自分の人生というものを楽しんだり・もっと自分の人生の中で幸せを感じたりしながら生きていくことができるようになるのでしょう。

（言うまでもなく、これは万人に関して一概に言えることであるという訳ではないのでしょうが、多くの人間にとって自分の人生を生き抜いて行く上でとても大切なことは、例《たと》えば、「自分の心に愛と優しさとを持ち続けること」にあり、「自分の心に強さと信念とを持ち続けること」にあり、「自分の心に希望と夢とを持ち続けること」にあり、「罪悪感の基準や恥と誇りの概念を忘れないようにすること」にあり、「自分の毎日の生活の中で最低限の笑顔や余裕を忘れないようにすること」にあり、「自分自身や自分の大切な誰かの心の動きや心そのものを大切にすること」にあり、「自分に与えられた出会いや機会といったものをできるだけ大切にすること」にあり、「自分が楽しいことを求めながら生きることを大切にすること」などにあります。）

勿論《もちろん》、その一方で、ある人間が自分の心の仕組《しく》みというものを、そのように再確認することや再形成することがうまくできたとしても、「その人間の抱く問題（物理的な問題ではなく心的現象としての問題）というものが完全になくなるということ」などは、決して有り得ないことなのだろうとも考えられます。

人間が「倫理や良識を重んじる人間社会」の中で生きている限り、「自分の抱いている動物的な欲動」と「自分の抱いている倫理的な価値観」との間の葛藤《かっとう》というものは、殆《ほとん》ど全ての人間の心の中で起こり続けてしまうことでしょうし、人間が「経済の仕組《しく》みを採用している社会」の中で生きている限り、殆《ほとん》ど全ての人間は、「経済的怖れ」というものから完全に逃れることは決してできないはずです。それに、人間が「無数の情報と非常に多くの人間とで飽和している社会」というものの中で生きている限り、「自分以外の人間に対しての非常に強い意識」・「自分の生き方に対しての悩みや迷い」といったものは、殆《ほとん》ど全ての人間の心の中に在り続けるものとなってしまうのだろうと考えられます。

現代社会（特に現代の多くの文明社会）に生きる殆《ほとん》ど全ての人間は、大小の違いや多少の違いはあれど、何らかの悩みや何らかの迷いを抱えながら生きていると言えます。しかし、人間は、様々なことを悩んだり・様々なことに迷ったりしながらも、自分の生活の中に多くの幸福や楽しみを見出したり、そのような幸福や楽しみを求めたり手に入れたりしながら、強く前向きに生きていくことができるものです。（その「幸福」や「楽しみ」とは、どんなに小さな幸福であっても・他人から見れば取るに足らないような楽しみであっても構わないのでしょう。）勿論《もちろん》、少なくない数の人間は、自分の知恵や自分の勇気を用いて何かの行動や何かの努力を自分が現実にする中で、自分の抱いていた悩みや迷いといったものを実際に解決していくこともできるかも知れません。その一方で、それでもすぐにまた、「新しい欠如」というものを自分自身の中に見付け出し、すぐにまた、「新しい悩み」や「新しい迷い」といったものを抱いてしまうのが、人間という生き物なのでしょうけれどね……。

（例《たと》えば、現在の自分というものが、「過去に自分が夢見ていた自分」や「現在において自分が理想としている自分」とは違う自分であったとしても、現在の自分の生活というものが、「先の見えないような不安な生活」や「決して楽とは言えないような厳しい生活」であったとしても、「自分が、笑顔や優しさといったものを忘れないように心掛け、自分の人生というものを可能な限り楽しもうとする」といったことが、一人一人の人間にとって、非常に大切なことなのです。勿論《もちろん》、「自分自身の幸福の定義」というものは、「自分という人間が、常に何かを頑張り続けた方が自分の人生を楽しむことができる人間なのか、スローライフという言葉に象徴されるようなマイペースで気楽な毎日を送った方が自分の人生を楽しむことができる人間なのか」といった「一人一人の人間の備えている資質や個性」といったものによって様々に異なってくるものでもあるのですが、多くの人間の人生において非常に重要なこと・多くの人間の幸せのために非常に重要なことは、「現在において、自分の人生というものを自分が楽しめているということ」や「未来において、自分の人生というものを自分が楽しめるということ」などにあり、「現在において、自分の家族や自分の友人達が幸せでいられているということ」・「未来において、自分の家族や自分の友人達が幸せでいられるということ」などにあると言えます。『**人生は、楽しむためのものである。**』と極論することすらできるのでしょうね。勿論《もちろん》、「自分自身の動物的で快楽的な欲動の全てを我武者羅《がむしゃら》に充足しようとし続けるような人生」・「とても楽でとても安全で、苦労や努力をすることが殆《ほとん》どないような人生」や「素晴らしい人生」といったものだけが、「楽しい人生」や「幸せな人生」・「人間らしい人生」や「素晴らしい人生」といった言葉で呼べるものであるという訳ではなく、例《たと》えば、「多少の悩みや迷いを自分が抱くということ」・「何かの目的のための努力を自分が精一杯するということ」・「何かの悲しみや辛《つら》さを自分が味わうということ」なども、自分自身の人生を充実した豊かなものとしていくための欠かせない要素となり得ることであると言えます。)

それでも、私が展開させて頂きました今回の議論の中の様々なお話が、「少なくない数の人間にとって、実際に自分の人生を生きていく上での知恵となり得るようなもの」であり、「社会そのものをより良いものとしていくための考え方の基礎となり得るようなもの」であると言えるのだろうと、私自身は、そのように自負しております。(この本を無事に最後までお読み頂けた方のうちの少なくない数の方は、「自分自身の備え持っている人間の本質」というものを自覚し、「愛情」や「優しさ」や「罪悪感」や「モラル」といったものを取り戻し、「信念」や「幸福」といったものを求めることで、自分自身の人生に関しての決して小さくはない方向転換をすることができるはずですし、むしろ、そうせざるにはいられないはずです。)

(とても驕《おご》ったような言い方をさせて頂きますが、私がこの本の中で「ねらい」としておりますことの一つは、過去の人類の歴史において「聖書」というものがその一部を成し遂げたように、「より良い社会というものを実現すること・より多くの人間が幸福を感じながら生きることができるような社会というものを実現することを目的として、一人一人の人間の心の仕組《しく》みというものの一部を意図的に変化させるということ」にあるのです。それが可能なことであるのか不可能なことであるのかは別にして、「財力や武力・権力といったものによってではなく、一冊の本の力によって、即《すなわ》ち、この本を多くの方に読んで頂くことを通じて、社会や世界をより良いものに変えていくということ・その社会やその世界に属する多くの人間が幸福を感じながら生きることができるような社会や世界といったものを実現するということ」こそが、私の「ねらい」としていることの一つなのです。その力の大きさに気付くことができずに、「メディア」というものを無責任に・利己的に使用している人間が多くいるというのが実情なのだろうとも思えるのですが、新聞や書籍・テレビやインターネットといった様々なメディアというものは、時として、「世界を変えるだけの力」・「人類の未来を変えるだけの力」といったものを充分に備え得るものでもあると言えるのでしょう。）

自分が幸運にも人間として生まれてくることができたからには、また、誰にとっても一度しかない非常に貴重な自分の人生だからこそ、できるだけ「良い人生」というものを送りたいものですよね。（勿論《もちろん》、この本の中で何度も言及させて頂きましたように、「良い人生という言葉が、何を意味するのか」ということも、一人一人の人間によって様々に異なってくることであると言えるのでしょう。）私の今回のお話を、貴方が御自分の定義した「良い人生」というものを実際に送られるための一つのエッセンスとして頂ければ、それは、私にとってこの上なく嬉しいことです。

最後になりましたが、今回のこの本を出版させて頂くに当たって御協力頂きました全ての方に敬意と感謝の意を表し、私のこれまでの人生に関わって私の心を育んで下さいました全ての方に敬意と感謝の意を表し、この長いお話に最後までお付き合い下さいました貴方にも、敬意と感謝の意を表します。また、これから訪れる私達の未来というものが、可能な限り多くの人間にとって可能な限り幸福なものであることを願い、一人一人の人間の心から、人間の本質の一つである「愛情や優しさ」といったものが決して消えてしまわないことを願い、人間社会全体にとっての素晴らしい未来・できるだけ多くの一人一人の人間にとっての素晴らしい未来というものが訪れることを心から願います。

今回の私のお話は、ここまでです。最後まで読んで頂きまして、本当にありがとうございました。

２００4年　1月　３1日　　岡本　隼人

参考文献

「心理学の基礎」（有斐閣　糸魚川直祐・春木豊編）
「手にとるように心理学がわかる本」（かんき出版　渋谷昌三著）
「精神分析7つのキーワード」（新曜社　J・D・ナシオ著）
「精神分析入門」（新潮文庫　S・フロイト著）
「世界ことわざ名言辞典」（講談社　M・マルー編）
その他多数

著者紹介

岡本隼人（おかもと　はやと）
1979年東京都生まれ。東京都立大学経済学部卒業。心理学・哲学・社会学・精神分析学などの諸分野を独学で学び、大学在学時より人間学全般に関しての研究と心理カウンセラーとしての活動を続け、現在に至る。

人間《にんげん》の本質《ほんしつ》

岡本《おかもと》隼人《はやと》

明窓出版

平成十六年七月二十日初版発行
発行者――増本　利博
発行所――明窓出版株式会社
〒一六四―〇〇一二
東京都中野区本町六―二七―一三
電話　（〇三）三三八〇―八三〇三
FAX（〇三）三三八〇―六四二四
振替　〇〇一六〇―一―一九二七六六
印刷所――株式会社　ナポ
落丁・乱丁はお取り替えいたします。
定価はカバーに表示してあります。

ISBN4-89634-153-8
ホームページ http://meisou.com　Eメール meisou@meisou.com